Personalentwicklung in der digitalisierten Arbeitswelt

Angelika Lippe-Heinrich

Personalentwicklung in der digitalisierten Arbeitswelt

Konzepte, Instrumente und betriebliche Ansätze

Angelika Lippe-Heinrich
Lippe-Heinrich Konzepte
Berlin, Deutschland

ISBN 978-3-658-25456-8   ISBN 978-3-658-25457-5 (eBook)
https://doi.org/10.1007/978-3-658-25457-5

Die Deutsche Nationalbibliothek verzeichnet diese Publikation in der Deutschen Nationalbibliografie; detaillierte
bibliografische Daten sind im Internet über http://dnb.d-nb.de abrufbar.

Springer Gabler
© Springer Fachmedien Wiesbaden GmbH, ein Teil von Springer Nature 2019

Springer Gabler ist ein Imprint der eingetragenen Gesellschaft Springer Fachmedien Wiesbaden GmbH und ist
ein Teil von Springer Nature.
Die Anschrift der Gesellschaft ist: Abraham-Lincoln-Str. 46, 65189 Wiesbaden, Germany

Vorwort und Danksagung

Dieses Buch beinhaltet den Schulterblick in Form einer empirischen Bestandsaufnahme zur historischen Entwicklung von Arbeit von etwa 1865 bis hin zum Übergang in Arbeit 4.0.

Es lenkt den Blick nach vorn in die Zukunft der betrieblichen Arbeit und die innovativen Ansätze von Personalführung und Management in den eng aneinandergerückten Arbeits- und Lebensbereichen der digitalen Gesellschaft im demografischen Wandel, in der wir heute leben.

Dabei werden dem aufmerksamen Leser Chancen und Risiken neuerer Entwicklungen, aber auch Zusammenhänge nahegebracht, die sich im Alltag kaum erschließen.

Solch ein Buch zu schreiben wurde mir mit meiner „Patchwork"- Biografie nicht in die Wiege gelegt. Daher bedanke ich mich bei den Menschen, die mich auf meinem Weg begleiteten.

Weiterhin bedanke ich mich beim Urenkel von Heinrich Zille für die Genehmigung zur kostenlosen Publikation von drei Grafiken des großen Berliner Meisters Heinrich Zille, der die sozialen Nöte zu Beginn des 19. Jahrhunderts beim Übergang in die Industriegesellschaft so trefflich illustriert hat.

Möge die Zukunft der digitalen Gesellschaft uns eine gesellschaftliche Rückentwicklung im sozialen Bereich mit derartigen Szenarien ersparen!

▶ Aus Gründen der besseren Lesbarkeit verwende ich in diesem Buch überwiegend das generische Maskulinum. Dies impliziert immer beide Formen, schließt also die weibliche Form mit ein.

Berlin, Deutschland   Angelika Lippe-Heinrich

Inhaltsverzeichnis

Phasen der Entwicklung von Arbeit, Familie und Gesellschaft seit ca. 1865

Zusammenfassung

Dieses erste, einführende Kapitel dient dem besseren Verständnis der rapiden und grundlegenden Veränderungen betrieblicher Arbeit seit 1865, welche zwischen dem Beginn der industriellen Revolution (Phase 1) und dem Übergang zu Arbeit 4.0 in der heutigen Zeit vollzogen wurden. Es geht einerseits um die Beschreibung betrieblicher Arbeitsanforderungen und eine Erklärung der einzelnen Phasen gesellschaftlicher Entwicklung aus historischer Sicht, welche in diesem relativ kurzen Zeitraum vollzogen wurden. Andererseits geht es um das Aufzeigen der Entwicklung von Strukturen der gesellschaftlichen Wertschöpfungsprozesse, bis hin zum heutigen Primat der digitalen Dienstleistungen. Das Hinüberwachsen lohnabhängiger Erwerbsarbeit in die digitale Gesellschaft wird ebenso thematisiert wie der soziale Hintergrund geschlechtsspezifischer Disparitäten auf dem Arbeitsmarkt. Dieser Rückblick eröffnet eine breitere Perspektive hinsichtlich gesellschaftlicher Veränderungen, aber auch den Blick auf die qualitativen Veränderungen betrieblicher Arbeit und den aktuellen Bedarf an betrieblichen Initiativen zur Umsetzung innovativer Strategien der Personalentwicklung.

Der Weg in die „digitalisierte Gesellschaft" – ein systemischer Transformationsprozess

Allgemeine Darstellung

Zum besseren Verständnis der Diskussion um die Zukunft betrieblicher Arbeit 4.0 und mit Blick auf die aktuellen Herausforderungen, welche die Digitalisierung an Gesellschaft, Betriebe und Beschäftigte stellt, werden im Folgenden – deskriptiv wie analytisch – die Entwicklungslinien betrieblicher Arbeit im Zusammenhang mit der Erfindung, Einführung und Verbreitung technischer Innovationen dargestellt. In enger Verbindung damit werden die Übergänge hinsichtlich der mit dem technischen Fortschritt verbundenen betrieblichen wie sozialen Wandlungsprozesse in vier Phasen betrieblicher Arbeit von Phase 1 in 2 (um 1850) bis Phase 3 in 4 (2010) skizziert.

© Springer Fachmedien Wiesbaden GmbH, ein Teil von Springer Nature 2019
A. Lippe-Heinrich, *Personalentwicklung in der digitalisierten Arbeitswelt*,
https://doi.org/10.1007/978-3-658-25457-5_1

Angesichts der aktuellen gesellschaftlichen Trends und Entwicklungen ist davon auszugehen, dass es zukünftig weniger um die Gestaltung einer „wissensbasierten Gesellschaft" gehen wird, sondern um die Gestaltung einer „digitalisierten Gesellschaft". Diese
zeichnet sich zum einen durch hohe Gewinne im Bereich innovativer und disruptiver Geschäftsmodelle aus und zum anderen durch ein hohes Gefährdungspotenzial aufgrund sozialer Polarisationsprozesse, verbunden mit der Gefahr der Aushöhlung von demokratischen Gesellschaftsstrukturen.

Darauf aufbauend wird der spezifische Charakter der aktuellen Entwicklungen zu Arbeit 4.0 herausgearbeitet, welche als ein systemischer Wandel zu einer polarisierten „digitalisierten Gesellschaft" bezeichnet wird. Daraus abgeleitet werden alternative Entwicklungslinien, Chancen und Risiken der digitalisierten Produktionsweise herausgearbeitet.
Im Zeichen einer neuen weltwirtschaftlichen Arbeitsteilung wird ein Bedarf an neuen,
kooperativen Führungsstilen, Instrumenten und innovativen Ansätzen des Personalmanagements benannt, insbesondere der strategische Ansatz Diversity Management (DM).
Dies rückt nicht zuletzt die Gleichstellung von Männern und Frauen bzw. die Inklusion
von bislang benachteiligten Arbeitnehmergruppen als Lösungsstrategie für den demografischen Wandel in den Blick. Zudem wird unter Berücksichtigung der Wirkungen unterschiedlicher Varianten von Technikeinsatzkonzepten die Forderung nach der grundsätzlichen Gestaltbarkeit des digitalen Wandels durch soziale Akteure erhoben – und dies aus
der Sicht der Sozialpartner bzw. von Arbeitgebern und Beschäftigten – mit dem Ziel, aus-
einanderdriftende Lebenswelten in Gesellschaft und Arbeitswelt wieder stärker zusam-
menwachsen zu lassen.

Wie diese Neuverteilung von Chancen durch Prozesse der Reorganisation betrieblicher Arbeit in der digitalisierten Wirtschaft aussehen kann, steht dabei im Fokus der vorliegenden Betrachtungen, ebenso wie die Risiken der digitalen Gesellschaft, die es zu
vermeiden gilt.

Der Fokus dieses Lehrbuchs liegt dabei auf der Erklärung und Vorstellung innovativer
Leitbilder betrieblicher Arbeit, vermittelt über innovative Ansätze und Instrumente für
Personalmanagement und Personalführung.

Übertragbare Erfahrungswerte und Hinweise zu erfolgreichen, praxisnahen Betriebs-
projekten, u. a. empirisch fundierten Modellprojekten zur Bewältigung des systemischen
Strukturwandels, sollen dem Führungsnachwuchs in spe, insbesondere jedoch den personalverantwortlichen Fach- und Führungskräften in kleinen und mittleren Unternehmen
eine exemplarische Übersicht verschaffen hinsichtlich erfolgreich erprobter und übertragbarer Arrangements zukunftsweisender Personalentwicklung auf betrieblicher Ebene.

▶   Um die besondere Qualität betrieblicher Arbeit und die Anforderungen an
     das Personalmanagement für zukünftige Arbeitsprozesse nachzuvollziehen
     und zu verstehen, benötigen wir einen historisch-deskriptiven, aber auch ei-
     nen analytisch-vergleichenden Blick auf die zentralen Entwicklungslinien der
     technischen, sozialen und wirtschaftlichen Entwicklung seit dem Beginn der
     Industrialisierung.

Historisch-zeitlicher Abriss zur Entwicklung der gesellschaftlichen Produktionsweise
Um zu verstehen, welche nachhaltigen Veränderungen die weltweite Vernetzung und Informatisierung von Wirtschaft, Arbeit und Gesellschaft mit sich bringt, wird im ersten Kapitel ein Blick in die jüngere Geschichte geworfen, die – ebenso wie Gegenwart und Zukunft – durch technische Erfindungen und strukturellen Wandel geprägt ist. Die hauptsächlichen Entwicklungslinien betrieblicher Arbeit in vier Phasen sowie den Wandel von der industriellen und gegenständlichen Wertschöpfung zur Wertschöpfung durch weitgehend immaterielle Dienstleistungen skizziert Kap. 2.

Durch den historischen Abriss technologischer und sozialer Trends und Wandlungsprozesse gilt es deutlich zu machen, wie sich Wirtschaft, Arbeit und Gesellschaft in der jüngeren Geschichte kontinuierlich und permanent, also „systemisch", in bislang vier deutlich unterscheidbaren Phasen (Phase 1 bis Phase 4) weitgehend evolutionär weiterentwickelten.

Dieser technologische Wandel ist ein wesentlicher Motor für die Transformationsprozesse in einer digitalisierten Gesellschaftsform, an der Schwelle zu Arbeit 4.0, die wir heute erreicht haben.

Die Entwicklung der heutigen Arbeitsgesellschaft lässt sich in der Gesamtschau in vier Phasen skizzieren:

Urproduktion: Agrargesellschaft mit Ackerbau und Viehzucht, Fischerei sowie handwerklicher Produktion (bis ca. 1890)
Dominanz der Landwirtschaft, Forstwirtschaft und Fischerei als primärem Sektor für Arbeit und Wertschöpfung. Vor Eintritt der Industrialisierung war dies der größte Beschäftigungsbereich. Das Leben der Menschen war abhängig von der Natur und dem Wetter. Bis auf wenige Familien von Stand lebte die Landbevölkerung in Armut und ohne Komfort, ständig in Furcht vor Hungersnot und Krankheiten.

Phase 1: Übergang zur Industrialisierung, Massenfertigung und Kriegsproduktion
Entwicklung der industriellen Produktionsweise zum beschäftigungsintensivsten Aktivitätszweig mit der Industrie als sekundärem Sektor. Zahlreiche Erfindungen beschleunigten die industrielle Entwicklung. Menschen zogen vom Land in die Städte. In diesem Zusammenhang erfolgten der Zerfall der Großfamilie und die Herausbildung von Kleinfamilien. In den neugegründeten Fabriken erfolgte zunächst die Einführung von mechanisch betriebenen Webstühlen und anderen Maschinen, später dann die Verbreitung von elektrisch betriebenen Maschinen. Dies ermöglichte den Beginn der industriellen Massenfertigung und die weitere Entfaltung der Produktivkräfte. Entwicklung von Massenarbeitslosigkeit. Zwei imperialistische Weltkriege mit Millionen von Toten.

Phase 2: Wiederaufbau und allmähliche Implementierung unvernetzter Einzelplatzsysteme

In der prosperierenden Nachkriegsgesellschaft erfolgten der Wiederaufbau und die Konstitution einer europäischen Wirtschaftsunion in einem vereinten Europa. Eine Etappe des Friedens wurde eingeleitet und begleitet von einer Entwicklung zur sogenannten Dienstleistungsgesellschaft mit voranschreitender Rationalisierung der Industrieproduktion. Die Informatisierung der Arbeitswelt begann mit der Einführung von unverbundenen Einzelplatzsystemen in Fertigung und Verwaltung.

Phase 3: Beginn der übergreifenden Vernetzung von Geschäftsprozessen

Der Prozess der Einführung betriebsübergreifender Integration und Vernetzung von Arbeitsprozessen verband sich mit der Implementierung dezentraler Rechner und Arbeitsmittel. Charakteristisch hierfür ist die Verlagerung des Schwerpunkts der Wertschöpfung von der industriellen Produktion auf Dienstleistungsprozesse.

Dies veränderte die Arbeitsplätze in Industrie und Dienstleistungen noch einmal sehr stark. Automatisierung und Vernetzung ermöglichten in Phase 2 und 3 eine weitgehende Substitution einfacher und repetitiver Arbeit in Produktion und Verwaltung. Dienstleistungen, insbesondere auch produktionsnahe und wissensbasierte Dienstleistungen, rückten in das Zentrum betrieblicher und gesellschaftlicher Wertschöpfung. Es setzte ein massiver Strukturwandel von Arbeit und Gesellschaft ein. In dieser Zeit herrschte die Praxis eines nach Geschlechtern segmentierten Arbeitsmarktes.

Phase 4: Umfassende Vernetzung und Integration vormals getrennter Bereiche, Herausbildung einer „digitalisierten Gesellschaft" (seit etwa 2010)

Die Entwicklung der digitalisierten Gesellschaft geschieht durch weithin übergreifende Vernetzung und Integration von digitalisierten Produktions- und Dienstleistungsprozessen auf internationaler Ebene. Es erfolgt eine zunehmende Integration und betriebliche Vernetzung internationaler und betriebsübergreifender Wertschöpfungs- und Geschäftsprozesse.

Seit der Jahrtausendwende erfolgt ein zunehmender Einsatz komplexer und vernetzter Datenbanken bzw. sogenannter „intelligenter Systeme" in Verbindung mit der Entwicklung neuer, virtueller Geschäftsprozesse und Modelle. Dies geht einher mit der Entgrenzung und Auflösung von gewachsenen Strukturen in allen Bereichen von Familie, Arbeitswelt und Gesellschaft. Der systemische Wandel vollzieht sich zum Teil in Form von disruptiven Wandlungsprozessen. Charakteristisch hierfür ist, dass Wertschöpfung in zunehmendem Maße durch immaterielle Dienstleistungsprozesse erfolgt und industrienahe Dienstleistungen an Bedeutung gewinnen.

Diese Entwicklungen führen zu tief greifenden Transformationsprozessen mit weitreichenden Folgen für Gesellschaft, Wirtschaft und Arbeit. Es erfolgt ein Wandel zur digitalisierten Gesellschaft (s. Coy 2014, S. 2).

Dieser tief greifende Strukturwandel wirkt sich wiederum auf die betrieblichen Personalführungskonzepte und auf die Ansätze für Personalmanagement und Personalentwicklung aus. In der zukünftigen Phase 4 mit Arbeit 4.0 ist eine flächendeckende Substitution intelligenter und komplexer, menschlicher Arbeit durch Systeme künstlicher Intelligenz zu erwarten, die nur zum Teil über die Schaffung neuer Arbeitsplätze aufgefangen werden kann.

1.1   Die Urproduktion: Ackerbau, Viehzucht, Fischerei und Handwerk

▷   In der Phase 1 der Entwicklung der wirtschaftlichen Produktivkräfte von der überwiegend landwirtschaftlichen Produktionsweise – der Urproduktion – mit Ackerbau und Viehzucht, Fischerei und Handwerk vollzieht sich ein Wandel von der bäuerlichen und handwerklichen Produktion mit Einzel- und Kleinserienfertigung in die sogenannte industrielle Produktionsweise.

Bei der landwirtschaftlichen Produktionsweise überwiegt das ländliche Leben in Großfamilien. Die Menschen lebten von Ackerbau, Viehzucht, Fischerei und Handwerk. Landläufig nennt man diese Form der gesellschaftlich dominanten Produktionsweise die primäre Urproduktion.

Fast die Hälfte der in diesem Bereich Arbeitenden waren Frauen, meist Familienangehörige, Ehefrauen und/oder Mägde. Selbst die Kinder eines Bauern oder Knechts mussten bereits in täglichen Pflichten mitarbeiten und neben dem Schulbesuch, falls es ihn gab, in Landwirtschaft und Viehzucht mitarbeiten. Sie machten oft aus der Arbeit ein Spiel, wobei dieses „Spiel" vielfach bis zu sechs Stunden pro Tag ausmachte.

Die vorherrschende Form der Reproduktion war die bäuerliche Arbeit, in der ganzheitliche Formen der Arbeit und das Bestreben nach Selbstversorgung durch Anbau und Viehzucht hervortreten. Charakteristisch hierfür sind Tätigkeiten wie pflügen, hacken, säen, ernten und dreschen, aber auch pflücken, schneiden, sammeln, füttern und hüten.

Alle diese Tätigkeiten sind von einem hohen Anteil von Handarbeit geprägt und erfordern einen körperlichen Einsatz, wobei die schwersten körperlichen Arbeiten i.d.R. den Männern vorbehalten waren und die weniger körperlich anstrengenden Tätigkeiten den Frauen. Diese Aufteilung begründet wohl auch eine erste geschlechtsspezifische Arbeitsteilung zwischen Frauen und Männern.

Die Bauern und Lehensherren mit eigenem Grund und Boden wurden durch weitgehend mittellose Knechte und Mägde unterstützt, die bei der Herrschaft in Lohn und Brot standen.

Der Boden wurde nahezu vollständig mit einfachen landwirtschaftlichen Geräten und Werkzeugen bearbeitet. Der Mechanisierungsgrad dieser landwirtschaftlichen Arbeit war noch sehr gering. Die weitgehend manuell verrichtete und körperlich stark belastende Arbeit in der Landwirtschaft ist durch die Tätigkeit des Pflügens, Erntens, Säens und die Arbeit mit Schere, Schubkarre und Schaufel zu charakterisieren. Bei den eingesetzten Werkzeugen für die Agrarproduktion handelte es sich vorwiegend um mechanische Werkzeuge, wie Hacke, Sense und Dreschflegel für die Getreideernte. Die Hacke zur Bodenbearbeitung wurde ergänzt durch die Pflugschar, welche mit vorgespannten Pferden, Kühen oder Ochsen die Bodenbearbeitung erleichterte.

Das Füttern und Versorgen der Tiere und deren Aufzucht wurden ebenfalls weitgehend manuell betrieben. Es handelte sich somit bei allen Arbeiten um schwere körperliche Arbeiten, die sehr arbeitsintensiv und mit viel menschlicher Arbeitskraft zu bewerkstelligen waren.

In allen Bereichen landwirtschaftlicher Produktionsweise, ob es sich um die Erzeugung von landwirtschaftlichen Produkten oder die Aufzucht von Vieh und Geflügel etc. handelte, war schwere körperliche und manuelle Arbeit („Handarbeit") charakteristisch, in Verbindung mit der Herausbildung enger dörflicher Gemeinschaften. Die „Selbstversorgung" in Eigenproduktion war bestimmend für die Reproduktion der Familien und Gemeinschaften. Für das, was fehlte und nicht in Eigenregie hergestellt werden konnte, wurde über den Verkauf von landwirtschaftlichen Produkten auf Wochenmärkten ein wenig Bargeld verdient, das für Kleidung und Stoffe, Zucker, Mehl sowie andere benötigte Dinge zur Verfügung stand.

Parallel hierzu bildeten sich die einzelnen Gewerke des Handwerks heraus, die nach Ständen organisiert und in den Städten und Dörfern angesiedelt waren. Hierbei handelte es sich vorrangig um Klein- und Kleinstbetriebe, die sich immer mehr spezialisierten und somit zur Herausbildung einer Berufsstruktur beitrugen. Ihre Produkte wurden i.d.R. in handwerklicher Produktionsweise und in manueller Einzelfertigung hergestellt. Als Beispiele dafür können die Zimmererleute gelten, die Schuhmacher, die Schneider, Schmiede und viele andere mehr. Charakteristisch ist auch hier angesichts fehlender Elektrifizierung und Mechanisierung von Arbeitsvorgängen der hohe Anteil manueller, körperlich belastender Arbeit. Diese Handarbeit erforderte zum Teil großes manuelles Geschick und starke körperliche Kraft bzw. eine hohe körperliche Belastbarkeit.

In Landwirtschaft und Handwerk galt, dass die einzelnen Arbeiten mit einer geringen Anzahl von mechanischen Werkzeugen erbracht werden mussten. Die einzelnen Gewerke, wie Fleischer, Schneider, Schuster oder Zimmermann, mussten daher mit nur wenigen, spezialisierten Werkzeugen auskommen. Ihre Arbeit wurde meist als Einzelfertigung im Kundenauftrag mit individuell ausgehandeltem Stücklohn erbracht.

Die Werkstücke erreichten trotz einfacher Werkzeuge vielfach eine hohe Professionalität, die aus der präzisen Kenntnis der Werkstoffe, der Kundenwünsche und der Bearbeitungsvorgänge erlangt werden konnte. Es lässt sich unschwer an den Bauwerken des Mittelalters und Werkstücken einzelner Gewerke des 18. Jahrhunderts, welche heute noch in Museen zu bewundern sind, erkennen, dass diese Form handwerklicher Produktionsweise durchaus nicht minderwertig war, jedoch sehr viel Körperkraft, Ausdauer, Sorgfalt und Geschicklichkeit, Mühe und Zeit erforderte. Es ist anzumerken, dass zu dieser Zeit nahezu drei Viertel der erwerbstätigen Bevölkerung in der Landwirtschaft tätig waren (vgl. Abb. 1.1).

Das Handwerk war in Gewerken organisiert und zeichnete sich durch hohes handwerkliches Geschick und Wissen um die Arbeitsmittel aus. Die weitgehend manuelle Anfertigung nach Maß in Einzelserie war charakteristisch für eine handwerkliche Produktion, die sich parallel zur landwirtschaftlichen Produktion mit Ackerbau, Viehzucht und Fischereiwesen entwickelte.

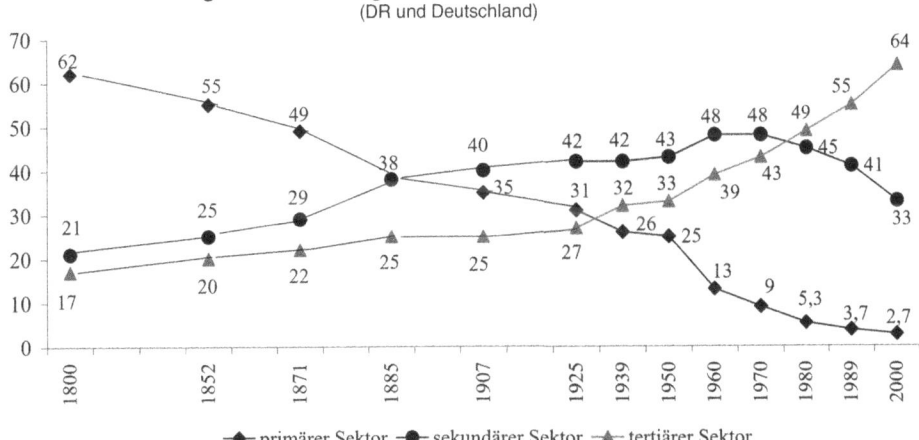

Abb. 1.1   Erwerbstätige nach Produktionssektoren 1800–2000. (Quelle: Baethge 2006, S. 24)

Handwerkliche Einzelfertigung als Qualitäts- und Maßarbeit

Die individuelle Einzelserienfertigung als handwerkliche Qualitäts- und Maßarbeit im Kundenauftrag war im Handwerk zu Zeiten der Urproduktion üblich. Die einzelnen Gewerke waren ständisch und nach Gewerken organisiert, z. B. im Schmiedehandwerk, im Schuhmacher- oder Schneiderhandwerk, Zimmermannshandwerk oder Fleischerhandwerk.

Die Einzelserienfertigung bzw. die Fertigung im Kundenauftrag wird übrigens heute wieder unter dem Stichwort der Kundenorientierung und einer möglichst ganzheitlichen Arbeitsweise diskutiert. Der Einsatz der Informationstechnik, z. B. in frei programmierbaren Fertigungsstraßen, ermöglicht es, auch kleine Serien kostengünstig und nach Maß zu produzieren. Damit rückt die kleine Serie bzw. sogar die Einzelfertigung als Bestandteil ganzheitlicher Arbeitsprozesse in Phase 4 mit der sogenannten Arbeit 4.0 wieder stärker in den Fokus hochwertiger Dienstleistungen.

Die grundlegenden Strukturen landwirtschaftlicher Produktionsweise haben sich übrigens lange kaum verändert – verbunden mit einem permanenten Rückgang an Beschäftigung und Wertschöpfung. Erst weit nach dem Ende des Zweiten Weltkrieges, in den 1970er-Jahren (Phase 3), veränderten sich die Arbeitsbedingungen in der Landwirtschaft so drastisch, dass die Landwirtschaft heute als einer der am meisten technisierten und industrialisierten Bereiche gelten kann.

Im Zuge der Einführung neuer Methoden des Anbaus und der Produktion kam es, genauso wie in der Frühphase der Industrialisierung, zu großen sozialen Konflikten und „Maschinenstürmern".

Die flächendeckende Verbreitung großer Maschinen, wie Traktoren und Mähmaschinen, sowie das Aufkommen einer mehr oder minder industriellen Nutztierhaltung, welche die Tiere zum Produkt definiert und weniger als Kreatur der Schöpfung, veränderten die Struktur landwirtschaftlicher Produktion seit Mitte der 1970er-Jahre des 19. Jahrhunderts auf eine so nachhaltige Art und Weise, dass heute von einer erfolgten Industrialisierung der Landwirtschaft gesprochen werden kann. Im Jahr 2018 kann die Agrarproduktion und Viehzucht als einer der am meisten technologisierten Bereiche von Arbeit und Beschäftigung bezeichnet werden.

1.2   Phase 1: Das Aufkommen der industriellen Produktion

▶   Die Zeit der technischen Umstellung von manueller Arbeit auf mechanische Industriearbeit wird im Allgemeinen als Phase 1 der industriellen Produktionsweise bezeichnet. Sie beginnt mit der Erfindung von mechanisch betriebenen Webstühlen und führt – sukzessive mit der Erfindung der Glühbirne und der Verbreitung elektrisch betriebener Maschinen – in Verbindung mit dem Aufbau der ersten Fabriken zum Beginn der Abwanderung von Arbeitskräften vom Lande in die Städte. Dieser Trend umfasst nicht nur die quantitative Beschäftigung von Arbeitskräften, sondern auch den wirtschaftlichen und sozialen Strukturwandel. Daraus abgeleitet entwickeln sich nicht nur die Arbeitsinhalte weiter, sondern es entstehen veränderte Anforderungen an Kenntnisse, Fähigkeiten und Kompetenzen, die zur Erbringung betrieblicher Arbeitsaufgaben benötigt werden.

Der Übergang von der landwirtschaftlichen Produktionsweise in die industrielle Produktionsweise umfasst in der ersten Hälfte des 17. Jahrhunderts zunächst die Entstehung von Textil- und Bekleidungsproduktion sowie das Aufkommen von Webstühlen für die Produktion von Bekleidung, die zunächst mechanisch und später per Dampfmaschine (Erfindung 1769) betrieben wurden.

Die im 18. Jahrhundert flächendeckend erfolgte Nutzbarmachung der Elektrizität, verbunden mit der Erfindung der Glühbirne und der Entwicklung elektrisch betriebener Maschinen, Webstühle etc., ermöglicht den Aufbau der industriellen Massenfertigung, die wir als Phase 2 der Entwicklung bezeichnen. Ab da war es möglich, zu jeder Zeit in der Fabrikanlage zu arbeiten, unabhängig vom Tageslicht.

Beim Übergang ins 19. Jahrhundert kommt es – nicht zuletzt durch zahlreiche bahnbrechende Erfindungen – zu einem gewaltigen Schub in der Entwicklung der Produktivkräfte. Im Gefolge einer zunehmenden Internationalisierung des Kapitals und der Produktion entwickeln sich vorher nie gekannte wirtschaftliche Wandlungsprozesse, eng verbunden mit der Entwicklung eines international tätigen Finanzwesens (s. Abb. 1.2).

Die Internationalisierung von Kapital-, Handels- und Wirtschaftsbeziehungen etc., der Bau neuer Transportwege und -mittel, wie z. B. Straßen, Lokomotiven und Eisenbahnwegen,

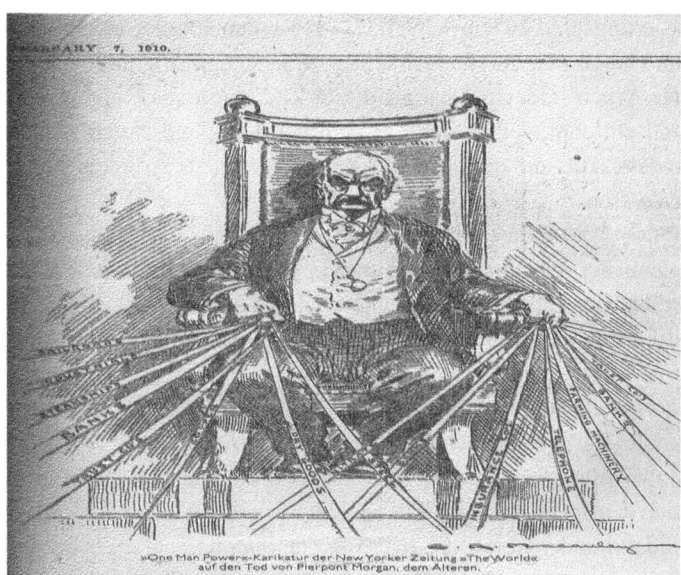

Abb. 1.2 J.P. Morgan, der international expandierende Finanzkapitalismus – ein exemplarisches Bild zur Internationalisierung von Produktion, Kapital und Arbeit um 1910. (Quelle: The World 1910)

ermöglichen eine internationale Expansion der in Massenfertigung und großen Fabriken hergestellten Produkte. Es entstehen die ersten multinationalen Konzerne, die weltweit produzieren und zahlreiche Niederlassungen im Ausland aufbauen. Die Firma Siemens, ursprünglich als Familienbetrieb auf einem Kreuzberger Hinterhof in Berlin ansässig, entwickelt sich zu einem weltumspannenden Unternehmen. Weitere Erfindungen, wie z. B. die des Radios, des Telefons, neuer Waffentechnik und der Chemiewaffen, beschleunigen diese Internationalisierung des Kapitals, welche als „entfesselter Kapitalismus" letztlich zu imperialistischer Hegemonialpolitik und zwei Weltkriegen führt. Marx schreibt in dieser Zeit „Das Kapital" und zeigt Funktionen und Wirkungen dieser Produktionsweise deutlich auf.

Eng verbunden damit ist das Produktionskonzept der Taylorisierung, d. h. der kleinteiligen Massenproduktion, meist im Stücklohn und Akkord. Dies ist gleichbedeutend mit einer weitgehenden Aufstückelung von Arbeitsabläufen, d. h. mit der Aufteilung des Produktionsprozesses in viele, kleine und einzelne Teilschritte, die vom Einzelnen nicht überblickt werden. Charakteristisch hierfür ist die fehlende Transparenz von Arbeitsabläufen für den Einzelnen. Vielfach wurden Prozesse der Dequalifizierung eingeleitet. In den damaligen Autofabriken, z. B. von Ford, wurde i.d.R. nur eine Anlernung geleistet für die Erbringung einzelner Handgriffe im Akkord.

Mit Taylorisierung und Fordismus waren zentralistische Formen der Führung verbunden, wie sie z. B. für die Automobilproduktion lange Zeit charakteristisch waren. Der einzelne Lohnabhängige hatte nur geringe Mitsprache und Stellenwert. Arbeitskräfte waren in großer Zahl vorhanden. Hinzu kommt, dass Lohnabhängige mit geringem

Professionalisierungsgrad zudem schnell ersetzt werden können, so dass das Prinzip des „Hire and Fire" lange Zeit durchaus praktikabel, kostengünstig und weit verbreitet war. Die ungelernte Arbeit in der Fabrik aus dieser Zeit wurde auch als „Anlern-Tätigkeit" bezeichnet und entlohnt, selbst wenn es sich bei den eingesetzten Arbeitskräften um Personen handelte, die auf dem Lande einer Tätigkeit als Arbeiter oder Handwerker nachgegangen waren.

In dieser Phase 2 der Industrialisierung kommt es zusehends zu einer Professionalisierung von betrieblicher Arbeit in den einzelnen Aktivitätszweigen, wie z. B. der Metallverarbeitung, der Textilproduktion und der chemischen Industrie, sowie zum Aufbau großer Fabriken und Fertigungsanlagen, die den Anliegen einer industriellen Massenfertigung entsprechen.

Dieser historische Entwicklungsprozess der Arbeitsgesellschaft ist in Deutschland weder als industrielle Revolution noch als Evolution zu bezeichnen. Er vollzieht sich eher als krisenhafte Entwicklung in Sprüngen und mit tief greifenden Transformationsprozessen. Die entstehende deutsche Großindustrie mit Unternehmen wie Siemens oder Borsig hatte bereits um die Jahrhundertwende das Interesse, auf internationaler Ebene zu expandieren. Es entstehen erste internationale Konzerne.

Der mit der Entwicklung der Produktivkräfte einhergehende Wandel wird vom Entstehen eines europäischen Hegemonismus und einer imperialistischen Eroberungspolitik begleitet. Ein „*entfesselter*" *Kapitalismus* führt letztlich in die Katastrophen zweier Weltkriege mit Millionen von Toten und vielen lebenslang verkrüppelten Menschen (Abb. 1.3).

Zwei imperialistische Weltkriege führen zu apokalyptischer Zerstörung: Der Erste Weltkrieg mit ersten „industriellen", maschinellen Waffen der Kriegsführung und Mil-

Abb. 1.3 Vogel ohne Nest. (Quelle: Flügge, Gerhard, S. 289; Reproduktion der Grafik von Heinrich Zille mit freundlicher Genehmigung von Heinrich Preetz-Zille)

Die Gesundheit
ist verloren.
enn nu hin?
d es heißen:

Ein Vogel ohne Nest –
Nun, Bruder, nimm de
Soldat bist du gewest!

lionen von Kriegstoten; der Zweite Weltkrieg mit innovativer Technik und industrieller Kriegstechnologie führt zu noch mehr Millionen von Toten, Opfern von Vertreibung und unsäglichem menschlichem Leid in Konzentrationslagern und Gaskammern …

Soziale Konflikte, politische Auseinandersetzungen, strukturelle Arbeitslosigkeit und die Verelendung der abhängig Beschäftigten führten zu zahlreichen gesellschaftlichen Verwerfungen. Nicht zuletzt die Machtergreifung durch den Nationalsozialismus ist dieser Verelendung geschuldet, der mit falschen Versprechungen und einer verheerenden Ideologie breite Massen hinter sich scharte.

Der Übergang von Phase 1 in Phase 2 der Industrialisierung wurde jedoch nicht nur zum Anlass für Desaster und Kriege, sondern *gleichzeitig* zum Anlass für die Abschaffung der Monarchie. Dieser Transformationsprozess wurde damit zur Wiege der neuen demokratischen Staatswesen in Europa. Dieser Übergang vollzog sich mit tief greifenden gesellschaftlichen Verwerfungen, zwei großen Weltwirtschaftskrisen (1914/15) und den daraus folgenden kriegerischen Auseinandersetzungen in zwei großen Weltkriegen (1914–1918 und 1939–1945).

Der wirtschaftliche Wiederaufbau nach dem Zweiten Weltkrieg, die Gründung und Weiterentwicklung der Europäischen Gemeinschaften, nicht zuletzt gedacht als ein Völkerbund zur Sicherung des Friedens, führen zum Entstehen der EU und nie gekanntem Wohlstand. Diese seitdem für Europa anhaltende Phase des Friedens und der Prosperität ist mit wirtschaftlicher Prosperität, Aufschwung und umfassenden Demokratiebestrebungen verbunden.

Soziale Entwicklungslinien am Beispiel des Wandels von Familie und Frauenrolle
Die Großfamilie, als Zentrum des ländlichen Lebens, war stark hierarchisch gegliedert und stellte i.d.R. den Mann beziehungsweise den männlichen, erstgeborenen Erben in den Fokus des Geschehens. Die Männer waren maßgeblich bestimmend, was das Zusammenleben angeht. Die Frauen waren weitgehend rechtlos und hatten sich den Männern unterzuordnen. Die Dominanz des Mannes im Patriarchat zog sich in ganz Europa durch alle Gesellschaftsschichten hindurch und geht bis auf das römische Recht zurück, wo es z. B. heißt, dass die Kinder dem Manne gehören, so wie der Apfel zum Apfelbaum.

Im Zuge der Industrialisierung ziehen um die Jahrhundertwende viele Arbeitskräfte vom Lande in die Stadt, von der sie sich das Ende wirtschaftlicher Not und ein besseres wirtschaftliches Auskommen versprechen. Nicht nur die Reste feudaler Strukturen werden dabei aufgehoben, sondern auch die Großfamilien zerfallen. Am Beispiel der Frauenarbeit und der Veränderung der Familienstrukturen lässt sich exemplarisch aufzeigen, wie sich technische und gesellschaftliche Umbrüche auf soziale Entwicklungen, nicht zuletzt im Zusammenleben der Menschen, auswirken.

Mit der Auflösung der Großfamilie und dem Wegzug der Arbeitskräfte vom Lande in die Stadt entwickelt sich die Reproduktionsform der Kleinfamilie, verbunden mit dem sozialen Wandel von Familie, Arbeit und Gesellschaft.

Da sich nach wie vor die Vorstellung vom Mann als Familienvorstand und Ernährer der Familie hält, wird vielfach dem Wandel der Rolle der Frau bzw. der Geschlechter für die familiale Reproduktion kaum eine nennenswerte Bedeutung beigemessen. Die Rolle der Frau wird für die weitere Entwicklung unterschätzt, denn auch die Frauen strömen in die Städte, vielfach in die abhängige Beschäftigung als „Hausmädchen" in Privathaushalte. Aber zahlreiche Frauen strömen auch in die Fabriken.

In dieser Phase des Aufkommens der Industrialisierung erfolgten der Wegzug der Menschen vom Lande in die großen Städte und nicht zuletzt die Herausbildung eines industriellen Proletariats. Hierbei handelte es sich um Arbeiter und Arbeiterinnen, die im gewerblich-technischen Bereich der Produktion in den Fabriken tätig waren. Gelernte Handwerker und ungelernte Fabrikarbeiter, einschließlich der Frauen und Kinder, wandern vom Land in die Stadt. Sie werden von der Industrieproduktion aufgenommen und zum Teil unter sehr schlechten Bedingungen beschäftigt und entlohnt. Es entsteht das sogenannte „Industrieproletariat" mit weitreichenden sozialen Folgen. Das „Kapital" und die dreiteilige Klassifikation der Bevölkerung nach mittellosem Proletariat, bürgerlicher Mittelschicht und besitzender Oberschicht nach Marx bieten Erklärungen und Lösungsansätze. Diese Arbeiter werden in der kollektiven Organisation von Gegenmacht nach Marx als das „Proletariat", im Sinne der „Unterschicht", charakterisiert und stehen danach in diametralem Gegensatz zur Gruppe der „Oberschicht", den sogenannten „Couponschneidern". Denn die sogenannte „Arbeiterklasse" habe „nichts zu verkaufen als ihre Arbeitskraft …" (Marx 2018).

Es entsteht eine Gewerkschaftsbewegung zur Interessenvertretung der abhängig Beschäftigten, wie wir sie heute in Deutschland in Gestalt des DGB und seiner Einzelgewerkschaften kennen. Die ersten Ansätze zur Aushandlung kollektiver Rechte und Arbeitsbedingungen datieren aus dieser Zeit. Die „soziale Frage" als die zentrale Frage der subsistenzerhaltenden Lohnarbeit in den neu entstandenen Fabriken und Industrieanlagen wurde zur dramatischen Herausforderung für die gesellschaftliche Entwicklung zu Beginn des 20. Jahrhunderts.

Die soziale Verelendung breiter Massen führte in der Vorphase zum Ersten Weltkrieg, der Phase der Zwischenkriegszeit, der Kriegszeiten und des Wiederaufbaus nach dem Zweiten Weltkrieg letztlich zur Entwicklung politischer Parteien und Gewerkschaften, welche in Deutschland beziehungsweise in ganz Europa die Interessen der Lohnarbeiter auf ihre Fahnen schrieben. Die technologische, soziale und wirtschaftliche Entwicklung war nicht mehr aufzuhalten.

Aber auch soziale Errungenschaften brachen sich immer mehr Bahn, wie z. B. die Arbeitersiedlungen von Borsig in Reinickendorf und Siemens in Siemensstadt eindrucksvoll belegen. Diese wurden als Angebot der Arbeitgeber für die Arbeiter, Meister und Führungskräfte gebaut, um sie mit preiswertem und gutem Wohnraum zu versorgen und um sie nicht zuletzt dem wachsenden Einfluss der Gewerkschaften zu entziehen. Immer mehr Menschen strömten beim Übergang von Phase 1 in Phase 2 vom Land in die sich rasch vergrößernden Städte und waren in den immer bedeutender werdenden Industrieunternehmen beschäftigt.

1.3   Phase 2: Elektrifizierung und industrielle Massenfertigung

▶   Der Strukturwandel im ausgehenden 19. Jahrhundert umfasst nicht nur eine quantitative und regionale Weiterentwicklung von der Agrarwirtschaft in die Industrieproduktion, sondern auch eine ganze Reihe sozialer Strukturwandlungsprozesse und Umbrüche, denen wir als Produkt nach dem Ende des Zweiten Weltkrieges zahlreiche Initiativen und Gesetze zur Regelung der Arbeitsbeziehungen bzw. das heutige System kollektiver Absicherung und Interessenausgleiche im Rahmen der Sozialpartnerschaft verdanken.

▶   Nicht zuletzt die Form der industriellen Massenproduktion im Akkord – nach der im Automobilbau geprägten Arbeitsweise nach Ford – begünstigte das Entstehen eines zentralistischen Führungsstils, und diese Form der Produktion steht bis in die jüngste Vergangenheit in Verbindung mit der Verbreitung heute noch weit verbreiteter, autoritär geprägter Führungsformen und entsprechenden Methoden der Personalführung bzw. des Personalmanagements in den Betrieben. Gleichzeitig kommt es zu einer Professionalisierung von betrieblicher Arbeit und Ausbildung und zur Entwicklung eines Systems der Arbeitsbeziehungen mit starken Gewerkschaften, welches wir heute noch als betriebliche Sozialpartnerschaft bezeichnen.

Das Entstehen von Branchen, Berufen und Berufsstrukturen sowie der juristischen Regelungen betrieblicher Arbeit datiert aus dieser Zeit und ist eine logische Konsequenz aus einer immer bedeutender werdenden industriellen Produktion mit weitreichenden Anforderungen an die Beschäftigten. Hinzu kommt der Wandel von Familienstrukturen und Reproduktionsbedingungen für die abhängig Beschäftigten, welche das Entstehen neuer sozialer Rahmenbedingungen für die betriebliche Arbeit flankieren.

Die heute noch herrschende Form der Kleinfamilie ersetzte mehr und mehr den familiären Verbund der Großfamilie. Nicht zuletzt werden dadurch zahlreiche bislang in der Großfamilie erledigte Arbeiten in die Sphäre der Erwerbsarbeit „externalisiert". Es kommt zur Entstehung der externen Dienstleistungen als einem zunächst marginalen Bereich von Erwerbsarbeit.

Hier lassen sich sehr früh einfache und ungelernte Arbeiten, wie die Erbringung haushaltsnaher Dienstleistungen durch Dienstmädchen oder einfache Servicekräfte (Putzdienste etc.), von der raschen Verbreitung komplexer, anspruchsvoller und wissensbasierter Dienste (Dienstleistungen aus der Bank- und Finanzwelt, den Versicherungen, Transportwesen etc.) unterscheiden.

In den 1870er-Jahren begann sich die Mechanisierung weiter zur hochstandardisierten Automatisierung von mehr und mehr elektrifizierten, industriellen Produktions- und Leistungsprozessen in der Massenfertigung zu entwickeln.

Parallel dazu erfolgte der Bau von neuen Transportmitteln, wie z. B. der Eisenbahn (Erfindung 1801), und neuen Transportwegen, insbesondere dem Schienennetz für die Eisenbahn.

Dies beschleunigte den Prozess der zunehmenden Industrialisierung europaweit. Auch im Bereich der Energiewirtschaft und der Telekommunikation wurden große Fortschritte erzielt. Erfindungen wie das Telefon, das Radio und der Kinematograf gelangten ausgehend von der Mitte des 19. Jahrhunderts bis zum ersten Jahrzehnt des 20. Jahrhunderts zur Marktreife.

Die Professionalisierung und Herausdifferenzierung in Facharbeiter- und Technikberufe ging weiterhin einher mit der Abwanderung vom Land in die Stadt. Diese Entwicklung intensivierte sich um 1870. Zahlreiche Handwerker und besitzlose Landarbeiter fanden in den ständig wachsenden Fabriken und neugebauten Produktionshallen Arbeit.

Bahnbrechende Erfindungen fallen in diese Zeit, wie z. B. die Erfindung der Glühbirne durch Thomas Alva Edison (1879), die Erfindung des Automobils mit Verbrennungsmotor durch Carl Benz (1886) und der Bau neuer strombetriebener Maschinen seitens des Maschinenbauunternehmens Siemens & Halske AG. All diese genannten Vorgänge erklären die sozialen und gesellschaftlichen Umwälzungsprozesse des ausgehenden 19. Jahrhunderts.

Zum Entstehen einer veränderten Frauenrolle und eines ideologischen Mutterbildes
Festzuhalten ist, dass die „bürgerliche Frauenbewegung" mit den ersten Suffragetten, welche das Wahlrecht sowie den freien Zugang zur Universität und zur Ausübung akademischer Berufe erkämpften, und die „proletarische Frauenbewegung" zwei weitgehend voneinander unabhängige Bewegungen waren. Die sogenannte „bürgerliche Frauenbewegung" kämpfte für das Wahlrecht und das Recht auf Studium und die Ausübung akademischer Berufe als Teil freier Persönlichkeitsentfaltung. Für die „proletarische Frauenbewegung" stellte sich diese Wahl nicht. Die Arbeiterinnen waren aus materiellen Gründen gezwungen, einer eigenen Lohnarbeit nachzugehen, um damit ihr Leben zu fristen. Es kam für sie nicht in Frage, die Erwerbsarbeit im Falle der Mutterschaft zu unterbrechen.

Der Aufbau industrieller Strukturen ging einher mit der Abwanderung der Bevölkerung vom Land in die Städte, dem Zerfall der Großfamilie und der Entwicklung der Kleinfamilie sowie der Entwicklung einer eigenen Erwerbsarbeit von Arbeiterinnen, aber auch Frauen der Oberschicht. Damit entstanden in Deutschland zwei stark ideologisierte und überhöhte Frauen- und Mutterbilder, die sich als Stereotyp bis heute halten konnten und als eigentlicher Grund für das Vorhandensein einer „gläsernen Decke" herhalten können.

Das eine „bürgerliche" Stereotyp war die Ehefrau eines gut verdienenden Mannes, welche Haushaltsführung, Kindererziehung und die Pflege von Geselligkeit und Kultur zum Mittelpunkt des weiblichen Lebens deklarierte. Das andere Stereotyp – und das war die Mehrheit der Frauen – waren „Arbeiterinnen", d. h. lohnabhängige Frauen, die mit der Auflösung der Großfamilie einer eigenen, aushäusigen Erwerbsarbeit in der Fabrik nachgingen und gleichzeitig Kindererziehung und Versorgung der Familie zu leisten hatten. Auf ihnen lastete somit i.d.R. die ganze Bürde der Reproduktion, wenngleich ihre Arbeit als „minderwertig" im Vergleich zur besser bezahlten Männerarbeit galt, nach dem Mythos des Mannes als Ernährer der Familie.

Mit dem Aufkommen des Bürgertums und der zunehmenden Industrialisierung veränderte sich der Alltag der meisten Frauen tief greifend. Sie strömten ebenfalls in die Fabriken, aber ihre Lohnarbeit war auch in Arbeiterkreisen nicht unumstritten, weil man befürchtete, dass sie das Lohnniveau in der Industrie zu sehr absinken lassen könnten, da sie zu wesentlich schlechteren Bedingungen beschäftigt wurden als die Männer. Daher waren sie anfangs – bis ins 20 Jahrhundert hinein – von den Männern in den männlich dominierten Bereichen der Industrie und Beschäftigung nicht sehr gerne gesehen. Anfangs wurden sie sogar von den Proudhonisten (einer der ersten Gewerkschaften) als „Schmutzkonkurrenz" bezeichnet. Charakteristisch für die soziale Lage der Arbeiterinnen, wie auch ihrer Familien, war die Tatsache, dass sie in dieser Frühphase der Industrialisierung sehr schlecht bezahlt und noch weniger sozial abgesichert waren.

Abb. 1.4 Stillstuben – zur sozialen Lage der Arbeiterinnen um 1910 zu Beginn der Industrialisierung. (Quelle: Nagel 1956; mit freundlicher Genehmigung des Urenkels von Heinrich Zille und des Zille Museums, Berlin)

In der „Stillstube" der Fabrikarbeiterinnen.
„Nu hat mir wieder eene meine Jöhre vatauscht!"

Abb. 1.4 veranschaulicht, dass es für die fabrikarbeitenden Frauen kaum soziale Schutzvorschriften gab, weder Mutterschutz noch Erziehungsurlaub oder sonstige Arbeitsschutzvorschriften. Sie waren z. B. darauf angewiesen, ihre frisch geborenen Kinder als Stillkinder in die Fabrik mitzunehmen und in einer sogenannten „Stillstube" abzugeben. Dort wurden alle Arbeiter-Babys zusammen „gehütet", bis die Mütter Zeit hatten, sie zu füttern. Dies ist ein Beispiel für die Verelendung breiter Massen und keine ausreichende Sozialgesetzgebung.

Der Bilduntertitel von Zille dazu lautet: „Nu hat mir wieder eene meine Jöhre vatauscht". Das heißt, die Kinder wurden des Öfteren verwechselt und wohl pädagogisch kaum beschäftigt.

Auch aus Gründen mangelnder Hygiene war z. B. die Kindersterblichkeit sehr hoch im Vergleich zu heute. Zudem war der Stand der Medizin noch unterentwickelt, so dass die Sterblichkeit im Kindbett hoch war. Die Lebens- und Arbeitsbedingungen der Arbeiter, Männer wie Frauen, waren so schlecht, dass das Lebensdurchschnittsalter nur gering war. Zahlreiche weitere Bilder des Meisters Zille zeigen diese Botschaft vom Elend des Industrieproletariats um die Jahrhundertwende.[1]

In dieser Phase dominierten zentralistische und patriarchale Formen des Wirtschaftens und der Unternehmensführung. Die eigene Erwerbsarbeit von bürgerlichen, eher begüterten Frauen außerhalb von Haus und Haushalt war in dieser Zeit nicht üblich und widersprach den Sitten. Eine Tochter „aus gutem Hause" ging keinem eigenen Erwerb nach, und die nicht erwerbstätige Ehefrau eines „gut-situierten" Mannes wurde zum Statussymbol seines hohen Einkommens.

Aus dieser Ära sind heftige Widerstände gegen die außerhäusliche Erwerbsarbeit von Frauen überliefert. Dies geschah z. B. durch die Diskreditierung von Frauen als Studierenden bzw. als Akademikerinnen in anspruchsvollen, studierten Berufen. Vielfach wurde verlautbart, die Frauen hätten ein kleineres Gehirn und aufgrund der Fähigkeit zur Mutterschaft sei ihre Denkleistung mit der eines Mannes kaum zu vergleichen oder gleichzustellen.

---

[1] Ein privater Förderverein unterhält das Zille Museum Berlin hinter dem „Roten Rathaus".

Die Zulassung von Frauen zur Universität wie auch zur Ausübung anspruchsvoller Berufe und später die Ausübung des aktiven Wahlrechts waren äußerst strittige Punkte in der öffentlichen Meinung, welche das Entstehen einer sogenannten „bürgerlichen" und einer „proletarischen" Frauenbewegung mit zum Teil militanten Formen aktiver Öffentlichkeitsarbeit nach sich zogen. Die „bürgerliche" Frauenbewegung war mehrheitlich mit Frauen aus begüterten Familien besetzt und kämpfte seit dem auslaufenden 17. Jahrhundert z. B. um die Zulassung zum Universitätsstudium und die Ausübung von akademischen Berufen, wie z. B. als Ärztin, Forscherin und Naturwissenschaftlerin (Erxleben 1742). Dr. Leporin, eine Vorfahrin der Siemens-Familie, war die erste deutsche Ärztin und sie wehrte sich mit Unterstützung ihres Vaters gegen diese Sozialstandards.

Die „proletarische" Frauenbewegung hingegen, welche sich mit engem Bezug zu einer entstehenden Arbeiterbewegung – und später auch Gewerkschaftsbewegung – entwickelte, kämpfte um die soziale und rechtliche Gleichstellung der Frauen in der Lohnarbeit. Schon die ersten Arbeiterinnen in den Fabriken waren sehr großen Anfeindungen ausgesetzt, da sie als Konkurrenz zu den Männern begriffen wurden, zumal sie größtenteils weit unter dem Lohn eines Mannes arbeiteten. Noch schlimmer waren die Arbeitsbedingungen für Frauen, die für geringes Entgelt in Heimarbeit standen und keinerlei soziale Absicherung genossen.

Für Männer und Frauen galt gleichermaßen, dass die durchschnittliche Lebenserwartung in der Anfangsphase der Industrialisierung nur sehr gering war. Es wurden zwar viele Kinder geboren, aber die Kindersterblichkeit war ebenfalls hoch und viele Mütter starben im „Kindbett".

Charakteristisch für diese Phase der frühen Industrialisierung ist, dass Arbeitsschutz und Umweltschutz sowie soziale Mindeststandards hinsichtlich der Löhne und Arbeitszeiten in den neuen Fabriken noch völlig unterentwickelt waren und größtenteils ganz fehlten.

Die schnelle Abfolge der industriellen Entwicklungsschritte führte nicht zuletzt zur Entwicklung einer immer mehr auf Massenproduktion im Akkord ausgerichteten Industriestruktur, die heute noch unter dem Schlagwort „Fordismus" bekannt ist. Dieses Produktionskonzept ist durch die geringe Autonomie der Arbeiter gekennzeichnet. Es geht mit zentralistischen Organisationsformen sowie patriarchalen Führungskonzepten einher und ist somit weitgehend von vorgeschriebenen Anweisungen und hochstandardisierten Tätigkeiten geprägt. Die Beschäftigung des in der Frühphase der Industrialisierung noch weit verbreiteten an- und ungelernten Arbeiters wurde jedoch bald abgelöst von der Herausbildung einer Arbeiterklasse und einem beruflichen Spezialistentum, insbesondere in der metallverarbeitenden Industrie, dem Maschinenbau und der elektrotechnischen Industrie. Das heute noch weltweit verbreitete Schlagwort von der „deutschen Wertarbeit" (z. B. Singer Nähmaschinen etc.) ist eine Reminiszenz an die historisch belegte Qualität der damaligen Produkte und die weltweite Wertschätzung deutscher Industrieprodukte.

Parallel zu der ersten und zweiten Weltwirtschaftskrise und der damit verbundenen Arbeitslosigkeit und Not kam es in Deutschland zu weiteren politischen Strukturbrüchen (Abschaffung der Monarchie, Ausrufung der Republik). Eine immer ausgereiftere Waffentechnik führte zu imperialistischem Expansionsdrang in Zeiten wirtschaftlicher Massenarbeitslosigkeit und Not. Die Machtübernahme Hitlers und der blinde Glaube an den Sieg der technisch überlegenen Entwicklung der Kriegswaffen und des damit verbundenen Vernichtungspotenzials führte geradewegs in den Zweiten Weltkrieg, der weltweit mit apokalyptischer Zerstörung, millionenfachem Tod, nationaler Schuld der Deutschen und unvorstellbarer Zerstörung endete.

Abb. 1.5 Zilles Vater, ein Handwerker vom Land, wird Fabrikarbeiter in der Stadt. (Quelle: Flügge 1969, S. 10; mit freundlicher Genehmigung des Urenkels von Heinrich Zille und des Zille Museums, Berlin)

Der Vater,
Johann Traugott, hatte Schmied gelernt.
Daneben arbeitete er als Uhrmacher.
In Berlin fand er nach längerer Arbeitslosigkeit
endlich eine Stelle als Mechaniker.

Abb. 1.5 zeigt Zilles Vater, einen Handwerksmeister, der sich nach langer Arbeitslosigkeit auf dem Lande gezwungen sah, sich in der städtischen Fabrik als Lohnarbeiter zu verdingen. Viele dieser Fabrikarbeiter wurden dort als Ungelernte beschäftigt und bezahlt. Der Künstler Heinrich Zille, genannt „Pinsel-Heinrich", hat es wie kein anderer verstanden, das ganze Elend der zugewanderten, armen Arbeiterschaft mit einer ausgemachten Portion „Berliner Mutterwitz" so darzustellen, dass die soziale Botschaft in seinen Bildern erst auf den zweiten Blick deutlich wird.

1.4 Phase 3: Wiederaufbau, Einführung von Großrechnern und unvernetzter Einzelplatzsysteme

▶ Was die industrielle und soziale Entwicklung anbelangt, so setzte trotz des verlorenen Weltkriegs und der vollzogenen Teilung Deutschlands nach 1949 ein reger Wiederaufschwung im Westen Deutschlands ein, der von den einstigen Kriegsgegnern, insbesondere den USA, massiv unterstützt wurde. Nicht zuletzt der Marshallplan trug dazu bei, die zerstörte Industrie Westdeutschlands wiederaufzubauen und neue Arbeitsplätze zu schaffen. Bergbau, eisen- und stahlverarbeitende Industrie, die chemische und die elektrotechnische Industrie sowie der Maschinenbau wurden in dieser Zeit zu den tragenden Pfeilern der deutschen Wirtschaft.

In Zusammenhang mit der Entstehung industrieller Großunternehmen wurden soziale Errungenschaften für die Arbeiterschaft mithilfe der Bildung und der Aktivitäten freier und unabhängiger Gewerkschaften erkämpft und erzielt. Damit verbunden sind, vor allem nach 1945, die Entwicklung gesetzlicher Regelungen im Bereich der heute noch geltenden Mitbestimmung, der Entlohnung und sozialer Rechte der Arbeitnehmer (Kündigungsschutz, Arbeitsvertrag, Urlaubsanspruch, Mutterschutzgesetze, Arbeitsschutzgesetze und vieles mehr) sowie das Prinzip der Gleichstellung für Männer und Frauen.

Was die Entwicklung der Dienstleistungen betrifft, so lag in der ersten Phase der Nachkriegszeit nach 1949 bis Ende der 70er-Jahre der Schwerpunkt der Wertschöpfung immer noch auf der industriellen Produktion. Das Primat der Industrieproduktion wurde in den 70er- und 80er-Jahren zunehmend abgelöst von der Verlagerung der Massenproduktion ins außereuropäische Ausland und der zunehmenden Spezialisierung deutscher Unternehmen auf hochtechnologische Produkte und qualitativ hochstehende, „wissensbasierte" Dienstleistungen von Industrie und Mittelstand.

So konnten sich, insbesondere in Bayern und Baden-Württemberg, zahlreiche „Hidden Champions" entwickeln, die als kleine oder mittlere Unternehmen (KMU) als Weltmarktführer in spezifischen Produktsegmenten bzw. Angebotsnischen gelten können. Sie werden gern als das Rückgrat der deutschen Wirtschaft bezeichnet, da sie mehr als 85 % der Arbeitsplätze stellen. Viele dieser KMU werden heute noch als Familienunternehmen geführt.

Das Segment der Klein- und Mittelbetriebe bildet heute noch eine starke Basis für Arbeit und Beschäftigung in Deutschland. Insbesondere die Automobilindustrie, die chemische Industrie und die metallverarbeitende Industrie als klassische Vertreter der Großindustrie – und nicht zuletzt als traditionelle Männerdomänen – sind seit dieser Phase des Wiederaufbaus in hohem Maße nach dem Prinzip der Einheitsgewerkschaft mit dem Deutschen Gewerkschaftsbund als Dachverband organisiert.

Einen geringen Organisationsgrad weisen von jeher die Dienstleistungen auf. Dies ist ein sehr heterogener Bereich der Beschäftigung, der traditionell stark mit Frauen besetzt ist und nicht nur durch einen geringeren gewerkschaftlichen Organisationsgrad gekennzeichnet ist, sondern auch durch eher schlechte Arbeitsbedingungen und Bezahlung. Löhne und Gehälter waren dort – aufgrund der Heterogenität von Dienstleistungen – sehr viel unterschiedlicher und meist geringer als in der Industrie, zumal die Frauen vielfach auf eine eigene gewerkschaftliche Betätigung verzichteten und daher kaum Gegenmacht aufgebaut werden konnte. Kaufmännische Arbeit von Frauen wird z. B. als körperlich leichte Arbeit bezeichnet. Angestelltenarbeit in Form „leichter Büroarbeit" für Frauen wird im Gegensatz zur schweren körperlichen Arbeit in der Industrieproduktion und im Handwerk sehr viel schlechter bezahlt, gewinnt jedoch sukzessive und allmählich immer mehr an Bedeutung.

Es ist anzumerken, dass das gesellschaftliche Klima und die Haltung zur Frauenerwerbsarbeit in der Nachkriegszeit wieder – anders als in Kriegszeiten – eher negativ eingestellt ist. Die eigene Erwerbsarbeit von Frauen wurde zwar toleriert, doch nach wie vor galten das Prinzip der Höherwertigkeit männlicher Arbeitskraft und die alleinige Zuständigkeit der Frauen für Haushalt, Kindererziehung und Familie. Frauen, insbesondere Ehefrauen, hatten sich dem Mann, als Ernährer der Familie, unterzuordnen. Gutbezahlte Arbeitsplätze in Industrie und Verwaltung sollten daher den Männern vorbehalten bleiben.

Deutsche Frauen mussten z. B. noch in den 50er-Jahren eine Genehmigung des Ehemannes zur Berufstätigkeit vorlegen. Die Dominanz entsprechender Geschlechterrollen und Stereotype zeigte sich zum einen daran, dass hinsichtlich der Einstellungs- und Aufstiegschancen sowie der Weiterbildungsmöglichkeiten eine Ungleichbehandlung – mit Blick auf mögliche Arbeitsausfälle der Frauen – fortbestand, zum anderen manifestierte sich dies aber auch in der ungleichen Wertschätzung, Entlohnung und Bewertung „typischer" Frauen- und Männerarbeiten. Dies zeigt sich u. a. heute noch in der Diskrepanz, die zwischen den Verdiensten von Frauen und Männern besteht, und auch an dem historischen, bis heute nahezu unveränderten, nahezu vollständigen Ausschluss der deutschen Frauen von Karrierechancen und Jobs im Topmanagement.

Wie seit den 70er-Jahren in den ersten europäischen Studien zur Frauenarbeit von Evelyne Sullerot festgestellt wurde, beinhaltet der gesamte Bereich der Dienstleistungen – im Gegensatz zur männerdominierten, gewerkschaftlich gut organisierten und gut entlohnten Industriearbeit – zahlreiche Aktivitäten mit schlechten Arbeits- und Entlohnungsbedingungen (Lippe 1978, 1983).

Dienstleistungen nahmen in der Industrieproduktion bis zum verbreiteten Einsatz informationstechnischer Arbeitsmittel bis Mitte der 60er-Jahre noch eine untergeordnete Rolle ein. Sie wurden in dieser Phase der isolierten Einzelplatzsysteme anfangs mehr oder weniger im Kontext kaufmännischer Verwaltungsarbeiten angesehen und waren lediglich ein kaufmännisches Zusatzgeschäft für die Fertigungsbetriebe, so dass sie kaum als eigenständiger Leistungsbereich wahrgenommen wurden. Seit Anfang der 80er-Jahre wurde allerdings für Produktion und Verwaltung bereits der Trend zu höheren Anforderungen prognostiziert, was zwangsläufig mit einem Anstieg des Dienstleistungsanteils an kaufmännisch verwaltenden und industriellen Tätigkeiten verbunden war. Ab diesem Zeitpunkt wurde der Bereich der Dienstleistungen aufgewertet und es entwickelten sich zunehmend nach Geschlechtern „gemischte" Bereiche, z. B. in Handel, Banken, Versicherungen etc. Führungspositionen blieben in dieser Zeit mehrheitlich noch den Männern vorbehalten.

Charakteristisch für die Entwicklung der betrieblichen Arbeit in Phase 2 ist zunächst die Automatisierung von Routinevorgängen durch elektrisch oder mechanisch betriebene Maschinen und Geräte.

Abb. 1.6 zeigt die Organisation von Büroarbeit, genauer gesagt von Schreibarbeiten an mechanischen Schreibmaschinen in den 60er-Jahren in einem Großraumbüro einer französischen Versicherungsgesellschaft. Wie in der Abbildung zu sehen ist, wurden die Schreibarbeiten nicht mehr – wie zu Beginn der Industrialisierung – mit der Hand erbracht, sondern mithilfe mechanischer Schreibmaschinen ausgeführt.

Später erfolgte auf den elektrischen Schreibmaschinen auch die Transkription von Diktaten, die entweder per Steno aufgenommen oder per elektrisch betriebenen Aufnahme- und Diktiergeräten von den Vorgesetzten abgegeben wurden. Es ist deutlich auf dem Bild zu erkennen, dass mit dieser angeblich leichten „körperlich und geistig wenig anstrengenden" Büroarbeit nur Frauen beschäftigt waren. Die Abbildung stellt ein Beispiel für sogenannte einfache „Frauenarbeitsplätze" im Bereich der Verwaltung um 1960 dar: Die weiblichen Angestellten schreiben auf mechanischen Schreibmaschinen nach Phonodiktat, Tonband oder Stenografie.

un pool de dactylo dans une compagnie d'assurances

Abb. 1.6 Stenodactylo-Typistinnen, Arbeit nach Diktat. (Quelle: Charles-Roux et al. 1975)

Beispiel für sogenannte „leichte Frauenarbeit" im Büro

In den 50er- und 60er-Jahren nannte man sie „Stenodactylo-Typistinnen", weil sie – außer schnell und fehlerfrei auf der mechanischen und später elektrisch betriebenen Schreibmaschine zu schreiben – auch noch die Diktate ihrer Vorgesetzten in Steno-Schrift entweder eins zu eins mitprotokollieren oder vom Band schreiben mussten.

Dabei wurden als allgemeiner Leistungsstandard ca. 180 fehlerfreie Anschläge und mehr pro Minute von einer durchschnittlichen Schreibkraft erwartet. Es wurde direkt auf Papier geschrieben und es waren kaum Korrekturen des Schriftgutes möglich.

Um diesen Durchschnitt zu schaffen, waren eine hohe Konzentrationsfähigkeit und eine große Fingerfertigkeit mit viel Übung erforderlich, was sich allerdings kaum in der Höhe der sogenannten „Frauenlöhne" bemerkbar machte.

Dieses Beispiel zeigt, wie gering automatisiert die Büroarbeit in den 60er-Jahren war und welche enormen Anforderungen bezüglich Fingerfertigkeit und Konzentrationsfähigkeit mit dieser Arbeit verbunden waren. Heute ist kaum noch nachvollziehbar, dass diese hochrepetitive, beschwerliche Arbeit in Großraumbüros als „leichte Angestelltenarbeit" bezeichnet wurde.

Derartige Büroarbeiten wurden meist von Frauen mit der Berufsbezeichnung typischer Frauenberufe, wie „Schreibkraft", „Sekretärin" oder „Assistentin der Geschäftsführung" usw. ausgeübt.

Erst ab Mitte der 70er-Jahre wurden übrigens die zunächst mechanischen Schreibmaschinen ersetzt durch elektrisch betriebene Schreibmaschinen, die etwas weniger Kraftaufwand erforderten und mit denen die Anzahl der Anschläge pro Minute noch weiter gesteigert werden konnte.

Parallel dazu entwickelten sich auch in der Produktion „industrielle Leichtlohngruppen", z. B. im Bereich des Maschinenbaus und der Telekommunikation, welche ebenfalls hohe Fingerfertigkeit und Konzentration erforderten. Sie waren ebenfalls – im Vergleich zu den männerdominierten Berufen und Schwerpunkten von Produktion und Verwaltung – relativ schlecht bezahlt, wenngleich die spezifischen Anforderungen zum Teil beachtlich waren. Meist wurden auch hier die Frauen als Un- oder Angelernte bezahlt, obwohl sie größtenteils eine berufliche Ausbildung im Dienstleistungsbereich, z. B. im schlecht bezahlten Friseurhandwerk aufwiesen.

So bestand z. B. die Arbeit ungelernter Arbeiterinnen in der elektrotechnischen Industrie bis Ende der 70er-Jahre vielfach darin, komplizierte Kabelbäume zu flechten oder aber nach Vorlage elektronische Bauteile, z. B. in der Telefonmontage, zu bestücken, die ganz wesentlich für das Funktionieren der elektrischen und später auch noch elektronischen Geräte waren. Mit dem Aufkommen der Digitalisierung wurden derartige Arbeiten schnell überflüssig.

Die Miniaturisierung der Produkte und die Integration hochintegrierter Schaltkreise erlaubte es, diese Arbeitsplätze schnell abzubauen und die automatisierte Fertigung ins Ausland zu verlegen. Die alten „Kabelbäume" der Elektrofertigung stehen heute nur noch im Technikmuseum.

Mit der Erfindung der Datenverarbeitung durch Großrechner und der nachfolgenden Entwicklung zur Dezentralisierung des Computereinsatzes in Form unvernetzter Einzelarbeitsplätze wurden erste Rationalisierungsvorgänge möglich. Die Übertragung von immer wiederkehrenden, standardisierten Routine-Arbeitsaufgaben an das System gestattete die Substitution von zahlreichen Arbeitsplätzen in Produktion und Verwaltung. Die Arbeit an den zunächst unvernetzten Einzelplatzsystemen bedeutete einen hohen Produktivitätsgewinn, insbesondere im Bereich der Angestelltentätigkeiten.

Ein neuer Schritt des technologischen Fortschritts wird mit dem Jahr 1969 erreicht, als es durch den Einsatz von Elektronik und IT zu weiten Schritten der Automatisierung kommt, mithilfe von speicherprogrammierbaren Steuerungssystemen (SPSS).

Es kam danach relativ zügig zur Herausbildung von völlig neuen Organisationsabläufen in Industrie- und Verwaltungsprozessen, welche zusehends die alten Organisationsformen betrieblicher Arbeit ablösten. Zuerst wurden Arbeitsplätze in Fertigung und Verwaltung bereichsspezifisch integriert, indem sie per EDV erfasst und automatisiert wurden.

In einem weiteren Schritt wurden die Bearbeitungsprozesse dann weiter zusammengefasst sowie mit zahlreichen weiteren Bearbeitungsprozessen auf horizontaler Ebene verbunden. In dieser Phase der Automatisierung beschränkte sich die Substitution von Arbeitsinhalten und damit auch von Arbeitsplätzen auf einfache, sich wiederholende Routineaufgaben, leicht zu standardisierende Aufgaben sowie Tätigkeiten und Arbeitsplätze. So konnte die Arbeitsleistung der einzelnen Arbeitskraft durch die Einführung informationsgestützter Sachbearbeitung enorm gesteigert werden (Abb. 1.7).

Mit dieser technologischen Entwicklung war bereits der Verlust einer hohen Anzahl von Arbeitsplätzen verbunden, wie z. B. die Erosion des traditionellen Industriestandorts Berlin zeigt, der heute nur noch ein einziges namhaftes Elektronikunternehmen aufweist.

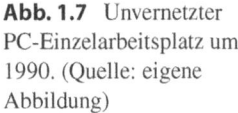

Abb. 1.7 Unvernetzter PC-Einzelarbeitsplatz um 1990. (Quelle: eigene Abbildung)

Sukzessive wurden mehr und mehr komplexere Abläufe in Produktion und Verwaltung integriert, so dass mehr und mehr komplexere Aufgaben an die Systeme übergeben werden konnten.

Im Unterschied zu der ansonsten sehr anschaulichen Abbildung der technologischen Entwicklung seitens des DFKI (2011) ist hinsichtlich der technologischen Entwicklung und der Folgen dieser Entwicklungen weniger von einer Revolution zu sprechen (s. hierzu Abb. 2.3).

Vielmehr wird im vorliegenden Kontext davon ausgegangen, dass es sich beim Übergang von einer Phase in die nächste, also von Phase 1 bis in die gegenwärtige Phase 4, jeweils um evolutionäre Phasen in Prozessform handelt, die von kontinuierlichen Entwicklungen und vielen Teilschritten gekennzeichnet sind.

1.5   Phase 4: Einführung von vernetzten Systemen und dezentralen Geräten als Übergang zu Arbeit 4.0

▶   Die nächste Stufe der Entwicklung – hier Phase 4 – wurde seit etwa 2010 durch die Informatisierung der betrieblichen Arbeit beziehungsweise durch eine weitgehende Durchdringung und Vernetzung der vormals getrennten Bereiche der Produktions-, Dienstleistungs- und Verwaltungsprozesse erreicht. Beim Übergang in Phase 3 erfolgte die Vernetzung von bislang unvernetzten Einzelplatzsystemen in Verwaltung und Produktion. Mit der zunehmenden Informatisierung und Integration weiter Teile von Wirtschaft und Verwaltung begann die sukzessive Vernetzung vormals isolierter Einzelplatzsysteme, aber auch die gezielte Vernetzung und Internationalisierung von Produktions- und Verwaltungsprozessen in betriebsübergreifender Form über Abteilungs-, Betriebs- und Ländergrenzen hinweg. Damit ist tendenziell die Entgrenzung und Auflösung bisher erreichter Arbeitsformen und -Bedingungen verbunden sowie ein tief greifender systemischer Wandel der Arbeitswelt.

Abb. 1.8 Arbeitsmittel der IT: Laptop und Smartphone. (Quelle: Foto Alexander Lippe, mit freundlicher Genehmigung 01-2019)

Durch die dezentrale und flächendeckende Verbreitung von WLAN, Smartphone, Laptop und Internet wurden ganz neue Formen betrieblicher Arbeit möglich, u. a. das Homeoffice und die Arbeit von unterwegs. Die flächendeckende Verfügbarkeit von neuen informationstechnischen Arbeitsmitteln, wie dezentrale und vernetzte Rechner, Laptops und Smartphones, führte zusehends zur Entgrenzung und damit auch zur Integration von Privatsphäre und Arbeitsplatz, was einen dramatischen Wandel betrieblicher Arbeitsbeziehungen, Produktions- und Managementkonzepte zur Folge hatte (Abb. 1.8).

Die Verbreitung von künstlicher Intelligenz (KI) wird diese Entwicklung noch intensivieren, wie die nachfolgenden Kapitel zur Qualität und Zukunft betrieblicher Arbeit näher ausführen.

Vor allem die wachsende Bedeutung produktionsnaher Dienstleistungen und Wertschöpfungsprozesse durch Dienstleistungen veränderten die Anforderungen an betriebliche Arbeit sowie deren Organisation in Richtung flexibler und hochgradig komplexer Arbeitsprozesse. Weite Teile der Produktion und Fertigung wurden auf internationaler Ebene ausgelagert, die gesamte Logistik der Wertschöpfungsprozesse verändert, neue Geschäftsmodelle geschaffen, die in starker Konkurrenz stehen zu dem Bewährten. Das Beispiel der Finanzindustrie zeigt, wie bewährte, klassische Dienstleistungen abgelöst werden durch neue, äußerst profitable, virtuelle Geschäftsmodelle (s. hierzu Abschn. 3.3)

Praxisbeispiele für die Veränderung der Wertschöpfungsprozesse durch Internationalisierung, Integration und Vernetzung

Die Integration und internationale Vernetzung von Geschäftsprozessen in Phase 4 kann an einem aktuellen Beispiel der Fertigung hochwertiger Systeme in der Sicherheitstechnik veranschaulicht werden. Die einzelnen Komponenten der sicherheitstechnischen Systeme für Polizei, Militär oder Katastrophendienste werden – mit Blick auf die Erstellung eines bestimmten Produkts – bei weltweit zertifizierten Zulieferern eingekauft.

Diese sind als bewährte und geprüfte Lieferanten in der Lage, die gewünschten Teile kostengünstig und in hoher Qualität herzustellen. Die Assemblierung, Programmierung und der Test der jeweiligen Systeme erfolgen beim Verkäufer bzw. dem Anbieter der Sicherheitssysteme. Der größte Anteil an der Wertschöpfung wird durch das ingenieur-technische Knowhow erbracht, also die qualifizierte und hochkomplexe Dienstleistung. Durch die Internationalisierung der Produktion und die Kooperation mit den Zuliefer-betrieben ist das Unternehmen in der Lage, Systeme auf Kundenwunsch und mit inter-nationaler Konkurrenzfähigkeit herzustellen.

Ähnliche Beispiele können für andere Produkte, wie z. B. im Bereich der KFZ-Ausstattung etc., angeführt werden, selbst wenn diese nahezu vollautomatisch in Seri-enfertigung erstellt werden und weit weniger komplex sind. Es ist heute möglich, auch sehr kleine Serien, z. B. von maßgeschneiderten Schuhen, wesentlich preisgünstiger herzustellen, da die Fertigungsanlagen entsprechend programmiert werden und nahezu ohne den Einsatz von menschlicher Facharbeit arbeiten können.

Dies heißt nichts anderes als dass der Rückgriff auf die Urform der handwerklichen Einzelfertigung in Kombination mit neuester Technik eine weitestgehende Anpassung der Produkte an die spezifischen Kundenbedarfe bzw. seine Maße oder Wünsche zulässt.

Dieser massive, systemische Strukturwandel initiierte den Bedarf an innovativen, da eher mitarbeiterorientierten Führungsformen und Personalmanagement, so dass es gerechtfer-tigt ist von einem Paradigmenwechsel beim aktuellen Übergang in Arbeit 4.0 zu sprechen.

Literatur

Baethge, M. (2006). Das deutsche Bildungsschisma: Welche Probleme ein vorindustrielles Bil-dungssystem in einer nachindustriellen Gesellschaft hat, Ringvorlesung am 11.07.2006. Göt-tingen: Sofi.

Bebel, A. (1974). *Die Frau und der Sozialismus*. Berlin: Dietz.

Bell, D. (1973). *The coming of post-industrial society, a venture in social forecasting*. New York: Basic Books.

Bell, D. (1990). Die dritte technologische Revolution und ihre möglichen sozioökonomischen Kon-sequenzen. *Merkur, 44*(1), 28–47.

Bornemann, E. (1979). *Das Patriarchat, Ursprung und Zukunft unseres Gesellschaftssystems*. Frankfurt: Fischer.

CGT. (Hrsg.). (1976). *Femmes à l'usine et au Bureau*, Paris: La Fayette.

Charles-Roux, E., Ziegler, G., Cerati, M., Bruhat, J., Guilbert, M., & Gilles, C. (1975). *Les femmes et le travail du Moyen-Age a nos jours*. Paris: Editions de la Courtille.

Coy, W. (2014). Vorlesungsmanuskript „*Digitale Technik und Arbeit*", (S. 2–7). https://www.verdi.de/++file++54214c636f68443bdd000010/download/Digitale%20Technik%20und%20Ar-beit%2C%20von%20Wolfgang%20Coy.pdf. Zugegriffen am 10.09-2014.

DFKI. (2011/[2013]). Die vier Stufen der industriellen Revolution. Geschäftsstelle der Plattform In-dustrie 4.0, Umsetzungsempfehlungen für das Zukunfrtsprojekt Industrie 4.0, Abschlussbericht des AK Industrie 4.0, Frankfurt am Main 04/2013, S. 17.

Erxleben, D., & Gründken, G. (1742). *Gründliche Untersuchung der Ursachen, die das weibliche Geschlecht vom Studieren abhalten.* Zürich/Dortmund: eFeF. Dissertation Berlin, Fotokopie, Siemens Archiv.

Brunfaut, E.. (Hrsg.). (1976). *Weißbuch über die Arbeitnehmerinnen in Europa.* Brüssel: Europäischer Gewerkschaftsbund.

Flügge, G. (Hrsg.). (1969). *Das dicke Zillebuch.* Berlin: Eulenspiegel.

Frölich, P. (1976). *Rosa Luxemburg, Gedanke und Tat.* Frankfurt: Piper.

Hervé, F. (Hrsg.). (1987). *Geschichte der deutschen Frauenbewegung.* Köln: Pahl-Rugenstein.

IUBH. (Hrsg.) (2018). Skript Servicemanagement II, SWSMO2-01, (unveröffentlicht). Bad Honneff: IUBH.

Lippe, A. (1978). *Die Situation der erwerbstätigen Frau in Frankreich.* Berlin: Diplomarbeit im Eigenverlag.

Lippe, A. (1983). *Gewerkschaftliche Frauenarbeit – Parallelität ihrer Probleme in Frankreich und der Bundesrepublik Deutschland (1949–1979), mit einem Vorwort von Alfred Grosser, Campus,.* Frankfurt a. M./New York: Reihe Forschung.

Losseff-Tillmanns, G. (1978). *Frauenemanzipation und Gewerkschaften.* Wuppertal: Peter Hammer.

Maruani, M. (1979). *Les syndicats a l'epreuve du féminisme.* Paris: Syros.

Marx, K. (2018). *Das Kapital, Kritik der politischen Ökonomie* (S. 170). Köln: Anaconda.

Nagel, O. (Hrsg.). (1956). *H. Zille, Veröffentlichung der Deutschen Akademie der Künste.* Berlin: Henschel.

Pinl, C. (1977). *Das Arbeitnehmerpatriarchat, Die Frauenpolitik der Gewerkschaften.* Köln: Kiepenheuer & Witsch.

Pross, H. (1976). *Die Wirklichkeit der Hausfrau.* Hamburg: Reinbek.

Schmidt, F. (2017). Arbeitsmärkte in der Plattformökonomie – Zur Funktionsweise und den Herausforderungen von Crowdwork und Gigwork. www.fes-2017plus.de, Bonn.

The World. (1910). Zum Tod von Pierpont Morgan, dem Älteren, 1870–1970, 100 Jahre Deutsche Bank, Festschrift. In Vorstand der Deutschen Bank, 1870–1970, 100 Jahre Deutsche Bank, Frankfurt.

Von der Industrie zur digitalisierten Gesellschaft

2

Zusammenfassung

Im folgenden Abschnitt werden die gängigen Theorieansätze vorgestellt, die bis ca. 1990 zur Erklärung der Wirtschaftsstrukturen gelten konnten und die zum Teil heute noch verbreitet sind, wenn es um die Erhebung von Datenmaterial und Statistiken geht. Im Einzelnen werden die folgenden, klassisch zu nennenden Ansätze behandelt:

- Drei-Sektoren-Modell nach Colin Clark (1940)
- Modell der „wissensbasierten Gesellschaft" nach Daniel Bell (1973)
- Arbeit als Anforderung für die Eliten nach Rifkin (1995)
- Modell der Herausbildung eines „Quartärs" nach Dostal (2001)

Dass diese Modelle heute nicht mehr zeitgemäß sind und nicht mehr taugen zur Erklärung des strukturellen Transformationsprozesses durch die Digitalisierung von Arbeit, in welchem wir uns befinden, geht aus einer aktualisierten Definition von Dienstleistungen und Ausführungen zum veränderten Charakter von Wertschöpfungsprozessen hervor. Das Fazit lautet: Immaterielle, informationsverarbeitende Prozesse, nichtstoffliche Produkte und informationstechnische Dienstleistungen sind das Gold und die Ware der digitalisierten Wirtschaft.

Aufgrund der zu beobachtenden informationstechnischen Integration, welche nicht zuletzt Polarisierungsprozesse in allen Bereichen der Gesellschaft, wie der betrieblichen Arbeit, auslöst, sind auch die Theorien von Daniel Bell (1976) zum Entstehen einer Wissensgesellschaft sowie die von Rifkin (1995) zur verbleibenden Arbeit als Anforderung für die Eliten kaum noch aufrechtzuerhalten. Alle diese Theorien sind aus der heutigen Perspektive zu

© Springer Fachmedien Wiesbaden GmbH, ein Teil von Springer Nature 2019
A. Lippe-Heinrich, *Personalentwicklung in der digitalisierten Arbeitswelt*,
https://doi.org/10.1007/978-3-658-25457-5_2

hinterfragen hinsichtlich ihrer Auswirkungen für die Kompetenzanforderungen in der betrieblichen Arbeitswelt. Als Ausgangspunkt für weitere Implikationen hinsichtlich der betrieblichen Arbeit ergibt sich folgende Schlussfolgerung:

▶ Digitalisierte Arbeitsprozesse und Arbeitsmittel durchdringen heute nicht nur die Arbeitswelt, sondern alle Bereiche des Lebens in Arbeitswelt, Familie und Gesellschaft. Sie haben die bis dato geltenden industriellen Produktionskonzepte transformiert und die „digitalisierte Gesellschaft" geschaffen.

2.1 Von der klassischen Drei-Sektoren-Theorie zur digitalisierten Arbeitswelt

Der wirtschaftliche Strukturwandel wird historisch erklärt durch eine von Colin Clark (1940) entwickelte, heute noch geltende Einteilung der Wirtschaftsstruktur in drei Sektoren, nämlich:

- primärer Sektor mit Landwirtschaft, Ackerbau, Viehzucht, Forstwirtschaft und Fischerei
- sekundärer Sektor mit Industrie, Energie, Handwerk und Baugewerbe
- tertiärer Sektor: Dienstleistungen aller Art, die sich a) aus einer Externalisierung familialer Arbeitsaufgaben sowie b) aus einer zunehmend international werdenden Produktion entwickeln.

Diese Drei-Sektoren-Theorie geht davon aus, dass sich im historischen Zusammenhang des Strukturwandels ein systemischer, fast unmerklicher, aber permanenter Prozess des Wandels von der Industriegesellschaft – mit der dominierenden Produktionsweise industrieller Produktion – in die sogenannte Dienstleistungsgesellschaft vollzieht.

Diese Entwicklung von der Industrie- in die Dienstleistungsgesellschaft lässt sich deutlich an der Entwicklung der statistischen Daten nachvollziehen, insbesondere durch zwei wesentliche Parameter:

- die Veränderung der Wertschöpfung nach Sektoren und
- das Hinüberwachsen des Schwerpunktes der Beschäftigung von der industriellen Produktion in den Dienstleistungssektor.

Genau diese Entwicklung des Hinüberwachsens von der industriellen Produktionsweise in die sehr heterogenen Dienstleistungen als dominantem Sektor zwischen 1970 und 2015 zeigt die Tab. 2.1 recht deutlich. Es ist klar erkennbar, dass der prozentuale Anteil der Erwerbstätigen des Sektors der Dienstleistungen gemessen an der Gesamtheit aller Erwerbstätigen, wie auch der Anteil der Bruttowertschöpfung (BWS) im Bereich der Dienstleistungen, gemessen an der Gesamtheit der BWS konstant zugenommen hat.

Tab. 2.1 Entwicklung der Erwerbstätigkeit sowie Bruttowertschöpfung (BWS) 1970–2015

	1970	1980	1990	2000	2010	2015
Erwerbs-tätige im verarbeitenden Gewerbe	35,8	31,2	28,3	19,6	17,4	17,5
Erwerbs-tätige Dienst-leistungen	45,1	53,8	59,9	69,6	73,9	74,1
BWS Verarbeitendes Gewerbe	36,5	31,0	29,2	23,0	22,2	22,6
BWS Dienstleistungssektor	48,3	56,6	61,0	68,0	69,1	69,0

Quelle: Statistisches Bundesamt 2016, eigene Darstellung

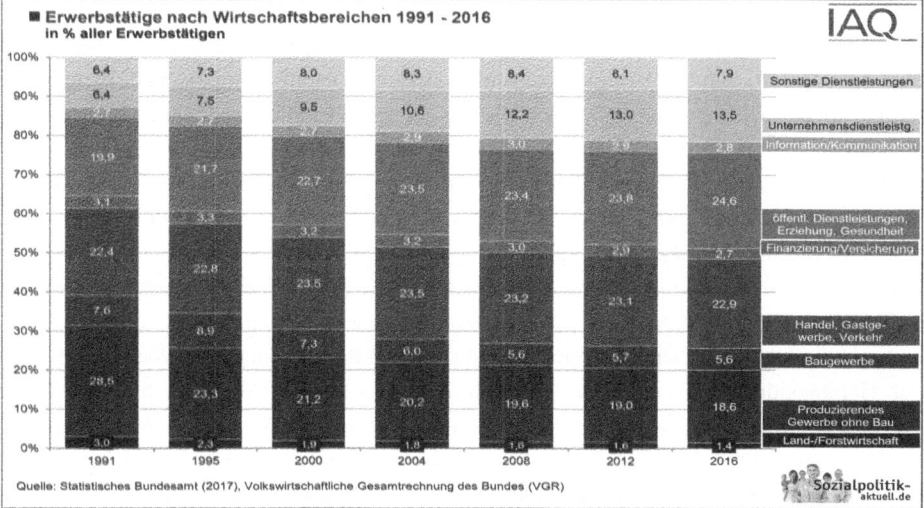

Abb. 2.1   Erwerbstätige nach Wirtschaftsbereichen 1991–2016. (Quelle: Statistisches Bundesamt 2017)

Diese Entwicklung bestätigt sich, wenn man die detaillierte Verteilung der Erwerbstätigen nach Wirtschaftsbereichen in den Jahren 1991 bis 2016 analysiert. Dies zeigt die Abb. 2.1.

Zu Beginn der Phase 3 – nach dem Ende des Zweiten Weltkriegs und dem Kraftakt des wirtschaftlichen Wiederaufbaus in Europa – erfolgte in den 60er- und 70er-Jahren der Wandel zur sogenannten Dienstleistungsgesellschaft. Schlagworte wie z. B. das Leitmotiv der „wissensbasierten Gesellschaft", welche suggerieren, dass die Gesellschaft als Ganzes sich weiterentwickeln würde, stammen aus dieser Zeit. In diesem Zeitraum erfolgten auch die Erfindung von Großrechnern und die Einführung elektronisch betriebener Datenverarbeitung, noch mit Lochkarten und in weitgehend unvernetzten Einzelplatzsystemen. Anfangs waren die Rechner so groß, dass sie ganze Räume füllten. Diese Großrechner wurden zentral gesteuert. Die Zukunft der digitalen Gesellschaft hatte da schon begonnen, wenn auch nur für einzelne, meist privilegierte Unternehmen und Beschäftigte in der sogenannten Elektronischen Datenverarbeitung (EDV).

In dem Maße, wie dezentrale Arbeitsplatzrechner und Smartphones sich durchsetzen, verbreitet sich der Einsatz informationstechnischer Systeme auf der betrieblichen Ebene. Mehr und mehr wurden einzelne Bereiche in Büro und Verwaltung auch an einfachen gewerblichen und kaufmännischen Arbeitsplätzen mithilfe der Rechner durch Informationstechnik verbunden. Dergleichen geschah etwas später auch in der anspruchsvolleren, kaufmännischen Sachbearbeitung in den jeweiligen Fachabteilungen der Unternehmen.

Je mehr dieser Prozess voranschreitet, umso deutlicher tritt zutage, dass die teure menschliche Arbeit mehr und mehr ersetzt wird durch den Einsatz von automatisierten Tools, Datenbanken und immer intelligenter werdenden, dezentral verfügbaren Laptops und Maschinen. Standardarbeiten und sich wiederholende Routinen konnten schon sehr bald an die Systeme abgegeben werden. Handlungsleitend ist das Ziel der Vernetzung zur Optimierung bzw. zum Ersatz menschlicher Arbeitskräfte. Die originäre Stärke menschlicher Arbeitskraft, d. h. die Fähigkeit zur individuellen Problemlösung auch bei komplexen Aufgaben, ist zu diesem Zeitpunkt nach wie vor gefragt, aber alle Routineaufgaben und alle standardisierbaren Aufgaben informationsbezogener Datenverarbeitung werden mehr und mehr an die Systeme abgegeben. Die Informationsbe- und -verarbeitungsprozesse werden immer komplexer und sind vielfach nur noch von Experten zu verstehen. Gleichzeitig werden nicht nur alle betrieblichen Vorgänge miteinander verknüpft, sondern auch bislang getrennte Bereiche wie Familie und Öffentlichkeit in diese Prozesse einbezogen, was z. B. für das Marketing von Produkten und Dienstleistungen enorme Vorteile bietet.

Es kommt zum flächendeckenden Einsatz informationstechnischer Arbeitsmittel und zur Herausbildung geschäftsprozessübergreifender, internationaler Informationsketten, die weit über nationale Grenzen hinausgehen und das globale Wirtschaftsgeschehen wie ein Netz umspannen. Letztlich führte dies zur betrieblichen Reorganisation nicht nur einzelner Geschäftsbereiche, sondern ganzer betrieblicher Strukturen und Abläufe und damit zu einer Neugestaltung von Arbeitsprozessen.

Mit der dramatischen Veränderung von Wertschöpfungsprozessen haben sich die betrieblichen Arbeitsprozesse, wie auch Geschäftsmodelle und Produktfamilien, so stark verändert, dass letztlich von einem neuen Paradigma der betrieblichen Arbeit mit weitestreichenden Folgen ausgegangen werden muss.

Dieses Paradigma ist gekennzeichnet durch:

- weitgehende Internationalisierung von Kapital- und Wirtschaftsbeziehungen, steigende Bedeutung virtueller Dienstleistungen und neuer Geschäftsmodelle bzw. Verlagerung der Wertschöpfungsprozesse auf immaterielle Dienstleistungen, übergreifende Vernetzung von Datenflüssen und damit von Wertschöpfungsprozessen über betriebliche Fachbereichs- und Unternehmensgrenzen hinweg, übergreifende Organisation von Arbeitsprozessen über Ländergrenzen hinweg
- Substitution menschlicher Arbeit durch immer intelligenter werdende Datenbanken und informationstechnische Systeme, immer höher werdende Anforderungen an die Bewältigung von interdisziplinärer Komplexität betrieblicher Arbeit und damit an die Kompetenz der Beschäftigten, verbunden mit stärkeren mentalen und stressbedingten

Belastungen, Lifestyle mit Individualisierung und Vereinzelung des Menschen, steigenden Erwartungen an den Lebensstandard und eine immer schneller drehende Kon-
sumspirale mit hohen Anforderungen an die Produkt- und Servicequalität
• Weitreichende Transformations- und Polarisationsprozesse in Betrieb, Arbeitswelt und
Gesellschaft

Wenn wir die Entwicklung der Arbeitsgesellschaft mit dem Beginn der Industrialisierung
beginnen lassen und die hier als Ausgangspunkt der Entwicklung benannte Produktionsweise der Agrar- und Viehzucht ausklammern, dann haben wir drei Phasen bereits durchlaufen und befinden uns derzeit im Übergang zu Phase 4. Diese Prozesse des Wandels sind
laut DFKI (2011) nach technologischen Sprüngen und Innovationen zu klassifizieren, und
zwar in der Form sogenannter „industrieller Revolutionen":

1. Erste industrielle Revolution durch Einführung mechanischer Produktionsanlagen mithilfe von Wasserkraft und Dampfkraft (z. B. Erfindung mechanischer Webstühle, Ende
   18. Jahrhundert)
2. Zweite industrielle Revolution durch elektrisch betriebene Maschinen und die Einführung von Massenproduktion (Beginn 20. Jahrhundert) sowie Telefon, Radio etc.
3. Dritte industrielle Revolution durch Einsatz von zunächst unvernetzter Informationstechnik und Elektronik, Einzelplatzsysteme (um 1970)
4. In dieser vierten Phase der industriellen Evolution auf der Basis von cyber-physikali-
   schen Systemen sind wir heute bereits seit einigen Jahren angekommen. Es erfolgt eine
   weitgehende, dezentrale Vernetzung von Produktion und Dienstleistungen, verbunden
   mit einer Rückkehr zur kleinen Serie und der Anfertigung nach Kundenwunsch (seit
   etwa 2010). Das Fazit hierzu lautet: In den hoch entwickelten Industrieländern Westeuropas ist eine digitalisierte Gesellschaft entstanden, welche die traditionellen Grenzen und Abgrenzungen zwischen Arbeitswelt, Familie und Gesellschaft in den einzelnen Nationalstaaten mehr und mehr auflöst.

Im Zusammenhang mit dem weiteren Einsatz vernetzter Systeme und der Entwicklung
eines weit gefächerten Netzes von internationalen Kooperationsbeziehungen nimmt die
Bedeutung der produktionsnahen Dienstleistungen an der gesellschaftlichen Wertschöpfung in den entwickelten Industrieländern zu. Damit ist sowohl die Möglichkeit zur Integration und Auslagerung von Produktionsaufgaben gemeint als auch deren Verlagerung in
das preiswerter fertigende Ausland. Dies bedingt die umfassende Reorganisation betrieblicher Arbeit und betrieblicher Personalführung, wie Personalentwicklung und Führungsstile sowie Managementstrategien.

Gleichzeitig nehmen die Anforderungen an die Kompetenz Einzelner zur Erbringung wissensbasierter, kundennaher Dienstleistungen in Produktion und Verwaltung an
Gewicht zu, da es das „Komplettangebot" ist, welches mehr und mehr die Gewähr dafür bietet, dass es zu einer steigenden Nachfrage nach komplexen Produkten und
Dienstleistungen kommt.

Ein internationales System von Zulieferbetrieben, insbesondere für die Fertigung von Elektronikkomponenten, wird entwickelt, welches durch ein komplexes Geflecht von Standardisierung und Qualitätssicherung die einheimische Produktion in Deutschland sicherstellen und attraktiv halten soll. Aus diesem Zusammenhang wird schnell ersichtlich, dass es in Deutschland die produktionsnahen Dienstleistungen sind, welche die heutigen Märkte und die der Zukunft ausmachen, wobei die direkte Abhängigkeit von einer starken, weltwirtschaftlichen Verflechtung als Achillesferse deutlich zutage tritt.

Ein Beispiel für den tief greifenden Wandel von Arbeit in Phase 4

Produktion und Entwicklung, aber auch Beratung, Verwaltung und Distribution von Gütern und Dienstleistungen können in der digitalisierten Arbeitswelt weitgehend virtuell organisiert werden, d. h., sie benötigen kaum noch oder keine physische Präsenz und keine räumliche Nähe mehr.

Die Informationstechnik und deren Einsatz in der Form von Netzwerken ermöglicht es alle Arten von Arbeitsprozessen nicht nur auf betrieblicher Ebene, sondern auch betriebsübergreifend und regional bzw. länderübergreifend zu bewerkstelligen und zu organisieren.

Diese Entwicklung geht einher mit der Verbreitung neuer Produktionskonzepte, die zu tief greifendem Strukturwandel führen, zu einer umfassenden Neuorganisation auf betrieblicher, nationaler wie internationaler Ebene und damit zu neuen Arbeitsanforderungen der betrieblichen Arbeit. Letztlich ist dies auch der Grund für die veränderten Anforderungen an Personalmanagement und -führung in den Unternehmen.

Nicht zuletzt die neue Chance der Integration von Kundenwünschen und Anforderungen in die Produktion bringt neue Geschäftsmodelle hervor, aus denen sich allmählich in Phase 3 die Rückkehr zur Kleinserienfertigung analog zur handwerklichen Produktionsweise, die Fertigung auf Kundenwunsch und andere Geschäftsmodelle mit hohen Flexibilitätsanforderungen an die Zulieferer, an die Abnehmerbetriebe wie auch an die Beschäftigten entwickeln. Flexibilität wird zum Trumpf in der Produktion und die Anfertigung von kleinen Serien zum gehobenen Standard.

Modell der „wissensbasierten Gesellschaft" nach Daniel Bell (1973) und Rifkin (1995)
Im Zusammenhang mit den veränderten Anforderungen in der betrieblichen Arbeit an die Kompetenz Einzelner entstand nach Daniel Bell (1976) die These von der wissensbasierten Gesellschaft als einer entwickelten Dienstleistungsgesellschaft mit immer höher werdenden Anforderungen an die Kompetenz jedes einzelnen, abhängig Beschäftigten wie auch der Führungskräfte.

Die ständig wachsende Bedeutung der sehr heterogenen Dienstleistungen, welche anfangs unterschätzt wurden und sich später – in den 90er-Jahren des 20. Jahrhunderts – mehr und mehr zur Quelle von gesellschaftlichem Reichtum in den Industrieländern entwickelten, zeigt sich nicht zuletzt daran, dass der Schwerpunkt von Beschäftigung und betrieblicher Wertschöpfung sich immer mehr von der industriellen Fertigung auf die produktionsnahen Dienstleistungen verlagerte.

In diesem Zusammenhang wird eine Diskussion um den Strukturwandel von Wirtschaft und Arbeit eröffnet. Es werden zwei zentrale Theorien diskutiert, welche sich jedoch in der Folgezeit als falsch erweisen sollten. Einmal geht es um die These von der allgemeinen Höherqualifikation durch Informationstechnik und damit um die Annahme des Entstehens einer „wissensbasierten Gesellschaft". Zum anderen wird das Entstehen eines Informationssektors postuliert, der sich unabhängig und abseits von den klassischen Bereichen der Wirtschaft entwickelt. Beide Entwicklungslinien sind zwischenzeitlich in Frage zu stellen.

Informatisierung und Digitalisierung von Arbeitsprozessen und -inhalten führen vereinfacht gesagt zum Bedarf an höherqualifizierten Beschäftigten in der betrieblichen Arbeit. Es vollzieht sich danach ein genereller Wandel zur wissensbasierten Gesellschaft. In diesem Zusammenhang wird idealiter davon ausgegangen, dass alle Formen von Routinetätigkeiten – sei es im technischen, im Produktionsbereich oder im Bereich der kaufmännischen Sachbearbeitung – an die EDV-Systeme abgegeben werden können und die Menschen sich nur noch mit den verbleibenden „höherwertigen" und kreativ anspruchsvollen Tätigkeiten befassen, die sich der Routine entziehen. Dies erlaube es den Menschen, sich mehr und mehr qualitativen und höherwertigen Aufgaben zuzuwenden, was im Prinzip auf eine „Anreicherung" der betrieblichen Arbeit hinausläuft.

Die Erarbeitung eigenständiger Problemlösungsstrategien für immer neue Aufgaben und Probleme – als das eigentlich menschliche an den nicht standardisierbaren und damit nicht durch Maschinenarbeit und sogenannte „Artificial Intelligence" (AI) substituierbaren Arbeitsaufgaben – erfordert nämlich nicht nur eine hohe Kompetenz hinsichtlich der Problemlösungsfähigkeiten und des Arbeitens in ständig wechselnden Zusammenhängen. Diese neuen Arbeitsanforderungen sind in der betrieblichen Praxis meist unter hohem zeitlichem Druck und Stressbelastung zu erbringen.

Im Zusammenhang mit der Entgrenzung und der zunehmenden Verlagerung von Autonomie- und Entscheidungsspielräumen an die Mitarbeitenden bedeutet dies außerdem noch eine erhöhte Verantwortung in Verbindung mit einer sogenannten Arbeitsverdichtung, d. h. einer erhöhten Fallzahl. Diese Arbeiten sind komplexer Natur und nicht standardisierbar. Sie verlangen spezifische und jeweils neu entwickelte, kreative Problemlösungen. Sie lassen sich daher – heute noch bis zu einem gewissen Grad – nicht durch Maschinenarbeit ersetzen. Künstliche Intelligenz, vernetzte Datenbanken und das Arbeiten in Informations- und Wissenspools würde dann die Kreativität des Menschen stark unterstützen, aber – bis auf absehbare Zeit – in vielen Bereichen noch nicht und auch zukünftig vermutlich kaum ersetzen.

Betriebliche Arbeit wird bei einem generellen Trend zu komplexeren und höheren Kompetenzanforderungen nach Rifkin (1995) in nennenswerter Form nur noch für Eliten vorhanden sein. Hilfstätigkeiten würden in ihrem Volumen stark abnehmen und kaum noch vorkommen, was auf die These von der allgemeinen Höherqualifizierung durch IT hinausläuft.

Geringerwertige Rest-Tätigkeiten – hierbei handelt es sich um bislang schrumpfende Bereiche der Beschäftigung – werden dieser Theorie nach von sogenannten „an- und ungelernten" Arbeitskräften übernommen, welche die sogenannten „Einfacharbeiten" ausführen. Faktisch sind sie dann in dem neuen Gefüge von Arbeitsorganisation und Arbeitsinhalten eine marginale Randerscheinung und entkoppelt vom allgemeinen Fachkräftebedarf. Sie erfahren kaum noch eine nennenswerte quantitative Nachfrage. Sie können zudem nicht mehr für Karriere- und Entwicklungswege genutzt werden, da sie dem Menschen keine eigene Entscheidungskompetenz zubilligen, weil ihm die bildungsmäßigen Voraussetzungen für eine weitere berufliche Entwicklung fehlen. Damit würden diese unterqualifizierten Personen auf Restarbeitsplätzen durch „Einfacharbeiten" auf betrieblicher Ebene angelernt unter Verzicht auf innerbetrieblichen Aufstieg und Karriere.

Ein aktuelles Beispiel hierfür sind die Regale-Packer oder Entnahme-Arbeitenden in den Hochregallagern. Sie müssen zwar über EDV-Anwendungskenntnisse und einen Führerschein für Gabelstapler verfügen, aber sie rangieren die Waren nach Bestellung der Kunden und mit Anweisung durch das System. Sollte dieses Modell von Beschäftigung eine nennenswerte Bedeutung erlangen – wie manche Forscher prognostizieren –, könnte es durchaus sein, dass die Menschen, nicht nur in Transport- und Verpackungsbereichen, sondern auch in anderen Bereichen der Beschäftigung, wie z. B. in der kaufmännischen Verwaltung, zum ausführenden Anhängsel von computergesteuerten Arbeitsmitteln werden. Derzeit ist zu beobachten, dass der Anteil der vom PC erledigten kaufmännischen Aufgaben auch in qualifizierten Sachbearbeitungstätigkeiten – einem mittleren Segment von Kompetenzanforderungen – immer größer wird.

Im weiteren Kontext der zukünftigen Entwicklung künftiger Personalführung und -arbeit geht es somit nicht zuletzt um die Frage, ob die Annahme des Entstehens einer „wissensbasierten Gesellschaft" richtig ist, ob es somit zutrifft, dass die Menschen als abhängig Beschäftigte immer qualifizierter sein müssen, um sich in einer ständig komplexer und anspruchsvoller werdenden Arbeitswelt behaupten zu können.

Könnte es nicht auch sein, dass es – nach dem Beispiel namhafter virtueller Geschäftsplattformen – mit zunehmendem Einsatz komplexer Systeme auch für höherwertige Aufgaben zu einer Polarisierung von Arbeitsinhalten und -verträgen kommt, so dass der Anteil derer, die hochkreativ sein sollen und in entsprechenden Positionen tätig sind, demzufolge immer kleiner wird?

Analog dazu ist eine logische Konsequenz daraus, dass der Bedarf an abhängig beschäftigten Personen mit guten IT-Anwendungskompetenzen, welche als ausführende Dienstleister und durchschnittlich kompetente Anwender von IT- und informationstechnischen Systemen zuverlässig funktionieren, ohne jedoch den Gesamtzusammenhang zu durchschauen oder beeinflussen zu können, zunimmt, insbesondere wenn dies der Unternehmensphilosophie entspricht.

Gleichzeitig ist das Modell eines geteilten Arbeitsmarktes für hochkompetente und bildungsferne, eher ungebildete Arbeitnehmer unter heutigen Vorzeichen eines ganzheitlichen Kompetenzmodells in Frage zu stellen, da die Anforderung lebenslangen Lernens und permanenter Weiterentwicklung von Kompetenzen für alle auf betrieblicher Ebene beschäftigten Personen seine Gültigkeit hat. Betriebliche Anforderungen ermöglichen und verlangen von allen Beschäftigten eine konstante Weiterentwicklung.

Gehen wir doch einmal davon aus, dass es im Zuge dieser Entwicklung zu einer verstärkten Durchlässigkeit der Bildungssysteme und auch der Anerkennung betrieblicher Abschlüsse kommt, dann verläuft die Trennlinie der Dequalifizierung und Ausgrenzung im Zeichen der digitalisierten Arbeitswelt nicht mehr zwischen Absolventen des universitären Bildungssystems und denen der dualen Berufsausbildung auf betrieblicher Ebene, sondern zwischen „Arbeitsplatzinhabern" und sozial wie beruflich deprivierten, armen gesellschaftlichen Gruppen von dauerhaft Arbeitslosen und Hartz-IV- Empfängern, da sie „abgehängt" sind und der Entwicklungschancen entbehren.

An dieser Stelle sei die Annahme formuliert, dass aktuelle Prozesse der betrieblichen Arbeit eher auf eine verstärkte Entwicklung der Integrationsprozesse hinsichtlich des lebenslangen Lernens (LLL) auf betrieblicher Ebene für alle Gruppen von beschäftigten Arbeitnehmern hinauslaufen, unabhängig vom Niveau der Eingangsqualifikation. Kompetenzentwicklung wird damit zum Prozess für alle Beschäftigten!

Für die Arbeitslosen hingegen scheint es allerdings plausibel, von der zunehmenden sozialen wie wirtschaftlichen und betrieblichen Ausgrenzung mit dem Trend zur Polarisation sowie umfassenden Prozessen der Dequalifizierung auszugehen.

Modell eines Informationssektors als „Quartär" nach Dostal (2001)
Die vierte, viel diskutierte Theorie nach Dostal (2001) geht davon aus, dass es durch die Entwicklung der Informationstechnik zur Entwicklung eines neuen, bislang unbekannten Wirtschaftsbereichs kommt, dem sogenannten „quartären Sektor" – in Ergänzung der drei bekannten Sektoren. Nach diesem Theorieverständnis wird dieser vierte Sektor als „Informationssektor" bezeichnet. Dieser sogenannte Informationssektor wird als innovativer und neu hinzukommender Sektor begriffen, der sich parallel von den drei anderen Sektoren entwickelt.

Die Entwicklung von der postindustriellen zur digitalisierten Gesellschaft
Ähnlich wie das Vier-Sektoren-Modell wird bei der Theorie von der Entwicklung zur postindustriellen Entwicklung davon ausgegangen, dass im Zuge der strukturellen Veränderungen des Wirtschaftsgeschehens eine allgemeine Dynamik zur Weiter- und Höherentwicklung von Qualifikation und Wissensbestandteilen eintritt.

Wissen und Kompetenzentwicklung für alle Personen im erwerbsfähigen Alter sind danach die Trümpfe, die ein berufliches Auskommen, eine berufliche Weiterentwicklung und eine Karriere begründen. Das klassische Verständnis von der historisch entstanden Dreiteilung des Wirtschaftsgefüges bleibt danach unverändert, die neue Qualität der Informationstechnik mit ihrem zum Teil disruptiven Charakter und nie gekannten Chancen, aber auch Risiken wird bei dieser Diskussion nach dem Drei- bzw. Vier-Sektoren-Modell weitgehend ausgeblendet.

In den 80er-Jahren des 20. Jahrhunderts wurde von den Bildungstheoretikern Dostal und Baethge diskutiert, ob es im Zuge der Verbreitung von Informationstechnik und der Weiterentwicklung neuer Technologien zur Entwicklung eines Vier-Sektoren-Modells kommen würde (Dostal 2001).

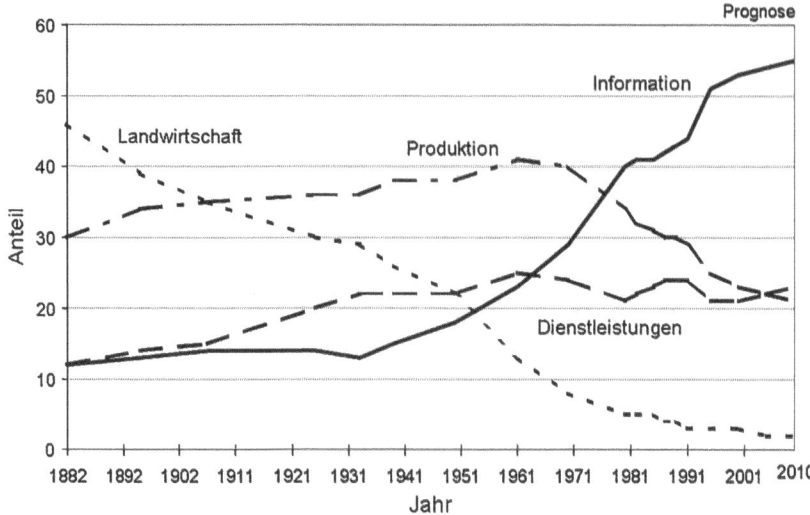

Abb. 2.2 Vier-Sektoren-Modell als Prognose anhand der Beschäftigungsentwicklung 1882–2010. (Quelle: Dostal 2001, zitiert nach Baethge 2006)

Abb. 2.2 zeigt, dass nach dem Vier-Sektoren-Modell von Dostal die Abwanderung der Arbeitskräfte in die Industrie seit 1882 berücksichtigt und das Entstehen eines vierten Sektors bis 2010 prognostiziert wird. Informationsverarbeitung hätte sich demnach zu einem vierten Sektor entwickelt. Ein Modellansatz, der das klassische Drei-Sektoren-Modell nach Colin Clark ergänzt.

Die Entwicklung zur informationstechnischen Wertschöpfung in allen Sektoren
Diese Entwicklungskurve zeigt auch sehr deutlich, in welchem Maße die Bedeutung der Landwirtschaft für Beschäftigung und Arbeit seit 1882 rapide zurückgeht und die Bedeutung von Industriebeschäftigung bis in die 70er-Jahre permanent ansteigt, jedoch mit dem Erstarken der Dienstleistungen als Bereich steigender Wertschöpfung ständig an Bedeutung verliert. Information als Ware, d. h. Dienstleistungen, wird diesem Modell zufolge seit 1882 mit moderaten Werten gehandelt, um jedoch nach dem Ende des Zweiten Weltkriegs und einsetzender Prosperität in den 50er-Jahren dramatisch an Bedeutung zuzunehmen. Die Prognose von Dostal (2001) lautete, dass Information als Ware im Jahr 1981 bereits alle anderen Aktivitätszweige in der Bedeutung für Arbeit und Beschäftigung übertrifft und bis 2010 eine nie dagewesene Bedeutung für Wertschöpfung, Wirtschaft und Arbeit erlangt hat.

Dieser Teil der Prognose ist deutlich erkennbar eingetroffen. Die Entwicklungskurven von Beschäftigung und Wertschöpfung zeigen damit eine deutliche Abhängigkeit von der Entwicklung technischer Innovationen. Aus heutiger Sicht ist allerdings kritisch anzumerken, dass die Entwicklung zu einem „Quartär" als „Informationssektor" in der prognostizierten Form nie stattgefunden hat.

Informationstechnik und informationstechnische Arbeitsmittel wurden vielmehr zu einem integralen Plus für die Wirtschaft und ihre einzelnen Aktivitätszweige in Landwirtschaft, Industrie und Dienstleistungen. Vom heutigen Stand aus ist zu erkennen, dass die IT alle Arbeitsbereiche und Sektoren des Lebens wie der Öffentlichkeit durchdrungen hat und damit zum Bestandteil des Arbeitslebens wie der Gesellschaft geworden ist.

Es erwies sich darüber hinaus, dass überall dort, wo eine gute Konkurrenzfähigkeit auf dem Weltmarkt bestand und Informationstechnik in die klassischen Branchen und Arbeitszweige implementiert wurde, die Wachstumsraten und die Erträge stiegen. Ein weiteres Manko der Vier-Sektoren-Theorie ist damit nicht nur die Überschätzung der Technik, sondern auch die Unterschätzung der Entwicklungsfähigkeit und der Vielseitigkeit von Wertschöpfungsprozessen durch Dienstleistungen, insbesondere die Ausblendung der Möglichkeit des Entstehens neuer Geschäftsmodelle auf digitalen Plattformen, deren Potenzial um 2000 noch nicht erkennbar war.

▶ Konform zu den vorausgegangenen Ausführungen ist festzustellen, dass die bis 2019 vollzogene Durchdringung aller Sektoren und Beschäftigungsbereiche mit Arbeitsmitteln der IT und digitaler Technik zum Entstehen einer digitalisierten Arbeitswelt und darüber hinausgehend zur Entwicklung einer digitalen Gesellschaft geführt hat. Dieser systemische Wandel, mit weitreichenden Prozessen der Reorganisation und Polarisation auf betrieblicher wie gesellschaftlicher Ebene, wird in den Abschn. 2.2 und 2.3 weiter ausgeführt.

2.2   Zur Entwicklung der Dienstleistungen als Parameter in Wertschöpfungsprozessen

Ein Großteil bekannter Dienstleistungen entstand durch die Externalisierung von Dienstleistungen aus dem Bereich der privaten Reproduktion. Bezahlte Dienstleistungen entwickelten sich aus der Großfamilie und dem selbstversorgenden Bauernhof hinaus in eine bezahlte Sphäre der Erwerbsarbeit. Der Zerfall der Großfamilie und die Entstehung von Kleinfamilien, bei denen die Eltern in abhängiger Position außerhalb des Hauses beschäftigt waren, bewirkten u. a. eine zunehmende Nachfrage nach familiennahen Dienstleistungen von Privathaushalten bzw. Privatkunden. Die Entwicklung der industriellen Produktivkräfte verlangte zunehmend auch nach der Entwicklung höherwertiger und komplexer werdender Dienstleistungen, z. B. durch international agierende Unternehmen des Finanzsektors, des Handels und der Versicherungen.

Diese bis heute für völlig unterschiedliche Kundenkreise und Dienstleistungsaktivitäten erbrachten Leistungen sind als ein äußerst heterogenes Gemisch von Tätigkeiten und Serviceangeboten zu betrachten. Sie unterscheiden sich stark sowohl hinsichtlich ihrer unterschiedlichen gesellschaftlichen Reputation als auch hinsichtlich ihrer Bezahlung. Zusammen mit der Entwicklung „einfacher" Dienstleistungen (z. B. als „Dienstmagd" oder

„Putzfrau") entstehen mit dem Aufkommen der Industrialisierung aufwendigere, sogenannte „wissensbasierte Dienstleistungen", welche von einschlägig ausgebildeten Juristen, Finanz- und Transportexperten, Bankangestellten und Versicherungskaufleuten erbracht wurden.

Die im Zuge der Informatisierung in den Phasen 2, 3 und 4 neu entstehenden Arbeitsplätze verlangten neue Kompetenzen der Arbeitnehmer. Damit verbunden war ein struktureller Wandel von betrieblicher Arbeit, der zum Teil die personenbezogenen Dienstleistungen aufwertete und zum anderen zur Entwicklung komplexer, hochanspruchsvoller Arbeitsprozesse und -inhalte führte.

Dienstleistungen als vormals unterbeachteter Bereich von Erwerbsarbeit wurden in dem Zusammenhang der systemischen Transformationsprozesse zunehmend zum Kernbestandteil von betrieblicher Wertschöpfung. Dies lässt sich auch an der Wanderung der Arbeitskräfte in den sogenannten tertiären Sektor veranschaulichen (s. hierzu u. a. die Abb. 1.1 in Abschn. 1.1).

Nicht nur klassische Dienstleistungen veränderten sich im Zuge dieser Entwicklung.

Auch der lange führende Bereich der industriellen Produktion entwickelte sich – durch die Erbringung sogenannter „produktionsnaher Dienstleistungen" – zum Produzenten immaterieller Dienstleistungen mit einem hohen Anteil nichtmaterieller Arbeitsprozesse.

▶   Aus der Statistik geht deutlich hervor: Dienstleistungen haben sich seit Mitte der sechziger Jahre zum Schwerpunkt von Wertschöpfungsprozessen und damit zur Cash Cow der deutschen Wirtschaft entwickelt. Korrelierend damit wandelte sich der Schwerpunkt der Beschäftigung von der Industrie zum Dienstleistungsbereich.

▶   **2016 waren ca. 85 Prozent aller Erwerbstätigen im Bereich der Dienstleistungen beschäftigt.**

> **Wanderung der Beschäftigten von der Industrie in den Bereich der Dienstleistungen**
> Daten des Statistischen Bundesamtes ist zu entnehmen, dass der gesamte Bereich der Dienstleistungen zusammengenommen, d. h. die Summe der unterschiedlichen Bereiche, wie
>
> • Handel, Gastgewerbe, Verkehr
> • Finanzen und Versicherungen
> • Öffentliche Dienstleistungen, Erziehung und Gesundheit
> • Information und Kommunikationsdienstleistungen
> • Unternehmensdienstleistungen
> • Sonstige Dienstleistungen
>
> im Jahr 2016 bereits ca. 85 Prozent der Erwerbstätigen in Deutschland beschäftigten (Statistisches Bundesamt 2017, Volkswirtschaftliche Gesamtrechnung Bund).

Zur zeitlichen Veranschaulichung der einzelnen Phasen der wirtschaftlichen, sozialen und technischen Entwicklung bzw. hinsichtlich der signifikant unterscheidbaren Etappen eines technologisch induzierten Wandels der Produktions- und Wirtschaftsbeziehungen mit steigender Komplexität dient die Abb. 2.3.

Im Unterschied zu der ansonsten sehr anschaulichen Abbildung der technologischen Entwicklung seitens des DFKI (2011) ist hinsichtlich der technologischen Entwicklung und der Folgen dieser Entwicklungen weniger von einer Revolution zu sprechen (s. hierzu Abb. 2.3).

Vielmehr wird im vorliegenden Kontext davon ausgegangen, dass es sich beim Übergang von einer Phase in die nächste, also von Phase 0 bis zum Übergang in die gegenwärtige Phase 4, jeweils um evolutionäre Phasen in Prozessform handelt, die von kontinuierlichen Entwicklungen und vielen Teilschritten gekennzeichnet sind. Als ein markantes Merkmal für die evolutionäre Entwicklung ist der Prozess der Verlagerung des Schwerpunktes von Wertschöpfungsprozessen und betrieblichen Arbeitsplätzen zu benennen.

Die Arbeitskräfte wandern somit zwischen 1885 und 1980 von den Arbeitsstellen in der Produktion weitgehend in die Dienstleistungsbeschäftigung, so dass im Jahr 2000 bereits 64 % der Beschäftigten im Dienstleistungssektor tätig sind, wie Abb. 1.1.

Damit rücken alle Arten von Dienstleistungsprozessen, u. a. auch industrielle Dienstleistungen, an der Schwelle zu Arbeit 4.0 mit völlig anderen Wertschöpfungsmodellen in den Fokus von Arbeit und Kompetenzanforderungen.

Die Land- und Forstwirtschaft mit nur 1,4 % aller Beschäftigten, das produzierende Gewerbe (ohne Bau) und das Baugewerbe (mit 5,6 %) sind heute bereits zu marginalen

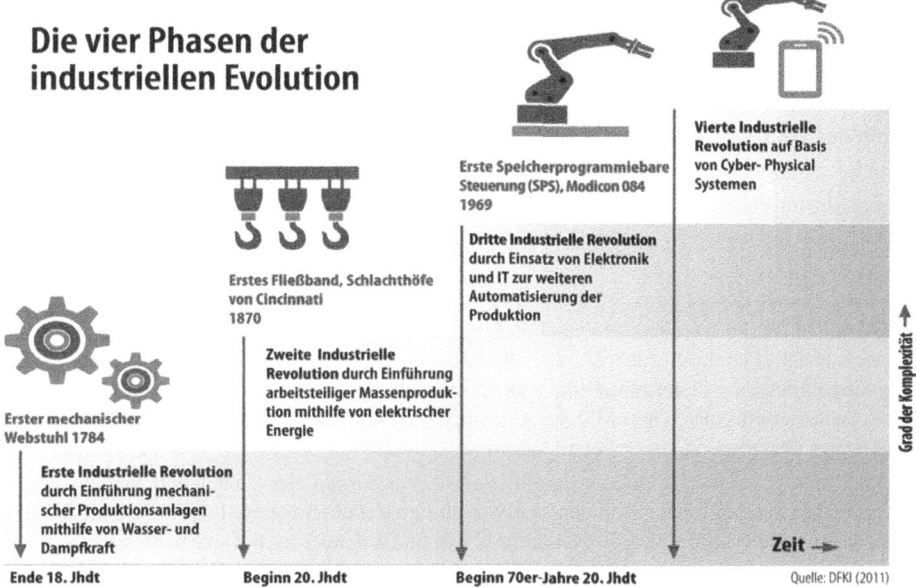

Abb. 2.3 Die vier Phasen der industriellen Evolution. (Quelle: DFKI 2011)

Restbereichen der Beschäftigung geschrumpft. Aktuell erwirtschaftet der primäre Sektor nur noch 0,6 % der Wertschöpfung des BSP.

Die industrielle Produktion in Deutschland nimmt aktuell mit 18,6 % des Beschäftigtenanteils nur noch eine Schattenfunktion ein, wenn man einen Vergleich zieht mit ihrer hohen Bedeutung für Arbeit und Wohlstand bis weit in die 60er-Jahre hinein.

▶   Diese Entwicklung impliziert, dass Dienstleistungen nicht nur zum wichtigsten Schwerpunkt von Wertschöpfung geworden sind, sondern zum nahezu ausschließlichen Kern der Wertschöpfung in hoch entwickelten Industrieländern wie Deutschland.

▶   Letztlich bleibt festzustellen, dass es der noch in Phase 2 – Phase 3 stark unterschätzte Bereich der heterogenen und überaus vielseitigen Dienstleistungen ist, welcher sich durch seine Fähigkeit zur Innovation als wandlungsfähiger Bereich erweist, in dem die zentralen Prozesse der Wertschöpfung stattfinden.

▶   Doch wie und durch welche Parameter lassen sich diese schwer zu fassenden Dienstleistungen plausibel und verständlich definieren?

2.3   Zur Definition von Dienstleistungen aller Art nach einheitlichen Charakteristika

Wenn es darum geht, das Phänomen der Dienstleistungen zu charakterisieren, so ist anzumerken, dass sich die Dienstleistungsbranche immer schon durch eine sehr hohe *Heterogenität* auszeichnet. Sie beinhaltet auch schon seit Beginn ihres Entstehens das Beste und das Schlechteste, was lohnabhängige Erwerbsarbeit zu bieten hat. Aus dieser Formulierung ist abzuleiten, dass es sich hinsichtlich der Dienstleistungen bereits in den 60er-Jahren des 20. Jahrhunderts vielfach um ungeschützte, sehr schlecht bezahlte Tätigkeiten handelte, die weder als attraktiv für die Beschäftigten noch als besonders bedeutend für die gesellschaftliche Wertschöpfung betrachtet werden konnten.[1,2]

---

[1] Heute finden wir dort vorwiegend immer noch die Ausbeutung des Menschen durch den Menschen in sogenannten „Flatrate-Bordellen" oder die Niedriglohnarbeit, wie z. B. 400-Euro- Beschäftigungsverhältnisse, Arbeit auf Abruf oder andere, sehr schlecht bezahlte Arbeitsverhältnisse. In allen diesen Dienstleistungsbereichen wird der gesetzlich zugesicherte Mindestlohn oft unterlaufen und es herrschen überwiegend ungeschützte Arbeitsverhältnisse.

[2] Vielfach sind gerade die produktionsnahen Dienstleistungen mit einer hohen und sehr guten Vergütung für die Beschäftigten verbunden, was wir am Beispiel der Software-Entwickler und Elektronikingenieure, welche informationstechnische Hard- und Software nach Kundenwunsch ausgestalten, sehr gut veranschaulichen können. Diese Erwerbspersonen gehören heute zu den gut- bzw. besserverdienenden Erwerbstätigen, die auch im Zuge der weiteren Informatisierung bis auf weiteres sehr gute Berufsperspektiven erwarten können.

Dienstleistungen aller Art sind Motor von Wertschöpfungsprozessen

Dienstleistungen haben seit dem Beginn des 21. Jahrhunderts im Zuge des Struktur-wandels eine neue Dimension und Qualität gewonnen. Die heutigen Wertschöpfungsprozesse hoch entwickelter Industrieländer wie Deutschland stehen daher ganz im Zeichen der Verbreitung informationstechnischer Arbeitsmittel und der Durchdringung aller Geschäftsbereiche mit IT. Produktionsnahe Dienstleistungen, wie auch andere Formen von Dienstleistungen, sind zum Motor von Wertschöpfungsprozessen in allen Aktivitätsbereichen der Wirtschaft geworden.

Deshalb ist für 2019 zu konstatieren, dass die Erbringung und Generierung von hochwertigen Dienstleistungen mehr und mehr der Motor des gesellschaftlichen Reichtums geworden sind.

Dienstleistungen sind heute immer noch als ein sehr heterogener Bereich zu betrachten, der eine Vielzahl von unterschiedlichen Einsatzbereichen und Leistungsangeboten beinhaltet.

Vom „ältesten Gewerbe der Welt" bis zu Leistungen, die als komplexe Geschäftsmodelle auf digitalen Plattformen erbracht werden, scheinen sie kaum etwas gemeinsam zu haben. Sie werden vermutlich deshalb heute noch vielfach in ihrer Bedeutung unterschätzt, da die Chancen, welche sich aus dem Generieren komplexer Dienstleistungen ergeben, vielfach von traditionellen Unternehmen nicht als solche erkannt werden.

Das Festhalten an der Vorstellung von der industriellen Produktion als Motor von Wachstum und Wohlstand ist mit Blick auf den Strukturwandel als ein großer Irrtum zu bezeichnen. Es sind im Jahre 2018 die (informationstechnischen bzw. produktionsnahen) Dienstleistungen, welche hohe Gewinne generieren und damit wesentlich lukrativer sind als die Herstellung von Dingen und Komponenten, die auf dem Weltmarkt vielfach konkurrenzlos billig eingekauft werden können.

Fassen wir einmal zusammen, was alles unter Dienstleistungen zu subsumieren ist und welche Definitionen für dieses wandelbare, wenig greifbare Konglomerat an Angeboten und Leistungen anerkannt sind.

Aktuelle Definition von Dienstleistungen für die Wertschöpfungsprozesse in Deutschland mit praktischem Beispiel für das Uno-actu-Prinzip

Was haben wir heute unter dem Begriff der Dienstleistungen zu verstehen?

Dienstleistungen sind ein sehr heterogener Bereich mit völlig unterschiedlichen Leistungsbereichen.

Wir unterscheiden i. d. R. die einfachen und die komplexen Dienstleistungen, aber auch personenbezogene und industrienahe Dienstleistungen, wobei charakteristisch ist, dass die Ausführung/ Lieferung immer zeitgleich zusammenfällt mit der Mitwirkung bzw. dem Einverständnis des Kunden (Uno-actu-Prinzip). So z. B. wäre ein Haarschnitt unmöglich ohne den Kopf bzw. die Mitwirkung des Kunden.

Wesentlich für die Mitwirkung des Kunden bzw. seine Bereitschaft zum Kauf der Dienstleistung ist das Vorhandensein von Vertrauen, welches der Kunde in den Erbringer der Dienstleistung vor dem Kauf setzen muss.

Die Vertrauenswürdigkeit des Anbieters ist daher ein zentrales Merkmal qualitativ hochwertiger Dienstleistungen und eine Anforderung hoher Priorität, die von jedem Anbieter nachvollziehbar zu erfüllen ist.

Unter den Begriff Dienstleistungen fallen sowohl die einfachen Putz- und Müllbeseiti-gungstätigkeiten als auch die körpernahen Dienste des Pflegens und Hegens sowie die Transportbranche und das Verkehrsgewerbe, bis hin zu sehr komplexen Arbeiten in der universitären Lehre, den juristischen Beratungs- und Anlagegeschäften sowie einem wach-senden Anteil von produktionsnahen Dienstleistungen, die sich aus der industriellen Ferti-gung ergeben bzw. damit verbunden sind (Ingenieurtätigkeiten in der Entwicklung, Ver-waltungsarbeit, Immobiliengeschäfte etc.), um nur einige wenige Beispiele zu nennen. Die Palette der Leistungen ist immens und schillernd, so dass es schwerfällt, konkrete Defini-tionen zu entwickeln, welche alle Arten von Dienstleistungen präzise charakterisieren.

Dies lässt sich unschwer daran erkennen, dass traditionelle und anerkannte Definitio-nen zum Begriff der Dienstleistungen recht unterschiedliche Merkmale in den Fokus neh-men, die zwar alle zutreffen, aber doch eigentlich wenig konkret wirken im Hinblick auf aktuelle Entwicklungen im Bereich der elektronischen Geschäftsplattformen und virtuel-len Geschäftsmodelle.

So z. B. werden nach Arnold unter dem Leistungsspektrum der Dienstleistungen selbst-ständige, marktfähige Leistungen verstanden, die bestimmte Leistungsfähigkeiten und Potenziale bereitstellen (wie z. B. Versicherungsleistungen) oder einsetzen. Dabei werden interne Faktoren (wie z. B. Geschäftsräume, Personal, Ausstattung etc.) und externe Fak-toren (Person oder Objekt des Dienstleistungsnachfragers) im Rahmen des Erstellungs-prozesses definiert (Arnold 1998, S. 259).

Fließ hingegen definiert Dienstleistungen als immaterielle Leistungen, denn sie stellen ein auf den ersten Blick nicht messbares Ergebnis bzw. ein Produkt dar, wel-ches als nicht haptisch, nicht taktil und daher als substanzloses Gut bezeichnet wird (Fließ 2009, S. 10).

Dienstleistungen werden oft auch als immaterielle Produkte und Leistungen charakte-risiert, da sie weder stofflich zu fassen sind noch als lagerfähig gelten. Es gibt jedoch auch davon Ausnahmen, wie z. B. den Mitschnitt einer CD bei einem Konzert. Dienstleistungen müssen somit vom Leistungsumfang her betrachtet weder ein rein immaterielles Produkt sein noch ein in jedem Fall intangibles Ergebnis umfassen. So z. B. enthalten sie in ge-wissen Fällen auch materielle Komponenten (Beispiel CD- Mitschnitt, Friseurbesuch).

Immer jedoch sind Dienstleistungen dadurch zu definieren, dass die Leistungserbrin-gung zusammenfällt mit der Willenserklärung und einer meist erforderlichen Interaktion seitens des Kunden. So z. B. muss der Kunde des Friseurs seinen Kopf zur Verfügung stellen für den Haarschnitt und erst durch das Zusammenwirken von Friseur und Kunde entsteht die Dienstleistung als gemeinsamer Wertschöpfungsprozess.

Dies bedeutet, dass vielfach eine Integration des Kunden in die Dienstleistung erfolgt, indem sich z. B. der Kunde aktiv in den Prozess einbringt (Beispiel Friseur) oder aber ein oder mehrere Objekte, Tiere, Pflanzen bzw. seinen Körper zur Verfügung stellt (z. B. Er-gotherapie).

Es kommen beim Erbringen der Dienstleistung damit Veränderungsprozesse beim Kunden zum Tragen, die eine zu erbringende Leistung ermöglichen, spezifizieren und gleichzeitig modifizieren.

Als ein weiteres Merkmal einer Dienstleistung wird in der Literatur oft das Auftreten von „Vergänglichkeit" beschrieben, was zu folgenden Konsequenzen führt:

- *Es ist keine Produktion auf Vorrat möglich.* Festzuhalten ist, dass bei einer Dienstleistung eine Simultanität festzustellen ist, d. h., Leistungserstellung und Konsum der Leistung fallen i. d. R. zusammen. Dies führt zu dem logischen Schluss, dass das Kaufrisiko einer Dienstleistung beim Kunden liegt. Ein Dienstleistungskauf wird damit in erster Linie zur Vertrauenssache.
- *Individualisierung und Heterogenität gleicher Dienstleistungen lassen keine eindeutigen, klaren Definitionen zu.* Dies lässt die gleiche Leistung für unterschiedliche Kunden zum Teil völlig anders ausfallen (z. B. die Prämie verschiedener Kunden bei einer Renten- oder Risiko- Lebensversicherung).

Damit gelten für alle Dienstleistungen drei signifikante Merkmale:

- Von zentraler Bedeutung für alle Dienstleistungen ist das „Uno-actu-Prinzip", d. h. das Zusammenfallen von Leistungserbringung und Inanspruchnahme der Dienstleistung unter Mitwirkung des Kunden sowie
- die Vergänglichkeit der erbrachten Leistung.
- Eng verbunden damit ist der zentrale Aspekt der Vertrauenswürdigkeit des Anbieters einer Dienstleistung, da aufseiten des Kunden das Kaufrisiko liegt.

Bei Dienstleistungen gilt immer das „Uno-actu-Prinzip"
Als Beispiel für das „Uno-actu-Prinzip" kann nicht nur der Kopf des Kunden gelten, der beim Friseur willig bereitgehalten werden muss, wenn eine neue Frisur erwünscht wird.
Einleuchtend ist auch das Beispiel vom Zahnarzt, der ohne die Bereitschaft des Patienten zum Öffnen des Mundes seine erbetene Leistung nicht erbringen kann.

Bekannte Definitionen erklären die Qualität von Dienstleistungen nur unzureichend
Dies alles sind die anerkannten Definitionen von Dienstleistungen, die nach wie vor gültig sind. Sie vermögen es jedoch nicht, die Relevanz und das gesellschaftliche wie betriebliche Veränderungspotenzial von innovativen, informationstechnischen Dienstleistungen zu verdeutlichen. Abgeleitet von der Wirkung dieser Prozesse kann folgende Definition gelten:
Ausgehend von den mit der Digitalisierung von Arbeitsprozessen verbundenen Phänomenen der Entwicklung disruptiver digitaler Geschäftsprozesse in Verbindung mit der Entgrenzung, der Auflösung und gleichzeitig der Integration von Datenflüssen ist davon auszugehen, dass informationstechnische Dienstleistungen dazu tendieren, sich in alle Bereiche der Gesellschaft und der Arbeitswelt sowie des täglichen Lebens zu implementieren, und ein Teil davon werden.
Sie lösen nicht nur die bekannten Grenzen zwischen den gesellschaftlichen Bereichen auf, sondern lösen strukturelle, soziale wie gesellschaftliche und betriebliche Transformationsprozesse in einem nie gekannten Ausmaß aus. Dies führt letztlich zur verstärkten

Vernetzung und zur Internationalisierung sowie zur graduellen oder vollkommenen „Entstofflichung" der Wertschöpfungs- wie der Kommunikationsprozesse.

Hinzu kommt, dass es immer weniger möglich ist, zwischen der Leistungserbringung im Rahmen einer spezifischen Dienstleistung und einem Industrieprodukt zu unterscheiden. Vielfach werden beide Begriffe – in Anbetracht ihrer ökonomischen Bedeutung – auch synonym verwendet.

In den letzten Jahren zeigt sich in zunehmendem Maße, dass die früher übliche Unterscheidung zwischen den Sektoren, insbesondere zwischen Industrie und Dienstleistungen, vollkommen verwischt und negiert wird, wenn z. B. von einer Finanzindustrie die Rede ist, einer Film- und Fernsehindustrie und gleichzeitig von einer landwirtschaftlichen Industrieproduktion, die nur dann Gewinne abwirft, wenn sie gleichzeitig in die Direktvermarktung eintritt etc.

Die Bezeichnung einer Leistung als Dienstleistung und deren Bezeichnung als Produkt werden heute auch synonym verwendet. Es wird sogar mehr und mehr Praxis, elektronische Dienstleistungen als Produkte zu kennzeichnen. In der Unternehmenspraxis wird heute kaum noch eine Unterscheidung gemacht, wie das Beispiel der „Finanzprodukte aus der Finanzindustrie" zeigt.

Gleichzeitig wird die industrielle Fertigung in immer kleineren Serien möglich und die zunehmend spezifizierten Kundenwünsche verlangen eine weitgehende Individualisierung der Produktion. Bislang noch bestehende Unterschiede in der Leistungserbringung kehren sich völlig um und die industrielle Fertigung wird zur Maßarbeit mit gezielten Beratungsleistungen.

Es besteht andererseits die Gefahr, dass klassische Dienstleistungen wie z. B. Bildungsangebote im Bereich universitärer Ausbildung durch Online-Qualifizierung und Online-Prüfungen durch fehlende persönliche Kontakte zur anonymen Massenabfertigung ohne soziale Lernchancen mutieren.

Maßanfertigung für komplexe Produkte und anspruchsvolle Beratungsprozesse, angelagert an die Produktkonfiguration, werden zum Kern der Wertschöpfungsprozesse in Industrie und Dienstleistungen, was wiederum große Auswirkungen auf die Quantität und Qualität neuer bzw. verbleibender Arbeitsinhalte und -anforderungen hat.

Dies verlangt in jedem Fall – unabhängig von der Art der Dienstleistung – einen hohen Grad an Professionalität sowie entsprechenden Strategien und komplexen Wissensbeständen seitens der spezifischen Leistungserbringer in einem wenig festgeschriebenen Unternehmensumfeld.

▶   **„Entgrenzung" führt zur Auflösung von Grenzen bislang getrennter Bereiche** Mit
     Blick auf vorangestellte Ausführungen wird es immer weniger möglich – so z. B.
     hinsichtlich der Leistungen virtueller Geschäftsplattformen –, die traditionellen
     Definitionskriterien von „Kunden" und „Auftraggebern" sowie „Dritten" eindeu-
     tig anhand von festgelegten Rollen zu definieren. Damit verwischen sich auch
     hier die Grenzen, was die Einordnung der jeweiligen Dienste unübersichtlich
     werden lässt und es erforderlich macht, jede Leistung neu zu klassifizieren.

Somit ist festzustellen, dass der Einsatz der Informationstechnik und die Entwicklung neuer Geschäftsfelder nicht nur die klassischen Grenzen zwischen den einzelnen Bereichen der Wirtschaft verwischen bzw. auflösen – dies nennt man „Entgrenzung" –, sondern auch eine klare Abgrenzung zwischen Kunden und Auftragnehmern und Auftraggebern sowie Dritten immer weniger zulassen, insbesondere dann, wenn die Leistungen „in der Cloud" stattfinden und sich damit nationalen Gesetzen und allen bis dato geltenden nationalen wie europäischen Regularien entziehen.

Letztlich bleibt anzumerken, dass wir trotz der Entwicklung zu hohen Wertschöpfungsanteilen von Dienstleistungen in industrienahen Bereichen der Produktion immer noch davon ausgehen müssen, dass hier eine starke Heterogenität weiterhin besteht und sich viele Bereiche nach „einfachen Dienstleistungen" und „komplexen Dienstleistungen" in differenzierter Form unterscheiden lassen.

Es scheint vielmehr so, dass sich in diesem Bereich eine Aufteilung nach komplexen Dienstleistungen mit hoher Wertschöpfung, wie z. B. Software-Entwicklung oder Finanzberatung, und dem Bereich der einfachen Dienstleistungen, wie z. B. körpernahen Dienstleistungen, wie Friseur und Pflege aufrechterhalten lässt.

Dies erklärt z. B. die exorbitant hohen Verdienste von Software-Entwicklern und Beschäftigten im EDV- Bereich und die kargen Verdienste von Mitarbeitern im Bereich körpernaher Dienste, Pflege und Versorgung.

Diese Polarisierung und Minderbewertung von Dienstleistungen, die am Menschen und für den Menschen erbracht werden, ist letztlich auch eine politische Frage hinsichtlich des Arbeitskräftebedarfs und des Lebens in der Zukunft einer alternden Gesellschaft, die im Rahmen dieses Buches nicht zu lösen ist.

Gemeinsam ist jedoch allen Wirtschaftsbereichen und Sektoren der ausgeprägte Strukturwandel von betrieblichen Geschäftsmodellen. Überall wurde Informationstechnik als integraler Bestandteil integriert, so dass die Verbreitung und Nutzbarmachung von informationstechnischen Arbeitsmitteln sich in allen Branchen bereits vollzogen hat und ständig weiter verfeinert wird.

In allen Beschäftigungssektoren von Landwirtschaft, Industrie und Dienstleistungen hat sich die Informationstechnik als treibende Innovationskraft integriert und etabliert.

Wir haben es heute nicht nur mit einem kontinuierlich fortgesetzten Strukturwandel von Arbeit und Beschäftigung zu tun, sondern mit einer neuen Qualität von betrieblichem Wandel, der sich abrupt und in Sprüngen vollziehen kann. Sein Charakteristikum ist die Auflösung gewachsener Strukturen, Aktivitätszweige und Branchen aller Art. Ein Auflösungsprozess, der vor nichts und niemandem Halt macht und mit einem Potenzial, über betriebliche Dienste hinaus nicht nur die rechtlichen Rahmenbedingungen betrieblicher Arbeit in Frage zu stellen.

Wie sich z. B. an der Diskussion um die Wirkung von social bots und anonym gesteuerten Desinformationskampagnen bei vergangenen Wahlen in den USA oder der britischen Volksabstimmung über den BREXIT mehr und mehr zeigt, haben die digitalen

Medien das Potenzial, nicht nur das gesamte Sozialgefüge in demokratischen Gesell-schaften außer Kraft zu setzen, sondern die Demokratie als Staatsform zur Farce in einer digitalisierten Welt zu machen. Dies ließe u. a. auch am Beispiel der Untersuchungen um die Umstände der Wahl des aktuellen amerikanischen Präsidenten aufzeigen, würde aber an dieser Stelle zu weit führen. Damit hat die Informationstechnik nicht nur Konsequen-zen für die Entwicklung der betrieblichen Arbeit, sondern besitzt in hohem Maße ein bis dato unbekanntes, nicht zu unterschätzendes Veränderungs- und Zerstörungspotenzial für die Gesellschafts- und Staatsform der Demokratie.

In jedem Fall ist bei der digitalisierten Leistungserbringung als von einem potenziell disruptiven Geschäftsmodell auszugehen, dessen wesentliche Aktivitäten auf elektroni-schen Geschäftsplattformen erfolgen und deren Hauptgeschäft in dem Wertschöpfungs-prozess aus Datensammlung, Datenaufbereitung und -auswertung sowie Datenhandel in vier Phasen besteht, nämlich Spezifizierungs-, Realisierungs-, Nutzungs- und Postproduk-tionsphase (s. Fließ 2009, S. 14). Nach diesem Modell werden ganz neue Wertschöpfungs-ketten geschaffen.

Diese lassen sich nur schwer fassen, da sie aktuell in supranationalen Strukturen oder im extraterritorialen Bereich, d. h. der sogenannten Cloud, stattfinden. Statt menschlicher Arbeitskräfte wirken Algorithmen, was zu einer tief greifenden Standardisierung von Denk- und Geschäftsabläufen führt.

Umso stärker wird die Relevanz von Dienstleistungsmanagement als Anforderung an die oberste Leitung respektive Führungskompetenz, gerade weil die eigentliche Wert-schöpfung i. d. R. im Bereich der komplexen Dienstleistung erfolgt. Deutlich wird dies, wenn es sich um Entscheidungen zu innovativen abteilungs-, betriebs- und branchen-übergreifenden Geschäftsprozessen handelt. Die weitgehende Vernetzung von Produkti-ons- und Verwaltungsbereich beziehungsweise die Schaffung von weltweiten Informa-tionsflüssen ist charakteristisch für die Phase 4. Sie bietet zukünftig noch ein großes Potenzial für Rationalisierungsmaßnahmen, aber auch Chancen für Innovationspro-zesse.

Die enorme Interdependenz zwischen den Veränderungen der Wirtschaftsbeziehungen, der betrieblichen Arbeit und der Flexibilisierung des Arbeitsprozesses durch neue Techno-logien, neue Produktionskonzepte und neue Dienstleistungen wird an diesen Beispielen evident. Diese vielfache Verknüpfung von Umgebungsfaktoren und betrieblichen Notwen-digkeiten in einem komplexen Gesamtzusammenhang betrieblicher Aufgaben führt zu einem Wandel der beruflichen Anforderungen für die Einzelnen.

Dienstleistungen als äußerst komplexer Leistungsbereich
Dienstleistungen sind somit kein statischer oder gar einfach zu klassifizierender Bereich, sondern ein im Zusammenhang mit der Informatisierung der Arbeitswelt sich ständig ent-wickelnder und komplexer Leistungsbereich. Die noch im 19. und 20. Jahrhundert unter-schätzten und vielfach gering geachteten Dienstleistungen hinsichtlich der wirtschaftlichen Entwicklung von Standorten sind im 21. Jahrhundert von zentraler Bedeutung für Reich-tum und Wohlstand in den hoch entwickelten Industrieländern Europas, so auch für den

Standort Deutschland, dessen prozesshafter und systemischer Wandel mit technologischen Entwicklungen und weltweiten Trends eng verwoben ist.

Dienstleistungen sind heute immer noch als sehr heterogener Bereich zu kennzeichnen, aber sie bestehen i. d. R. aus komplexen, vernetzten Arbeitsprozessen, die keinesfalls als „einfache Dienstleistungen" mit einer geringen Wertschöpfung betrachtet werden können.

Komplexe Dienstleistungen in allen Bereichen des Wirtschaftens und der Arbeit sind heute die Quelle von Wertschöpfungsprozessen. Um industrielle Produktionsprozesse herum werden sie als industrienahe Dienstleistungen entwickelt und vermarktet, so dass sie als der eigentliche Motor des Wirtschaftsgeschehens in den hoch entwickelten Ländern Westeuropas betrachtet werden können. Der Erreichbarkeit und damit der Verarbeitung von Daten durch Personen, unabhängig von Ort und Zeit, sind ab diesem Zeitpunkt keine Grenzen mehr gesetzt. Produktions- und Dienstleistungsprozesse von Unternehmen jeglicher Größe finden heute im Zeichen neuer Produktionskonzepte und der Flexibilisierung von Arbeit und Kapital rund um den Globus statt.

Dienstleistungen als neuer Kern von Wohlstand, Arbeit und Beschäftigung in Deutschland sowie anderen hoch entwickelten Industrieländern
Als signifikante Belege für die zentrale Bedeutung von Dienstleistungen für das Wirtschaftsgeschehen können die folgenden statistischen Befunde gelten:

*   Bereits um das Jahr 1991 ist festzustellen, dass mehr als 45,1 % der Beschäftigten im Bereich der Dienstleistungen beschäftigt sind. 2015 sind es schon 74 % (Statistisches Bundesamt 2016).
*   1970 wurden 48,3 % der BWS im Dienstleistungsbereich erbracht. 2015 sind es bereits mehr als 69 % (Statistisches Bundesamt 2016).
*   Damit ist der vielfach unterschätzte Bereich der Dienstleistungen in der deutschen Wirtschaftstätigkeit zum Kern von Wohlstand, Arbeit und Beschäftigung geworden.

Fazit zur aktuellen Bedeutung von Dienstleistungen für Arbeit und Beschäftigung

Wie die Entwicklungsgeschichte der Dienstleistungen zu abteilungs- und betriebsübergreifenden Dienstleistungsketten, außerordentlich komplexen Dienstleistungsprozessen und unterschiedlichsten Leistungssegmenten zeigt, ist ihre Relevanz im Verlauf der Entwicklungsgeschichte von Arbeit sehr eng verknüpft mit dem technologischen, sozialen und wirtschaftlichen Strukturwandel, aber auch einer Reihe von weiteren Rahmenbedingungen, nicht zuletzt der Möglichkeit zur Digitalisierung von Geschäftsprozessen aller Art.

Man kann deshalb sagen, dass Dienstleistungen immer wichtiger werden, je mehr sich die immer ausdifferenzierter erscheinenden Wertschöpfungsketten und die internationale Vernetzung zum Hauptschwerpunkt der volkswirtschaftlichen Wertschöpfung entwickeln.

Produktionsnahe Dienstleistungen haben von der Wertschöpfung her gesehen die Produktion abgelöst. Hinzu kommt, dass Produktions- und Dienstleistungsprozesse sich anerkanntermaßen heute kaum noch unterscheiden lassen. Insofern wird deren Unterscheidung mehr und mehr obsolet, was wiederum die Frage stellt nach der Vermeidung von neuen Belastungsfaktoren digitalisierter Arbeit.

Wir gehen deshalb davon aus, dass das Dienstleistungsmanagement in einer Wissensgesellschaft immer wichtiger werden wird, je mehr die Grenzen der unterschiedlichen Sektoren verschwinden und Datenflüsse als abteilungs-, betriebs- und weltumspannende internationale Prozessketten immer mehr zur lukrativen Ware auf völlig neuen Kunden- und Absatzmärkten in innovativen Geschäftsfeldern und veränderten Märkten mit z. T. disruptiven Geschäftsmodellen werden.

Dies lässt sich sehr deutlich an den Unternehmensumsätzen und Werten von Unternehmen der „virtuellen Geschäftsplattformen" veranschaulichen. Traditionelle Unternehmenstätigkeiten in allen Sektoren der Wirtschaft, insbesondere jedoch in Handel, Finanzen und dem Transportwesen, sind heute schon stark beeinflusst durch disruptive Geschäftsmodelle und werden durch sie beeinträchtigt.

2.4   Der Wandel zur „digitalisierten" Gesellschaft

▶   **Was wir zur Zukunft der betrieblichen Arbeit wissen** Nichtmaterielle und nichtstoffliche Leistungsprozesse und Arbeitsinhalte – also komplexe und wissensbasierte Dienstleistungen – bestimmen mehr und mehr die betriebliche Arbeit und die Wertschöpfungsprozesse in der gesamten Wirtschaft. Dies alles führt zu neuen Geschäftsmodellen, d. h. neuen Konzeptionen der Leistungserbringung, insbesondere der Flexibilisierung betrieblicher Arbeit.

Flexible Nutzungskonzepte zu praktizieren bedeutet für die Unternehmen, sich der ständigen Veränderung von Märkten anzupassen. Für Arbeitnehmer bedingt die Anforderung an ihre Flexibilität, Agilität und Kreativität (räumlich, zeitlich, inhaltlich), dass sie ständig wechselnden Anforderungen unterliegen. Weder die Planung eines regulären Arbeitstages noch die eines Arbeitsleben ist noch möglich, da unvorhergesehen und unangekündigt zu viele unbekannte Faktoren auftauchen. Weder die Karriere als kontinuierliche Entwicklung noch der betriebliche Alltag, der sich ständig ändert, sind seit der digitalen Aufhebung der Grenzen von Ort und Zeit im Sinne agilen Wirtschaftens noch linear planbar.

Charakteristisch ist weiterhin für die heutige Schwelle zu Arbeit 4.0, dass Faktenwissen auf allen Gebieten und in allen Bereichen der Wirtschaft und des Bildungswesens in immens kurzer Zeit veraltet, so dass ein neues Bildungs-, Ausbildungs- und Lernparadigma entstanden ist, aber auch völlig neue Arbeitsanforderungen in den Unternehmen Einzug halten.

Der systemische Charakter des Wandels betrieblicher Arbeit führt nicht zuletzt zu völlig veränderten Führungskonzepten und auch veränderten Anforderungen an die Kompetenzen der Mitarbeiter wie auch das Personalmanagement und die Ausformulierung von Personalentwicklungskonzepten.

Für die Arbeitsbeziehungen sind an dieser Stelle viele offene Fragen und Entwicklungen zu erwarten, die – als systemischer und gesellschaftlicher Wandel – auf betrieblicher Ebene nicht ohne eine neue Qualität in Führung und Personalentwicklung bewältigt werden können.

Dieser Prozess bedarf der Entwicklung und beispielhaften Erprobung neuer Leitbilder für betriebliches Handeln. Er soll durch die folgenden Darstellungen innovativer Vorbilder aus dem Bereich erfolgreicher Unternehmen unterstützt werden.

Integrierte Prozesse der vollständigen Vernetzung, die neue Interaktion zwischen technischen Systemen und menschlicher Arbeit sowie die Entwicklung neuer Geschäftsmodelle, die Diskussion aller Themen, die aktuell unter dem Schlagwort Produktion 4.0 und Arbeit 4.0 gefasst werden, haben in Deutschland erst vor wenigen Jahren begonnen.

Während die international aktiven Großbetriebe bereits massive Umstrukturierungsmaßnahmen in die Wege geleitet haben, die eine weitgehende Integration von Produktion und Dienstleistungen unter Einsatz hochkomplexer Produktions- und Interaktionsstrukturen ermöglichen, tun sich kleine und mittelständische Unternehmen in Deutschland damit noch ein wenig schwer.

Als mögliche Ursachen dafür sind nicht nur technisch-organisatorische und finanzielle Barrieren, sondern auch mentale und datenschutzbezogene Vorbehalte sowie ein gewisses traditionelles Beharrungsvermögen, insbesondere im Handwerk, aufzuführen.

Der Einsatz intelligenter Systeme und Roboter wird in naher Zukunft in allen Bereichen der Beschäftigung, auch in Klein- und Mittelbetrieben oder dem Handwerk, zunehmend Wirklichkeit werden. Ein Beispiel dafür ist der „Maurer-Roboter", der heute schon selbstständig Häuserwände mauern kann, wenn er entsprechend programmiert ist.

Der Einsatz intelligenter Systeme wird in absehbarer Zeit im Bereich der einfachen bis mittleren Verwaltungstätigkeiten und der Beschäftigung an allen Büroarbeitsplätzen zu neuen Arbeitsprozessen führen, bei denen heute weder die Quantität noch die Qualität der Anforderungen für die verbleibenden menschlichen Arbeitskräfte bereits konkret zu definieren sind. Es ist jedoch vorauszusehen, dass alles, was an menschlicher Arbeit ersetzt werden kann, aus Opportunitäts- und Kostengründen sowie unter dem Aspekt der Gewinnmaximierung durch informationstechnische Arbeitsmittel und Systeme ersetzt werden wird. Ob demgegenüber eine gleiche Anzahl von Arbeitsplätzen neu entstehen wird und wenn ja, wo und welcher Art diese sind, kann derzeit noch nicht schlüssig beurteilt werden.

Insofern bleiben für die betriebliche Ebene an dieser Stelle noch viele Fragen und Entwicklungen offen. Es ist zu erwarten, dass die auf betrieblicher Ebene entstehenden und auftretenden Entwicklungen vielfach dort nicht mehr allein bewältigt werden können, weil deren Ursprung und Lösung gesellschaftlicher bzw. weltwirtschaftlicher Natur sind.

Wenn z. B. Siemens seine Produktion von Deutschland nach Polen verlegt, ist dies ein Phänomen, welches deutsche Arbeitnehmer belastet, aber den Gewinn der Firma Siemens auf Dauer sichern soll.

An diesen Beispielen zeigt sich das Spannungsfeld, in dem sozialpartnerschaftliche Konzepte sich erfolgreich oder weniger erfolgreich bewegen. Demzufolge ist es von eminenter Bedeutung, eine starke, politische Gegenmacht aufzubauen, welche die Interessen der abhängig Beschäftigten schützt. Doch dies stößt angesichts des multinationalen und zum Teil sogar exterritorialen Charakters von Wertschöpfungsprozessen („Arbeiten in der Cloud") immer mehr an deutliche Grenzen.

Sofern es nicht gelingt, entsprechende Erosionsprozesse aufzuhalten, könnte sich nämlich der Übergang von Phase 3 in die Phase 4 (mit hochgradig vernetzten Systemen unter
Einsatz von Robotern) von der prognostizierten Evolution zur Revolution mit einem entsprechenden Systembruch ausweiten.

Unbestritten ist jedoch, dass sich in Phase 3 und 4 wissensbasierte und daher komplexe
Dienstleistungen zum Kernbestandteil hochstehender Leistungserbringung beziehungsweise Qualitätsproduktion entwickelten. Sie wurden zum wesentlichen Merkmal der Wis-
sens- und Informationsgesellschaft im gesamten Raum der Europäischen Union.

Der Trend zur komplexen Kompetenzentwicklung und zur Weiterentwicklung im Prozess der betrieblichen Arbeit wird in der Phase 3 der informationstechnischen Umstellung
und Vernetzung deutlich sichtbar und stellt sowohl die Betriebe als auch die Beschäftigten
vor große Herausforderungen.

Im Zuge der Internationalisierung, einer Integration und Vernetzung von Produktions-
und Informationsprozessen, der zunehmenden Flexibilisierung von Produktion und Ver-
waltungsvorgängen sowie der möglichen Folgen eines demografischen Wandels verändert
sich die betriebliche Arbeit so dramatisch, dass schon seit etlichen Jahren von einem Paradigmenwechsel hinsichtlich der Führungs- und Dienstleistungskultur gesprochen wird.

Neue Organisationsformen betrieblicher Arbeit und damit eine innovative Unternehmenskultur entwickeln sich im Zusammenhang mit den Erfordernissen der neuen Führungskonzepte.

Eine neue Führungskultur beginnt Einzug zu halten in die Unternehmen, nicht nur in
feminisierten Bereichen der äußerst heterogenen Dienstleistungsbereiche, sondern insbesondere auch in den multinational agierenden Industrieunternehmen. Mittelstand und
Handwerk, als eher traditionell ausgerichtete Bereiche, werden sich dieser Entwicklung
auf Dauer nicht entziehen können. Mittelständische Marktführer und Nischenproduzenten
verhalten sich derzeit eher noch abwartend.

Der Prozess der vollständigen Integration und die Entwicklung neuer Geschäftsmodelle, die aktuell unter dem Schlagwort Produktion 4.0 und Arbeit 4.0 diskutiert werden,
haben jedoch in Deutschland erst begonnen. Dies führt zu einem beachtlichen Entwick-
lungsrückstand der deutschen Industrie, so dass leitende Mitarbeiter renommierter IT-
Unternehmen Deutschlands, ebenso wie der Sprecher des Chaos-Computer-Clubs Berlin,
auf einer einschlägigen Konferenz in Berlin, veranstaltet von Verdi zur Zukunft der Arbeitsgesellschaft, im Sommer 2018 Deutschland heute bereits zu einer „Kolonie von Ame-
rika" erklärten. In Anbetracht dessen, dass alle aktuellen IT- Weltmarktführer amerikanischen Ursprungs sind und lediglich chinesische IT- Unternehmen das Potenzial haben in
die Gruppe der 10 führenden IT- Unternehmen der Welt aufzusteigen, ist davon ausgehen,
dass die Chancen der Einflussnahme und der Gestaltung des zukünftigen Einsatzes von IT
und digitalen Arbeitsmitteln schon im Jahr 2018 nur noch gering sind.[3] Wie die Liste der

---

[3] s. hierzu die Liste der 100 größten börsennotierten Unternehmen der Welt unter www.finanzen100.
de/top100/die größten-börsennotierten Unternehmen der Welt, 11.04.2019, 14:06.

100 international führenden, börsennotierten Unternehmen zeigt, nimmt SAP als bedeutendster deutscher IT-Hersteller mit Platz 52 den deutschen Spitzenplatz ein. Bedeutende, deutsche Unternehmen wie Allianz und Siemens besetzen mit Platz 83 und Platz 86 die hinteren Plätze.

Der systemische Wandel durch den Einsatz der IT wird insbesondere auch die Arbeit der Führungskräfte an der Spitze der Betriebe verändern. Nicht zuletzt auch aufseiten des Managements ist in diesem Zusammenhang der Bedarf an einem Paradigmenwechsel zu konstatieren, der dem Dienstleistungsmanagement, insbesondere dem Servicemanagement, als vorgelagerter Aufgabe der Spitzen-Akteure von öffentlichen sowie privaten und gewerblichen Dienstleistungen eine zentrale Bedeutung für das Gelingen von betrieblichen und gesellschaftlichen Transformationsprozessen zuweist.

Wichtig ist es, festzuhalten, dass sich in Phase 3 und 4 die Dienstleistungen zu einem zentralen, wenn auch sehr heterogenen Bereich entwickelten, mit enormer Bedeutung für Arbeit, Beschäftigung der erwerbstätigen Bevölkerung und die wirtschaftliche Entwicklung.

Gesamtschau der Entwicklung nach Phasen:
Die folgende Gesamtschau zeigt noch einmal in Kürze die Entwicklungslinien in vier Phasen, deren Verständnis von ganz entscheidender Bedeutung ist für die aktuelle Situation:

Primärakkumulation: Urproduktion mit der Dominanz der Landwirtschaft, Forstwirtschaft und Fischerei als primärem Sektor für Arbeit und Wertschöpfung.

Phase 1: Entwicklung der industriellen Produktionsweise als beschäftigungsintensivstem Aktivitätszweig mit der Industrie als sekundärem Sektor (Einführung von zunächst mechanischen Maschinen und später elektrisch betriebenen Maschinen für Massenfertigung in der Produktion).

Phase 2: Entwicklung zur sogenannten Dienstleistungsgesellschaft durch voranschreitende Informatisierung mit Einführung von Einzelplatzsystemen in Fertigung und Verwaltung.

Phase 3: Einführung informationstechnischer Arbeitsmittel in Form unvernetzter Einzelplatzsysteme und zunehmende Integration bereichsübergreifender Datenflüsse, Dienstleistungen entwickeln sich zum beschäftigungsintensivsten Aktivitätszweig. Substitution von Einfacharbeit und routinisierbaren Arbeitsvorgängen in Produktion und Verwaltung.

Phase 4: Entwicklung von Arbeit 4.0 in der „digitalisierten Gesellschaft" mit hochgradig vernetzten Einzelplatzsystemen für die Erbringung umsatzstarker wissensbasierter Dienstleistungen und betriebsübergreifender Vernetzung von Produktions- und Dienstleistungsprozessen. Zunehmender Einsatz komplexer Datenbanken und sogenannter „intelligenter Systeme" mit Substitution von qualifizierter Fach- und Führungsarbeit.

Abb. 2.4 Die „digitalisierte Gesellschaft": Integration und Auflösung gewachsener Strukturen und Lebensformen, mit umfassender Vernetzung und Polarisation. (Quelle: eigene Darstellung)

Dies führt z. B. zu dem Phänomen, dass sich heute industrielle Wertschöpfungsprozesse kaum noch ohne hochwertige und komplexe Dienstleistungen bewerkstelligen und optimieren lassen, sei es im Bereich produktionsnaher Dienstleistungen aus dem Bereich der informationstechnischen Industrie, des Maschinenbaus und des Fahrzeugbaus, sei es in immer mehr neuen Schwerpunktbereichen, wie z. B. im Bereich der Immobilien-, Finanz- oder Versicherungswirtschaft bzw. des Weltraumtourismus. Es muss an dieser Stelle festgehalten werden, dass sich durch die zunehmende Digitalisierung von Wirtschaft und Gesellschaft die gesellschaftlich dominante Form von Arbeit grundlegend geändert hat. Charakteristisch scheint weiterhin die Durchdringung aller Arbeits- und Lebensbereiche mit IT- Geräten und Arbeitsmitteln, so dass heute die Entgrenzung der vormals stark voneinander abgeschotteten Bereiche durch IT-Einsatz nahezu vollkommen vollzogen ist.

Insofern ist es gerechtfertigt und naheliegend, heute bereits, konform zu Coy (2019), vom Bestehen einer „digitalisierten Gesellschaft" auszugehen (Abb. 2.4).

Was ist unter „wissensbasierten Dienstleistungen" zu verstehen?

Als Beispiel für die Entwicklung wissensbasierter Dienstleistungen kann ein expandierender Finanzbereich auf internationaler Ebene dienen, stellvertretend für den ganzen Bereich von immer komplexer werdenden Dienstleistungen in einer immer anspruchsvoller werdenden Welt. Als Beispiel ist die Entwicklung des Finanzkapitalismus anschaulich, weil seine Entwicklung in Phase 1 der Industrialisierung begann und bis heute anhält.

An der Entwicklung von neuen Finanzprodukten kann auch verdeutlicht werden, dass die Entwicklung internationaler Konzerne, wie z. B. Siemens, zeitgleich zusammenfällt mit der Entstehung weltweit agierender Banken und Versicherungen. Auf die

Verflechtung internationaler Kapitalinteressen, z. B. in Form der weltweiten Tätigkeit von Konzernen wie Siemens und deren Verbindungen zur Politik sowie deren gegenseitige Einflussnahmen, kann an dieser Stelle nur hingewiesen werden.

Maßgeblich ist für unsere Thematik jedoch, wie sich am Beispiel der Finanzdienstleistungen unschwer aufzeigen lässt, dass sich die Professionalisierung von Dienstleistungen, aber auch die weitere Spezifikation und Entwicklung völlig neuer Angebote in diesem Bereich in Verbindung mit der Erfindung und Implementierung technischer Innovationen sowie der Internationalisierung des Kapitals vollzogen. Es lässt sich an diesem Beispiel gut nachvollziehen, wie die technische und die soziale Entwicklung neue Geschäftsfelder im Bereich der nichtmateriellen Dienstleistungen kreieren, welche wiederum den Wandel der Wertschöpfungsprozesse als Ganzes beeinflussen.[4]

Dieser Wandel soll im Folgenden kurz skizziert werden, da er von eminenter Bedeutung ist für innovative Anforderungen im Bereich der Personalführung und z. T. für die Reorganisation betrieblicher Arbeit im informationstechnischen Transformationsprozess eine nicht zu unterschätzende Rolle spielen wird.

Die Aufwertung intellektueller Fähigkeiten führt zu neuen Arbeitsanforderungen
Die Wertschätzung körperlicher Kraft wurde zum größten Teil – bis auf wenige Ausnahmeberufe – abgelöst durch die Wertschätzung mentaler Belastbarkeit und intellektueller Leistungsfähigkeit.

Körperliche Kraft als zentrale Anforderung betrieblicher Arbeit ist heute, bis auf wenige Ausnahmen, in den meisten Branchen und Berufen entwertet, da die körperliche Arbeit durch Maschinen ersetzt und die Produktion sowie die dazugehörenden Dienstleistungen mithilfe immer ausgereifterer Maschinen und Prozesse immer besser, schneller und billiger erbracht werden konnten. Damit wurde die körperliche Arbeit in vielen Branchen weitgehend ersetzt.

Kognitive, geistige und intellektuelle Fähigkeiten, aber auch mentale Belastbarkeit als Antwort auf spezifische Anforderungen der neuen Arbeitsprozesse hingegen wurden aufgewertet, da diese beim Umgang mit komplexen Fertigungsstraßen, digitalen Arbeitsmitteln und bei der Erbringung komplexer Dienstleistungen sowie in Kommunikations- und Interaktionsprozessen rund um den Globus von zentraler Bedeutung sind. Abstrakte, logisch-analytische Tätigkeiten des Disponierens, des Verwaltens, der Organisation, der Arbeit in Informationsprozessen bzw. die Entwicklung von Software und Dienstleistungen hierfür bestimmen diese neuen Wertschöpfungsketten. Das komplexe mentale wie intellektuelle Arbeitsvermögen rückt damit ins Zentrum betrieblicher Arbeit, welche in allen Bereichen von Informationstechnik durchdrungen ist.

---

[4] Gerade der Finanzbereich ist jedoch auch ein Beispiel dafür, wie elektronische Geschäftsprozesse eine disruptive Wirkung entfalten bzw. ethisch wertfreie Produkte und Dienste entwickeln können (s. Abschn. 3.2.1).

In Phase 4 angekommen – gekennzeichnet durch das Schlagwort Arbeit 4.0 –, werden zusehends in allen Bereichen intelligente Systeme eingesetzt und die weitere Vernetzung vorangetrieben, was zur informationstechnischen Penetration aller Aktivitäts- und Beschäftigungsbereiche führt und damit die Substitution jeder Form von menschlicher Arbeit verfolgt, die als Kostenfaktor für die Unternehmen zu Buche schlägt. Hier sollen weitere Einsparungspotenziale realisiert werden.

Dieser Prozess wiederum beschleunigt und verstärkt die Polarisation vorhandener Gegensätze und Unterschiede in der betrieblichen Arbeit wie auch in der allgemeinen Bevölkerung. Damit wird durch die Digitalisierung betrieblicher Arbeit nicht nur die Arbeitswelt komplett verändert, sondern die Gesellschaft als Ganzes.

Kommunikations- und Interaktionsformen, wie auch das Lernen und das Zusammenleben der Menschen untereinander, verändern sich als Folge dieser Entwicklung stetiger Sammlung digitaler Daten über die Nutzer zu Marketingzwecken. Selbst wenn es auf der Welt bislang kein Land gibt, in welchem nachweislich die Staatsform durch den Einsatz digitaler Medien verändert wurde, so hat die Popularisierung der Meinungsbildung durch Internet und Onlinedienste starke Auswirkungen auf Meinungsbildungsprozesse. Dies lässt für die Zukunft erwarten und in Ansätzen heute schon erkennen, dass sich schließlich in einem kaum merklichen Prozess letztlich die Gesellschafts- und Staatssysteme verändern, wie auch das Zusammenleben der Menschen untereinander sowie die privaten Umgangsformen.

Das gesamte betriebliche Leben und die Arbeitsformen, wie auch das Zusammenleben der Menschen in ihren privaten Beziehungen, werden Bestandteil neuer Geschäfts- und Marketingmodelle, was sich nicht zuletzt in der Definition von Sub-Milieus im Rahmen des sogenannten Sinus-Modells zeigt.

Während in Phase 3 nur die sogenannte „Routinearbeit" durch den Einsatz elektronischer Arbeitsmittel ersetzt werden konnte und ersetzt wurde, kündigt sich nun in Phase 4 ein Prozess an, der durch die Substitution intelligenter und anspruchsvoller Arbeit gekennzeichnet wird.

Mit Blick auf die kostenintensivere Beschäftigung qualifizierter Mitarbeiter kommt es derzeit nicht nur zum flächendeckenden Ersatz von „Routinearbeiten" durch den Einsatz von IT und vernetzten Fertigungsstraßen. Die zukünftige Weiterentwicklung und der flächendeckende Einsatz von Systemen „Künstlicher Intelligenz" (KI) bewirken, dass es auch mehr und mehr möglich werden wird, die qualifizierte Facharbeit in allen Bereichen und sogar die Expertenarbeit (Juristen, Ingenieure etc.) zu ersetzen, mit möglicherweise dramatischen Folgen für den Arbeitsmarkt und die Gesellschaft.

Der Begriff der „Wissensgesellschaft" nach Daniel Bell
„Wissensgesellschaft" bezeichnet in Phase 3 eine Gesellschaftsformation in hoch entwickelten Ländern, in denen das Management von individuellen und kollektiven Wissensbeständen zur Grundlage des Wirtschaftens geworden ist. Dieser Begriff wurde von dem amerikanischen Soziologen Daniel Bell eingeführt, der sich mit dem Entstehen einer postindustriellen Gesellschaft befasste (Bell 1976). Wichtig ist jedoch, dass für das Arbeiten in

der postindustriellen Gesellschaft nicht nur steigende Anforderungen an das fachliche und akademische Wissen in den Vordergrund rücken, sondern insbesondere die erhöhten Anforderungen an die sozialen Kompetenzen und das Erfahrungswissen jedes Einzelnen.

Arbeit als Anforderung für die Eliten in der Wissensgesellschaft nach Rifkin
Im Kontext dieser Diskussion kommt der beruflichen Kompetenz jedes einzelnen Arbeitnehmers eine hohe Bedeutung zu. Der US-Ökonom Jeremy Rifkin (1995) bemerkte, dass die Arbeit nunmehr etwas für die Eliten sein werde. Flexibilität wurde in diesem Kontext zum Zauberwort für alle betrieblichen Vorgänge und führt zur Entwicklung völlig neuer Produktions- und Dienstleistungskonzepte, innerhalb deren die Informationstechnik einen prominenten Part einnimmt bzw. deren Entwicklung sie erst möglich macht. Richard Sennett beklagte schon Ende der 60er-Jahre die soziale Entwurzelung von Managern und Arbeitern durch den Zwang zur regionalen Mobilität, der ihnen soziale und zwischenmenschliche Bindungen unmöglich macht.

Im Gegensatz zur Erwartungshaltung, dass die Informatisierung zu einem eigenen Sektor wird, in den alle anderen Bereiche der Wirtschaft nach und nach integriert werden, zeigt es sich seit der massenhaften Verbreitung von Laptops und Smartphones seit 2010 zunehmend, dass die Informationstechnik alle klassischen Bereiche der Wirtschaft durchdringt. Die Vernetzung der Datenflüsse tangiert alle Bereiche der Wirtschaft und führt damit zum systemischen Umbruch, dem sogenannten Paradigmenwechsel in der betrieblichen Arbeit.

Zum Wandel der Landwirtschaft durch Informationstechnik – noch eine Industrie ohne Ethik
Die Landwirtschaft gilt heute als einer der am weitesten von Informationstechnik durchdrungenen Bereiche und ist bereits nahezu vollkommen industrialisiert. Dennoch beträgt ihr Anteil an der Wertschöpfung nur noch 0,6 %.

Nicht nur die Produktion von Getreide und Gemüse ist hochautomatisiert, fast menschenleer und verlangt von den Arbeitskräften hohe technische Kompetenzen. Besonders belastend für Wasser, Luft und Boden, aber auch die menschliche Gesundheit ist der flächendeckende Einsatz von Antibiotika und von Insekten- und Unkrautvernichtungsmitteln sowie die ethisch fragwürdige Entwicklung im Bereich der Fleischproduktion. Die Aufzucht und das Halten von Vieh und Geflügel erfolgen heute stark standardisiert und automatisiert, so dass der Umgang mit den Tieren unter dem Begriff der Fleischproduktion und -verarbeitung geführt wird. Die Tatsache, dass es hier um lebende Tiere geht, wird dabei meist vernachlässigt. Die nach christlicher Ethik postulierte Ehrfurcht vor dem Leben wird ausgeblendet und wird von der Mehrheit dem kleinen Preis für Billigfleisch geopfert.

Zertifizierungsprozesse hinsichtlich des Tierwohls sind weitgehend Makulatur, wenn die tatsächlichen Haltungs- und Vermarktungsbedingungen im Detail berücksichtigt werden. Die meisten landwirtschaftlich genutzten Tierarten sehen heute in ihrem sehr verkürzten Leben im Produktionsprozess weder einen Grashalm noch das

Tageslicht oder die Sonne. Sie werden als Lebendfleischkultur gehalten und nach Erreichen des projektierten Schlachtgewichts wenige Monate nach ihrer Geburt lange vor dem Ende ihres natürlichen Lebenszyklus geschlachtet. Diese Form der Produktion ohne ethische Tabus, sowohl der Fleischproduktion wie des Anbaus von Agrarprodukten, bedroht heute die Gesundheit und das Leben der Menschen mehr, als es ihnen bewusst ist und nützt. Drohende Antibiotika-Resistenzen gegen die meisten Erreger sind heute eine reale Gefahr für die Gesundheit der Bevölkerung, um nur eine konkrete Bedrohung zu nennen. Das wachsende Geschäft des Handels mit Bioprodukten zeigt, dass breite Kreise der Bevölkerung diese Praxis industrieller Landwirtschaft mehr und mehr in Frage stellen.

Informationstechnische Dienstleistungen als Kern von Wertschöpfungsprozessen
Die klassische Industrieproduktion ist ebenfalls stark zurückgegangen, denn die Unternehmen kaufen ihre Komponenten und Teile auf einem immer internationaler werdenden Markt von Zulieferern ein. Der Schwerpunkt der Leistungen in deutschen Fabriken und Montagehallen besteht heute meist in der Erbringung wissensbasierter Dienstleistungen. Die menschliche Arbeit in den Unternehmen geschieht heute nach wie vor auf der Basis von Fach-, Detail- und Erfahrungswissen in den sich neu organisierenden Branchen und Wirtschaftsbereichen, die z. T. völlig neue Geschäftsmodelle entwickeln.

Die Weiterentwicklung der Produktivkräfte weltweit bewirkt z. B. im Bereich der Anbieter von sicherheitstechnischen Systemen, dass in Deutschland weitgehend nur noch eine Fertigstellung von komplexen Systemen oder Produkten nach Kundenwünschen in kleinen Serien und Einzelfertigung stattfindet. Hinsichtlich der Herstellung komplexer Informatik- und Technikprodukte werden die Einzelteile heute i. d. R. nicht mehr selbst hergestellt, sondern weltweit eingekauft und dann nur noch auf Kundenwunsch konfiguriert, assembliert, getestet und geprüft. Dies führt nicht zuletzt zu einer Polarisierung der verbleibenden Arbeit im Bereich der industriellen Beschäftigung, welche ebenfalls stark zurückgegangen ist.

Einerseits werden hohe Kompetenzen im Bereich der ingenieurtechnischen Kenntnisse aus dem Bereich der Mess- und Regeltechnik erforderlich, wie sie die Klein- oder Einzelserienfertigung verlangt. Ingenieurtechnische Arbeit ist heute ebenfalls rund um den Globus standardisierbar und verfügbar, sofern diesem Trend nicht vorhandene Patente oder Produktionsgeheimnisse entgegensprechen. Qualitativ und quantitativ bleibt auch in diesem anspruchsvollen Bereich von betrieblicher Produktion nur noch ein hoher Anspruch an die kreativen Fähigkeiten zur Erfindung neuer, hochwertiger Produkte und Dienstleistungen.

Zum anderen entfallen einfache Montagetätigkeiten, wie sie früher in der Großserienfertigung häufig vorkamen. Im Bereich der Einfacharbeit verbleiben lediglich auf regionaler Ebene in Deutschland nur noch Zuliefer- und Mobilitätsvorgänge, wie Transport- und Liefertätigkeiten, aber auch die Lagerung und das Zusammenstellen von zu liefernden Sendungen.

Steigende, aber immer noch unterschätzte Bedeutung der Soft Skills
Sowohl die einfachen Arbeiten als auch die komplexen Dienstleistungen, die durch Menschen erbracht werden, verlangen personenbezogene wie soziale Kompetenzen, welche eine reibungslose Teamarbeit ermöglichen. Die sogenannten Soft Skills werden somit für alle Betriebsangehörigen, einschließlich der Führungskräfte, immer wichtiger (s. Abschn. 3.2).

Die zunehmende Vernetzung im Weltmaßstab macht es möglich, große Produktivitätsfortschritte zu erzielen und Einsparpotenziale zu erschließen. Es werden damit weitere Teile standardisierbarer Arbeit an teilautomatisierte und/oder vernetzte Systeme abgegeben. Die Prozesse der Wertschöpfung verändern sich damit zusehends und die verbleibende menschliche Arbeit wird immer fluider, komplexer, wie auch anspruchsvoller. Das einzige Kontinuum ist in diesen Zusammenhängen veränderlicher Unternehmensbedingungen und Umgebungen die permanente Veränderung von Arbeit, Prozessen und Wertschöpfungszusammenhängen, was zu hohen persönlichen Anforderungen an die Veränderungs- und Innovationsbereitschaft bzw. an die Lernkultur jedes Einzelnen führt.

Produktion und Dienstleistungen wachsen allmählich zusammen, wobei der internationale Wettbewerb die Unternehmen zusehends dazu zwingt, im Bereich der Kundenorientierung immer größere Anstrengungen zu unternehmen. Fertigung in kleinen Serien, kundennaher Service und die Entwicklung neuer Dienstleistungen für immer anspruchsvoller werdende Kunden sind die Begleiterscheinungen dieser Entwicklung.

Es zeigt sich verstärkt, dass neue Märkte und Kundengruppen mit neuen Dienstleistungen, gerade im Bereich der Industrie, nicht mehr schwerpunktmäßig mit Hardware, sondern mit Prozess- und Produktinnovationen im Bereich der Software-Entwicklung und -Anwendung zu erreichen sind. Dies zeigt sich z. B. am Markterfolg von Apple, Microsoft und diversen Startups, die sich in kurzer Zeit zu Marktriesen entwickeln konnten (z. B. PayPal und Tesla).

Dienstleistungen werden im Zuge der Individualisierung und Produktion nach Kundenwünschen immer wichtiger, während die Produktion an Bedeutung verliert. Produktteile können weltweit eingekauft werden, die eigentliche Wertschöpfung wird durch die Systementwicklung und die eingesetzte Software nach Kundenwünschen generiert.

Sofern wir es nicht mit Prozessen der Einfachproduktion zu tun haben, beispielsweise mit Verpackung und Transport oder voll- beziehungsweise teilautomatisierter Fertigung, ist davon auszugehen, dass sich die Wertschöpfung zunehmend auf Dienstleistungen verlagert, und dies in allen Bereichen der Wirtschaft. Über die Dienstleistungen werden die höchsten Unternehmensgewinne erwirtschaftet und ihr Management rückt daher in den Fokus der Betrachtung. Während sich die Produktion von Maschinen und deren Komponenten verstärkt in ein neues Gefüge von internationaler Verflechtung und Handelsflüssen einordnet, rücken die Dienstleistung am Kunden und die Erfüllung von Kundenwünschen in hoher Qualität immer mehr in den Mittelpunkt erfolgreichen Wirtschaftens.

Die eigentliche Wertschöpfung der technologisch hochstehenden und wettbewerbsfähigen Unternehmen in Deutschland, wie in allen entwickelten Industrieländern Europas und der Welt, erfolgt zunehmend im Bereich der Dienstleistung. Diese Entwicklung wird im 21. Jahrhundert immer bedeutender. Im Zeichen eines weltweit härter werdenden Wettbewerbs sind Strategien und Aktivitäten im Bereich des Servicemanagements von zukunftsweisender Bedeutung für den mittel- und langfristigen Erhalt der Konkurrenzfähigkeit.

Selbst im Bereich der klassischen Industrie kann der Anteil der Dienstleistungen an den Unternehmensgewinnen inzwischen mehr als 75 % betragen. Hier besteht allerdings noch ein großer Forschungsbedarf, da das Zusammenspiel zwischen Produktions- und Dienstleistungsketten in internationalen Beschaffungs- und Absatzmärkten heute noch nicht hinreichend erforscht und untersucht ist.

Wenn wir davon ausgehen, dass in naher Zukunft intelligente Computer zum Einsatz kommen, die es ermöglichen, die Integration von Datenflüssen zwischen Unternehmen und zwischen Produktions- und Dienstleistungsprozessen weiter zu verdichten, dann wird klar, dass dies auch einschneidende Auswirkungen auf die Qualität und Quantität der benötigen Arbeitskräfte haben muss. In einschlägigen Prognosen werden Substitutionseffekte bis zu 45 % diskutiert, wobei die empirischen Grundlagen für die Berechnung dieser Effekte nicht vorliegen.

In welchem Zeitraum sich diese Entwicklung in Deutschland vollziehen wird und welche Sektoren dabei besonders betroffen sein werden, ist demzufolge derzeit nicht prognostizierbar. Es ist nämlich davon auszugehen, dass kreative, komplexe und individualisierte Leistungsprozesse in der mittelständischen Wirtschaft, dem Handwerk und weiten Teilen der Dienstleistungen sich umfangreichen Vernetzungs-, Automatisierungs- und Integrationseffekten auch mittelfristig weiterhin entziehen werden. Damit könnte das Szenario hinsichtlich der Substitutionseffekte vermutlich geringer ausfallen.

Unter dem Schlagwort „Arbeit 4.0" wird deshalb diskutiert, wie diese Entwicklung zu gestalten ist und wie Arbeitnehmer weiterhin sozialen Schutz und entsprechende Entlohnung finden können. Es stellt sich aktuell die Frage nach den sinnvollsten Technikeinsatzkonzepten, die bislang in Europa durch einen Aushandlungsprozess zwischen Kapitaleignern, Beschäftigten und Gewerkschaften, aber auch unter Berücksichtigung von verfügbarer Technik und deren Preis geregelt wurden. Die Verlagerung von Arbeitsprozessen und Daten in die „staatenlose und anonyme" Cloud könnte dazu führen, dass die gesamte vorhandene Arbeitsgesetzgebung ausgehebelt wird beziehungsweise Datenflüsse problemlos in und nach Drittländern stattfinden. Die hier skizzierte Informatisierung der europäischen Industrie- und Arbeitskultur wird von soziodemografischen Trends begleitet, wie dem Phänomen der Individualisierung, dem demografischen Wandel und strukturellen Veränderungen der jeweiligen Gesellschafts- und Bevölkerungsentwicklung, der Internationalisierung von Arbeit und Kapital, was zur weiteren Verschärfung von Konkurrenz und Innovationsdruck führt.

Informationen werden zur Ware. Nichtstoffliche Produkte, Dienste und Information sind als das Gold der digitalen Wirtschaft zu bezeichnen.
Die Implementierung von IT und digitalisierten Arbeitsmitteln in alle Aktivitätsbereiche führte letztlich zu einem tief greifenden Wandel der industriellen Arbeitsbeziehungen, der betrieblichen Arbeit und auch der Produktions- sowie Arbeitskonzepte in den Unternehmen aller Art. Immer bedeutender in diesem Zusammenhang wird die Erbringung von komplexen Dienstleistungen.

Die bereits erwähnten Begrifflichkeiten des Wandels zur „postindustriellen Wissensgesellschaft" und zur „Informationsgesellschaft", welche diesen Wandel zu charakterisieren suchen, fokussieren den sich seit Ende der 90er-Jahre allmählich vollziehenden Wandel zur digitalen Gesellschaft. An dieser Stelle ist festzuhalten:

*Informationen und Informationsverarbeitung wurden zum Gold der neuzeitlichen Wirt-
schaftsentwicklung, deren Charakteristikum der steigende Anteil der Wertschöpfung durch
Dienstleistungen ist. An dieser Stelle soll die These aufgestellt werden, dass es nicht zur
Herausbildung eines Quartärs kommen konnte, denn Informationstechnik kann ohne die
fachlich-inhaltliche Anbindung an Arbeitsaufgaben und -inhalte weder ein Problem lösen,
noch stellt sie mehr dar als ein Arbeitsmittel.*

*Informationstechnik war jedoch überall da ein erfolgreicher Katalysator, wo sie sinn-
voll in vorhandene Strukturen, Abläufe und Wirtschaftszweige implementiert wurde.*

*Damit wurde ein bis dato kaum vorhersehbarer, systemischer Transformationsprozess
ausgelöst, der nicht nur die wirtschaftlichen Arbeitsbeziehungen, sondern auch die gesellschaftlichen Strukturen als Ganzes verändert. Wir haben es heute mit einer digitalisierten Gesellschaft zu tun, in der die informationstechnischen Medien und Arbeitsmittel alle
Bereiche des Lebens durchdrungen haben, einschließlich der Arbeitswelt.*

**Digitalisierung und Integration der Datenflüsse führen zur „digitalisierten
Gesellschaft"**

An den vorgenannten Beispielen zeigen sich die Risiken der Digitalisierung von Geschäftsprozessen sehr deutlich, da hier Geschäftsprozesse und Informationsketten rund
um den Globus ablaufen, die von keiner nationalen Regierung – auch nicht den Institutionen der Europäischen Gemeinschaften – noch kontrolliert werden bzw. außerhalb der Nationalstaaten (noch) nicht überwacht und geregelt werden können.

Digitale Informationen werden als nichtstoffliche Ware in der Cloud gesammelt, verarbeitet und über die Cloud von Land zu Land verschoben, verkauft und ausgewertet nach
zielgerichteten Kundenaufträgen. Die unkontrollierte Gewinnung von personenbezogenen
Kundendaten für das Marketing bzw. zur Gewinnmaximierung weniger, umsatzträchtiger
Informationsdienstleister spricht für sich. Sie besitzen disruptiven Charakter und bedrohen
daher nicht nur traditionelle Unternehmen, sondern auch demokratische Staatsformen, vor
allem wenn sie zur Desinformation und Manipulation der Massen benutzt werden.

Digitale Plattformen und das Arbeiten in der Cloud haben die Entwicklung neuer,
weltumspannender Geschäftsmodelle ermöglicht, die sich derzeit weitgehend ohne ethische oder normative Kontrolle nur am Gewinnprinzip orientieren. Sie stehen nicht nur in
Konkurrenz zu gewachsenen, nationalen Strukturen. Sie beinhalten in letzter Konsequenz
die Gefahr der Zerstörung von allem, was das friedliche Zusammenleben der Menschen
bislang seit dem Beginn der Arbeitsgesellschaft geregelt hat, sowohl demokratische Prin-
zipien als auch die Reproduktion der Menschen durch Lohnarbeit eingeschlossen. Auch
dies spricht für die Relevanz der These von einer „digitalisierten Gesellschaft", die in
ungezügelter Form alles, was digital machbar ist, zu realisieren sucht. Gegenwärtige Entwicklungen erinnern damit an den Übergang von Phase 0 in Phase 1 zum Ende des 19.

Jahrhunderts, welche als „entfesselter Kapitalismus" – als sogenannter „Manchesterkapi-talismus" – in die Geschichte einging (s. Abschn. 1.1).

Inwiefern sich die aktuelle Entwicklung der weitgehend ungeregelten Informatisierung auch in den nächsten Jahren ungebremst vollziehen kann oder aber auf nationaler, europäi-scher wie internationaler Ebene aufgefangen werden kann, ist gegenwärtig offen.

Literatur

Arnold, U. (1998). Besonderheiten der Dienstleistungsproduktion. In U. Arnold & B. Maelicke (Hrsg.), *Lehrbuch der Sozialwirtschaft* (S. 257–276). Baden-Baden: Nomos.

Baethge, M. (2006). Das deutsche Bildungs-Schisma: Welche Probleme ein vorindustrielles Bil-dungssystem in einer nachindustriellen Gesellschaft hat. In SOFI-Mitteilungen Nr. 34, Ringvor-lesung Bildung: Humanistische Ideale und wissenschaftliche Erkenntnisse.

Baethge, M., & Overbeck, H. (1986). *Zur Zukunft der Angestellten, Neue Technologien und beruf-liche Perspektiven in Büro und Verwaltung.* Frankfurt: Campus.

Barzel, Y. (1982). Measurement cost and the organization of markets. *Journal of Law and Econo-mics, 25,* 27–48.

Beck, U., Giddens, A., & Lash, S. (1996). *Reflexive Modernisierung. Eine Kontroverse.* Frankfurt a. M.: Suhrkamp.

Beckmann, M., & Oerder, K. (2017). Produktivitätsschwache Dienstleistungen? Warum wir ein neues Verständnis von Produktivität brauchen, FES, WISO. http://library.fes.de/pdf-files/wiso/13734.pdf. Zugegriffen am 29/2017.

Bell, D. (1976). *The coming of postindustrial Society.* Basis Books, Reissue.

Bieger, T. (2007). *Dienstleistungs-Management: Einführung in Strategien und Prozesse bei persön-lichen Dienstleistungen,* 4., überarb. Aufl. Haupt: UTB.

Bruhn, M. (2008). *Qualitätsmanagement für Dienstleistungen* (Grundlagen, Konzepte, Methoden, 8. Aufl.). Springer, Berlin/Heidelberg. ISBN 978-3-54076-867-8.

Bullinger, H. J./Scheer, A. W. (2006): Service Engineering. Entwicklung und Gestaltung innovativer Dienstleistungen. Springer, Berlin. ISBN 978-3-54025-324-2.

CGT (Hrsg.). (1976). *Femmes à l'usine et au Bureau.* Paris: La Fayette.

Charles-Roux, E., Ziegler, G., Cerati, M., Bruhat, J., Guilbert, M., & Gilles, C. (1975). *Les femmes et le travail du Moyen-Age a nos jours.* Paris: Editions de la Courtile. ISBN 272070025-8.

Clark, C. (1940). *The conditions of economic Progress.* London: Macmillan.

Coy, W. (2019) Digitale Technik und Arbeit, Nachindustrielle Gesellschaft, Vorlesung, Humboldt Universität Berlin, 10.09.2014, www.verdi.de/ Digitale Technik und Arbeit, 11.04.2019, 16:36.

Deutsche Bank. (Hrsg.). (1970). 100 Jahre Deutsche Bank, 1870–1970, Seidenzahl, F. Frankfurt a. M.

DFKI. 2011 (2013). Die vier Stufen der industriellen Revolution. Geschäftsstelle der Plattform In-dustrie 4.0, Umsetzungsempfehlungen für das Zukunftprojekt Industrie 4.0, Abschlußbericht des Arbeitskreises Industrie 4.0, Frankfurt, 04/2013, S. 17.

Dgl. (1987). *Software and Services in the FRG, Partial Study fort he OECD.* Berlin: VDI/VDE- IT.

Dostal, W. (2001). Quantitative Entwicklungen und neue Beschäftigungsformen im Dienstleis-tungsbereich. In M. Baethge & I. Wilkens (Hrsg.), *Die große Hoffnung für das 21. Jahrhundert?* (S. 45–70). Wiesbaden: Springer.

Europäischer Gewerkschaftsbund. (Hrsg.). (1976). Die erwerbstätigen Frauen, Weißbuch über die Arbeitnehmerinnen in Europa, Emilienne Brunfaut (Autorin), Brüssel 1976, 1. Aufl.

Fließ, S. (2009). *Dienstleistungsmanagement.* Wiesbaden: Gabler.

Haller, S. (2012). *Dienstleistungsmanagement* (5. Aufl.). Wiesbaden: Gabler. ISBN 978-383493-471-0.

Homburg, Ch. /Krohmer, H. (2007): Grundlagen des Marketingmanagements. Gabler, Wiesbaden. ISBN 978-3-83490-353-2

IUBH-Skript, Servicemanagement II, SWSMO2-01 (unveröffentlicht).

Lippe-Angelika unter Mitarbeit von Scholz, Andreas, Eschenbach, Rüdiger und Mielke, Martin. (1987). *Software und Softwaredienstleistungen in der Bundesrepublik Deutschland, VDI/ VDE-Informationstechnik Gmbh, OECD- Teilstudie in Kooperation mit der Leitung des Gesamtvorhabens für die BundesrepublikD, Prof. Dr. Martin Baethge.* Berlin: SOFI Göttingen.

Maruani, M. (1979). Les syndicats a l'epreuve du féminisme, Syros, Paris 1979M.

Michel, A. (Hrsg.). (1978). *Les femmes dans la societe marchande.* Paris: presses universitaires de France.

Pinl, C. (1977). *Das Arbeitnehmerpatriarchat, Die Frauenpolitik der Gewerkschaften.* Köln: Kiepenheuer & Witsch.

Rifkin, J. (1995). *Das Ende der Arbeit und ihre Zukunft.* Frankfurt: Campus.

Ruegg-Sturm, J., & Grand, S. (2015). *Das St. Galler Management Modell.* Zürich: Haupt.

Statistisches Bundesamt. (2016). Volkswirtschaftliche Gesamtrechnung Bund. https://www.destatis.de/DE/Themen/Wirtschaft/Volkswirtschaftliche Gesamtrechnung-Inlandsprodukt/Publikationen/Downloads- Inlandsproduktberechnung. Zugegriffen am 12.04.2019.

Statistisches Bundesamt. (2017). Volkswirtschaftliche Gesamtrechnung Bund, s. https://www.destatis.de/DE/Themen/Wirtschaft/Volkswirtschaftliche Gesamtrechnung-Inlandsprodukt/Publikationen/Downloads-Inlandsproduktberechnung. Zugegriffen am 12.04.2019.

Chancen und Risiken der Digitalisierung

3

Zusammenfassung

Die einzelnen Abschnitte in diesem Kapitel zeigen aktuelle Trends sowie Chancen und Risiken zur Gestaltung der Arbeitswelt und der Arbeitsbeziehungen bei der flächendeckenden Nutzung digitaler Systeme und Arbeitsmittel.

Angesichts tief greifender Transformations- und Auflösungsprozesse gilt es deutlich zu machen, wie sich Wirtschaft, Arbeit und Gesellschaft in der jüngeren Geschichte kontinuierlich, also „systemisch", in einem Umfeld agiler werdender Unternehmensanforderungen weiterentwickelten. Dies gilt nicht zuletzt für das Gleichheitspostulat, welches als Formel zur Bewältigung des demografischen Wandels gesehen wird.

Die zeitliche und örtliche Entgrenzung durch die Durchdringung von Arbeitswelt und Gesellschaft mit informationstechnischen Systemen und damit deren Integration ist ein wesentliches Charakteristikum des Wirtschaftens und Arbeitens in der aktuellen digitalisierten Gesellschaftsform, welche sich durch neue Chancen und hohe Risiken auszeichnet.

Welcher Weg genommen wird und was zukünftig überwiegt – Chancen oder Risiken des digitalen Wandels für die betriebliche Arbeit –, hängt von vielen Parametern ab. Die Prognose ist derzeit offen.

▶ **Der Übergang zur digitalisierten Gesellschaft** Die digitalisierte Gesellschaft als neu entstehendes Gesellschaftsmodell mit Arbeit 4.0 birgt zahlreiche Risiken für die Gestaltung betrieblicher Arbeit und betriebliche Arbeitsprozesse. Dieses neue Modell birgt allerdings auch tief greifende Chancen, die derzeit leider in Deutschland noch nicht offensiv genug wahrgenommen und genutzt werden.

© Springer Fachmedien Wiesbaden GmbH, ein Teil von Springer Nature 2019
A. Lippe-Heinrich, *Personalentwicklung in der digitalisierten Arbeitswelt*,
https://doi.org/10.1007/978-3-658-25457-5_3

3.1   Demografischer Wandel und gesellschaftliche Mega-Trends

Die innovativen Ansätze der Personalentwicklung und des Personalmanagements dienen nicht zuletzt als Bewältigungsstrategie für einen seit nahezu zwanzig Jahren prognostisch erwarteten Mangel an geeignetem Nachwuchs an Fach- und Führungskräften.

Der vielfach angekündigte „War for Talents" hat sich zwar trotz ernst zu nehmender Hochrechnungen noch nicht in voller Stärke entwickelt, außer in einzelnen Aktivitätszweigen, die bereits seit Jahren unter einer spürbaren Arbeitskräfteknappheit bzw. einem Mangel an geeigneten Bewerbern leiden, wie z. B. der Pflegebereich und das Handwerk.

Doch es ist eine unbestreitbare Tatsache. Seit 1972 sterben in Deutschland jedes Jahr mehr Deutsche, als geboren werden. Der damit verbundene demografische Wandel der Bevölkerung bewirkt, dass seit 2010 in Deutschland jede dritte Person der deutschen Wohnbevölkerung über 60 Jahre alt ist. Die Bevölkerungspyramide hat sich damit umgekehrt, aus der Tanne ist eine Urne geworden. Es gibt viele Alte und Alternde, aber wenig Geburten und geburtenstarke jüngere Jahrgänge. Es ist zwar richtig, dass seit wenigen Jahren einige Kinder mehr geboren wurden, aber dies kann den Bevölkerungsrückgang nicht mehr aufhalten. In Deutschland leben immer weniger deutsche Kinder. Ihre Zahl ist in den vergangenen 20 Jahren um 14 Prozent gesunken. In deutschen Haushalten leben derzeit nur noch 13,4 Millionen Minderjährige (Quelle: https://de.statista.com/statistik/daten/studie/197783/umfrage/minderjaehrige-kinder-in-deutschland/, zugegriffen am 13.7.2019.). Somit ist festzuhalten, dass sich an der Dramatik des Rückgangs der Gesamtentwicklung und auch der Alterung der Bevölkerung in hoch entwickelten europäischen Ländern – auch in Deutschland – seitdem kaum etwas verändert hat (Quelle: https://de.statista.com/statistik/daten/studie/197783/umfrage/minderjaehrige-kinder-in-deutschland/, zugegriffen am 13.7.2019.).

Danach ist der Prozess der demografischen Alterung und des Geburtenrückgangs deutscher Bevölkerung – wie auch anderer Industrieländer Europas – bereits heute irreversibel und damit unumkehrbar. Hier stellt sich nicht zuletzt eine zentrale Frage, die im Kontext dieses Buches nicht näher ausgeführt werden kann. Warum haben die Deutschen seit vielen Jahren die geringste Geburtenquote auf der Welt, obgleich sie hohe bis auskömmliche Lebensstandards haben?

Ist es doch nicht zuletzt diese geringe Bereitschaft zur Übernahme von individueller Verantwortung für Kinder, welche diese Entwicklung zur geringsten Geburtenquote in der Welt ausgelöst hat. Ist dies Zeichen von individuellem Egoismus der Deutschen oder der Tatsache geschuldet, dass Kinder als Armutsrisiko gelten – und als ein deutliches Zeichen fehlender Vereinbarkeit von Beruf und Familie zu interpretieren?

Dass dem so ist, kann u. a. daran festgemacht werden, dass die Geburtenquote ostdeutscher Länder nach der Wende sofort auf die geringe Geburtenquote westdeutscher Länder sank. Es scheint sich die Erkenntnis zu behaupten: „Je unsicherer die berufliche Existenz, umso geringer die Bereitschaft zur Familiengründung." Hier werden Fragen der Arbeitsgestaltung zu sozialen wie gesellschaftlichen Fragen von überlebenswichtiger Relevanz.

Wenn wir die Auslöser dieser Entwicklung betrachten, so wurde der sogenannte „demografische Wandel" in den hoch entwickelten Industrieländern Europas durch eine ganze Reihe sozialer und gesellschaftlicher Megatrends ausgelöst, die sich durch folgende Spezifika charakterisieren lassen:

- zunehmendes Lebensalter durch höheren Lebensstandard und bessere gesundheitliche Versorgung
- Individualisierung von Lebensstilen und Lebensläufen bis hin zur individuellen Vereinzelung/Atomisierung und Zerfall von Familienstrukturen
- Erfindung der Pille und Geburtenkontrolle
- Materialisierung der Lebenswelten und hoher Anspruch an das Lebenshaltungsniveau
- neue Produktions- und Dienstleistungskonzepte mit hohen Anforderungen an die Mobilität der Arbeitskräfte und zeitliche wie örtliche Flexibilisierung
- Kinder als Armutsrisiko und Karrierekiller

Aktuell ergeben demografische Umfragen, dass große Teile der deutschen Bevölkerung in der Angst leben, den einmal erworbenen Lebensstandard zukünftig durch den Strukturwandel zu verlieren, was wiederum zur allgemeinen Verunsicherung hinsichtlich zukünftiger Entwicklungen beiträgt. Im Allgemeinen werden diese Trends als Auslöser eines tief greifenden gesellschaftlichen Wandels unter dem Begriff des sogenannten Wertewandels apostrophiert.

Es wird allgemein erwartet, dass der demografische Wandel dramatische Auswirkungen für die Entwicklung von Arbeit und Gesellschaft zeitigt, nicht zuletzt im Hinblick auf den dringend benötigten Fachkräftenachwuchs.

Derzeit ist bereits die Tatsache eingetreten, dass in Deutschland jeder Dritte über 60 Jahre alt ist. Schon in wenigen Jahren könnte dann, in Anbetracht geringer und rückläufiger Geburten bzw. Reproduktionsraten, die Gesellschaft dramatisch überaltern, was sich auf jeder Ebene als Herausforderung zeigen wird, nicht zuletzt auch auf betrieblicher Ebene.

Seit etwa 2019 ist bereits der Trend zum Aussterben der Deutschen unumkehrbar und kann auch durch aktuell leicht steigende Geburtenraten nicht mehr aufgefangen werden. Die Abb. 3.1 zeigt diese Entwicklung recht deutlich (Abb. 3.2).

Kritisch zu betrachtende Folgewirkungen für die soziale wie wirtschaftliche Entwicklung der betroffenen Länder mit alternder Bevölkerung, die sich bereits in hoch entwickelten Ländern wie Japan deutlich zeigen, lassen den prognostischen Schluss zu, dass in wenigen Jahren auch in Deutschland eine alternde und hochbetagte Bevölkerung dominieren wird. Dies könnte den sozialen wie betrieblichen Strukturwandel dramatisch beschleunigen mit allen negativen Folgewirkungen.

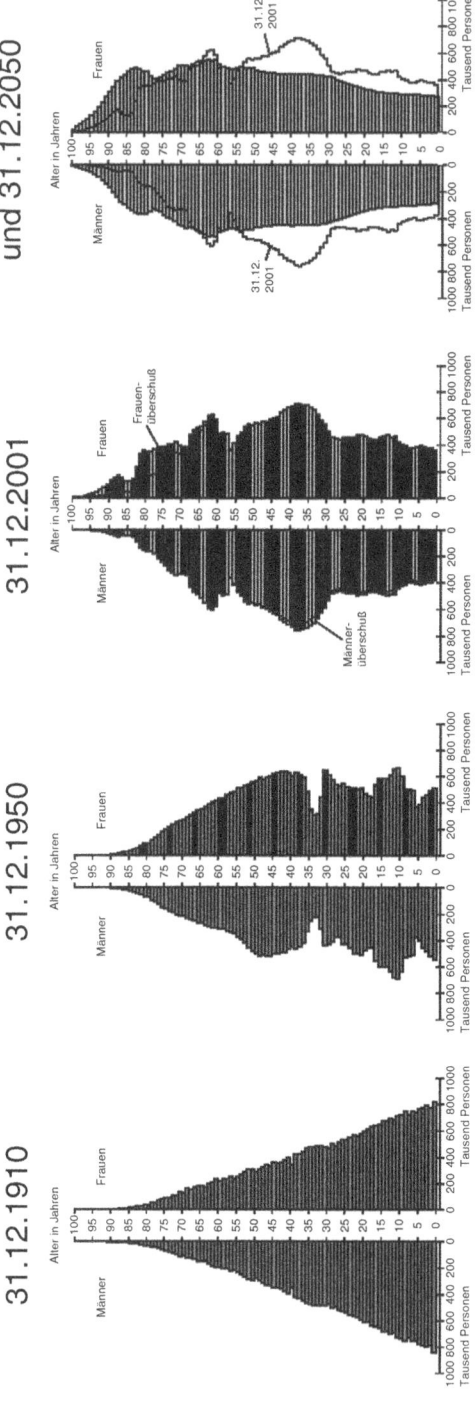

Abb. 3.1 Altersaufbau der Bevölkerung in Deutschland 1910–2050 – Demografischer Wandel: Von der Tanne zur Urne. (Quelle: Statistisches Bundesamt 2003, S. 30)

Basisszenario von Eurostat EU-25	2005-2050	2005-2010	2010-2030	2030-2050
Gesamtbevölkerung	**-2,1**	**+1,2**	**+1,1**	**-4,3**
Kinder (0-14)	-19,4	-3,2	-8,9	-8,6
Jugendliche (15-24)	-25,0	-4,3	-12,3	-10,6
Junge Erwachsene (25-39)	-25,8	-4,1	-16,0	-8,0
Erwachsene (40-54)	-19,5	+4,2	-10,0	-14,1
„Ältere Arbeitnehmer" (55-64)	+8,7	+9,6	+15,5	-14,1
„Senioren" (65-79)	+44,1	+3,4	+37,4	+1,5
Sehr alte Menschen (80 und älter)	+180,5	+17,1	+57,1	+52,4

Abb. 3.2 Prognostizierte Bevölkerungsentwicklung: Demografische Situation in Europa; Angaben in Prozent. (Quelle: Eurostat 2005)

▶ **Lücke bei Fachkräften ist nicht prognostizierbar angesichts unbekannter Variablen!** Noch ist nichts gewiss, ausgenommen der Tatsache, dass alle Prognosen immer nur mit Vorbehalt zu machen sind. Alle Vorhersagen über längere Zeiträume haben sich bislang als falsch erwiesen, und zwar sowohl hinsichtlich der Kompetenzentwicklung und der qualitativen Entwicklung als auch hinsichtlich der Quantität betrieblicher Arbeit.

So könnte es doch immerhin sein, dass die Kinder der Neuankömmlinge und politischer Flüchtlinge aus den Kriegsgebieten der Welt in wenigen Jahren schon bei gelingenden Integrationsbemühungen die Renten und Versorgungsbezüge der alteingesessenen, alternden und arbeitsunfähigen Deutschen bezahlen.

Sofern dem jedenfalls so wäre – und alles spricht dafür –, sind entsprechende Lösungsmuster hinsichtlich der Angebots- wie Personalführungsstrategien als Antwort auf diesen Prozess der Alterung der Bevölkerung zu entwickeln und dies auch mit Blick auf globale Entwicklungen der Märkte und der Bevölkerungsstruktur.

Fakt ist, dass sich bereits heute die traditionelle „Tannenform" der Alterspyramide der Bevölkerung völlig umgekehrt hat und die älteren Jahrgänge das Schwergewicht der Bevölkerung im oberen Bereich bilden, weil seit Jahren jeder dritte Deutsche über 60 Jahre alt ist.

Diese Entwicklung ist bereits heute irreversibel, denn jedes in der Vergangenheit nicht geborene Mädchen hat heute und zukünftig keine Kinder, so dass sich hieraus weitreichende Folgen für die zukünftige Bevölkerungsentwicklung ergeben und sich somit der Bevölkerungsrückgang potenziert. In Gegenwart und Zukunft fehlen die Kinder dieses Mädchens, insbesondere auch wieder die Mädchen, so dass eine Erosion jüngerer Jahrgänge deutlich zutage tritt und unvermeidlich wird. Damit nimmt die deutsche Bevölkerung tendenziell und konstant ab.

Die Bevölkerungsentwicklung in Deutschland tendiert mittelfristig – ohne Zuzug Nichtdeutscher – gegen null. Diese Entwicklung ist seit 2010 irreversibel und kann auch nicht mehr durch leichte Geburtenzunahmen wettgemacht werden. Bereits seit 2010 findet eine Umformung der demografischen Bevölkerungsentwicklung „von der Tanne zum Dönerspieß" bzw. sarkastisch gesagt „von der Tanne zur Urne" statt. Dieser Status quo ist irreversibel, da über 60-Jährige wohl kaum noch Kinder bekommen werden.

Analog zur sinkenden Geburtenhäufigkeit und zur Zunahme alternder Bevölkerungsjahrgänge nimmt die Anzahl der Älteren und Hochbetagten proportional – aufgrund des Trends zur steigenden Lebenserwartung und damit zur Langlebigkeit – stetig zu. Das Phänomen der längeren Lebenszeiten und des Alterns der Bevölkerung hat weitreichende Konsequenzen für die „alternde Gesellschaft". Es spiegelt sich derzeit noch nicht im Altersdurchschnitt der Beschäftigten wider.

Es wird jedoch in naher Zukunft unvermeidlich, die Älteren länger im aktiven Erwerb zu halten, so dass der Altersdurchschnitt in den Unternehmen etwas ansteigen könnte.

Dass auch hinsichtlich der betrieblichen Arbeit psychologische Faktoren eher greifen als demografische, wurde in den letzten 15 Jahren deutlich. Das Gespenst der Arbeitskräfteknappheit und der fehlenden Jüngeren wurde zwar vielfach diskutiert. Dies hat jedoch keinesfalls eine verstärkte Akzeptanz gegenüber Alternden bewirkt. Im Gegenteil, diese Diskussion führte zu einem verstärkten Altersmobbing in den Betrieben mit der paradoxen Wirkung, dass die Alternden immer früher als „zu alt" erklärt wurden.

Eine bedenkliche Folge dieser Haltung ist es, dass heute die Menschen ab 50 aus den Betrieben immer früher verbannt und durch junge Fachkräfte ersetzt werden, so dass in der Folgezeit das betriebliche Durchschnittsalter eher sank als zunahm (s. Abschn. 6.4). Gleichzeitig steigen die Fehlzeiten und es verlassen immer mehr jüngere Erwerbspersonen aus gesundheitlichen Gründen immer früher das aktive Erwerbsleben (s. Abschn. 6.6). Ältere werden trotzdem nicht eingestellt, da man ihnen unterstellt, dass sie öfter ausfallen als Jüngere und ihre Kompetenzen veraltet sind. Bei dieser Form des „Altersmobbings" wird weder das Gleichheitsgebot berücksichtigt noch die Tatsache, dass alternde Menschen immer länger leistungsfähig sind. Dies zeigt, dass eine Diskussion auch in die falsche Richtung gehen kann, wenn sie nicht durch entsprechende Reflexionsprozesse begleitet wird.

▶   **Demografischer Wandel geht einher mit verstärktem Verschleiß der Erwerbsbevölkerung** Es ist für die Thematik des Personalmanagements von zentraler Bedeutung, anzumerken, dass die Problematik des demografischen Wandels in den hoch entwickelten Industrieländern von Europa einhergeht mit dem verstärkten Verschleiß von betrieblichen Belegschaften.

  Hieraus ergeben sich weitreichende Folgen und Überlegungen für die zukünftige Gestaltung von Arbeit bis hin zur Forderung der Entwicklung neuer Arbeitskonzepte.

3.2   Zur Entgrenzung und Auflösung traditioneller Rollen und Strukturen

Die Aufteilung der Bevölkerung in zahlreiche Gruppen – man könnte auch sagen der Zerfall des alten Schichtenmodells mit Ober-, Mittel- und Unterschicht – ist ein seit einigen Jahren anhaltender Trend, der sich seit den 90er-Jahren empirisch fassen lässt und zur Entwicklung neuartiger Marketingmodelle geführt hat.

Die Entgrenzung von Arbeits- und Lebenswelten und die zunehmende Auflösung traditioneller Kriterien der Unterscheidung zwischen unterschiedlichen Milieus und Bevölkerungsgruppen sind sehr anschaulich an dem heute sehr differenzierten und nach vielen Untergruppen segmentierten Marketingmodell der Sinus-Gruppe festzumachen.

Die althergebrachte Einteilung der Bevölkerung in Ober-, Mittel- und Unterschicht, wie zu Zeiten von Karl Marx und Friedrich Engels, ist in der heutigen Marktforschung nicht mehr differenziert genug und wird nur noch als grobes Segmentationskriterium eingesetzt. Im Marketing wird heute nach dem sehr viel differenzierteren Modell der Sinus-Milieus geforscht, welches 1978 entwickelt und seither ständig fortgeschrieben wird.

Die Sinus-Gruppe wirbt damit, in diesem Modell sei „der Mensch der Markt" (Sinus-Gruppe 2017) und es handele sich um Zielgruppen, die es „wirklich gibt".[1] Das Modell gehe aus von den Lebenswelten und den täglichen Gewohnheiten, nicht von formalen Kriterien wie Schulbildung, Beruf oder Einkommen. So konkludiert die Sinus-Gruppe: „Wir leben in einem Zeitalter der Entgrenzung- das für manche Milieus ungeahnte Chancen bietet, andere dagegen überfordert und verunsichert."[2]

Die Sinus-Milieus – das neue Modell einer polarisierten Gesellschaft?
Das Modell der Sinus-Milieus unterscheidet nach zehn Milieus, die sich nach Einkommen, Lebensstilen und Wertorientierungen signifikativ unterscheiden, wobei die Grenzen zwar fließend sind, aber große Unterschiede und eine starke Polarisation zwischen den oberen und den unteren Einkommensgruppen erkennen lassen. Dies beeinflusst nicht zuletzt die Lebenswelten und das Alltagsbewusstsein bzw. dominiert das Alltags- und Kaufverhalten der einzelnen Gruppen.

Das Sinus-Modell zeigt damit die zehn wesentlichen Bevölkerungsgruppen Deutschlands, abgebildet in den sogenannten Sinus-Milieus – der sogenannten „Kartoffelgrafik" –, nach denen die deutsche Gesellschaft mit dem Ziel effektiver Marketingaktivitäten abgebildet werden kann.

Die Sinus-Milieus zeigen nicht nur die soziale Schichtung, sondern auch deren Einkommen und Lebenswelten, vermittelt durch Bildung, Einkommen und Wertvorstellungen, auf.

---

[1] ebda. S. 4.
[2] ebda. S. 2.

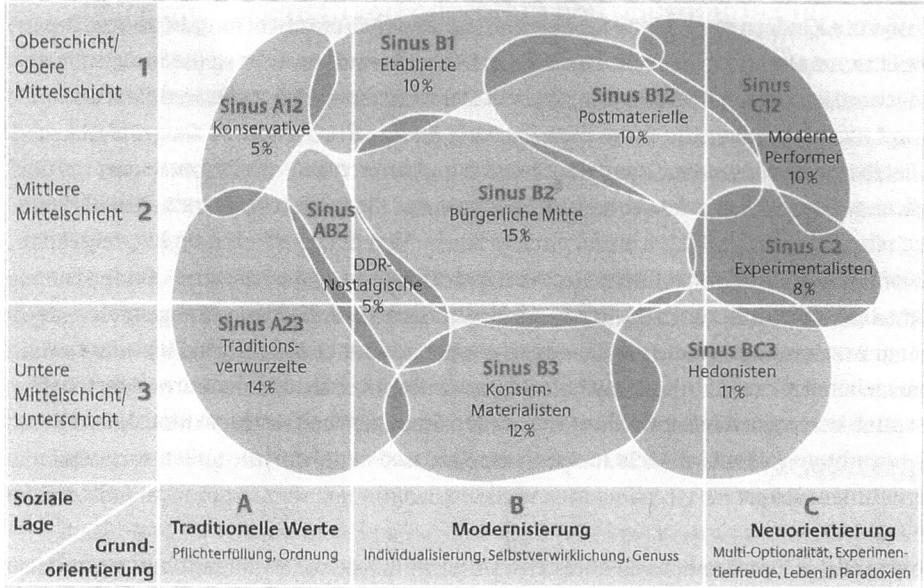

Abb. 3.3 Klassifikation gesellschaftlicher Gruppen nach dem Modell der Sinus-Milieus. (Quelle: BMFSFJ 2007, S. 36, mit freundlicher Genehmigung des BMFSFJ)

An ihrer Verteilung wird deutlich, dass es sich hierbei um ein differenziertes, aber auch stark polarisiertes Abbild einer Gesellschaft handelt.

Eine Übersicht zu den wichtigsten Gruppen und deren Charakteristika nach prägnanten soziodemografischen Merkmalen wird in einer Studie des BMJSF ausgeführt, und zwar hinsichtlich ihrer Affinität zur Gleichstellung von Männern und Frauen. Die wichtigsten Unterscheidungsmerkmale hinsichtlich der einzelnen Gruppen und Untergruppen zeigt die Abb. 3.3.

Zur Erklärung des Sinus-Ansatzes sei erwähnt, dass sich die einzelnen Gruppen des Sinus-Modells, welche sich realiter in manchen Bereichen überschneiden können, unterschiedliche Merkmale und Streuung aufweisen. Danach teilt sich die deutsche Gesellschaft in die folgenden zehn Hauptgruppen auf, die nach wesentlichen Merkmalen zu unterscheiden sind, insbesondere folgende:

- Konservativ-Etablierte (10,1 %)[3]
- Liberal-Intellektuelle (7,1 %)
- Performer (8,0 %)
- Expeditive (8,0 %)
- Sozialökologische (7,2 %)
- Bürgerliche Mitte (13,1 %)

---

[3] in % der Wohnbevölkerung über 14 Jahre.

- Adaptiv-Pragmatische (9,7 %)
- Traditionelle (12,9 %)
- Prekäre (9,0 %)
- Hedonisten (15,0 %)

▶ **Trend: Polarisierung nach oben und unten unter Ausdünnung der Mitte** Interessanterweise sind vier Gruppen mit etwa 40 % der Wohnbevölkerung als untere Bevölkerungsgruppen ausgewiesen. Es handelt sich hierbei um große Teile der Gruppe Traditionelle und Bürgerliche sowie die der Prekären und der Hedonisten.
Hervorzuheben ist, dass Teile der Mittelschicht-Gruppen geschrumpft und relativ klein geworden, z. T. sogar in die Unterschicht abgewandert sind.
Ebenso groß wie die Unterschicht-Gruppen sind die Gruppen der oberen Mittelschicht mit nahezu 40 %.
Dies zeigt deutlich die verstärkte Polarisation der deutschen Wohnbevölkerung zum Stand 2017 (s. Sinus-Milieus 2017, S. 13 und 14; Sinus-Gruppe 2017).

Da es in Zeiten von strukturellen Veränderungen, Strukturbrüchen und Transformationsprozessen für die Unternehmen darauf ankommt, möglichst schnell auf veränderte Kunden- und Absatzmärkte zu reagieren, indem z. B. die Beschaffungs- und Absatzorganisation umgestellt wird, sind Produktentwicklungsprozesse und Dienstleistungen immer schneller an aktuelle Entwicklungen anzupassen. Zudem haben diese differenzierten Daten eine hohe, strategische Relevanz für die Entwicklung komplexer Produkte und Dienstleistungen.

Der Erfolg eines derart differenzierten und strategisch neu aufgestellten Marketingmodells nach dem Sinus-Modell zur Definition von produkt- oder dienstleistungsspezifischen Zielgruppen ist typisch für die gewaltigen Veränderungen in der Bevölkerungsstruktur und die Auflösung der klassischen Dreiteilung in Ober- Mittel- und Unterschicht als weitgehend homogene Gruppen mit relativ einfach zu beschreibenden Profilen. Es zeigt nicht nur die starke Polarisation zwischen Ober-, Mittel- und Unterschichtgruppen hinsichtlich der Einkommensentwicklung, sondern auch viele neue Merkmalsgruppen, die in unterschiedlicher Ausprägung die neue Gruppenzugehörigkeit und deren Werteorientierung bestimmen.

Aufschlussreich ist das Modell für innovative Marketingkonzepte, z. B. wenn wir an die Fortschritte im zielgruppengerechten Marketing denken, aber es wirft auch Fragen des Datenschutzes auf.

Dieses seit 1978 immer wieder aktualisierte Modell wirbt auch heute noch mit den Möglichkeiten der Online-Forschung, denn diese lässt punktgenaue Prognosen hinsichtlich der Zielgruppen von Produkten und Dienstleistungen zu. Das Sinus-Modell lässt nicht nur soziodemografische Marktanalysen zu, sondern zeigt auch die signifikante Veränderung von Verhaltensmerkmalen von Gruppenmitgliedern.

Diese Analyse von Verhalten innerhalb der Gruppen geht sehr weit und lässt sogar Rückschlüsse auf die gendergerechte Arbeitsteilung bei der Hausarbeit zwischen Partnern nach einzelnen Subgruppen zu, wie die vorgenannte Studie der Sinus-Gruppe im Auftrag des BMFSFJ ergab. Im Rahmen dieser Untersuchung zur Gleichstellung, welche

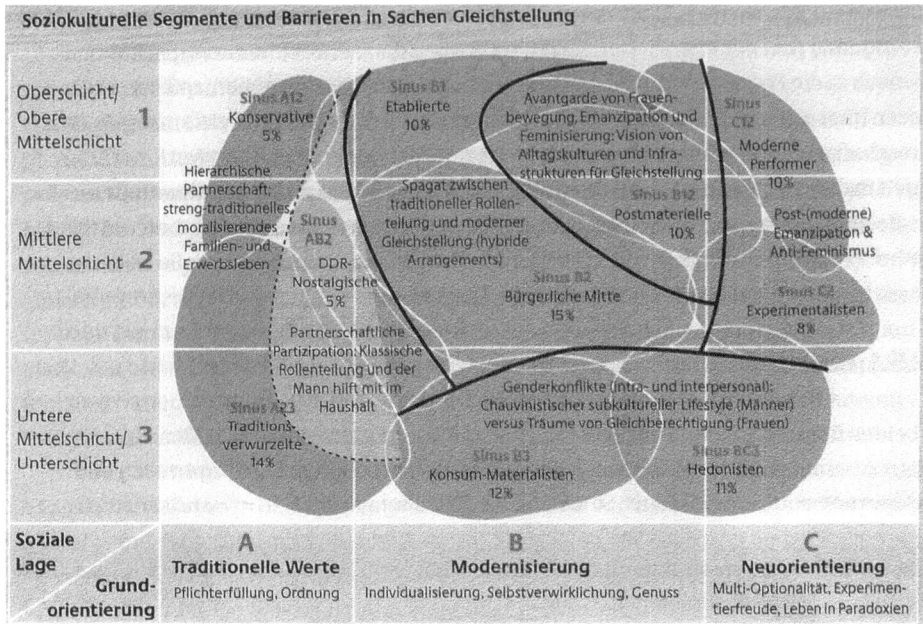

Abb. 3.4 Soziokulturelle Segmente und Barrieren für Gleichstellung von Männern und Frauen. (Quelle: BMFSFJ 2007, S. 42, mit freundlicher Genehmigung des BMFSFJ)

vom BMJSF zum Stand der Gleichstellung in Auftrag gegeben wurde, ist z. B. festgestellt worden, dass es die männlichen Angehörigen der oberen Gruppen sind – also der einkommensstärkeren Bevölkerung –, welche sich eher die Hausarbeit mit ihren Partnerinnen teilen als Gruppen der unteren Schicht (s. hierzu BMFSFJ 2007, S. 42) (Abb. 3.4).

Die Sinusgruppe stellt 2017 sogar fest, dass es mit dem Modell ermöglicht wird „die Lebenswelten der Menschen von innen heraus zu verstehen" und damit gleichsam, „in die Lebenswelten der Zielgruppen einzutauchen" (Sinus-Gruppe 2017), ihre Wertorientierungen und Lebensstile zu verstehen und permanent aktualisierte Auswertungen nach Untergruppen vorzunehmen.[4]

An anderer Stelle wird darauf hingewiesen, dass dieses Modell seit Beginn der 80er-Jahre ständig verfeinert wurde und seitdem „von führenden Markenartikel-Herstellern und Dienstleistern für das strategische Marketing, für Produktentwicklung und Kommunikation ebenso genutzt wird, wie von politischen Parteien, Ministerien, Gewerkschaften, Kirchen und Verbänden".[5]

Die Analyse der vorhandenen Daten erlaubt eine optimale Analyse und Konzeption, denn

---

[4] ebda. S. 2.

[5] ebda. S. 3.

eine zielgruppengerechte Produktentwicklung und Positionierung, erfolgreiche Markenführung und Kommunikation mit den Kunden ist nur noch möglich, wenn man von der Lebenswelt und dem Lebensstil der Kunden ausgeht, die erreicht werden sollen. Grundlegende Wertorientierungen gehen dabei ebenso in die Analyse ein, wie Alltagseinstellungen (zur Arbeit, zur Familie, zur Freizeit, zum Konsum), denn soziodemografische Daten allein reichten nicht mehr aus, um Kundengruppen zu definieren bzw. kennenzulernen. (Sinus-Gruppe 2017, S. 10)

Dieses Marketingmodell ist inzwischen als anerkanntes Instrument für Marketingaktivitäten aller Art so verbreitet, dass es in vielen Ländern der Welt zum Einsatz kommt und immer differenziertere Analysen und Aktivitäten durch Auswertung virtuell erhobener Datensätze erlaubt. Nicht nur für das Marketing im Direktverkauf wird es eingesetzt. Es bietet signifikative Erkenntnisse in allen Teilen seines Leistungszyklus. Der Forschungshintergrund in Verbindung mit der Fülle an Daten eignet sich nicht zuletzt auch für Strategie und Planung bzw. die Entwicklung und Positionierung von neuen Geschäftsmodellen und Produkten.

Diese Ausführungen zeigen, dass permanent neue Daten zu Verbraucherverhalten und Konsumgewohnheiten gesammelt und ausgewertet werden, so dass es damit möglich wird, private Gewohnheiten festzustellen und deren Motivlagen zu erfassen. Ohne Übertreibung kann festgestellt werden:

Das Sammeln, der Handel und die Auswertung virtueller Daten gehören seit Beginn der 80er-Jahre zum Allgemeingut der Aktivitäten von Marktforschungsinstituten. Sie bilden – nicht zuletzt – die Grundlage zur Entwicklung innovativer Geschäftsmodelle.

Diese Daten sind das „Gold der digitalisierten Gesellschaft", aber auch der Stoff, aus dem sich die Alpträume entwickeln, wie sich mehr und mehr zeigt.

Die Marktforschung kann sich, wie in Werbekampagnen inzwischen üblich, nicht nur zur Analyse von gesellschaftlichen Gruppen, sondern auch zu deren Manipulation einsetzen lassen, indem z. B., gezielte Werbebotschaften abgesetzt werden (Beispiel: Brexit-Kampagne).

3.2.1   Zur Funktion disruptiver Geschäftsmodelle

Die Implementierung der IT-Arbeitsmittel in Verbindung mit der damit einhergehenden Entgrenzung von Ort und Zeit sowie zunehmenden Anforderungen an die Kreativität der Arbeitnehmer ist Chance und Risiko zugleich (s. hierzu auch Kap. 6). Die Risiken ergeben sich aus der Diskontinuität und der Entwertung bewährter Erfolgsmodelle, wenn disruptive Geschäftsmodelle in Konkurrenz zu ihnen treten.

Was unterscheidet „Sustaining Technologies" und „disruptive Geschäftsmodelle"?
Es ist wichtig zu wissen, worin sich diese neuen Praktiken der disruptiven Geschäftsmodelle von den historisch bewährten, kontinuierlich gewachsenen und bislang einträglichen „Sustaining" Geschäftsmodellen unterscheiden.

Unter *„Sustaining Technologies"* werden bewährte, traditionelle Techniken verstanden, die für einen bekannten Markt lediglich inkrementelle Verbesserungen bringen, Einsparvorteile realisieren etc., aber nicht grundsätzlich neuer Natur sind. Ein Beispiel hierfür sind verbrauchsarme

Benzinmotoren, die mit wesentlich geringerem Verbrauch als konventionelle Motoren betrieben werden können und hohe Leistung bringen, aber nicht so umweltrelevant fahren wie z. B. elektrobetriebene Fahrzeuge.

Man unterscheidet nämlich in der Diskussion um Geschäftsideen, Unternehmensgründungen oder technologische Innovationen zwischen „disruptiven Technologien" und „Sustaining Technologies".

Die sogenannten *„disruptiven Technologien"* ermöglichen die Entwicklung bislang unbekannter, neuer und hochinvasiver, „disruptiver Geschäftsmodelle". Sie betreten z. B. in der Entwicklung neuer Dienstleistungen, welche auf digitalen Geschäftsplattformen und mit völlig neuen Dienstleistungsmodellen erbracht werden, in umfassender Weise Neuland. Ihr Markt ist anfangs in der Regel noch klein bzw. unbekannt.

Im Laufe der Zeit können sie jedoch in den Mainstream gelangen, generieren völlig neue Märkte und können damit auch für ihre „Erfinder" hohe Gewinne abwerfen. Dafür weisen sie zu Beginn in der Entwicklung hohe Risiken des Kapitalverlustes und nicht zuletzt des vollkommenen Scheiterns auf.

Festzustellen ist, dass disruptive Geschäftsmodelle und digitale Plattformen heute bereits das Bild des digitalen Fortschritts bei der Umgestaltung der gesamten Wirtschaftsprozesse bestimmen.

Wie eine derartige neue informationstechnische Dienstleistung als Angebot auf einer Informationsplattform aussehen und sich vielfach mit „disruptiver" Wirkung auswirken kann, so dass sich die traditionellen Rollen von Dienstleister, Kunden und Plattformbetreiber neu sortieren und definieren, kann am Beispiel der Geschäftsplattform „Uber" gezeigt werden.

Das „dreiseitige Plattform-Konstrukt" zwischen Dienstleister, Kunde und Plattformbetreiber geht davon aus, dass die Betreiber der Plattform mit einem Minimum an Kapital und Risiko lediglich als Vermittler einer Dienstleistung (z. B. im Transportgewerbe) auftreten.

Das Risiko und den Kapitaleinsatz übernimmt ein freiberuflicher *Fahrer als Auftragnehmer,* der vom *Kunden/Nachfrager* bezahlt wird und einen Teil des Verdienstes an die Plattform abtritt. Nach einer Markteintrittsphase steigen die *Anteile des Plattformbetreibers am Umsatz,* wohingegen der Auftragnehmer keinerlei Rechte gegenüber diesem erwirbt und durch elektronisches Tracking per System bewertet wird.

Die Struktur dieser Geschäftsmodelle umfasst nach Schmidt (2017) drei wesentliche Akteure:

- den Plattformbetreiber, der die Vertragskonditionen festsetzt und seinen Anteil am Umsatz verlangt,
- den Kunden als Nachfrager für ein Produkt oder eine Dienstleistung und
- den ausführenden Dienstleister, der die gesamte Leistungserbringung verantwortlich betreibt und daher auch die gesamten Kosten dafür trägt. Gleichzeitig hat er den – meist ansteigenden – Anteil des Umsatzes an den Plattformbetreiber abzuführen.

Der Plattformbetreiber reguliert die Auftragsvergabe und bewertet die Leistungen der einzelnen Dienstleister. Er bedient sich somit seiner Rechte, ohne dass er an den Risiken der Leistungserbringung partizipiert. Dies macht derartige Geschäftsmodelle sehr lukrativ, aber auch gefährlich (disruptiv) für traditionelle Geschäftsmodelle, die nationalen Regelungen unterliegen. Hinzu kommt, dass sie weitreichende materielle Verpflichtungen tragen, welche die Akteure der Geschäftsplattformen auf Kunden und ausführende Dienstleister abwälzen.

Der Kunde als Nachfrager wird zusehends in die Erstellung der Dienstleistung integriert, was dazu führt, dass er auch an den Leistungsprozessen aktiv beteiligt wird und damit die Ausführung einzelner Leistungen in der Prozesskette aktiv übernimmt.

Der ausführende Dienstleister hingegen trägt nicht nur die Verantwortung für das korrekte Erbringen der Leistung, sondern auch für die Bereitstellung nötiger Arbeitsmittel und -kräfte. Es ist üblich, dass der auftragsvermittelnde Plattformbetreiber sich von etwaigen Risiken vertraglich freistellt und lediglich an den Erträgen der erbrachten Dienstleistung partizipiert. Dies macht seine Arbeit weitgehend risikoarm und lukrativ, da seine Leistung nichtmaterieller Natur ist.

Hieraus erklären sich die hohen Gewinnmargen der Inhaber virtueller Geschäftsplattformen.

Zur Veranschaulichung von Struktur und Funktion neuer Informationsplattformen als Grundlage virtueller disruptiver Geschäftsmodelle dient das Schaubild 1 zu 3.3. Charakteristisch hierfür sind Monopoltendenzen, Netzwerk, einseitige AGB's, fehlende Transparenz, permanentes Tracking und Rating von Nutzerverhalten[6] sowie mangelnder Datenschutz gelten nach Schmidt (FES 2017, S. 6) für alle Plattformen, fallen aber bei den Arbeitsplattformen besonders schwer ins Gewicht.

Diese virtuellen Plattformen sind als zentraler Bestandteil neuer Geschäftsmodelle zu betrachten (Abb. 3.5).

Zur Funktion virtueller Geschäftsplattformen und ihren zentralen Akteuren
Virtuelle Geschäftsplattformen haben nach Schmidt immer die Struktur eines Dreiecks, dessen Eckpunkte und Pole von folgenden drei Akteuren gebildet werden:

• der Betreiber der virtuellen Plattform
• der Anbieter einer virtuellen oder echten Dienstleistung
• der Kunde, der als Auftraggeber und vielfach auch als Mitwirkender fungiert.

Dabei wirbt der Betreiber der virtuellen Plattform um Aufträge und Kunden und bringt die Nachfrager nach der angebotenen Dienstleistung mit einem möglichen Erbringer der Dienstleistung zusammen. Er leitet diese Nachfragen an den Anbieter und Erbringer der Dienstleistung weiter. Der Betreiber erhält einen prozentual festgesetzten Anteil vom Gesamtumsatz für die Vermittlung, ohne sich allerdings an der Ausführung der Dienstleistung beteiligen zu müssen. (s. Schmidt 2017, S. 10). Der Kunde erhält die entsprechende Leistung in Absprache mit dem Erbringer der Dienstleistung.

---

[6] Bei tracking handelt es sich um die Dokumentation des Nutzerverhaltens (Anm.d.Verf.), bei Rating um die Bewertung des Nutzerverhaltens oder die Klassifizierung des Nutzers (Anm.d. Verf.).

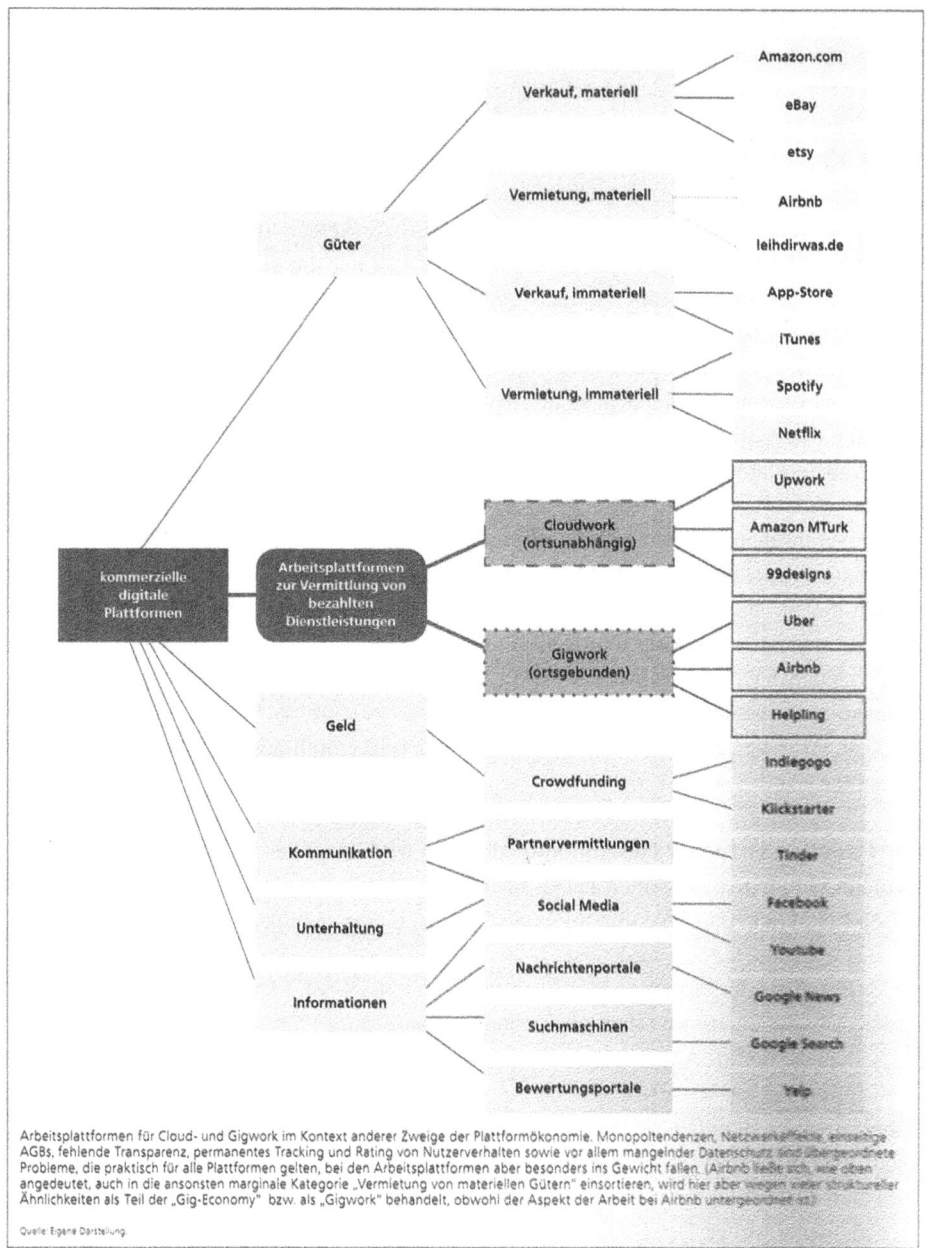

Arbeitsplattformen für Cloud- und Gigwork im Kontext anderer Zweige der Plattformökonomie. Monopoltendenzen, Netzwerkeffekte, einseitige AGBs, fehlende Transparenz, permanentes Tracking und Rating von Nutzerverhalten sowie vor allem mangelnder Datenschutz sind übergeordnete Probleme, die praktisch für alle Plattformen gelten, bei den Arbeitsplattformen aber besonders ins Gewicht fallen. (Airbnb ließe sich, wie oben angedeutet, auch in die ansonsten marginale Kategorie „Vermietung von materiellen Gütern" einsortieren, wird hier aber wegen vieler struktureller Ähnlichkeiten als Teil der „Gig-Economy" bzw. als „Gigwork" behandelt, obwohl der Aspekt der Arbeit bei Airbnb untergeordnet ist.)

Quelle: Eigene Darstellung.

Abb. 3.5 Kategorisierung von Arbeitsplattformen in der Plattformökonomie: Virtuelle Geschäfts-plattformen als Bestandteil vernetzter Geschäftsmodelle. (Quelle: Schmidt, FES, 2017, S. 6)

Festzuhalten ist, dass bei dem Erbringer der Dienstleistung die volle Verantwortung für die sachgerechte Ausführung des Kundenauftrages und auch das Geschäftsrisiko liegen. Entsprechende Verträge zwischen Plattformeigner und Dienstleister sind so gehalten, dass der Plattformeigner eine steigende Umsatzbeteiligung erhält, aber der Dienstleister voll alle Risiken für eine zielorientierte Vertragserfüllung trägt, und zwar hinsichtlich aller möglicherweise auftretenden Risiken.

Es besteht die Tendenz, dass feste und gut bezahlte Arbeiten, ob als abhängig Beschäftigter oder als Freiberufler, in Form der virtuell betriebenen Digitalarbeit auf Geschäftsplattformen zum Auslaufmodell werden und die neu entstehenden Arbeiten in die Falle „digitaler Armut" gehen.

Die Auflösung des bestehenden Rahmenwerks von betrieblicher Arbeit führte dann unweigerlich zum Entstehen eines neuen „digitalen Prekariats". Sollte dies das Reproduktions- und Lebensmodell auf der Basis betrieblicher Arbeit in der nahen Zukunft sein?

Uber als Beispiel für ein disruptives Geschäftsmodell
Exemplarisch für ein disruptives Geschäftsmodell kann das Unternehmen Uber genannt werden. Da es die Transportleistungen sehr preiswert anbietet, ist es dazu geeignet, hohe Gewinne zu erwirtschaften, trägt aber auch dazu bei, alteingesessene Taxi-Betriebe zu zerstören. Derartige Beispiele lassen sich insbesondere für den Handel im Bereich des Online-Vertriebs und viele weitere zentrale Aktivitätszweige heranziehen, nicht zuletzt für die Leistungen von Optikern, Apothekern, Juristen und qualifizierten Ingenieuren bzw. andere, anspruchsvolle Beraterberufe in Wissenschaft und Technik.

Im Unterschied zu Phase 3 der Industrialisierung mit der computergestützten Integration von Einzelarbeitsplätzen im Bereich der standardisierbaren Arbeitsinhalte betrifft der derzeitige Übergang der Arbeitsgesellschaft von Phase 3 in Arbeit 4.0 – also Phase 4 – auch zusehends höherqualifizierte Arbeiten, wie z. B. Beschäftigte mit ingenieurtechnischen Aufgabenstellungen, wissenschaftliche Lehrberufe und Juristen bzw. Freiberufler jeder Art, die Online-Arbeit ausüben.

Wenn derartige Arbeitsverhältnisse um sich greifen, werden auch hoch qualifizierte Arbeiten für Plattformbeschäftigte als Zubrot oder z. B. für „digitale Nomaden" als Haupterwerb nicht mehr in der Form eines festen Arbeitsverhältnisses vergeben, sondern nur noch in Modulform und mit befristeten Zeitverträgen.

Obgleich die Erarbeitung dieser Einzelarbeiten eine hohe Kompetenz voraussetzen kann, werden diese Module – wie früher die weitgehend angelernte Akkordarbeit in der Industrie – nur noch nach geringem Stücklohn quantifiziert und vergütet. Dies ist i.d.R. mit dem Verlust von jeder Form sozialer Sicherheit für die weitgehend freiberuflichen, arbeitsausführenden Projektbeschäftigten verbunden und ermöglicht keine subsistenzsichernde Existenz mehr. Diese Form der Erwerbsarbeit erinnert an die frühen Phase der Industrialisierung in Phase 1 und 2 (s. Abschn. 1.2 und 1.3).

„The winner takes it all" – viele Verlierer und nur ein Gewinner
Im Bereich digitale Gestaltung und Entwurf ist diese Entwicklung besonders dramatisch, da z. B. in ausgeschriebenen Wettbewerben für das beste Design nur noch die ausgewählten Entwürfe entlohnt werden und alle anderen eingereichten Entwürfe leer ausgehen.

Somit werden alle anderen Entwürfe nicht bezahlt. Sie werden kostenlos ausgearbeitet und unentgeltlich eingeholt, was die Verdienstchancen der Bewerber noch stärker schmälert. Im Klartext bedeutet dies, dass nur der Gewinner des Wettbewerbs einen Gewinn erzielt und alle anderen leer ausgehen, die zum Teil ebenfalls erhebliche Arbeitszeit und Talent investiert haben.

Neue Geschäftsmodelle wie Spotify und Netflix haben das Musik- und Filmgeschäft wie ein Erdbeben verändert

Spotify als Streamingsdienst für Musikprodukte ist ein anschauliches Paradebeispiel für ein überaus erfolgreiches, disruptives Geschäftsmodell. Es dominiert heute den Markt zu 60 %, verdrängte kleine Labels und hat das gesamte Musikgeschäft weltweit strukturell verändert.

Während früher das Geschäft mit Tonträgern recht einträglich war, hat das neue Geschäftsmodell von Spotify mit kostenlosen Downloads u. a. dazu geführt, dass die Musiker, die Künstler sowie die Produzenten heute schon kaum mehr von ihrer Musikproduktion leben können. Die Geschäfte haben sich dahingehend entwickelt, dass z. B. die Künstler heute nur noch an ihren Liveauftritten verdienen, aber nicht mehr vom Verkauf ihrer CDs oder anderer Tonträger leben können. Kleine Labels und Musikproduzenten haben seit der Inbetriebnahme von Spotify keine Verdienstchancen mehr. Ihre Einkommensgrundlage wurde davon komplett zerstört.

Personalführung bei Netflix als ein Vorbild für innovatives Personalmanagement?
Die Unternehmenskultur von Netflix hat im Übrigen die Unternehmenskultur im Silicon Valley enorm geprägt und war sogar Vorbild für Facebook.

Das Unternehmen Netflix hat nicht nur ein disruptives Geschäftsmodell entwickelt, sondern auch eine Unternehmenskultur, die als „Bibel des Silicon Valley" bezeichnet wird.

So z. B. orientiert sich die Personalführung an einem von Zeit zu Zeit individuell durchgeführten Leistungstest, der bei einem schlechten oder mittelmäßigen Ergebnis von Probanden zwingend dazu führt, dass der/die Getestete das Unternehmen verlassen muss. Dass es für jeden auch mal schlechtere Tage gibt, bleibt dabei unberücksichtigt (t3n.de/news/netflix-unternehmenskultur-silicon-valley, 09.11.2018). Es klingt wie Ironie, zu lesen, dass auch die Erfinderin dieses Modells zwischenzeitlich entlassen wurde, weil sie einen „schlechten Tag" hatte. Sie verdingt sich inzwischen als freiberufliche Personalberaterin!

Dieses Modell der rustikalen Personalführung „nach Tagesform" dominiert heute noch etliche der großen amerikanischen Hightech-Firmen bzw. IT-Unternehmen und kann als das antagonistische Gegenmodell zu dem in dieser Publikation ausgeführten Zukunftsmodell der „gendergerechten, ganzheitlichen Laufbahnplanung" bezeichnet werden.

„Giralgeld" als ein weiteres Beispiel für die neu entstandene digitale Finanzindustrie

Auch im internationalen Geldverkehr, insbesondere im Anlagegeschäft, welches in einigen sehr profitablen E-Finanz-Unternehmen nur noch hoch spezialisiert betrieben wird, ist die Digitalisierung eine relevante Entwicklungslinie. Diese scheint nicht nur gefährdend für die traditionellen Finanzinstitute mit ihrem traditionellen Kreditgeschäft. Es ist zu vermuten, dass die Fähigkeit zur Wertschöpfung durch Giralgeld, generiert durch elektronischen Geldverkehr, als existenzbedrohlich für das gesamte, internationale Wirtschafts- und Währungssystem einzustufen ist. Die sekundennahe Taktung von Börsenspekulationen, Wertpapiergeschäften und Devisenspekulationen zur Höhe der Wechselkurse ist zudem heute maßgeblich für die Staatsverschuldung vieler Länder verantwortlich. Im Bereich der elektronischen Finanzdienstleistungen vollzieht sich gegenwärtig der Ruin der europäischen Staatsfinanzen bzw. auf internationaler Basis zum Vorteil der Finanzindustrie.

Darüber hinaus bieten die neuen Formen des elektronischen Geldverkehrs zahlreiche innovative Möglichkeiten der Generierung von Gewinnen über Finanzspekulationen im europäischen Maßstab. Je schlechter das Scoring, also die Kreditwürdigkeit einzelner Länder, umso höher sind die Zinsen bei der Aufnahme von Krediten. Darauf setzen die neuen Kreditgeber. Somit geraten die notleidenden, verschuldeten Länder in einen Kreislauf immer höherer Schulden. Die Spekulanten machen hohe Zinsgewinne und verdienen damit an den Schulden bzw. am Bankrott der Staatsfinanzen dieser Länder.

Es ist ein bekannter Sachverhalt, dass die innovativen, elektronischen Geschäftsprozesse in keiner Weise mehr an ethischen Normen eines regulären Geschäftsverkehrs orientiert sind, sondern nur noch an einer Millisekunden schnellen Taktung von Geschäftsprozessen, die insbesondere unter Ausnutzung von Gesetzeslücken – abseits jeglicher ethischer Standards – entwickelt und ausgestaltet werden. Auch illegalen Geschäften hinsichtlich Steuervermeidung bzw. -erstattung – Stichwort Cum-Ex-Geschäfte – öffnet die Chance digitaler Transaktionen und Finanzanlagen Tür und Tor, zumindest so lange, wie sich nationale Institutionen nicht gemeinsam gegen derartige Betrügereien wappnen.

Virtuelle Geschäftsplattformen und neue Geschäftsmodelle bringen hohe Gewinne
Dies sind einige wenige Beispiele für digitale Geschäftsplattformen, die faktisch unbegrenzte Möglichkeiten bieten zur Generierung neuer digitaler Geschäftsprozesse und -modelle.

Derartige Modelle haben sich bislang noch weitgehend unbeachtet von der breiten Öffentlichkeit entwickelt. So zum Beispiel machen innovative Finanzdienstleister, z. B. in der Form von digitalen Bezahldiensten wie WIRECARD, welche sich lediglich auf ein einziges Segment bankenüblicher Tätigkeiten konzentrieren, mit ihrem innovativen Geschäftsmodell sehr gute Gewinne.

Sie sicherten für die Anleger z. T. große Zugewinne und werden sicherlich im Zuge von Arbeit 4.0 weiterhin an Boden gewinnen.

Das Beispiel Tesla für eine disruptive Technologie im Fahrzeugbau

Eine disruptive Technologie kann am Beispiel des amerikanischen Autoherstellers Tesla mit dem Elektroauto verdeutlicht werden. Dieser Hersteller hat den bekannten Pfad der Leistungsverbesserung verlassen, deckt mit seinen neuen technischen Lösungen völlig neue Leistungsdimensionen ab, ersetzt und zerstört damit tendenziell das Altbewährte. Der Erfolg seiner Elektroautos zeigt, dass auch hier ein neuer Massenmarkt entsteht, welcher langfristig geeignet ist die bewähren Antriebssysteme zu verdrängen bzw. zu ersetzen.

Die Produkte von Tesla, insbesondere elektrisch betriebene Autos mit sehr viel Elektronikausstattung zeigen heute als Prototypen, wie es möglich ist durch ein neues Antriebsmodell und die Produktion neuartiger Antriebssysteme völlig neue Märkte zu erschließen. Indem weitere Hersteller mit elektronisch betriebenen Modellen nachziehen, wird ein völlig neuer Massenmarkt aufgebaut. Damit entziehen sie den althergebrachten Autoherstellern die Kaufkraft und sind in der Lage, sofern diese nicht nachziehen und ebenfalls neue, umweltfreundliche Modelle anbieten, die Marktmacht der gewachsenen Automobilgiganten zu gefährden.

Das noch im Jahr 2018 feststellbare Beharren der traditionell starken Automobilindustrie Deutschlands auf veralteten, nicht zukunftsfähigen Antriebssystemen verdeutlicht, welche unternehmerischen Risiken verbunden sind mit kurzfristig opportunen, doch langfristig gesehen vehementen Fehleinschätzungen hinsichtlich der Akzeptanz von ökologisch nicht vertretbaren Produkteigenschaften.

Der elektrische Motor eines hochelektronisch betriebenen Autos ist damit eine disruptive Technologie, welche geeignet ist die Marktanteile gewachsener Marktgiganten zu gefährden.

Derzeit sieht es so aus als würden die großen deutschen Autohersteller nach dem Bekanntwerden einschlägiger Software-Fakes hinsichtlich der Abgaswerte gerade noch rechtzeitig ihre Produktion umstellen. Sie haben nicht nur nennenswerte Schadensregulierungen zu leisten, sondern sie unternehmen in jüngster Zeit auch große Anstrengungen sich hinsichtlich der veränderten Marktlage und der Nachfrage nach umweltfreundlichen Antrieben und Transportsystemen an die Spitze zu setzen.

Allein dieses Beispiel macht deutlich, wie wichtig die rechtzeitige, angepasste Wahrnehmung gesellschaftlicher Veränderungsprozesse für die Positionierung von innovativen Dienstleistungen ist. Damit wird nicht zuletzt die enorme Bedeutung strategischer Interventionen und Entscheidungen im Vorfeld betrieblichen Handelns deutlich, welches in einem historisch veränderlichen technologischen, sozialen, wirtschaftlichen, politischen und rechtlichen Umfeld immer wichtiger wird (s. Kap. 8).

Disruptive Geschäftsmodelle sind hochinvasiv und zerstören gewachsene Geschäftsmodelle

Die disruptiven Geschäftsmodelle haben somit generell das Potenzial, althergebrachte Technologien, Produkte und Dienstleistungen zunächst im Pilotversuch und im kleinen explorativen Marktsegment abzulösen. Später haben einige von ihnen das Potenzial die

Marktführerschaft in neu entstehenden Massenmärkten zu übernehmen. Dies lässt sich sehr gut an weiteren, zahlreichen Beispielen aus den unterschiedlichsten Sektoren und Aktivitätszweigen aufzeigen.

Populäre Beispiele für ortsgebundene Arbeitsplattformen: Uber, Airbnb und Helpling

Aktuelle und populäre Beispiele für ortsgebundene Arbeitsplattformen zur Vermittlung von bezahlten Dienstleistungen, neben vielen anderen, mit zum Teil sehr fragwürdigen Arbeits- und Entlohnungsbedingungen, sind Uber, Airbnb und Helpling.

- Airbnb vermittelt als Plattform Zimmer in Privatwohnungen (Auftragnehmer sind die Wohnungsinhaber, die ihre privaten Möbel und Zimmer anbieten) an Touristen (Nachfrager/Kunden) und macht dem ortsansässigen Hotel- und Gaststättengewerbe eine unschlagbare und zerstörerische Konkurrenz.
- Helpling, ein weiteres Beispiel für eine digitale Plattform, vermittelt Reinigungspersonal an Privathaushalte. Helpling macht gute Geschäfte mit haushaltsnahen, einfachen Dienstleistungen, die von scheinbar selbstständigen Reinigungskräften in Eigenregie erbracht werden. Auch hier kann weniger von einem Gewerbe ausgegangen werden als vielmehr von privaten Dienstleistungen, welche unter der Umgehung lokaler Abgaben und Gesetze erbracht werden. Auch hier sind die Effekte so, dass bestehende Kleinbetriebe zerstört werden, weil diese höhere Gemeinkosten haben als die Plattformbetreiber (s. hierzu Schmidt 2017, S. 6).

An den vorgenannten Beispielen wird deutlich, dass hier z. B. reguläre Arbeitsverhältnisse und Einkommen durch digitale Plattform-Angebote vernichtet werden. Dies ist am Beispiel Uber sehr schnell zu erkennen, aber auch am Geschäftsmodell von Airbnb.

Dies setzt den regulären Anbietern von Übernachtungen im Fremdenverkehr zu, also den Hotels und dem Beherbergungsgewerbe. Sie können mit den Preisen der Privatanbieter keinesfalls mithalten, da sie ja offiziell als Gewerbebetriebe fungieren. Anders ist es mit Uber und Airbnb, welche privat erbrachte Leistungen über die virtuelle Plattform anbieten.

Noch ein Beispiel für prekäre Verdienstformen: digitale Nomaden und Online-Freiberufler

Auch wenn sich „digitale Nomaden" als Freiberufler in digitalen Pools zusammenfinden, reicht der Verdienst bzw. das Honorar je nach Auftragslage selten für mehr als ein Zubrot. Es deckt die Lebenshaltung kaum und bedeutet damit für diejenigen, welche die Digitalarbeit hauptamtlich betreiben, den Weg in das „Prekariat".

Subsistenzerhaltende Löhne, die es ermöglichen, eine Wohnung zu unterhalten und von einer Arbeitsstelle zu leben, können damit nicht erwirtschaftet werden.

Natürlich werden durch die schmalen digitalen Entgelte vielfach auch die geltenden Grenzen für Mindestlöhne gerissen. Unzweifelhaft ist weiterhin, dass die meisten dieser Dienstleister keine Möglichkeit haben, für das Alter vorzusorgen bzw. für die spätere Rente einzuzahlen.

Sie leben wie im Mittelalter „von der Hand in den Mund" und zählen nicht selten zu den Arbeitsnomaden, die mal hier, mal da unterschlüpfen, um für eine gewisse Zeit dort zu wohnen, ohne wirklich sesshaft zu sein.

Weitere Beispiele für das Gefährdungspotenzial der neuen Geschäftsmodelle

- Ähnliche Friktionen bringen neue Geschäftsmodelle im Flugverkehr. Vormals privilegierte und gut bezahlte Arbeitsplätze von Piloten und Flugpersonal werden z. B. durch Billigflieger wie Ryanair in Drittländer verlagert, bei denen die Vertragskonditionen sehr viel schlechter sind als bei den herkömmlichen. Dies wiederum erhöht den Preisdruck, wie in der Flugbranche zu beobachten, und hat schon zu mehreren Pleiten namhafter Fluggesellschaften geführt, wie z. B. der Air Berlin.
- Nicht unerwähnt bleiben soll auch das Beispiel des Handels, der kaum noch Ganztagsbeschäftigte aufweist und sich zur Domäne von 450-Euro-Kräften entwickelt hat. Viele Handelszentren sind aufgrund der wachsenden Bedeutung der Online-Umsätze in Gefahr, vom Online-Handel völlig verdrängt zu werden. Umsatzstarke Handelsunternehmen wie Amazon weigern sich jedoch, für die neu entstehenden Arbeitsplätze in Verpackung und Sortierung die Tarife des Handels zu bezahlen, weil sie der Auffassung sind, dass es sich hier vorrangig um Tätigkeiten des Transportgewerbes handelt.

Diese Konflikte sind beispielhaft für eine Fülle an zentralen Neuordnungsbedarfen hinsichtlich der zukünftigen Gestaltung von arbeitsrechtlichen Bestimmungen, Vertragskonditionen und Arbeitsprozessen zu nennen, in deren Kontext die Erbringung virtueller und daraus abgeleiteter innovativer Dienstleistungen bereits eine starke Marktbedeutung erlangt hat.

Deutsche Bank als Beispiel für ein eher traditionelles Finanzdienstleistungsunternehmen

Ein weiteres gutes Beispiel für den Erfolg virtueller Geschäftsmodelle ist die Deutsche Bank, die zum Jahresende 2018 auf der Liste der DAX-Unternehmen dem bis dato relativ unbekannten Unternehmen WIRECARD weichen musste. Es weist nicht das klassische Bankgeschäft, sondern lediglich eine Spezialisierung auf elektronische Bezahlsysteme aus.

Alle diese Beispiele zeigen, dass elektronische Dienstleistungen, die erst durch Informationstechnik ermöglicht wurden, eine neue Qualität in der Entwicklung des Dienstleistungsbereichs eingeleitet haben.

Zahlreiche weitere Beispiele könnten diese Ausführungen ergänzen und zeigen, dass sich mithilfe digitaler Medien die virtuellen Geschäftsmodelle zu Ungunsten von gewachsenen Unternehmen und Regelwerken, aber auch mittelfristig zum Nachteil der Dienstleister und Einzelunternehmern, welche kaum Gewinne erwirtschaften, bereits voll an den Märkten etabliert haben.

Festzuhalten bleibt, dass diese dazwischengeschalteten Dienstleister kaum ein Geschäftsrisiko tragen und die Erbringer der Dienstleistungen dafür vielfach kaum mehr als ein Taschengeld erhalten, weil sie einen festen Anteil am Umsatz an die Plattformbetreiber abtreten. Für die Betreiber der virtuellen Plattform ist die Geschäftstätigkeit allerdings lukrativ, da sie nur Gewinne machen können, weil sie freigestellt sind von Haftung und Risiken. Das Geschäftsrisiko wurde somit vollständig auf die i.d.R. privat tätigen Dienstleister verlagert. Ob sich diese Tätigkeiten noch rechnen, wenn man davon leben muss und sich freiwillig sozial- und rentenversichert bzw. sich gegen die Risiken durch entsprechende Versicherungen absichert, ist mehr als fraglich.

Existenzgründung als Weg in die Armutsspirale, wenn als Einzelunternehmer eine Sackgasse beschritten wird

Uber, Airbnb und Helpling – alle diese Beispiele zeigen, dass es vielfach ein hohes Risiko darstellt, als sogenannter Freiberufler in diesen Geschäftsmodellen tätig zu werden. Sofern diese Arbeit nicht neben einer festen Arbeitsstelle als kleines Zubrot realisiert wird, werden nur selten subsistenzerhaltende Löhne oder Gehälter gezahlt. Es zeigt sich doch sehr schnell, dass an dem neuen Geschäftsmodell der virtuellen Plattformen nur eine der beteiligten drei Parteien wirklich verdient, nämlich der Anbieter der virtuellen Geschäftsplattform.

Ein Weg in die Armutsspirale kündigt sich an, wenn derartige neue Dienstleistungen sich als Zuverdienst für randständig beschäftigte Frauen entwickeln. Sie werden damit Teil einer beruflichen Reservearmee, die nur ein kleines Zubrot verdient und glaubt, damit berufliche Pflichten und Erwerbsstreben, Ehe, Haushalt und Kinder besser unter einen Hut zu bekommen.

Die Risiken der digitalisierten Arbeitswelt für Arbeitnehmer und kleine Freiberufler sowie Existenzgründer fasst die folgende Aufzählung in komprimierter Form zusammen.

Risiken der digitalisierten Arbeitswelt:

- Schlechterstellung einzelner „Schwacher", insbes. Bezahlung und Vertragsgestaltung (kein gleicher Lohn), Vereinzelung
- Gesundheitliche Gefahren der IT-Arbeit mit z. T. schwerwiegenden Erkrankungen, Frühverrentung, Arbeitsplatzverlusten und Altersarmut
- Anstieg von Teilzeitbeschäftigung
- Anstieg prekärer Beschäftigung
- Auflösung des Kündigungsschutzes
- Auflösung des Normalarbeitsverhältnisses
- Verlust an Planbarkeit eines Arbeitslebens und Karriereweges

Privatrechtliche und datenschutzrechtliche Aspekte bergen hohes Gefährdungspotenzial

Kommerzielle digitale Plattformen haben somit das Potenzial, nicht nur hohe Gewinne zu realisieren, sondern große Aktivitätszweige in den bekannten Dienstleistungsbereichen und der Industrie drastisch umzuwälzen und zum Teil sogar zu verdrängen.

Damit gehen bedenkliche Entwicklungen einher, die bestehende Ungleichgewichte auf dem Arbeitsmarkt noch vertiefen und ggfs. bestehende Sicherungssysteme völlig abschaffen.

So z. B. gibt es in Deutschland seit Jahren die Entwicklung, das reguläre Arbeitsschutz- und Kündigungsrecht in allen Unternehmen mit weniger als 20 Beschäftigten aufzulösen, reguläre sozialversicherungspflichtige Arbeitsplätze abzubauen und den Mindestlohn zu umgehen. Diese Tendenz könnte sich weiter verstärken und zur umfassenden Rechtlosigkeit von abhängig Beschäftigten wie Freiberuflern führen.

Mehr als bedenklich wird es, wenn in einzelnen Bereichen, z. B. in der Bauindustrie oder in der Fleischproduktion, überwiegend ausländische und vielfach illegal Beschäftigte eingesetzt werden, die nicht einmal den gesetzlich verbrieften Mindestlohn erhalten, was durch Lohneinbehaltung für überhöhte Mieten und Preise hinsichtlich Unterkunft und Verpflegung kaschiert wird. Hier kann von direkter Diskriminierung gesprochen werden, die dem allgemeinen Gleichheitsgebot zuwiderläuft. Insbesondere durch die Digitalisierung der Dienstleistungen im Online-Handel können schwerwiegende Arbeitsmarktkonflikte mit großen sozialpolitischen Folgen einhergehen.

Ein Beispiel hierfür ist die Zuordnung der Tarifstruktur von Amazon in das geltende Tarifsystem, welche bereits Anlass für viele arbeitsrechtliche Auseinandersetzungen, bis hin zu akuten Streiks, war. Die Streitfrage lautet, ob dieser neu entstandene Tätigkeitsbereich in den Hochlagern zur Transportbranche oder zum Verkauf zu zählen ist. Der Arbeitgeber stellt sich auf den Standpunkt, dass die Entlohnungsbedingungen der Transportbranche gelten sollen, Verdi – Gewerkschaft der Dienstleister – hingegen verlangt bessere Einstufungen nach dem Tarif des Handels.

Das Arbeiten auf den Geschäftsplattformen ist hinsichtlich der privatrechtlichen und datenschutzrechtlichen Aspekte nicht ohne Gefährdungspotenzial für Unternehmen wie für Auftragnehmer und Beschäftigte. Dies kann an zahlreichen Beispielen aus der Geldwirtschaft, der Kommunikations- und Unterhaltungsindustrie, insbesondere aber auch am Beispiel der sozialen Medien und des Online-Handels ausgeführt werden. Wie bereits erwähnt, sind viele, traditionell gewachsene Unternehmen mit konventionellen Geschäftsmodellen nicht mehr konkurrenzfähig, weil sie teurer anbieten als digitale Plattformen. Für die Unternehmen stellen sich besonders auch Probleme der Datensicherheit, weil Beschäftigte unter Umständen durch Loyalitätsdefizite betriebliche Daten unauffällig kopieren, an die Konkurrenz weiterverkaufen oder aber selbst nutzen könnten.

Die Gefahren für Arbeitsuchende sind nicht minder vielfältig und gravierend. Vielfach werden Personen, die faktisch als abhängig Beschäftigte arbeiten, zu Subunternehmern oder Kleinstunternehmen bzw. Existenzgründern umetikettiert, was es den Plattformeignern erlaubt, sich von der Steuer- und Abgabenpflicht zu befreien und diese Abgaben an die Dienstleister abzuwälzen, was deren Gewinne schmälert.

Bekannt ist weiterhin, dass bedeutende Plattformen wie z. B. Facebook die Nutzerdaten zu Nutzerprofilen ausbauen und weiterverkaufen. Dies kann nicht nur für ein sehr gezieltes Zielgruppenmarketing genutzt werden, sondern ermöglicht auch gezielte Informations-

und Desinformationskampagnen für bestimmte Nutzergruppen bis hin zur Entwicklung von Manipulationsstrategien hinsichtlich politischer Willensbildungsprozesse usw.

Diese Hinweise auf Chancen und Risiken zielen nicht nur auf das Generieren innovativer Geschäftspraktiken im Marketing von Unternehmen, sondern auch auf die Wahrnehmung disruptiver Wirkung hinsichtlich des digitalen Veränderungspotenzials auf gesellschaftlicher Ebene.

Hier handelt es sich um neu entstandene Macht und gesellschaftlich relevante Potenziale, welche die IT-Marktführer zusehends besitzen, ohne sich allerdings dieser Verantwortung wirklich bewusst zu sein und diese auf gesellschaftlicher Ebene wahrzunehmen und zu tragen.

Beispiel für potenziellen Missbrauch der digitalen Datenflut

Der Aspekt schutzwürdiger Kunden- und Auftragsdaten rückt inzwischen immer mehr in die Verantwortung der einzelnen Unternehmen, wie das Beispiel großer Player im Bereich der Social Media deutlich zeigt.

Facebook ist ein zutreffendes Beispiel dafür, wie eine Social-Media-Plattform innerhalb weniger Jahre eine Marktführerschaft mit Milliardenumsätzen erzielen und nicht zuletzt durch ihr Geschäftsmodell – ohne Berücksichtigung und Evaluation gesellschaftlicher Folgewirkungen – starken Einfluss auf demokratische Gesellschaftsformen nehmen kann.

Dies wird in jüngster Zeit durchaus kontrovers diskutiert, da hier nicht nur Verbraucher- und Datenschutzrechte einzelner Privatpersonen tangiert werden, sondern auch grundlegende Rahmenbedingungen der Datensicherheit und des Schutzes der Privatsphäre in demokratischen Gesellschaftsordnungen durch Angriffe von außen gefährdet werden.

Schmidt charakterisiert die Funktion und Struktur der elektronischen Geschäftsplattformen (Schmidt 2017, S. 7) und zeigt die neuen und z. T. in wirtschaftlicher und sozialer Hinsicht problematischen Strukturen der Geschäftsmodelle sehr deutlich auf.

Schössler spricht in diesem Kontext von konkurrenzlosen „Wertschöpfungs-Extraktions-Instrumenten" und weist ebenfalls auf die Risiken hin, welche diese für andere Marktteilnehmer darstellen (Schössler 2018, S. 14).

Gerade hinsichtlich der Auswirkungen von elektronischen Geschäftsplattformen auf Arbeit und Beschäftigung besteht noch ein bedeutender Forschungs- und Gestaltungsbedarf, um absehbare Entwicklungen und Wirkungen zeitnah zu begreifen. Nicht zuletzt geht es darum, deren nachteilige Konsequenzen im Vorfeld zu antizipieren und zu vermeiden, aber alle nötigen Grundlagen auf breiter gesellschaftlicher Basis dafür bereitzustellen, dass sich Bildungsinstitutionen, Arbeitswelt und Gesellschaft hinsichtlich der digitalen Herausforderungen neu aufstellen können.

Wie sich spätestens nach 2010 herausstellte, haben die technischen Fortschritte im Bereich der Informationstechnik ein viel stärkeres Veränderungspotenzial für Arbeit, Betriebe und Gesellschaft als allgemein erwartet. Die Digitalisierung veränderte seit Erfindung des Smartphones nicht nur zusehends die betriebliche Arbeit, sondern durchdringt auch das Kommunikations- und Interaktionsverhalten in allen Bereichen des Lebens.

Damit werden nicht nur die Strukturen der Arbeit in allen Wirtschaftsbereichen systemischem Wandel unterworfen, was sich in einer Internationalisierung von Arbeit und Kapital niederschlägt. Die durch informationstechnische Integration erfolgende, weitgehende Entgrenzung der Bereiche beinhaltet, dass alle Bereiche, Arbeitsinhalte, Aufgaben und Lebensbereiche in den hoch industrialisierten Gesellschaften einer tief greifenden Transformation unterliegen.

Die Digitalisierung der Arbeitswelt führt mehr und mehr im Zeichen von Arbeit 4.0 hin zur zunehmenden Verknüpfung und Integration von Produktion und Dienstleistungen. Sie ermöglicht die Entwicklung neuer Geschäftsmodelle und kann, neben der Generierung neuer Gewinnchancen, zur Effektivierung von Arbeitsabläufen beitragen. Bedingt durch die tief greifenden Transformationsprozesse, welche die IT in der Arbeitswelt auslöst, kann sie aber auch in einen disruptiven Wandel hineinführen, der bestehende Gehaltsstrukturen, soziale Bestimmungen und Regelungen nationaler Gesetzgebung weitgehend aushebeln und hinwegfegen könnte.

Dies führt zunehmend zur Entgrenzung, aber auch zur Aushöhlung gewachsener Arbeits- und Sozialstrukturen und somit zur Gefährdung von bestehenden Arbeitsplätzen in den regulär geführten Unternehmen. Im Extrem kann diese Transformation der Märkte auch zu einer Gefährdung von traditionell gewachsenen Marktanteilen und zukünftiger Entwicklung führen.

Die hier ausgeführten, systemisch relevanten Transformationsprozesse durch das Eindringen der Informationstechnik in alle Bereiche sind nicht nur tief greifend, übergreifend und umfassend für die betriebliche Arbeitsgestaltung, Arbeitsinhalte und Führungsformen. Sie haben sich zwischenzeitlich auch als höchst invasiv für die Gesellschaft als Ganzes herausgestellt.

Dies bedeutet nichts anderes, als dass die internationale Digitalisierung der Wirtschafts- und Arbeitsprozesse alle vorhandenen Strukturen der Welt, der Gesellschaftsform, in der wir leben, ebenso wie die Organisation und Inhalte der Arbeitswelt mit weitreichenden Folgen verändern wird.

3.3 Chancen der Flexibilisierung

▶ **Zwei Seiten einer Medaille: Chancen der IT-Integration in Familie, Betrieb und Gesellschaft** Im folgenden Abschnitt wird der Blick auf die zahlreichen Chancen und weitgehend in Deutschland noch unerschlossenen Potenziale der Informationstechnik gelegt, welche der flächendeckende Einsatz digitaler Technik in Wirtschaft und Gesellschaft erschließen kann. Dies ist als Beitrag zum Erhalt der Konkurrenzfähigkeit auf internationaler Ebene zu betrachten, zum Erhalt von Arbeitsplätzen sowie nicht zuletzt der umfassenden gesellschaftlichen Weiterentwicklung der Produktivkräfte.

Die Kehrseite der Medaille soll auch erwähnt werden. Die Informationstechnik bringt – neben den aufgeführten Risiken – zahlreiche neue Chancen zur flexiblen Gestaltung von Arbeit und Leben, die es aktiv zu nutzen gilt. Dabei gilt es die neuen Gestaltungsmöglichkeiten in der betrieblichen Arbeit für die Entwicklung innovativer Arbeitsformen zu nutzen, in deren Fokus last, but not least eine verbesserte Vereinbarkeit von Beruf und Privatsphäre steht und nicht zuletzt die Gleichbehandlung aller Beschäftigten, unabhängig von personenbezogenen Merkmalen.

Unabhängigkeit von Ort und Zeit durch umfassende Integration und Vernetzung
Informationstechnik ermöglicht das Arbeiten rund um den Globus, unabhängig von Ort, Zeit und Landesgrenzen bzw. bestehenden nationalen Regelungen und Gesetzen. Die hieraus resultierenden Risiken wurden benannt, aber hier geht es darum, die umfassenden Chancen aufzuzeigen, welche in dieser neu gewonnenen Freiheit zur Gestaltung von Arbeit und Leben liegen. Im Folgenden werden die Chancen bei der Entwicklung neuer Geschäftsmodelle und komplexer, nichtmaterieller Dienstleistungen in exemplarischer Form ausgeführt.

Produktivitätsfortschritte wirken gegen Arbeitskräftemangel im demografischen Wandel
Derzeit sieht es so aus, als würde die drohende Gefahr eines Arbeitskräftemangels durch zu erwartende Produktivitätsfortschritte aufgefangen.

Produktivitätsfortschritte bedeuten nicht nur den Wegfall von heute vorhandenen Arbeitsplätzen. Sie lenken auch den Blick darauf, dass vermutlich in Zukunft ein immer geringer werdender Bedarf an menschlichen Arbeitskräften zu verzeichnen ist.

Dies könnte sowohl die Arbeitskräfte betreffen, welche komplexe Kompetenzen erworben haben, als auch solche mit mittleren und sogenannten „Einfachqualifikationen". Einschlägige Studien prognostizieren nämlich für die nähere Zukunft im Zeichen von KI und den daraus resultierenden Chancen zur Substitution von menschlicher Arbeitskraft einen geringer werdenden Arbeitskräftebedarf bis hin zu knapp der Hälfte heute vorhandener Nachfrage.

Dies heißt zum einen, dass der durch den demografischen Wandel prognostizierte quantitative Mangel an betrieblichen Nachwuchsfachkräften in Zukunft kaum eintreten wird. Vielmehr ist anzunehmen, dass es – bei gleichbleibenden Bestrebungen zur Substitution menschlicher Arbeit – einen immer geringeren Bedarf an Arbeitskräften geben wird. Wenn es dann noch offene Stellen geben sollte, so ist dies vermutlich auf einen Mangel an Personen mit einer Mischung an ausgeprägten Soft Skills zurückzuführen, Kreativität und hochkomplexen Hybridkompetenzen. All dieses ist nötig, um die komplexen und innovativen Geschäftsmodelle und IT-Systeme der Zukunft zu entwickeln, zu warten und zu beherrschen.

Es besteht bei entsprechender Förderung die begründete Annahme, dass der deutschen Wirtschaft die fehlenden Nachwuchskräfte für hochanspruchsvolle Führungs- und Entwicklungsaufgaben in den Betrieben über weltweite Migration und Wanderungsbewegungen bzw. über die Integration von hoch motivierten Flüchtlingen und gut ausgebildeten Flüchtlingskindern zugeführt werden können.

Diese Überlegungen erscheinen derzeit eher entlastend für das „Schreckens-Szenario einer deutschen Gesellschaft von Uralten und Multimorbiden" im demografischen Wandel. Zu bedenken ist allerdings, dass es auf internationaler Ebene nicht unbedingt erstrebenswert ist, ökonomisch schwächeren Ländern den begabten Nachwuchs abzuwerben, und dies nur weil das deutsche Bildungs- und Ausbildungssystem nicht in der Lage ist, die nötigen Ressourcen für die bereits in Deutschland geborenen und lebenden Kinder und Jugendlichen bereitzustellen, welcher Herkunft auch immer.

Es ist eine bedauernswerte, wenn auch stets verdrängte Tatsache, dass in Deutschland seit vielen Jahren mehr als 25 Prozent der Schulabgänger die allgemeinbildenden Schulen ohne Hauptschulabschluss verlassen. Es ist klar, dass diese Gruppen kaum Aussicht haben auf den erfolgreichen Abschluss einer dualen Ausbildung oder einer kontinuierlichen Berufskarriere. Wenn es somit um die Fachkräfte der Zukunft geht, so besteht nicht nur Bedarf an der Herstellung familienverträglicher Arbeitsbedingungen für alle Beschäftigten, sondern ebenso ein dringender Handlungsbedarf, die schulischen Chancen für die Kinder sozial schwacher Schichten in Deutschland zu verbessern. Skandinavische Länder, wie Norwegen und Schweden, haben Fördermodelle, die sicherlich auch in Deutschland bei entsprechenden Investitionen gute Ergebnisse bringen werden.

Entwicklung neuer Geschäftsmodelle und Arbeitsplätze in der „digitalisierten Gesellschaft"

Neue Dienstleistungen zu entwickeln und innovative Produkte für neue Märkte zu entwickeln, die von Informationstechnik durchdrungen sind, ermöglicht den Aufbau neuer und umsatzstarker Geschäftszweige wie Arbeitsplätze im internationalen Maßstab. Diese Chancen gilt es für Europa bzw. Deutschland und besonders für die Wirtschaftsentwicklung strukturell unterentwickelter Regionen zu nutzen.

Informationstechnische Dienstleistungen lassen somit in absehbarer Zeit neue Märkte mit neuen Dienstleistungen entstehen, an die vorher keiner dachte oder ernsthaft zu glauben wagte.

Die markante Kennzeichnung der turbulenten Entwicklungsphase, in der wir uns befinden, ist durch den Begriff der „digitalisierten Gesellschaft" treffend zu kennzeichnen, da alle Aktivitätszweige, Branchen, Berufe, Betriebe und Bereiche des öffentlichen wie privaten Lebens mehr und mehr von Informationstechnik und informationstechnischen Dienstleistungen durchdrungen werden. Die einzige Konstante bleibt der permanente Wandel von Gesellschaft, Arbeitswelt und Arbeitsprozessen.

Integration der Geschäftsprozesse und Auflösung traditioneller Grenzen

In kontinuierlichem Wandel bzw. je nach dem gewähltem Geschäftsmodell auch in Sprüngen verändern sich in diesem Kontext die Arbeitsprozesse im Sinne der Integration von Anforderungen über einzelne Geschäftsprozesse hinweg zu bereichs- und betriebsübergreifenden, digitalisierten Dienstleistungsketten. Die Unterscheidung zwischen Produktions- und Dienstleistungsprozessen wird damit hinfällig. Datenverarbeitende Prozesse werden mehr und mehr, zumindest in den großen, multinationalen Unternehmen, über viele Bereiche hinweg integriert. Im operativen Geschäft der Dienstleistungserbringung spielt die horizontale und vertikale Integration von Arbeitsanforderungen mithilfe von Informationstechnik daher eine große Rolle. Es ist anzunehmen, dass es einen Bedarf an Arbeitskräften geben wird, welche hochkomplexe Hybridkompetenzen aufweisen müssen, um die technischen Systeme zu entwickeln, zu warten und zu beherrschen. Noch mehr wird es einschlägig qualifizierte Anwendungsfachkräfte geben, welche es verstehen, auf der Basis von informationstechnischen Chancen neue Geschäftsmodelle zu entwickeln. Hier erschließt sich ein Potenzial qualitativ noch zu schaffender Arbeitsplätze.

Ganzheitliche betriebliche Arbeit und lebenslange Kompetenzentwicklung für alle

Mit der internationalen Vernetzung von Systemen ist eine wachsende Komplexität von Bearbeitungs- und Geschäftsprozessen verbunden, welche hohe Anforderungen an die verbleibenden menschlichen Arbeitskräfte stellen, vielfach sogar sogenannte „Hybridqualifikationen" verlangen. Dies führt einerseits zu einem neuen Verständnis von Kompetenz und neuen Kompetenzanforderungen auf allen Ebenen betrieblicher Arbeit, nicht zuletzt jedoch im Bereich der Fach- und Führungskräfte.

Das Ziel einer „ganzheitlichen Handlungskompetenz" führt zu völlig neuen Führungskonzepten, insbesondere zur Anreicherung von Arbeitsinhalten und zur Erweiterung von Autonomiespielräumen seitens einzelner Mitarbeiter und der Aufwertung ihrer Kompetenzen.

Diese Entwicklungen spiegeln sich in wachsenden Anforderungen hinsichtlich der Steigerung der Intensität betrieblicher Arbeit, aber auch den zunehmenden Autonomie- und Gestaltungsspielräumen für die Erbringung der Arbeitsleistung sowie der zunehmenden Aufwertung von Facharbeit.

Eine weitere Chance der Flexibilisierung liegt in der Reorganisation von Produktions- und Organisationsstrukturen, welche nicht nur eine eigenverantwortliche Gestaltung bei der Erbringung betrieblicher Arbeit ermöglichen, sondern auch zahlreiche innovative Gestaltungsmöglichkeiten zur Vereinbarkeit von Beruf und Familie eröffnen.

Bei einem Teil der Unternehmen werden diese Potenziale für die Arbeit der Zukunft bereits heute erschlossen. Und dies geschieht nicht zuletzt hinsichtlich strategischer Ressourcen, z. B. in der Übertragung von Entscheidungskompetenzen hinsichtlich Zeitautonomie, dem Ort der Arbeitserbringung und der Arbeitsorganisation, aber auch inhaltlicher Entscheidung zur Definition betrieblicher Ziele, wie auch des Einsatzes von Finanzmitteln.

Aus dieser Perspektive betrachtet führt die flächendeckende Verbreitung der informationstechnischen Arbeitsmittel in Verbindung mit der vertikalen und horizontalen Integration von Prozess- und Datenflüssen, hohem Qualitäts- und Innovationsdruck, zu einer fundamentalen Veränderung individueller Gestaltungsoptionen auf der Fachkräfte-Ebene.

Darin eingeschlossen ist die Erweiterung der Entscheidungsspielräume hinsichtlich von Teilautonomie mit Blick auf die Gestaltung und Interpretation betrieblicher Aufgaben. Die Chancen des systemischen Wandels beinhalten die:

- Verbreitung innovativer Führungsstile
- Zunahme von Autonomiespielräumen für Fachkräfte
- Chance für gendergerechte Laufbahn- und Karrierekonzepte
- Verbesserte Vereinbarkeit von Beruf und Familie für Frauen und Männer

Der Einsatz kommunikationstechnischer Vernetzung ist in jeder Hinsicht eine Maßnahme, um völlig neue Angebote, Produkte und Dienstleistungen zu generieren. Dies hat einen dramatischen Wandel betrieblicher Arbeitsprozesse, -inhalte und Organisationsformen, inklusive der dazugehörenden Managementstile, zur Folge.

Neudefinition von gender- und chancengleichen Berufsrollen und Familienstrukturen

Die Transformationsprozesse auf allen Ebenen in Wirtschaft, Familie und Gesellschaft führen u. a. dazu, dass sich durch die Vielzahl an Veränderungen ganz neue Chancen für die Persönlichkeitsentwicklung der Einzelnen ergeben, u. a. wenig traditionelle Muster der Karriere- und Laufbahngestaltung, neue Berufsrollen sowie andersartige Aufgabenteilungen in den Familien.

Ein Charakteristikum dieses Strukturwandels ist die Infragestellung klassischer Rollen und Aufgaben von Arbeitgebern, des Managements und von Arbeitnehmern. Im Extremfall ist die Folge dessen die völlige Auflösung der klassischen Rollen von Auftraggeber, Auftragnehmer, Kunden und sonstigen Leistungserbringern. Entsprechend genutzt könnte sich dies als eine Chance des informationstechnisch induzierten Wandels der Arbeitswelt erweisen.

Weiterhin liegt eine große Chance, welche zusehends von den Unternehmen genutzt wird und im Zeichen des demografischen Wandels als Lösungsansatz zur absehbaren Verknappung eines Arbeitskräfteangebots betrachtet werden kann, in der Veränderung der betrieblichen Praxis, was die Einstellung und Beschäftigung von Frauen wie auch anderen Zielgruppen der Arbeitsmarktpolitik angeht (s. hierzu insbesondere Kap. 6 und 7).

Informationstechnik gibt nicht zuletzt die Chance für Männer und Frauen, neue Lebens- und Laufbahnmodelle zu verfolgen, die auf gendergerechte Berufsrollen und gendergerechte Karrierekonzepte abzielen. Erst durch die Herstellung einer größeren Vereinbarkeit von Familie und Beruf, das Zusammenrücken der bislang getrennt betrachteten Bereiche von Arbeit und Familie, wird eine völlig neue Gestaltung von Geschlechter-, Familien- und Arbeitsbeziehungen ermöglicht. Hierin liegen nicht nur berufliche, sondern

auch individuelle Chancen für die persönliche und berufliche Entwicklung von Männer-
und Frauenbiografien, die ihnen ein breites Spektrum an Entfaltung persönlicher Talente
und Wachstumspotenziale auf beruflicher und persönlicher Ebene ermöglichen.

**Neue Chancen zur demokratischen Angleichung von Arbeits- und Lebenschancen
weltweit**

Dieses bietet nicht nur große Chancen für die Gleichstellung der Geschlechter, sondern
auch für eine umfassende Demokratisierung der betrieblichen Arbeitsbeziehungen für
alle bislang benachteiligten und oft genug ausgegrenzten Arbeitnehmergruppen. Sie alle
sollen gleichberechtigt sein und gleichbehandelt und bezahlt werden für ihre kompetente
und gute Arbeit, unabhängig von personenbezogenen Dispositionen. Diese Forderung ist
nach wie vor – trotz rechtlicher Gleichstellung – in zahlreichen Unternehmen noch nicht
vollzogen.

Gleichzeitig wird durch den Einsatz vernetzter Informationstechnik rund um den Globus der Ansatz von Diversity Management auf betrieblicher Ebene massiv befördert und
die Gleichstellung von Arbeitnehmern, unabhängig von personenbezogenen Merkmalen,
zum allgemeinen Standard in den betrieblichen Arbeitsbeziehungen erhoben.

Damit erwachsen nachhaltige Chancen aus der Informatisierung und Digitalisierung
von Arbeits- und Wirtschaftsprozessen, die als Beitrag zur Angleichung von Arbeits- und
Lebensbedingungen weltweit betrachtet werden können. Diese werden derzeit noch zu
wenig erkannt und verwirklicht.

**Betriebliche modellhafte Antworten auf systemischen Strukturwandel als
Praxisfälle**

Nicht zuletzt zählen die neuen Handlungsoptionen zur Gestaltung einer guten Arbeitskultur, eines guten Betriebsklimas und einer guten Mitarbeiterführung zu den Chancen der
Digitalisierung. Dabei haben die Betriebe, je nach Branche und Stand der Technologieent-
wicklung, der Unternehmensgröße, der Mitarbeiterzahl und dem praktizierten Führungsstil vielfältige Optionen zur Ausgestaltung neuer Ansätze in der Personalentwicklung.

Dies betrifft einerseits die zielgruppenspezifische Förderung nach dem Personalkon-
zept des DM sowie andererseits auch schwerpunktbezogene bzw. punktuelle Angebote,
z. B. für eine Teilnahme an beruflicher Weiterbildung, zur Gestaltung von Elternzeit für
beide Geschlechter in der Phase der Familiengründung oder aber Angebote der Vereinbarkeit von Familie und Beruf, ein gezieltes Gesundheitsmanagement und innovative Präventionsangebote in der betrieblichen Arbeit.

Will man nun die positive Seite dieser Veränderungsprozesse grundsätzlich aus der Sicht
der zu leistenden Bildschirmarbeit beleuchten, so wird vom BMA folgendes formuliert:

> Das Entstehen atypischer Beschäftigungsformen, die zeitliche Flexibilisierung, die zuneh-
> mende Unabhängigkeit vom Arbeitsort und selbst Unterbrechungen und Multitasking können
> auch gesundheitsförderliche Potenziale beinhalten: die freiere Wahl des Arbeitsortes ermög-
> licht unterschiedliche Lebensinteressen besser zu kombinieren und aufeinander abzustimmen.

Zeitliche und örtliche Flexibilität ermöglicht beispielsweise, dass gemeinsame familiäre Essenszeiten mit Kindern wahrgenommen werden können. Zeitliche Befristungen von Arbeitsverhältnissen befristen auch die mit der Tätigkeit verbundenen Belastungen etc.

Ob sich solche gesundheitsförderlichen Potenziale entfalten können, ist von der konkreten Ausgestaltung der Kontextbedingungen abhängig. Aus diesem Grund kommt einer humanen und gesundheitsgerechten Gestaltung der Arbeitsbedingungen eine zentrale Bedeutung zu. (BMAS 2011, S. 20)

Neue Lern- und Arbeitsformen ermöglichen und erleichtern lebenslanges Lernen
Wie in Abschn. 4.4 näher ausgeführt wird, resultiert aus der Integration der IT in den betrieblichen Alltag und das Arbeitsleben eine große Chance zur permanenten Weiterentwicklung und Anpassung der beruflichen Kompetenzen in Form völlig neuer Lern- und Arbeitsformen.

LLL ermöglicht es, vermittelt über den Einsatz der Informationstechnik, dass zahlreiche Potenziale für alternsgerechte Arbeit in ganzheitlichen und lebenslangen Karrieren erschlossen werden. Neue Lern- und Arbeitsformen, nicht zuletzt auch neue Rollenmuster und Karrieremodelle ermöglichen, dass viele Menschen als Erwerbstätige tatsächlich das gesetzliche Rentenalter erreichen und damit in Würde altern, was derzeit in der Privatwirtschaft nicht mehr oft der Fall ist.

Die folgenden Abschnitte zeigen auf, warum die Betriebe – allen voran die für die Beschäftigung so wichtigen, traditionell oder familiengeführten Klein- und Mittelbetriebe – gut daran tun, sich gegenüber diesen innovativen Gestaltungschancen aufgeschlossen zu zeigen. Die exemplarischen Ausführungen und Beispiele zeigen auch, dass viele Unternehmen des Mainstreams – unter ihnen viele erfolgreiche Marktführer – bereit sind, ihre bisher praktizierten, traditionellen Verhaltensweisen über Bord zu werfen und sich neuen Gestaltungsoptionen betrieblicher Arbeit zuzuwenden.

3.4 Abwägen von Chancen und Risiken digitalisierter und vernetzter Arbeitsprozesse

Es war um 1990 kaum vorauszusehen, welchen Siegeszug die digitale Technik in allen Branchen halten und was sich daraus an Möglichkeiten und Chancen sowie Risiken für neue Geschäftsmodelle ergeben würde. Es war auch nicht absehbar, welche neuen Formen der Arbeitsorganisation und der virtuellen Wertschöpfung sich in allen Aktivitätszweigen entwickeln würden. Gerade die Durchdringung aller Branchen mit Informationstechnik führte dazu, dass sich nicht nur neue Geschäftsmodelle entwickeln ließen, sondern auch vollständig neue Geschäftsfelder im Bereich der informationstechnischen Dienstleistungen entstanden. Dies zeigen u. a. die enorm angestiegenen Umsätze der Software-Entwicklung und des Handels mit informationstechnischen Innovationen bzw. Produkten (Datenbanken, Tools, Apps, Spiele etc.).

Nicht umsonst gehören heute die fünf an der Börse höchstbewerteten Unternehmen zum Bereich Informationstechnik. Unter den zehn wertvollsten Unternehmen der Welt rangieren hauptsächlich amerikanische Firmen, seit 2018 auch zwei chinesische IT-

Unternehmen. Deutschland hat nur ein einziges IT-Unternehmen von Rang, nämlich SAP, welches annähernd mit den IT-Riesen mithalten kann. Alle diese Unternehmen bieten nicht nur Hardware, sondern auch Software und abgeleitete „Produkte" und vor allem wissensbasierte Dienstleistungen an, welche sich aus der Informationsgewinnung und -verarbeitung generieren lassen.

Die Marktforschung arbeitet deshalb nicht nur mit virtuell gewonnenen Daten und völlig neuen Recherchemethoden, sondern orientiert sich bereits seit den 80er-Jahren an dem völlig neuen Modell einer stark differenzierten Gesellschaft. Das sogenannte Sinus-Modell zerlegt die aktuelle deutsche Gesellschaft in zahlreiche Untergruppen, die sogenannten Sinus-Milieus (s. hierzu Abschn. 3.2). Es zeigt sich darin die wachsende Polarisierung innerhalb der Bevölkerung.

Gemäß dieser Modellbildung sind eindeutige Veränderungen in der soziodemografischen Struktur der deutschen Bevölkerung festzustellen. Diese werden – nicht zuletzt mit Blick auf veränderte Absatzmärkte und Kundenbedarfe – in einer starken Polarisation der einzelnen Segmente nach dem sogenannten Sinus-Modell widergespiegelt.

Die Aktualität und Relevanz dieses Modells zeigt, wie stark die Ausdifferenzierung der polarisierten Gesellschaft seit der Jahrtausendwende bereits vorangeschritten ist.

Dabei bietet dieses Modell der Sinus-Gruppen nicht nur für die Marktforschung, sondern auch für das Verständnis des systemischen Wandels der informatisierten Gesellschaft empirisch wertvolle Anhaltspunkte. Zeigt es doch sehr eindrucksvoll, dass die einzelnen Untergruppen hinsichtlich der Verdienste, des Bildungsstandes und zahlreicher Milieu-Einstellungen im Prozess des digitalen Wandels sehr stark auseinanderdriften, und dies unter Ausdünnung der sogenannten Mittelschicht.

Schössler (2018) prognostiziert, dass die sogenannte „Plattformökonomie" als Organisationsform zukünftiger Wertschöpfung immer mehr an Bedeutung gewinnen wird. Konform zu dieser Prognose zeigt die Statistik, dass digitale Plattformen

- heute bereits sechs der zehn wertvollsten Unternehmen der Welt stellen und vier der fünf derzeit stärksten Marken.
- hinsichtlich ihres Umsatzwachstums und des Börsenwertzuwachses die großen Industrie- und Handelsunternehmen längst abgehängt haben.

Digitalisierung bietet vielfältige Chancen und ermöglicht neue Geschäftsmodelle

Die Informatisierung und Internationalisierung der Arbeitswelt wird von zahlreichen soziodemografischen Trends und Veränderungen begleitet, wie zum Beispiel der Individualisierung von Lebensstilen, dem demografischen Wandel, dem Fortschritt in der gesundheitlichen Versorgung der Bevölkerung etc.

Eine Änderung der Lebensstile und ein immer rasanter verlaufendes Tempo der Veränderung von Konsumentenhaltungen und Typenwechseln werden begleitet von einer weiteren, kontinuierlich verlaufenden Polarisierung der Gesellschafts- und Bevölkerungsentwicklung.

All dieses führt letztlich zu dem bereits heute fühlbaren, tief greifenden und systemischen Wandel in Arbeit 4.0, der hier durch den Terminus „digitalisierte Gesellschaft" charakterisiert wird. Doch halten wir fest:

- Digitalisierungsprozesse sind gestaltbar. Sie weisen Chancen auf, welche sehr viel stärker zu berücksichtigen sind und viel besser genutzt werden können, als dies bisher geschieht.
- Die gezielte Gestaltung sowohl von zukünftigen Arbeitsprozessen als auch von Arbeitsbeziehungen – und damit das Ausschalten von Risiken der Digitalisierung – ist von eminenter Bedeutung für die Arbeitswelt, das Zusammenleben der Menschen und die Gesellschaftsform der Demokratie.
- Die Digitalisierung erlaubt eine verstärkte internationale, weltwirtschaftliche Arbeitsteilung, welche zu völlig neuen Geschäftsmodellen führt. Wertschöpfungsprozesse und -ketten verlaufen heute nicht nur in den Unternehmen, sondern mehr und mehr rund um den Globus, in enger Kooperation mit Kunden und Lieferanten.
- Hochwertige und wissensbasierte, immaterielle Dienstleistungen sind heute als der Kern betrieblicher Arbeit in Europa zu bezeichnen. Sie bilden den Bezugspunkt für zukünftig relevante Strategien betrieblicher Arbeit in der Zukunft hoch entwickelter Industrieländer.

Hinsichtlich der veränderten Anforderungen betrieblicher Arbeit ist noch zu beachten, dass die körperlichen Belastungen nicht weniger, sondern lediglich „anders" geworden sind. Muskelarbeit wurde abgelöst durch nervliche Beanspruchung und einseitige Zwangshaltung des Skelettsystems bei vorwiegend sitzender, extrem bewegungsarmer Tätigkeit.

Die bis dato vollzogene Entwicklung zeigt, dass es die Dienstleistungen als Bereich sind, der sich als enorm wandelbar und entwicklungsfähig erwies, und zwar in dem Maße, wie es die Informationstechnik ermöglicht, innovative Geschäftsmodelle im Bereich der informationstechnischen Dienstleistungen sowie komplexe, industrienahe Dienstleistungen in den Phasen drei und vier der technologischen Entwicklung zu entwickeln.

Gleichzeitig wird die Dimension der technologischen Entwicklung durch digitalisierte Dienstleistungen und Innovationen bis weit in das Jahr 2018 unterschätzt, so dass weder die Chancen noch die Risiken in der nötigen Trennschärfe wahrgenommen werden oder gegengesteuert wird.

Die Durchdringung aller Branchen mit Informationstechnik führt nicht nur zu vermehrten Chancen für einige wenige Unternehmen der „neuen Ökonomie", sondern auch zu grundsätzlichen Risiken für abhängig Beschäftigte und Unternehmen, wie sich an den sozialen, wirtschaftlichen und nicht zuletzt datenschutzrechtlichen Implikationen einer umfassenden Vernetzung von Daten zeigt.

Die Risiken, welche sich durch die verstärkte Vernetzung von Datenflüssen und die daraus ergebenden Nachteile für Beschäftigte ergeben, sind zu identifizieren und abzuschwächen, insbesondere wenn es um disruptive Geschäftsmodelle geht, welche durch die Datenverarbeitung in der Cloud alle nationalen Gesetze und Vorschriften aushebeln.

So z. B. sind der Abbau geregelter und fester Arbeitsverträge, der Verlust von Kündigungsschutz und anderer sozial relevanter Regelungen ein gesellschaftlicher Rückschritt und mit Sicherheit eine große Bedrohung für die abhängig Beschäftigen in Deutschland.

Und doch werden viele Chancen für Arbeitnehmer, Betriebe und Gesellschaft, die sich aus der umfassenden Informatisierung und Flexibilisierung von Arbeit ergeben, im Kontext der Entwicklung von innovativen Dienstleistungsmodellen nicht erkannt und ausgeschöpft.

Hier wird es zukünftig darauf ankommen, vermehrt innovative und sozial verträgliche Formen betrieblicher Arbeit als Bestandteil neuer Geschäftsmodelle mit kooperativen Beteiligungs- und Führungsformen zu entwickeln, die es ermöglichen, den unaufhaltbaren Wandel gewinnbringend für Unternehmen wie Arbeitnehmer und Gesellschaft zu gestalten.

Beispiele aus der Unternehmenspraxis für bereits erreichte Formen von Arbeit 4.0

In einer Studie der VDI/VDE-Gesellschaft vom November 2016 werden zahlreiche Optionen festgehalten, welche die zukünftigen Mensch-Maschine-Beziehungen in der Arbeitswelt betreffen.

Zahlreiche praxisbezogene Beispiele für die heute schon realisierten Anwendungsfälle in der Industrie (für Einsätze der Robotik bei Montagetätigkeiten, in modularen Prozessanlagen, in der Logistik, bei der Bedienung von Social Media und in Webmaschinen) veranschaulichen deutlich, wie weit fortgeschritten und wie komplex der Prozess des Übergangs in Arbeit 4.0 ist (s. VDI/VDE 2016).

Der Vorsitzende des GMA-Fachausschusses Bauer stellt in seinem Vorwort fest, dass es nötig sei, gerade in KMU darauf hinzuwirken, dass die Vorteile der IT zum Nutzen neuer Geschäftsmodelle schneller wahrgenommen werden und dass hinsichtlich der Gestaltung der Arbeitswelt 4.0 ein großer Handlungs- wie auch Forschungs- und Entwicklungsbedarf besteht (s. hierzu den Aktionsplan in zwölf Punkten). Es werden allerdings vorrangig technische und marktbezogene Aspekte der Innovation und der Gestaltung menschlicher Arbeit behandelt (VDI/VDE 2016, S. 2).

Literatur

BMAS. (Hrsg.). (2011). *Psychische Gesundheit im Betrieb*, Arbeitsmedizinische Empfehlung, Ausschuss für Arbeitsmedizin, 12/2011.

BMFSFJ. (Hrsg.). (2007). *Wege zur Gleichstellung, heute und morgen, Sozialwissenschaftliche Untersuchung vor dem Hintergrund der Sinus-Milieus*. Berlin: BMFSFJ.

Buck, H., & Schletz, A. (2004). *Ergebnisse des Transferprojektes Demotrans* (Broschürenreihe Demographie und Erwerbsarbeit, BMB+F). Stuttgart: FHG-IAO.

Buck, H., & Schletz, A. (Hrsg.) *Wege aus dem demografischen Dilemma durch Sensibilisierung, Beratung und Gestaltung* (Broschürenreihe Demografie und Erwerbsarbeit). Stuttgart: FHG-IAO. ISBN:3-8167-5896-7.

Buck, H., Kistler, E., & Mendius, H. G. (2002). *Demografischer Wandel in der Arbeitswelt, Chancen für eine innovative Arbeitsgestaltung, Broschürenreihe Demografie und Erwerbsarbeit*. Stuttgart: BMBF.

Destatis. (2003). 11. Koordinierte Bevölkerungsvorausberechnung. Wiesbaden.

Eurostat. (2005). (Hrsg.). Ihr Schlüssel zur europäischen Statistik, http://ec.europa.eu/eurostat/web/products-statistical-books/-/KS-CD-05-001.

Hirsch-Kreinsen, H. (o. J.) *Digitalisation and low-skilled work* (WISO, 19/2016). Bonn: Friedrich-Ebert-Stiftung.

Kaas, K.P. (1990): Marketing als Bewältigung von Informations- und Unsicherheitsproblemen am Markt. *Die Betriebswirtschaft, 50*(4), 539–548.

Kaas, K.P. (1992): Kontraktgütermarketing als Kooperation zwischen Prinzipalen Agenten. *Zeitschrift für betriebswirtschaftliche Forschung, 44*(10), 884–901.

Lutterbeck, B. (2006). Die Zukunft der Wissensgesellschaft. In J. Hofmann (Hrsg.), *Wissen und Eigentum, Geschichte, Recht und Ökonomie stoffloser Güter* (S. 319–337). Bonn: Bundeszentrale für Politische Bildung.

Marrs, K. (2018). Frauen in der digitalen Arbeitswelt – morgen. In dbb (Hrsg.), *Digitalisierte Welt: Frauen 4.0- rund um die Uhr vernetzt? Chancen erkennen, Risiken benennen* (S. 47–57). Reader zur Tagung des DBB Beamtenbundes,12.04.2018.

Rifkin, J. (1995). *Das Ende der Arbeit.* New York: Putnam's Sons.

Ringlstetter, M., & Kaiser, S. (2008). *Humanressourcen-Management.* München: Oldenburg. ISBN:978-3-48658-415-8.

Schmidt, F. (2017). *Arbeitsmärkte in der Plattformökonomie – Zur Funktionsweise und den Herausforderungen von Crowdwork und Gigwork.* FES: Bad Godesberg. www.fes-2017plus.de.

Schössler, M. (2018). *Plattformökonomie als Organisationsform zukünftiger Wertschöpfung – Chancen und Herausforderungen für den Standort Deutschland* (WISO Diskurs). Bonn: FES.

Sennett, R. (1998). *Der flexible Mensch, Die Kultur des neuen Kapitalismus.* Berlin: Berlin.

Sinus Markt- und Sozialforschung GmbH Heidelberg. (2017). Informationen zu den Sinus- Milieus, Stand 01/17. Heidelberg, Berlin. www.sinus-institut.de/sinus-institut/Dokumente/downloadcenter/2017-01-01. Zugegriffen am 12.04.2019.

Sinus-Gruppe. (Hrsg.). (2017). Informationen zu den Sinus-Milieus (S. 4). http://www.sinus-institut.de/sinus-institut/Dokumente/downloadcenter/2017-01-01. Zugegriffen am 12.04.2019.

Statistisches Bundesamt. (2003). Bevölkerung in Deutschland bis 2050 – 10. Koordinierte Bevölkerungsvorausberechnung. Wiesbaden: Pressestelle.

VDI/VDE. (Hrsg.). (2016). Statusreport, Arbeitswelt Industrie 4.0. Berlin.

Welter, F. (2013). Der Mittelstand, Deutschlands Geheimwaffe, FAZ, 25.10.2013.

„Wie Netflix mit seiner Unternehmenskultur das gesamte Silicon Valley geprägt hat", t3n.de/news/netflix-unternehmenskultur-silicon-valley, 09.11.2018.

Wildfeuer, H. (2018). Digitalisierte Welt: Frauen 4.0- rund um die Uhr vernetzt? Chancen erkennen, Risiken benennen! Einführung, S. 7–27. Reader zur Tagung des DBB Beamtenbundes, 12.04.2018.

Paradigmenwechsel in Führungs- und Unternehmenskultur

4

Zusammenfassung

Seit der Jahrtausendwende erfolgt ein zunehmender Einsatz komplexer und vernetzter Datenbanken bzw. sogenannter „intelligenter Systeme" in Verbindung mit der Entwicklung virtueller Geschäftsprozesse und neuer Geschäftsmodelle in Verbindung mit digitalen Plattformen. Dies geht einher mit der Entgrenzung und Auflösung von gewachsenen Strukturen in allen Bereichen von Familie, Arbeitswelt und Gesellschaft. Charakteristisch hierfür ist, dass Wertschöpfung in zunehmendem Maße durch Dienstleistungsprozesse erfolgt und industrienahe Dienstleistungen an Bedeutung gewannen.

Hochkomplexe und integrierte Wertschöpfung in übergreifenden Prozessketten haben betriebliche Arbeits- und Lernprozesse tief greifend verändert. Diese Entwicklung verlangt nach einem Paradigmenwechsel mit Blick auf Führungsstil, Unternehmenskultur und Personalmanagement.

Mit dem Rekurs auf ein neues Paradigma hinsichtlich beruflicher Anforderungen an ganzheitliche Handlungskompetenz im Umfeld agilen Wirtschaftens gewinnen neue Konzepte des Lernens und Arbeitens an Relevanz und Bedeutung. In deren Zentrum steht die Gleichstellung, Förderung und Inklusion aller verfügbaren Erwerbspersonen, ungeachtet personenbezogener Faktoren.

▶ Der Paradigmenwechsel in der betrieblichen Arbeit durch Informatisierung und Vernetzung verlangt neue Managementmodelle und innovative Personalführungskonzepte, welche präventiv und vorausschauend die Arbeitskräfte nach dem Konzept der Chancengleichheit und der gendergerechten Laufbahnkonzepte fördern.

© Springer Fachmedien Wiesbaden GmbH, ein Teil von Springer Nature 2019
A. Lippe-Heinrich, *Personalentwicklung in der digitalisierten Arbeitswelt*,
https://doi.org/10.1007/978-3-658-25457-5_4

4.1   Auswirkungen neuer Produktions- und Dienstleistungskonzepte auf betriebliche Führungs- und Unternehmenskultur

▶ **Führungs- und Unternehmenskultur zur Entwicklung unternehmenseigener Ressourcen** Das vorliegende Kapitel beginnt mit einer klassischen Definition der Schwerpunkte des Begriffs Personalmanagement und erklärt anschließend, wie sich veränderte Arbeitsanforderungen hinsichtlich der Veränderung der geforderten Kompetenzmerkmale und Kompetenzebenen auf die Entstehung eines neuen Kompetenzmodells ausgewirkt haben.

Im Fokus der nachfolgenden Ausführungen stehen jedoch nicht diese eher administrativen Prozesse bei Personalauswahl und -führung, sondern die Fragen des strategischen Personalmanagements und des Bedarfs an zukünftig noch stärker zu berücksichtigenden neuen Ansätzen der Personalentwicklung in Deutschland.

Wie sich im Kontext eines neuen, als „ganzheitlich" zu bezeichnenden Kompetenzmodells der Bedarf nach einer innovativen Unternehmens- wie Führungskultur entwickelt hat und welche Gestaltungselemente dabei eine besonders relevante Rolle spielen, wird anhand von drei zentralen Ansatzpunkten exemplarisch ausgeführt: mitarbeiterorientierte Führungstechniken, die Kultur kontinuierlichen, lebenslangen Lernens und Arbeitens sowie eine Personalauswahl und -entwicklung nach gendergerechtem Laufbahnkonzept.

Hiermit wird nicht nur die Pflege eines „guten Betriebsklimas" betrieben, sondern es werden nicht zuletzt immense Kosten für Fehlzeiten und Personalbeschaffung eingespart. Somit sind die hier skizzierten Instrumente eines menschen- und ergebnisorientierten Führungsstils für Beschäftigte auf allen Hierarchieebenen der Dreh- und Angelpunkt einer erfolgreichen Betriebsführung.

Klassische Aufgaben von Personalwesen und Personalmanagement

Um zu verstehen, wie sich die traditionellen Bereiche des Personalwesens und des Personalmanagements im betrieblichen Zusammenhang verändern werden, soll zunächst klargestellt werden, welche Schwerpunkte das Personalmanagement traditionell umfasst. Danach werden zwei zentrale Bereiche unterschieden:

- die Personalführung,
  - incl. Personalplanung, Personalentwicklung und -kommunikation sowie die Zusammenarbeit mit dem Betriebsrat (in Unternehmen der privaten Wirtschaft) und dem Personalrat (in öffentlichen Unternehmen),
- die Personalverwaltung. Diese umfasst i. d. R
  - Personalbeschaffung bzw. Personalmarketing,
  - Personaleinsatz,
  - Personalwirtschaftskontrolle,

- Personalorganisation,
- Entgeltmanagement,
- Personalbetreuung,
- Personalpolitik.

Beide Schwerpunkte sind von hoher Bedeutung für das Betriebsklima und werden vom jeweiligen Führungsstil und von der Unternehmenskultur geprägt. Dies ist seit langem bekannt.

Charakteristisch für große und mittlere, meist multinationale oder marktführende Unternehmen ist eine Aufsplittung des Personalmanagements. Zentrale, aber verwaltungsintensive Bereiche der Personalwirtschaft aus den jeweiligen Betrieben und Betriebsteilen werden vielfach zu externen und spezialisierten Dienstleistern ausgelagert.

Es ist heute z. B. üblich, bestimmte Aufgaben, welche z. B. die Lohnabrechnung oder die Personalverwaltung im kaufmännischen Sinne betreffen, spezialisierten Dienstleistern zu übergeben, die dann eng mit der vor Ort ansässigen Personalabteilung zusammenarbeiten. Wenn es zum Beispiel darum geht, neues Personal zu beschaffen, so wird dies vielfach durch einen externen Dienstleister übernommen, der stark arbeitsteilig mit dem betrieblichen Personalwesen zusammenarbeitet und z. B. die ersten, routinisierbaren Schritte der Ausschreibung eines Bewerbungsverfahrens, das Einholen von Bewerbungen und deren erste Selektion nach vorgegebenen Kriterien eigenständig, doch im Auftrag des Auftraggebers durchführt. Im Nachgang werden dann nur wenige Bewerber herausgefiltert, die in einem Assessmentverfahren oder ggfs., je nach Position, ein oder zwei Bewerbungsgesprächen in die engere Wahl gezogen werden. Sie erhalten die Chance, sich den betrieblichen Entscheidern vorzustellen, und in letzter Instanz entscheidet dann der einstellende Betrieb über die Besetzung.

Im Fokus der nachfolgenden Ausführungen stehen jedoch nicht diese eher administrativen Prozesse bei Personalauswahl und -führung, sondern die Fragen des strategischen Personalmanagements und des Bedarfs an zukünftig noch stärker zu berücksichtigenden neuen Ansätzen der Personalentwicklung in Deutschland.

Bisher haben vor allem Großbetriebe diese innovativen Ansätze in der Personalführung als Handlungsfelder zur Schaffung eines guten Arbeitsklimas erkannt, wie der inzwischen jährlich stattfindende Wettbewerb „Deutschlands Beste" eindrucksvoll beweist. Mit Blick auf den eingangs dargestellten Wandel von betrieblichen Anforderungen und den hierfür erforderlichen neuen Führungsstil geht es zukünftig verstärkt darum, die aus dem systemischen Strukturwandel erwachsenden neuen Anforderungen im Bereich der Personalführung und des betrieblichen Managements von Arbeit auch in kleinen und mittleren Unternehmen zu verbreiten, einschließlich des Handwerks.

Hinsichtlich der betrieblichen Multiplikatoren für diese Aufgabe ist anzumerken, dass es nicht nur die betrieblichen Personalverantwortlichen sind, welche diese neuen Ansätze in der Personalführung kennen sollten. Es geht vielmehr darum, den gesamten Stil der Personalführung bzw. ggfs. den Führungsstil im Unternehmen zu verändern und seitens aller personalverantwortlichen Führungskräfte einen Arbeitsstil zu implementieren, der den neuzeitlichen Anforderungen entspricht.

Wenn z. B. in den größeren Unternehmen eine eigene Personalabteilung oder eine personalverantwortliche Person vorhanden ist, wird diese i. d. R. vertrauensvoll mit der Geschäftsführung bzw. den Personalverantwortlichen in den Fachabteilungen zusammenarbeiten, um Prozesse der Personalentwicklung zu unterstützen. Dies erleichtert den Unternehmen den Transformationsprozess. In kleineren und mittleren Unternehmen wie dem Handwerk sind separate Personalabteilungen oder hauptberufliche Personaler meist nicht vorhanden.

Doch umfasst das betriebliche Personalwesen, auch von mittleren und größeren Handwerksbetrieben, i. d. R. eine breite Skala von Aufgaben der Personalführung und -entwicklung, die allzu oft unterschätzt werden. Im Gefolge der Integration von Geschäftsprozessen, welche zu den eingangs geschilderten Veränderungen hinsichtlich der Führungsstile führen, geht es nicht zuletzt darum, die verantwortlichen Fach- und Führungskräfte in einzelnen Unternehmensbereichen zu sensibilisieren und so hinsichtlich ihrer Personalführungskompetenzen zu schulen, dass sie gezielt auftreten können und damit zu einer effektiven Unternehmensführung beitragen.

Es ist ein Fakt, dass i. d. R. die Fach- und Führungskräfte in den Fachabteilungen vielfach in fachlicher Hinsicht hochkompetent, aber mit Blick auf Personalführungskompetenz kaum oder nur am Rande geschult sind. Da sie als Fachvorgesetzte vielfach auch Personalverantwortung ausüben, wäre es wichtig, dass sie die Aufgaben der Personalführung und Entwicklung mit größerer Sensibilität wahrnehmen, als dies bisher geschieht. Entsprechende Aufgaben sind aufzuwerten.

Derzeit sieht es allerdings so aus, als habe das Modell des „Scrum Master" eine große Chance auf Verwirklichung, da es erlaubt, im Bereich der Führungskräfte teure Positionen einzusparen.

Nicht zuletzt das Führungskonzept der „agilen Führung" mit dem Einsatz sogenannter „Scrum Master" bei renommierten Großbetrieben zeigt, dass diese Entwicklung zukünftig sogar den Bedarf an Führungskräften weitgehend dezimieren könnte.

▶ **Scrum Master** Scrum Master folgen einem Modell „fluider Führung", welches die Führungskraft abschafft und stattdessen eine qualifizierte Fachkraft für die Organisation und Koordination der Arbeit einer Gruppe von Fachleuten einsetzt. Sie haben keine Personalverantwortung. Die Personalverwaltung wird nach diesem Modell nur noch in der Form einer zentralen Personalverwaltung praktiziert.

Charakteristisch für dieses Scrum-Master-Modell ist die Tatsache, dass die einzelne Fachkraft aufgewertet wird, indem sie die Entscheidungen selbst vornimmt, welche früher über die Führungskraft getroffen wurden. Damit wird ihre Entscheidungsautonomie gestärkt und eine Führungskraft eingespart und damit Einsparpotenziale realisiert.

Inwiefern dieses Modell erfolgreich ist – insbesondere beim Wegfall der persönlichen und individuellen Ansprache durch die Führungskraft –, kann noch nicht beurteilt werden. Es kann positiv, aber u. U. auch kritisch gesehen werden, da es die menschliche Komponente klein schreibt.

Die Diskussionen um neue Managementmodelle und erfolgreiche Führungsstile hat ein breites Spektrum. Es reicht von der gemäßigten Forderung nach stärkerer Mitarbeiterbeteiligung bei der Festlegung von Unternehmenszielen bis hin zur Radikalforderung nach der Abschaffung von Führungsstrukturen und Management.

In diesem Zusammenhang werden alle jene neuen Führungskompetenzen gefragt, welche auf der Ebene des Unternehmens integrationsstiftend und motivationsfördernd wirken und somit zu einer guten Arbeit und Unternehmenskultur beitragen.

Wenn wir grundsätzlich davon ausgehen, dass der Unternehmenserfolg von motivierten Beschäftigten getragen wird, so ist es eine prominente Fähigkeit des Managements, für die Motivierung von Beschäftigten in der betrieblichen Arbeit zu sorgen – und zwar in allen hierarchischen Einsatzbereichen betrieblicher Arbeit.

Die Fähigkeit der Führungskräfte zur Motivation der Beschäftigten, aber auch ihre Fähigkeit zur Entwicklung, Begleitung und Umsetzung „lebenslanger Laufbahnkonzepte" durch systemische Personalentwicklung in einer Funktion als Coach sind wesentliche Bestandteile neuer Kompetenzanforderungen an Leitungspersonen.

▶   **Betrieblicher Anforderungswandel hinsichtlich der Führungsformen** Der Wandel von Berufsrollen und Lebensläufen ist in diesem Kontext zunehmend fluider Arbeitsumgebungen, nichtlinear verlaufender Karrieren und ständig wechselnder Anforderungen eine Herausforderung an Beschäftigte wie an Führungspersonen.

Dies zeigt sich schwerpunktmäßig im Konsens der Forschung, was den Bedarf zur Neuausrichtung betrieblicher Führungsstile und deren Anpassung an eine veränderte Arbeitsorganisation angeht, nicht zuletzt jedoch in der Forderung nach einer höheren Mitarbeiterbeteiligung und einem kooperativen Führungsstil, der dem gewachsenen Stellenwert und auch der zu übernehmenden Verantwortung jeder einzelnen Person für ihre Arbeit entspricht.

4.2   Die Charta der Vielfalt und das allgemeine Gleichstellungsgesetz

Die „Charta der Vielfalt" als freiwillige Selbstverpflichtung der großen Wirtschaftsunternehmen fußt auf dem Ziel der Gleichstellung und der Gleichrangigkeit aller Beschäftigten. Sie besagt, dass niemand aufgrund personenbezogener Merkmale benachteiligt werden darf. Dies gilt für Einstellung, Aus- und Weiterbildung, Karriere und Aufstiegsfortbildung sowie für das Gebot der Gleichbehandlung, insbesondere der gleichen Entlohnung für die gleichen Tätigkeiten, unabhängig von sozialen Selektionskriterien. Hier wurden von Unternehmensseite im Zeichen europäischer Richtlinien zur Gleichstellung die alten Forderungen der gewerkschaftlichen Sozialpartner aufgenommen, welche sich seit Gründung des Deutschen Gewerkschaftsbundes auf die Gleichbehandlung von Frauen bei Einstellung, Bezahlung und beruflichem Aufstieg beziehen.

Hinsichtlich der durch die Charta angesprochenen und zu fördernden Zielgruppen handelt es sich nicht nur um Frauen, sondern vorrangig um alle Personen, die aufgrund personenbezogener Merkmale – ihres Geschlechts, ihres Alters, ihrer Herkunft, ihrer sexuellen Orientierung und anderer Besonderheiten, wie z. B. Hautfarbe, Religion, regionaler Herkunft oder Bildungsferne – bei Arbeitssuche, Einstellung, Bezahlung und beruflichem Aufstieg in der Vergangenheit diskriminiert und vielerorts in ihren Erwerbschancen heute noch benachteiligt und in vielerlei Hinsicht diskriminiert werden.

Hierbei ist in erster Linie davon auszugehen, dass der betriebliche, auf die Gleichbehandlung dieser Personengruppen bezogene Ansatz der Charta letztlich nicht nur den Beschäftigten, sondern auch den Unternehmen selbst zum Vorteil gereicht.

Die Förderung von Vielfalt soll u. a. die Entfaltung einer betrieblichen Innovationskultur erleichtern, weil die neuen Arbeitnehmergruppen, insbesondere auch die neuen Führungskräfte, vielfältigste und kreative Anregungen in die gewachsenen Unternehmensstrukturen einbringen. Ein gutes Betriebsklima und überragend motivierte Mitarbeitende sind letztlich in diesem Kontext erwünschte Begleiterscheinungen.

Zentrale Aspekte des AGG

Die sehr unterschiedlichen Zielgruppen der Charta für Vielfalt werden seit 2006 rechtlich verbindlich durch das sogenannte Allgemeine Gleichbehandlungsgesetz (AGG) geschützt. Sie sind danach, unabhängig von personenbezogenen Dispositionen, nach dem personalpolitischen Förderansatz des DM einzustellen und zu fördern.

Das Ziel des Allgemeinen Gleichstellungsgesetzes (AGG) ist es, Benachteiligung aus Gründen der Rase oder ethnischen Herkunft, des Geschlechts, der Religion oder Weltanschauung, einer Behinderung, des Alters oder der sexuellen Identität zu verhindern oder zu beseitigen[1]

Die wichtigsten Paragrafen zu den Inhalten des Allgemeinen Gleichbehandlungsgesetzes (AGG) lauten:

§ 1 Ziel des AGG ist es, Benachteiligung aus Gründen der Rasse, der ethnischen Herkunft, des Geschlechts, der Religion oder Weltanschauung, des Alters oder sexueller Identität zu verhindern und zu beseitigen.

§ 3 definiert die Benachteiligung als unmittelbare – direkte – oder mittelbare, d. h. indirekte bzw. strukturelle Benachteiligung einer Person gegenüber einer anderen.

§ 31 besagt, dass von den Vorschriften dieses Gesetzes nicht zu Ungunsten der geschützten Person abgewichen werden kann.

---

[1] S. hierzu https://www.bmas.de/Service/Gesetze/allgemeines-gleichbehandlungsgesetz.html v. 12,04.2019, 9:52.

Der Inhalt des Gesetzes regelt im Einzelnen:

- die Beschäftigungs- und Arbeitsbedingungen, einschließlich Arbeitsentgelt und Entlassungsbedingungen
- Maßnahmen bei der Durchführung und Beendigung eines Beschäftigungsverhältnisses sowie beim beruflichen Aufstieg, den Zugang zu allen Formen und Ebenen der Berufsbildung, der Berufsberatung, -ausbildung, Weiterbildung
- die Mitgliedschaft und Mitwirkung in Beschäftigten- oder Arbeitgebervereinigungen
- den Sozialschutz
- die sozialen Vergünstigungen
- die Bildung
- den Zugang zu und die Versorgung mit Gütern und Dienstleistungen, die der Öffentlichkeit zur Verfügung stehen, einschließlich von Wohnraum.

Die Geltung sonstiger Benachteiligungsverbote oder Gleichbehandlungsgebote bleibt unberührt davon. Für Kündigungen gilt das allgemeine und besondere Kündigungsschutzrecht.[2]

Zahlreiche Anstrengungen seitens der Gesetzgeber wurden seitdem unternommen. Es ist heute davon auszugehen, dass in allen Ländern Europas die Gleichstellung auf dem Papier bereits vollzogen ist. Leider stimmt das in der Praxis noch nicht ganz. Hier gilt: „Das Glas ist halbvoll." Hierunter ist zu verstehen, dass Frauen trotz bester Leistungen auf der Karriereleiter oft nicht vorankommen. Diesem Phänomen soll neben anderem das AGG wirksam begegnen.

Instrumente der „Charta der Vielfalt" und der Ansatz Diversity Management

Die „Charta der Vielfalt", als Selbstverpflichtung der Unternehmen akzeptiert, zielt darauf ab, den strategischen Ansatz Diversity Management (DM) in den Unternehmen zu implementieren. Ziel von DM ist die reibungslose Zusammenarbeit aller im Betrieb arbeitenden Personen unabhängig von Herkunft und hierarchischer Position, also ein gutes Betriebsklima. Diese angestrebte Vielfalt wird auf betrieblicher Ebene im Bereich des Personalmanagements umgesetzt. Dieser Ansatz zur Nutzung von Vielfalt wurde in den USA entwickelt und in Deutschland zum ersten Mal bei dem Unternehmen Ford in Köln eingeführt. Er diente in erster Linie dazu, die Integration türkischer Mitarbeiter in der Produktion zu erleichtern und die Belegschaft als Ganzes „zusammenzuschweißen".

Es ist hervorzuheben, dass die Charta der Vielfalt – als Selbstverpflichtung der deutschen Wirtschaft sowie als Ausdruck der Gleichstellungsgesetzgebung – in der Personalstrategie der führenden deutschen Unternehmen, wie Adidas, BASF, BMW, BP, Commerzbank, Deutsche Bank, E.On und Osram, Siemens, Telekom etc., schon zum guten Ton und damit Alltag gehört.

---

[2] S. hierzu das allgemeine Kündigungsschutzgesetz, s. http://www.bmas.de/SharedDocs/Downloads/DE/PDF-Publikationen, a163-kuendigungsschutz.pdf?, 12.04.2019, 9:42.

Die Verwirklichung des Ziels der Charta der Vielfalt im Kontext von Personalpolitik und Personalmanagement im Alltag kann allerdings viele Gesichter haben, da jede Zielgruppe – wie immer sie definiert wird – spezifische Förderbedarfe oder Entwicklungspotenziale und Stärken aufweist. Immerhin könnten geschätzt ca. 4 Mio. neue Arbeitskräfte in den deutschen Arbeitsmarkt integriert werden und ca. 21 Milliarden Euro beim Recruiting eingespart werden (Roland Berger, Strategy Consultants 2011).

Als zentrale Ansatzpunkte für personengruppenbezogene Förderung laut Charta der Vielfalt nach Hilal Fatma Dinc, Personalleiterin SC Electronic Services, Herford, sind die folgenden personalpolitischen Instrumente zu nennen:

- Aufrechterhaltung und Bildung von Generationenvielfalt in gemischten – gemeint sind altersgemischte und international gemischte – Teams zur Bewältigung von demografischem und globalem Strukturwandel
- Umsetzung des DM als Strategie-Ansatz für Personalmanagement
- Förderung eines kollegialen Arbeitsklimas
- Entwicklung und Förderung einer offenen, wertschätzenden und vorurteilsfreien Unternehmenskultur
- Einführung flexibler Arbeitsformen (z. B. Home-Office, Arbeiten bis ins hohe Alter etc.

▶   **Eine unmittelbare Benachteiligung ist eine indirekte Diskriminierung und ebenfalls verboten** „Eine unmittelbare Benachteiligung liegt vor, wenn eine Person wegen eines in § 1 genannten Grundes eine weniger günstige Behandlung erfährt, als eine andere Person in einer vergleichbaren Situation erfährt, erfahren hat oder erfahren würde".[3]

Gehen wir einmal davon aus, dass es heute zur politischen Correctness in den Unternehmen gehört, eine direkte Benachteiligung einzelner Beschäftigter zu vermeiden, so müssen wir doch unterstellen, dass nach wie vor strukturelle Benachteiligungen einzelner Personengruppen, insbesondere der Frauen, durch unbewusste Stereotype erfolgen.

Diese Art von Benachteiligung nennt man – in Unterscheidung zu direkter Diskriminierung (s.o.) – indirekte Diskriminierung. Hierunter sind alle Formen von Geringschätzung oder Benachteiligung zu verstehen bzw. stereotyper Unterstellungen, welche sich negativ auf die Betroffenen auswirken oder auswirken könnten.[4]

---

[3] Anti-Diskriminierungsstelle des Bundes: AGG- Wegweiser – Erläuterungen und Beispiele zum Allgemeinen Gleichbehandlungsgesetz, s. https: www.antidiskriminierungsstelle.de/SharedDocs/DE/ publikationen/Wegweiser/agg_wegweiser_erlaeuterungen_beispiele,12.04.2019, 9:57, S. 41.

[4] Den vollständigen Text zum Allgemeinen Gleichbehandlungsgesetz, s. https://www.bmas.de/DE/ Service/Gesetze/allgemeines-gleichbehandlungsgesetz.html.

Beispiele: Nationale Gesetze und Statistiken im europäischen Vergleich

Die nationalen Gesetze zur Gleichheit in Frankreich und Belgien sehen nicht zuletzt vor, dass Großbetriebe eine geschlechtsspezifische Statistik führen, die genau Buch führt über die Struktur und Art der betrieblichen Beschäftigung von Frauen und Männern. Es wird davon ausgegangen, dass erst das Vorliegen geschlechtsspezifischer Daten es ermöglicht, bestehende Ungleichheiten zu erkennen.

So z. B. geht es um betriebliche Daten, die belegen, in welchen Beschäftigungs- und Arbeitszeitformen Frauen beschäftigt oder bezahlt werden. Genauso wichtig sind Daten, die beweisen, dass Frauen bevorzugt entlassen werden oder aber in Führungspositionen unterrepräsentiert sind. In Deutschland fehlt die öffentliche Verpflichtung zur Offenlegung dieser Daten durch die Unternehmen, auch wenn die einzelnen Unternehmen durchaus Buch führen.

Als Indikator von Gleichstellung der Frauen ist es jedoch auch von zentraler Bedeutung, auszuwerten, wie sich der Anteil von Frauen in Führungspositionen auf den betrieblichen Hierarchien aller Unternehmen darstellt. Diese Daten sind verfügbar und werden heute ausgewertet. Dabei steht im Fokus, wie sich die Frauenanteile an Führungspositionen in der Privatwirtschaft und im öffentlichen Dienst entwickeln. Einschlägige Publikationen des Deutschen Instituts für Wirtschaftsforschung (DIW) wie das Managerinnen-Barometer 2019 und Projekte wie z. B. „Frauen in die Aufsichtsräte" (FidAR), welche sich mit der Unterrepräsentanz von Frauen in Aufsichtsräten und Vorständen der DAX-Unternehmen befassen und diese Fakten zu ändern suchen, haben in Deutschland einen herausragenden Stellenwert, da sie die Entwicklung der Frauenanteile aufmerksam verfolgen.

Angesichts der Tatsache, dass einige DAX-Unternehmen es sich im Jahr 2018 in Deutschland immer noch leisten können, als Zielmarke für die Frauenquote im Vorstand 0 % anzugeben, wird deutlich, dass es wichtig ist, für eine ausgewogene Argumentation über objektive Zahlen, Daten und Fakten zu verfügen, um auf bestehende Ungleichgewichte hinzuweisen. Erst die Gesamtheit der ausgewiesenen Fakten macht es möglich, klare Forderungen hinsichtlich der allgemeinen Gleichbehandlung aufzustellen.

Ein Schritt in diese Richtung, wenn auch nur mit Blick auf die Schaffung von Öffentlichkeit und nicht in Richtung rechtsverbindlicher Kontrollen, sind in Deutschland die geschlechtsspezifisch differenzierenden Datenpools aus dem Gender Equality Index der EU (s. KOM EU 2017).

In den letzten Jahren wurden jedoch auch in Deutschland präzise und genaue Datenbanken zur Entwicklung der Repräsentanz von Frauen in der betrieblichen Arbeit entwickelt, die präzise Auskunft und jeweils aktuelle Hinweise geben über den Stand der Gleichstellung in den deutschen Unternehmen bzw. einzelnen Branchen der Arbeitswelt. Um den Stand der Gleichstellung in der Arbeitswelt bzw. den Stillstand hinsichtlich geschlechtsspezifischer Ungleichstellung zu dokumentieren, wurden in den letzten Jahren mehrere differenzierte Datenbasen geschaffen (s. hierzu insbesondere http://www.wsi.de/genderdatenportal, http://www.she-figures.de oder aber http://www.diw.de).

4.3   Ein neues Kompetenzmodell als Orientierungspunkt für betriebliche Arbeit

Die Internationalisierung von Kapital und Arbeit hat zur umfassenden Vernetzung und Digitalisierung betrieblicher Arbeit und damit zum betrieblichen Strukturwandel in Verbindung mit veränderten Wertschöpfungsprozessen geführt. Die veränderten Anforderungen im Bereich betrieblicher Arbeit führten zu einem Paradigmenwechsel, insbesondere hinsichtlich Managementstil und Führungspraktiken. Angesichts des schnellen Verfalls der Bedeutung von kognitivem Wissen wird gerade im Leistungsbereich der Führungskräfte die Fähigkeit zur Menschenführung und zur Koordination von Teilergebnissen stärker nachgefragt und aufgewertet, da erst diese Integrationsfähigkeit zur erfolgreichen Geschäftsführung befähigt.

Eine „**ganzheitliche, berufliche Handlungskompetenz**" wird nach Rosenstiel (2007) und Erpenbeck/Heyse als feststehender Begriff und Ziel von Berufsbildung entwickelt. Die Ganzheitlichkeit der beruflichen Handlungskompetenz konstituiert sich danach auf vier Ebenen auf vier verschiedenen Kompetenzebenen: personale Kompetenz (K.), fachlich-methodische K., sozial-kommunikative K. und aktivitäts- und umsetzungsorientierte K.

Angesichts des raschen Verfalls tagesaktueller Informationen in einem agilen Unternehmensumfeld und veränderlicher Kundenwünsche ist aktuell davon auszugehen, dass es ständiger Anstrengungen und damit eines lebenslangen Lern- und Arbeitsprozesses bedarf, um der permanenten Anforderung an Wissenszuwachs und -veränderung zu entsprechen.

Die ganzheitliche Handlungskompetenz als zentraler Parameter für Personalmanagement

Im Folgenden wird ausgeführt, wie der zentrale Begriff der ganzheitlichen beruflichen Handlungskompetenz aus wissenschaftlicher Sicht definiert wird und warum dieses verändertes Kompetenzverständnis von so zentraler Bedeutung ist für das Personalmanagement.

Der Begriff der beruflichen Handlungskompetenz wird nach Heyse und Erpenbeck auf vier Ebenen als Gesamtheit von vier Kompetenzklassen konstituiert (Heyse und Erpenbeck 2004, S. 63)

1. *Personale Kompetenz*

Personale Kompetenz ist die Disposition einer Person, reflexiv, selbstorganisiert zu handeln und sich selbst einzuschätzen. Die personale Kompetenz umfasst die Fähigkeit, sich selbst richtig einzuschätzen und Werte, Motive sowie Selbstbilder zu reflektieren. Sie ist vor allem bei Vertragsverhandlungen, im Kundendienst bzw. im Kundenkontakt unerlässlich.

Darüber hinaus spielt sie z. B. auch eine große Rolle in der Mitarbeiterführung und -entwicklung, wenn es z. B. darum geht, interne Arbeitsprozesse zu koordinieren, Gruppenarbeit zu organisieren oder klärende Mitarbeitergespräche zu führen, bei denen es darum geht, neue Anforderungen zu definieren oder die Ziele und Ergebnisse der Arbeit gemeinsam mit den Mitarbeitern festzulegen.

2. *Fachlich-methodische Kompetenz*

Unter fachlich-methodischer Kompetenz verstehen wir die Fähigkeit, in Tätigkeiten, Aufgaben und Lösungsansätzen methodische Kompetenzen und fachliche Kenntnisse einzubringen, welche zur kreativen Problemlösung in selbstorganisierter Weise befähigen. Sie werden im Allgemeinen durch eine entsprechende Berufsausbildung, ein Studium oder eine Weiterbildung bzw. durch selbstorganisiertes Lernen im Prozess der Arbeit erworben.

Diese Kompetenzen, zu denen u. a. auch Sprachkenntnisse zählen, helfen bei der Erarbeitung eigenständiger Ansätze der Problemlösung oder der Bewältigung neuer Herausforderungen im Sinne gelungener Transferleistungen, bei denen bekanntes und erlerntes Wissen zur Lösung neuer Probleme genutzt wird.

Im Gegensatz zu einem traditionellen Verständnis, welches die formale Qualifikation nahezu als ausschließliches Kriterium hoch bewertet und andere Kompetenzklassen vernachlässigt, hat hinsichtlich des Modells der ganzheitlichen Handlungskompetenz das Ziel einer umfassenden Handlungskompetenz ein hohes Gewicht erhalten. Soft Skills wurden entsprechend aufgewertet.

Korrespondierend damit hat der Nachweis fachlich-methodischer Kompetenz an Gewicht verloren, da die fachlichen Inhalte sind ständig ändern und aktualisiert werden müssen, was zum größten Teil über informationstechnische Suchmaschinen, Werkzeuge und Datenbanken sehr leicht geschehen kann, sofern man über das nötige Grundlagenwissen verfügt.

Demzufolge sind die fachlich-methodischen Kompetenzen einer Person zwar immer noch unverzichtbar und als sehr wichtig einzuschätzen. Sie bieten jedoch nur die Eingangshürde als eine Art Grundlage für die Beurteilung einer umfassenden Handlungskompetenz von Personen.

3. *Sozial-kommunikative Kompetenz*

Hierbei handelt es sich um eine Disposition, sich kommunikativ und kooperativ selbstorganisiert zu verhalten, gruppen- und beziehungsorientiert zu handeln sowie neue Pläne, Aufgaben und Ziele zu entwickeln. Diese vielfach unterschätzte soziale Kompetenz beinhaltet Verhaltensweisen, welche z. B. die Fähigkeit zur gelungenen Kooperation in Abstimmungs- und Kommunikationsprozessen konstituieren.

Die sozial-kommunikative Kompetenz ist gerade in arbeitsteiligen Gruppenprozessen von hoher Relevanz, da eine ungenügende Ausprägung sozial-kommunikativer Kompetenzen bzw. von Kommunikations- und Interaktionskompetenz zu Missverständnissen, Doppel- und Mehrarbeit sowie zahlreichen Konflikten und Reibungsverlusten führen kann.

4. *Aktivitäts- und umsetzungsorientierte Kompetenz*

Es handelt sich hierbei um die Disposition einer Person, aktiv und gesamtheitlich selbstorganisiert zu handeln und dieses Handeln auf die Umsetzung von Absichten, Vorhaben und Plänen zu richten – entweder für sich oder in Kooperation mit anderen bzw. mit oder

GHK wird
konstituiert auf vier
Kompetenzebenen
(K.):

1.fachlich-
methodische K.

2. personale K.

3. Sozial-
kommunikative K.

4. Aktivitäts- und
umsetzungsorientierte
K.

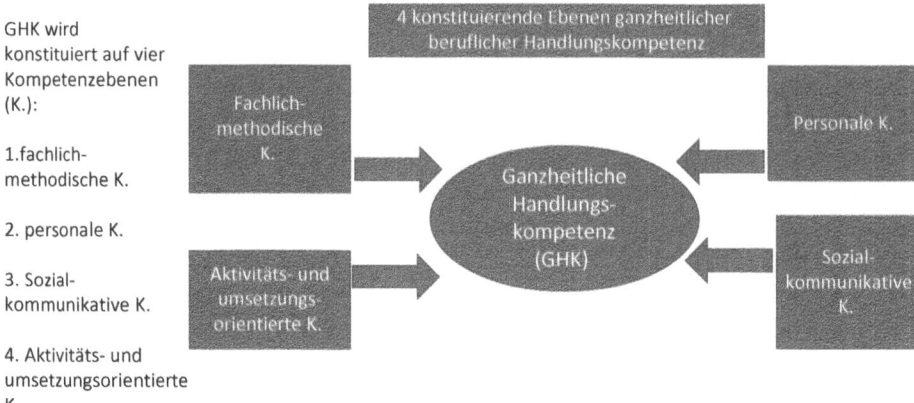

Abb. 4.1 Berufliche Handlungskompetenz – Modell ganzheitlicher Handlungskompetenz mit Kompetenzklassen. (Quelle: Heyse, Volker/ Erpenbeck, John: Kompetenztraining, Schaeffer Poeschel, Stuttgart 2004 und Erpenbeck, J./ Heyse)

für andere. Diese Kompetenz umfasst somit in erster Linie die Fähigkeit, alle Dispositionen in die eigenen Antriebe zu integrieren und Handlungen erfolgreich zu realisieren.

Eine Übersicht zu dem von Rosenstiehl sowie Heyse und Erpenbeck entwickelten Begriff zeigt das Modell der ganzheitlichen Handlungskompetenz mit einzelnen Kompetenzklassen (Abb. 4.1).

Die „ganzheitliche Handlungskompetenz" ist das anspruchsvollste der angestrebten Qualifizierungsziele, da sie nicht nur das Vorhandensein eines hohen Niveaus an sozial-kommunikativen Kompetenzen voraussetzt, sondern auch gleichzeitig ein hohes fachlich-methodisches Niveau einschließt, wie auch das Vorhandensein entsprechender Erfahrungswerte aus der beruflichen Praxis sowie die Fähigkeit zur Reflexion eigener Handlungen.

Es handelt sich hierbei um die Kür in der Kompetenzentwicklung. Diese neue Anforderung in der beruflichen Arbeit wird umso wichtiger, je mehr es zum Allgemeingut wird, dass die Fachkräfte selbstständig handeln und entscheiden, was ja früher ein Privileg der Vorgesetzten war. Es geht dabei nicht ausschließlich um Anforderungen an das Führungspersonal, sondern um ein Globalziel in der betrieblichen Ausbildung und gleichzeitig um eine allgemeine Anforderung an alle betrieblichen Fach- und Führungskräfte.

Dieser Anforderungswandel hinsichtlich der Definition einer ganzheitlichen und umfassenden Handlungskompetenz ist eng verbunden mit der Aufwertung der drei nichtfachlichen Kompetenzklassen, die unter dem Begriff der Soft Skills subsumiert werden. Ausschlaggebender Grund ist der rasche Anforderungswandel, bei dem es immer mehr darum geht, sich in kurzer Zeit neues Wissen anzueignen und arbeitsteilig bzw. kooperativ mit anderen Beschäftigten zusammen zu arbeiten.

▶ **Ganzheitliche Handlungskompetenz**   Ganzheitliche Handlungskompetenz ist ein nach Anforderungen veränderliches Konstrukt. Nach dem Modell von Erpenbeck und Heyse versteht man darunter ein integriertes Bündel von Wissensbeständen, operativen Fähigkeiten, Qualifikationen und Erfahrungslernen, welche ständig aktualisiert werden wollen.

Was gehört alles zur „ganzheitlichen Handlungskompetenz" und wie unterscheidet sich diese vom klassischen Begriff der Qualifikation?
- **Wissen und operative Fertigkeiten** werden angeeignet durch Ausbildung(en) und einschlägige, praktische Erfahrungen sowie Selbstlernen, informelle Lernvorgänge und das Lernen im Prozess der Arbeit.
- **Qualifikationen** werden als zertifiziertes, formales Wissen verstanden, nachgewiesen z. B. durch Prüfungen und staatlich anerkannte Zeugnisse in Form von Berufs- und Studienabschlüssen.
- **Kompetenz** als ein umfassender Begriff wird konstituiert durch Wissen, Fähigkeiten und Erfahrungen aus den vier unterschiedlichen Kompetenzklassen.
- **Unter Kompetenz versteht man somit ein Bündel von Wissen, operativen Fähigkeiten, Qualifikationen und Erfahrungslernen.**

In der Konsequenz bedeutet dieses veränderte Verständnis von Kompetenz in einem veränderten und agilen Unternehmensumfeld, dass einmal erworbene, zertifizierte Kenntnisse, Qualifikationen und Kompetenzen rasch veralten und ständig gepflegt bzw. neu erworben werden wollen.

Dies bedeutet aber auch, dass es nicht genügt, eine einmal erworbene formal attestierte Qualifikation als Nachweis erworbener Kompetenz anzuführen. Neue Formen lebenslangen Lernens und neue Lern- und Arbeitsformen werden in diesem Kontext zum zentralen Faktor.

Es geht vorrangig darum, die Gesamtheit der nötigen Kompetenzen in betrieblichen Lern- und Arbeitsprozessen auf der Grundlage formaler Abschlüsse kontinuierlich anzureichern. Dies läuft auf die Aufwertung informell erworbenen Wissens hinaus, die Schaffung lern- und arbeitsförderlicher Bedingungen im Unternehmen sowie die verstärkte Betonung der Verzahnung von Lernen und Arbeiten in Sinne des Erwerbs zusätzlicher, nichtformal zertifizierter Kompetenzen, welche die formal zertifizierten Abschlüsse in komplementärer Form aktualisieren.

Es bedeutet aber auch, dass längerfristige Berufsunterbrechungen zur teilweisen bzw. vollkommenen Entwertung von beruflichen Kompetenzen führen und dass einmal erworbene, zertifizierte Kompetenzen abgewertet werden, sofern keine Weiterbildung, keine Aktualisierung oder keine schnelle Rückkehr in die Berufspraxis erfolgt. Nach mehr als zwei Jahren der Berufsunterbrechung und einem Stillstand an persönlicher bzw. beruflicher Entwicklung ist gemeinhin davon auszugehen, dass der einmal erworbene Berufsabschluss völlig veraltet und damit hinfällig geworden ist. Dies gilt auch für universitäre Abschlüsse, die längst keine Garantie mehr sind für eine Anstellung als Führungskraft.

Die berufspraktische Erfahrung ist somit eine komplementär zu verstehende Ebene. Dies heißt jedoch nicht, dass die Notwendigkeit des Erwerbs formaler Abschlüsse in fachlichen Bereichen ersetzt wird durch das Prinzip lebenslangen Lernens auf allen Kompetenzebenen. Das lebenslange Lernen und das arbeitsplatznahe Praxislernen kommen als komplementäre Anforderung an die Beschäftigten hinzu, da sich Wissensbestände sehr schnell ändern.

Damit wird die Bedeutung des lebenslangen Lernens auf allen Ebenen der Kompetenz wie auch der Hierarchie – unabhängig von personenbezogenen Faktoren – zu einer zentralen Kategorie in der betrieblichen Unternehmenskultur wie auch der Personalführung.

Das ganzheitliche Kompetenzmodell als strategisches Instrument von betrieblicher Führung

Das ganzheitliche Kompetenzmodell hat nicht nur für die Diskussion in der Berufsbildung als methodisch-analytisches Raster für die Klassifikation von zukünftig angestrebter, beruflicher Handlungskompetenz eine hohe Bedeutung.

Das ganzheitliche Kompetenzmodell kann auch als praxisrelevantes Instrument von Führung und Personalmanagement in drei zentralen Bereichen der Unternehmensführung zum Einsatz gelangen:

1. Bei der Erstellung von Anforderungsprofilen, z. B. wenn es um die Neudefinition einer intern oder extern zu besetzenden Stelle geht, bietet die Systematik des ganzheitlichen Kompetenzmodells ein gutes analytisches Raster zur Erfassung erforderlicher Kompetenzmerkmale.

2. In der Leistungsfindung und -bewertung kann das ganzheitliche Kompetenzmodell zur Definition der zu erreichenden Ziele beitragen und damit auch in Mitarbeitergesprächen als Gesprächsausgangslage eingesetzt werden. Der Vergleich von Zieldefinition und Ergebnis kann zur Leistungsbeurteilung dienen, wenn es z. B. um Gehaltsgespräche geht.

3. Das ganzheitliche Kompetenzmodell kann bei der Entwicklung von individuellen Förderplänen und -arrangements zur Inklusion und Laufbahnentwicklung im Sinne eines gendergerechten, lebenslangen Laufbahnkonzepts eingesetzt werden.

Der aktuelle Kompetenzbegriff: Implikationen hinsichtlich Stellenbesetzung

Für alle Beteiligten und in allen Zusammenhängen des Personalmanagements gilt die Frage: Wie definiere ich den Begriff der beruflichen Kompetenz und welche Anforderungen lassen sich daraus für die Stellenbesetzung bzw. die Identifikation von Leistungszielen ableiten?

Während Großunternehmen in den letzten Jahren dazu übergegangen sind, die komplexe Aufgabe der Personalauswahl und -findung bis zur Schlussentscheidung an spezialisierte Personaldienstleister auszulagern, nehmen kleine und mittlere Unternehmen die Aufgabe der Personalsuche und -einstellung immer noch meist in vollem Umfang wahr. Hierzu gehört nicht nur das Aufgeben von Stellenanzeigen, das Führen von Bewerbungsgesprächen und letztlich die Entscheidungsfindung. Um zu verhindern, dass Anforderung und Bewerberprofil auseinanderklaffen und damit ein klassisches „Mismatch" entsteht, ist eine weitgehende Kongruenz zwischen dem Anforderungsprofil der zu besetzenden Stelle und dem Profil einer entsprechenden Person anzustreben.

- Wichtig ist deshalb vor allem die klare Antwort auf die Frage, welche Art von Kompetenz für die zu besetzende Stelle benötigt wird und wie die Anforderungen der zu besetzenden Stelle zu definieren sind.
- Ein unzureichendes Verständnis der Arbeitsinhalte und der betrieblichen Fähigkeit, eine zu besetzende Stelle umfassend zu definieren, bildet vielfach eine große Hürde für die interne Umsetzung, insbesondere jedoch für die externe Besetzung freier Stellen in oberen Funktionsbereichen der Unternehmen.
- Die Arbeiten von Wenger (2013) befassen sich mit dieser Problematik externer Stellenbesetzung aus der Sicht des praxisorientierten Dienstleisters, der als Headhunter den auftraggebenden Unternehmen passende Vorschläge für extern zu besetzendes Führungspersonal unterbreitet und für entsprechende Vakanzen geeignete Bewerber am Markt sucht.
- Dies bedeutet, dass es in der Praxis der Personalführung, des Personalmanagements und der Personalentwicklung eines entsprechend veränderten Verständnisses hinsichtlich der Komplexität von Definition und Analyse benötigter Kompetenzen bedarf. Erst ein ganzheitliches Kompetenzverständnis unter Einbeziehung der sogenannten „nichtfachlichen Kompetenzen" erlaubt valide Definitionen. Mit Blick auf das rasche Verfallsdatum fachlicher Kenntnisse werden soziale Kompetenzen extrem aufgewertet.
- Nur diese ganzheitliche Sicht erlaubt es im konkreten Zusammenhang der Stellenbesetzung und der Personalentwicklung, die Anforderungen an ein bestimmtes Bewerberbzw. Arbeitnehmerprofil umfassend, passgenau und mit Blick auf zukünftigen Arbeitserfolg effektiv zu definieren.
- Um diese Definition passgenau vorzunehmen, ist es aus betrieblicher Sicht notwendig, ein sogenanntes Stellenprofil – eine Art Anforderungskatalog bzw. ein Raster von Arbeitsschwerpunkten – zu erstellen, um die zentralen Anforderungen im betrieblichen Kontext zu umreißen.
- Die Erstellung eines Anforderungskatalogs erleichtert es nicht nur, die Vorstellungen aller Beteiligten abzuklären, sondern auch, die erwünschten, formalen und informellen Voraussetzungen, was z. B. Kommunikationskompetenz angeht, das Erfahrungswissen und weitere personenbezogene Kompetenzen wie auch die hierarchische Positionierung der extern zu besetzenden Stelle.

Wenger stellt hierzu als Erfahrungswert fest:

> Die Praxis zeigt, dass Unternehmen die für Stellenbesetzungen erforderlichen Informationen häufig nicht benennen können. Begründen lässt sich dieses mit den Faktoren Zeit und Unwissenheit. Zeit, weil im Tagesgeschäft fast immer der Rückzug fehlt sich intensiv mit Inhalten und Rahmenbedingungen von zu besetzenden Stellen zu befassen. Unwissenheit, weil Unternehmen sich der Notwendigkeit jener Überlegungen als unverzichtbare Grundlage für erfolgreiche Rekrutierungsprozesse oft nicht bewusst sind ... (Wenger 2013, S. 4)

Dies heißt nichts anderes, als dass die Gefahr einer teuren Fehlbesetzung besteht, wenn man bereits in der Anforderungsanalyse entscheidende Kompetenzen vernachlässigt und sich auf möglicherweise weniger bedeutende Schwerpunkte einer zu besetzenden Stelle oder einer Person fokussiert. Dies kann später hohe Kosten – das Mehrfache eines Jahresgehalts – verursachen, welche die Kosten der Inanspruchnahme eines ausgewiesenen Dienstleistungsunternehmens für die Stellenbesetzung weit übersteigen.

Konsequent zu Ende gedacht, kann aus dem Aufkommen eines völlig neuen Verständnisses von Kompetenzprofilen ein starker Fortbildungsbedarf abgeleitet werden, der nicht nur die Einstellungsprozesse fokussiert und betrifft, sondern insbesondere auch weitere Fragen der effizienten Personalführung und des kontinuierlichen Managements von Personalentwicklungsprozessen.

An diesen Beispielen aus dem betrieblichen Zusammenhang wird exemplarisch verdeutlicht, wie sehr sich die Funktion von Führungsaufgaben geändert hat und dass es letztlich hinsichtlich der Kompetenzentwicklung von Führungskräften darum gehen muss, deren analytische wie auch deren personenbezogene Kompetenzen hinsichtlich der Mitarbeiterführung und -entwicklung zu fördern.

Einstellungs- und Personalrekrutierungsprozesse sind jedoch in keinem Unternehmen eine Aufgabe Einzelner bzw. der betrieblichen Personalabteilung, sondern immer wieder Abstimmungsprozesse der Verantwortlichen untereinander bzw. der Unternehmensspitze und der Fachabteilungsverantwortlichen in den Unternehmen. Deshalb wird auch jede Führungskraft in Großunternehmen wie auch dem öffentlichen Dienst sich zwangsläufig mit Fragen der innovativen Personalführung und der Kompetenzentwicklung befassen müssen.

▶ Aus der Sicht der Beschäftigten und der Unternehmen sind alle Fragen, welche das Personal betreffen, elementar wichtig. Nicht zuletzt deshalb gehören Personalfragen in Großunternehmen (ab 2000 Beschäftigten) und im öffentlichen Dienst zu den mitbestimmungspflichtigen Schwerpunkten. Hier entscheidet das Management nicht alleine, sondern es haben Gewerkschaftsvertreter, Vertrauensleute oder Personalräte in allen Punkten mitzubestimmen.

Zur Aufwertung von Soft Skills in der neuen Unternehmenskultur digitaler, agiler Arbeitswelt

Nachfolgend fassen wir die zentralen Inhalte eines neuen Kompetenzverständnisses kurz zusammen. Das neue Modell beruflicher Kompetenzbildung und -entwicklung wird als Gesamtheit von vier Kompetenzebenen konstituiert:

• Personale Kompetenz
• Aktivitäts- und umsetzungsorientierte Kompetenz
• Fachlich-methodische Kompetenz
• Sozial-kommunikative Kompetenz

Die fachliche Kompetenz, welche früher als vorrangig betrachtet wurde, wird heute nicht mehr als überwiegend ausschlaggebend für die Passgenauigkeit eines Bewerbungsprofils betrachtet, sondern lediglich als ein zentraler Parameter mit Filterfunktion. Soft Skills werden im Kontext virtueller Vernetzung und der Bildung übergreifender Arbeitsteams zur zentralen Stellgröße.

Eminent wichtig und neben der fachlichen Eignung im Kontext lebenslangen Lernens nahezu als gleichwertig zu betrachten sind inzwischen die „magischen" drei anderen Kompetenzklassen, also personale Kompetenzen, sozial-kommunikative sowie aktivitäts- und umsetzungsorientierte Kompetenzen, welche vielfach auch unter dem Begriff der „Soft Skills" subsumiert werden.

Die besondere Bedeutung methodischer Kompetenzen führt zu einem zentralen Stellenwert des Bedarfs „zu lernen, wie man lernt". Es handelt sich hierbei um die Beherrschung und Kenntnis von Verhaltensweisen, Verfahrensweisen, Methoden und Abläufen, welche es erlauben, die anstehenden Wissenslücken schnell zu schließen.

Zu den zentralen Kompetenzen, die im Zusammenhang mit übergreifenden, arbeitsteiligen Informationsverarbeitungsprozessen aufgewertet wurden, gehören nicht zuletzt auch soziale Verhaltens- und Interaktionsweisen, wie sie z. B. eine erfolgreiche Gruppenarbeit erfordert oder aber eine erfolgreiche Verhandlungsführung. Der betriebliche Bedarf zur hohen Spezialisierung und Individualisierung bei der Erbringung von Dienstleistungen, wie auch der Fähigkeit zum Arbeiten im Team, erfordert ein ausgeprägtes Kooperationsverhalten, Einfühlungsvermögen in andere Personen und nicht zuletzt auch die personale Fähigkeit zur Entwicklung eigenständiger Problemlösungen. Diese neuen Anforderungen machen die sogenannten Soft Skills zum zentralen Kern der z. B. durch eine Berufsausbildung oder ein Studium erworbenen Wissensbestände.

▶ **Ersetzen Soft Skills die fachlich fundierte Ausbildung?** Mit Blick auf die traditionelle Unterschätzung von Soft Skills als nicht prüfungsrelevante Kompetenzmerkmale in der beruflichen Bildung ist zu betonen, dass Soft Skills in Unternehmen der digitalen Arbeitswelt auf allen Hierarchie-Ebenen hinsichtlich ihrer Bedeutung für das Personalmanagement deutlich aufgewertet werden. Dies führt jedoch nicht zur Entwertung fachlichen Wissens und zu dessen Ersatz. Soft Skills sind eine elementare Voraussetzung für erfolgreiches Führen, erfolgreiche Arbeit in Gruppen und erfolgreiche Kommunikation und Interaktion mit Kunden, Mitbewerbern und Kooperationspartnern.

Was verstehen wir unter Soft Skills und für wen haben sie an Bedeutung gewonnen?
Unter dem Begriff der Soft Skills werden in erster Linie Kompetenzen der Kommunikations- und Interaktionsfähigkeit sowie übergreifende methodische und fachübergreifende Kompetenzen subsumiert, die für das Gelingen sozialer und intellektueller Kommunikations- und Interaktionsprozesse wesentlich sind. Sie spielen damit eine zentrale Rolle für das Gelingen fachlicher Leistungsprozesse und tragen maßgeblich dazu bei. In Anspielung auf die inzwischen überholte Diskussion um sogenannte „Schlüsselkompetenzen" werden sie

dennoch immer noch gern seit den 90er-Jahren als „Schlüssel zum Erfolg" bezeichnet (s. hierzu Schulz von Thun 1981, 1989, 1998 und Birkenbihl 2002). Dabei handelt es sich um ein mehr oder weniger unübersichtliches Konglomerat an Kompetenzen, Fähigkeiten und Kenntnissen, die nur schwer zu fassen sind.

Hierunter fallen so vielfältige personenbezogene Eigenschaften wie Selbstbewusstsein, Einfühlungsvermögen und Teamfähigkeit, Kritikfähigkeit, analytische Kompetenz, Vertrauenswürdigkeit, Selbstdisziplin und Selbstbeherrschung, Neugierde, Konfliktfähigkeit und Durchsetzungsvermögen (Peters-Kühlinger 2006, S. 8). Soft Skills gehören heute jedoch zu den wichtigsten und grundlegenden Kompetenzen, welche im Zuge der zunehmenden Integration von Geschäftsprozessen und internationaler Arbeitsteilung immer mehr an Bedeutung gewinnen. Ihre Pflege und Entwicklung ist wesentlich für das Zustandekommen von Gruppenarbeit, aber auch Merkmal erfolgreicher Führungsprozesse. Je nachdem, zu welchem Persönlichkeitstyp man gehört und welche Bildungsbiografie vorliegt, sind Soft Skills gezielt zu fördern, um persönliche Stärken auszubauen, aber auch um Schwächen auszumerzen.

Ein klassisches Instrument der Persönlichkeitsanalyse: die „Big Five"
So wie in Afrika der Elefant, das Nashorn, der Büffel, der Löwe und der Leopard als fünf bedeutendste Großwild-Tierarten anerkannt sind, so ist das Modell der Big Five das bis heute wichtigste Modell der Persönlichkeitsanalyse. Es identifiziert fünf wesentliche Persönlichkeitsmerkmale und damit relativ zuverlässig die Gesamtpersönlichkeit einer Person. Big Five erfasst die individuelle Ausprägung von insgesamt fünf zentralen Merkmalsebenen, wie folgt:

* Offenheit
* Perfektionismus
* Extraversion
* Verträglichkeit
* Neurotizismus

Das Modell der Big Five ist bis heute das anerkannteste Modell der Persönlichkeitsanalyse, welches z. B. in Personalauswahlverfahren für Führungsaufgaben oder im Verlauf der Durchführung von Assessment-Centern bei der Rekrutierung von Personal zur Anwendung kommt.

Zur Bedeutung sogenannter Soft Skills hinsichtlich Leitungs- und Führungskompetenz
Soft Skills sind sogenannte „weiche" in Kontrast zu „harten" – fachlichen – Kompetenzen. So nennen wir heute die Gesamtheit individueller Einstellungen und Fähigkeiten, die dazu dienen, eigene Handlungsziele und Werte einer Gruppe zu verknüpfen. In beruflichem Kontext verstehen wir darunter – nach dem Modell ganzheitlicher Handlungskompetenz – die Gesamtheit persönlicher, sozialer und methodischer Kompetenzen.

Soft Skills in ihrer Vielfalt sind heute als entscheidende Führungskompetenzen zu betrachten. Ihre Ausprägung entscheidet heute vielfach über Einstellung und Karrierechancen, da sie im betrieblichen Miteinander im Zeichen der Digitalisierung und Vernetzung immer wichtiger werden.

Ausgeprägte soziale und personenbezogene Kompetenzen sind heute mehr und mehr als zentrales Merkmal ganzheitlicher Handlungskompetenz bei Führungskräften von ausschlaggebender Relevanz. Dieser hohe Bedarf an Soft Skills gilt übrigens in zunehmendem Maße nicht nur für die Führungskräfte, sondern für alle Fachkräfte und sogar für an- und ungelernte Beschäftigte.

Damit sind alle Hierarchie-Ebenen eines Unternehmens in diesen Prozess der Aufwertung methodischer, kommunikativer und personaler Kompetenzen einbezogen.

Exkurs zu Bedeutung und Funktion der dualen beruflichen Ausbildung in Europa

Ausgehend von der Industrialisierung und Weiterentwicklung von industriellen Fertigungsprozessen entwickelte sich im industriellen Bereich der Fertigung und im Handwerk eine Berufsstruktur mit einem hohen Grad an Professionalisierung.

In Deutschland z. B. entwickelte sich ein dreiteiliges Bildungssystem mit Schule, Betrieb und universitären Lernorten. Für die betriebliche Arbeit wurde die duale Ausbildung, welche durch staatlich anerkannte Ausbildungsabschlüsse gekennzeichnet ist, immer mehr zum Garantiefaktor der erwünschten Qualität in der betrieblichen Arbeit.

Das System der dualen Berufsbildung, charakterisiert durch die Lernorte Betrieb und Berufsschule, ist durch eine hohe betriebliche Verwertbarkeit und Praxisorientierung gekennzeichnet. Hierunter sind die in Deutschland üblichen dreijährigen beruflichen Ausbildungsgänge zu verstehen, die zu staatlich anerkannten Berufsabschlüssen führen. Sie attestieren den fertig ausgebildeten Auszubildenden die Fähigkeiten und Fertigkeiten einer umfassend ausgebildeten Fachkraft in Handwerk, Industrie und Dienstleistungsberufen. Die Ausbildungsdauer kann bei Vorliegen entsprechender Schulabschlüsse und einem günstigen betrieblichen Ausbildungsverlauf auf zweieinhalb Jahre verkürzt werden. Die Grundkonstruktion sieht vor, dass ein Auszubildender vier Tage die Woche im Ausbildungsbetrieb arbeitet und ein Tag in der Woche obligatorisch die Berufsschule besucht.

Die vielfältigen Abschlüsse bilden seitdem den Garanten für eine hochwertige berufliche Ausbildung in allen Bereichen der Beschäftigung. Sie streben eine ganzheitliche Handlungskompetenz auf der Grundlage einer umfassenden Ausbildung in allen Schwerpunkten des Berufsbildes an und werden auch heute noch ständig von den Akteuren der Berufsbildung aktualisiert, was sie vom Ergebnis her hochattraktiv macht für alle Beteiligten. Diese duale Form der Berufsbildung ist heute noch einzigartig in Europa, da sie sich von vielen anderen in Europa üblichen, weitgehend verschulten Ausbildungsgängen durch ihre ganzheitliche Unterweisung stark unterscheidet. Im Vergleich zum System modularer Bildung, wie es z. B. in Großbritannien verbreitet ist, bringt das duale System sehr viel eher „ganzheitliche Kompetenzentwicklung" hervor und kann z. B. auf hochwertige berufliche Abschlüsse verweisen. Die europaweite Anerkennung der deutschen Meisterausbildung als gleichwertig zu einem universitären Bachelorabschluss im System der dreigegliederten beruflichen Bildung entspricht diesem Verständnis.

Die Organisation der beruflichen Ausbildung nach dualen Lernorten, wie in Deutschland, ist für Europa gesehen jedoch eher eine Ausnahme. So zum Beispiel haben die Briten ein System modularer Berufsbildung, welches nur einzelne Etappen, sogenannte Module, eines Berufs zertifiziert. Die Franzosen und Griechen hingegen haben ein weitgehend verschultes System der beruflichen Bildung, welches die fachpraktische Seite lediglich in schulischer Form und kurzfristigen Betriebspraktika vermittelt. Vor dem Hintergrund der europäischen Initiative Erasmus+ wird heute daran gearbeitet, die berufliche und universitäre Bildung in den Mitgliedsländern der Europäischen Gemeinschaften vergleichbar, modular und durchgängiger zu gestalten, was in Deutschland zum Teil heftige Kontroversen hinsichtlich der Qualität ausgelöst hat.

Die beteiligten Akteure der Berufsbildung sind in Deutschland paritätisch besetzte Gremien von Vertretern der Arbeitgeber (Kammern und Verbände) sowie der Arbeitnehmer (Gewerkschaften), die auf ministerieller Ebene (Bundesministerium für Bildung und Forschung) und deren ausführenden Institutionen (BIBB) auf die Relevanz und ständige Aktualisierung von Berufsbildung und Durchführungsvorschriften achten und diese regeln. Inzwischen gibt es Bestrebungen, die Dualität der Lernorte auch auf die universitäre Ebene zu tragen und „duale Studiengänge" zu schaffen, die sich durch eine hohe Praxisorientierung, aber auch durch ein hohes theoretisches Niveau auszeichnen. Insofern wird dem Ziel der „Ganzheitlichkeit von beruflicher Bildung" sowohl von universitärer Seite als auch von der Seite der betrieblichen Ausbildung immer mehr Raum gegeben, was die Durchlässigkeit der Bildungsabschlüsse, die Gleichwertigkeit von beruflicher und allgemeiner Bildung sowie die Anerkennung der Ausbildungsgänge zwischen den Mitgliedsländern Europas zum Ziel hat.

Nicht zuletzt mit Blick auf europäische Bestrebungen zur Vereinheitlichung und Integration von Bildung und Berufsbildung werden mehr und mehr modulare Bildungsabschnitte in der Berufsbildung sowie neue Bachelor- und Masterabschlüsse entwickelt, die innerhalb von Europa erworben und anerkannt sind. Erklärtes Ziel ist es, die angestrebte Freizügigkeit der Arbeitnehmer in Europa und die Durchlässigkeit einzelner Bildungsbereiche zu stärken.

Beispiel für erforderliche „Hybrid"-Kompetenzen

Im Zeichen abteilungs- und bereichsübergreifender Vernetzung sowie Integration von Geschäfts- und Produktionsprozessen werden mehr und mehr interdisziplinäre, also bereichsübergreifende Kompetenzen bis hin zu „Hybrid-Kompetenzen" gefragt. Dies soll das folgende Beispiel veranschaulichen:

Arbeiter in der Produktion sollen heute mehr und mehr verwaltungstechnische und kaufmännische Kenntnisse haben, ebenso wie der Handwerker, der mit komplexer Software seine Leistungen abrechnet. Die Angestellten wiederum sollten sich mit Produktionsvorgängen und -prozessen auskennen, da sie sonst Abrechnungs- und Verwaltungsvorgänge nicht mehr sachgerecht nachvollziehen können. So ist z. B. die kaufmännische Rechnungserstellung und Abrechnung eines Zimmereibetriebes kaum noch zu bewerkstelligen ohne fachpraktische Kenntnisse und Kompetenzen des Zimmereihandwerks und der einzelnen am Bau verwendeten Teile, Herstellungs- und Bearbeitungsvorgänge. Ähnliches ließe sich aus vielen anderen Aktivitätszweigen berichten.

Wissen und operative Fertigkeiten nach dem Modell der ganzheitlichen Handlungskompetenz werden angeeignet durch schulische wie berufliche Ausbildung(en) und einschlägige praktische Erfahrungen sowie Weiterbildung, Selbstlernen, informelle Lernvorgänge und das Lernen im Prozess der Arbeit.

- Unter **Qualifikationen** verstehen wir das zertifizierte, formale Wissen, z. B. durch Prüfungen und anerkannte Abschlüsse erworbene Berufs- und Studienabschlüsse.
- **Kompetenz** als ein umfassender Begriff im Sinne von Handlungskompetenz wird konstituiert durch Wissen, Fähigkeiten und Erfahrungen aus den vier unterschiedlichen Kompetenzklassen.

Die sogenannten Soft Skills, mitunter auch im Zusammenhang mit den „Big Five" genannt, erfahren hierbei eine starke Aufwertung, da sie von zentraler Bedeutung sind hinsichtlich des Gelingens von Gruppenprozessen und Gruppenarbeit, aber auch für das Gelingen von Führungsprozessen im Sinne eines mitarbeiterorientierten, flachen und kooperativen Führungsstils.

Die Ausprägung von Soft Skills spielt im Vergleich zur staatlich anerkannten fachlichen Zertifizierung zukünftig eine bedeutende, wachsende Rolle. Soft Skills sind im Kontext von Führungsprozessen und -gesprächen aufzuwerten. Dort, wo sie schwach ausgeprägt sind, können sie erworben werden durch Weiterbildung in jeder Form, aber auch durch Praxislernen in informellen Lernprozessen (s. hierzu u. a. Kap. 4 und 5).

4.3.1 Lebenslanges Lernen als Daueraufgabe

▶ **Neuer Kompetenzbegriff verlangt neuen Führungsstil und lebenslanges Lernen** Der Wandel von Arbeitsinhalten, Arbeitsorganisation, Arbeitsorten und -umgebungsfaktoren vollzieht sich kontinuierlich im Gefolge technologischen und sozialen Wandels. Hinsichtlich der Wertigkeit haben sich die Schwerpunkte des Lernens verschoben. Die fachlichen Kompetenzen sind heute weitaus weniger bedeutend und nur noch als fachliche Basis zu betrachten. Die anderen Kompetenzklassen, kurz die sogenannten Soft Skills, haben in der Arbeit eine starke Aufwertung erfahren, da arbeitsorganisatorische Lösungen der Gruppenarbeit und die Anforderungen an Kommunikations- und Teamfähigkeit der Beschäftigten wie der Führungskräfte an Bedeutung zugenommen haben.

Die früher so zentral bewertete fachliche Qualifikation ist nur noch als Eintrittskarte in ein Unternehmen zu betrachten und dient im Wesentlichen als Plattform zur Entwicklung einer angestrebten „umfassenden Handlungskompetenz". Es hat einerseits eine Aufwertung der beruflichen Erfahrung stattgefunden und des sogenannten „Erfahrungslernens", vermittelt über informelles Wissen und Praxis. Das Konzept der „umfassenden Handlungskompetenz", welche durch „lebenslanges Lernen" im Kontext der Arbeit immer wieder aktualisiert und auf den neuesten Stand gebracht werden muss, ist eine neue Anforderung für Führungskräfte, Ausbilder, Beschäftigte und alle Mitarbeiter mit Personalverantwortung.

Hinsichtlich des Strukturwandels betrieblicher Arbeit und der mit der informationstechnischen Integration verbundenen permanenten Prozesse der Reorganisation ist festzuhalten, dass die fachliche Kompetenz, welche früher ganz besonders in Form zertifizierter Abschlüsse als vorrangig betrachtet wurde, nicht mehr als überwiegend ausschlaggebend für die Passgenauigkeit eines Bewerbungsprofils betrachtet wird, sondern lediglich als ein zentraler Parameter mit Filterfunktion. Formale Abschlüsse dienen sozusagen als Eingangs-filter und wollen im Prozess des kontinuierlichen Wandels ständig aktualisiert und erneuert werden.

Eine einmal erworbene formale und staatlich anerkannte, formal anerkannte Qualifika-tion bietet somit keinesfalls eine lebenslange Garantie auf Dauerbeschäftigung und Kar-riere. Abschlüsse sind und bleiben wichtig, aber neue Kompetenzanforderungen gesellen sich hinzu im Prozess der betrieblichen Arbeit. Unterschiedliche Lernformen, Lernorte und Lernmethoden, mehr und mehr auch Online- Angebote mit unterschiedlichem Zu-schnitt werden in diesem Kontext immer wichtiger.

Das wesentliche Merkmal des Wandels ist, dass die Lernvorgänge – angesichts der Dramatik veränderlicher Anforderungen – eingebunden werden in betriebliche Arbeits-prozesse, so dass eine ständige Kompetenzanpassung und ein Zuwachs an Kompetenzen mit Blick auf die erstrebte Problemlösungskompetenz ermöglicht wird und im Rahmen der täglichen Arbeit stattfindet. Dies führt u. a. zu neuen Gestaltungsformen betrieblicher Arbeit hinsichtlich des Führungsstils, der Organisation und der Formulierung und Gestal-tung von Arbeitsaufträgen.

Neben der beruflichen Aus- und Weiterbildung hat die Aufwertung von informellen Formen des Lernens durch die berufspraktischen Erfahrungen eine wachsende Relevanz erhalten. Hinzu kommt, dass eine Unterscheidung nach allgemeiner und beruflicher Bil-dung immer mehr an Bedeutung verliert und die Unterscheidung zwischen dem Ideal der „humanistischen Bildung" und der Ganzheitlichkeit angestrebter Kompetenzen immer un-wichtiger wird.

Es ist angesichts des raschen Wandels von Inhalten und Strukturen der Arbeit, in Ver-bindung mit dem rapiden Verfall tagesaktueller Informationen, heute mehr denn je davon auszugehen, dass es seitens aller Beteiligten permanenter, kontinuierlicher Bestrebungen bedarf, um dem ständig wechselnden Bedarf an Innovationskraft und Problemlösungs-kompetenzen zu entsprechen.

In der Konsequenz bedeutet dies, dass einmal erworbene, fachliche Kompetenzen und Fertigkeiten rasch veralten und ständig neu erworben werden wollen. Sei es durch Fort-bildungen im Bereich der beruflichen und allgemeinen Bildung, sei es durch konkretes Erfahrungslernen in der betrieblichen Arbeit.

Das lebenslange Lernen (LLL), nicht zuletzt die Aufwertung informellen und berufs-praktisch erworbenen Wissens, wird mit Blick auf fluide, betriebliche Arbeit und veränderte technisch-organisatorische Rahmenbedingungen sehr aufgewertet. Vielfältige Chancen zur Weiterbildung sind für alle Beschäftigten unabhängig von Alter und Funktion zu ermögli-chen, denn LLL und die aktive Nutzung aller Lernchancen, die sich bieten, wird zu einem Gebot lebenslanger Erwerbstätigkeit und damit zur Voraussetzung für Beschäftigungsfä-higkeit. Nicht zuletzt wird es, analog zur Veränderung der betrieblichen Arbeit, zahlreiche Veränderungen hinsichtlich der Lernformen und der Gestaltung von Lernangeboten geben. Auch durch die Nutzung der Potenziale, welche die IT bietet, bzw. die mögliche Verzah-nung bzw. die umfassende Integration von Arbeits- und Lernorten werden neue Möglich-keiten für selbstorganisiertes, selbstgesteuertes und entdeckendes Lernen geschaffen.

Lernen im Arbeitsprozess als persönliche und betriebliche Disposition, eine permanente Aufgabe

LLL beinhaltet die Notwendigkeit und die Fähigkeit, sich ständig und lebenslang weiterzubilden, das einmal Gelernte mental zu durchdringen und reflektieren zu können sowie eigenständige Problemlösungsstrategien zu entwickeln, wie auch situativ und funktional angepasste Lösungsansätze.

Diese Bereitschaft zum lebenslangen, aber auch zum selbstgesteuerten Lernen wird zur grundsätzlichen Anforderung an die persönlichen Dispositionen der Beschäftigten, ohne die es zukünftig nicht mehr gehen wird. Ihre Ausprägung entscheidet über die lebenslange Arbeits- und Beschäftigungsfähigkeit einer Person, denn nichts wird konstanter sein als der betriebliche und gesellschaftliche Wandel.

Der Bedarf an lebenslangem Lernen (LLL) wird in dem Zusammenhang systemischen Strukturwandels und kontinuierlichem Anforderungswandel zu einer permanenten Anforderung an alle Beschäftigten eines Unternehmens, insbesondere jedoch die Führungskräfte.

Das betriebliche Personalwesen in den kleinen und mittleren Unternehmen und im Handwerk umfasst eine breite Skala von Aufgaben, die sich nicht in – heute oft ausgelagerten – Aufgaben der Personalabrechnung und Verwaltung erschöpfen, sondern vor allem auch die Pflege und Entwicklung vorhandener Kompetenzen seitens des bereits vorhandenen Personals umfassen. Dieser Aspekt ist zu betonen, denn es sind gerade die Mitarbeiter, welche im Kontext digitalen Wandels als wertvollste Ressource der Wertschöpfungsprozesse zu betrachten sind.

Hinsichtlich des lebenslangen Lernens ist es eine grundsätzliche Aufgabe der betrieblichen Personalentwicklung, die Bewältigung des demografischen Wandels durch Kompetenzentwicklung auf betrieblicher Ebene zu organisieren. Es geht dabei vor allem um die Vermeidung drohender Fehl- und Falschqualifikationen sowie eines drohenden Fachkräftemangels für zukünftige Aufgaben, abhängig von Branche, Region und Komplexitätsniveau betrieblicher Arbeit.

Die Aufgabe der betrieblichen Personalentwicklung besteht nicht zuletzt in der Planung und Realisierung von Lernchancen in der Arbeit, der Organisation von Aus- und Weiterbildung sowie die Förderung der grundsätzlichen Bereitschaft und Fähigkeit für lebenslanges Lernen, welches für alle Erwerbstätigen, unabhängig vom Alter oder der Funktion, von sehr starkem Interesse ist.

Lebenslanges Lernen als Bring- und Holschuld für alle Erwerbspersonen

Der Bedarf an lebenslangem Lernen ist eine wesentliche Begleiterscheinung des Wandels von betrieblicher Arbeit im Zeichen von Digitalisierung der Arbeitsprozesse, Vernetzung und Integration. Lebenslanges Lernen, als Bring- und Holschuld für Beschäftigte, verlangt nach Lernchancen, zugänglichen Lernangeboten und gezielten Personalentwicklungsprozessen!

Der Ausschluss von Bildungsprozessen bedeutet letztendlich, an den Rand der Gesellschaft gedrängt zu werden und den Anschluss zu verlieren. Bildung in jeder Form wird zu einem Grundrecht in demokratisch und auf Gleichstellung aufgebauten Institutionen.

Insofern gelten die Ausführungen zum lebenslangen Lernen nicht nur für die Jüngeren im betrieblichen Arbeitsprozess, sondern für Menschen ungeachtet ihres Alters, in allen Lebensphasen.

Beruflich relevantes Lernen findet heute in unterschiedlichen Lernumgebungen statt:

- in der beruflichen Ausbildung, z. B. als Teil des dualen Systems mit staatlich anerkannten Berufsausbildungen und -abschlüssen
- in Seminar-Angeboten der beruflichen Weiterbildung als Teil von Anpassungs- oder Aufstiegsqualifizierung, sei es in Form von Präsenz- oder Online-Angeboten bzw. in Form neuartiger Lernarrangements, z. B. in Form von „Blended Learning"-Angeboten
- als informeller Bestandteil von Arbeitsprozessen und als immanenter Bestandteil qualifizierter Facharbeit
- als selbstorganisiertes Lernen mithilfe von niedrigschwelligen Angeboten im Internet

Lebenslanges Lernen für Arbeitnehmer wie Führungskräfte hat seit den 90er-Jahren des ausgehenden 20. Jahrhunderts immer mehr an Bedeutung gewonnen. Während es früher möglich war, auf einmal erworbene formale Qualifikationen zu verweisen, wie z. B. ein Studium, einen Meisterabschluss bzw. eine abgeschlossene Berufsausbildung, führen die steigenden Flexibilisierungsbestrebungen und insbesondere der Einsatz komplexer Informationssysteme zu wachsenden Anforderungen in allen Aufgabenbereichen.

Das Paradigma des LLL für alle Beschäftigten (als Bring- und Holschuld betrachtet) ist eine Anforderung, wie sie – bedingt durch die digitale Integration von Kommunikations- und Arbeitsprozessen – an alle Erwerbspersonen gestellt wird, und zwar unabhängig von Alter und sonstigen personenbezogenen Merkmalen, erworbenen Qualifikationen, Kompetenzprofil und Berufserfahrung. Aus diesem Grund ist es nicht mehr möglich, eine einmal erworbene Ausbildung als konstante Größe und als gute Ausrüstung für das ganze Leben zu begreifen.

Angesichts der wachsenden Bedeutung des Lernens in der allgemeinen und beruflichen Bildung, aber auch in der betrieblichen Arbeit, hat die Kommission der Europäischen Gemeinschaften bereits 1987 den Startschuss für Erasmus gegeben, welches zunächst nur als Programm für die Hochschulbildung konzipiert war, aber schnell alle Bildungsbereiche, auch die berufliche Bildung, den Fachkräfteaustausch und die Zusammenarbeit der Bildungseinrichtungen auf europäischer Ebene aufgriff.

Der Europäische Rat hatte nicht zuletzt vor diesem Hintergrund das Leitmotiv der Konferenz von Lissabon (2000) ausgegeben. Europa sollte sich innerhalb von zehn Jahren zur wissensintensivsten Region der Welt entwickeln. Wenngleich dieses Ziel unerreichbar blieb, wird es weiterverfolgt. Seitdem werden hierfür – insbesondere in der Neuauflage Erasmus+ seit dem Jahr 2015 – bedeutende finanzielle Mittel seitens der Europäischen Gemeinschaften zur Verfügung gestellt.

Das Mittelaufkommen für die europäische Berufsbildung dient nicht nur der Kompetenzentwicklung von Studierenden und Arbeitnehmern, sondern auch dem Bedarf an einer steigenden Mobilität, Internationalität und der Angleichung von Bildungsabschlüssen in der EU.

In den nunmehr 30 Jahren des Bestehens der europäischen Lernprogramme wurden bis 2017 bereits neun Millionen Teilnehmende gefördert (KOM EU 2017, S. 6). Neben der Aneignung kognitiven Wissens geht es im europäischen Kontext auch um den Lern- und Erfahrungstransfer hinsichtlich neuester Verfahren, Methoden und Lernkonzepte zwischen den teilnehmenden Organisationen und Teilnehmenden für berufliche Kompetenzentwicklung.

Nicht nur die Berufsbildung, sondern vor allem auch das lebenslange Lernen (LLL) im Prozess der Arbeit und Weiterbildung in Form von freiwilligen Seminaren zur Aufstiegsfortbildung und jährlichem Bildungsurlaub sowie die obligatorische Teilnahme an Pflichtveranstaltungen zur Aktualisierung vorhandener Qualifikationen werden zu einem regulären Bestandteil des Erwerbslebens aller.

▶ **Was bedeutet „Blended Learning"?** Blended Learning gehört zu den mittlerweile klassischen innovativen Angeboten der Weiterbildung. Es wird von allen Bildungseinrichtungen, insbesondere der Erwachsenenbildung, und in der betrieblichen Weiterbildung genutzt, da es eine preiswerte und flexible Alternative zum Präsenzunterricht darstellt. Unter Blended Learning verstehen wir ein Lernangebot aus meist modular gestalteten Einheiten der Wissensvermittlung, gemischt aus virtuellen Online-Angeboten, die individuell zu absolvieren sind, je nach Zeitfenster des Lernenden. Während der i. d. R. kürzeren Präsenzzeiten trifft sich die Lerngruppe und bearbeitet bzw. löst und reflektiert gemeinsam spezifische Aufgabenstellungen.

Es ist nicht nur die rasche Entwertung einmal erworbenen Wissens, welche nach lebenslangem Lernen in allen verfügbaren Lernkontexten verlangt. Es sind auch das Anwachsen der Anforderungen in der Breite und die wachsende Bedeutung von sogenannten Soft Skills, also die Kenntnis von Zusammenhängen, abteilungsübergreifenden Arbeitsprozessen und der Umgang in Informations- und Kommunikationsnetzen internationaler Wirtschaftsbeziehungen.

Somit wird die Option des lebenslangen Lernens für den Einzelnen, wie für den Betrieb, zur strategischen Frage des Erfolgs. Bildungsprozesse werden zu einem zentralen Faktor im Kontext der flexiblen Wissensgesellschaft, und zwar nicht nur mit Blick auf einen erwünschten beruflichen Aufstieg und eine angestrebte berufliche Karriere, sondern auch im Hinblick auf die Bewältigung von Strukturwandlungsprozessen hinsichtlich Arbeitsmitteln, Arbeitsinhalten und Arbeitsort, aber auch mögliche Arbeitsplatz- bis hin zum Berufswechsel.

Die Teilnahme an betrieblicher Weiterbildung wird in diesem Zusammenhang zu einer zentralen Anforderung an alle Beschäftigten eines Unternehmens, die Führungskräfte eingeschlossen. Hierbei geht es nicht nur um die Anpassung von Qualifikationen und Fertigkeiten an technische Innovationen, sogenannte Produkt- und Prozessinnovationen, sondern auch um die gezielte Weiterentwicklung der personenbezogenen Kompetenzen.

Bei der Strategie des lebenslangen Lernens geht es nicht zuletzt auch um die Frage nach der Bewältigung des demografischen Wandels und eines möglicherweise auftretenden Fachkräftemangels, wenngleich diese beiden Aspekte – abhängig von Branche, Region und Komplexitätsniveau betrieblicher Arbeit – bei der Entwicklung innovativer Personalmanagementstrategien durchaus auch eine Rolle spielen können.

Es geht vielmehr um die Anforderung zur Bewältigung des permanenten Wandels in der internationalen Arbeits- und Geschäftswelt, die rasanten Konkurrenzdruck und häufigen Typenwechsel verlangt, hohe Anforderungen an die Komplexität und Qualität von Produkten und Dienstleistungen, die für Unternehmen wie für deren Personalverantwortliche und die Gesamtheit aller Erwerbstätigen – unabhängig von Alter oder Funktion – von durchgehend starkem und steigendem Interesse sind.

Durch den ständigen Wandel der Arbeitswelt können bei den Erwerbspersonen sowohl Prozesse der Dequalifizierung angestoßen werden als auch Prozesse der Kompetenzanreicherung. Zertifizierte Aus- und Fortbildungsabschlüsse stehen dabei immer mehr in Konkurrenz zu praxiserworbenen, einschlägigen Berufserfahrungen. Formalisierte Bildungsgänge als Bestandteil beruflicher Weiterbildung ergänzen die berufliche Erstausbildung und die Praxiserfahrung in Form der ständig wachsenden Anforderungen an berufsbegleitenden Wissenserwerb.

Nicht umsonst steht im Zentrum des aktuellen Förderprogramms der Europäischen Kommission Erasmus+ die Öffnung aller Bildungsaktivitäten für Personen jeglichen Alters, ganz besonders jedoch für die vom Strukturwandel bedrohten Personen. Die Förderung der Durchlässigkeit der Bildungsgänge und Abschlüsse sowie das lebenslange Lernen (LLL) ohne Einschränkungen der Person, der hierarchischen Position im Unternehmen oder der Aufgabenbereiche stehen hierbei für alle Personen im erwerbsfähigen Alter im Mittelpunkt.

In diesem Zusammenhang wird der Erwerb informell erworbener Kompetenzen durch Praxislernen aufgewertet und der Nachweis zertifizierter Formen von formaler Aus- und Weiterbildung relativiert. Zudem werden die Lernorte am Arbeitsplatz neu entdeckt und der methodische Ansatz des entdeckenden, selbstorganisierten Lernens wird zum zentralen Element im Kontext von LLL.

Lebenslanges Lernen ist durch ein neues Paradigma des Lernverhaltens zu charakterisieren, welches davon ausgeht, dass es überall und an allen Orten etwas zu lernen gibt, dass ein Individuum „nie auslernt" und während eines ganzen Lebens immer wieder neues Wissen, Kenntnisse und Fertigkeiten erwirbt, um sich für neue Herausforderungen „fit" zu machen.

Somit werden klassische Formen der Berufsbildung, aber auch der dualen Ausbildung und der Weiterbildung angereichert und zum Teil ersetzt durch neue Lernformen, neue Lehr- und Lernmethoden, aber auch durch völlig veränderte Gestaltungsparameter und Anforderungen an Individuen wie Personalführung in den Betrieben.

▶   **IT führt zum Paradigmenwechsel im Bereich der Führungskompetenzen** Lebenslanges Lernen und die Notwendigkeit zur Aktualisierung von Wissensbeständen auf allen Kompetenzebenen wird im Zeichen systemischen Wandels von Kompetenz- und Arbeitsanforderungen immer wichtiger für alle Beschäftigten. Dies unterstreicht den Bedarf an lebenslangem Lernen in allen Lernformen für Beschäftigte aller Art, insbesondere für Führungskräfte, welche Weiterbildung meist als technische Anpassungsfortbildung begreifen und deshalb vielfach fachliche Aspekte über- und Fragen des Führungsstils unterschätzen.

Viele Führungskräfte sind sich nicht darüber im Klaren, dass es gerade im Bereich der Prävention und Konfliktlösung, wie auch zur Motivierung von Mitarbeitern, immer wichtiger wird, zielgerichtete Aktivitäten zur Förderung der Soft Skills, z. B. für die Durchführung guter Mitarbeitergespräche, zu fördern, welche eine gemeinsame Erarbeitung von transparenten Ziel- und Leistungsvorhaben ermöglichen, aber auch die Definition von individuellen Karrierepfaden fördern. Dafür wird eine hohe soziale und personale Kompetenz für eine erfolgreiche Führung und den zielgerichteten Umgang mit den Mitarbeitern zu einem essenziellen Bestandteil von Weiterbildungs- und Lernkonzepten, z. B. in Form von Coaching bzw. in Form von klärenden Gesprächen zur Beilegung von Konflikten, zur Erarbeitung von Leistungszielen und zur Festlegung von Entwicklungspfaden in der Karriereentwicklung für die einzelne Person.

4.4   Das „gendergerechte Laufbahnkonzept" als Bewältigungsansatz für Strukturwandel

Entgegen klassischen Berufsrollen, die nach dem Erwerbsverlauf von Männern und Frauen stark unterscheiden, wurde im Zeichen der Diskussion um Gleichstellung und Lösungsstrategien für demografischen Wandel das gendergerechte Laufbahn- und Karrierekonzept entwickelt, welches kaum noch geschlechterspezifische Unterschiede aufweist und für beide Geschlechter völlig neue Entwicklungsmöglichkeiten in der betrieblichen Arbeit zulässt. Das im Folgenden dargestellte „gendergerechte Laufbahnkonzept" ist damit zentraler Bestandteil einer neuen Arbeitskultur, die es im Zeichen des systemischen Wandels betrieblicher Arbeit zu entwickeln gilt.

Warum brauchen wir eine neue Arbeitskultur?
Traditionelle Geschlechterrollen und Stereotype wirken sich hinsichtlich der Kontinuität und Dauer der Erwerbsverläufe nachteilig für beide Geschlechter aus:

- Wenn Frauen einen Großteil der Hausarbeit und Kindererziehung übernehmen, leiden sie unter der Doppelbelastung. Sie unterbrechen dann häufiger nach der Geburt die Erwerbsarbeit oder arbeiten Teilzeit. Dann sind sie hinsichtlich ihrer Chancen auf guten Verdienst, freie Entfaltung ihrer Persönlichkeit, Karrierechancen in der Arbeitswelt und hinsichtlich des „Gender Pension Gap" stark benachteiligt.

- Wenn Männer traditionelle Arbeits- und Lebensmodelle als Alleinverdiener leben, haben sie chronischen Stress und Zeitmangel. In der Familie sind sie nur „nicht anwesende Zahlväter". Sie sind von Burn-out bedroht und in vielen Berufen bereits ab Mitte 40 erwerbsgemindert oder berufsunfähig.

▶	Demografischer Wandel, steigender Stress am Arbeitsplatz und Innovationsdruck erfordern eine neue Arbeitskultur, um Produktivität und Arbeitsplätze zu erhalten!

Im Sinne der Chancengleichheit, aber auch als Teil einer Bewältigungsstrategie im Zeichen des demografischen Wandels ist das „Dreiphasenmodell" für die Berufsverläufe und -orientierungen der Frauen abgelöst worden. Genauso gilt es Abschied zu nehmen vom „Ernährer-Modell" als Berufsformel für die Erwerbsbiografie und Karrierewege der Männer. Das „ganzheitliche, lebenslange Laufbahnkonzept" mit gleichen Chancen für die Karriere-Entwicklung von Männern und Frauen beinhaltet neue Wege zur Erschließung gleicher Chancen. Es handelt sich hierbei um ein typologisiertes Laufbahnmodell für beide Geschlechter, welches keinen Unterschied macht zwischen den Berufs- und Familienpflichten von Männern und Frauen. Damit ist es ein gendergerechtes Laufbahnkonzept, welches beiden die freie Wahl und zahlreiche Gestaltungsoptionen eröffnet, auch unabhängig von personenbezogenen Faktoren der Paare.

Indem nämlich beide Geschlechter die Verantwortung für die Kinderbetreuung und den Haushalt übernehmen, und zwar in Form neuartiger Elternzeitregelungen und zeitlicher Präsenz bei der Kindererziehung, teilen sie sich die Belastungen der Kinderbetreuung und -erziehung von Anfang an. Frauen können dann weder präventiv, noch bei bestehender Mutterschaft für etwaige Ausfallzeiten sanktioniert werden und haben damit die gleichen Chancen auf Karriere in Aufstiegspositionen, wie Männer. Dies kennzeichnet nicht nur einen Paradigmenwechsel in der Berufs- und Familienrolle der Frauen, sondern bedingt die aktive Vaterschaft als eine der zentralen, sozialen Errungenschaften des 21. Jahrhunderts.

Die Abb. 4.2, das „Gendergerechte Laufbahn- und Karrierekonzept für Frauen und Männer", zeigt, wie für beide Geschlechter eine Kontinuität in der Berufsarbeit sowie eine höhere Vereinbarkeit und Verträglichkeit von Arbeits- und Familienpflichten erzielt werden können und durch welche Organisation der Lebensarbeitszeit für Frauen wie für Männer neue Perspektiven erschlossen werden können (Abb. 4.2).

Das gendergerechte Laufbahnmodell als Ansatz und Weg in die Chancengleichheit
Mit Fug und Recht kann heute noch davon gesprochen werden, dass die meisten Frauen an der vollen Entfaltung ihrer Kompetenzen und Talente maßgeblich behindert werden durch Effekte eines „retrograden Eltern- und Familienbildes" sowie durch Stereotype weiblicher Erwerbstätigkeit. Indem Stereotype als „blinde Flecken" bei Institutionen wie Jugendlichen auf die Berufswahlmuster einwirken und damit die Ausübung weiblicher Erwerbsarbeit und Berufsrollen beeinflussen, stehen derartige Orientierungen heute noch – mit äußerst nachteiligen Effekten für die Geschlechter – der Durchmischung von Berufen und Berufsbildern im Wege.

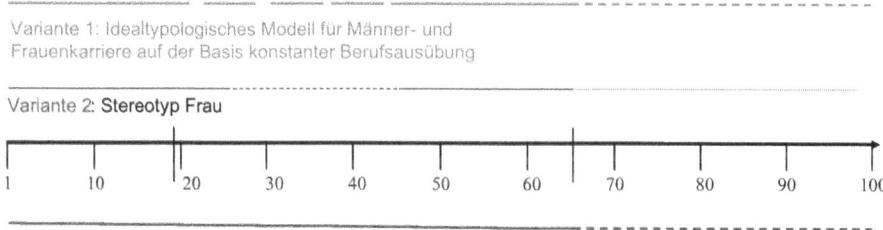

Abb. 4.2 Gendergerechtes Laufbahn- und Karrierekonzept für Frauen und Männer

Das gendergerechte Laufbahnmodell sieht nach der Geburt eines Kindes nur eine kurze zeitliche Unterbrechung der Erwerbsarbeit vor. Diese Erziehungszeiten können durch den Vater wie auch durch die Mutter wahrgenommen werden. Nach der Inanspruchnahme der Erziehungszeiten folgt eine zeitlich leicht reduzierte Erwerbsarbeit für den Vater, die Mutter oder beide, was einen Verbleib im Unternehmen und ggfs. nach dem Größerwerden des Kindes ein erneutes Durchstarten hinsichtlich der Karriere ermöglicht.

Aktive Vaterschaft als wichtige gesellschaftliche Veränderung im 21. Jahrhundert
Die Übernahme einer aktiven Vaterschaft gilt als eine der wichtigsten gesellschaftlichen Änderungen im 21. Jahrhundert (s. Abschn. 7.3 und 7.4). Beiden Geschlechtern ist es heute möglich, in der ersten Zeit nach der Geburt eines Kindes beruflich kürzerzutreten und nach einer bestimmten – individuell festzulegenden – Zeit wieder voll einzusteigen oder aber zumindest auf Dauer im Beruf zu verbleiben.

Selbst wenn dies bedeutete, für diese Zeit des Elternurlaubs keine Führungsaufgabe auszuführen, wäre es dennoch eine wirksame Prävention gegen den Wegfall des vorhandenen Arbeitsplatzes bzw. das Ausscheiden einer gut eingearbeiteten Kraft aus dem Betrieb. Damit bleiben die betrieblichen Investitionen in die Arbeitskraft erhalten und die Loyalität wird gestärkt.

Da beiden Geschlechtern die Möglichkeit der Elternzeit offensteht, handelt es sich beim lebenslangen Laufbahnkonzept um einen im Sinne von Gleichberechtigung in Familie und Beruf pragmatischen und individuellen Lösungsweg, der nur Gewinner kennt und auf die Dauer nicht in berufliche und soziale Sackgassen führt, wie das „Dreiphasenmodell".

Dieser Mentalitätenwandel ist eine wesentliche Voraussetzung für die flächendeckende Einführung neuer Erwerbsmodelle, welche Frauen- und Männerrollen in Beruf und Familie zeitgemäß gestalten, weil sie auf eine paritätische Verteilung der Familienpflichten abzielen. Erst in diesem Kontext können sich neue Karrieremodelle für Männer und Frauen entwickeln.

Das lebenslange Laufbahnkonzept für beide Geschlechter löst nicht nur geschlechtsspezifische Stereotype hinsichtlich der Familienrolle auf, sondern ermöglicht beiden Eltern, das zu tun, was sie am besten können und was sie anstreben, unabhängig vom Geschlecht des Elternteils. Damit werden neue Rollenbilder geschaffen und ein Beitrag zur Gleichbehandlung von Arbeitnehmern geliefert.

Wenn es bei der Einstellung in einen Betrieb mehr um Können und Kompetenz geht und weniger um Herkunft und personenbezogene Eigenschaften, können die Arbeitgeber bei der Einstellung auch darauf verzichten, eine Person nach ihrem Geschlecht zu beurteilen. Dies führte oft genug dazu, dass die Person nicht eingestellt wurde oder ihre Karriere in einer beruflichen Sackgasse endete. So gibt es vor allem für weibliche Berufsanfänger bei der Ersteinstellung zahlreiche Funktionen, die keinerlei Aufstiegschancen beinhalten, und andere, welche vielfach den jüngeren, männlichen Nachwuchskräften zugeteilt werden, die als Sprungbrett in Karrierepositionen gelten.

Wenn dann die Kinder aus dem Gröbsten heraus sind, so herrscht landläufig die Vorstellung, könnten sich die Frauen wieder in das Erwerbsleben integrieren. Was jedoch in der Praxis meist misslingt, da im Zeichen des raschen Anforderungswandels berufliche Kompetenz sehr rasch veraltet und schon nach zwei Jahren der Berufsunterbrechung von der völligen Entwertung der Aktualität beruflichen Wissens gesprochen wird. Ein diskontinuierlicher Berufsverlauf mit längeren familienbedingten Unterbrechungen wirkt somit für die Frauen als Nachteil für eine Erwerbskarriere.

Bereits in der Erwartung möglicher Familienpflichten werden nach dem klassischen Rollenverständnis nach dem Dreiphasenmodell von Alva Myrdal und Viola Klein (1971) die Karrierechancen von weiblichen Nachwuchskräften für Top-Positionen entscheidend geschmälert. Geht man doch davon aus, dass sie nach der Eheschließung und Geburt eines Kindes die aktive Erwerbsarbeit für etliche Jahre unterbrechen, um sich Ehe, Kindern und Familie zu widmen. Bisher war es so, dass aufgrund der sozialen Zuschreibungen eine junge Frau eher mit der Erwartungshaltung klassifiziert wurde, dass sie bald eine Familie gründet und dann ggfs. auf Dauer ausfällt. Um Ausfälle und Störungen des Betriebsablaufs zu vermeiden, hat man ihr demzufolge eher eine zuarbeitende Assistententätigkeit ohne eigenen Verantwortungsbereich angeboten als den Chefsessel oder die Abteilungsleitung.

▶   Das traditionelle Dreiphasenmodell führt in der Praxis der Personalauswahl und der Bewertung von Leistung in Verbindung mit der Auswahl für den beruflichen Aufstieg zur Benachteiligung von Frauen.
      Diese Benachteiligung von jungen Frauen als zukünftige Fach- und Führungskräfte wird mit dem Leitmotiv des gendergerechten Laufbahnkonzepts für beide Geschlechter hinfällig. Mit Bezug auf die rechtliche Gleichstellung

wird soziale und betriebliche Gleichbehandlung und Gleichstellung aller Bewerber und Beschäftigten wirksam in der beruflichen Praxis umgesetzt.

Das lebenslange Laufbahnkonzept ist heute bereits weitgehend anerkannt und untrennbar mit dem Ansatz des Diversity Management (DM) in der Personalführung und Personalentwicklung verbunden. Es wird bereits mittels der Charta der Chancengleichheit in zahlreichen marktführenden Mittelstandsbetrieben, mitbestimmungspflichtigen Großbetrieben und auch der öffentlichen Verwaltung empirisch nachvollziehbar umgesetzt (s. hierzu Kap. 5, 6 und 7).

Durch die Einführung des „gendergerechten Laufbahnkonzepts" wird das klassische Dreiphasenkonzept von Alva Myrdal und Viola Klein abgelöst durch ein neues Leitbild von Berufsarbeit, welches den Eltern gleiche Chancen und Entwicklungsmöglichkeiten eröffnet.

Das lebenslange Laufbahnkonzept bahnt für Männer wie Frauen neue Perspektiven für Arbeit und Leben. Es ermöglicht ihnen die Neudefinition ihrer Berufs- und Karrierewege. Es verändert die Berufswahl, ebenso wie die Karrierewege, bedingt durch die Angleichung der Rollen von Frauen und Männern, Müttern und Vätern. Es führt zu einer verantwortlichen Teilhabe beider Geschlechter an allem, was die Vereinbarkeit von Beruf und Familie abverlangt, insbesondere die Übernahme von Hausarbeit und Kindererziehungszeiten, Erziehungs- und Fahraufgaben, Fehlzeiten bei Erkrankungen etc.

Ein gendergerechtes Laufbahnkonzept wird es den Frauen ermöglichen, die gläserne Decke zu durchbrechen, welche ihrer Karriere vielfach im Wege steht, weil es viele Barrieren aus dem Weg räumen wird, die einer gleichberechtigten Teilhabe an beruflicher Ausbildung, Berufstätigkeit und Karriere im Weg stehen (s. hierzu die Ausführungen in Abschn. 4.5, 7.3 und 7.4).

Zentrale Argumente für das gendergerechte lebenslange Laufbahnkonzept

Sehr wenige Frauen (unter 5 %) sind im Vorstand von DAX-Unternehmen vertreten. Ihre Positionen sind bislang mehr oder weniger auf den unteren und mittleren Ebenen von Führung festgeschrieben. Auch die rechtlich erfolgte Gleichstellung durch das Allgemeine Gleichbehandlungsgesetz (AGG) in Deutschland sowie deutliche Anstrengungen der Politik, mithilfe der Quotenregelung den Frauenanteil in den oberen Etagen zu erhöhen, haben bislang kaum zu einer nennenswerten Erhöhung des Frauenanteils in den Aufsichtsräten bzw. oberen Chefetagen geführt.

Dieser weitgehende Stillstand in der Entwicklung der Frauenanteile an Führungspositionen in den Unternehmen des Mittelstands ist an den inzwischen nach Geschlechtern differenzierenden Statistiken offizieller Stellen deutlich abzulesen. Diese Daten werden insbesondere von der Friedrich-Ebert-Stiftung (FES) mit Sitz in Bonn und dem Deutschen Institut für Wirtschaftsforschung (DIW) mit Sitz in Berlin systematisch erhoben und ausgewertet.[5] Lediglich in mitbestimmten Unternehmen (über 2000 Mitarbeitern) und im öffentlichen Dienst haben sich spürbare Aufwärtsentwicklungen des Frauenanteils ergeben.

---

[5] Zahlreiche einschlägige Studien stehen dort zum kostenlosen Abruf als PDF bereit Anm.d.Verf.).

Damit ist das „gendergerechte Laufbahnkonzept" ein nachhaltiger und wirksamer Ansatzpunkt zur Auflösung des Phänomens der gläsernen Decke („Glass Ceiling"), welches in allen patriarchalischen Ländern zu beobachten ist. Das gendergerechte Laufbahnkonzept mit einem Leitbild lebenslanger Erwerbsarbeit für beide Geschlechter kann also dazu beitragen, dass Frauen schneller und besser Karriere machen und in gut bezahlte Führungspositionen aufrücken.

Das lebenslange Laufbahnkonzept ist damit ein wirksamer Ansatzpunkt zur Aufweichung

- des Gender-Gaps bei Verdiensten, der gegenwärtig in Deutschland bei ca. 21 % liegt, sowie
- des nach wie vor erschreckenden Renten-Gaps in Verbindung mit der Gefahr von Altersarmut.

Es ist darauf hinzuweisen, dass der sogenannte „Gender Wage Gap" bei den Einkommen eine noch viel bedenklichere Differenz hinsichtlich der Rentenhöhe nach sich zieht. Dieser große Unterschied zwischen den Renten von Männern und Frauen – das sogenannte „Pension Gap" – in Verbindung mit der Langlebigkeit von Frauen ist eine wesentliche Ursache der Altersarmut von Frauen.

Gender Wage Gap und Gender Pension Gap sowie noch weitere Zeichen gesellschaftlicher Minderbewertung von Frauenerwerbsarbeit, wie z. B. die Benachteiligung von Frauen durch Frauen („Stutenbissigkeit") bzw. die „Schere im Kopf" seitens der Frauen selbst, welche in vorauseilendem Gehorsam bestimmte Anforderungen an sich im Hinblick auf gesellschaftliche Anpassung interpretieren – um nur die wichtigsten zu nennen –, führen zu eindeutigen Benachteiligungen in den weiblichen Karrieren und dem Fortkommen im Beruf.

Dieses „gendergerechte, lebenslange Karriere- und Laufbahnmodell" wurde im Zusammenhang mit den konzeptionellen Arbeiten zum Modellvorhaben des BMB+F „Alternsgerechtes, flexibles Arbeiten im Handwerk" im Auftrag der Handwerkskammer Hamburg von Lippe-Heinrich (2001) entwickelt, um aufzuzeigen, wie das Problem eines drohenden Fachkräftemangels im Handwerk gezielt gelöst werden könnte.

Dieser Ansatz ist umso bedeutender, je mehr man davon ausgehen kann, dass ein demografisch bedingter Fachkräftemangel nicht nur das Handwerk in Deutschland, sondern auch die Vielzahl der Kleinbetriebe und den Mittelstand betreffen wird. Gerade diese Betriebe sind dafür bekannt, dass sie bis heute vielfach sehr beharrlich an alten Konzepten der Führung und des Personalmanagements festhalten. Ausnahmen bestätigen auch hier die Regel!

Traditionelle Familienrollen mit „Dreifachbelastung" und unbezahlter Arbeit der Frauen

Eine retrograde Ideologie von der Frau als „treusorgende Mutter", welche die Erwerbsarbeit unterbricht oder „hinten anstellt, um die Kinder zu erziehen", ist nicht nur Ausdruck der Familienideologie des ausgehenden 19. Jahrhunderts, sondern bietet realiter gleichzeitig das Alibi für eine faktische Doppel- und Dreifachbelastung der Mehrheit von lohnabhängigen Frauen. Die Dreifachbelastung der erwerbstätigen Mütter ergibt sich aus den Anforderungen in völlig unterschiedlichen Bereichen. Zunächst geht es für die Frau um die Erfüllung der beruflichen Anforderungen, die mit den Anforderungen eines Familienlebens bzw. der Kinderbetreuung und Erziehung zu vereinbaren ist. Gleichzeitig soll sie als attraktive Frau die Beziehung zu ihrem Partner unterhalten. Dieses Rollenbild hat immer noch weitreichende Folgen für ihr Leben, also ihre Berufswahl und ihre Entwicklung im beruflichen Alltag.

Die Mehrheit der Frauen im erwerbsfähigen Alter hat keine Alternative zur Erwerbsarbeit, egal ob verheiratet und mit Partner oder nicht. Ein einziges Einkommen genügt in der Regel kaum noch, um eine Familie zu ernähren. Es ist eine Tatsache, dass die meisten Familien es sich heute angesichts hoher Mieten und Reproduktionskosten überhaupt nicht leisten können, auf das Einkommen der Frauen zu verzichten. Wenn die Frau dann, wie immer noch in vielen Familien und Partnerschaften üblich, die alleinige Zuständigkeit für Haushalt und Kindererziehung hat, dann hat sie kaum Zeit für sich, noch für ihren Partner, das lebenslange Lernen oder die eigene Gesunderhaltung durch entsprechende Freizeitaktivitäten. Abends und am Wochenende hat sie im Interesse der Kinder zuhause zu sein und Zeit mit ihren Kindern zu verbringen. Damit bleibt den derart eingebundenen Familienfrauen für die Wahrnehmung von „Karrierejobs mit Vollverpflegung", repräsentativen Pflichten in öffentlichen Ämtern in Politik und Verwaltung, aber auch für berufliche Karrierepositionen mit weitreichenden Flexibilitätsanforderungen kein Spielraum. So leisten Frauen faktisch sehr viel Mehrarbeit im Vergleich zum Mann, ohne dass dies gegenwärtig – wie sich am Zerfall von Familienbindungen, fehlenden Karrierechancen und an den sehr viel geringeren Rentenzahlungen zeigt – familiär, betrieblich oder gesellschaftlich honoriert wird. Die unbezahlte Mehrarbeit von Frauen in der Familie zählt zu den strukturellen Dispositionen, welche verhindern, dass Frauen mit Familie im Beruf dazu tendieren, zentrale Führungsverantwortung zu übernehmen. Die Reproduktionsarbeit wird kaum gesellschaftlich anerkannt und nicht honoriert. Gleichzeitig ist es unrealistisch, anzunehmen, dass ein einzelner Mensch in der Form 24/7 alle Verpflichtungen erfüllen kann, ohne Schaden oder Einbußen hinnehmen zu müssen in einem der drei Bereiche bzw. in allen drei Bereichen.

▶ **Das gendergerechte Laufbahnmodell eröffnet freie Wahl- und Gestaltungsoptionen** Statt einer kontinuierlichen Berufsunterbrechung und damit einer völligen Entwertung einmal erworbener Kompetenzen geht das „lebenslange Laufbahnkonzept" von einem zeitlich begrenzten oder auf Dauer gewählten Laufbahnkonzept mit reduzierter Stundenzahl aus, sofern dies aus individueller Sicht erwünscht wird. Die betreffende Person kann danach leichter wieder „durchstarten", wenn sie dies wünscht und sich die familiären Gegebenheiten geändert haben, d. h. die Kinder „aus dem Gröbsten heraus sind". Ähnliches gilt für die heute noch meist von Frauen zu erbringenden Familienpflichten, wenn Kinder, der Partner und/oder ältere Familienangehörige erkranken.

Es ist eine Tatsache, dass die früher getrennt betrachteten Bereiche von Beruf, Familie und Gesellschaft nicht zuletzt durch den Einsatz der IT zusammenrücken und als Gesamtarrangement gesehen werden können und müssen (s. Abschn. 3.4). Dies eröffnet neue Perspektiven und Wahlmöglichkeiten zur Ausgestaltung der beruflichen Entwicklung wie auch der Lebensläufe.

So z. B. haben weibliche leitende Führungskräfte, wie z. B. die Chefin der Berliner Verkehrsbetriebe, Ingenieurin und mehrfache Mutter, einen Rollentausch mit ihrem Ehepartner durchgeführt, der ihnen damit den Rücken freihält für das berufliche Fortkommen und ihre Karriere. Auch Politikerinnen, wie die gegenwärtige Verteidigungsministerin oder die designierte Kanzlernachfolgerin, haben das traditionelle Rollenmodell umgekehrt. Auch dies ist eine Lösung, welche das Paar frei wählen können soll, wenn es beiden Partnern entspricht und sie damit zufrieden sind.

Das jedoch für Frauen i. d. R. so nachteilige Erwerbs- und Karrieremodell nach Alva Myrdal und Viola Klein wird beim Modell des lebenslangen Laufbahnkonzepts abgelöst durch ein auf Gleichstellung der Geschlechter zielendes lebenslanges Laufbahn- und Karrieremodell, welches für beide Geschlechter Orientierung und Entwicklungschancen für eine lebenslange Erwerbsarbeit ermöglicht und viele Optionen enthält zur freien Gestaltung von Berufs-, Beziehungs- und Familienrollen. Berufliche Unterbrechungen aufgrund von Elternschaft und Elternzeit sind nur noch kurz und beiden Geschlechtern vorbehalten. Wie bereits ausgeführt, können zudem durch die Neuregelungen der Elterngeldbestimmungen die gesamten Elternzeiten von Männern wie Frauen in Anspruch genommen werden. Damit ist nicht nur die Gleichbehandlung vor dem Gesetz hergestellt. Ein auf lebenslange Erwerbstätigkeit ausgelegtes Karrieremodell für beide Geschlechter kommt nicht nur den Frauen, sondern nicht zuletzt auch den Unternehmen und der Gesellschaft zugute. Dieses Modell stärkt das betriebliche Arbeitsklima und bewirkt, dass der Arbeitgeber langfristiges Interesse an der Arbeitskraft hat, so dass diese im betrieblichen Kontext ständig weiterentwickelt wird. Weiterhin wird auf gesellschaftlicher Ebene ein Beitrag zur Einsparung von Sozialtransferzahlungen geleistet, da viele Frauen deutlich höhere Renten erhalten und damit der Altersarmut entgehen.

▶ **Was ist das Phänomen des sogenannten „Gender Wage Gap"?** Als Gender Wage Gap bezeichnet man die Schere zwischen männlichen und weiblichen Durchschnittsverdiensten. Deutschland liegt dabei EU-weit im mittleren Bereich bei ca. 25 Prozent. Die Ursachen hierfür sind vielfältig, liegen jedoch vielfach nicht in direkter Diskriminierung und Ungleichbehandlung, sondern in einer Kumulation zahlreicher Faktoren und stereotyper Rollenbilder begründet. Zahlreiche Studien des DIW und der FES belegen dies mit aktuellen Zahlen für einzelne Branchen und Berufszweige.

Der im Alter zu erwartende Gender-Renten-Gap ist noch weitaus höher und beträgt fast 50 Prozent! Die materielle Schlechterstellung von Frauen im Rentenbezug und damit ihre soziale Ausgrenzung im Alter, sofern kein Partner existiert, ist das Resultat einer diskontinuierlichen Erwerbsarbeit mit der Konsequenz einer ungleichen Vergütung mit einer Differenz von nahezu einem Viertel.

Damit ist das Dreiphasenmodell, ebenso wie das alte Familienmodell von der Frau als Hausfrau und Mutter, äußerst nachteilig für ein selbstbestimmtes Leben von Frauen und kann, gerade in einer Zeit des demografischen Wandels, kaum noch als Vorbild gelten. Der demografische Wandel ist möglicherweise eine logische Konsequenz und kann so nicht gestoppt werden.

▶   **Strukturmerkmale von Geschlechtergerechtigkeit in Familie und Beruf realisieren!** Während nach traditionellen, stereotypisierten Berufs- und Geschlechterrollen auch heute faktisch noch eine männliche und eine weibliche Berufsrolle dominiert, impliziert das sogenannte „lebenslange Laufbahnkonzept" eine gendergerechte Aufgabenteilung in der Familie und damit die Übernahme und Umverteilung von Haushaltspflichten bzw. Kindererziehung auf den Mann, wenn die Frau erwerbstätig ist. Damit wird ein zentrales Strukturmerkmal von Geschlechtergleichheit realisiert.

Zur neuen Männerrolle

Die Fixierung auf Anwesenheit bzw. hohe zeitliche Präsenzzeiten am Arbeitsplatz und die daraus resultierende hohe zeitliche Inanspruchnahme mit wenig Freizeit und Zeit für die Familie wirkt sich meist gerade bei den Männern mittel- und langfristig sehr negativ aus. Sie erleiden einen vorzeitigen gesundheitlichen Verschleiß, der oft mit frühzeitiger Verrentung einhergeht. Ein Nebeneffekt dieses neuen Laufbahn- und Karrieremodells ist es, dass die sogenannte Alternativ-Rolle, welche traditionellerweise nur den Frauen offensteht, auch für Männer geöffnet wird und sie sich auch in der Familie engagieren können, was als Ausgleich zu beruflichen Anforderungen fungieren kann.

Somit bietet das gendergerechte Laufbahnkonzept auch für Männer große Vorteile. Es ermöglicht ihnen, sich von der ausschließlichen Orientierung auf die Rolle als „Ernährer der Familie" zu emanzipieren und sich gleichermaßen für Kindererziehung und Familienarbeit zu engagieren, ohne dabei auf eine eigene berufliche Karriere (in der Rolle eines sogenannten „Hausmanns") zu verzichten.

Es eröffnet ihnen nicht nur persönliche Entwicklungschancen, die ihnen nach dem alten Berufs- und Rollenverständnis nicht zustanden, sondern auch ein sehr viel gesünderes Leben mit einem vielseitigeren Rollenrepertoire, da sie sich nicht mehr einseitig und ausschließlich auf die Berufsrolle und den Erfolg in Beruf fixieren, was sie oft genug mit Stress und Krankheit bezahlten.

Das gendergerechte Laufbahnkonzept wirkt sich deshalb nicht nur im Betrieb, sondern auch in der innerfamilialen Arbeitsteilung aus, so dass auch hier Männer und Frauen in eine neue Rolle hineinwachsen und mehr oder weniger paritätisch aufgeteilte Verantwortung für Familien- und Kinderarbeit übernehmen. Dabei wird nicht nur ein Beitrag zur Beseitigung des sogenannten „Gender- Gaps" und des damit einhergehenden „Renten-Gaps" geleistet, sondern auch ein Beitrag zur gesellschaftlichen Herstellung von Chancengleichheit im Sinne eines umfassenden DM (s. hierzu Abschn. 6.3). Ein wesentlicher Aspekt des „lebenslangen Laufbahnkonzepts" ist, dass das klassische Dreiphasenmodell einer für die Frau und zum Teil auch die Männer so nachteiligen

Elternrolle ersetzt wird durch das gendergerechte Laufbahnkonzept, welches kaum noch unterscheiden lässt zwischen den Berufsrollen der Geschlechter. Hier geht es vor allem darum, Raum zu entwickeln für das Entstehen neuer, gendergerechter Leitbilder betrieblicher Arbeit und für Berufsrollen und Karrieremuster, die sowohl Männern wie Frauen offenstehen.

Was die Männer angeht, so hat das neue Erwerbsmodell ebenfalls große strategische Vorteile, die sich zwar monetär zunächst nicht in Richtung Mehrverdienst ausweisen lassen, doch hinsichtlich der Realisierung eines gelungenen Erwerbs- und Arbeitslebens mit Blick auf eine lebenslange berufliche Karriere und kontinuierliche Laufbahnentwicklung durchaus Sinn machen.

Wie die Statistiken der Berufsgenossenschaften, aber auch der Sozialversicherung beweisen, erreichen zahlreiche Männer das reguläre Rentenalter nicht, weil sie aus gesundheitlichen Gründen berufsunfähig werden und damit aus dem aktiven Erwerb lange vor der Zeit ausfallen. Viele Männer, gerade in den Berufen, die überwiegend von Männern ausgeübt werden, haben bereits mit Mitte oder Ende 40 sehr deutliche Verschleißerscheinungen, so dass sie bereits um das Lebensalter von 50 Jahren entweder den Beruf wechseln oder aber in Erwerbsunfähigkeitsrente gehen müssen. Ein Grund hierfür, neben anderen, dürften die spezifischen Anforderungen an die männlichen, oft aufstiegsorientierten Erwerbspersonen sein, welche sich zu horrenden Arbeitszeiten verpflichtet fühlen. Die männlichen Erwerbspersonen werden in den Familien faktisch zu Zahlvätern degradiert oder nicht selten knapp jenseits des Lebensalters von 50 Jahren zu Frührentnern gemacht. Sie werden damit lange vor der Zeit aus dem aktiven Erwerb herauskatapultiert.

Selbst wenn keine gesundheitlichen Beeinträchtigungen auftreten, werden die Männer nach diesem Erwerbsmodell vielfach stark beeinträchtigt in der Entfaltung ihrer Persönlichkeit, was z. B. dazu führt, dass sie zu ihren Kindern kaum belastbare emotionale Beziehungen entwickeln können. Die negative Wirkung der Quasi-Abwesenheit von Vätern auf die Kinder bei der Kindererziehung wird schon seit den 70er-Jahren thematisiert, aber bislang kaum verändert.

Echte Veränderung setzt voraus, dass sich die Väter aktiv an der Kindererziehung beteiligen, und zwar von Geburt an. Dies wurde bislang immer mit dem Hinweis auf die Macht des Faktischen – der i. d. R. geringeren Höhe des Einkommens der Frauen – entschuldigt. Die aktive Rolle und zeitliche Präsenz des Vaters – auch in Etappen – wird jetzt durch das neue Elternzeitgesetz möglich. Gleichzeitig wird es möglich, nicht nur in der Elternzeit aktive Kindererziehung zu betreiben, sondern sich auf Dauer an der Reproduktionsarbeit in der Familie zu beteiligen. Dies bedeutet eine Neudefinition der Rolle als Vater bzw. auch als Mann und Erwerbsperson.

Diesen gesellschaftlichen wie familiären Wandel zu befördern, muss auch die neue Aufgabe betrieblicher Personalführung sein, denn es geht darum, die Kostenfaktoren für die Unternehmen zu minimieren, welche durch Ausfälle aufgrund von Personalfluktuation, krankheitsbedingten Fehlzeiten und vorzeitiger Erwerbsunfähigkeit entstehen. Die betrieblichen Folgen fehlender Vereinbarkeit zeigt die folgende Übersicht.

Betriebliche Folgen fehlender Vereinbarkeit

- Angespanntes Betriebsklima/mehr Stress
- Gutes Personal scheidet vorzeitig aus
  - MÄNNER (vorzeitig verbraucht)
  - FRAUEN (Karriereknick und -abbruch wegen Kindern und Hausarbeit)
- Betriebliche PRODUKT- UND DIENSTLEISTUNGSINNOVATIONEN (können nicht realisiert werden .....)

Mitarbeiterressourcen werden nicht voll ausgeschöpft und nicht entwickelt!
Betriebliche Konkurrenzfähigkeit leidet!

Ein Lösungsansatz von zentraler Bedeutung für die mehrschichtigen Strukturprobleme der Erwerbsarbeit von Frauen und Männern: das gendergerechte Laufbahnkonzept

Ein zentraler Lösungsansatz zur Bewältigung des permanenten Strukturwandels in einem Kontext erhöhter Anforderungen und „fluider, nahezu täglich kaum noch vorhersehbarer, betrieblicher Entwicklungen" ist das „gendergerechte Laufbahnkonzept". Es orientiert sich an der Tatsache, dass für Männer und Frauen gleichermaßen die klassische Rollenaufteilung anachronistisch geworden ist, und impliziert die Aufhebung einer gesellschaftlich nach wie vor sanktionierten Rollenaufteilung hinsichtlich der Geschlechterrollen von Mann und Frau, nicht nur im Beruf, sondern auch in der Familie.

Das „gendergerechte Laufbahnkonzept" geht davon aus, dass die Kompetenz einer Person für Berufswahl und -ausübung ausschlaggebend sein sollte, unabhängig von personenbezogenen Merkmalen (wie Alter, Geschlecht, Herkunft, Hautfarbe, Status etc.).

Das „gendergerechte Laufbahnkonzept" als innovatives Leitbild der Berufs- und Karriereplanung von Männern und Frauen beinhaltet ebenso wie das Konzept „lebenslangen Lernens" eine aktive Bewältigungsstrategie für die Herausforderungen des systemischen Strukturwandels betrieblicher Arbeit. Der Erwerbsverlauf erfolgt hier idealtypisch nicht mehr orientiert an der Zugehörigkeit zu einem Geschlecht oder einer sozial definierten Geschlechterrolle, sondern für Frauen wie Männer ungebrochen und konstant während der gesamten Dauer eines gesamten Erwerbslebens. Daraus folgt, dass Frauen wie Männer ihre berufliche Entwicklung als Konstante gezielt aufbauen können und damit in den Startlöchern stehen für Karrierepositionen, welche sich ihnen bieten – und die sie annehmen können –, sobald die Kinder aus dem Gröbsten heraus sind.

Es bietet zudem wirksame Ansätze zur Herstellung von Chancengleichheit und zur Realisierung des Prinzips der Gleichbehandlung aller Beschäftigten. Tendenziell wird dadurch die Auflösung des Glass-Ceiling-Phänomens möglich, des Gender-Gaps in Löhnen und Gehältern. Es wirkt sich positiv aus auf das Gender Pension Gap, und – last, but not least – es liefert einen Beitrag zum Wandel der Berufs- und Familienrolle von Frauen und Männern. Das gendergerechte Laufbahnmodell stellt nicht zuletzt auch einen Beitrag zur

Karrieregestaltung von Männern dar, und zwar als Beitrag zur Männergesundheit bzw. als Ansatz für eine Strategie möglichst langer Erwerbsarbeit bis zum Erreichen eines aus sozio-demografischen Gründen nach oben gerückten Rentenalters.

Damit dient es der Fortentwicklung einer gleichberechtigten und demokratischen Gesellschaft, deren Arbeitsbeziehungen auf hohem Niveau zielgerichtet gestaltet und entwickelt werden.

4.5   Anachronistische Stereotype erkennen und auflösen

▶   Stereotype sind geeignet, das Leben zu vereinfachen, und haben damit vielfach ihren Wert. Sie sind jedoch vielfach anachronistische Leitbilder, die uns beeinflussen, ohne dass wir dies bewusst wahrnehmen, und damit werden sie zu einer Barriere für Entwicklungsprozesse, die es erschwert, die Dinge und Personen so zu sehen, wie sie sind.

Was sind nun genau Funktion und Wirkungsweise von Stereotypen? Inwiefern spielen sie eine Rolle in der Bewältigung des systemischen und demografischen Wandels? Warum ist es für eine innovative Personalpolitik wichtig, das Bestehen von Stereotypen zu hinterfragen?

Das Wort Stereotyp setzt sich aus zwei Teilen zusammen. Es kommt aus dem Griechischen. Der erste Teil des Wortes, „stereo", bedeutet „starr", „fest", der zweite Teil, „typos", beinhaltet in etwa das Wort „Muster" oder „Eindruck". Ein Stereotyp ist also ein festes Muster, welches in unterschiedlichen Kontexten zum Tragen kommt (Lindauer 2018).

Stereotype Personen sind z. B. „der Klassenclown", „der Streber" oder „die Blondine", „der Machtmensch" usw. Bemerkenswert ist, dass Stereotype sich über viele Jahrzehnte halten und vielfach als Teil einer interkulturellen Identitätsstiftung fungieren, wie z. B. die Stereotype von der Frau als treusorgender Mutter und die Rolle der Männer als „Ernährer" der Familie. Dies gilt oft selbst dann, wenn diese Stereotype längst ihre Bedeutung verloren haben und gewissermaßen – wie im Falle der Einstellung zur Erwerbsarbeit von Frauen als einem weniger bedeutsamen Zuverdienst – zum Anachronismus geworden sind.

Die positive Seite der Stereotype ist, dass sie vielfach das Leben vereinfachen und eine Orientierung ermöglichen. Die negative Seite ist, dass es sich bei Stereotypen um starre Wahrnehmungsraster handelt, welche die objektive Wahrnehmung einengen und damit verfälschen. Dies macht es im Einzelfall unmöglich, objektiv die Wahrnehmung zu verarbeiten, weil dieser wertneutralen Verarbeitung von Informationen, Bildern und Interaktionsmustern die gesellschaftlich erworbenen, anerkannten, oft unbewusst ablaufenden Stereotyp-Klassifikationen gegenüberstehen.

Stereotype sind somit in erster Linie als Teil einer reduzierten Wahrnehmung zu betrachten. Sie manifestieren sich und wirken durch und mithilfe von

- Vorurteilen
- Bildern
- Sprache
- Verhalten
- Geschlechterrollen in Beruf, Familie und Gesellschaft
- Gruppenbildung
- Ländern und Völkern
- Sprachen
- Äußerlichkeiten, wie Kleidung, Schmuck etc.

Stereotype und daraus abgeleitetes Verhalten bzw. Vorurteile und Einstellungen in Bezug auf Zielgruppen wie Frauen, Ältere, Behinderte, Lesben und Schwule oder fremde Ethnien werden insbesondere durch Sprache, Bilder und Verhalten transportiert und weitergegeben, so dass sie sich von frühester Jugend an als Teil der Sozialisation bilden und weiter verfestigen. Charakteristisch für Stereotype ist, dass sie die Wahrnehmung auf wenige Merkmale verengen, komplexe Sachverhalte verkürzen und Menschen oft auf einige wenige Merkmale reduzieren. Noch in den 70er-Jahren galt der Satz: „Frauen sind im Filmgeschäft entweder dumme Zeuginnen, Opfer, Statistinnen oder das Objekt sexueller Begierde." Diese Haltung wurde erst 2018 durch die „Me too"-Debatte angeprangert, welche in ganz Europa und vor allem in den USA die Diskussion um Frauenrechte neu belebte.

Halten wir fest: Stereotype werden vorrangig implizit über Bilder und Sprache kommuniziert, denn zum großen Teil laufen stereotype Verhaltensmuster unbewusst ab und entziehen sich der objektiven Wahrnehmung, da sie von frühester Jugend an erworben und gepflegt werden und damit vielfach in das Unbewusste eines Menschen eingedrungen sind. Sie sind auch im Bereich des Privaten angesiedelt, welches man Fremden ungern offenbart.

Geschlechtersensible Sprache

„Alle Sprache ist Bezeichnung der Gedanken", sagte schon Immanuel Kant. Der geschlechtergerechte und sensible Umgang mit Sprache ist daher eine wesentliche Voraussetzung für ein gendergerechtes Verhalten (SenWAF 2006).

Wenn z. B. ein Projektleiter in der Zeitplanung von „Mannjahren" spricht oder von „Manntagen", hat er die Frauen als Beschäftigte in diesem Bereich nicht angesprochen. Möglicherweise ist es ein Zeichen des fehlenden sensiblen Umgangs mit Sprache, vielleicht aber ist es auch ein Zeichen seiner Erfahrung, dass es Frauen als Ingenieure und Techniker in diesem Beruf nicht gibt bzw. geben sollte.

Deshalb ist es sehr wichtig, dass die Personalverantwortlichen eine sprachliche Gleichbehandlung der Geschlechter praktizieren und geschlechtneutrale Formulierungen verwenden, wie z. B. das Personal, die Lehr- oder Fachkraft, die Auszubildenden, Abteilungsleitung, Delegation. Der Gebrauch des Relativpronomens ist dabei auch hilfreich, so z. B. „Wer führt, hat Verantwortung …"

Im Übrigen hat die Redaktion des Duden für den gendersensiblen Umgang mit Sprache einen eigenen Sprachführer herausgegeben, der auch für die geschlechtergerechte Sprache in der Personalarbeit gute Anregungen bietet (s. Dudenredaktion/GfdS 2004). Festzuhalten ist:

So sehr man sich auch bemüht. Es ist doch immer wieder festzustellen: Niemand ist frei von Vorurteilen und Stereotypen. Deshalb muss es immer wieder darum gehen quasi naturwüchsige Verhaltensweisen und Normen auf den Prüfstand zu stellen und sich davon zu verabschieden, wenn es sich zeigt, dass sie zum Anachronismus geworden sind.

Die Verankerung der Stereotype im Unbewussten und Verborgenen, in Sprache und Bild, macht es so schwer, Stereotype und Vorurteile aufzulösen und ggfs. durch Stereotype geprägte Wahrnehmungen und damit verbundene, entsprechende Verhaltensweisen zu verändern. Das Beharren auf Anachronismen kann sowohl spielerische und skurrile wie existenzgefährdende Formen annehmen.

Ein Beispiel für das unbewusste Wirken von Stereotypen

Ein Hund mit rotem Regenmantel wird Anfang Dezember mit einsetzendem Winterwetter beim Spaziergang als Weihnachtsmann wahrgenommen und freudig als Nikolaus begrüßt, obgleich es sich tatsächlich deutlich erkennbar um einen Hund handelt.

Stereotyp: ein roter Mantel wird als Weihnachtsmotiv wahrgenommen und unbewusst als Nikolaus und Weihnachtsmann assoziiert.

Der rote Mantel als stereotypisches Erkennungszeichen des Nikolaus hat sich entwickelt aus einer Legende über den Bischof von Myra, der im 4. Jahrhundert n. Chr. durch Wohltaten und freigebige Spenden an Arme zu einem Heiligen für arme Familien, Seeleute und Diebe geworden ist (Abb. 4.3). Im Laufe der Jahrhunderte hat sich allerdings dieser religiöse Bezug verloren und der Nikolaus mit dem roten Mantel hat sich zum Schokoladennikolaus entwickelt, einer Figur, die im Mittelpunkt des kommerziellen Rummels um Geschenke zum Weihnachtsgeschäft steht.

Heute, nach vielen Jahrhunderten der Nikolausverehrung, genügt das Zeigen des roten Mantels, um den Bezug zum Weihnachtsmann herzustellen (Abb. 4.4).

Dieses kleine, nachvollziehbare und populäre Beispiel zeigt, wie eng verwoben die kulturellen Prägungen eines Menschen mit seiner Wahrnehmung sind und wie sie diese steuern und u. U. beeinträchtigen. Weitere gängige Stereotype, mit z. T. extremen Auswirkungen für die Betroffenen, beziehen sich auf die Ebene der Eigenschaften und Vorlieben, wie z. B.:

- Männer sind stark.
- Frauen sind schwach.
- Männer haben keine Gefühle.
- Blondinen sind dumm.
- Der Deutsche hat blaue Augen und blonde Haare.
- Italiener essen gern Spaghetti.
- Frauen sind emotional.
- Frauen sind zu empfindsam.
- Flüchtlinge können nicht lesen und schreiben.

Diese Zuschreibung stereotyper Fähigkeiten geht sogar so weit, dass die gleichen Eigenschaften oft für einen Mann etwas Positives bedeuten, bei einer Frau aber als negativ gewertet werden. Wenn z. B. ein Mann sehr hartnäckig und ausdauernd in der Zielverfolgung ist, wird ihm das positiv ausgelegt: Bei einem Mann heißt es, er sei zielstrebig, willens- und durchsetzungsstark. Bei einer Frau wird die gleiche Eigenschaft eher negativ interpretiert. Sie ist dann eine Zicke bzw. eine kalte Frau, die über Leichen geht, usw.

Abb. 4.3 Ursprung der Legende – Nikolaus von Myra (geb. um 270 n.Chr.), Sterbe- und Gedenktag 6.12., Schutzpatron der Seefahrer, Binnenschiffer und Händler. (Quelle: eigene Abbildung)

Andere wiederum beziehen sich auf die Ebene der Fähigkeiten, wie z. B.:

- Deutsche sind pünktlich und zuverlässig.
- Männer sind körperlich stark und durchsetzungsfähig.
- Männer sind Kämpfer.
- Frauen sind zu emotional. Sie können daher keine Führungsposition bekleiden.
- Frauen sind empathisch und persönlich zugewandt.
- Frauen können feine Handarbeiten machen.
- Frauen sind nicht geeignet für die Arbeit am Bau und im Handwerk.
- Frauen sind mathematisch und technisch wenig begabt.
- Frauen können nicht einparken.
- Frauen können nicht Auto fahren.
- Frauen sind kommunikativ und können sich gut ausdrücken.
- Frauen sind sprachbegabt.
- Männer reden wenig und ziehen es vor, zu schweigen.
- Frauen sind kollegialer und weniger aggressiv als Männer.

Abb. 4.4 Hund mit rotem Mantel – roter Mantel: trivialisiertes Stereotyp für den Nikolaus. (Quelle: eigene Abbildung)

Nahezu unvereinbar mit den Stereotypen über andere Nationalitäten ist auch die Vorstellung, dass ein Indio aus Venezuela als Spitzenmanager pünktlicher und fleißiger ist als ein Deutscher, dass eine Französin nicht charmant sein könnte und ein Schwede ein Macho. Die Reihe ist beliebig fortzusetzen.[6] Bei einer kürzlich durchgeführten Befragung gaben die Frauen an, dass die Männer gern als rücksichtslose Alphatiere mit Dominanzgehabe auftreten, etc. Die Männer hingegen behaupteten, dass Frauen stutenbissig sind und intrigant gegenüber Kolleginnen, etc.[7]

Die Vorurteile der Frauen über die Männer und die der Männer über die Frauen lassen sich, wie kann es anders sein, nicht gerade als einer gedeihlichen Zusammenarbeit förderlich interpretieren.

Deutlich wird sehr schnell: Aus dem Vorhandensein vielfach unbewusst geteilter Stereotypen werden Denkmuster, Einstellungen und Verhaltensmuster genährt. Dies lässt sich u. a. am Beispiel der Herausbildung der Vorstellung vom „geschlechtsspezifischen Arbeitsvermögen" der Männer und Frauen gut veranschaulichen. Es hatte zu Zeiten schwerer körperlicher Arbeit seine Berechtigung, ist aber im Laufe der Entwicklung zur digitalisierten Arbeitswelt zum hemmenden Anachronismus und entwicklungsbremsenden Leitbild geworden.

---

[6] Blog.Germanpersonnel.De, Themen rund um E-Recruiting, Multiposting, BigData, Zeitarbeit & Arbeitsleben, https://blog.germanpersonnel.de/2018/07/10-klischees-ueber-maenner-und-frauen-bei-der -Arbeit, 22.04.2019, 10:25.

[7] Ebda.

Wie erklärt sich der Begriff eines „geschlechtsspezifischen Arbeitsvermögens"?

Diese geschlechtsspezifische Segmentation, welche die qualitativ hochwertige und gut bezahlte Berufsarbeit in der Arbeitswelt zu einer Welt der Männer macht, hat ihren Ursprung in einer geschlechtsspezifischen Form der Arbeitsteilung, die aus der unterschiedlichen körperlichen Kraft der Geschlechter abgeleitet wird. Dieses in der Phase von Urproduktion, Ackerbau und Viehzucht sicherlich bedeutsame Phänomen hat über die Jahrhunderte überlebt und ist seitdem als Stereotyp im Bewusstsein von Arbeitgebern, Frauen und Mädchen verankert.

Das sogenannte „geschlechtsspezifische Arbeitsvermögen" hat sich aus der vermeintlich unterschiedlichen durchschnittlichen Arbeitsleistung, verschiedenartiger Belastbarkeit und der unterschiedlichen Körperkraft der Geschlechter entwickelt. Die angeblich geringere körperliche Kraft der Frauen war im 19. Jahrhundert das Argument, um sie mit geringen Löhnen für angeblich „leichte Frauenarbeiten" zu entlohnen.

Dieses Argument wurde zwar mit Einführung der von allen Beschäftigten mehrheitlich im Sitzen auszuführenden Verwaltungs- und Büroarbeiten hinfällig, aber die geringeren Verdienste der Frauen hielten sich bis heute und lassen sich durch Diskrepanzen zwischen männlichen und weiblichen Lebenserwerbseinkommen, wie nach Wrohlich/Zucco die durchschnittlich bis zu 23 % geringeren Verdienste der weiblichen Beschäftigten in Deutschland zwischen 2006 und 2016) belegen.[8]

Mit Blick auf Körperkraft sind Frauen i. d. R. im Nachteil, ganz besonders wenn sie schwanger sind. Die Geburtenkontrolle war vor Erfindung der Pille noch nicht möglich, und so hatten die Frauen während ihres Lebens sehr viele Kinder, von denen viele im Säuglingsalter starben. Nicht selten starben auch die Mütter bei Schwangerschaft und insbes. bei den Geburten, weil der medizinische Fortschritt noch nicht sehr weit entwickelt war.

Frauen wurden daher i. d. R. z. B. in der Landwirtschaft nicht ganz so stark mit körperlichen Arbeiten belastet wie Männer. Im Weinberg war es z. B. die Aufgabe der Männer, die Kiepen zu tragen. Es war hingegen die Aufgabe der Frauen, die Weinstöcke zu schneiden und zu flechten. Daher waren sie, wenn es sich ermöglichen ließ, mit weniger harten körperlichen Belastungen beschäftigt, was aber vielfach durch das größere Geschick, ihren Fleiß und ihre Fingerfertigkeit mehr als kompensiert wurde.

Da jedoch in der bäuerlichen Produktionsweise und vor der Elektrifizierung der Maschinen die körperliche Kraft eine große Rolle spielte, wurden aus dem Vorhandensein eines geschlechtsspezifischen Arbeitsvermögens eine generelle Minderbewertung von Frauenarbeit und eine Rechtfertigung zur Minderbezahlung von Frauen abgeleitet. Hieraus entwickelte sich eine entsprechende geschlechtsspezifische Arbeitsteilung in der Industrie, die letztlich in Verbindung mit Stereotypen über die Natur von Männern und Frauen dazu führte, dass sich Tarife für schlechter entlohnte Frauenarbeiten mit sogenannten „Leichtlohngruppen" in der Form von Zusatzverdiensten und besser entlohnte Männerarbeiten – im Sinne eines männlichen Berufskonzepts und einer Vorstellung vom Mann als „Ernährer einer Familie" – entwickelten.

Aus diesen Stereotypen heraus entwickelte sich im Laufe der Entwicklungsgeschichte eine Schere zwischen den männlichen und weiblichen Erwerbsentwürfen und Berufsmustern mit weitreichenden Folgen – Gender Gap, Pension Gap, Glass Ceiling –, die heutzutage nicht mehr aufrechtzuerhalten sind, da sie dem Prinzip der Gleichbehandlung widersprechen.[9]

---

[8] S. hierzu Wrohlich/Zucco: Gender Pay Gap innerhalb von Berufen variiert erheblich, in: DIW Wochenbericht 43.2017, S. 959.

[9] Die in Europa bekannte Glass-Ceiling als Barriere für den Führungsaufstieg von Frauen scheint es übrigens auch in China zu geben. Sie wird dort „Bamboo-Ceiling" genannt. Anm.d.Verf.).

Das „geschlechtsspezifische Arbeitsvermögen" führt zu geschlechtsspezifischer Segmentation der Arbeitswelt und einer Unterbezahlung weiblicher Berufsarbeit

Am Beispiel des Begriffs „geschlechtsspezifisches Arbeitsvermögen" soll aufgezeigt werden, wie sich Leitbilder betrieblicher Arbeit im Zeichen von digitalisierten Arbeitsprozessen verändern und zum Anachronismus wurden, der notwendige Entwicklungen hemmt und blockiert. Die Aufrechterhaltung geschlechtsspezifischer Zuschreibungen hinsichtlich einzelner Komponenten des Arbeitsvermögens nach männlichen und weiblichen Leistungsmerkmalen führt dazu, dass sich die geschlechtsspezifische Berufswahl und die geschlechtsspezifischen Unterschiede in der Arbeitswelt immer noch halten. Sie findet ihren Ausdruck in strukturellen Ungleichgewichten, was die Verteilung der Geschlechter nach Berufen und Tätigkeiten angeht.

Die nach wie vor bestehende „geschlechtsspezifische Segmentation" in Berufswahl und Arbeitswelt ist ein strukturelles Merkmal der Wirkungen von nach wie vor bestehenden Stereotypen, die letztlich zu den nach wie vor bedeutenden Ungleichgewichten führen (Gender Wage Gap, Gender Pension Gap, Glass Ceiling usw.). Dies geschieht letztlich auf der Grundlage unterschiedlicher Wahrnehmungen bzw. geschlechtsspezifisch stereotyp gefärbter Bewertungsmuster in der Bewertung von Arbeitsinhalten und -anforderungen.

Zahlreiche historische Studien belegen eindrucksvoll, dass sich Frauen meist in wenigen, schlecht bezahlten Berufen und Berufsfeldern konzentrieren und offensichtlich keinen Gebrauch machen oder machen können von zahlreichen Chancen, die ihnen – aufgrund von erworbenen Qualifikationen, Kompetenzen und vorhandenen Potenzialen – in der Berufswelt offenstehen.

Umgekehrt werden typisch maskulin dominierte Tätigkeiten und von Männern majorisierte Berufe, z. B. im Bereich der Metallindustrie, der KFZ-Branche, der Informatik usw., nicht nur besser bezahlt, sondern als typische Männerberufe auch mit einer höheren Reputation versehen.

Eine geschlechtsuntypische Berufswahl wäre aus der Sicht der Berufschancen, der Chancengleichheit und der Verdienste für junge Mädchen und Frauen immer sinnvoller als die geschlechtstypische Berufswahl. Wie die Statistik zeigt, wird sie jedoch meist von jungen Frauen mit Rücksicht auf die eigene Familie, die Eltern und das Selbstbild bzw. die angestrebte Geschlechter- und spätere Berufsrolle ausgeblendet, bzw. theoretisch vorhandene Chancen werden offensichtlich nicht genutzt.

Eine weitere Erklärung hierfür bildet die Annahme, dass sowohl die Bewerberinnen als auch die späteren Arbeitgeber eine „Schere im Kopf" haben, die es ihnen verunmöglicht, unvoreingenommen und frei von Stereotypen (ohne Ansehen des Geschlechts) „gendergerecht" zu entscheiden und zu handeln.

Geschlechtsspezifische Segmentation der Berufe aufbrechen: Girls' Day und Boys' Day

Hinsichtlich der Berufswahl ist anzumerken, dass es eine klare Grenze gibt zwischen sogenannten „männlichen" und „weiblichen" Berufen. Abgesehen davon, dass das hierbei unterstellte geschlechtsspezifische Arbeitsvermögen in Frage zu stellen ist, werden typische Frauenberufe in der Regel sehr viel schlechter bezahlt als sogenannte Männerberufe. Dies zeigt, wie stark sich kulturelle und soziale Aspekte in der Berufswahl auswirken. Insofern ist die geschlechtsspezifische Durchmischung der Berufe ein wirksamer Beitrag zur Gleichstellung.

Aktionen wie „Girls' Day" und „Boys' Day" versuchen, diese traditionelle Berufswahl aufzulösen und den Jugendlichen beiderlei Geschlechts neue Berufsbilder nahezubringen, die ihren Fähigkeiten und Eignungen entsprechen, aber auch gute Verdienstchancen beinhalten.

Ein aktueller Beitrag zur angestrebten und notwendigen Durchmischung der Berufe ist die Initiative des Bundesministeriums für Jugend, Familie, Senioren (BMJFS) zur Anwerbung von männlichen Auszubildenden als Erzieher. In diesem Zusammenhang wird der Beruf nicht nur inhaltlich, sondern auch finanziell aufgewertet.

Nachhaltige Folgen stereotyper Einstellungen für Berufs- und Lebenschancen
Heute noch ist es Praxis, dass Mädchen und Jungen sich bei der Berufswahl auf einige wenige duale Ausbildungsberufe beschränken, die man deshalb als typische Männer- oder Frauenberufe bezeichnet, wie z. B. Berufe des Bau-, Vor-, Haupt- und Nebengewerbes im Handwerk als Männerdomäne oder das Friseurhandwerk als Frauenberuf. Etwa 50 % der Jungen und Mädchen jedes Jahrgangs wählen einen dieser insgesamt zehn für das jeweilige Geschlecht typischen Berufsausbildungsgänge. Dabei gibt es im Jahr 2018 insgesamt eine Palette von 326 staatlich anerkannten Ausbildungsberufen bzw. als anerkannt geltenden Berufsbildungsgängen (Statista.com 2018). Angesichts dieser Daten fragt man sich schon, warum sich seit den 70er-Jahren des letzten Jahrhunderts an dieser Einseitigkeit der Berufswahl nichts geändert hat. Wie viele berufliche Chancen für beide Geschlechter werden so vertan und bleiben ungenutzt?

Aus den Arbeiten der Berufsforschung seit den 1970er-Jahren ist bekannt, dass dieses eingeengte Spektrum und geschlechtsspezifische Berufswahlverhalten eine wesentliche Ursache für die geschlechtsspezifische Segmentation der Arbeitswelt und alle in Verbindung damit stehenden Disparitäten darstellt.

Die psychologische Erklärung, dass die Wahl eines typischen Frauen- bzw. Männerberufs zu einem frühen Entwicklungszeitpunkt im Leben erfolgt, wenn die eigene Geschlechtsidentität noch nicht gefestigt erscheint, erscheint als eine mögliche Erklärung.

Durch diese Verengung des Berufswahlspektrums werden für viele Jungen und Mädchen Irrwege beschritten, weil nicht der Beruf gewählt wird, der von den eigenen Interessen und beruflichen Anforderungen her passt. Es wird vielmehr eine Berufswahl nach kurzsichtigen Opportunitätsgründen getroffen.

Dass damit vielfach eine geeignete Berufswahl verhindert wird, weil z. B. junge Frauen gerne Automechaniker, Dachdecker oder Schornsteinfeger lernen würden und für diese eher technisch-gewerblichen Berufe durchaus geeignet wären, während viele junge Männer sich für Lehre, Pflege und Betreuungsberufe entscheiden wollten, wenn sie nicht fürchteten, als unmännlich zu gelten, bietet vielleicht auch eine plausible Erklärung für häufige Ausbildungsabbrüche und zahlreiche Berufswechsel nach der Ausbildung.

Wie dieses Beispiel zeigt, beeinflusst das unbewusste Denken in stereotypen Mustern, Wahrnehmungen und vermeintlichen Rollenerwartungen die Berufswahl enorm und bekräftigt vorhandene Stereotype hinsichtlich des geschlechtergerechten Verhaltens in Alltagssituationen.

Daher ist der Einfluss von Stereotypen in Bildern, die Bedeutung ihrer Fortschreibung durch Medien in Wort, Bild und Ton, aber auch Printerzeugnissen auch heute noch kaum zu unterschätzen.

Wenn z. B. ein Stereotyp dahingehend wirkt, dass eine Frau ganz bewusst nicht eingestellt bzw. nicht für eine Führungskarriere ausgewählt und gefördert wird, weil sie – trotz hervorragender Kompetenz – vielleicht in einigen Jahren ein oder zwei Kinder bekommen könnte, dann ist dies eine Entscheidung, die für das ganze weitere Leben dieser Person bestimmend sein kann. Dergleichen gilt, wenn ein junger Ausländer nicht für eine duale Ausbildung eingestellt wird, wenngleich er für diesen Ausbildungsplatz sehr gut motiviert ist und auch entsprechende Voraussetzungen mitbringt.

Teilnehmende Beobachtungen von mehreren Ausbildungsgruppen in unterschiedlichen Situationen im Rahmen der wissenschaftlichen Begleitung des bfw Wirtschaftsmodellversuchs „IT-Kompetenz und Gender Mainstreaming in Aus- und Weiterbildung" haben) ergeben (s. hierzu die Ausführungen der wissenschaftlichen Begleitforschung im gemeinsamen Abschlussbericht von bfw Berlin und HWK Hamburg (hrsg.): IT- Kompetenz und Gender Mainstreaming in der Aus- und Weiterbildung, gemeinsamer Abschlussbericht zum Modellversuch des BIBB, 2001–2005, Berlin Juni, 2005, https://www.bibb.de/tools/mido/upload/Do76800-D542100-pdf., 16.04.2019, 14:33, s. Fazit Lippe-Heinrich)):

> „Auch heute noch beeinflussen Stereotype uns mehr, als wir zugeben wollen und ahnen. Sie sind die Grundlage für Vorurteile, denen wir überall begegnen. Sie sind auch die Basis für das immer noch stark geschlechtsspezifisch geprägte Berufswahlverhalten, alte Rollen in Wirtschaft, Gesellschaft und Familie. Stereotype als Archetypen prägen das Bild, welches wir uns von Mutterrolle und Vaterrolle machen".

Eine Abkehr von geschlechtsspezifischen Stereotypen bedeutet nicht nur eine Berufswahl nach Neigung und Interesse, sondern auch die Entwicklung und Anerkennung neuer Berufsrollen, völlig unabhängig vom Geschlecht und der hypothetisch einzunehmenden Mutter- oder Vaterrolle.

Somit wird das Ziel verfolgt, dass sich die Berufswelt geschlechtsspezifisch durchmischt und nicht mehr in Männer- und Frauenberufe aufgeteilt wird. Eine Frau als IT-Ingenieur und ein Mann als Krankenpfleger oder Kindergärtner sind Leitmotive und Bestandteil eines Perspektivwechsels, der als Teil eines Menschenbildes zu verstehen ist, welches den Menschen stärker individuell durch Stärken, Interessen und Neigungen definiert als durch sein Geschlecht.

Stereotype prägen die Entwicklung, aber auch die freie Entscheidungs- und Handlungsfähigkeit eines Menschen, wie z. B. bei der Beurteilung von Leistungsverhalten und

Persönlichkeit usw., und zwar vielfach ohne Absicht und ohne Motiv, so dass die Menschen sich darüber nicht einmal bewusst sind. Die Auswirkungen eines Fehlurteils bzw. derartiger Beurteilungen sind u. U. ausschlaggebend für das gesamte weitere Leben, die berufliche Entwicklung und den Berufsverlauf eines Menschen. Insofern ist es von großer Bedeutung, in Entscheidungssituationen zu hinterfragen, ob nicht ein Stereotyp die objektive Wahrnehmung trübt und objektiv gesehen die richtige Entscheidung auf sachlicher Grundlage getroffen wird.

Daher gilt es, insbesondere bei Personalsuche, Einstellung, Leistungsbeurteilung und Personalauswahl für den beruflichen Aufstieg, in einer Reflexionsschleife zu hinterfragen, ob es nicht Stereotype sind, welche die Auswahl, die Präferenzen und damit die Entscheidungsfindung geprägt und damit verfälscht haben.

Damit derartige Verzerrungen nicht geschehen, ist es besser, weitreichende Entscheidungen im Personalbereich, ggfs. mit hohen Kosten verbunden, nach dem „Mehraugenprinzip" in einem Team vorzunehmen und in der Phase der Entscheidungsfindung bzw. der Dokumentenauswahl und der Entscheidung unterschiedliche Interessen bzw. Wahrnehmungen zu Wort kommen zu lassen.

So können z. B. anonyme Bewerbungsverfahren dafür sorgen, dass die Personalauswahl sich lediglich an der formalen Kompetenz orientiert. Dies lässt sich in der Praxis nur mit Einschränkung realisieren, da die soziale Zusammensetzung eines Arbeitsteams für Arbeitsklima und Kooperation ebenfalls bedeutend ist.

Das traditionelle Dreiphasenmodell weiblicher Erwerbstätigkeit als Stereotyp
Wie in Abschn. 4.5 ausgeführt, beinhaltet das Dreiphasenmodell nach Alva Myrdal und Viola Klein eine Phase der Schul- und Ausbildung und eine kurze Phase der Erwerbsarbeit, sodann folgt eine längere Familienpause von Müttern nach der Geburt eines Kindes mit einem geplanten Wiedereinstieg nach dem Älterwerden der Kinder. Dieser sollte dann um das Lebensalter von Ende 30 bis Mitte 40 erfolgen.

Dieses klassische Laufbahnmodell führt dazu, dass die Frauen vielfach nach der Geburt eines Kindes ihre Karriere aufgeben und zurückstellen, ohne jemals wieder die Chance zu erhalten, dort wieder anzufangen, wo sie aufgehört hatten. Ihre Erwerbsarbeit wird damit zum „Zuverdienst" für das Haushaltseinkommen deklariert, welches i. d. R. über den männlichen Part realisiert wird.

Einmal vom Verdienst abgesehen, wird auch die i. d. R. hochwertige Schul- und Berufsausbildung der Frauen entwertet, je länger die Berufsunterbrechung dauert. Sowohl die längerfristige Berufsunterbrechung als auch die vielfach als sekundär betrachtete Karriere-Entwicklung der Frauen wirkt sich sehr nachteilig auf die Erwerbs- und Berufssituation von Frauen aus, insbesondere von Müttern. Dies führt in vielen Fällen zur vollkommenen Entwertung einmal erworbener Kompetenzen, an die Jahre später kaum noch angeknüpft werden kann. Der technologische Wandel bewirkt, dass Berufsunterbrechungen von mehr als zwei Jahren kaum noch vertretbar sind im Hinblick auf die Aktualität der beruflichen Kenntnisse und Kompetenzen.

Dieses althergebrachte Familien- und Rollenmodell führt eindeutig zu vielen negativen Entwicklungen in den Berufsverläufen von Frauen, nicht zuletzt ihrer Schlechterstellung im Beruf. Dies zeigt sich sehr deutlich an Phänomenen wie der sogenannten „gläsernen Decke", dem „Gender Wage Gap" und dem „Gender Pension Gap".

Da mehr und mehr Ehen auf eine Zeit von max. sieben Jahren geschlossen werden und nicht mehr lebenslang halten, bedeutet eine berufliche Unterbrechung meist nicht nur das Ende der beruflichen Karriere, sondern sie wirkt sich später in Form von Altersarmut bzw. einer Altersrente unterhalb des Existenzminimums aus. Das Dreiphasenmodell führt Frauen damit nicht nur beruflich in die Sackgasse und ist aus der Sicht der Frauen wie auch der Betriebe und der Gesellschaft dysfunktional geworden, weil es sich strukturell nachteilig für die Frauen auswirkt.

Stereotype blockieren Gleichstellungsbestrebungen
Regionale wie nationale Stereotype sind meist historisch gewachsen und wurden entwickelt, um das Leben zu erleichtern, aber sie sind heute vielfach überholt, wenn wir an den rasanten Wandel der Arbeits- und Lebenswelten denken. Gesellschaftlich vorhandene, fest sanktionierte Stereotype – hinsichtlich Alter, Geschlecht, Herkunft, Hautfarbe, Nationalität, Behinderung usw. – trüben vielfach die objektive Wahrnehmung und führen zu Formen direkter und indirekter Diskriminierung.

Es ist jedoch ein Fakt, dass aufgrund zahlreicher, immer noch vorhandener stereotyper Verhaltensweisen, Mentalitäten, Rollen und Einstellungen für Frauen und Mädchen auch heute noch viele Barrieren und Filter in Arbeitswelt und Gesellschaft vorhanden sind, welche ihnen den gleichberechtigten Zugang zu den zentralen Ressourcen des Arbeitslebens erschweren oder diesen ganz blockieren, insbesondere hinsichtlich Berufswahl, Bezahlung und Weiterbildung, aber auch vor allem hinsichtlich des beruflichen Aufstiegs und der Karrierechancen.

Heute wissen wir, dass jeder Mensch, jede Person ein Unikat ist und sich von jedem anderen in einer vergleichbaren Lage stark unterscheiden kann. Somit ist es schwer, wenn nicht gar unmöglich, eine objektive Beurteilung des Leistungsvermögens einer Person durch die Brille der stereotypen Wahrnehmung und Beurteilung zu vollziehen. Es kommt eben immer auf die Perspektive an, wie die Abb. 4.5 vermitteln will.

Zum Förderbedarf von jungen Frauen und von Frauen in Führungspositionen
Es ist ein weiteres Beispiel für das anachronistischen Stereotypen geschuldete Paradoxon im Zeitalter der Digitalisierung, dass die Forderung nach einer aktiven Frauenförderung in deutschen Betrieben immer noch, mehr als 70 Jahre nach Gründung der Bundesrepublik, mit dem Anliegen der Förderung von Benachteiligten zu begründen ist.

So werden junge Frauen und Mädchen in der Klassifikation des BIBB aus dem Jahr 2010 immer noch bei den benachteiligten Personengruppen geführt. Und dies, obgleich die

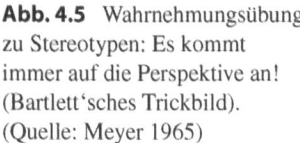

Abb. 4.5 Wahrnehmungsübung
zu Stereotypen: Es kommt
immer auf die Perspektive an!
(Bartlett'sches Trickbild).
(Quelle: Meyer 1965)

juristischen Voraussetzungen für eine Gleichstellung der Geschlechter schon lange geschaffen sind und Mädchen seit vielen Jahren bessere Schulabschlüsse erwerben als Jungen. Die Begründung für den Förderbedarf hinsichtlich junger Mädchen und Frauen lautet:

- Hinsichtlich der Entlohnung von Frauen und Männern ist der sogenannte „Gender Wage Gap" festzustellen. Selbst dort, wo sie die Mehrheit stellen, verdienen Frauen nicht, was sie verdienen, wie man am Beispiel der „Pflegeberufe" verdeutlichen kann.

   Fakt ist, dass auch im Jahr 2017 immer noch eine starke Lohn- und Gehaltsdisparität zwischen Männer- und Frauenverdiensten von bis zu 25 % festzustellen ist, der sogenannte Gender-Gap bei Löhnen und Gehältern, dem sich ein sogenannter „Renten-Gap" – eine noch größere Lücke zwischen Männer- und Frauenrenten – anschließt. Deutschland steht damit offiziell auf einem Mittelplatz aller Länder der Europäischen Gemeinschaften.

- Da Verdienstchancen auch mit beruflicher Position und Aufstieg verbunden sind, muss an dieser Stelle das Problem der „gläsernen Decke" – „Glas Ceiling" – erwähnt werden, welches verhindert, dass Frauen – ihrem Anteil an den Beschäftigten entsprechend – als Führungskräfte ins Topmanagement aufsteigen. Dies verdeutlichen folgende Zahlen:

Der Anteil weiblicher Spitzenverdiener in Vorstandsetagen deutscher Unternehmen im Jahr 2017 ist trotz AGG unverändert verschwindend gering, und was die Führungsetagen angeht, sind hoch dotierte Positionen, welche von Frauen besetzt sind, immer noch die Ausnahme. Es gilt immer noch die Feststellung, dass es immer weniger Frauen gibt, je höher man aufsteigt in der betrieblichen Hierarchie. Dies gilt selbst für die Branchen, in denen Frauen die Mehrheit stellen.

Der im Jahr 2017 von der Forschergruppe des DIW um Holst und Friedrich berechnete „Gender Leadership Gap" für ausgewählte Branchen vermag diese finanzielle Schlechterstellung im Beruf wie im Alter ebenfalls sehr eindrucksvoll zu belegen (Holst und Friedrich 2016).

Da viele Frauen bessere Schulabschlüsse aufweisen als männliche Nachwuchskräfte und oft auch über sehr gute Studienabschlüsse verfügen, ist es nicht verwunderlich, dass sie im Zeichen des demografischen Wandels das stärkste Augenmerk unter den „Benachteiligtengruppen" des Arbeitsmarktes erfahren (s. Abschn. 6.4). Dies ist logisch nachvollziehbar, da sie i. d. R. sehr gute Bildungsvoraussetzungen mitbringen und daher als Zielgruppe für Karriere und anspruchsvolle Positionen am leichtesten zu erschließen sind. Ihre Bedeutung für künftigen Führungsnachwuchs und das Fachkräftepotenzial ist insbesondere auch in Anbetracht der Tatsache hervorzuheben, dass sie anerkanntermaßen über beste Potenziale verfügen und damit sehr gute berufliche Entwicklungsvoraussetzungen aufweisen.

Die Entwicklung erfolgreicher Bewältigungsstrategien erfordert zunächst jedoch die Analyse der Ursachen für ihre nach wie vor bestehende geringere Performance im Beruf. Die in der Forschungsliteratur genannten Gründe hierfür sind vielfältig. Jüngere, einschlägige Studien legen den Schluss nahe, dass der geringere Berufserfolg von Frauen hauptsächlich dem Fortbestand traditioneller Stereotype hinsichtlich Frauen- und Männerrollen, aber auch der Aufrechterhaltung anachronistischer Vorstellungen von beruflichen Laufbahn- und Lebenskonzepten von jungen Frauen und Männern geschuldet ist.

Weitere Beispiele für stereotype Rollenbilder und Zuschreibungen

Um nur einige Beispiele für stereotype Zuschreibungen zu geben, die im Einzelfall vollkommen falsch sein können:

- Frau und alleinerziehend muss nicht heißen, dass es sich hier um eine bildungsschwache Person handelt.
- Veteran muss nicht heißen, dass es sich hier um eine körperbehinderte Person handelt mit umfangreichen Defiziten im Sozialverhalten.
- Behindert muss nicht heißen, dass die Person hilfebedürftig im Rollstuhl sitzt bzw. nicht motiviert oder nicht leistungsfähig ist usw.
- Älter und berufserfahren muss nicht heißen, dass die Person häufig krank ist und womöglich nur noch ihre Zeit absitzen will bis zur Pensionierung.

Genauso wenig muss es sein, dass ein ausländischer Jugendlicher arm und benachteiligt oder aber eine Frau mit Kopftuch Analphabetin ist und keinen Schulabschluss vorweisen kann.

Auch wenn z. B. bei einem Jugendlichen kein regulärer Schulabschluss vorliegt, muss es nicht heißen, dass dieser Jugendliche weder Intelligenz noch Bildungspotenzial besitzt. Dies wären Fakten, die trotz Förderunterricht zu keinem Ausbildungserfolg führen würden. Im Gegenteil!

Einschlägige Studien haben gezeigt, dass gerade sozial benachteiligte und sozial Auffällige, z. T. sogar hochbegabte ausländische und deutsche Kinder vielfach in die Sonderschule abgeschoben werden, weil sie für die Lehrperson in der Regelschule anstrengender sind. Gerade die Jungen neigen oft zu einem auffälligen Verhalten in Gruppen bzw. entwickeln sich aus Mangel an geeigneter Fürsorge zum Schulabsentismus. Die Unterschätzung dieses Potenzials an Talenten ist ein großes Defizit in der gegenwärtigen Debatte um die Bewältigung des demografischen Wandels oder die erforderliche Unterstützung und Gestaltung von zukunftsgerichteten Bildungsprozessen.

Die Unterrepräsentanz von Frauen in Führungspositionen als weiteres Beispiel für die stereotype, geschlechtsspezifische Segmentation des Arbeitsmarktes

Die Segmentierung des Arbeitsmarktes zeigt sich nicht nur an der ungleichen Verteilung der Geschlechter nach Berufen und Aktivitätszweigen, sondern insbesondere auch an der Unterrepräsentanz von Frauen in Führungspositionen auf mittlerer und Spitzenebene.

Die Segmentation der Arbeitsmärkte in Deutschland ist auch heute noch stark an national herrschende Stereotype des Geschlechts, verhaltensbezogene Normen und Anforderungen an Konformität sowie an kulturelle Prägungen gebunden, welche sich trotz der Gleichheitsgebote in den Rekrutierungs- und Aufstiegsprozessen als unbewusste Entscheidungsmuster und -kriterien halten und damit ihre Gültigkeit bewahren, auch wenn ihre Aufrechterhaltung ein Anachronismus ist, der sich nachteilig für Betriebe wie Gesellschaft auswirkt (s. hierzu Abschn. 6.3).

Weitere Beispiele für stereotypes Rollenverhalten und Gegenargumente

Folgende Beispiele führen exemplarisch aus, welche Stereotype zum Tragen kommen können, wenn z. B. eine Frau sich für eine Führungsposition bewirbt. So wird sie für eine mögliche Schwangerschaft und Familiengründung bereits im Vorfeld sanktioniert und womöglich nicht eingestellt. Hier kommen viele Vorurteile zum Tragen, die im Folgenden einmal kurz umrissen werden sollen:

- Frauen heiraten und bekommen Kinder. Dann verlassen sie das Unternehmen und sind weg. Mit ihnen verlässt das gesamte Knowhow das Unternehmen. Dann müssen alle die Lücke füllen, bis die Stelle neu besetzt wird. Außerdem wird es einen großen Aufwand geben, die Stelle neu zu besetzen, und, und, und! Das wird das Unternehmen teuer zu stehen kommen!
- Demgegenüber steht das Stereotyp Mann als der „zuverlässige Allein-Ernährer der Familie". Damit wird meist die Erwartung verbunden, dass er im Falle der Elternschaft und Familiengründung noch mehr, noch härter und noch länger für seine Karriere im Betrieb arbeiten wird. Danach stellt er nahezu seine ganze Kraft in den Dienst des Unternehmens.

Ungeachtet der einschränkenden Gefahr neuer Stereotypenbildung sei Folgendes richtiggestellt:

Frauen, insbesondere weibliche Führungskräfte, sind sehr verlässliche Arbeitskräfte, die zuverlässig und mit Verantwortung ihre berufliche Tätigkeit ausüben, weniger riskante Freizeitvergnügen haben und doch i. d. R. sehr auf Gesundheit und Fitness achten. Sie bleiben i. d. R. fit bis ins hohe Alter.

- Die empirisch nachprüfbaren und sehr lebensnahen Gegenargumente lauten:
  - Deutschland hat eine der geringsten Geburtenquoten in der Welt. Eine deutsche Frau bringt durchschnittlich nur noch 0,8 Kinder in ihrem Leben auf die Welt.
  - Die Elternzeit ist gesetzlich vorgeschrieben. Somit lassen sich Geburt und die Elternzeit gut planen.
  - In der Regel kommen die gut qualifizierten Frauen sehr schnell wieder in den Beruf zurück, da auch die Väter in die Elternzeit gehen.
  - Das Elterngeld zahlt die öffentliche Hand, die Lohnfortzahlung vor und nach der Geburt zahlt die Krankenkasse. Dem Betrieb entstehen somit keine Kosten aus der regulär verlaufenden Schwangerschaft und Elternzeit der Frau.
  - Vielfach nehmen die Väter heute auch Elternzeit, was sich im Übrigen für ihre soziale Kompetenzentwicklung sehr positiv auswirkt.
  - Heutzutage sind Frauen wie Männer daran interessiert, ihre Karriere geradlinig zu verfolgen und im Betrieb aufzusteigen, da sie genauso wie Männer ihre Existenz sichern wollen.

Handfeste, weitere Argumente für die Beschäftigung von Frauen lauten:
- Frauen sind sehr viel weniger risikofreudig bei der Ausübung sportlicher Aktivitäten als Männer. Sie sind sicherheitsbewusster, vorsichtiger und haben deshalb weniger Freizeitunfälle. Sie treiben Ausgleichssport, gehen öfter zur Vorsorge, leben meist gesünder als Männer, trinken und rauchen weniger, ernähren sich vernünftig und bewusst, so dass sie oft auch im höheren Alter noch vergleichsweise fit sind.
- Männer fallen öfter aus als Frauen und vor allem fallen Männer meist völlig unvermittelt und ungeplant aus. Entweder sie haben einen (Sport-)Unfall oder sie achten erst auf ihre Gesundheit, wenn es sich nicht mehr vermeiden lässt und sie von Krankheit heimgesucht werden. Sie gehen seltener zu Vorsorgeuntersuchungen und achten weniger auf gesunde Lebensgewohnheiten.

Einschränkend soll angemerkt werden, dass alle hier genannten Pro und Contra -Argumente nicht ungefragt auf alle Männer oder Frauen übertragen werden können, da sie ja selbst wieder stereotype Zuschreibungen für ein Geschlecht beinhalten, was individuell nicht zutreffen kann bzw. muss. Eine kürzlich durchgeführte Befragung bestätigt jedoch die Persistenz allgemein als stereotyp bekannter Einstellungen gegenüber dem anderen Geschlecht. Sie sollen an dieser Stelle nicht wiederholt werden, können jedoch im betreffenden Blog gern nachgelesen werden (Blog.Germanpersonnel.De, Themen rund um E-Recruiting, Multiposting, BigData, Zeitarbeit & Arbeitsleben, https://blog.germanpersonnel.de/2018/07/10-klischees-ueber-maenner-und-frauen-bei-der -Arbeit, 22.04.2019, 10:25).

Stereotypes Verhalten schadet Frauen und Männern, Betrieben und Gesellschaft
Ungleichbehandlung geschieht trotz AGG und Benachteiligungsverboten, Quotierung und dem allgemeinen Konsens der Gleichheit, insbesondere in der Arbeitswelt und in der Gesellschaft. Dies macht den Bedarf einer gesellschaftlichen wie sozialen Neuorientierung deutlich. Das Beharren auf anachronistisch gewordenen Verhaltensmustern schadet nicht nur den Frauen, sondern auch den Betrieben und der Gesellschaft heute mehr, als es nützt. Insofern wird es Zeit, diese Stereotype auszumustern!

Literatur

Allbright-Stiftung. (2019). FührungsFrauenfloskelBingo zum Frauentag. http://www.allbright-stiftung.de/aktuelles/2017/3/3/zumFrauentag. Zugegriffen am 14.07.2019.

Anti-Diskriminierungsstelle des Bundes. (2019). AGG- Wegweiser – Erläuterungen und Beispiele zum Allgemeinen Gleichbehandlungsgesetz. www.antidiskriminierungsstelle.de/SharedDocs/DE/publikationen/Wegweiser/agg_wegweiser_erlaeuterungen_beispiele. Zugegriffen am 12.04.2019.

Arnold, U. (1998). Besonderheiten der Dienstleistungsproduktion. In U. Arnold & B. Maelicke (Hrsg.), *Lehrbuch der Sozialwirtschaft* (S. 257–276). Baden-Baden: Nomos.

BFW Berlin und HWK Hamburg (Hrsg.). (2019). IT- Kompetenz und Gender Mainstreaming in der Aus- und Weiterbildung, gemeinsamer Abschlussbericht zum Modellversuch des BIBB, 2001–2005, Berlin Juni, 2005, https://www.bibb.de/tools/mido/upload/Do76800-D542100-pdf. Zugegriffen am 16.04.2019.

Birkenbihl, V. (2002). *Kommunikationstraining, Zwischenmenschliche Beziehungen erfolgreich gestalten*. Augsburg: mvg.

Blog.Germanpersonnel.De, Themen rund um E-Recruiting, Multiposting, BigData, Zeitarbeit & Arbeitsleben. (2019). https://blog.germanpersonnel.de/2018/07/10-klischees-ueber-maenner-und-frauen-bei-der-Arbeit. Zugegriffen am 22.04.2019.

BMFSFJ. (Hrsg.). (2014). *Jungen und Männer im Spagat zwischen Rollenbildern und Alltagspraxi*. Berlin: BMFSFJ.

COM EU. (Hrsg.). (2019). GenderEqualityIndex, https://www.bloomberg.com/gei. Zugegriffen am 12.04.2019.

Dudenredaktion/GfdS (Hrsg.). (2004). *Adam, Eva und die Sprache, Beiträge zur Geschlechterforschung*. Mannheim/Wiesbaden: DTV.

EP, 23. und 24.3.2000, Lissabon, http://www.europarl.europa.eu/summits/list_de.htm. Zugegriffen am 14.07.2019.

Erpenbeck, J., & Heyse, V. (1999). *Die Kompetenzbiografie*. Münster: Waxmann.

Erpenbeck, J., & Rosenstiel, L. v. (2003). Einführung. In J. Erpenbeck & L. von Rosenstiehl (Hrsg.), *Handbuch Kompetenzmessung – Erkennen, Verstehen und Bewerten von Kompetenzen in der beruflichen, pädagogischen und psychologischen Praxis*. Stuttgart: Schäffer-Poeschel.

Erpenbeck, J., Rosenstiehl, L. v., Grote, S., & Sauter, W. (Hrsg.). (2003). *Handbuch Kompetenzmessung, Erkennen, verstehen und bewerten von Kompetenzen in der betrieblichen, pädagogischen und psychologischen Praxis* (3. Aufl.). Stuttgart: Schäffer Poeschel.

Fließ, S. (2009). *Dienstleistungsmanagement*. Wiesbaden: Gabler. ISBN 978-3-83490024-1.

Genderdaten für Deutschland. (2019). http://www.wsi.de/genderdatenportal, http://www.boeckler.de. Zugegriffen am 12.04.2019.

Glasl, F. 2017. Konfliktmanagement. 11., Akt. Aufl. Stuttgart: Verlag Freies Geistesleben.

Heyse, V., & Erpenbeck, J. (2004). *Kompetenztraining*. Stuttgart: Schäffer-Poeschel.

Holst, E., & Friedrich, M. (2016). Frauen in hohen Führungspositionen. *DIW Wochenbericht, 37*, 827–830.

Holst, E., & Wrohlich, K. (2019). Frauen in Spitzengremien von Banken und Versicherungen: Dynamik kommt nun auch in Aufsichtsräten zum Erliegen. *DIW Wochenbericht, 3.* http://www.diw.de/documents/publikationen/73/diw_01.c.611752.de/19-3-3.pdf. Zugegriffen am 12.04.2019.

IUBH. (Hrsg.). Servicemanagement I, Studienskript BWSM01-01 (unveröffentlicht).

IUBH. (Hrsg.). Servicemanagement II, Studienskript SWSMO2-01, internes Studienpapier.

Jeschke, K., & Böhlich, S. (2016) Kompetenzmanagement – dem Gender Gap systematisch begegnen. *Sonderdruck von IUBH Personalwirtschaft,* (07/2016).

KOM EU. (2017). *Festschrift zum lebenslangen Lernen.* Bonn: Bundesinstitut für Berufsbildung.

Lindauer, T. (2018). Lexikon: Stereotyp. https://www.helles-koepfchen.de/wissen/lexikon/stereotyp/. Zugegriffen am 04.11.2018.

Lippe, A. (1995). Betriebliche Potenzialerhöhung mit flachen Hierarchien, Kurzfassung der Machbarkeitsstudie zum Teil- Los Handwerk im Auftrag der Senatsverwaltung für Arbeit und Frauen und der Europäischen Kommission (Europäischer Sozialfonds), gemeinsame Veröffentlichung aller Fachgutachten in einem Reader, Landesbank Berlin (Hrsg.): Arbeitsstandort Berlin.

Lippe-Heinrich, A. (1999). Zur Bedeutung von Internet und Online-Systemen für die zukünftige Entwicklung von Qualifikationsanforderungen; Hypothesen und Erfahrungswerte. In *Zeitschrift des CEDEFOP: „Europäische Berufsbildung".* Belgium: Herbst.

Lippe-Heinrich, A. (2001). Flexibles Altern, Instrumente, Erfahrungen und Gestaltungsansätze zu den Auswirkungen des demografischen Wandels auf handwerkliche Klein- und Mittelbetriebe. In *Zukunftsfähige Konzepte für das Handwerk zur Bewältigung des demografischen Wandels, HWK Hamburg (12/2001); BMB+F–Broschürenreihe: Demografie und Erwerbsarbeit.* Stuttgart: BMB+F.

Mead, M. (1966). *L'un et l'autre sexe.* Paris: Denoel Gonthier.

Meulenbelt, A. (1992). *Du hast nur einen Beruf- mich glücklich zu machen.* Hamburg: Rowohlt.

Meyer, G. (1965). *Kybernetik und Unterrichtsprozess.* Berlin: Dietz.

Myrdal, A., & Klein, V. (1971). *Die Doppelrolle der Frau in Familie und Beruf.* Köln: Kiepenheuer & Witsch.

Nationale Agentur. (2017). 30 Jahre europäische Lernprogramme, KOM EU, Festschrift 2017, S. 6.

Peters-Kühlinger, F. J. (2006). *Soft Skills.* Freiburg: Haufe.

Pross, H. (1976). *Die Wirklichkeit der Hausfrau.* Hamburg: Reinbek.

Rendtorff, B. (2003). *Kindheit, Jugend und Geschlecht, Einführung in die Psychologie der Geschlechter, Beltz.* Basel: Weinheim.

Roland Berger, Strategy Consultants. (2011). Dreamteam statt Quote, Studie zu Diversity und Inklusion, http://www.pressportal.de/pm/32053/2041167. Zugegriffen am 13.04.2019.

von Rosenstiel, L. (2007). *Grundlagen der Organisationspsychologie.* Stuttgart: Schäffer-Pöschel.

Schulz von Thun, F. (1981). *Miteinander Reden 1: Störungen und Klärungen* (Allgemeine Psychologie der Kommunikation, Bd. 1). Hamburg: Rowohlt Taschenbuch.

Schulz von Thun, F. (1989). *Miteinander Reden 2: Stile, Werte und Persönlichkeitsentwicklung* (Allgemeine Psychologie der Kommunikation, Bd. 2). Hamburg: Rowohlt Taschenbuch.

Schulz von Thun, F. (1998). *Miteinander Reden 3: Das innere Team und situationsgerechte Kommunikation* (Allgemeine Psychologie der Kommunikation, Bd. 3). Hamburg: Rowohlt Taschenbuch.

SenWAF. (2006). *Leitfaden für eine geschlechtersensible Sprache in der Verwaltung.* Berlin.

she figures Handbook. (2018). EU-Kommission. https://publications.europa.eu/en/publication-detail/-/publication/9540ffa1-4478-11e9-a8ed-01aa75ed71a1/language-en. Zugegriffen am 14.07.2019.

she-figures. (2018). https://ec.europa.eu/info/publications/she-figures-2018_en. Zugegriffen am 12.04.2019.

Statista.com. (2018). Statista.com/statistik/daten/studie/156901/umfrage/ausbildungsberufe-in-deutschland. Zugegriffen am 16.11.2018.

Stiegler, B. (1976). *Die Mitbestimmung der Arbeiterin, Frauen zwischen traditioneller Familienbindung und gewerkschaftlichem Engagement im Betrieb* (Schriftenreihe der Friedrich-Ebert-Stiftung, Bd. 123). Bonn-Bad Godesberg: Neue Gesellschaft.

Wenger, P. (2013). *Praxisrelevante Inhalte außerbetrieblicher Stellenausschreibungen: Ein Beitrag zur Linderung der „Missmatch-Problematik" der Arbeitsmarktsituation in Deutschland.* Opladen: Südwestdeutscher.

Wrohlich, K., & Zucco, A. (2017). Gender Pay Gap innerhalb von Berufen variiert erheblich. *DIW Wochenbericht, 43*, 959.

Personalführung und Entwicklung in digitalisierten Arbeitsprozessen

5

Zusammenfassung

Der Wandel betrieblicher Arbeit durch Digitalisierung und Vernetzung verlangt nach einem neuen Führungsstil und dem Einsatz neuer Ansätze und Instrumente der Mitarbeiterführung, in deren Zentrum die Schaffung und Pflege einer guten Unternehmenskultur steht, in einer Arbeitsumgebung, die der Qualität, Innovationsbereitschaft und Motivation förderlich ist. Die in den letzten Jahren steigenden, alarmierenden Fehlzeiten und Arbeitsausfälle zeigen, dass diese Botschaft in vielen Unternehmen noch nicht angekommen ist. Die hohen Kosten einer verfehlten Personalpolitik sind Anlass die Betriebe zum Umdenken zu bewegen.

Exemplarische Schwerpunkte für eine zukunftsweisende Personalentwicklung

Die folgenden Ausführungen handeln von den weniger bekannten, da eher nicht vorrangig monetär bzw. materiell orientierten Ansätzen und Instrumenten der Personalentwicklung. Dabei sind es die gesuchten, leistungsmotivierten Angehörigen der Generation Y und jünger, die sehr viel eher mithilfe von Angeboten der weniger monetär orientierten Personalentwicklung anzusprechen sind, sondern sehr viel eher durch Ansätze und Instrumente von Führungs- und Unternehmenskultur, welche geeignet sind, die Erwartungen der Beschäftigten hinsichtlich teilautonomer Arbeitsbedingungen, Vereinbarkeit von Beruf und Familie wie auch der Qualität von Arbeit im Betrieb zu erfüllen. Aktivitäten zur Schaffung und zum Erhalt einer guten Unternehmenskultur haben das erklärte Ziel, die Motivation der Belegschaft zu entwickeln, zu erhalten und zu fördern sowie die Einzelnen auf Betriebstreue und Loyalität hinsichtlich der Unternehmensziele einzuschwören und damit den betrieblichen Zusammenhalt zu verstärken.

Die folgenden Ausführungen erklären, warum es auch aus betrieblicher Sicht sinnvoll ist, die Ansätze innovativer Personalführung in Form des DM, des Betrieblichen Gesundheitsmanagements (BGM) und einer verbesserten Vereinbarkeit von Beruf und Familie im

Sinne einer neuen Arbeitskultur voranzutreiben. Führungsstil und Personalmanagement, insbesondere was die Entwicklung vorhandener Personalressourcen angeht, sollten im Zeichen der Digitalisierung bei betriebswirtschaftlichen Entscheidungen einen zentralen Stellenwert einnehmen.

5.1   Zwischenfazit zum systemischen Wandel von Arbeit in der digitalisierten Gesellschaft

Personalmanagement ist heute eine zentrale Aufgabe für Führungskräfte wie auch für personalverantwortliche Fachkräfte in Unternehmen jeglicher Größenordnung, auch in Klein- und Mittelbetrieben sowie dem Handwerk. Eine eigene betriebliche Personalabteilung, wie sie die größeren Unternehmen aufweisen, ist in den kleinen und mittleren Unternehmen meist nicht vorhanden, so dass die wichtigen Aufgaben der Personalführung von den Fach- und Führungskräften in den einzelnen Unternehmensbereichen „mitbearbeitet" werden müssen.

Es ist anzumerken, dass in allen Unternehmen, völlig unabhängig von ihrer Mitarbeiterzahl oder ihrem Umsatz, geeignete Führungsstrategien und Arrangements zur Förderung und Entwicklung wie auch der Einstellung und des Einsatzes von Arbeitnehmern zu entwickeln bzw. verstärkt einzusetzen sind.

Zielsetzung des Human Resource Management (HRM) nach Ringlstetter und Kaiser (2008) ist es, im Unternehmen eine Ausstattung mit sogenannten „Humanressourcen" zu schaffen, die es ermöglichen, den gegenwärtigen und zukünftigen Anforderungen an das Unternehmen gerecht zu werden.

Das zweifellos stets vorhandene Spannungsfeld, in dem sich Führungskräfte im Bereich HRM bewegen, ist anschaulich durch die Vorstellung einer Waage zu verdeutlichen, bei der es darum geht, die beiden Waagschalen – Unternehmensinteressen hier und Mitarbeiterbedürfnisse da – im Gleichgewicht zu halten. Damit geht es beim erfolgreichen Führungsstil immer um das Austarieren von wirtschaftlichen und sozialen Zielsetzungen, was im Prozess systemischer Veränderungen und des Wandels von Wirtschaft und Arbeit auf einen permanenten Aushandlungsprozess hinausläuft.

Sehr zutreffend beschreibt das ehemalige Vorstandsmitglied der Siemens AG, Brigitte Ederer, in einem Geleitwort (Lang 2008, S. 10) die aktuellen Herausforderungen an Führungskräfte:

> Nur wenn neben den Unternehmens- auch die Mitarbeiterbedürfnisse in den personalrelevanten Aktivitäten ausreichend Berücksichtigung finden, kann sich der Unternehmenserfolg dauerhaft einstellen. (Lang 2008, S. 10)

Es ist mittlerweile unbestritten, dass die jeweilige Unternehmenskultur und der im Unternehmen praktizierte Führungsstil einen erheblichen Einfluss auf die Beschäftigten ausüben und mittelbar zu persönlichen Reaktionen des einzelnen Mitarbeiters führen. Der Unternehmenskultur und dem eng damit verbundenen Thema Arbeitsqualität wird immer häufiger die Funktion zugeschrieben, sowohl die Wettbewerbsfähigkeit der Unternehmen als auch die Zufriedenheit der Beschäftigten wie auch deren Motivation und Betriebstreue steigern zu können. Dabei ist zu beachten, dass sich diese Eigenschaften in dynamischen, voneinander abhängigen Wechselbeziehungen befinden.

Die Zunahme von Stresserkrankungen, Fehlzeiten und Berufsunfähigkeit vor dem Erreichen der regulären Rentenaltersgrenzen lässt die Feststellung zu, dass die Schaffung einer guten und gesunderhaltenden Unternehmenskultur immer stärker zu einer vorrangigen Aufgabe des Managements gehören muss.

Es ist angesichts des raschen Verfalls tagesaktueller Informationen davon auszugehen, dass es für alle Beschäftigten ständiger Anstrengungen und damit eines lebenslangen Lernprozesses bedarf, um den ständigen Anforderungen an Wissenszuwachs und -veränderungen zu entsprechen. Dies gilt generell und damit auch für Führungskräfte auf allen Hierarchieebenen.

Unter dem Paradigmenwechsel in der Führung ist nicht zuletzt zu verstehen, dass die Führungsperson keine vorgegebenen Lösungswege mehr vorgibt und große Teile der fachlichen Verantwortung an die Fachabteilungen delegiert. Eine zentrale Aufgabe von Führungskräften besteht deshalb mehr und darin, die Mitarbeiter nicht nur zur Erfüllung ihrer betrieblichen Aufgaben aufzufordern, sondern sie dabei zielführend und ergebnisorientiert zu begleiten und zu motivieren. Die neue Aufgabe von Führung besteht darin, Moderator und Coach von Arbeitsergebnissen zu sein, aber im Unterschied zu früheren Führungsformen weder die einzelnen Arbeitsschritte noch die Lösungswege vorzugeben bzw. die Arbeitsziele ohne Kooperation mit den Mitarbeitern festzulegen.

Neben dem Bedarf zur Veränderung des Führungsstils im betrieblichen Alltag werden nicht zuletzt aufgrund des demografischen Wandels und der zunehmenden Komplexität betrieblicher Arbeit innovative Strategien, Ansätze und Modelle im Bereich der Personalentwicklung mit Blick auf die Gewinnung und das Halten von kompetentem Personal überaus relevant.

In diesem Kontext gewinnen das lebenslange Laufbahnkonzept, der strategische Ansatz der Förderung und Inklusion durch den personalstrategischen Ansatz des Diversity Managements (DM) sowie innovative Initiativen im Bereich des BGM an Gewicht. Im Kontext des DM ist die Gleichstellung und Gleichberechtigung von Frauen und Männern in der Arbeitswelt als wirksame Bewältigungsstrategie für den drohenden Fachkräftemangel zu betrachten. Dies schließt die Herstellung von verbesserten Bedingungen zur Vereinbarkeit von Familie und Beruf sowie den Wandel von Familien- und Berufsrollen ein. Die gezielte Förderung von Chancengleichheit und inklusiven Bestrebungen auf allen Ebenen der betrieblichen Hierarchien ist ein wesentlicher Ansatz, um den demografischen Wandel zu meistern.

Derzeit ist festzuhalten, dass Deutschland hinsichtlich dieser und anderer relevanter Parameter für Gender Mainstreaming im Sinne des gleichen Zugangs der Frauen zur Arbeitswelt und der Chancen, sich darin zu entwickeln, nur einen absolut durchschnittlichen, mittleren Platz in Europa einnimmt, nicht zuletzt was Verdienste und Führungspositionen angeht. Skandinavien und Frankreich liegen bezüglich der Gleichstellung ganz vorn. Einzelne Parameter zur Stellung Deutschlands hinsichtlich des aktuellen Standes der Gleichstellung sind dem European Gender Index 2017 zu entnehmen.

Als bedeutungsvoll für die zukünftige Entwicklung betrieblicher Arbeit ist hervorzuheben, dass Personalmanagement und Organisationsentwicklung im Zeichen von Arbeit 4.0 als zentrale Aufgaben betrieblicher Unternehmensführung allgemein aufzuwerten sind. Dabei greifen die einzelnen Bereiche ineinander. Erst die vorausschauende und aufeinander abgestimmte Personalführung, das Personalmanagement und eine angepasste Organisationsentwicklung ergeben das gelungene Miteinander im Betrieb, wie die Abb. 5.1.

Personalmanagement (PM) und Organisationsentwicklung (OE) sind danach Bestandteile einer Unternehmenskultur, welche die Mitarbeiter als wertvolle Ressource betrachtet. Diese Wertschätzung erfordert eine systemische Organisationsentwicklung mit dem Ziel einer vorausschauenden Personalentwicklung und der Förderung einer guten Unternehmenskultur.

Viele Führungskräfte, Vorstände und Betriebsinhaber, insbesondere aus dem Handwerk bzw. dem klein- und mittelbetrieblichen Bereich, sind sich jedoch noch immer nicht darüber im Klaren, dass der systemische und digitale Wandel betrieblicher Arbeit eine hohe Führungskompetenz mit einer starken Betonung auf Soft Skills, einen partizipativen

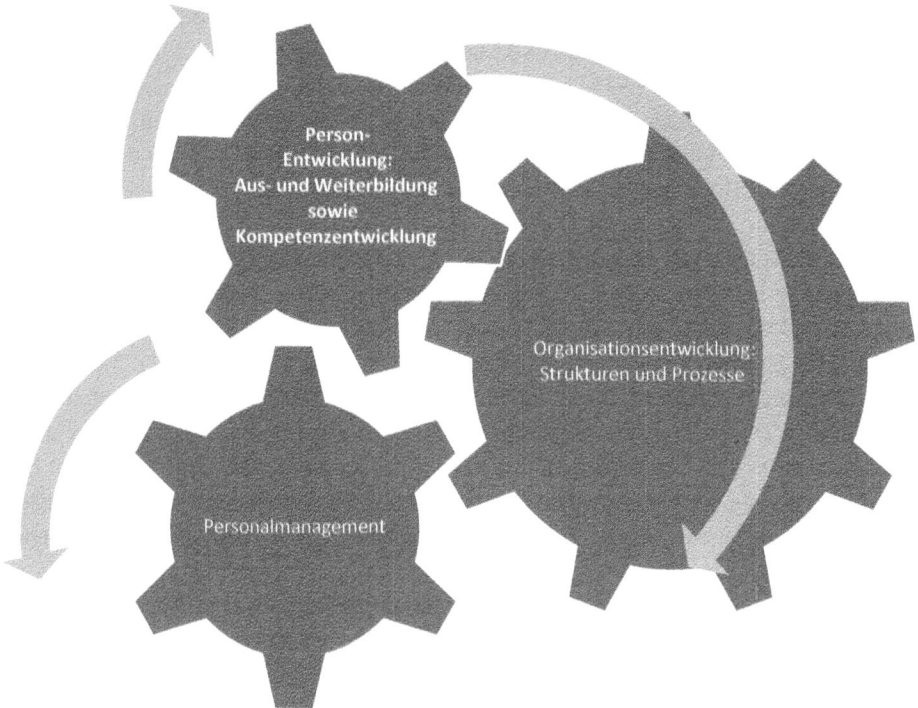

Abb. 5.1 PM und OE sind zentrale Aufgaben betrieblicher Unternehmensführung

Führungsstil und ein innovatives Personalmanagement verlangt, welches nur durch entsprechende Weiterbildungsanstrengungen erworben werden kann.

Da die Soft Skills in der Vergangenheit nur als Beiwerk zu den fachlichen Kompetenzen betrachtet wurden, sind z. B. hinsichtlich neuer Führungsformen die meisten heutigen Fach- und Führungskräfte in den deutschen Unternehmen nicht hinreichend kompetent, insbesondere was den anspruchsvoller gewordenen Umgang mit den Mitarbeitern angeht (s. hierzu Abschn. 4.3).

Damit ist es von zentraler Bedeutung, den Bedarf zur Schulung der fachübergreifenden, der personenbezogenen und sozialen Kompetenzen als Fortbildungsbedarf, gerade für Fach- und Führungskräfte, zu betonen (s. Abschn. 4.3).

▶   Der Schulungsbedarf hinsichtlich neuer Führungsmodelle und Arbeitsformen stellt derzeit den stärksten Weiterbildungsbedarf bei den Fach- und Führungskräften in Deutschland.

▶   Die nötigen Kompetenzen für eine verbesserte Führungsperformance sind in Form praxisbegleitender Weiterbildung oder eines Coachings zu erwerben, ggfs. auch im Rahmen von sogenannten Organisationsentwicklungsprojekten (s. hierzu insbesondere Kap. 5, 6 und 7).

▶   Dies ist zwar seit langem bekannt, jedoch ignorieren zahlreiche maßgebliche und entscheidungskompetente Führungsinstanzen in vielen Unternehmen diesbezügliche Erkenntnisse der Wissenschaft, insbesondere der Wirtschaftspsychologie. Dies gilt ganz besonders für Unternehmen des Mittelstands, die als das Rückgrat der deutschen Wirtschaft gelten, weil sie nahezu 85 % der gesamten Arbeitsplätze stellen.

Wir können angesichts der aktuellen Entwicklungen davon ausgehen, dass
(a) nicht generell von einer Höherqualifizierung gesprochen werden kann, sondern eher von einer Polarisierung der nachgefragten Kompetenzen der Beschäftigten in Hochqualifizierte und weniger bzw. gering qualifizierte Beschäftigtengruppen. Beim gegenwärtigen Stand der Entwicklung ist anzunehmen, dass die Nachfrage nach höherqualifizierten Mitarbeitern quantitativ größer bleiben wird als nach an- und ungelernten.

Nicht zuletzt führt dies zu einer eher skeptisch stimmenden Entwicklung, welche die Gesellschaft in viele Kern- und Randgruppen spaltet, insbesondere in Arm und Reich unter Ausdünnung der sogenannten gesellschaftlichen „Mittelschicht".

Routinearbeit ist bereits seit vielen Jahren weitgehend substituierbar durch Informationstechnik. Heute laufen z. B. im kaufmännischen Bereich der Auftragsbearbeitung in Geschäftsprozessen viele Arbeitsschritte voll automatisiert ab. Derzeit besteht somit angesichts immer intelligenter werdender Systeme ein quantitativer Bedarf an qualifizierten, breit aufgestellten Kompetenzen in sogenannten „Einfachtätigkeiten". Wie hoch dieser sein wird, hängt von vielen Faktoren ab.

Sicher ist jedoch, dass höherqualifizierte Beschäftigte im Zeichen der künstlichen Intelligenz vermehrt ersetzt werden können bzw. mit ständig wachsenden und komplexer werdenden Arbeitsanforderungen konfrontiert werden. Auch hier ist der Bedarf derzeit nicht quantifizierbar.

Hinsichtlich der hauptsächlichen Trends lassen sich vorsichtig folgende Prognosen stellen:

(b) Die Polarisierung von Einkommens- und Karrierechancen in der Arbeitswelt wird sich auf der gesellschaftlichen Ebene ohne entsprechende Gegenstrategien weiter fortsetzen, was den Zugang zu Arbeit, Ausbildung und Beschäftigung angeht. Dies ist mit einer weiteren Entwicklung zum Auseinanderklaffen völlig unterschiedlicher Arbeits- und Lebenswelten, aber auch der Chancen gleichzusetzen.

Angesichts der Tatsache, dass es im Gefolge dieser Entwicklung auf gesellschaftlicher wie auf betrieblicher Ebene zunehmende Polarisierungstendenzen gibt, sind eindeutige Veränderungen in der soziodemografischen Struktur der deutschen Bevölkerung festzustellen. Diese sind empirisch nachzuvollziehen – nicht zuletzt mit Blick auf veränderte Absatzmärkte und Kundenbedarfe – und werden im sogenannten Sinus-Modell dokumentiert und analysiert.

Diese Modellbildung gibt Aufschluss über völlig neue Schichten- und Sozialisationskategorien, divergierende kulturelle und soziokulturelle Arbeits- und Lebensbedingungen sowie eine Schere bei der Einkommensentwicklung (s. Abschn. 2.2). Hier gegenzusteuern, ist eine aktuelle und zukünftige Aufgabe der gesellschaftspolitisch relevanten Akteure.

(c) Es werden im Zuge der Verbreitung von KI ganz neue Beschäftigungsfelder, Aktivitätszweige und Arbeitsplätze entstehen. Wie sich dies quantitativ auswirken wird, kann derzeit nicht prognostiziert werden, denn die Prognosen sind empirisch weder hinsichtlich der errechneten Arbeitsplatzgewinne plausibel noch hinsichtlich der absehbaren Verluste rechnerisch oder methodisch nachvollziehbar.

Neue Arbeitsplätze wird es auch nur dann geben können, wenn die Standorte es verstehen, neue Produkte und Dienstleistungen zu entwickeln, die weltweit mithalten können. Deshalb ist es wichtig, in die Überlegungen zur Gestaltung der Gesellschaft in einer Welt der Arbeit 4.0 einzubeziehen, dass die digitalen Arbeitsplattformen und neuen Wettbewerbsmodelle nicht nur in Konkurrenz zu bestehenden Betrieben stehen und diesen Unternehmen bedeutende Anteile des Umsatzes und des Gewinns abjagen. Dies kann ggfs. den Verlust von regional vorhandenen Arbeitsplätzen bedeuten. Indirekt ist eine Gefährdung existenzsichernder Arbeit und aller gewachsenen Sozialstandards auszumachen, wenn – wie es derzeit durch die ungeregelte Arbeit aus Arbeitsplattformen und in der Cloud geschieht – eine Auflösung bzw. Aufweichung und Negierung nationaler Strukturen des Arbeits- und Vertragsrechts stattfindet.

▶   **Ein neues Modell des Wirtschaftens bricht sich Bahn: IT führt zur „digitalen Gesellschaft"** Derzeit wäre es unseriös, Vorhersagen zu treffen, was die quantitativen Folgen und Auswirkungen des strukturellen Wandels der Arbeitsbeziehungen durch Digitalisierung mittel- und langfristig für Einzelne, für Beschäftigte und

Selbstständige, auf der Berufs- oder Branchenebene sein werden. Auch kennen wir die zukünftigen, neuen Märkte und Geschäftsmodelle zum größten Teil noch nicht, welche sich in Zukunft aufgrund veränderter Kundenwünsche entwickeln und durchsetzen werden (s. hierzu Kap. 8). Wir können daher nur qualitative Prognosen zu Fachkräftebedarf und Kompetenzentwicklung in einer digitalisierten Gesellschaft formulieren, die unter bestimmten kontextualen Bedingungen eintreffen werden.

Angesichts der Durchdringung aller Wirtschaftsbereiche mit Informationstechnik ist kein vierter Sektor entstanden und kein Vier-Sektoren-Modell. Das Eindringen informationstechnischer Arbeitsmittel hat eine neue Qualität von Arbeit und Beschäftigung in allen Bereichen geschaffen und zugleich die Gesellschaft als Ganzes so verändert, dass sich niemand mehr diesen neuen technischen Medien entziehen kann, welche mehr und mehr einen totalitären Charakter entfalten.

Alle seit der Zeit um 1980 diskutierten Theorien des Strukturwandels von Gesellschaft, Wirtschaft und Arbeit haben sich zwischenzeitlich, wie wir empirisch nachweisen können und gesichert wissen, als falsch erwiesen. Somit ist in diesem Buch weder in den vorangestellten Ausführungen noch in der Reflexion vom Bestand einer „Wissensgesellschaft" bzw. von einer offenen, für alle zugänglichen „Informationsgesellschaft mit einem freien Wissenszugang" die Rede.

Es geht vielmehr in den folgenden Ausführungen darum, sowohl die Ansatzpunkte für die Gestaltung zukünftiger Arbeitsbeziehungen in Arbeit 4.0 herauszuarbeiten als auch die sozialen Risiken und kontextuell bedingte Handlungsmargen und Optionen zu deren Gestaltung abzustecken.

5.2   Innovatives Personalmanagement als Schlüssel zum Unternehmenserfolg

▶   Angesichts eines Nachholbedarfs der deutschen Unternehmen im Hinblick auf innovative Führungsstile und – Techniken ist davon auszugehen, dass es insbesondere für die kleinen und mittleren Unternehmen – als Rückgrat der deutschen Wirtschaft- wichtig ist, die Vorteile der im Folgenden dargestellten innovativen Ansätze und Instrumente in der Personalführung und im Personalmanagement kennenzulernen. Denn „first things first". Ausgangspunkt ist die Einsicht, dass es hinsichtlich der neuen Produktions- und Wertschöpfungsprozesse in den Unternehmen heute nicht mehr die Maschinen sind, welche als größte unternehmerische Ressource zu betrachten sind, sondern die im Betrieb tätigen Personen. In Fachkreisen ist unbestritten, dass das Personal heute als die kostbarste Ressource der betrieblichen Wertschöpfungsprozesse zu betrachten ist und damit dem Management des Personals ein erhöhtes Augenmerk zukommt.

Ohne gutes Team keine unternehmerischen Spitzenleistungen
Der amerikanische Spitzenmanager Iacocca zieht in seiner Biografie „Eine amerikanische Karriere" zu Beginn des Kapitels „Aufbau des Teams" ein zentrales Fazit:

> Letzten Endes kann man alle wirtschaftlichen Vorgänge auf drei Worte reduzieren: Menschen, Produkte und Profite. Die Menschen stehen dabei an erster Stelle. Wenn man kein gutes Team hat, kann man mit den beiden anderen nicht viel anfangen (Iacocca 1985, S. 214).

Diese Sätze aus der Feder eines der erfolgreichsten und anerkanntesten Wirtschaftsführer der USA mit jahrzehntelanger Erfahrung in mehreren Großunternehmen hat auch heute nichts an Geltung verloren. Daraus ergeben sich zentrale Fragen:

- Wie führe ich im Wettbewerb mit anderen Unternehmen gut qualifizierte Mitarbeiter?
- Wie kann ich bewirken, dass sich Mitarbeiter voll für den wirtschaftlichen Erfolg einsetzen?
- Welcher Führungsstil ist dem Wandel der betrieblichen Arbeit angemessen?
- Welche Aufgaben hat dabei das betriebliche Personalmanagement?

Welche bewährten Ansätze der innovativen Personalentwicklung sich für Zielgruppen und Schwerpunkte der Personalführung problemlos auf andere Wirtschaftsunternehmen übertragen lassen, ist den folgenden Ausführungen zu entnehmen.

Neue Führungskonzepte – der Vorgesetzte als Coach
Es ist inzwischen eine anerkannte Tatsache, dass der Erfolg eines Unternehmens im Wesentlichen von der Motivation und den Leistungen der Mitarbeiter abhängt. Von der Auswahl, Führung, Entwicklung, Entlohnung, dem optimalen Einsatz, dem Training und der Weiterbildung der Mitarbeiter hängt somit das Betriebsergebnis ab. Die Mitarbeiter als strategisch wichtigste Ressource jedes Unternehmens stehen dabei im Fokus der Betrachtung, um einerseits eine gute Arbeitsleistung mit einer gleichbleibend hohen Produkt- und Dienstleistungsqualität und andererseits eine hohe Attraktivität als Arbeitgeber sowie Loyalität und emotionale Bindung realisieren zu können.

Treue und loyale Mitarbeiter bringen wichtige Vorteile für das Unternehmen mit sich, da die Mitarbeiter im Laufe der Jahre sehr viel branchenspezifische Kompetenz erwerben und damit vom Kompetenzprofil für den Betrieb immer wertvoller werden. Andererseits stellt das Personal eine unschätzbare Ressource dar, wenn es sich für seinen Arbeitgeber einsetzt und ihm auch in schwierigen Zeiten Vertrauen entgegenbringt. Es bringt dem Unternehmen Sicherheit und trägt zur guten Qualität in den Arbeitsprozessen wie auch zu verminderten Fehlzeiten und zur Kostenminimierung bei, sowie – nicht zu vergessen – zur „Innovationskompetenz", welche ein angstfreies Arbeitsklima verlangt.

Landläufig gelten ein „gutes Betriebsklima" und eine mitarbeiterbezogene Unternehmenskultur als gute Voraussetzungen, um die Motivation der Arbeitnehmer zu fördern und zu erhalten. Nicht zuletzt in diesem Kontext ist es erforderlich, die in Deutschland bestehende Unternehmenskultur sowohl in klein- und mittelständischen Unternehmen als auch in mitbestimmungspflichtigen Großunternehmen der privaten Wirtschaft und des öffentlichen Sektors weiter zu entwickeln.[1]

▶ Aufgrund der Kontinuität des Strukturwandels werden Prozesse des informellen Wissens- und Kompetenzerwerbs im Prozess der betrieblichen Arbeit immer komplexer. Sie gewinnen im Zuge der Bedeutungsgewinne im Bereich der Dienstleistungen immer mehr an Bedeutung. Es ist deshalb davon auszugehen, dass jeder gut eingearbeitete und langjährige Mitarbeiter eine überaus wertvolle Unternehmensressource ist und ein Kapital, welches es zu erhalten gilt.

▶ Personalwechsel sind kostspielig, denn sie erfordern Suchaufwand und langwierige Einarbeitung. Sie bedeuten i. d. R. einen Verlust von 1,5 Jahresgehältern der betreffenden Person.

▶ Nicht zuletzt vor diesem betriebswirtschaftlichen Hintergrund werden alle personalbezogenen Aktivitäten des Unternehmens zu einem Faktor, der das Entstehen einer personellen Kontinuität und die Identifikation des Arbeitnehmers mit dem jeweiligen Unternehmen zum Ziel hat.

Paradigmenwechsel im Bereich der Führungsstile
Mit Blick auf eine erwünschte Effektivität in der Unternehmensführung ist davon auszugehen, dass zentralistische Führungsstile von oben nach unten im Kontext digitalisierter Arbeit ausgedient haben. Die betriebliche Arbeit hat sich durch informationstechnische Vernetzung und Integration so stark verändert, dass im Gefolge dieses technologischen und wirtschaftlichen Strukturwandels auch die Führungsformen einem Paradigmenwechsel unterliegen.

Es ist festzustellen, dass sich damit auch die Anforderungen an die Kompetenz und Rolle der Fachvorgesetzten und Führungskräfte sehr deutlich verändert haben. Fordismus und traditionelle, industrielle Produktionsprozesse sind durch hocharbeitsteilige, standardisierte und zentralisierte Arbeitskonzepte zu kennzeichnen, verbunden mit Massenfertigung und Arbeiten im Akkord. Derartige Führungsstile basieren auf zentralistischen, autoritären Führungsformen, die i. d. R. stark hierarchisch von oben nach unten gegliedert sind.

Die an autoritäre und zentralistische Formen des Managements angelehnten Formen der Führung und der betrieblichen Arbeit sind heute überholt, denn sie passen nicht mehr zu neuen Produktions- und Dienstleistungskonzepten. Ein „Führungsstil nach Gutsherrenart und nach Tagesform" – bezogen auf die von Informationstechnik geprägte betriebliche Arbeit mit hochkomplexen Anforderungen und übergreifenden Wertschöpfungsprozessen – ist heute nicht mehr zeitgemäß und ein Anachronismus.

---

[1] Nur in Unternehmen mit über 2000 Mitarbeitern, die der Mitbestimmung unterliegen, gilt das Gesetz zur Quote, welche einen bestimmten Frauenanteil in den Aufsichtsräten vorschreibt, s. Abschn. 6.2.

Die heute bedeutender werdende Kleinserien- und sogar Einzelfertigung mit einer hohen Wertschöpfung bewirken, dass der Anteil von individuellen Dienstleistungen im Zeichen des Übergangs in Arbeit 4.0 in der Produktion bzw. in industrienahen Dienstleistungen immer größer wird. Dies hat zu einem dramatischen Wandel betrieblicher Arbeit wie auch der damit verbundenen Führungskonzepte, der Kompetenzanforderungen sowie der Berufsrollen als Fach- bzw. Führungsperson geführt (zu Kompetenzanforderungen s. Kap. 4, insbesondere Abschn. 4.3).

Den Paradigmenwechsel hinsichtlich der Führungsrolle verdeutlichen die folgenden Beispiele. So z. B. war es früher üblich, dass der Fachvorgesetzte für die Kontrolle der Arbeitsleistung zuständig war, aber auch konkrete Anweisungen hinsichtlich der Lösungswege und vorgegebenen Aufgabenzuschnitte in starren Grenzen gab.

Diese Funktion der Vorgesetzten ist heute noch charakteristisch für jene Unternehmen, in denen nach wie vor auf traditionelle, mehr oder weniger zentralistische Art und Weise geführt wird. Man nennt dies auch „Führung von oben nach unten", traditionell aus militärischem Drill abgeleitet.

Derartig vielfach patriarchal geprägte und zentralistische Arbeitsprozesse „nach Gutsherrenart" in Verbindung mit einem stark hierarchisiertem Machtgefüge sind zwar in kleinen und mittleren Unternehmen noch weit verbreitet, doch sie gehören der Vergangenheit an.

Koordination von arbeitsteilig erarbeiteten Arbeitsergebnissen statt klarer Vorgaben
Unter dem Paradigmenwechsel in der Führungsrolle ist nicht zuletzt zu verstehen, dass die Führungsperson keine starren Anweisungen mehr gibt und keine vorgegebenen Lösungswege, wie die Arbeit zu erledigen ist. Sie erarbeitet gemeinsam mit den Mitarbeitern die Arbeitsziele und delegiert dabei große Teile der fachlichen Verantwortung an die Fachabteilungen. Sie koordiniert Einzelleistungen und ist in der Lage, diese zusammenzufassen und daraus strategische Schlüsse zu ziehen. Der Funktionswandel der Führungskraft ist offensichtlich. Sie wird zum Coach der Arbeitsergebnisse.

Strategische Entwicklung von innovativen Geschäftsmodellen
Hinzu kommen neue Aufgaben hinsichtlich der Planung und Entwicklung zukunftsfähiger, strategischer Unternehmensbereiche, insbesondere der konzeptionellen Entwicklung von Produkten und Dienstleistungen im Zeichen der Digitalisierung. Dies alles stellt an die Führungskräfte innovative, umfassende Anforderungen, welche sowohl spezifische Fachkenntnisse der Märkte und Dienstleistungen als auch die Wahrnehmung relevanter gesellschaftlicher Entwicklungen verlangen. Diese sind weniger im Dienstleistungsmanagement zu sehen als im Servicemanagement, definiert als das strategische Vorfeld des Dienstleistungsmanagements. Das Servicemanagement als eine prioritäre Aufgabe der obersten Leitung wird vielfach noch unterschätzt, da das Tagesgeschäft in vielen Unternehmen absoluten Vorrang hat. Wie man jedoch am Beispiel der deutschen Automobilindustrie deutlich aufzeigen kann, ist Servicemanagement als Aufgabe sehr relevant, wenn z. B. bezüglich der Entscheidungen zur Entwicklung und Besetzung neuer Geschäftsfelder Entwicklungen verpasst werden.

Kooperativer Führungsstil in flachen Hierarchien

Eine zentrale Anforderung an das Unternehmen stellen hohe Flexibilitätserfordernisse bis hin zur Fähigkeit des Arbeitens in sogenannten fluiden Arbeitsumgebungen. Hierbei werden hohe Anforderungen an die Unternehmensorganisation wie auch an die Kompetenz der Führungskräfte und der Beschäftigten gestellt. Damit verteilt sich Führung auf viele Köpfe und ist nicht mehr alleine an „der" Führungsperson bzw. an den Managern an der Spitze eines Unternehmens festzumachen.

Es ist empirisch und wissenschaftlich durch unzählige Untersuchungen erwiesen, dass ein kooperativer Führungsstil zu den besten Ergebnissen in der betrieblichen Arbeit führt. Die Beschäftigten fühlen sich in einer flachen hierarchischen Organisation menschlich wertgeschätzt und wahrgenommen. Gleichzeitig haben sie gemeinsam mit den Vorgesetzten klare Unternehmensziele gesetzt, die ihnen Transparenz über die von ihnen erwarteten (Gesamt-)Leistungen verschaffen.

Diese Führungsrolle wird umso wichtiger, je mehr Tempo, Konkurrenz und Arbeitsbelastung wachsen in der digitalisierten Arbeitswelt mit weitgehend vernetzten Arbeitsprozessen. Lenken wir den Blick auf die zukünftig zu erwarteten Arbeitsanforderungen, welche die betrieblichen Arbeitsabläufe und Anforderungen abteilungs- und betriebsübergreifend immer komplexer machen. Es ist wichtig, sich Rechenschaft darüber abzulegen, dass in den zukünftigen Arbeitsumgebungen und Arbeitsinhalten eine Komplexität erreicht wird, die von Einzelnen kaum noch zu beherrschen, zu kontrollieren oder einseitig zu regeln ist. Das Arbeiten in Teams wird umso wichtiger, je kooperativer und je vernetzter die Arbeitsprozesse ablaufen. Somit wird das Konzept der erfolgreichen Teamarbeit in arbeitsteiligen Hierarchien immer bedeutender. An dieser Stelle rückt die Gruppenarbeit von eigenverantwortlich arbeitenden Individuen immer mehr ins Zentrum des Blickfelds. Die Fähigkeit zur Koordination von Einzelleistungen, d. h. eine Funktion des Coachens und allgemein zur Menschenführung, wird hinsichtlich der Effektivität von Führungspersonen zur zentralen Funktion von Führungsverhalten.

Eine Aufzählung und Klassifizierung von bekannten, traditionellen betrieblichen Anreizen, die durch das Unternehmen wie durch die Führungskräfte gesetzt werden können, soll die in Tab. 5.1 dargestellte Übersicht geben.

In erster Linie ist nach materiellen und immateriellen Motivationsanreizen zu unterscheiden, die alle das Ziel verfolgen, den Mitarbeiterbedürfnissen nach Anerkennung und gerechter Entlohnung zu entsprechen. Die meisten der oben genannten Anreize sind materielle bzw. traditionelle Bestandteile der Vertragsgestaltung und daher auf individueller bzw. kollektiver Ebene des Arbeitsvertrages und der Regelungen zur betrieblichen Arbeitserfüllung festzulegen.

Das globale Ziel dieser Instrumente ist es, die Motivation der Beschäftigten zur Erfüllung der Arbeitsziele zu stärken, ihre Integrität zu stärken und ihnen eine Zugehörigkeit zum Unternehmen zu vermitteln. Im Kontext von Arbeit 4.0 ist es jedoch strategisch entscheidend, über hoch motivierte und außerordentlich qualifizierte Mitarbeiter zu verfügen. Diese tragen entschieden dazu bei, dass ein kreatives und gutes Arbeitsklima

Tab. 5.1 Unternehmensbezogene Motivationsanreize (Quelle: IUBH 2018, S. 59)

Fixe bzw. variable Regelungen	Lohn- und Gehaltsregelungen
	Sozialleistungen
	Zusatzleistungen des Arbeitgebers
	Boni, Kapital- und Erfolgsbeteiligungen
	Leistungslohn
Organisatorisches Umfeld	Größe, Standort, Image
	Strategie, Organisation, Kultur
	Führungsstil und Partizipation
	Innerbetrieblicher Informationsfluss
Arbeitsaufgaben	Arbeitsinhalt
	Autonomie der Arbeitsausführung
	Arbeitsplatzgestaltung
	Zuschnitt der Funktion/Rolle
	Arbeitszeit- und Pausenregelung
Soziale Anreize	Beziehung zum Vorgesetzten
	Gruppenmitgliedschaft
	Soziale Kommunikation
Arbeitsperspektiven	Karrieremöglichkeiten
	Personalentwicklung

entsteht, in welchem jede Person ihr Bestes leistet. Dies bedeutet nichts anderes, als dass das Unternehmen einen optimalen Nutzen aus den vorhandenen Personalressourcen zieht, wenn es die Mitarbeiter hinsichtlich ihrer persönlichen Entwicklung im Unternehmen fördert und unterstützt.

Personalmanagement und -entwicklung

▶ **Personalentwicklung** Personalentwicklung wird traditionell nach Conradi (1983) als Summe von Maßnahmen verstanden, die systematisch, positions- und laufbahnorientiert eine Verbesserung der Qualifikation bzw. der Kompetenz der Mitarbeiter in der Organisation beziehungsweise des Unternehmens zum Gegenstand haben. Ihre Aufgabe ist eine doppelte: Primär geht es nämlich darum, die Zielverwirklichung der Mitarbeiter und gleichzeitig des Unternehmens zu fördern.

Bei dem heute mehr und mehr praktizierten „Arbeiten in flachen Hierarchien" handelt es sich um das Arbeiten in eher partizipativ orientierten Führungsstrukturen, die den Mitarbeitern Autonomiespielräume hinsichtlich der Gestaltung ihrer Arbeitsleistung, der Lösungswege und Arbeitsbedingungen geben (Lippe 1995).

Dies kann in unterschiedlichsten Unternehmenskontexten sehr verschieden realisiert werden, unterscheiden sich doch Klein- und Mittelbetriebe i. d. R. sehr stark von Großunternehmen oder multinationalen Konzernen. Klein- und Mittelbetriebe sind meist familien- bzw. inhabergeführt und demzufolge weniger formalisiert im Umgang. Großbetriebe und Konzerne haben für Mitarbeiterbelange eigene Abteilungen, und der Führungsstil ist meist stark formalisiert und hierarchisch geregelt. Doch unabhängig von der Unternehmensgröße gibt es zentrale Anhaltspunkte für das Gelingen von Führung, welche heute sehr viel anders formuliert werden als früher. Um nur einige wesentliche zu nennen:

- Entscheidend für die Kompetenz einer Führungsfigur ist aktuell deren Fähigkeit, ein allgemein für alle Beschäftigten als zufriedenstellend empfundenes Arbeits- und Betriebsklima herzustellen, welches als motivationsfördernd und -schaffend für die einzelnen Beschäftigten wirkt und als Ausfluss einer partizipativen und kooperativen Unternehmenskultur betrachtet werden kann.
- Gleichstellung und Gleichbehandlung aller Beschäftigten ist eine Basisanforderung an die persönliche Integrität von Führungspersonen und als konstruktiver Beitrag hierzu zu verstehen.

Der hierfür erforderliche Führungsstil wird im Allgemeinen als kooperativer Führungsstil mit einem hohen Anteil teilautonomer Gruppenarbeit charakterisiert.

Einschlägige Studien auf internationaler Ebene zeigen, dass die Kombination von Sach- und Mitarbeiterorientierung sehr viel effektivere Ergebnisse zeitigt als autoritäre Führungsformen oder das andere Extrem eines „Laissez-faire-Stils", der jegliches Verhalten seitens der Mitarbeiter toleriert, alles zulässt und keine präzise Ergebnisorientierung einfordert.

Hinsichtlich der betrieblichen Führungsstile und der unterschiedlichen Formen des Führens und Leitens hat ein Paradigmenwechsel stattgefunden
Dieser lässt sich am besten dadurch erklären, dass die Führungskraft sehr stark auf die kooperative Komponente im Umgang mit den Mitarbeitenden setzt, nicht mehr so stark auf die Zielvorgabe fixiert ist. Das Erreichen der Unternehmensziele wird danach nicht von oben festgelegt, sondern durch eine eher dialogische Erarbeitung von Lösungsansätzen und Lösungen im Einvernehmen mit den fachverantwortlichen Mitarbeitern. Dies ist gleichbedeutend damit, dass ein Vorgesetzter weniger auf Anordnungen und Vorgaben hinsichtlich der Durchführung von Arbeitsaufgaben baut als auf den kooperativen und konstruktiven Dialog mit den Beschäftigten, wie auch auf deren Feedback zur Zielerreichung.

Innovative Führungsstile basieren somit auf einer gruppenorientierten Arbeit. Sie leben von einer Kommunikationskultur mit den Mitarbeitern und beziehen deren Positionen und Vorschläge in die Definition der Unternehmensziele und der Leistungsziele mit ein. Es ist daher ein wesentliches Merkmal neuer Führungskonzepte, diese Kontroll- und Entscheidungskompetenzen den Mitarbeitenden selbst zu übertragen, wobei die Arbeitsinhalte der Führungskraft durch den Koordinations- und Organisationsaufwand gerade im zwischenmenschlichen Bereich zentrale neue Aufgaben aufweisen. Für sie besteht die Herausforderung, unterschiedliche Teilergebnisse ihrer Mitarbeiter zusammenzutragen und strategische Schlussfolgerungen daraus zu ziehen.

Nicht nur hinsichtlich des Personalmanagements und des Führungsstils, sondern auch hinsichtlich der nötigen Maßnahmen im Bereich der Personalentwicklung (PE) kommen neue Aufgaben auf die Vorgesetzten zu. Mitarbeiter, die sich geschätzt fühlen, weil das Unternehmen in sie investiert und ihnen das Gefühl vermittelt, dass sie auch morgen noch gebraucht werden, werden sich stärker mit den Zielen, Produkten und Dienstleistungen der Firma identifizieren als jene, die das Gefühl haben, dass ihr Arbeitgeber sie „ausnutzt" und keinerlei Verantwortung für sie übernimmt. Diese Erkenntnis ist inzwischen bei Arbeitsmedizinern, Krankenkassen und Arbeitswissenschaftlern zum Allgemeingut geworden, leider jedoch noch nicht in allen Führungsetagen angekommen.

In der Personalentwicklung geht es deshalb zukünftig darum, das entwickelbare Potenzial jedes einzelnen Mitarbeiters entsprechend zu nutzen und zu entwickeln im Sinne der Unternehmensziele. Dies bedeutet vor allem, den Bedarf an lebenslangem Lernen mit Leben zu erfüllen, und dies während aller Phasen eines Erwerbslebens. Führungskräfte können zur Entwicklung der Kompetenzen ihrer Mitarbeiter wertvolle Anregungen geben und betriebliche Anreize schaffen oder aber selbst mit gutem Beispiel vorangehen. Denn das, was für die Fachkräfte gilt, gilt selbstverständlich für die Führungskräfte zukünftig in verstärktem Maße.

Was sind Soft Skills und wozu sind Soft Skills gut?
Soft Skills sind Fähigkeiten, die der Mensch im Laufe seines Lebens erwirbt und entwickelt. Es sind soziale wie personale Kompetenzen, die es einer Person ermöglichen, Bedingungen für gelingende (Lern- und Arbeits-)Situationen herzustellen oder auch zu verändern. Diese früher eher unterschätzten Fähigkeiten und Eigenschaften stellen im Zeichen der Digitalisierung zentrale Ressourcen für erfolgreiche Interaktion und erfolgreiche Gruppenarbeit dar, die immer wichtiger werden, je schneller die Halbwertzeit von Wissen abnimmt und je mehr der Einsatz von Datenbanken und Tools die Bereitstellung von aktuellem Faktenwissen übernimmt (s. hierzu Abschn. 4.3).

Beispiel zur Relevanz von Soft Skills im Rahmen eines mitarbeiterzentrierten Führungsstils
Führungskräfte können in ihrer Rolle als zielsetzende und personalverantwortliche Führungskraft darauf einwirken, dass Arbeitsanforderungen nicht als unangemessen, ärgerlich oder als belastend und damit als doppelt stressig empfunden werden, was ungebührliche Belastungen mit sich bringt.

Hat doch die Arbeitsforschung ergeben, dass sich arbeitsbedingter Stress doppelt so stark und als krankmachender Faktor auswirkt, wenn die inhaltliche Arbeitsbelastung mit persönlich empfundenem Stress einhergeht. Soft Skills zu erwerben, ist damit für Fach- und Führungskräfte nicht nur zu einer Maßnahme der Kompetenzerweiterung geworden, sondern wirkt als aktive Maßnahme zur gesundheitlichen Prävention gegen betriebliche Fehlzeiten (s. hierzu Abschn. 5.6), die nicht nur erhebliche Störungen der Betriebsabläufe, sondern auch immense Kosten verursachen.

5.3 Motivation als Dreh- und Angelpunkt guter betrieblicher Arbeit

Um in einem immer härter werdenden internationalen Wettbewerb zu bestehen und das Vertrauen der Kunden und Partner zu erhalten, ist es unerlässlich, die (Service-)Qualität und die Termintreue der betrieblichen Arbeit sicherzustellen. Qualitätsanforderungen unterliegen gleichzeitig hohen formalen wie auch hohen qualitativen Standards. Insbesondere die Kompetenz und auch die Motivation der Mitarbeiter sind in diesem Zusammenhang die zentrale Stellgröße. Gilt es doch in allen Phasen des Leistungsprozesses eine hohe Leistungsbereitschaft aufrechtzuerhalten und nicht erst zum Schluss „hinein zu prüfen". Gleiche Anforderungsmerkmale gelten für die Bereitschaft und Fähigkeit zur Anpassung von Leistungen an veränderte Bedingungen in Absatz und Beschaffungsmärkten oder aber als Voraussetzung für die Fähigkeit und Bereitschaft zur Entwicklung innovativer Produkte und Dienstleistungen.

Immer sind es Faktoren wie Kompetenz, Motivation und Leistungsbereitschaft der Mitarbeiter – ergänzt um weitere Parameter wie Loyalität und Betriebstreue als intrinsische, aber um nichts weniger bedeutende Parameter – als zentrale Größen, mithilfe derer sichergestellt werden kann, dass die Anforderungen der Kunden und Lieferanten zeitnah beantwortet werden können.

Unmotivierte Mitarbeiter verursachen letztlich hohe Kosten durch mangelnde Qualität in der Arbeitsausführung, durch Fehler in der Planung und durch geringe Effizienz. Sie sind auch häufiger krank, haben höhere Fehlzeiten und sind unzufrieden mit ihrem Arbeitsplatz.

Letztlich führt fehlende Motivation, verursacht durch ein schlechtes Betriebsklima und damit einhergehende hohe Stressbelastung der Beschäftigten, dazu, dass die Kooperationsbereitschaft und das Arbeitsklima leiden, Mobbingfälle vorkommen und möglicherweise sogar Kündigungen ausgesprochen werden bzw. Arbeitsplatzwechsel ins Auge gefasst werden von Mitarbeitern, die als Leistungsträger betrachtet werden können.

Die Qualität der Kommunikation im Organisationselement und in der Organisation ist nicht zuletzt für die Fähigkeit zur Bewältigung von Konflikten sowie bei der Lösung von auftretenden Problemen in der Auftragsabwicklung entscheidend. Nur wenn die Qualität der Kommunikation gut ist, wird das von Rosenstiel (2009) angesprochene verbindende „Wir-Gefühl" entstehen, das eine langfristige Bindung der Mitarbeiter an das Unternehmen sichert (Rosenstiel 2009).

In diesem Zusammenhang kann von einer Notwendigkeit zur Entwicklung einer betrieblichen Innovationskultur gesprochen werden, bei deren Entwicklung die Motivation – als Sammelbegriff für o. g. Anforderungen – der Belegschaft im Zentrum steht. Angstfreie Kommunikation und angenehme, soziale Interaktionsprozesse sind Bedingungen, welche das Management initiieren und fördern kann (Rosenstil 1998).

Generation Y
Die Generation der zwischen 1980 und 2000 Geborenen unterscheidet sich stark von vorangegangenen Kohorten der Erwerbspersonen. Sie setzt Selbstverwirklichung, Spaß, Entwicklungsmöglichkeiten und die Umsetzung eines persönlichen Lebensplans an die erste Stelle.

Darin unterscheidet sich die Generation Y sehr stark von den vorangegangenen Kohorten, welche durch prioritäre Karriereorientierung und die Bereitschaft zur Übernahme von Verantwortung gekennzeichnet werden.

- Generation X (1960–1980): Charakterisiert durch Nonkonformismus, Ungeduld, Unabhängigkeit
- Baby Boomer (1943–1960): Fleißig, willensstark, optimistisch
- Veteranen (1922–1943): Gewissenhaft, loyal, konformistisch

Aus: Dahlemann (2013)

Die in Abb. 5.2 dargestellt Übersicht zeigt die klassischen betrieblichen Anreize nach Trost zur Förderung von Motivation und zur Schaffung von loyaler Betriebszugehörigkeit.

Motivationsförderung entsteht letztlich über die Gesamtheit aller Faktoren, die zu einem gesunden Betriebsklima beitragen, angefangen bei den Arbeits- und Vertragsbedingungen und der Bezahlung bis hin zu einem professionellen Personalmanagement und kontinuierlicher Personalentwicklung.

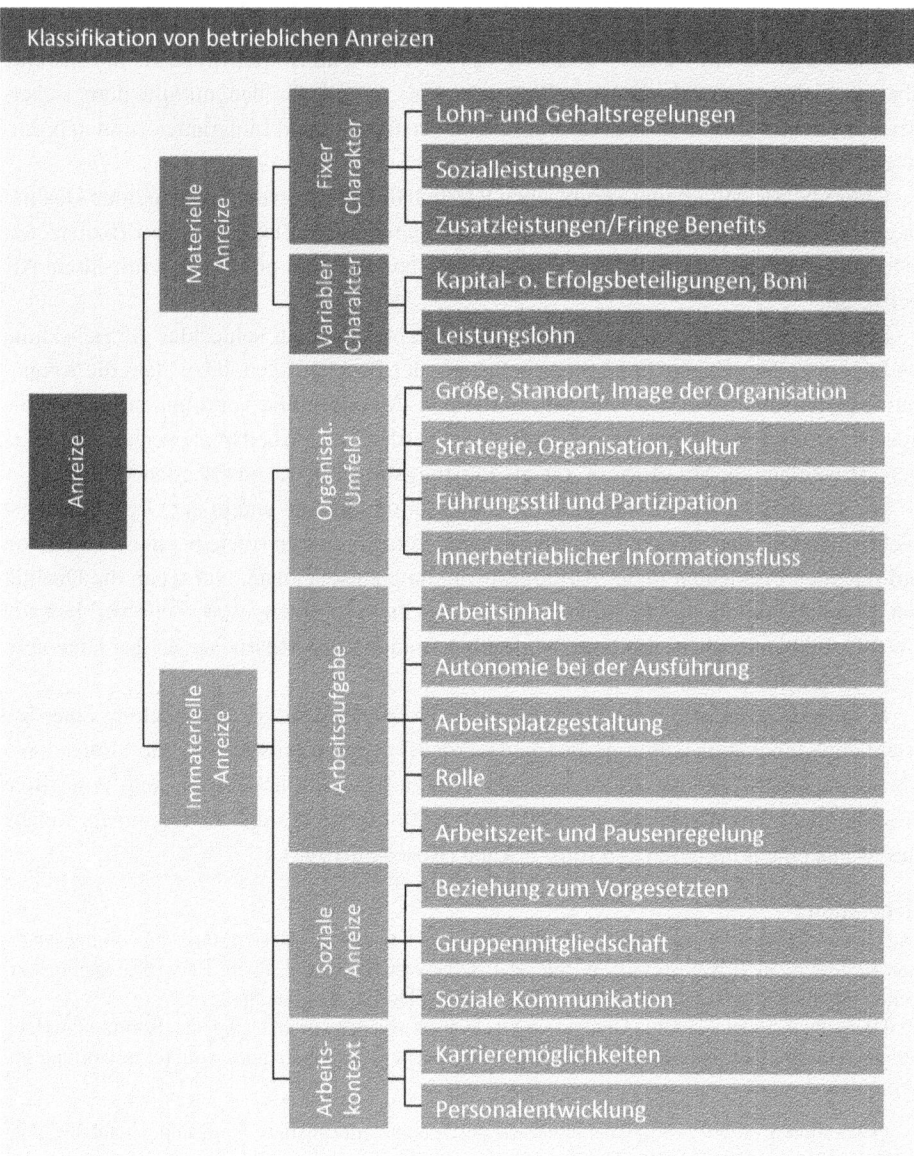

Abb. 5.2 Klassifikation von betrieblichen Anreizen für Motivation. (Quelle: Trost 2012, S. 4, zitiert nach Haller 2012)

Die Mühe für den Schulungsaufwand wird durch höhere Effektivität der Arbeit, nachhaltige Entwicklungen zur Verbesserung der Unternehmenskultur, Stressminimierung für alle und damit weniger gesundheitlicher Beeinträchtigung des Personals inklusive weiterer Kosteneinsparungen belohnt.

- Ein gesundes Betriebsklima führt nicht zuletzt zu hoher Motivation, Identifikation mit den Arbeitsaufgaben und der Arbeitserfüllung, zu geringen Fehlzeiten und zu loyalem Verhalten gegenüber dem Unternehmen, was in Zeiten der informationstechnischen Datenspeicherung und -verarbeitung eine nicht zu unterschätzende Größe darstellt.
- Die Mitarbeiter, welche sich gleichbehandelt und geschätzt fühlen, sind seltener krank und weniger häufig bereit, den Betrieb zu wechseln. Das Unternehmen kann nicht zuletzt die Einarbeitungskosten für neue Mitarbeiter einsparen und stattdessen in die Entwicklung der Mitarbeiterkompetenzen investieren bzw. in die Verbesserung betrieblicher Praktiken.
- Aufgrund einer entspannteren Arbeitssituation wird sich die Qualität der erbrachten Dienstleistungen und Produkte verbessern, aber auch die Bereitschaft verstärken, sich der Entwicklung neuer Produkte und Dienstleistungen zuzuwenden.

5.4 Instrumente guter Mitarbeiterführung

Führung und Zusammenarbeit sind in der Regel durch Vertragsbeziehungen und die Unternehmenskultur geregelt. Sie sind allerdings niemals einfach, da sich Arbeitgeber und abhängig Beschäftigte immer nur bis zu einem gewissen Grad in die gleiche Richtung bewegen. Insofern ist Führung immer eine Gratwanderung und ein Spannungsfeld, bei der es doch sehr wesentlich auf das Gelingen und Steuern der Kommunikation aller Beteiligten ankommt. Dies wird umso erfolgreicher sein, wenn allen Akteuren, auch den Arbeitnehmern, eine Gelegenheit zur Mitsprache, zur Interaktion und zur Entwicklung geeigneter Abstimmungsprozesse gegeben wird.

Nicht zuletzt deshalb hat die Führungskraft immer mehr die Rolle einer Koordinationsinstanz und eines Ratgebers, auch Coach genannt, zu übernehmen. Sie gibt einvernehmlich erarbeitete Ziele vor und überlässt die operative Ausführung im Wesentlichen den zuständigen Fachverantwortlichen.

Was einen erhöhten Bedarf an Soft Skills angeht, so geht es dabei – entsprechend dem neuen Leitmotiv ganzheitlicher Handlungskompetenz – nicht nur um die Anpassung von Qualifikationen und Fertigkeiten an technische Innovationen, sondern vor allem um die gezielte Weiterentwicklung der personenbezogenen Kompetenzen (s. hierzu Abschn. 4.3).

Führungskräfte haben ja letztlich den Paradigmenwechsel vorzuleben, sie haben über ihre sachliche Übersicht und Aufgaben der Personalverantwortung immer noch eine gewisse „Führungs-" und „menschliche" Vorbildfunktion für Mitarbeitende und Auszubildende. Sie sind somit viel mehr als disziplinarisch zuständige und fachlich kompetente

Fachvorgesetzte. Sie stellen durch ihr persönliches Verhalten hinsichtlich Kommunikation und sozialer Interaktion in der betrieblichen Arbeit entscheidende Weichen für das Erreichen unternehmensbezogener Ziele.

Zur Führungskraft als Coach, denn die Arbeitszufriedenheit steigt bei gutem Betriebsklima!
Der zur Schulung und Weiterentwicklung von Soft Skills aufzubringende, nötige Zeitaufwand, aber auch das dafür ausgegebene Geld lohnen sich für die betriebliche Arbeit, die Unternehmens- und Innovationskultur wie auch für das Betriebsklima in jedem Fall.

Die höhere Arbeitszufriedenheit, welche aus einem guten Führungsstil resultiert, ist damit ein wesentlicher Faktor bei der Entwicklung und dem Erhalt eines guten Betriebsklimas. Sie dient der Motivation und der Gesunderhaltung aller Beschäftigten im Unternehmen. Geringere Fehlzeiten, weniger Ausgaben für Personalfluktuation und eine verbesserte Servicequalität sind handfeste Argumente und wiegen rasch alle eventuell entstehenden Kosten auf.

Diese Investitionen in Bildung bzw. Kompetenzentwicklung der Fach- und Führungskräfte sind somit als Aktivposten bei der Entwicklung einer attraktiven, zukunftsfähigen Unternehmenskultur zu betrachten, gerade in Zeiten eines erhöhten Innovations- und Konkurrenzdrucks.

Die ideale Führungskraft ist nicht zuletzt ein Begleiter bzw. ein Coach von Arbeitsprozessen. Ziel des Coachings ist es, Lernprozesse zu fördern und die Potenziale eines bzw. der Mitarbeiter zu entwickeln. Als Person verfügt die Führungskraft neben der fachlichen Eignung über gute Soft Skills. Sie zeichnet sich vor allem durch eine gute Gesprächskultur und eine soziale Interaktions- und Kommunikationskompetenz aus.

Sie verfügt darüber hinaus über persönliche Integrität, wirkt und erweist sich als vertrauenswürdig. Fingerspitzengefühl und soziales Einfühlungsvermögen sind überdies zentrale, personale Kompetenzen, die sie zur effektiven Führung von Mitarbeitern befähigen (s. hierzu Kap. 4, insbesondere Abschn. 4.3).

Anne Wegele von der Steinbeis Beratung empfiehlt, vor allem die Berufssituationen für das Coaching durch den Vorgesetzten zu wählen, welche das Verhalten eines Mitarbeiters in den Vordergrund stellen. So ist es sinnvoll, das Verhalten eines Mitarbeiters in einer bestimmten Anforderungssituation zu thematisieren. Derartige Situationen im betrieblichen Zusammenhang sind beispielsweise Einarbeitung, Übertragung neuer Aufgaben und/oder Bereiche, problembeladene Situationen der Zusammenarbeit im Unternehmen oder wenn ein Mitarbeiter von sich aus um Hilfestellung bittet (Wegele 2018, S. 2).

Statt lediglich Kontrolle auszuüben, sollte die Führungskraft in den Coaching-Situationen nur zentrale offene Fragen ansprechen und einen Prozess initiieren, in dem die Beschäftigten selbst die Lösung finden können. Dies bedeutet nicht zuletzt und vor allem, zuhören zu können, Mitarbeiter als Kompetenzträger ernst zu nehmen, keine eigenmächtigen Entscheidungen oder Statements von oben herab zu treffen ohne Rücksprache mit den entsprechenden Mitarbeitern.

Dies ist wichtig, damit die Wertschätzung des Mitarbeiters durch den Vorgesetzten als eine Form der Anerkennung signalisiert wird, damit Ziele einvernehmlich definiert und objektivierbar formuliert werden können. Nicht zuletzt sollen produktive Gesprächssituationen erzeugt werden, damit die Intervention seitens des Vorgesetzten nicht als unzulässige, angstmachende Intervention empfunden wird. Bei dem Coaching geht es in erster Linie darum, an den Stärken des Mitarbeiters anzuknüpfen und diese weiterzuentwickeln. Es ist daher zu betonen, dass es in allen den vorgenannten betrieblichen Situationen nicht um Kritik an dem betreffenden Mitarbeiter als Person geht, sondern um die konstruktive Weiterentwicklung der Arbeitsbeziehungen im Betrieb als Ganzes.

Indirekt geht es daher bei den persönlichen Coaching-Situationen vor allem um die Frage, ob die vorgesetzte Person in der Lage ist, zwischen objektiven Sachverhalten und eigenem Wunschdenken bzw. Vorurteilen und vorhandenen, unbewusst wirkenden Stereotypen zu unterscheiden. Dies ist eine wichtige Voraussetzung für ein erfolgreiches Coaching.

In schwierigen Situationen allerdings sollte die Führungskraft ihre Führungskompetenz als Mediator unter Beweis stellen, solange ein Konflikt noch nicht verhärtet ist. In diesem Fall sind Dritte (Mediatoren, Gerichte) zur Konfliktlösung heranzuziehen. Im „Normalbetrieb" zeigt es sich täglich, dass gerade Führungskräfte ein ausgeprägtes Repertoire an sogenannten Soft Skills benötigen, um bei auftretenden Konflikten zu vermitteln oder im Umgang mit „schwierigen" Mitarbeitern ein Problem mit den zur Verfügung stehenden Ressourcen und Rahmenbedingungen letztlich doch noch zu lösen.

Die Tab. 5.2 zeigt die variabel einzusetzenden Schritte möglicher Problemlösungsansätze aus ganzheitlicher Sicht. Es gilt dabei Fronten aufzuweichen, Handlungsalternativen

Tab. 5.2 Gezielte Problemlösung durch ganzheitliche Sicht und Reflexion (Quelle: IUBH, BWSM02-01, S. 61–62)

Statische Betrachtung einer Problemsituation verfestigt die Situation.	Problem ist einzugrenzen und aus mehreren Perspektiven zu betrachten, eine Integration wird angestrebt.
Monokausale Sichtweise herrscht vor.	Beziehungen zwischen den Parteien oder Akteuren sind zu erfassen und in ihrer Wirkung zu analysieren.
„Augenblickliche Situation ist unveränderlich."	Statt einer statischen Bestandsaufnahme sind die Variablen der Beziehungen und der Situation zu ermitteln und in einem Netzwerk abzubilden.
Verhalten ist prognostizierbar, wenn eine ausreichende Informationsbasis vorliegt.	Verhaltensalternativen sind zu erarbeiten: Künftige Alternativen sind zu erarbeiten und hinsichtlich ihrer Wirkung abzuschätzen.
Verhalten kann prognostiziert werden, wenn eine ausreichende Informationsbasis vorliegt.	Lenkungsmöglichkeiten: Die lenkbaren, nicht lenkbaren und zu überwachenden Aspekte sind in einem Lenkungsmodell abzubilden.
Problemsituationen lassen sich „beherrschen". Ein „Macher" kann jede Problemlösung durchsetzen.	Gestaltung der Lenkungseingriffe: Entsprechend systemischen Regeln sind die Lenkungseingriffe so zu bestimmen, dass situationsgerecht und mit optimalem Wirkungsgrad eingegriffen werden kann.
Mit der klaren Entscheidung für eine Lösung kann das Problem auf Dauer gelöst werden.	Problemlösung: Veränderungen in einer Situation sind in Form von lernfähigen Lösungen/praktikablen Handlungsalternativen vorwegzunehmen.

zu eröffnen und Handlungsmuster zu nutzen, die geeigneter sind als herkömmliche, starre Verfahrensweisen.

- Linksseitig werden eher starre Handlungsmuster aufgeführt, die in heutigen betrieblichen Kommunikationsstrukturen kaum noch zum Erfolg führen, weil sie dazu beitragen, eine vorhandene Frontbildung zu verstärken und z. B. Konflikte zu verhärten und zu eskalieren.
- Die rechtsseitig aufgeführten Handlungsalternativen hingegen haben sich als Handlungs- und Interventionsmuster bewährt und können daher in festgefahrenen, nicht eindeutigen Situationen in Erwägung gezogen werden.

Folgende Schritte des *ganzheitlichen Problemlösens* finden sich aktuell im militärischen wie im polizeilichen Kontext wieder und werden auch im freien Wettbewerb erfolgreich angewandt.

- Ein sauberes Erfassen des Auftrages zur Zielerfüllung, die konsequente Beurteilung der Lage und eine Folgebeurteilung sind wichtige Schritte bei der Lösung einer Aufgabenstellung.
- Nach Analyse und Problemlösung folgt der ebenfalls wichtige Abschnitt der Nachbereitung. Auch dabei bieten sich verschiedene Fragestellungen zur Reflexion an:
  - Was war mein persönliches Ziel und warum?
  - Was habe ich dafür gemacht, was hätte ich noch machen können?
  - Was hätte ich anders machen können und warum?
  - Was hätte ich nicht machen sollen und warum?
  - Welchen Eindruck machte(n) der/die andere(n) auf mich?
  - Worin lagen für mich die Probleme, woran erkenne ich das?
  - Worin lagen für den anderen die Probleme, woran erkenne ich das?
  - Was ist mir noch unklar und was ist daher zu tun, wie will ich weiter vorgehen?
  - Was habe ich aus dieser Situation gelernt, und wie kann ich das für mich nutzen?

Selbstreflexion als Teil der Führungsrolle
Eine Kurzfassung zur konstruktiven Selbstkritik zur Analyse, Lösung und Nachbereitung im Sinn der Reflexion des eigenen Verhaltens bieten z. B. die folgenden sechs Fragen:

1. Was wollte (will) ich erreichen?
2. Welche Grundbedürfnisse (Freude, Freiheit, Liebe, Sicherheit, Macht etc.) stehen hinter meinem Wollen?
3. Was tue ich, um zu erreichen, was ich will?
4. Ist es realistisch, dieses Ziel anzustreben?
5. Hat mir das, was ich bisher getan habe, geholfen, zu bekommen, was ich wollte?
6. Falls nicht – was kann ich stattdessen tun, um zu bekommen, was ich will?

▶ **Auseinandersetzung mit dem eigenen Verhalten bedeutet u. a. Führungskompetenz** In der Auseinandersetzung mit dem eigenen Verhalten und entsprechenden Gesprächen mit den Mitarbeitern zur Zielvereinbarung und Zielerreichung
bieten sich überdies die wertvolle Gelegenheit, von den Mitarbeitern Feedback
über das eigene (Führungs-)Verhalten zu bekommen, und die Chance, Motive
und Einstellungen der Gesprächspartner sowie deren subjektive Sichtweisen
über das Arbeitsklima kennenzulernen, um diese Überlegungen in die eigene
Planung und Zielfindung einzubeziehen sowie ggf. darauf zu reagieren.

Die Auseinandersetzung mit eigenem Verhalten im Vorfeld, aber auch im
Nachhinein von Situationen und Entscheidungsprozessen kann mit dazu beitragen, das eigene Verhalten zukünftig noch zielgerichteter, besser und noch
erfolgreicher zu machen. Auch Reflexionsfähigkeit ist damit ein wichtiger Bestandteil innovativer Führungskonzeptionen!

Grundregeln für das Führen mit Zielen

Die Definition und das Setzen eines Zieles stehen am Beginn des Management- und Füh-
rungskreislaufes und sind ein wesentlicher Beitrag bei der erfolgreichen Führung von
Mitarbeitern.

Für die Art, wie einvernehmlich formulierte und transparente Ziele in einem Team im
Einzelnen erarbeitet werden, bieten die im folgenden Abschnitt angeführten Grundregeln
gute Anhaltspunkte. Sie zeigen auf, wie auf transparente Weise und nach welchen Parametern wünschenswerte Ziele der Unternehmung definiert werden können und sollen. Es
ist wichtig, sich auf wenige, dafür wesentliche, konkrete und präzise formulierte Ziele zu
beschränken. Speziell im Hinblick auf Jahresziele müssen Prioritäten festgelegt werden.
Für den einzelnen Mitarbeiter ist es aber auch wichtig, immer den Bezug zu den großen
Zielen des Unternehmens herstellen zu können, denn nicht alle Ziele können immer eindeutig und klar formuliert werden.

- Von einer guten Führung wird jedoch erwartet, dass sie es leistet, Ziele möglichst eindeutig und klar zu formulieren.
- Dabei ist anzumerken, dass Zieldefinitionen mit Blick auf die Zielerreichung messbar
  sein sollten. In diesem Sinne ist es von hoher Bedeutung, die definierten Ziele nicht nur
  zu benennen, sondern auch hinsichtlich der erwünschten Ergebnisse klar zu definieren.
  Dies macht es später möglich, den Grad der Zielerreichung zu bestimmen bzw. bei auftretenden Problemen die angestrebten Ergebnisse zu modifizieren und ggfs. veränderten Bedingungen anzupassen.
- Der Forderungscharakter von Zielen soll so ausgelegt sein, dass diese den Mitarbeiter
  weder überfordern noch unterfordern. Unterforderung wie Überforderung kann Demotivation bewirken und damit den Erfolg der Arbeit in Frage stellen. Eine entsprechende
  Einschätzung der Leistungsbereitschaft und -fähigkeit von Beschäftigten ist deshalb
  eine zentrale Führungsaufgabe, um Demotivation zu vermeiden.

Erreichbarkeit von Zielen sichern durch Instrumente wie CLEAR, PURE, SMART und ZWERG

Natürlich sollen den Mitarbeitern die entsprechenden Arbeitsmittel und die Unterstützung durch den Vorgesetzten angeboten werden, damit sie die ihnen gesteckten Ziele erreichen können. Die mögliche Wirkung des Arbeitens mit Zielen in einem Unternehmen (sogenannte „interne Ziele") wird z. B. in der Erhöhung der Arbeitszufriedenheit gesehen, der Förderung innovativer Arbeitstechniken oder der Förderung von Personalentwicklung.

CLEAR

CLEAR ist ein Raster zur Festlegung von Zielen nach weiteren Kriterien, wie

- Challenging (herausfordernd)
- Legal (im gesetzlichen Rahmen)
- Environmentally sound (umweltverträglich)
- Agreed (akzeptiert durch die Beteiligten)
- Recorded (protokolliert).

PURE

Die Zieldefinition nach PURE verlangt die Festlegung von Zielen nach bestimmten Kategorien des Handelns, wie

- Positively stated (positiv formuliert)
- Understood (verstanden)
- Relevant (bedeutsam)
- Ethical (ethisch vertretbar).

Exemplarisch wird das im Managementbereich sehr weit verbreitete Zielsetzungsmodell nach der S.M.A.R.T.-Regel benutzt. Diese wird im Folgenden näher erläutert:

SMART

Die Zieldefinition nach SMART erfolgt durch die Definition einzelner Parameter und Merkmale, z. B.

- Specific (spezifisch)
- Measurable (messbar)
- Attainable (erreichbar)
- Realistic (realistisch)
- Time-phased (zeitlich strukturiert).

Die S.M.A.R.T.-Regel wurde erstmals von Drucker (1956) in seinem Buch über „Management by Objectives" (MBO, Management durch Zielvorgaben) umrissen. Nach Drucker wird durch die S.M.A.R.T.-Methode die Gültigkeit der Zielsetzung überprüft. Ein Ziel, das nicht messbar ist, ist danach kein Ziel. Die S.M.A.R.T.-Regel beinhaltet deshalb die folgenden Punkte:

- Spezifisch (im Gegensatz zu allgemein): Ist das Ziel konkret und eindeutig? Ist klar, was sich durch die Maßnahme und bei wem verändert haben soll?
- Ist das Ziel messbar (hinsichtlich Quantität/Qualität): Ist es möglich, zu prüfen, ob und inwieweit das Ziel erreicht wurde?

Nicht jedes Ziel beziehungsweise jede Zielerreichung ist in Zahlen messbar – es gibt auch andere Wege, zu beurteilen, ob ein Ziel erreicht wurde. Hilfreich sind in jedem Fall Indikatoren, die Aufschluss darüber geben, ob ein beabsichtigter Prozess erfolgt ist.

Nicht zuletzt bietet die Definition von Indikatoren und Prüfsteinen auch die Möglichkeit der transparenten Leistungskontrolle und Zielerreichung für alle Beteiligten. Damit wird es Personalverantwortlichen erleichtert, die Effizienz der Mitarbeitenden zu bewerten, aber auch dem Einzelnen wird deutlich gemacht, welcher Art die gesetzten Erwartungen sind und in welchem Umfang sie sein Engagement und seine Mitwirkung erfordern.

A wie attraktiv (lohnend/herausfordernd) sind Ziele, wenn sich die folgende Frage für die Beteiligten bejahen lässt: Ist das Ziel für alle Beteiligten attraktiv, erstrebenswert?

In manchen Quellen wird das „A" der S.M.A.R.T.-Kriterien auch als „akzeptabel", „aktionsorientiert", „ambitioniert", „anspruchsvoll" oder „angemessen" verstanden. Letzteres bedeutet nichts anderes, als dass ein Ziel der Problemlage der Zielgruppe angemessen sein sollte. Ambitioniert und anspruchsvoll bezieht sich darauf, dass ein Ziel nicht zu niedrig gesteckt sein sollte, denn oft sind Anstrengungen nötig, um wichtige Ziele zu erreichen.

R wie realistisch soll das Ziel auch sein. Dies heißt, dass das Ziel machbar ist unter den gegebenen Voraussetzungen. Wichtig ist deshalb, dass ein Ziel nicht zu hochgesteckt, sondern mit vorhandenen Ressourcen und Kompetenzen zu verwirklichen sein sollte. Insofern lautet die Frage, die zu beantworten ist: Ist das Ziel realistisch, machbar?

Weiterhin ist die Zielerreichung klar zu terminieren und zeitlich zu fixieren. Hierbei geht es darum, die einzelnen Arbeitsetappen zeitlich zu terminieren bzw. festzulegen, bis wann ein bestimmter Arbeitsschritt erreicht bzw. beendet werden soll. Hierfür ist die Frage zu stellen: Ist das Ziel in einem überschaubaren Zeitraum erreichbar und wenn ja, bis zu welchem Zeitpunkt oder beim Erreichen von welchem inhaltlichen Arbeitsstand?

ZWERG

Gute Indikatoren zur Zieldefinition lassen sich auch durch die Berücksichtigung der „ZWERG"-Kriterien definieren. Sie sollen danach folgenden Ansprüchen genügen:

- Zentral
- Wirtschaftlich
- Einfach
- Rechtzeitig
- Genau.

Bei der Vereinbarung von Zielen ist es wichtig, dass die Ziele mit den Mitarbeitern gemeinsam erarbeitet werden und in allen Punkten so konkret wie möglich gemacht werden, wie

- konkret formuliert
- verständlich ausgedrückt
- messbar gemacht
- herausfordernd definiert
- realistisch erreichbar
- terminiert, d. h. mit konkreten Meilensteinen versehen.

Nicht zuletzt tragen deutlich formulierte Erwartungen an die Leistung der Arbeitskraft dazu bei, bestehende Erwartungen der Führungskraft an die jeweilige Person klar zu benennen. Die dabei entstehende Transparenz hinsichtlich der Erwartungen gibt allen Beteiligten nachprüfbare Indikatoren an die Hand, die tatsächlich abgelieferte Leistung hinsichtlich ihrer Zielerreichung objektivierbar zu machen. Dies schafft später die Möglichkeit, die faktische Zielerreichung hinsichtlich des erwünschten Leistungsergebnisses als Gesprächsgrundlage zu nehmen, zu interpretieren und gemeinsam zu bewerten.

Nicht zuletzt zeigt dieser Aufwand, der hier seitens des Fachvorgesetzten zu betreiben ist, welchen Stellenwert eine Person für den betrieblichen Arbeitsprozess hat und in welcher Form ihre Entwicklung angestrebt wird. Hierfür ist es notwendig, die Kompetenz der Mitarbeiter voll abzufragen und einzubringen in die Festsetzung erreichbarer, guter Arbeitsziele.

Die dabei entstehende Transparenz ist überdies geeignet, Stress und Angst vor Überforderung bzw. vor Veränderungsprozessen abzubauen und ein Klima der Kooperation herzustellen.

Das Mitarbeitergespräch
Die Herstellung von gemeinsam formulierten Zielen in Mitarbeitergesprächen führt zur Schaffung von Transparenz hinsichtlich der Anforderungen. Dies wird letztlich zur Grundlage einer größeren Bereitschaft der Mitarbeitenden, diese Ziele anzustreben und aktiv zu verfolgen.

Mitarbeitergespräch und Teamarbeitsbesprechung sollen somit die verstärkte Identifikation der Mitarbeiter mit den Aufgaben des Unternehmens im Gesamten, respektive der jeweiligen Organisationseinheit, fördern.

Zur Vorbereitung eines Mitarbeitergesprächs und einer Teamarbeitsbesprechung bietet sich im Übrigen die Erarbeitung eines spezifischen Leitfadens an, der die wichtigsten Gesprächsinhalte umfasst und allen Mitarbeitern zur Gesprächsvorbereitung rechtzeitig zur Verfügung gestellt wird.

▶ **Drei Faktoren hinsichtlich der Mitarbeitergespräche stärken die Mitarbeiterzu-
friedenheit** Die Zufriedenheit bei Mitarbeitern mit dem Mitarbeitergespräch
lässt sich mit den folgenden Faktoren verknüpfen.
Die Zufriedenheit ist größer bei Mitarbeitern,

- … die sich auf das Gespräch vorbereiten,
- … die im Gespräch stärker ihre Meinung äußern,
- … die mit ihren Führungskräften Ziele vereinbaren können, die konkret und
spezifisch sind.

Die Identifikation und Formulierung von mess- und leistbaren Zielen, wie auch deren
Reflexion und Kommunikation, wie letztlich die Begleitung des Prozesses der Zielerreichung, sind somit zentrale, strategische Aufgaben für den Vorgesetzten, der Wert legt auf
eine produktive Unternehmenskultur im Prozess der permanenten, strukturellen Veränderung und Transformation.

Bei Bedarf können im Laufe der vereinbarten Arbeitsperiode „Standortgespräche" zur
Begleitung der Zielerreichung durch den Vorgesetzten geführt werden, in denen die ge-
troffenen Zielvereinbarungen erforderlichenfalls abgeändert, neu formuliert, durch andere
Ziele ersetzt und/oder gestrichen werden.

Die Ergebnisse des Mitarbeitergesprächs sollen sich nicht nur auf die gemeinsame Erarbeitung betrieblicher Zielsetzungen, sondern auch auf die individuelle Karriereplanung
auswirken. Diese gezielte Personalentwicklung in Form der Karriereplanung wiederum ist
darüber hinaus ein zentrales Instrument der Motivation bzw. der Personalführung durch
spezifische Förderung.

Das Mitarbeitergespräch ist somit ein anerkanntes, praktikables und sehr effektives Führungsinstrument, dessen gezielte Anwendung Führungskräfte bei der Umsetzung in den
Bereichen Führen mit Zielen, Konfliktprävention und Vertrauensbildung unterstützen kann.

Schwerpunktaufgaben der Kommunikations- und Interaktionsbeziehungen für Führungskräfte nach dem Modell des sogenannten Managementkreises zeigt die Abb. 5.3.

Die Verantwortung für die Führung des Mitarbeitergesprächs liegt nicht nur bei der
Führungskraft, sondern auch bei jedem einzelnen Mitarbeiter selbst. Dies heißt, dass von
den Mitarbeitern erwartet werden kann, dass sie die Durchführung eines Mitarbeitergesprächs einfordern und danach handeln.

Das Mitarbeitergespräch und die Teamarbeitsbesprechung bieten die Möglichkeit, ohne
störende Einflussfaktoren und mit Abstand vom Tagesgeschehen die Aufgabenerfüllung
und die Qualität der Zusammenarbeit in einem definierten und überschaubaren Zeitraum.

Das Mitarbeitergespräch wie auch die Teamarbeitsbesprechung sind jeweils periodisch
stattfindende Gelegenheiten, gemeinsam aus der alltäglichen Arbeitssituation herauszutre-
ten, über die Qualität der Auftragserledigung und der gemeinsamen Zusammenarbeit nachzu-
denken, diese zu überprüfen und zu optimieren sowie eine gewisse Transparenz hinsichtlich
der gewünschten Kongruenz zwischen Anforderungen und Leistungserfüllung herzustellen.

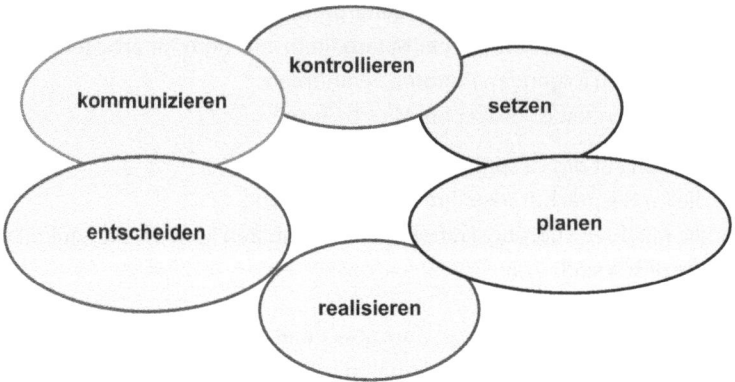

Abb. 5.3 Der Managementkreis – Ziele setzen. (Quelle: IUBH, S. 61–62)

Gespräche als wichtiges, doch noch zu wenig genutztes betriebliches Führungsinstrument
Albert (2003) stellte noch 2003 ein empirisch deutlich feststellbares Defizit in der Überprüfung der
Umsetzung und Wirkung von Mitarbeitergesprächen in Organisationen der Wirtschaft fest. Die
Möglichkeiten und Chancen, die dieses Instrument bietet, werden somit nur begrenzt genutzt – wenn
überhaupt. Es ist zu unterstreichen, dass das direkte, vertrauliche Gespräch zwischen Mitarbeiter
und Vorgesetztem die Basis bildet für eine vertrauensvolle Zusammenarbeit, einen offenen Umgang
miteinander und für eine Zielorientierung bei der Aufgabenerledigung. Auf den Ergebnissen dieser
Gespräche aufbauend werden künftige Arbeitsschwerpunkte, Zielvereinbarungen sowie Maßnahmen zur beruflichen und persönlichen Weiterentwicklung, z. B. für das Folgejahr festgelegt.
    Die gemeinsame und transparente Formulierung von Aufgaben und Arbeitszielen in Gesprächen
ist somit eine entscheidende Maßnahme der Personalführung im Rahmen eines kooperativen Führungsstils. Welche zentralen Entwicklungschancen entgehen den Unternehmen, die diese Instrumente der Mitarbeiterbeteiligung durch gut vorbereitete Gespräche nicht nutzen, insbesondere hinsichtlich der Vermeidung von Stress und Friktionen in der betrieblichen Arbeit?

Zielvereinbarungen mit den Beschäftigten erarbeiten – keine Zielvorgaben stellen!
Hinsichtlich des Definitionsprozesses, was ein gutes Ziel ausmacht – definiert mithilfe von
SMART, PURE, CLEAR und ZWERG bzw. auch dem Managementkreis –, sind vor allem
der Kommunikationsprozess und die Interaktion mit den Mitarbeitern erwünscht.
    Diese Kommunikationsprozesse führen zur Herstellung von Transparenz hinsichtlich
der Anforderungen, was sich für Führungskräfte wie Beschäftigte als überaus vorteilhaft
erweist.
    Die wichtigsten Instrumente, mit denen diese Ziele verfolgt und erreicht werden kön-
nen, sind Mitarbeitergespräche und Zielvereinbarungen. Die Zieldefinition kann nach unterschiedlichen Methoden erfolgen. SMART, PURE und CLEAR, der Managementkreis
und die Selbstreflexion, verbunden mit der Persönlichkeitsdimension zur kritischen Betrachtung der eigenen Handlungen, erleichtern das Führen nach Zielen.
    Darüber hinaus erleichtert das Führen nach Zielen die Möglichkeit, zu einem späteren
Zeitpunkt eine Leistungsbilanz über das Ausmaß der erreichten Arbeitsergebnisse festzustellen, und ist damit ein transparentes Instrument der Leistungsbewertung.

5.5   Hohe Kosten einer verfehlten Personalpolitik

Wenn langjährige und gut eingearbeitete Beschäftigte das Unternehmen verlassen, kommt es für deren Ersatz zu hohen Such- und Wiedereinstellungskosten, ggfs. zu längeren Phasen der Mehrarbeit für die Verbleibenden und einem hohen Einarbeitungsaufwand für die neuen Kräfte. All dies sind hohe und unproduktive Kostenbelastungen für ein Unternehmen, welche sich umso negativer auswirken, je höher der Anspruch an die Kompetenz der Mitarbeiter ist bzw. aufgrund eines hohen Grades firmeneigener Lösungen, Produkte, Dienstleistungen. Nichts ist somit teurer als eine schlechte Personalführung.

Zu den *direkten Kosten* gehört der gesamte Kostenaufwand, der beim Ausscheiden eines Mitarbeiters zu tragen ist, angefangen bei den Kosten einer ggfs. teuren Trennung (mit Abfindung, Lohnfortzahlung etc.) über die Definition einer Vakanz und den gesamten Suchaufwand für die Neubesetzung bis hin zur Einarbeitung des neuen Mitarbeiters inklusive seiner Weiterbildungskosten.

Zu den *indirekten Kosten* gehören die nicht weniger bedeutenden Kosten der reduzierten Leistungen des neuen Mitarbeiters in der Einarbeitungszeit, aber auch der Mitarbeiter, die ihn einarbeiten, sowie die gesamten Opportunitätskosten.

Direkte und indirekte Kosten zusammen sind mindestens mit dem 1,5-Fachen eines Jahresgehalts zu veranschlagen. Nach Thom (2007) ist sogar bis zu dem Dreifachen des Jahresgehalts an Fluktuationskosten bei dem betrieblichen Ausscheiden pro Mitarbeiter zu rechnen. In der Fachwelt wird oft sogar ein Mehrfaches davon gerechnet. Es ist anzumerken ist, dass die Opportunitätskosten nur schlecht abschätzbar und daher eher qualitativ zu beschreiben sind.

Unabhängig von den erkennbaren monetären Auswirkungen haben unmotivierte Entscheidungen zum Verlassen eines Unternehmens bzw. nicht nachvollziehbare Entlassungen durch die Betriebsleitung verheerende Folgen für die betriebliche Arbeitsmoral. Sie schädigen damit den Betrieb als Ganzes, so dass die Konsequenzen für das Betriebsergebnis unabsehbar sind.

Direkte wie auch versteckte indirekte Kosten, die bei einem Personalwechsel entstehen, sind der in Abb. 5.4 dargestellten Übersicht nach Schwitter (2003, S. 18) zu entnehmen.

Nicht zu vernachlässigen ist die Tatsache, dass hohe Fluktuation zu einer vermehrten Stressbelastung bei den verbleibenden Mitarbeitern führt. Wie die Daten von Berufsgenossenschaften, Krankenkassen und Versicherungsträgern belegen, führt dies zu zahlreichen körperlichen Beschwerden und Einschränkungen mit weitreichenden Folgen, insbesondere was Erkrankungen des Skeletts, des Herz-Kreislauf-Systems und psychische Erkrankungen angeht. Und dies nicht nur bei älteren oder alternden Mitarbeitern, sondern vor allem auch bei jüngeren und mittleren Jahrgängen.

Die hohen Fehlzeiten in Form von Ausfallzeiten und Erkrankungen sind eine besorgniserregende Entwicklung, welche sich auf betrieblicher Seite durch höhere Ausfallkosten, Fluktuation und Sicherheitsrisiken ebenfalls niederschlägt, und zwar in gesundheitlicher, motivationaler und personaler Hinsicht, wie Abb. 5.5 anschaulich verdeutlicht.

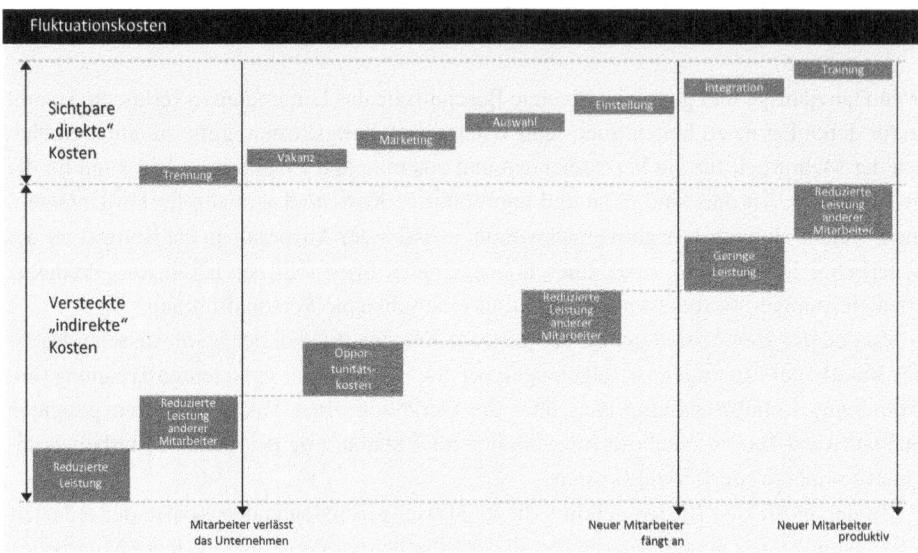

Abb. 5.4 Direkte und indirekte Kosten bei einem Personalwechsel. (Quelle: Schwitter 2003)

Folgen für die Beschäftigten	Folgen für den Betrieb als Ganzes
Schwindendes Vertrauen in den Arbeitgeber	Schlechtes Betriebsklima
Gesundheitliche Belastungen	Mobbing, Bossing im Betrieb schädigt alle
Risiken stressbedingter Erkrankungen	Innovationskompetenz nimmt ab
Betriebliche individuelle Fehlzeiten	Hoher Krankenstand
Gefahr längerer Erkrankungen steigt	Kosten für Abfindungen, Prozesse, Kündigungen
Weniger Freude und Motivation zur Arbeit	Qualität der Arbeit leidet aufgrund schlechter Kommunikation und Motivation
Gefahr der Frühverrentung	Verlust von Leistungsträgern
Ausfälle auf Dauer	Krankheitsbedingte Kosten
Kündigung durch Person des Arbeitnehmers	Verlust an betrieblichem KnowHow
Arbeitsplatzwechsel	Hohe Such- und Einarbeitungskosten für Ersatzkräfte, Opportunitätskosten
Fehlende Attraktivität des Unternehmens für hochmotivierte Arbeitnehmer	Verlust von Leistungsträgern und Imageverlust nach innen und außen
Lippe-Heinrich (2017): Seminar Personalmanagement, ISPM, Leuphana Lüneburg	

Abb. 5.5 Argumente für einen guten Führungsstil Datei

Arbeitsmedizinische Studien der OSHA haben ergeben, dass das Erleben von Stress als Quelle von körperlichen und mentalen Belastungen in der Empfindung von Mitarbeitern verdoppelt wird durch schlechte Personalführung. Dies kann auf Dauer gravierende Folgen für die einzelne Person bedeuten, aber auch für das Unternehmen als Gesamtorganismus teuer werden.

Die Auswirkungen schlechter Führung auf die Effizienz der betrieblichen Arbeit sind gravierend, denn die Qualität in Service und Produktion nimmt ab und das Risiko hoher Kosten für die Ersatzbeschaffung von qualifiziertem Personal steigt. Tiefgreifende Störungen des Betriebsablaufs mit hohen Kosten stellen Ertrag und Attraktivität des Betriebs in Frage.

▶   **Exemplarische Modellrechnungen und arbeitsmedizinische Expertisen der OSHA zeigen deutlich** Schlechter Führungsstil, insbesondere Fehlentscheidungen im Personalbereich, gehören zum Kostspieligsten, was sich ein Unternehmen leisten kann. Motivierte Mitarbeiter sind die zentrale Unternehmensressource! Daher gehört es zu den ersten und zentralen Aufgaben der Leitungspersonen, eine gute Arbeitskultur mit guten Kommunikations- und Interaktionsstrukturen im Unternehmen zu fördern.

5.6   Zum Stellenwert von Konflikten im Betrieb

Glasl (definiert einen sozialen Konflikt, also einen Konflikt zwischen wenigstens zwei Menschen, als das Aufeinandertreffen zweier unvereinbarer oder widersprüchlicher Interessen. Ein Konflikt kommt also dann zustande,

- wenn unterschiedliche Interessen aufeinanderprallen, die sich gegenseitig ausschließen,
- wenn sich Menschen mit diesen Interessen identifizieren und diese aktiv vertreten und
- wenn sich diese Menschen, weil sie in einer sozialen Beziehung (Arbeitsverhältnis, Abhängigkeit) zueinander stehen, einigen müssen.

Die Ursachen für die Entstehung von Konflikten sind sehr vielfältig und können sowohl im sachlichen als auch im persönlichen Bereich der Beteiligten liegen. Nicht selten sind sie auch Ausdruck tiefer liegender Ängste und Probleme, welche die Einzelnen im Arbeitsprozess nicht bewältigen können.

> **Mobbing, Bossing und Staffing sind nicht zu tolerierende soziale Konflikte**
> **Mobbing** (ausgeübt durch Kollegen), **Bossing** (ausgeübt durch Vorgesetzte) und **Staffing** (geht von Mitarbeitern gegenüber der Person des Vorgesetzten aus) sind im Zeichen wachsender Konkurrenz um Arbeitsplatz, Anerkennung und Fortkommen weit verbreitet, aber beileibe keine Kavaliersdelikte!
> Kennzeichen dieser Konflikte am Arbeitsplatz sind meist unbegründete, wiederholte negative Handlungen, welche die Leistung oder die Person eines Menschen betreffen. Sie zielen darauf ab, die Person auszugrenzen, ihr Selbstbewusstsein zu schwächen und sie dadurch zu Fehlern zu verleiten, sie letztlich vom Arbeitsplatz bzw. aus dem Betrieb zu verdrängen. Derartige negative Kommunikation kann, in

mehreren Phasen verlaufend, bis zum Selbstmord der betroffenen Person führen. Daher haben Krankenkassen und Gewerkschaften seit Jahren entsprechende Beratungsstellen eingerichtet, um die Betroffenen aufzuklären und darüber zu informieren, wie sie sich im Konfliktfall verhalten können, um den Konflikt aktiv anzugehen und nicht orientierungslos ertragen zu müssen.

Hierbei handelt es sich um gravierende Konflikte am Arbeitsplatz, welche mit schwerwiegenden Folgen für die Betroffenen zu einem belastenden Arbeitsklima führen und letztlich allen Beteiligten stark schaden. Sie haben daher strafrechtliche Relevanz, wenn sie nachgewiesen werden.

Derartige Störungen des Betriebsklimas sind vielfach auch Ursache für vermeidbaren sozialen Stress am Arbeitsplatz, der hohe Ausfallkosten durch Krankheit, Fluktuation, Langzeitausfälle und Frühverrentungen und damit hohe und vermeidbare betriebliche Personalkosten verursacht.

Es gehört daher zur Aufgabe der Vorgesetzten, derartige Verhaltensweisen weder zu dulden noch zu praktizieren. Im schlimmsten Fall sind derartige Konflikte durch Abmahnung und Entlassung zu ahnden, da sie gravierende Folgen für die Unternehmenskultur und das Arbeitsklima verursachen.

Eine partizipative und kommunikative Haltung von Mitarbeitenden und Vorgesetzten in der betrieblichen Arbeit kann als Mindestvoraussetzung für konfliktfreies Arbeiten und gelungene Interaktionsprozesse betrachtet werden. Insofern sind im Rahmen der gewerkschaftlichen Interessenvertretung gewachsene Institutionen wie Vertrauensleute, Betriebs- und Personalräte als Vertreter der Gewerkschaften unverzichtbare Kommunikationspartner in einem auch sozial komplexer gewordenen Führungskontext. Deutlich auftretende wie auch sich abzeichnende Konflikte und Ängste am Arbeitsplatz oder in einer Fachabteilung können nicht auf Dauer ignoriert werden. Sie sollen daher bereits im Vorfeld krisenhafter Entwicklungen, insbesondere bei *Mobbing, Bossing* oder *Staffing,* aktiv angesprochen werden.

Derartige Problemlagen sind dann entweder intern zu klären oder mithilfe professioneller Mediatoren einer Klärung zuzuführen. Alle Seiten eines Konflikts können Mediation durch externe Berater in Anspruch nehmen, so z. B. können insbesondere betroffene Mitarbeiter die Mobbingberatungsstellen der Gewerkschaften konsultieren, bevor Konflikte eskalieren und bedrohlich werden.

▶ **Mediation** Mediation ist eine neue soziale Dienstleistung für Unternehmen und Beschäftigte, deren Ziel es ist, gerichtliche Auseinandersetzungen und Prozesse zu vermeiden, indem betriebliche Konflikte durch sachkundige Intervention eines unbeteiligten Dritten entschärft werden.

Mediation wird als professionelle Leistung von einschlägig ausgebildeten und zertifizierten Freiberuflern, spezialisierten Anwälten und Sozialarbeitern angeboten, aber auch von gewerkschaftlichen Beratungsstellen und Einrichtungen.

Dies gilt nicht zuletzt auch für den Vorgesetzten als Vorbild in Unternehmen aller Branchen und Größen, gerade weil sich im Betrieb persönliche Konflikte und sachliche Meinungsunterschiede vielfach überlagern oder überschneiden bzw. das eine aus dem anderen hervorgeht.

Neben den bekannten negativen Folgen von Konflikten, die mit einer Verhärtung von Gegenpositionen einhergehen und mehr oder weniger den unvermeidlichen Stress im Betrieb stark erhöhen, wird durch ungelöste Konflikte die Arbeitsfähigkeit der Beteiligten stark beeinträchtigt.

Andererseits können Meinungsverschiedenheiten – fair und respektvoll ausgetragen – durchaus produktive Wirkung zeigen. Sie können auch dafür genutzt werden, unterschiedliche Standpunkte zu identifizieren, aber auch zu entschärfen. Dies setzt voraus, dass der Vorgesetzte über ein entsprechendes Repertoire an Soft Skills verfügt und auch die analytischen Instrumente für eine Identifizierung der Konfliktpunkte einsetzt.

Positive Möglichkeiten zur Nutzung von Konflikten
Konflikte (nach Güntert und Wehner 2008) bergen positive Elemente für die Unternehmen, denn sie bringen Bewegung in Routine und Alltag:

* Konflikte stärken den Willen zur Veränderung! Sie sind ein Zeichen für einen Veränderungsbedarf. Etwas soll anders gemacht werden. Konflikte erzeugen Druck, um Beteiligte zu zwingen, an Probleme aktiv heranzugehen.
* Konflikte können zwischenmenschliche Beziehungen intensiver machen! Die Parteien lernen sich besser verstehen, wissen, was ihnen wechselseitig wichtig ist. Sie lernen ihre verletzliche Seite kennen.
* Konflikte können Abwechslung in die Routine bringen.
* Konflikte geben u. U. Anregungen, vorhandene Fähigkeiten zu vertiefen! Die zunächst schwer verständlichen Ansichten der anderen Seite machen neugierig, der Sache oder dem Thema auf den Grund zu gehen und damit neue Einsichten zu gewinnen.
* Konflikte fördern Kreativität! Die Beteiligten erfahren, dass ein Problem verschieden gesehen und bewertet, geregelt oder gelöst werden kann.
* Konflikte machen problembewusst! Die Beteiligten werden gewahr, wo die strittigen Punkte liegen und was vor allem sie selbst tun müssen, um sie zu entschärfen.
* Konflikte führen zu besseren Entscheidungen! Meinungsverschiedenheiten, Kontroversen zwingen uns dazu, eine Entscheidung sorgfältig zu durchdenken, widersprüchliche Alternativen durchzuspielen usw.
* Konflikte fördern die Persönlichkeitsentwicklung! Um einen Konflikt konstruktiv zu bewältigen, muss eine Partei ihre egozentrische Sichtweise überwinden und sich in die andere Seite hineinversetzen, was ein höheres Maß an gemeinsamer Bewusstheit und letztendlich moralischer Verantwortung stiften kann.

▶ **Stress verdoppelt die Arbeitsbelastung – auch eine versalzene Suppe schmeckt
nicht!** Trotz der hier aufgezählten angeblich vielfältigen, positiven Aspekte
von Konflikten soll angemerkt werden, dass Konflikte im Zeichen von hoher
Arbeitsbelastung weniger dazu angetan scheinen, das betriebliche Arbeitsklima angenehm und vertrauensvoll zu gestalten. Sie sollten daher nicht leicht-
fertig ausgelöst werden. Es ist immer von zweifelhaftem Ergebnis, wenn Konflikte verschärft oder heraufbeschworen werden, denn sie sind in jeder Hinsicht
auch Auslöser von Stress und damit einer hochgradigen Belastungssituation
bei der Arbeit für alle Beteiligten (s. hierzu Abschn. 7.5).

Konflikte sind Stressoren und somit – ähnlich wie bei einer Suppe das Salz –
nur sparsam und mit Bedacht als Mittel der Klärung einzusetzen. Und ein schlechter Führungsstil, der Konflikte schürt, diese nicht klärt und befriedet, sondern
meint für seine Zwecke nutzen zu können, ist ebenfalls nicht mehr zeitgemäß, da
er den betrieblichen Stress und die empfundene Arbeitsbelastung verdoppelt.

Nicht jeder Konflikt kann bei der Arbeit erfolgreich bewältigt werden, denn es fehlt meist
die erforderliche Zeit zur Klärung des Konflikts, und die Beteiligten verfügen kaum über
die nötigen Kompetenzen, alle Klippen eines Konflikts sinnvoll zu bewältigen. Letztlich
schaden Konflikte immer allen Beteiligten und nicht zuletzt dem Betriebsklima. Konflikte
binden unnötig Energien, die eigentlich für die Arbeit benötigt werden, und sie führen zu
Fehlern, die ansonsten nicht vorkommen würden. Es wird daher immer im Interesse aller
darum gehen müssen, drohende Konflikte in der Belegschaft bzw. zwischen Betriebsleitung und Arbeitnehmern im Vorfeld zu erkennen, auszuräumen und zu entschärfen, somit
gar nicht erst aufkommen zu lassen.

Die Früherkennung von Konflikten setzt allerdings ebenfalls eine sehr hohe soziale wie
personale Kompetenz zur Problemlösung voraus. Bei akuten Konflikten sollten im Zwei-
felsfall frühzeitig die Dienste einer professionellen Mediation, also eines dritten Dienstleisters, in Anspruch genommen werden. Dies ist aussichtsreicher als den Versuch zu star-
ten, einen bereits offen ausgebrochenen Konflikt selbst zu lösen und diesen dann ggfs.
noch zu verhärten bzw. „Öl ins Feuer zu gießen".

**Stellenwert von Konflikten und Notwendigkeit der Schaffung eines guten
Betriebsklimas**
Unbearbeitete Konflikte und Zeitdruck bei der Arbeit führen letztlich zu einem schlechten Betriebsklima, was sich in einem wenig motivierenden Unternehmensklima und einem Mangel an Innovationsbereitschaft niederschlägt. Nicht zuletzt verstärken sie den
vom Einzelnen erfahrenen Stress und beeinträchtigen damit Gesundheit und Arbeitsleistung der Betroffenen.

Fazit: Akute, aktive Konflikte sind eine brennende Herausforderung für die Personalführung. Sie können nicht nur Personen, sondern auch den Betrieb als Ganzes empfind-
lich stören und letztlich alle Beteiligten materiell wie immateriell schädigen (s. hierzu
Abschn. 5.5).

Angst ist ein schlechter Ratgeber, auch in der betrieblichen Arbeit

Je schlechter das Betriebsklima, umso stärker die Angst vor Fehlern und der mit der Arbeitssituation verbundene, empfundene Stress. Je höher diese Belastungen sind, umso weniger bereit ist eine Person – in der Gefahr, Sanktionen für Fehler zu erfahren und sich damit zusätzlichen Stress einzuhandeln –, kreative Problemlösungen zu erarbeiten bzw. damit zu experimentieren. Deshalb ist es von großer Bedeutung, durch entsprechende Maßnahmen der Prävention, wie Mitarbeitergespräche und die Einbeziehung der Mitarbeiter in Entscheidungsfindungsprozesse, potenziell drohende Konflikte zu entschärfen, so dass daraus kein offener Konflikt bzw. eine Schwächung des Betriebsklimas resultiert.

Eine wesentliche Rolle für Führungskräfte besteht in ihrer Funktion, unterschiedliche Charaktere und Leistungspotenziale in einem Team zu integrieren. Es geht letztlich darum, ein betriebliches Unternehmensklima für Innovation und Kreativität zu schaffen, zu erhalten und zu fördern, dabei auftretende potenzielle Konflikte – quasi spielerisch und im Vorfeld sich verhärtender Konflikte – durch erfolgreiche Kommunikation und Interaktion zu erkennen, durch Entwicklung entsprechender Handlungsarrangements zu entschärfen, zu lösen und dann produktiv zu nutzen!

Diese Soft Skills können in Form von selbstreflexivem Verhalten bzw. einer praxisbegleitenden Weiterbildung oder eines Coachings entwickelt werden. Die Förderung und Weiterentwicklung der kommunikativen Fähigkeiten und der Soft Skills stellt derzeit den stärksten Weiterbildungsbedarf bei den Fach- und Führungskräften.

Literatur

Albach, H. (1989). Dienstleistungsunternehmen in Deutschland. In *Zeitschrift für Betriebswirtschaft, 65. Jahrgang*. ISSN 0044-2372.

Albert, E. (2003). *Evaluation von Mitarbeitergesprächen*. Hamburg: Kovac.

Ammon, S. (2006). *Commitment, Leistungsmotivation, Kontrollüberzeugung und erlebter Tätigkeitsspielraum von Beschäftigten in Unternehmen und Behörden im Vergleich*. Münster: Lit.

Berthel, J., & Becker, F. G. (2010). *Personalmanagement* (9. Aufl.). Stuttgart: Schäffer-Poeschel.

Birkenbihl, V. (1994). *Kommunikationstraining, Zwischenmenschliche Beziehungen erfolgreich gestalten*. Augsburg: mvg.

Bruhn, M. (2008). *Qualitätsmanagement für Dienstleistungen. Grundlagen, Konzepte, Methoden* (7. Aufl.). Berlin/Heidelberg: Springer.

Conradi, W. (1983). *Personalentwicklung*. Stuttgart: Enke.

Coy, W. (2014). Digitale Technik und Arbeit: Nachindustrielle Gesellschaft, Vorlesung, Humboldt Universität Berlin, 10.09.2014.. www.verdi.de/ Digitale Technik und Arbeit, 11.04.2019.

Dahlemann, A. (2013). *Generation Y und Personalmanagement*. München: Rainer Hampe.

De Molina, K., Kaiser, S., & Widuckel, W. (Hrsg.). (2018). *Kompetenzen der Zukunft- Arbeit 2030, Als lernende Organisation wettbewerbsfähig bleiben*. Stuttgart: Haufe.

Drucker, P. (1956). *The practice of management*. New York: Harper & Row.

Europäischer Gewerkschaftsbund (EGB). (1976). *Weißbuch über die Arbeitnehmerinnen in Europa*. Brüssel: EGB.

European Agency for Safety and Health at Work. (Hrsg.). (2018). Healthy Workplaces For All Ages. Promoting a Sustainable Working Life URL: https://osha.europa.eu/sites/default/files/publications/documents/good-practice-awards-2016-17.PDF. Zugegriffen am 26.02.2018.

Fließ, S. (2009). *Dienstleistungsmanagement*. Wiesbaden: Gabler.

Glasl, F. (2017). *Konfliktmanagement*. 11., Akt. Aufl. Stuttgart: Verlag Freies Geistesleben.

Goeudevert, D. (1996). *Wie ein Vogel im Aquarium, Aus dem Leben eines Managers*. Berlin: Rowohlt.

Güntert, S., & Wehner, T. (2008). Führen und Geführt-Werden. *WBV Media*.

Haller, S. (2012). *Dienstleistungsmanagement* (5. Aufl.). Wiesbaden: Gabler.

Homburg, Ch./ Krohmer, H. (2007): Grundlagen des Marketingmanagements. Gabler. Wiesbaden

Iacocca, L. (1985). *Eine amerikanische Karriere*. Düsseldorf/Wien: Econ.

Iacocca, L. (1995). *Eine amerikanische Karriere*. Berlin: Econ.

IUBH. (Hrsg.). (2018). Servicemanagement I, internes Studienskript BWSM01-01, überarb. u. unveröff. S. 59.

IUBH. (Hrsg.). Servicemanagement II, internes Studienskript, SWSMO2-01.

Kaas, K. P. (1990). Marketing als Bewältigung von Informations- und Unsicherheitsproblemen am Markt. *Die Betriebswirtschaft, 50*(4), 539–548.

Kaas, K. P. (1992). Kontraktgütermarketing als Kooperation zwischen Prinzipalen Agenten. *Zeitschrift für betriebswirtschaftliche Forschung, 44*(10), 884–901.

Klaffke, M. (2012). *Personalmanagement von Millennials*. Wiesbaden: Springer.

Kleinaltenkamp, M., Plinke, W., Jacob, F., & Söllner, A. (2006). *Markt- und Produktmanagement. Die Instrumente des Business-to-Business-Marketing*. Wiesbaden: Springer.

Kotler, P., Keller, K. L., & Bliemel, F. (2007). *Marketing-Management. Strategien für wertschaffendes Handeln* (12. Aufl.). München: Pearson Studium.

Lang, K. (2008). *Human Resources Management, Wirksame Konzepte einer modernen Personalentwicklung*. Wien: Linde.

Langmaack, B., & Braune-Krickau, M. (1995). *Wie die Gruppe laufen lernt* (5. Aufl.). Weinheim: Psychologie Verlags Union. ISBN 978-3-62127-172-1.

Lenhard, U., & Priester, K. (2005). Flexibilisierung, Intensivierung, Entgrenzung: Wandel der Arbeitsbedingungen und Gesundheit. *WSI- Mitteilungen, 9*, 491.

Lindauer, T. (2018). Lexikon: Stereotyp. https://www.helles-koepfchen.de/wissen/lexikon/stereotyp/. Zugegriffen am 04.11.2018.

Lippe, A. (1987). Vorbilder helfen bei der Berufswahl, Auf den Führungsebenen fehlen die flexiblen Arbeitsformen. *VDI Nachrichten, 2*, 87.

Lippe, A. (1995). Betriebliche Potenzialerhöhung mit flachen Hierarchien, Kurzfassung der Machbarkeitsstudie zum Teil- Los Handwerk im Auftrag der Senatsverwaltung für Arbeit und Frauen und der Europäischen Kommission (Europäischer Sozialfonds), gemeinsame Veröffentlichung aller Fachgutachten in einem Reader, Landesbank Berlin (Hrsg.): Arbeitsstandort Berlin.

Lippe-Heinrich, A. (1997). Relevante Frauenförderstrategien – Die berufliche Erstausbildung im Handwerk unter dem Blickwinkel relevanter Frauenförderstrategien, Dokumentation zur Tempelhofer Informationsbörse, Frauenerwerbstätigkeit- Berufliche Bildung- Wege aus der Erwerbslosigkeit., Die Frauenbeauftragte, Berlin: Publikation des Bezirksamts Tempelhof.

Lippe-Heinrich, A. (1999, 1999). Zur Bedeutung von Internet und Online-Systemen für die zukünftige Entwicklung von Qualifikationsanforderungen; Hypothesen und Erfahrungswerte. In *Zeitschrift des CEDEFOP: „Europäische Berufsbildung"*. Herbst.

Osha.europa.eu/eu, Startseite OSHA EU, 21.04.2019, 14:25.

Ringlstetter, M., & Kaiser, S. (2008). *Humanressourcen-Management*. München: Oldenbourg.

von Rosenstiel, L. (2007). *Grundlagen der Organisationspsychologie* (6. Aufl.). Stuttgart: Schäffer-Pöschel.

Rosenstiel, L. (2009). Erfolgsfaktor Unternehmenskultur, Beteiligung erfolgreich umsetzen. In F. Nerdinger& & P. Wilke (Hrsg.), *Beteiligungsorientierte Unternehmenskultur, Erfolgsfaktoren, Praxisbeispiele und Handlungskonzepte* (S. 27–42). Wiesbaden: Gabler.

Rosenstil, L. (1998). Wertewandel und Kooperation. In E. *Spieß: Formen der Kooperation, Bedingungen und Perspektiven* (S. 279–294). Göttingen: Verlag für Angewandte Psychologie.

Schimeta, J. (2012). Einsam an der Spitze, Frauen in Führungspositionen im öffentlichen Sektor, DIW Berlin, FES, 2012. https://library.fes.de/pdf-files. Zugegriffen am 16.04.2019.

Schwitter, M.(2003). Retention Management anhand von Organisationalem Commitment, Semesterarbeit am Institut für betriebswirtschaftliche Forschung, Universität Zürich, URL: http://www.hrm.uzh.ch/static/fdb/uploads/sa_maria_schwitter.pdf. Zugegriffen am 20.02.17.

Thom, N. (2007). Trends in der Personalentwicklung. In N. Thom & R. J. Zaugg (Hrsg.), *Moderne Personalentwicklung*. Wiesbaden: Gabler.

TK. (Hrsg.). (2016). Entspann dich, Deutschland. Hamburg: TK Stress-Studie.

Trost, A. (2012). *Talent Relationship Management, Personalgewinnung in Zeiten des Fachkräftemangels*. Berlin/Heidelberg: Springer.

Trost, A. (2014). Human Ressource Management, 2014. https://de.slideshare.net/ArminTrost/human-resource-management-deutsche-version. Zugegriffen am 26.02.2018.

Trost, A. (2018). *Neue Personalstrategien zwischen Stabilität und Agilität*. Berlin: Springer Gabler. ISBN 978-3-662-57406-5.

Unterhofer U., Welteke, C., & Wrohlich, K. (2017). Das Elterngeld hat soziale Normen verändert. *DIW- Wochenbericht*, Nr. 34, Berlin, S. 659.

Väter GmbH. (hrsg.). (2012). Trendstudie „Moderne Väter". Hamburg.

VDI/VDE. (Hrsg.). (2016). Statusreport, Arbeitswelt Industrie 4.0. Berlin.

Ver.di IGM. (Hrsg.). (2009). Demografischen Wandel in Unternehmen gestalten: vorgelegt von Arbeitsdirektoren und Wissenschaftlern. Berlin/Frankfurt a. M.: Empfehlungen für nachhaltige Personalwirtschaft.

Wald, R., Gatzmaga, D., Mutz, K., & Wisnefski, V. (1986). *Was will die denn hier? Frauen in gewerblich-technischen Berufen*. Marburg: SP.

Wegele, A. (2018). Coaching mal anders, wenn Vorgesetzte Ihre Mitarbeiter coachen. http://www.business-wissen.de/artikel/coaching-mal-anders-wenn -vorgesetzte-ihre-mitarbeiter-coachen/. Zugegriffen am, 04.11.

Wehner, L., Brinek, T., & Herdlitzka, M. (2018). *Kreatives Konfliktmanagement im Gesundheits- und Pflegebereich*. Wien/New York: Springer.

Bewältigungsstrategien für systemischen Wandel – aktuelle Ansätze

6

Zusammenfassung

Vorausschauendes Personalmanagement wird im Zeichen von Digitalisierung und rasch wechselnden, komplexer werdenden Anforderungen betrieblicher Arbeit zur zentralen Aufgabe von Führung, da die Mitarbeiter zur wertvollsten Ressource geworden sind.

Wirksame Strategien, Ansätze und Instrumente zur Bewältigung des systemischen Strukturwandels wurden bereits in den letzten 15 Jahren erfolgreich entwickelt und erprobt. Sie stehen nun bereit zur Entwicklung betriebs- und zielgruppenspezifisch gezielter Arrangements im Bereich des Personalmanagements.

Die hier skizzierten Beispiele guter Praxis beziehen sich insbesondere auf die Nutzbarmachung eines vielfältigen und verfügbaren Arbeitskräfteangebots für den betrieblichen Einsatz durch gezielte Ansätze und Instrumente der Personalführung und -entwicklung.

In diesem Abschnitt wird eine, wenn auch exemplarische, Gesamtschau innovativer betrieblicher Ansätze strategischer Personalentwicklung und von Instrumenten zukunftsgerichteter Personalpolitik gegeben. Viele gute Argumente sprechen aus betrieblicher wie individueller Sicht dafür, dass zukünftig verstärkt unterschiedliche Formen zielgruppengerechter Personalentwicklung und Förderung verfolgt werden sollten, um qualifizierte Fachkräfte möglichst lange im Unternehmen zu halten.

Nicht zuletzt verlangt auch die geltende Rechtslage, dass weder Bewerber noch Beschäftigte aufgrund personenbezogener Merkmale benachteiligt werden. Bislang derart benachteiligte Personen werden im AGG als Adressaten des Gleichstellungspostulats genannt, gerade weil sie nicht den üblichen Rekrutierungsmustern entsprechen.

© Springer Fachmedien Wiesbaden GmbH, ein Teil von Springer Nature 2019   189
A. Lippe-Heinrich, *Personalentwicklung in der digitalisierten Arbeitswelt*,
https://doi.org/10.1007/978-3-658-25457-5_6

Für Frauen als Querschnittsgruppe gilt diese Benachteiligung noch zusätzlich aufgrund des Geschlechts, wenngleich sie vielfach männlichen Bewerbern überlegen sind. Nach der Bearbeitung des vorliegenden Kapitels werden Sie wissen,

- … was unter Diversity Management zu verstehen ist und welche Ziele das AGG für unterschiedliche Zielgruppen verfolgt,
- … wie sich exemplarische Zielgruppen für innovatives Personalmanagement unterscheiden,
- … welche spezifischen Förderansätze für die betriebliche Entwicklung und Förderung dieser Zielgruppen im betrieblichen Umfeld bestehen und wie sie zu begründen sind.

6.1   Grundlagen der betrieblichen Gleichstellung von Frauen und Männern

▶   Die Politik des Gender Mainstreaming (GM) als europäischer Politikansatz verfolgt die gleichberechtigte Teilhabe von Frauen an allen Ressourcen des sozialen wie familialen Lebens sowie im Betrieb. Frauen und Männer sind danach gleichberechtigt und haben die gleichen Rechte, aber auch die gleichen Pflichten, was nicht Gleichmacherei bedeuten soll, sondern eine Aufwertung von Gleichheit „in der Ungleichheit".

Kompetenzen, Fertigkeiten und Fähigkeiten werden danach nicht einem Geschlecht automatisch zugeordnet, sondern von einer Person individuell nach ihren Neigungen und Potenzialen erworben. Dies eröffnet eine weite Palette von Wahlfreiheit und persönlichen Entwicklungsmöglichkeiten sowohl hinsichtlich der Berufswahl und dem jeweiligen Werdegang als auch hinsichtlich der Elternrolle, die ggfs. individuell entwickelt und ausgestaltet werden kann.

Dies bedeutet nichts anderes, als dass jede Frau mit ihren individuellen Stärken und Schwächen geschätzt wird – unabhängig von vorgefassten Wünschen und Stereotypen –, dass sie darüber hinaus die Chance bekommt, an allen Potenzialen der Gesellschaft in gleicher Weise wie ein Mann zu partizipieren, und dass beide Geschlechter die Chance erhalten, das zu tun, was sie oder er am besten können.

Von zentraler Bedeutung für den Ansatz des GM ist zu betonen, dass dieser Begriff nicht die biologischen Unterschiede zwischen den Geschlechtern negiert. Der Begriff ermöglicht lediglich, wie in der englischen Sprache üblich, eine Differenzierung zwischen Gender (als sozialem Geschlecht) und Sex (biologischem Geschlecht) zu machen. Damit wird das sogenannte „soziale Geschlecht" durch Sozialisation erworben.

Historischer Exkurs: Die Interessenvertretung der Frauen und der Kampf um Gleichstellung

Die o. g. Begriffe sind Grundbegriffe einer demokratischen Gesellschaftsordnung, die bereits beim griechischen Philosophen Aristoteles vor mehr als 2000 Jahren diskutiert wurden. Die Forderung nach arithmetischer und qualitativer Gleichheit galt allerdings nur für freie Männer und männliche Vollbürger, generell nicht für Frauen. Somit hat der Begriff der Gleichheit eine tiefe Wurzel in der europäischen Historie, ebenso wie die Betrachtung der Frauen als ein dem Mann untergeordnetes Geschlecht. Deren Rechtlosigkeit zeigt sich u. a. bei der Stellung der Kinder im römischen Recht, die sämtlich dem Manne zugesprochen werden, „wie der Apfel zum Apfelbaum gehört". Abgesehen von einigen Urgesellschaften, in denen das Matriarchat (Mutterrecht) herrschte, ist das Patriarchat heute nahezu weltweit die vorherrschende Gesellschaftsform.

Die Forderung nach der Gleichheit der Geschlechter entspringt einem demokratischen Grundprinzip und ist somit ein Phänomen der Neuzeit. Das Recht der Frauen auf Arbeit und gesellschaftliche Gleichberechtigung wurde seit Beginn der Industrialisierung hart erkämpft. Diese Diskussion kam auf mit dem Einsetzen der Industrialisierung und war lange umstritten, da man lange öffentlich die Ansicht vertrat, die Frauen seien weniger intelligent und durch ihre Gebärfunktion mental eingeschränkt(!).

Frauen wurden deshalb im Allgemeinen gerne in einer dienenden Assistenzfunktion für den Mann gehalten, so dass sie bis zum Ausbruch der großen Weltkriege (s. Abschn. 1.3) weitgehend Abhängige in Familie und Arbeitswelt blieben. Wenngleich sie im Krieg die Produktion in den Fabriken am Laufen hielten, wurden sie in der Nachkriegszeit durch eine retrograde Ideologie „an den Herd verbannt". Noch lange nach dem Ende des Zweiten Weltkrieges, bis Mitte der 1950er-Jahre, galten deshalb in Deutschland die drei K's (Kinder, Küche, Kirche) als Lebensaufgabe der Frauen. Sie hatten bis dahin als Ehefrauen in der alten Bundesrepublik Deutschland sogar noch die Genehmigung des Mannes vorzulegen, wenn sie eine Arbeit annehmen wollten. Ihre Nicht-Erwerbstätigkeit war ein Statussymbol und somit musste es der Ehemann sein, der die außerhäusige Lohnarbeit erlaubte.

Interessenvertretung von Frauen durch die COM EU und die DGB-Gewerkschaften

Die Geschichte der neuzeitlichen Bestrebungen um die Gleichbehandlung von Frauen und Männern in der Arbeitswelt Deutschlands geht auf die unmittelbare Zeit nach dem Zweiten Weltkrieg zurück. Frauen hatten in der Zwischenkriegszeit und auch im Zweiten Weltkrieg bewiesen, dass sie als vollwertige Arbeitskräfte die Produktion aufrechterhalten konnten.

Von der Generalversammlung der Vereinten Nationen wurde am 10. Dezember 1948 die Allgemeine Erklärung der Menschenrechte angenommen. Die wesentlichen Gleichheitsgebote wurden von der Bundesrepublik Deutschland in das 1949 verabschiedete Grundgesetz (GG) aufgenommen. Darin bekannte sich der Staat dazu, die Würde jedes Menschen zu achten und zu schützen. Die Gleichheit der Menschen ist zudem in Artikel 3 GG verankert. Die Gleichberechtigung von Mann und Frau ist in einem eigenen Absatz geregelt. Es wird davon gesprochen, dass auf die Beseitigung bestehender Nachteile hinzuwirken sei. Niemand soll aufgrund von sozialen Merkmalen, Rasse oder Geschlecht, Sprache, Herkunft sowie religiöser oder politischer Anschauungen benachteiligt werden. Noch in den 1950er-Jahren gab es allerdings in Deutschland ein Gesetz, welches besagte, dass die Frauen die Genehmigung des Ehemannes vorzulegen hatten, wenn sie außer Haus einem Erwerb nachgehen wollten. Dergleichen galt für die Eröffnung und das Führen eines eigenen Bankkontos. Auch hier war die Genehmigung des Ehemannes erforderlich.

Die Gleichstellung von Frauen und Männern wurde in den Grundwerten der Europäischen Union verankert und damit zum allgemeinen Standard in Europa. So wurde der Grundsatz des gleichen Entgelts für Frauen und Männer bei gleicher Arbeit bereits 1957 in den Römischen Verträgen festgeschrieben. Mit Inkrafttreten des Amsterdamer Vertrags sind diese Ziele zum integralen Bestandteil des Primärrechts der Europäischen Union geworden – in Art. 3, Abs. 3 verankert – und gehören damit zur rechtlichen und ethischen Grundausstattung der Mitgliedsländer.

Die Abb. 6.1 zeigt die Entwicklung der Gesetzgebung für Gleichstellung in Europa seit 1945 bis zum Amsterdamer Vertrag (1997), einschließlich der Verabschiedung des Allgemeinen Gleichheitsgesetzes in Deutschland (2005).

Die vom Frauenbüro der Europäischen Gemeinschaften im Rahmen der Generaldirektion Soziales in den 80er-Jahren erarbeiteten und verabschiedeten Richtlinien zur Gleichstellung enthalten wesentliche Meilensteine auf dem Weg zur Gleichstellung von Frauen in Familie und Gesellschaft, aber vor allem auch im Beruf. Es wurden In Form der sogenannten Direktiven verbindliche, rechtliche Richtlinien und damit Standards hinsichtlich Bezahlung, Gleichbehandlung und Chancengleichheit der Geschlechter gesetzt. Die Gleichstellung von Männern und Frauen wird bis heute europaweit im Rahmen einer ausgefeilten Gleichstellungsstrategie mit europäischen Zielsetzungen und unterschiedlichem Erfolg verfolgt.

Die von der Europäischen Kommission vertretene Strategie des Gender Mainstreaming (GM) für die Gleichstellung von Frauen und Männern bildete das Arbeitsprogramm

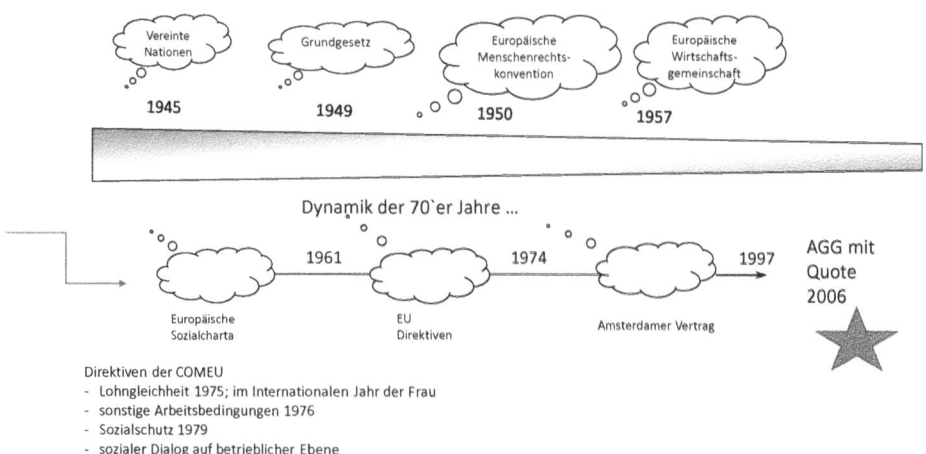

Abb. 6.1 Juristische Gleichstellung von Frauen und Männern. (Quelle: eigene Darstellung nach Rust 2004)

für die Kommission in den Jahren 2010 bis 2015. Gender Mainstreaming als initiativer Politikansatz der Europäischen Kommission bildete den Kern dieser Strategie, ergänzt durch die Forderungen nach Würde, Integrität und Bekämpfung geschlechtsbezogener Gewalt (z. B. durch grenzüberschreitende Prostitution und Menschenhandel). Aber auch die Stellung von Frauen außerhalb der Europäischen Union rückte in den Fokus und horizontale Themen, wie die Gesetzgebung zur Gleichstellung, Geschlechterrollen und Governance-Instrumente zur Gleichstellung (http://ec.Europa.eu/info/policies/justice-and-fundamental-rights/gender-equality. Zugegriffen am 15.04.2019).

Nicht zu unterschätzen für den heute erreichten Stand der Gleichstellung in Deutschland ist der Einfluss der europäischen Politik für die Gleichstellung von Männern und Frauen, wobei anzumerken ist, dass Deutschland seit Beginn der Datenerhebungen immer einen Rang im Mittelfeld aller europäischen Mitgliedsländer eingenommen hat, und zwar hinsichtlich der meisten Indikatoren, insbesondere der Gleichstellung von Frauen im Beruf, der Gleichbehandlung und ihrer gleichen Bezahlung.

Auf den vorderen Rängen für Gleichstellung in der EU befinden sich die skandinavischen Länder sowie Frankreich und Belgien als Länder, die sehr früh begonnen haben, die Familien systematisch durch Ganztagseinrichtungen in der Kindererziehung und -betreuung zu entlasten, und auch in der Arbeitswelt entsprechende Gesetzgebungen eingeführt haben. So z. B. war es in Schweden bis vor wenigen Jahren nicht erlaubt, wichtige betriebliche Besprechungen nach 16 Uhr anzusetzen. Diese Praxis wäre nämlich sonst gleichbedeutend mit dem Ausschluss der Mütter von zentralen Entscheidungsfindungsprozessen.

Derartige Einsichten sind allerdings in der Arbeitswelt von heute noch nicht in allen Führungsetagen angekommen, vielleicht weil die nötige Erfahrung und Sensibilität für die Folgen dieser Ausschlussfaktoren fehlen. Man geht vielfach immer noch von der allgemeinen Verfügbarkeit von Führungskräften aus und von der Höherwertigkeit ständiger Anwesenheit und vieler Überstunden im Betrieb. Dabei zeigt u. a. die Management- und Kreativitätsforschung, dass es gerade die Mußestunden oder die frei gestalteten Stunden sind, in denen Manager die kreativen, innovativen Problemlösungen „finden" (Evans and Russell 1990).

Die Kommission der Europäischen Gemeinschaften hat in den Zielen von Lissabon (2000) festgelegt, dass die Erwerbsquote bislang benachteiligter Personengruppen mit Blick auf die Ziele von Lissabon erhöht werden sollte, und zwar im Hinblick auf das Ziel, Europa bis 2020 zu einer der wissensbasiertesten, höchstentwickelten Regionen der Welt zu machen, inklusive der Beseitigung von Armut und Benachteiligungen.

Diese Programmatik wurde verfehlt, aber die betriebliche Gleichstellung der unterschiedlichen Personengruppen wurde seitdem als eine zentrale Aufgabe für gesellschaftliche Kohäsions- und Sozialpolitik in Europa verfolgt. Sie zielt nicht nur auf die Stärkung betrieblicher Personalressourcen, sondern auch auf einen besseren sozialen Zusammenhalt in Europa. „Das soziale Gesicht Europas gestalten" gilt seit Jahren als Schlagwort, um die Dominanz der Wirtschaft, der europäischen und internationalen Finanz- und Geldmärkte in Europa und ihren Institutionen abzubauen.

Exkurs: Was bedeutet die Politik des Gender Mainstreaming (GM) seitens der EU?

GM als Politikansatz beinhaltet die Forderung nach gleichberechtigter Teilhabe und Zugang von Frauen und Männern an allen gesellschaftlichen, sozialen und finanziellen Ressourcen der Gesellschaft. Der Begriff wurde erstmals 1985 auf der 3. UN-Weltfrauenkonferenz in Nairobi diskutiert und zehn Jahre später auf der 4. UN-Weltfrauenkonferenz in Peking weiterentwickelt. Seit dem Vertrag von Amsterdam ist Gender Mainstreaming ein erklärtes Ziel der Europäischen Union, welche diesen Politikansatz bis heute propagiert, um eine umfassende Gleichstellungspolitik in den EU-Mitgliedsländern einzuleiten.

Der Gender Equality Index wird heute als ein Indikator für Gleichstellung in der EU errechnet und ist öffentlich einsehbar. Somit wird eine Datenbasis zur Verfügung gestellt, die aufzeigt, welchen Stand ein Mitgliedsland bezüglich der Gleichstellung in Schwerpunktbereichen von GM erreicht hat. Deutschland nimmt einen Mittelplatz ein mit einem Wert von 66,2, wobei der Durchschnitt in der EU bei 65,5 liegt. Nur elf EU-Länder liegen über dem Durchschnitt (Gender Equality Index 2017).

GM als Denk- und Handlungsansatz verlangt nach der Erschließung aller Lebens- und Berufspotenziale eines Menschen. Die Freiheit der Berufswahl und die Freiheit der Ausübung einer sozialen Rolle in einer Familienkonstellation ermöglichen individuellen Gestaltungsraum und Entfaltungsmöglichkeiten, unabhängig von personenbezogenen Faktoren.

Es ist gemäß dem Gebot der Wahlfreiheit völlig gleichgültig, ob sich die Person als Mann oder als Frau, als hetero- oder homosexuell, als inter- oder transsexuell empfindet. Es ist eine individuelle Option, sich frei dafür entscheiden zu können, welcher Beruf den eigenen Interessen und Stärken entspricht. Dem entsprechend ist es auch dem Individuum überlassen, welche Rolle in Familie und Beruf als passend empfunden wird und in welcher Form sie gelebt werden soll.

Nicht das Geschlecht ist dann für die Berufswahl entscheidend, sondern ausschließlich individuelle Begabungen, Interessen und die Motivation. Analog dazu werden die Berufsrollen ebenso wie die Arbeitsteilung in der Familie und das Zusammenleben von Eltern frei ausgehandelt und definiert, wie sie den Individuen bzw. den Partnern in einer Familie entsprechen.

Berufliche und private Geschlechterrollen sind sozial gestaltbar: Beispiel Mathematik

Geschlechterrollen sind durch historisch gewachsene, kulturelle Werte, Normen und Anforderungen geprägt und damit sind sie gestaltbar.

Ein guter Beweis für diese These ist die Tatsache,

- dass z. B. die Fähigkeit für Mathematik den Mädchen und Frauen in Indien als frauentypische Eigenschaft zugeschrieben wird. Daher gibt es heute in Indien so viele hoch qualifizierte Frauen, die als Software-Entwickler arbeiten.
- In Deutschland hingegen gilt die Fähigkeit zur Mathematik eher als eine Eigenschaft der Jungen und der Männer. Frauen werden eher sprachliche und kommunikative Fähigkeiten zugeschrieben.

Mit diesen kulturellen Prägungen und Zuschreibungen erklärt sich auch der Fakt, dass die Mehrzahl der weiblichen Akademiker in Europa immer noch mehrheitlich geisteswissenschaftliche Fächer studiert hat und Frauen in den ingenieurwissenschaftlichen Fachbereichen stark unterrepräsentiert sind.

Das Ziel der autonomen Ausgestaltung und Rollenfindung als sozialem Aushandlungs-prozess hat auch die sehr anerkannte Anthropologin der Neuzeit, Margaret Mead, als wirksame Alternative zu festgefahrenen Rollenmustern und gebrochenen Lebensläufen formuliert.

GM will somit keine Gleichmacherei auf der Ebene der Geschlechter, sondern eine An-erkennung und Wertschätzung der anderen bzw. der jeweils anderen Gruppe auf der Ebene der Gleichwertigkeit. Die Lebenschancen der Menschen werden somit durch den Ansatz der „Gleichwertigkeit in der Ungleichheit" erweitert und keinesfalls beschränkt oder diri-giert. Es geht nicht zuletzt um die Anerkennung der Gleichwertigkeit von besonderen Ei-genschaften und Kompetenzen, die Wahlfreiheit der Person auf allen Ebenen, in Familie, Beruf und Gesellschaft, ihre Geschlechterrolle, ihre Berufsrolle und sexuelle Selbstbe-stimmung eingeschlossen.

Es lebe die Vielfalt und einige interessante Unterschiede …
Gail Sheehy beschreibt das Phänomen, dass bestimmte Eigenschaften, die man eher den Frauen zuschreibt, auch gerne von Männern ausgeübt werden und umgekehrt. Sie bestä-tigt damit eine zentrale These von Margaret Mead:

> Es gibt Männer, die an menschlichen Beziehungen mehr interessiert sind als an einer Kar-riere. Männer, die sich viel lieber um den Haushalt kümmern würden, als Tag für Tags ins Büro zu gehen. Und es gibt Frauen, die für Haushalt und Kindererziehung denkbar ungeeig-net sind.
> Wenn wir uns jede mögliche Konstellation vorstellen können (der Mann älter als die Frau, die Frau älter als der Mann, der Mann berufstätig, die Frau berufstätig, beide halbtags berufs-tätig, beide abwechselnd jeweils ein Jahr berufstätig …) dann käme uns kein Lebensmuster sonderbar vor …
> Alles, was uns auffiele, wären lediglich einige interessante Unterschiede. (Sheehy 1976, S. 248)

Welche Parameter in diesem Prozess der Selbstwerdung von Menschen gesetzt werden können, verlangt nach einer Bewusstwerdung und Sensibilisicrung aller Akteure auf allen Ebenen.

Statt allgemein bekannter „Männerwitze" auf Kosten der Frauen[1] und bequemer Aus-flüchte zur Zementierung überholter Stereotype ist hier ein Sensibilisierungs- und Orien-tierungsprozess für die Thematik der Gleichheit in Schule und Arbeitswelt anzustoßen, insbesondere aber auch in der Berufsberatung und -orientierung sowie in der beruflichen Aus- und Weiterbildung (s. hierzu Lippe-Heinrich 2005).

---

[1] Beispiel für einen „Männerwitz": „Warum sollte ein Zimmermann so viel verdienen wie eine Zim-merfrau?" Hier handelt es sich um zwei völlig verschiedene Berufe, die absichtlich miteinander in Beziehung gesetzt werden. Dieser „Männerwitz" unterstellt einerseits, dass es nicht gerechtfertigt ist, wenn beide Geschlechter gleich verdienen, weil es doch große Unterschiede im Arbeitsvermö-gen der Geschlechter gibt, und andererseits zieht er das Anliegen selbst ins Lächerliche.

Der Unterschied zwischen den Begriffen Gender und Sex
Zur Definition des Unterschieds zwischen Gender und Sex sowie „gendergerechtem Verhalten" sei Folgendes angemerkt:

- Gender meint die soziale Rolle, die einem Geschlecht zugeschrieben wird.
- Sex meint das biologische Geschlecht, welches i. d. R. (nicht ohne weiteres) veränderbar ist.
- Die Differenzierung zwischen Gender und Sex stammt aus der englischen Sprache. Im Unterschied zum Deutschen gibt es in der englischen Sprache zwei Begriffe für das Geschlecht eines Menschen.
- Somit sind die Termini Gender und Sex nicht gleichbedeutend einzusetzen.

▶ **Gender als „soziales Geschlecht" kann durch soziale Interaktion verändert werden** Abgeleitet aus der Erkenntnis, dass gendergerechtes Verhalten durch und mit einer sozialen Rolle erworben wird, ist davon auszugehen, dass geschlechtsspezifisches Verhalten im Laufe eines Lebens – und bei Vorliegen entsprechender Voraussetzungen bzw. veränderten Gegebenheiten – verändert und angepasst werden kann.

Gendergerechte Berufsrollen zu definieren heißt nichts anderes, als zu erkennen, dass die Biologie eines Menschen nicht konform geht mit seinen Kompetenzen und Fähigkeiten. Dies bedeutet in letzter Konsequenz, dass Geschlechterrollen und Eigenschaften bzw. spezifische Kompetenzen veränderlich sind durch kulturelle bzw. soziale Einstellungen, Werte und Normen.

So ist z. B. das klassische Verständnis von den Pflichten einer Mutter bzw. eines Vaters neu zu definieren, da sich beide Geschlechter sowohl in der Pflicht zur Fürsorge als auch zur materiellen Versorgung der Kinder sehen. Diese Feststellung verändert die klassische Mutterrolle, wie auch die des Vaters und das Bild eines gelungenen Zusammenlebens in der Familie, fundamental.

Auf der Grundlage dieses Verständnisses von Gender ist es nur logisch, dass im Zeichen von Gleichberechtigung und im Sinne von Chancengleichheit z. B. ein Vater neue Aufgaben der Kindererziehung übernimmt und damit die Mutter zeitlich entlastet, was letztlich dazu führt, dass sie eine größere Zeitsouveränität erhält. Diese neu gewonnene Zeit kann bei entsprechenden Voraussetzungen für die berufliche Karriere der Frau genutzt werden. Der Mann bekommt gleichzeitig die Chance, eine Alternativrolle zum Beruf zu entwickeln, welche vorher nur Frauen offenstand. Dies eröffnet auch den Männern neue Lebenschancen, da sie weniger durch den Beruf determiniert, absorbiert und vorzeitig verschlissen werden (s. hierzu Abschn. 3.4).

Beide Geschlechter haben bei einer gendergerechten Wahlfreiheit die Chance, angesichts wachsender Anforderungen im Beruf und zunehmender Stressbelastung eine berufliche Entwicklung zu nehmen, die das Erreichen der regulären Rentenaltersgrenze erlaubt. Dies betrifft vor allem Personen, denen das Ausscheiden aus dem Beruf bereits im Alter zwischen 50 und 60 Jahren aufgrund von betriebsbedingten oder gesundheitlichen Gründen nahelegt wird.

Frauen wie Männern wird durch diese Politik des GM der Zugang zu allen gesellschaftlichen, sozialen und betrieblichen Ressourcen eröffnet, was vielfach aufgrund einer einseitigen Rollenzuweisung bislang nicht geschehen konnte. Indem die traditionelle Rolle von Frauen und Männern aufgebrochen wird, erhalten beide nicht nur die gleichen Zugangschancen zum Beruf, sondern auch die gleichen Karrierechancen, was mit gleichen Rechten und der Chance zur Teilhabe an allen gesellschaftlichen Ressourcen gleichzusetzen ist (Abb. 6.2).

Wie zu sehen ist, werden Ressourcen in diesem Schaubild sehr weit definiert, wie z. B. als der gleichberechtigte Zugang von Frauen in öffentliche und private Räume, der Umgang und die Verteilung von frei verfügbarer Zeit sowie auch der Zugang zu Bildung und Ausbildung, zum Beruf und zur Informationstechnik sowie nicht zuletzt auch zu finanziellen Ressourcen.

Gender Mainstreaming als strategischer Denkansatz für Gleichstellung der Geschlechter in der Gesellschaft ist nicht auf die Arbeitswelt beschränkt. Es handelt sich um einen Politikansatz, der über die betriebliche Ebene hinaus für Frauen und Männer die gleichen Rechte und Zugangschancen zu allen Ressourcen in gesellschaftlicher und sozialer wie beruflicher Hinsicht verlangt.

Die Übersicht zu GM zeigt exemplarisch, um welche Potenziale es sich dabei vorrangig handelt. Nicht zuletzt beinhaltet GM den Zugang zu zentralen Ressourcen des Lebens, wie Zeit, Raum, Information, Geld und wirtschaftlicher Macht. Hinzu kommen weitere

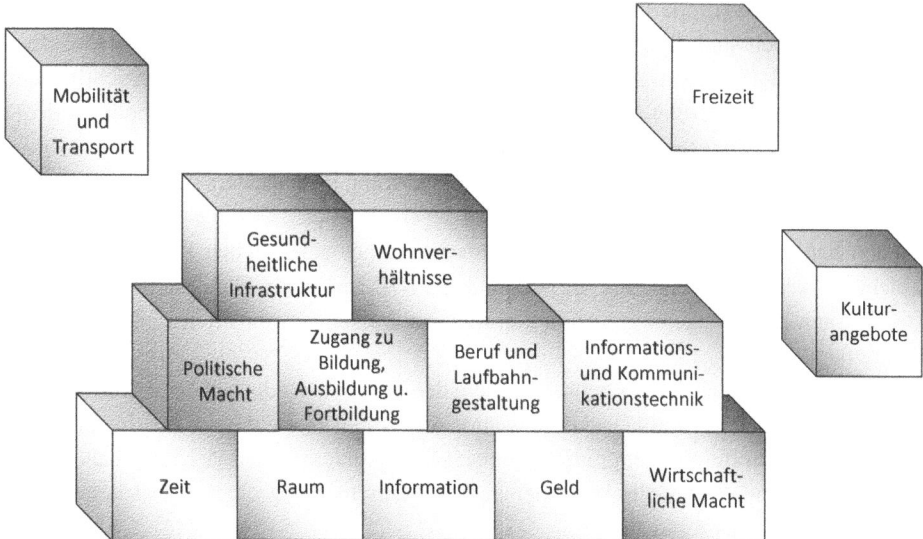

Abb. 6.2 Gender Mainstreaming – Definition der Ressourcen für gesellschaftliche, soziale und berufliche Gleichstellung. (Quelle: Eigene Abbildung)

Bereiche, die erst einen Zugang zu primären Ressourcen ermöglichen, wie z. B. Aus- und Weiterbildung, Zugang zu Informationstechnik usw.

Gewerkschaftliche Tradition der Gleichstellungspostulate seitens der Sozialpartner

Was die Forderungen nach Gleichstellung am Arbeitsplatz angeht, so gibt es bei den Gewerkschaften in Deutschland eine lange Tradition der Gleichheitspostulate.

Die Forderung nach dem Zugang zu betrieblichen Ressourcen in diesem Zusammenhang bedeutet übrigens nichts anderes als die Verwirklichung der alten gewerkschaftlichen Forderungen, welche seit Auslaufen der 50er Jahre, insbesondere in den 60er-Jahren – und verstärkt seit den 80er-Jahren auf europäischer Ebene seitens der Institutionen der Europäischen Gemeinschaften –, gestellt wurden. Es handelt sich um die klassischen Forderungen nach

- gleichem Zugang von Frauen zu Ausbildung und Beruf,
- gleicher Bezahlung von Frauen für gleiche und gleichwertige Arbeit,
- gleichen Chancen auf Weiterbildung,
- gleichen Aufstiegs- und Erwerbschancen im Beruf.

Doch erst mit dem Aufkommen der Frauenbewegung im Zuge der Studierendenproteste 1968 wurden geschlechtsspezifische Ungleichheiten in der Interessenvertretung von Frauen auch in den deutschen Gewerkschaften thematisiert und aktiv aufgenommen. Sie wurden faktisch erst ab dem Beginn der 80er Jahre seitens der DGB-Gewerkschaften wirksam bekämpft (Lippe 1981).

Seither jedoch sind die DGB-Gewerkschaften, allen voran Verdi als größte Einzelgewerkschaft und die Gewerkschaft der Dienstleister, die treibenden Kräfte hinsichtlich der Gleichstellung, nicht zuletzt dank der Verankerung des Gleichstellungsgebots im deutschen Mitbestimmungsgesetz. Diese Rechte werden von den gewerkschaftlichen Institutionen in Deutschland seit den 60er-Jahren aktiv verfolgt, insbesondere seit Beginn des 21. Jahrhunderts. Aufgrund zahlreicher Vergehen gegen das Gleichstellungsgebot in allen Bereichen hatte es sich gezeigt, dass ein Bedarf an einer gesetzlichen Regelung besteht, welche in der Verabschiedung des sogenannten Allgemeinen Gleichstellungsgesetzes (AGG) samt einer Regelung zur Quotierung von Aufsichtsratspositionen ihren Niederschlag fand.

Es ist eine Tatsache, dass es heute vor allem der Initiative der deutschen Gewerkschaftsbewegung und des DGB als Dachorganisation zu verdanken ist, dass es überhaupt einige wenige Frauen in die Spitzengremien deutscher Großunternehmen geschafft haben, und zwar als Vorstand, Arbeitsdirektor oder in der Hierarchie ganz oben angesiedelter Führungskräfte, z. B. als Aufsichtsrat.

So weit, aber nicht wirklich gut (s. hierzu AGG-Wegweiser 2014)! Das Phänomen der „gläsernen Decke" verhindert auch heute immer noch die Gleichstellung der Frauen.

Die „gläserne Decke" als Folge von patriarchalisch geprägten Rollen und Zuschreibungen

Das Phänomen der „gläsernen Decke" – sogar in China bekannt als „Bamboo Ceiling" – ist ein unsichtbares Dach, welches auf der Karriere von Frauen lastet und verhindert, dass ihre berufliche Entwicklung bis weit in die Führung großer Unternehmen hineinwächst. Die gläserne Decke ist jedoch weitgehend unsichtbar und hat multiple Ursachen, allen voran das Vorhandensein und das Fortbestehen unbewusst vorhandener, jedoch aktiv praktizierter Stereotypen, die im Unterbewusstsein von Männern wie auch von Frauen wirken (s. Abschn. 4.5).

Geschlechtsspezifische Personalauswahl-Prozesse bewirken z. B., dass Frauen als Nachwuchskräfte für eindeutige Führungspositionen kaum in die engere Wahl kommen und dass sie vielfach in Positionen des Dienens, Ausführens und der Assistenz ohne eigene Kompetenzen eingesetzt werden, ohne dass ihre nachweislich vorhandenen Kompetenzen zum Zuge kommen.

Die „gläserne Decke" lässt sich nur durch geschlechtsspezifisch differenzierende Statistiken nachweisen, z. B. was die deutlich sichtbare Schere zwischen männlichen und weiblichen Löhnen und Gehältern anbelangt, aber auch die im Rentenalter noch deutlicher auftretenden Unterschiede zwischen den Altersrenten von Männern und Frauen. Das Phänomen der „gläsernen Decke" ist somit eine der wesentlichen Ursachen für die immer noch bestehende Einkommensdifferenz von Frauen und Männern. Sie liegt dauerhaft in Deutschland um die 25 %.

Das Phänomen der „gläsernen Decke" ist damit auch die wesentliche Ursache für die Altersarmut von Frauen. Sie erhalten i. d. R. im Verhältnis zu Männerrenten wesentlich geringere Bezüge mit einer Differenz von bis zu 50 %, welche noch weitaus höher zu veranschlagen ist.[2]

Die Rente orientiert sich am durchschnittlichen Lebenserwerbseinkommen während eines gesamten Berufslebens. In Ostdeutschland liegt daher der Pension Gap bei 23 %, in Westdeutschland bei 42 % im Jahr 2014 (Holst/Wrohlich).

Der erste deutsche Datenreport zur Gleichstellung datiert aus dem Jahr 2005

Der erste Datenreport zur Gleichstellung von Männern und Frauen in Deutschland wurde im Oktober 2005 vom BMFSFJ publiziert (BMFSFJ 2005). Seitdem werden einschlägige geschlechtsspezifisch differenzierte Daten für Deutschland veröffentlicht.

Die im AGG vorgesehene Quotierung in Höhe von 30 % für Vorstandsposten in mitbestimmten Privatunternehmen hat bislang kaum Wirkung gezeigt. Erste Erfolge lassen sich im Bereich der öffentlichen Wirtschaftsunternehmen erkennen, in denen die Quote bei 30 % festgelegt wurde. Wie die präzisen Studien und Analysen des DIW zeigen, wurden die

---

[2]Aktuelle Statistiken und Analysen können detailliert abgerufen werden unter http://wsi.de und http://www.diw.de sowie unter http://fes.de.

Anteile von Frauen in Führungspositionen der deutschen Wirtschaft sowie die Frauenquoten in Deutschlands DAX-Unternehmen seitdem in absoluten wie relativen Zahlen nur leicht erhöht (Holst 2016).

So ergibt auch der aktuelle statistische Survey der Hans-Böckler-Stiftung (2017) zur Repräsentanz von Frauen in Führungspositionen, dass knapp die Hälfte der größten börsennotierten Unternehmen in Deutschland bislang kein einziges weibliches Aufsichtsratsmitglied hat (WSI-Genderdatenportal 2018).

Ob die sanktionierende Politik des „leeren Stuhls" ihre Früchte trägt und wirkt oder nicht, wird sich in den nächsten Jahren erweisen. Die kontroverse Diskussion um die gesetzlich vorgeschriebene Einführung der Quote, eines obligatorischen Frauenanteils in Höhe von 30 % in den Vorständen von in Deutschland ansässigen Dax-Unternehmen, im Jahr 2015 zeigt, dass Gleichstellung längst noch nicht zum Allgemeingut geworden ist, wenn es um die höchstdotierten und bestbezahlten Karrierepositionen in der deutschen Wirtschaft geht. In Anbetracht der Dringlichkeit des Wandels kann die Quote nur eine von mehreren Maßnahmen sein.

Wie hoch der Veränderungsbedarf ist, zeigen insbesondere die Studien zur Verteilung von Frauen auf den einzelnen Hierarchieebenen des deutschen Finanzbereichs (Holst und Kirsch 2015). Die Strukturberichterstattung des DIW hat insbesondere hinsichtlich der Berufsgruppe „Frauen im Finanzbereich" zahlreiche statistische Untersuchungen durchgeführt. Insbesondere das Update zum Führungskräftemonitor zum Stand 2013 belegt eindrucksvoll, dass sich – trotz marginaler Verbesserungen im Bereich der öffentlichen Verwaltung – seit dem Erlass der Gleichstellungs- und der Quotengesetzgebung an der Unterrepräsentanz von Frauen in Top-Führungspositionen der deutschen Wirtschaft kaum etwas geändert hat (s. hierzu insbesondere den DIW Führungskräftemonitor 2015, Update 2001–2015). In zahlreichen Studien des DIW werden die Ursachen für den immer noch bestehenden sogenannten Gender Pay Gap (derzeit noch zwischen 21 und 23 Prozent) sowie für den Gender Pension Gap empirisch untersucht und nachgewiesen. In der Analyse wird für das Vorhandensein geschlechtsspezifischer Unterschiede in Bezahlung, Einkommen und Renten immer noch das Phänomen der gläsernen Decke verantwortlich gemacht.

Zur Unterrepräsentanz von Frauen in Führung bei Unternehmen des Bundes
„In Deutschland ist der Arbeitsmarkt von starker beruflicher Segmentation zwischen Frauen und Männern geprägt", stellen Wrohlich und Zucco (2017, S. 955) noch 2017 fest.

Selbst der öffentliche Dienst steht kaum besser da und hat offensichtlich, trotz hoher Anteile von Frauenbeschäftigung, ebenfalls Schwierigkeiten, geeignete Frauen für Spitzenpositionen zu finden.

Im Jahr 2011 lag der Frauenanteil in Organen der Beteiligungsunternehmen des Bundes bei Vorständen/Geschäftsführungen bei 5,5 %, in Aufsichts- und Verwaltungsräten – immerhin – bei 15,1 % (Schimeta 2012, S. 27).

Daten zur Repräsentanz von Frauen in Führungspositionen der deutschen Wirtschaft

Hinsichtlich der erreichten Fortschritte zur hierarchischen Stellung von Frauen in Wirtschaft und Verwaltung, insbesondere jedoch im Finanzbereich, hat das Deutsche Institut für Wirtschaftsforschung eine ganze Reihe sehr detaillierter, empirisch fundierter Studien und Analysen publiziert. Sie besagen, dass in den oberen Rängen der Finanzindustrie bei der Repräsentanz von Frauen seit Erlass des AGG und auch der Quotenregelung kaum Fortschritte erzielt wurden. Der öffentliche Dienst schneidet hier etwas besser ab, wie eine Studie der FES ergab.

Eine Studie des IAB zu Führungspositionen in der Privatwirtschaft kam 2010 bereits zu einem ähnlichen Schluss. So ziehen Kohaut und Möller (2010) bereits das Fazit aus ihrer Analyse der Frauenanteile von obersten Führungsetagen in deutschen Großbetrieben, dass sich hier bis 2010 kaum etwas zum Besseren verändert hat. Sie weisen allerdings darauf hin, dass sich in Klein- und Mittelbetrieben „Führungsfrauen" häufiger antreffen lassen, auch wenn sie dort kaum so vertreten sind, wie es ihrem Anteil an der Gesamtbelegschaft entspricht.

Nicht zuletzt deshalb wurde schon 2006 auf Verlangen der Kommission der Europäischen Gemeinschaften für Deutschland das Allgemeine Gleichstellungsgesetz in Kraft gesetzt. Es bietet seitdem eine gesetzliche Grundlage, um gegen Diskriminierung aller Art rechtlich vorzugehen. Grundlage hierfür sind die vier Richtlinien der Kommission zum Schutz vor Diskriminierung, welche seit den 60er-Jahren erlassen wurden und die für alle Mitgliedsländer der Europäischen Gemeinschaften Gültigkeit und Verbindlichkeit besitzen. Deutschland hatte diese mit Verweis auf die gewerkschaftlichen Aktivitäten auf diesem Feld nie wirklich ernst genommen, so dass die Verabschiedung des AGG und der „Quote" einer Abmahnung durch die COM EU zuvorkam.

Neben den bereits dargestellten Forderungen sieht die Quotenregelung im AGG sogar vor, dass in mitbestimmungspflichtigen Unternehmen der freien Wirtschaft ein Frauenanteil von 30 % auf der Aufsichtsratsebene obligatorisch ist. Anderenfalls hat eine „Politik des leeren Stuhls" zu greifen, und zwar so lange, bis eine entsprechende Frau gefunden wurde, die den Sitz einnehmen kann.

In Unternehmen der öffentlichen Daseinsfürsorge soll laut Quote der Anteil von Frauen in den Spitzengremien sogar 40 % betragen. Auffallend ist, dass es i. d. R. insbesondere in Unternehmen der freien Wirtschaft die delegierten Repräsentantinnen der Arbeitnehmer sind, welche diese Stühle besetzen. Die Vorstände, welche von den Arbeitgebern delegiert wurden, sind weiterhin mit Männern besetzt und die Gremien tun sich schwer damit, eine qualifizierte Frau zu benennen. Es ist auffällig, dass es sich überwiegend um Männer handelt, die viele Argumente vorbringen, die man auch als Ausreden bezeichnen könnte. Die AllBright-Stiftung veröffentlichte hierzu ein humorvolles, aber gleichzeitig stereotypes und daher makabres „Führungsfloskel-Bingo", um zu erklären, warum eine passend qualifizierte Frau für diesen Aufsichtsratsposten nicht gefunden werden konnte.

Wenngleich das Managerinnen-Barometer besagt, dass die Frauen in den Aufsichtsräten auf dem Vormarsch sind, geht die neueste Berichterstattung für das Jahr 2018 davon aus, dass seit Erlass der Quotenregelung in den Vorständen deutscher Großunternehmen der Frauenanteil nach wie vor knapp 6 % beträgt, somit nahezu unverändert gering ausfällt (Holst and Wrohlich 2019).

Dies heißt nichts anderes, als dass in den zahlreichen Unternehmen der deutschen Privat-wirtschaft ein stetiger Stillstand herrscht, was die Repräsentanz und Akzeptanz von Frauen in Spitzenpositionen von Führungsaufgaben angeht. Die Aufrechterhaltung gewachsener Netzwerke von männlichen Führungskräften wird nicht zuletzt mit immer den gleichen Ar-gumenten gerechtfertigt. Diese fasst das Führungsfloskel-Bingo der AllBright-Stiftung sehr anschaulich zusammen. Es lohnt sich kaum, diese Argumente an dieser Stelle in Szene zu setzen, zumal sie fest in den Köpfen verankert sind und wir sie alle kennen, weil sie sich hartnäckig halten und immer wieder vorgebracht werden.

Nicht umsonst werden die Initiativen der Frauen diesbezüglich immer heftiger und zielgerichteter, wie z. B. die Forderung nach einem wachsenden Einfluss von Frauen auf die internationalen Kapitalmärkte zeigt. Mehr und mehr weisen Unternehmen Kriterien der Genderrelevanz für ihre Anleger aus und haben damit Erfolg, wie die Beispiele Adobe, Nike, Target und Kroger, Fiat-Chrysler und Svenska Cellulosa zeigen. Für Deutschland bietet das Fondshaus Ampega einen Aktienfonds an, der Teile des German Gender Index enthält. Dieser vereint die 50 Unternehmen, die sich am erfolgreichsten um geschlechtli-che Parität bemühen, u. a. Deutsche Post, Allianz, Wirecard, Grenkeleasing und TAG Im-mobilien (s. Wirtschaftswoche 2018, S. 70).

Hier bahnt sich, ganz besonders im Hinblick auf die veränderten Lebensstile und Er-wartungen der jüngeren Generation Y und X, bei den männlichen wie weiblichen Füh-rungskräften ein Mentalitätenwechsel an, der sich langfristig zugunsten der Parität der Geschlechter auswirken könnte.

Die Notwendigkeit eines Gesetzes zur Gleichstellung in Deutschland (verabschiedet 14.08.2006), wie auch zur Einführung einer Quote in Aufsichtsräten mitbestimmungs-pflichtiger Unternehmen (verabschiedet 21.09.2015), wurde erst vor wenigen Jahren in Deutschland institutionell anerkannt und entsprechende Gesetzesvorschriften zur obliga-torischen Beachtung der Gleichheit erlassen. Die seitdem getätigten, leichten Fortschritte sind gut dokumentiert und auch in deutscher Sprache abrufbar, insbesondere, wenn wir an die detaillierte Berichterstattung im Rahmen des neu etablierten Genderdatenportale von WSI und FES denken.

Hervorzuheben ist, dass u. a. das Deutsche Institut für Wirtschaftsforschung (DIW) den Fortschritt der Gleichstellungsbestrebungen in Deutschland durch zahlreiche Publikatio-nen und Bulletins überwacht und kritisch dokumentiert, insbesondere was die Repräsen-tanz von Frauen im Finanzwesen angeht. Die regelmäßige Berichterstattung von DIW und FES hinsichtlich Zahlen, Daten und Fakten zur Entwicklung der Strukturen weiblicher Erwerbsarbeit, verbunden mit exemplarischen Analysen, bietet wertvolle geschlechtsspe-zifisch differenzierende Statistiken zur Erwerbsarbeit und Berufsstruktur in Deutschland, welche in die folgenden Ausführungen einfließen und als qualitative Befunde mit einbezo-gen werden (s. hierzu das WSI GenderDatenPortal 2019).

Auch die auf europäischer Ebene in regelmäßigem Turnus erscheinenden Berichte zum Stand der Gleichstellung zwischen Frauen und Männern in der EU enthalten wertvolle Statistiken und Daten zur Gleichstellung, und zwar differenziert nach allen Mitgliedslän-dern der Gemeinschaft (s. hierzu COM EU 2016).

▶   **Wenn zwei das Gleiche tun, ist es noch lange nicht dasselbe ...**   Das Prinzip und
die Einsicht, dass alle Menschen gleich sind und demzufolge auch frei geboren
und gleich zu behandeln, wurde nach dem Ende des Zweiten Weltkrieges von
den Vereinten Nationen gesetzlich verankert. Es wurde 1949 im deutschen
Grundgesetz und 1950 international als rechtlicher Standard in der Europäischen
Menschenrechtskonvention festgeschrieben und auch durch AGG und das
Gesetz zur Quote[3] verankert, aber es ist selbst im Jahr 2019 noch nicht in allen
Köpfen angekommen.[4,5]

Wie sonst erklärt man sich das Schweigen der männlichen Aufsichtsräte,
wenn es um die noch bestehende 0-%-Quote in zahlreichen Vorstandsetagen
der deutschen Wirtschaft geht?

Gender Mainstreaming ist in den deutschen Chefetagen nie wirklich angekommen
Die Anliegen der Frauenemanzipation und eine Politik des GM wurden in den 90er-Jah-
ren, insbesondere von den männlichen Vertretern der Unternehmen, als Kampfansage einiger weniger „Emanzen" betrachtet und konnten in deutschen Unternehmen – ganz im
Gegensatz zu Frankreich und Belgien – nie wirklich salonfähig gemacht werden. Immerhin hat die Frauenfrage in Deutschland die Gemüter seit den 90er-Jahren so stark erhitzt,
dass man es sich seitdem in den oberen Unternehmensetagen kaum noch leisten kann, die
Gleichstellung von Frauen als Teil einer Political Correctness im Arbeitsleben in offiziel-
len Darstellungen verbal zu leugnen oder zu missachten.

Die wissenschaftliche Begleitung des bislang einzigen Wirtschaftsmodellversuchs des
Bundesinstitutes für Berufsbildung „IT-Kompetenz und Gender Mainstreaming in Aus- und
Weiterbildung von Frauen" hatte u. a. die Aufgabe, zu untersuchen, warum die strukturpoli-
tisch erforderliche geschlechtergerechte Durchmischung der Berufe nicht gelingt und warum
Frauen als Führungskräfte in den IT-Berufen immer noch unterproportional vertreten sind.

Es war ein zentrales Ergebnis der wissenschaftlichen Begleitung, festzustellen, dass
sich die zentralen Engpässe und Strukturprobleme weiblicher Erwerbsarbeit trotz neuerer
Entwicklungen nur sehr schwer auflösen lassen, weil den meisten Akteuren, wie auch den
Betroffenen selbst, das Gewicht traditioneller Stereotype nicht bewusst ist. Vor allem bei
der Berufswahl scheinen stereotype Einstellungen unbewusst bei allen Beteiligten nach
wie vor starken Einfluss zu haben. Anachronismen, Vorurteile und Stereotype lassen sich
daher nur schwer auflösen, wenn es um einen notwendigen Wandel von Einstellungen
sowie Mentalitäten hinsichtlich der Geschlechterrollen in allen Bereichen von Arbeit,

---

[3] Gesetz zur Einführung einer Quote in Aufsichtsräten mitbestimmungspflichtiger Unternehmen
(verabschiedet 21.09.2015).

[4] Die Repräsentanz von weiblichen Führungskräften in Institutionen des Bundes und der Öffentlichen Verwaltung stellt sich etwas besser als in den Großunternehmen der Deutschen Industrie,
s. hierzu Schimeta, 2012).

[5] S. hierzu auch die noch aktuellere und sehr umfangreiche Literaturstudie von Walter (2015).

Wirtschaft und Gesellschaft geht, insbesondere in der kritischen Phase der Berufswahl und der Einmündung in den Beruf (Lippe-Heinrich 2008a, b; BFW und HWK 2005, Abschlussbericht, S. 109).

Anekdote am Rande: Der „Gender Car Gap" in puncto Dienstwagen liegt auch bei 25 %!
Offensichtlich ist der Gender Gap bei Firmendienstwagen ähnlich hoch wie der durchschnittliche Gender Gap bei den Löhnen und Gehältern in Deutschland.

Der letzte Firmenwagen-Monitor von Auto Bild ergab, dass hinsichtlich der Dienstwagen bei Führungskräften, Statussymbol und Arbeitsmittel zugleich, große Unterschiede gemacht werden. Weibliche Führungskräfte fahren i. d. R. einen Dienstwagen, der durchschnittlich mehr als 10.000 Euro weniger kostet als der von männlichen Kollegen. Sie erhalten Dienstwagen zum Bruttolistenpreis von 52.074 Euro (s. Auto Bild 2018, S. 35).

Die gerechte Entlohnung ist vor allem ein Politikum und deshalb ein politisches Ziel Nr. 1

An den Beispielen von Entlohnung, Bewertung von Arbeitsleistung, hierarchischer Position und beruflichem Status zeigt sich, dass das Thema Gleichstellung der Geschlechter und gerechte Entlohnung weniger mit Fakten wie Bildung, Kompetenz, Berufserfahrung und Leistungsvermögen zu tun hat, als vielmehr vor allem ein Politikum darstellt. Es muss daher ein hohes politisches Ziel sein, die Schere zwischen Männer- und Frauenlöhnen zu schließen und einen gerechten – und damit subsistenzerhaltenden – Lohn für alle Erwerbstätigen zu erzielen, auch die Angehörigen der in Abschn. 5.4 genannten Zielgruppen.

Entgegen den Erwartungen einer Studie von Kira Marrs zu den Chancen der Digitalisierung für die weiblichen Arbeitskräfte hat sich diese Anerkennung der Höherwertigkeit weiblicher Arbeitskraft bislang bei den Arbeitgebern noch nicht herumgesprochen (Marrs; K.: Frauen in der digitalen Arbeitswelt – morgen, in: dbb (Hrsg.): Digitalisierte Welt: Frauen 4.0- rund um die Uhr vernetzt? Chancen erkennen, Risiken benennen, S. 47–57, Reader zur Tagung des DBB Beamtenbundes, 12.04.2018, S. 56).

Auch dies zeigt das Vorhandensein einer politischen Komponente bei der Einschätzung von Arbeitspotenzialen, Kompetenzen und Leistungsvermögen hinsichtlich Entlohnungsstrukturen und Karrierechancen. Kulturelle Zuschreibungen tun ein Übriges, wenngleich die alten Wertmaßstäbe zur Bewertung von Arbeit und Arbeitsvermögen heute kaum noch gelten können.

Blinde Flecken und stereotype Rollen in Beruf und Gesellschaft verhindern Gleichstellung

Es scheint, als führten unbewusste Verhaltensweisen und verborgene, geschlechtsspezifische Stereotype zu zahlreichen „blinden Flecken" in der Wahrnehmung aller Beteiligten. Sie tragen in entscheidender Weise zum Fortbestand der Ungleichgewichte bei, wie die wissenschaftliche Begleitung des bislang einzigen Wirtschaftsmodellversuchs des Bundesinstituts für Berufsbildung bei der Frage nach den Ursachen von Ungleichbehandlung festgestellt hat. Im Abschlussbericht wird daher als ein zentrales Fazit mehrjähriger Forschung festgehalten, dass die Ursachen für Benachteiligung von Frauen nicht nur bei den Betrieben zu suchen sind, sondern bei allen beteiligten Akteuren, die Frauen nicht ausgenommen:

- „Männer und Frauen jeglichen Alters, ungeachtet der Person oder ihrer Funktion im Betrieb, weisen zum Teil ein recht beachtliches Verdrängungsverhalten auf. Die vorliegenden Entwicklungen auf dem Arbeitsmarkt und die neue Gesetzgebung der Arbeitsverwaltung zeigen, dass sich die handelnden Personen im betrieblichen Alltag unzureichend über das Fortbestehen zahlreicher Stereotype bewusst sind" (BFW und HWK 2005, S. 109).
- „Weiterhin soll durch die aktive Einbeziehung der Männer in die Bereiche von Erziehungsurlaub und Hausarbeit sichergestellt werden, dass gut ausgebildete Frauen als Fach- und Führungskräfte auch nach einer Familiengründung erwerbstätig bleiben und Karriere machen können. Damit wird nicht nur eine nachhaltige Veränderung der Arbeits- und Lernkultur eingeleitet, sondern es wird gleichzeitig den jungen Frauen der unverzichtbare Mut gemacht, dass die Berufsentscheidung für einen qualifizierten und gut bezahlten Beruf in einem männerdominierten Umfeld nicht mit dem Verzicht auf ein Privatleben gleichzusetzen ist" (BFW und HWK 2005, S. 111–112).

Mit Blick auf das „gendergerechte Laufbahnkonzept", welches bereits in Abschn. 4.4 näher ausgeführt wurde, haben die Unternehmen inzwischen die relevanten Ansätze praktiziert und eine Vielzahl von Instrumenten erprobt, um den demografischen Wandel zu bewältigen. Insbesondere im Rahmen von Gleichstellungsbestrebungen sowie im Rahmen der Charta für Gleichstellung wurden zahlreiche neue Beispiele guter Unternehmenspraxis für innovative Personalführung entwickelt. Auch gibt es inzwischen mehrere bundesweite Initiativen und Zusammenschlüsse von Institutionen der Sozialpartner, die neue Instrumente zur Gestaltung betrieblicher Arbeit propagieren.

In allen diesen modellhaften Beispielen geht es darum, sich zu lösen von stereotypen Leitbildern – wie z. B. vom Bild des „idealen Führungskräftenachwuchses" als jung, männlich, gebildet, sportlich und mit den erwünschten Sekundärtugenden, die „er", aus einer entsprechenden Familie stammend, bereits zur Einstellung mitbringt. Diese Praxis – insbesondere hinsichtlich privilegierter Führungspositionen – hat nämlich in der Vergangenheit vielfach dazu geführt, dass nicht immer die geeignetsten und begabtesten Nachwuchskräfte eingestellt wurden, sondern die, welche 1:1, also „stromlinienförmig", den Stereotypen einer Führungskraft entsprachen. Dass Verhalten seitens der Ursprungsfamilie auch veränderlich ist und durchaus im Laufe eines Lebens den beruflichen Verpflichtungen angemessen verändert werden kann, blieb dabei unberücksichtigt.

Die personenbezogenen Merkmale oder Eigenschaften führten in der Vergangenheit dazu, dass traditionelle und meist unbewusst praktizierte Stereotype über Einstellung, Einschätzung und Bezahlung sowie die Aufstiegschancen einer Person bestimmten und weniger die mitgebrachte Kompetenz und Qualifikation. Sie sind mit Blick auf die Gleichstellung von Frauen mit Männern, aber auch hinsichtlich der Gleichbehandlung vieler anderer Querschnittsgruppen immer noch in vielen Unternehmen wie auch in der Gesellschaft von hoher Relevanz. Ihre Aktualität erklärt so manche Disparität auf dem Arbeitsmarkt, aber auch in der sozialen und gesellschaftlichen Entwicklung. Es geht im Zeichen der zielgerich-

teten Personalentwicklung im Wettbewerb um die Besten immer mehr darum, in den Rekru-
tierungs- und Aufstiegsprozeduren sowie den Auswahlverfahren vor allem die Personen zu
finden, welche für die Aufgabe die sachlich-inhaltlich erforderlichen Potenziale und Fähigkeiten mitbringen. Dies führt nicht nur zur Besten-Auslese nach der Kompetenz der Bewerber, sondern auch dazu, dass die vormals als Problemgruppen bezeichneten Personengruppen auf dem Arbeitsmarkt die Chance auf eine berufliche Stellung bzw. Karriere erhalten.

> **Personenbezogene Merkmale sind von sekundärer Bedeutung für die Kompe-
> tenzbewertung** Herkunft, Alter und Geschlecht sowie andere Persönlichkeits-
> merkmale sind gemäß dem personalstrategischen Ansatz von DM neben der
> eigentlichen Kompetenz danach Sekundärmerkmale einer Person, welche für
> Einstellung, Karriereförderung und Bezahlung keine bzw. nur noch eine unter-
> geordnete Rolle mehr spielen dürfen.

**Geschlechtsspezifische Segmentation des Arbeitsmarktes ist ein bedeutendes
Strukturmerkmal und zeigt besonderen Handlungsbedarf bei der
Berufseinmündung**
Unter dem Schlagwort der geschlechtsspezifischen Segmentierung des Arbeitsmarktes
wird die Teilung des Arbeitsmarktes in sogenannte „Männer- und Frauen-Berufe" verstanden. Empirisch ist diese Diskrepanz an der Tatsache festzumachen, dass jährlich jeweils
mehr als 50 % eines Jahrgangs von Schulabgängern in wenige geschlechtsspezifisch besetzte Berufsausbildungen einmünden.

Hieraus ergibt sich nicht zuletzt – in Anbetracht des Fehlens von Vergleichsmöglichkeiten mit Angehörigen des anderen Geschlechts – ein vielfach beklagtes Strukturproblem
von Erwerbsarbeit: dass es an unmittelbaren Vergleichsmöglichkeiten hinsichtlich der Verdienste mangelt, was die gleiche Bezahlung für die gleiche Arbeit angeht.

Nicht zuletzt ist die geschlechtsspezifische Segmentierung nach Berufen und Aktivitätszweigen eine Ursache der geschlechtsspezifischen Besserstellung der Männer im Beruf. Sie zeigt zudem recht deutlich, dass die Berufsrollen von Männern und Frauen bereits
vom Berufsstart her gesehen noch lange nicht gleichen Auswahlkriterien unterliegen, was
spätere Entwicklungsmuster der beruflichen Entwicklung und Karrierewege stark beeinflusst, wenn nicht determiniert.

Daher ist der Förderung von Frauenbeschäftigung in untypischen Berufen während der
Phasen der Berufseinmündung von Frauen eine besondere Aufmerksamkeit in Beratungs-
und Orientierungsangeboten der beruflichen Bildung zu widmen, aber auch hinsichtlich
des Einstellungsverhaltens von Unternehmen. Hier geht es insbesondere um die Phase der
Berufsorientierung, Berufswahl und Ausbildungsaufnahme bei den ausbildenden Unternehmen, aber auch um die Phase der Arbeitsaufnahme nach Abschluss einer qualifizierten
Berufsausbildung.

Fazit zum erreichten Stand der Gleichstellung von Frauen in Deutschland

Fast banal klingt die Feststellung: Ohne Berufseinmündung keine Karriere und kein auskömmlicher Verdienst! Damit wird die Berufsorientierung und -beratung bzw. die Einstellung junger Frauen für die berufliche Ausbildung und im Zuge der Rekrutierung von Führungsnachwuchs als zentrale Stellgröße identifiziert hinsichtlich zentraler Gleichstellungsanliegen. Abgesehen davon gibt es einige schon fast historische Projekte, die sich die Förderung von Frauen in Führung als explizites Ziel gesetzt haben. Sie wurden wie z. B. das Projekt „Euro-Betriebsräte" mit der Methode „Shadowing" von den deutschen Gewerkschaften initiiert und durchgeführt oder aber von einzelnen Unternehmen, wie z. B. das „Social Freezing" von Apple (mit dem Einfrieren von Eizellen jüngerer weiblicher Führungskräfte).

Inzwischen haben fast alle bedeutenden Großunternehmen, wie z. B. Siemens, Telekom und Lufthansa, in Deutschland im Rahmen der Mitbestimmung entsprechende Frauenreferate eingerichtet, Frauenförderpläne erlassen, Richtlinien zur Frauenförderung oder andere Maßnahmen, die erkennen lassen, dass die Frauen als Zielgruppe für Führungsnachwuchs durchaus Beachtung finden. Öffentliche Wirtschaftsunternehmen wie Berlinwasser gehen sogar vielfach noch voran und haben entsprechende Frauenanteile auf allen Hierarchieebenen vorzuweisen.

Optimistisch betrachtet erscheint es somit nur noch eine Frage der Zeit, bis die „Führungsfrauen der Wirtschaft" mit entsprechendem Nachdruck, politisch und juristisch gefördert durch das AGG und die Quote, nachwachsen und in den Chefetagen ankommen.

Aber die Geschichte weiblicher Erwerbsarbeit in den bisherigen Phasen betrieblicher Arbeit zeigt, dass es hier keine urwüchsige Entwicklung geben wird. Demzufolge sind die Gleichbehandlung und Gleichbezahlung von Frauen, inklusive ihrer Zugangschancen zu Beruf, Karriere und Aufstieg, eine nach wie vor politische Aufgabe, die nicht ohne Öffentlichkeit, Parteien und persönlichen Einsatz von Personalverantwortlichen erfüllt werden wird.

6.2   Formen direkter und indirekter Diskriminierung am Arbeitsplatz

Sofern eine Ungleichbehandlung erfolgt, kann dies als Diskriminierung bezeichnet werden. Die direkte oder mittelbare Diskriminierung von Personen in jeder Form der betrieblichen Arbeit ist durch das Allgemeine Gleichheitsgesetz (AGG) verboten. Doch was ist als Diskriminierung zu bezeichnen und woran ist sie zu erkennen? Welche Arten der Diskriminierung unterscheidet man?

▶ **Zum Unterschied zwischen direkter und indirekter Diskriminierung Direkte Diskriminierung** bedeutet, eine Person zu benachteiligen im Hinblick auf eine vergleichbare andere Person. Benachteiligung kann in vielerlei Hinsicht erfolgen, insbesondere jedoch hinsichtlich der Beschäftigungs- und Einstellungschancen sowie der Bezahlung. Immer wenn unmittelbare Vergleiche eine Ungleichbehandlung ergeben, handelt es sich um eine direkte Benachteiligung, die heute gesetzlich verboten ist und unter Berufung auf das AGG gerichtlich geahndet werden kann (s. Abschn. 6.2).

Indirekte Diskriminierung findet vielfach unbewusst statt. Deshalb ist sie viel schwieriger nachzuweisen und basiert vielfach auf unbewussten Verhaltensweisen, stereotypen Zuweisungen und Vorurteilen. Charakteristisch ist weiterhin, dass unmittelbare Vergleichsmöglichkeiten fehlen – z. B. bei fehlender Beschäftigung von Frauen und Männern in vergleichbaren Positionen. Es kann z. B. bei ungleicher Bezahlung von Frauen und Männern schwer eine Diskriminierung eines Geschlechts nachgewiesen werden, wenn diese nicht die gleiche Arbeit machen, sondern lediglich „frauenspezifische" oder „männerspezifische" Tätigkeiten entsprechend „anders" betrachtet werden, nämlich als „höherwertig", was die Männer angeht, oder als „minderwertig", was die Leistung von Frauen angeht (weitere Ausführungen zu Stereotypen s. Abschn. 4.5).

> **Ungleichbehandlung aufgrund stereotyper Wahrnehmung: Die Frau, die sich Steve nannte**
>
> Dies ist ein typisches Beispiel dafür, dass die Leistung einer Frau anders bewertet wird als die eines Mannes. 1962 gründete Stephanie Shirley ihre Firma im Bereich der Software-Entwicklung, die sie 2007 für 150 Millionen Pfund an die französische Steria-Gruppe verkaufte. Seit 2001 trägt sie den Titel der Dame Commander des Ordens British Empire, und 2010 spendete sie 50 Mio. Pfund für wohltätige Zwecke. Ihr damaliges Motiv für die Unternehmensgründung war die Tatsache, dass ihr das Unternehmen, in dem sie beschäftigt war, keine Aufstiegsmöglichkeiten bot. Sie hatte außerdem auch Kind und Job zu vereinbaren und stellte auch überwiegend weibliche Software-Ingenieure mit Familie ein.
>
> Da niemand einer Frau Aufträge geben wollte, griff sie zu einem Trick und änderte auf dem Briefkopf ihrer Firma ihren eigenen Vornamen in Steve statt Stephanie. Fortan unterschrieb sie nur noch mit dem männlichen Namen, was ihr viele Aufträge bescherte. Andere berühmt gewordene Personen, wie Ada Lovelace, die im 19. Jahrhundert das erste Computerprogramm schrieb, oder die Harry-Potter-Autorin Joanne K. Rowling, haben deshalb nur unter ihren Initialen veröffentlicht. Sie wollten in erster Linie als Mensch wahrgenommen werden.
>
> (Wirtschaftswoche 2015, S. 85)

Wie einschlägige Arbeiten auf diesem Gebiet seit langem zeigen, beginnt die Zuschreibung eines höheren Wertes aufgrund höherer Wertschätzung – und damit eine Diskriminierung – schon früher, und zwar bereits bei der Bewertung von Tätigkeiten und Arbeitsinhalten typisch männlich konnotierter Aktivitäten und Berufe. Es ist an den Durchschnittsverdiensten nach Berufsgruppen abzulesen, dass die Arbeit eines Ingenieurs i. d. R. höher bewertet und damit auch höher bezahlt wird als z. B. die Arbeit einer Sozialpädagogin, Erzieherin oder Krankenschwester, selbst wenn alle diese Berufe hohe Anforderungen mit sich bringen und eine hohe Professionalität erfordern.

„Johari lässt grüssen…"

Das Johari- Fenster (nach Jo und Harry Ingham) als Erklärungsansatz

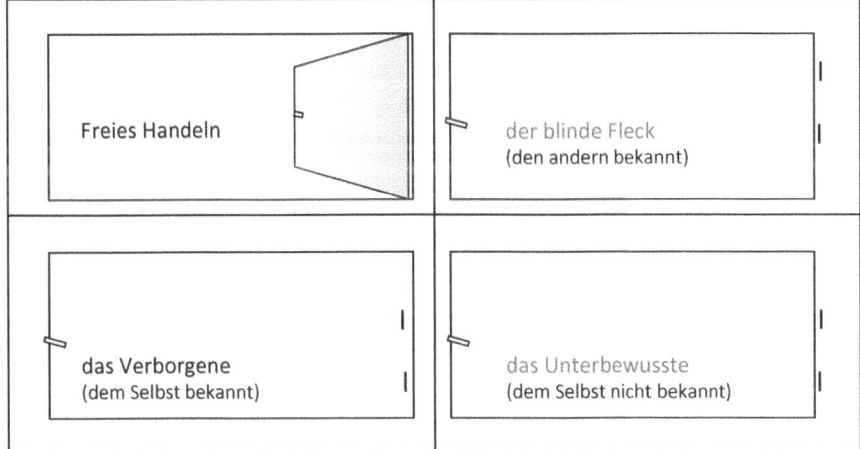

Abb. 6.3 „Johari- Fenster" Blinde Flecken in der Wahrnehmung der Individuen

Gerade was das Vorhandensein „blinder Flecken" in der Wahrnehmung der Leistung und der Kompetenz von Frauen wie auch von der Angemessenheit einer Forderung nach beruflicher Gleichheit und Chancengleichheit angeht kann Deutschland noch viel von skandinavischen Ländern lernen (Abb. 6.3).

Gender Equality Index und die Politik der EU liefern empirische Datenbasis für Gleichstellung

Es ist das Verdienst der COM EU (2019a), die praktische Umsetzung von GM in den Mitgliedsländern der EU jährlich in einem Bericht zur Gleichstellung von Frauen und Männern zu dokumentieren. Somit gibt es heute eine Vielzahl von empirischen Daten auf nationaler wie europäischer und internationaler Ebene, die nachvollziehbar machen, welche Länder Fortschritte hinsichtlich der differenzierten Gleichstellung erreicht und welchen Rang die einzelnen Länder untereinander im Vergleich hinsichtlich der realisierten Gleichstellung erzielt haben.

Nur auf der Basis vorhandener, differenzierter Datensätze und vergleichbar erhobener Daten ist es möglich, eine objektiv plausible und daher wirksame Argumentation hinsichtlich des auch heute noch nach wie vor geltenden Handlungsbedarfs zu liefern, denn die Existenz einer Ungleichbehandlung von Frauen in den Ländern, Institutionen und in den Familien wird auch heute noch vielfach geleugnet und als überzogene Fantasien weniger „Emanzen" abgetan.

Auch jüngere Frauen, als Akademikerinnen und Berufsanfängerinnen, halten die Quote vielfach für „ungerecht", da sie die „gläserne Decke" im Beruf noch nicht kennengelernt haben und deshalb darauf beharren, dass sie nur aufgrund ihrer Leistung, wie junge Männer, zur beruflichen Karriere gelangen wollen. Berufserfahrene Frauen sehen dies meist anders, da sie nahezu alle die Erfahrung gemacht haben, dass ihre männlichen Kollegen sehr schnell an ihnen vorbeiziehen und sie für eine gut bezahlte Stelle oder eine Beförderung wesentlich stärkere Anstrengungen und Leistungen erbringen müssen.

Die Analyse und der Vergleich der Daten hinsichtlich der Stellung Deutschlands in der Europäischen Union besagt z. B., dass Deutschland hinsichtlich der meisten erhobenen Indikatoren bei der Gleichberechtigung von Frauen und Männern im EU-Ranking lediglich einen durchschnittlichen Platz im Mittelfeld einnimmt und mit 66,2 Punkten von 65,5 nur leicht über dem Mittelwert liegt (s. hierzu Gender Equality Index 2019, 2017) sowie COM EU 2017).

Dieses Ranking des EU Gender Equality Index gründet sich auf sechs Kernbereiche: Arbeit, Geld, Wissen, Macht, Zeit, Gesundheit – zentrale Ressourcen für GM.[6] Detaillierte Statistiken zur Struktur von Frauenerwerbsarbeit, aber auch zum Stand der Gleichstellung in Deutschland können sowohl im Gender Equality Index der COM EU als auch auf dem WSI-GenderDatenPortal präzise nachverfolgt und jederzeit in aktualisierter Form aufgerufen werden.

Alle diese Daten sind per Internet öffentlich zugänglich und ermöglichen den geschlechtsspezifischen Vergleich auf der Grundlage amtlicher Daten. Sämtliche Indikatoren dieser geschlechtsspezifisch vergleichenden Statistiken belegen, dass das Ziel der Gleichheit und des gleichen Zugangs von Frauen zu allen gesellschaftlichen Ressourcen weder für Deutschland noch für andere hoch entwickelte Länder Europas sämtlich erreicht sind.

GM ist in der Personalführung deutscher Unternehmen nie wirklich angekommen!
Halten wir also fest: Sei es, dass das Thema der Frauenemanzipation im Zusammenhang mit Gender Mainstreaming als Kampfansage gegen eine etablierte Ordnung und Macht der Männer in den deutschen Unternehmen empfunden wird, oder sei es, dass man die Begrifflichkeit des Gender Mainstreaming für deutsche Maßstäbe als zu politisch oder zu eindeutig auf das Geschlecht einer Person bezogen – und damit als grob wertend – rezipiert hat. Die Politik des GM, die von den Institutionen der Europäischen Gemeinschaften seit Beginn der 90er-Jahre bis zur Jahrtausendwende noch vehement propagiert wurde, hat in den Personalabteilungen der deutschen Unternehmen niemals eine größere Geltung erlangt.

Es ist festzustellen: Die Politik des GM als strategischer Ansatz der Europäischen Gemeinschaften und als Leitmotiv der europäischen Gleichstellungspolitik hat die Grundlagen für die Gleichstellung von Frauen und Männern im Arbeitsleben Europas gelegt und liefert bis heute die Datenanalysen zum erreichten Ist-Stand. Dies kann nicht darüber hinwegtäuschen, dass GM als praktikabler strategischer Ansatz im betrieblichen Kontext der Personalführung deutscher Unternehmen nie ernsthaft angekommen ist.

---

[6] S. hierzu u. a. https://www.bmfsfj/themen/gleichstellung/international. Zugegriffen am 11.01.2019, 15:25.

Trotz der gegenwärtigen weitgehenden Stagnation auf dem Feld der europäischen Gleichstellung lässt sich die Politik des Gender Mainstreaming der europäischen Institutionen aus historisch-vergleichender Sicht als wirksam bezeichnen und kann auf bedeutende Fortschritte verweisen, die seit Beginn der 70er Jahre erzielt wurden. Die Richtlinien der EU zur Gleichstellung der Frauen, auch unter dem strategischen Aspekt einer Politik des GM, haben zweifellos die entscheidenden rechtlichen Grundlagen für die Gleichstellung und Gleichbehandlung von Frauen und Männern in den Mitgliedsländern der Europäischen Gemeinschaften gelegt, nicht zuletzt im Arbeitsleben.

Die akribische Datensammlung und Aufbereitung zur Frage der Gleichstellung von Frauen und Männern, welche von der COM EU initiiert und konstant durchgeführt wurde, bietet die Datenbasis für substanziierte Forderungen nach der Gleichbehandlung von Männern und Frauen in allen Bereichen des Lebens, nicht zuletzt auch in der Arbeitswelt.

6.3   Diversity Management (DM) als gelebte Vielfalt

▶   Die im sogenannten Allgemeinen Gleichstellungsgesetz (AGG) zur verbindlichen Norm erklärten Aspekte von Gleichstellung werden für alle abhängig Beschäftigten gleichermaßen im strategischen Ansatz betrieblicher Personalentwicklung verfolgt.

Das sogenannte „Diversity Management" (DM) ist der derzeit anerkannteste und wichtigste Ansatz auf dem Feld des innovativen Personalmanagements in Deutschland. Im sogenannten AGG wird vorrangig die Gleichbehandlung von Frauen, Behinderten und Benachteiligten ungeachtet personenbezogener Faktoren (z. B. Personen ohne Schulabschluss, Analphabeten usw.) verstanden. Die Gleichstellung und Gleichbehandlung von Zielgruppen, als die Frauen, Ältere, Ausländer, Schwule und Lesben exemplarisch genannt werden, ist in Text und Zielen des AGG und der Charta juristisch verankert.

Bemühungen vieler Seiten und engagierter Personen auf nationaler wie europäischer Ebene um die Gleichstellung der Geschlechter haben damit einen großen Schritt nach vorn erbracht. Der aktuell praktizierte und weithin anerkannte Ansatz der zielgruppenspezifischen Förderung durch DM definiert deshalb auch den Förderkontext in einem weiteren Zusammenhang und bezieht die Forderung nach einer Förderung aller benachteiligten Minderheiten des Arbeitsmarktes mit ein. Das Festhalten an geschlechterbezogenen Stereotypen und tief verwurzelten Rollenbildern bezüglich der Aufgaben in Familie und Beruf ist heute jedoch noch weithin verbreitet.

Wenngleich seit dem Erlass des Allgemeinen Gleichbehandlungsgesetzes am 14. August 2006 bzw. seiner letzten Änderung vom 3. April 2013 die rechtliche Gleichstellung aller Menschen in Deutschland juristisch festgestellt wurde und seitdem Diskriminierungen aller Art aus jedweden Gründen verboten sind (s. Art. 1), gibt es in der Arbeitswelt noch zahlreiche strukturelle Ungleichgewichte, die einzelne Personengruppen als Benachteiligte in Arbeitswelt und Gesellschaft erscheinen lassen. Dies gilt insbesondere für Frauen als Querschnittsgruppe, aber auch für Ausländer, Behinderte, Ältere, bildungsferne Jugendliche und Langzeitarbeitslose, um nur die wichtigsten Gruppen zu nennen. Erkennbar wird der Bedarf an gesetzlich verbindlichen Regelungen zur Gleichheit aufgrund der Tatsache, dass selbst im Jahr 2018 noch gravierende Lohn- und Gehaltsdisparitäten zwischen Männer- und Frauenverdiensten in Deutschland festzustellen sind. Dieses Phänomen wird „Gender Gap" genannt und setzt sich in der Altersarmut von Frauen deutlich fort. Die Gründe hierfür sind nicht immer leicht erkennbar. Wesentliche Gründe für die geringeren Verdienste von Frauen sind in den geringeren Berufschancen von Frauen und ihrer unterproportionalen Repräsentanz in Führungspositionen zu suchen, aber auch in der Unterbewertung typisch weiblicher Tätigkeiten (s. Abschn. 4.5 und 6.2) (Abb. 6.4).

Es ist typisch für die ambivalente Situation der Frauen im Beruf, insbesondere in den oberen Führungsetagen, dass sogar die erfolgreichen Frauen sehr häufig Vorurteile gegenüber anderen Frauen praktizieren, was landläufig als „Stutenbissigkeit" bezeichnet wird. Das heißt, dass nicht nur Männer, sondern vielfach auch Frauen nicht selten wenig wohlwollend urteilen, wenn es um die Leistung anderer Frauen geht. Vielfach wird auch das Verhalten von Männern durch die Affirmation frauenfeindlicher Stereotype bestärkt, die durch Frauen praktiziert werden. Ganz besonders, wenn es um die Bewertung der Leistung und Kompetenz von jungen Frauen geht, werden vielfach unterschiedliche Maßstäbe von und an die Leistungen beider Geschlechter angelegt. Und dies i. d. R. zum Nachteil der weiblichen Probanden!

▶ **Gleichbehandlung als zentraler Lösungsansatz für demografischen Wandel** Trotz des Fortbestands von traditionellem Beharrungsvermögen in den

Abb. 6.4 Durchschnittlicher Bruttoverdienst 2017. (Quelle: Destatis 2018)

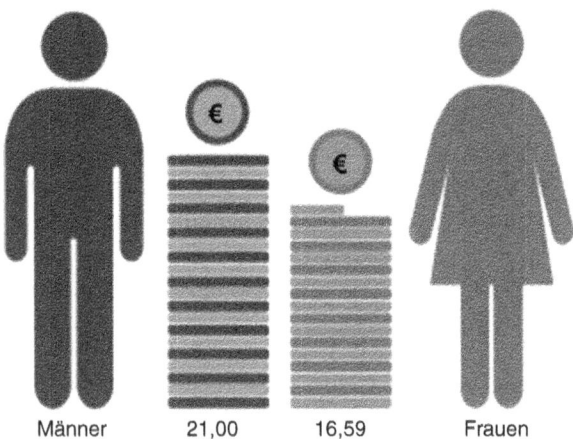

Durchschnittlicher Bruttoverdienst 2017
zur Berechnung des Gender Pay Gaps in EUR/Stunde

Männer   21,00   16,59   Frauen

Voläufiges Ergebnis

männlich geprägten Führungsetagen der Wirtschaft, der Forschung und des öffentlichen Dienstes ist die zunehmende Integration von Frauen in alle Berufe und Hierarchien der Arbeitswelt ein zentraler Lösungsansatz zur Bewältigung von Strukturwandel und demografischem Wandel. DM bedeutet die Gleichbehandlung aller Personen im Unternehmen sowie die gleichrangige Berücksichtigung aller Bewerber um freie Stellen. Die rechtliche Grundlage in Deutschland bildet hierfür das Allgemeine Gleichstellungsgesetz (AGG). Es gilt weiterhin das Gebot der Gleichbehandlung aller Beschäftigten im Unternehmen, unabhängig von personenbezogenen Merkmalen und Faktoren, wie Geschlecht, Herkunft oder Hautfarbe.

DM ist somit ebenfalls, wie GM, ein strategischer Ansatz zur Förderung und Herstellung von Chancengleichheit in den Unternehmen mit einer mehrschichtigen Perspektive. Doch wird mit DM hauptsächlich die Gleichstellung der Beschäftigten auf beruflicher Ebene verfolgt. In den einzelnen Phasen der Umsetzung von DM werden darüber hinaus weitere, qualitative Ziele zur Entwicklung des Unternehmens und zur Schaffung einer guten Unternehmenskultur realisiert. Insofern verspricht DM neben der Förderung von Zielgruppen zahlreiche weitere, unternehmensbezogene Vorteile.

Hierbei ist in erster Linie davon auszugehen, dass der personalpolitische Ansatz des DM letztlich nicht nur den Zielgruppen bzw. den Beschäftigten zugutekommt, sondern eine vielfältige, positive Wirkung und zahlreiche Kostenvorteile für das Unternehmen hat.

Definition von Inhalten und Zielen in vier Phasen des DM
DM wird heute als Entwicklungsperspektive in mehreren Phasen betrachtet und von den Unternehmen mit unterschiedlicher Zielsetzung in den einzelnen Etappen verfolgt.

Die vier Phasen der betrieblichen Implementierung von DM beinhalten folgende Entwicklungsschritte, welche jeweils mit einem Perspektivwechsel verbunden sind:

1. In der ersten Phase der Einführung geht es um die Legitimierung einer veränderten Personalführung mithilfe des sogenannten Fairness-Paradigmas. Dies zielt auf die Aufrechterhaltung des Status quo, wie z. B. die Rekrutierung fachlich geeigneter Arbeitskräfte, unabhängig von Herkunft und anderen personenbezogenen Faktoren. Gleichstellung und Gleichbehandlung sind in der ersten Phase als vorrangige Motive für die Einführung von DM zu nennen.
2. Die Zielstellung in Phase 2 umfasst mehr als das Ziel der Gleichbehandlung. Es wird in Phase 2 im Interesse des Betriebsklimas eine Chancengleichheit aller Beschäftigten angestrebt.
   In weiteren Schritten der Umsetzung des Gleichheitsgebotes wird in Phase 2 die aktive Nutzbarmachung vielfältiger Unterschiede und kultureller Hintergründe angestrebt Dies soll Motivation und Leistungsfähigkeit aller Mitarbeitenden verbessern.

Diese Zielrichtung wurde deutlich sichtbar im Gleichstellungsgesetz verankert. Zahlreiche Initiativen zur Erhöhung der Frauenanteile in Führungspositionen verdeutlichen, dass die deutsche Wirtschaft bislang nicht über die Phase 2 hinausgekommen ist.

DM bei SAP und Oracle

Große, marktführende Unternehmen wie SAP und Oracle sind da heute schon deutlich weiter. Sie propagieren bereits seit einiger Zeit deutlich erkennbar, dass DM für sie in den Dienst der Schaffung einer produktiven Unternehmenskultur gehört. Wer sich für Details interessiert, kann jederzeit im Internet die explizit, hochprofessionell und sehr detailliert ausgearbeiteten Internetauftritte dieser Unternehmen hinsichtlich der betrieblichen Praxis des DM aufrufen und einsehen. An der ganzen Art des Auftritts kann man erkennen, dass es für diese Unternehmen heute zum absoluten Selbstverständnis gehört, alle Zielgruppen nach Kompetenz zu integrieren und keine Person aufgrund personenbezogener Merkmale von einer Anstellung auszuschließen.

Im Gegenteil: Diese Unternehmen werben aktiv um Ältere, Behinderte, Frauen, Lesben, Schwule und ethnische Minderheiten. Es ist deutlich erkennbar, dass dies die Unternehmenskultur stärkt!

3. In Phase 3 wird die Entwicklung einer gemeinsamen Unternehmenskultur unabhängig von Gruppendenken, kulturellem oder nationalem Hintergrund angestrebt und somit eine Vielfalt an Kompetenzen nutzbar gemacht, welche zur Weiterentwicklung von Produkten, Dienstleistungen und Marktanteilen von Relevanz sind. Unbedingt sinnvoll erscheint dieser Ansatz auch hinsichtlich der Integration ausländischer Mitarbeiter, da sie ihre vielfältigen, innovativen Impulse aufgrund ihres spezifischen Hintergrundes einbringen und damit maßgeblich zur Entwicklung innovativer Produkte und Dienstleistungen beitragen können. Deutlich wird in Phase 3 die Marktzutrittsperspektive akzentuiert und verfolgt.

In diesem Zusammenhang setzen die Unternehmen vielfach DM auch als Werbefaktor im Rahmen entsprechender Arbeitgeber-Branding-Strategien ein, um sich nach außen als weltoffenes und internationales Unternehmen zu positionieren. Nicht zuletzt bewirkt das Fehlen von geeigneten Nachwuchskräften, aber auch die ständige Diversifizierung, Weiterentwicklung und Spezialisierung von Produkten, Dienstleistungen und unternehmerischer Ablauforganisation sowie eingesetzter Technik, dass gute Fach- und Führungskräfte rar und teuer werden. Besonders hohe Kosten stellen sich ein, wenn es um die Neubesetzung von Stellen langjähriger Mitarbeiter geht.

4. In Phase 4 hat man schließlich erkannt, dass es zum ökonomischen Vorteil des Unternehmens nach innen und außen wie auch der Beschäftigten ist, wenn DM als fester Bestandteil der Unternehmenskultur verankert wird. Es geht dann mehr um die Nutzung strategischer Vorteile von Vielfalt bei der Erschließung von Märkten und der Entwicklung neuer Geschäftsmodelle und Dienstleistungen, welche sich aus der Vielfalt

des Personals ergeben, als z. B. um die Wahrung von Gleichheitsgeboten. Es geht darum, dass die Mitarbeiter nahe am Kunden tätig sind, und dies verlangt die Vielfalt auch in der Mitarbeiterschaft.

Große und international erfolgreiche Software-Unternehmen, wie Google, SAP und Oracle, sind schon lange in Phase 4 von DM angekommen. Sie praktizieren diese positive Sicht auf die Vielfalt in ihrer Belegschaft heute schon und nutzen die volle Vielfalt der besten Köpfe dieser Welt, gleich aus welchen Ländern diese stammen.

Die Übersicht zeigt die vier Phasen in der Gesamtschau in Kürze (Abb. 6.5).

▶   **Zahlreiche Vorteile auf der betrieblichen Ebene durch GM, die sich rechnen!** Auf
    einer strategischen Ebene betrachtet, verbergen sich im Ansatz des DM zahl-
    reiche Chancen zur Zukunftsbewältigung und zur strategischen Unterneh-
    mensentwicklung durch Change- und Innovationsmanagement. Die Vielfalt
    der Belegschaft gibt Impulse für aktuelle Performance und die zukünftige Pro-
    dukt- und Dienstleistungsentwicklung. Eine gute Unternehmenskultur dient
    der Verbesserung der Betriebsergebnisse durch verstärkte Loyalität, Betriebs-
    bindung sowie geringere Fehlzeiten (s. Abschn. 5.6).
       Wenn DM als eine derart übergreifende Entwicklungsstrategie verstanden
    wird, kann das Unternehmen in jeder Hinsicht nur gewinnen. DM wird damit
    zum Motor betrieblicher Entwicklung und ist Teil einer Innovationskultur.

Der „Spirit" von DM dient nicht zuletzt unternehmensbezogenen Zielen
Bei der Verwirklichung von DM im Unternehmen sollte es immer darum gehen – wie z. B. bei Ford in Köln, dem ersten deutschen Betrieb, der den Ansatz des DM auf betrieblicher Ebene dokumentierte –, den Zusammenhalt und das Zusammenschweißen einer gesamten Belegschaft im Auge zu behalten, weil es erst dieses Gefühl der Betriebszugehörigkeit ist, welches die Menschen zur Motivation und zur Loyalität mit den Zielen des Arbeitgebers veranlasst.

Nicht zuletzt zur Veranschaulichung des betriebswirtschaftlichen Nutzens von Vielfalt im Unternehmen hat die COM EU schon früh, im Jahr 2005, eine Studie zur Messung der Ergebnisse guter Betriebspraxis zusammengetragen. Diese gibt Auskunft über bewährte Verfahren zur Nutzung der Chancen, die sich aus der Implementierung von DM ergeben (COM EU 2005).

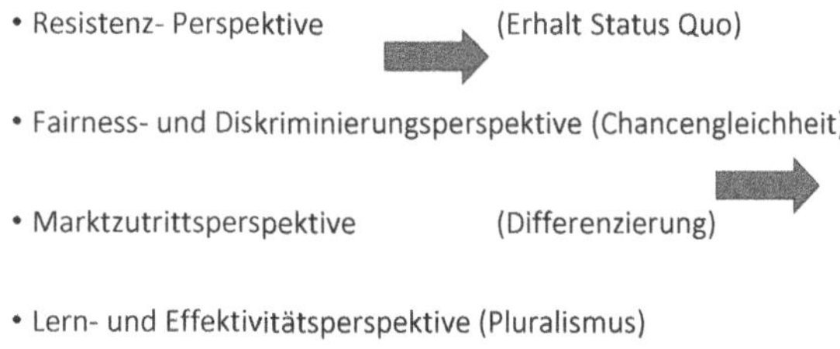

Abb. 6.5 Vier Phasen von Diversity Management (DM). (Quelle: nach Kimmelmann 2009)

• Resistenz- Perspektive   (Erhalt Status Quo)

• Fairness- und Diskriminierungsperspektive (Chancengleichheit)

• Marktzutrittsperspektive   (Differenzierung)

• Lern- und Effektivitätsperspektive (Pluralismus)

Der eigentliche Fokus der Zielgruppenförderung im Kontext von DM liegt nicht in der Förderung von Partikularinteressen einzelner Teile der Belegschaft. Vorrangig liegt das Motiv für ein gelebtes DM in dem Anliegen, ein konfliktarmes und kreatives Arbeits- und Betriebsklima zu schaffen. Aus einer Arbeits- und Unternehmenskultur, welche Vielfalt akzeptiert und honoriert, ergeben sich zahlreiche Vorteile für die Beschäftigten, wie auch für die Unternehmen.

Vorteile von DM für die Beschäftigten

- DM bietet Gleichbehandlung hinsichtlich Einstellung und Bezahlung.
- DM stellt gleiche Chancen her hinsichtlich Aus- und Weiterbildung, Aufstieg und Karriere.
- Arbeiten in einem attraktiven Unternehmensumfeld schafft persönliches Wohlbefinden und minimiert den betrieblichen Stress.
- Konflikte und krankmachende Aspekte der Ungleichbehandlung werden vermieden.
- Persönliche Entwicklung wie auch berufliche Karrierewege werden betrieblich gefördert.
- Das Unternehmen trägt zur Realisierung eines gendergerechten Laufbahnkonzepts bei.

Das Unternehmen nimmt mithilfe von Diversity seine soziale und ethische Verantwortung wahr. Es leistet damit einen Beitrag zur Existenzsicherung der Beschäftigten.

Kostenvorteile und Nutzen von DM für die Unternehmen

- DM trägt zur Schaffung einer guten Unternehmenskultur und eines angenehmen, stressarmen und angstfreien Arbeitsklimas bei.
- DM hilft Ungleichbehandlung zu vermeiden und schafft gegenseitige Akzeptanz und Respekt.
- DM trägt dazu bei, dass Konflikte unter den Beschäftigten minimiert werden, was mit einer Effektivierung der betrieblichen Arbeit gleichzusetzen ist.
- DM ist ein maßgeblicher Beitrag zur Vermeidung personalbedingter Fluktuationskosten.
- DM trägt zur Loyalität der Beschäftigten bei und erhöht Mitarbeiterbindung.
- DM erhöht die Motivation der Beschäftigten und damit die Qualität der erbrachten Arbeit.
- DM minimiert fluktuationsbedingten Mehraufwand für erkrankte Mitarbeiter.
- DM hält die bereits getätigten Investitionen für das Humankapital im Unternehmen.
- DM wird zum Motor für betriebliche Innovationen und Weiterentwicklung des Unternehmens.
- DM erschließt Vielfalt und damit neue, internationale Absatz- und Beschaffungsmärkte.
- DM ist ein wirksamer Ansatz zum Erreichen eines optimalen Betriebsergebnisses.

Die Förderung von Vielfalt und damit von DM im Unternehmen verbessert das Betriebs-klima. Dies verbessert die Zusammenarbeit der Beschäftigten und steigert damit die Ar-beitsleistung und Qualität.

Nicht zuletzt wird durch DM die Entwicklung einer Innovationskultur initiiert, weil die neuen Arbeitnehmergruppen, insbesondere die Fach- und Führungskräfte, vielfältigste, kreative Anregungen in den Arbeitsprozess einbringen und damit für dessen Erneuerung sorgen.

Schließlich geht es heute und zukünftig noch mehr um die Bewältigung eines tief grei-fenden Wandels von betrieblicher Arbeit durch die Entwicklung neuer Produkte, Dienste und Geschäftsmodelle, was ohne hoch motiviertes Personal in der zur Verfügung stehen-den Zeit kaum noch zu bewältigen ist.

Ein gutes Betriebsklima und überragend motivierte Mitarbeitende sind letztlich Para-meter, ohne die weder die erforderliche Produkt- und Dienstleistungsqualität erbracht noch die systemische Transformation betrieblicher Arbeit in Zeiten der Digitalisierung gemeistert werden kann.

Diversity Management (DM)

Diversity Management als Ansatz der Personalführung und der Personalentwicklung be-deutet nicht nur die Implementierung einer Wahlfreiheit und einer größeren Perspektive für Individuen und Betriebe hinsichtlich der Personalauswahl, -beschäftigung und der Re-krutierung für beruflichen Aufstieg und Karriere. DM als strategischer Ansatz zielt auf die Schaffung einer kreativen Unternehmenskultur und betont die Gleichrangigkeit aller Be-schäftigten.

Dies impliziert die Wertschätzung von Andersartigkeit und die produktive Nutzung von Vielfalt, nicht nur die Ausblendung personenbezogener Faktoren bei Einstellung, Beschäf-tigung und beruflichem Aufstieg. Elementare Ausgangsposition ist hierbei das Prinzip der Gleichstellung und der Gleichrangigkeit aller Beschäftigten, unabhängig von personen-bezogenen Faktoren und hierarchischer Stellung.

Personenbezogene Merkmale wie Herkunft, Alter, Aussehen, sexuelle Orientierung und ggfs. andere Eigenheiten, wie z. B. Behinderung, Übergewicht, Hautfarbe, Herkunft, Nationalität etc., sind beim Diversity-Management-Ansatz von untergeordneter Bedeu-tung und spielen danach bei der Personalauswahl keine oder doch eine wesentlich gerin-gere Rolle als früher.

Keiner dieser Faktoren sollte heute noch einen Hinderungsgrund darstellen für die Re-krutierung einer Person für eine bestimmte berufliche Tätigkeit und/oder eine lebenslange Karriere.

Nach dem Ansatz des DM gelten als Entscheidungsgrundlage bei der Bewerberauswahl für Rekrutierung und beruflichen Aufstieg ausschließlich die von den Bewerbern nachge-wiesenen Leistungsmerkmale, wie einschlägige Ausbildung, Kompetenz und Erfahrung, sofern nicht allgemeine Kriterien des AGG dem zuwiderlaufen.

6.4 Neue Zielgruppen der betrieblichen Personalpolitik und Förderansätze

▶ Die innovativen Ansätze der Personalentwicklung und des Personalmanagements hinsichtlich der Förderung neuer Zielgruppen in der betrieblichen Arbeit dienen nicht zuletzt als Bewältigungsstrategie für die im Zeichen des demografischen Wandels vielfach erwartete Arbeitskräfteknappheit.

Gerade wenn das Angebot an talentierten Nachwuchskräften zurückgeht – was heute bereits in einigen Branchen der Fall ist –, sind für alle diese Einsatzbereiche innovative Ansätze und Instrumente für innovative Personalführung und -entwicklung erforderlich. Exemplarisch für andere Zielgruppen werden in diesem Abschnitt die jeweils besondere Ausgangslage und Förderbedarfe von Frauen, Alleinerziehenden, Behinderten, gering qualifizierte Jugendlichen, Ausländern, Lesben und Schwulen erörtert.

Gehen wir einmal davon aus, dass die Produktivitätsfortschritte durch technologischen Wandel und organisatorisch-informationstechnische Neuerungen und Geschäftsmodelle den absehbaren Rückgang an einem qualifizierten Fach- und Führungskräftenachwuchs nicht aufwiegen, dann steht die Erschließung neuer Zielgruppen für die betriebliche Ausbildung im Fokus. Dergleichen gilt für die Einstellung neuen Personals mit Blick auf den Führungsnachwuchs. Die zielgruppenspezifische Auswahl und Förderung des betrieblichen Personals in Aus- und Weiterbildung oder gezielten Beschäftigungsprojekten erfordert die Berücksichtigung zielgruppenspezifischer Besonderheiten und personeller Dispositionen.

Ebenso wie die Frauen als Querschnittsgruppe, weichen andere, bislang benachteiligte Personen auf dem Arbeitsmarkt von dem klassischen Stereotyp des strebsamen, jüngeren und deutschen Mannes, zukünftigem Familienvater und Ernährer einer Familie, als zukünftiger Fach- und Führungskraft ab. Es handelt sich in der Gesamtheit um alle die Menschen, welche nicht den klassischen Klischees bzw. Stereotypen von Leistungsträgern entsprechen, weil sie personenbezogene Merkmale aufweisen, die sie an den Rand der an traditionellen Stereotypen orientierten „Mehrheitsgesellschaft" stellen. Nicht nur Frauen als Querschnittsgruppe, sondern auch Menschen nichtdeutscher Herkunft und vor allem Menschen mit Behinderungen gehören zu den förderwürdigen Zielgruppen.

Auch Behinderte werden als Zielgruppe für betriebliche Förderkonzepte definiert, da sie – trotz der vielfältigen, oft nicht leistungsgeminderten Erscheinungsformen von Behinderung – als leistungsgeminderte Benachteiligte gelten und auf dem Arbeitsmarkt Nachteile erleiden (s. hierzu BMAS 2019).

Auch Alleinerziehende, Jugendliche ohne Schulabschluss, Einwanderer, Flüchtlinge und (dunkelhäutige) Menschen fremder Herkunft, Angehörige nichteuropäischer Ethnien und weitere Menschen nichtweißer Hautfarbe sowie als übergreifende Gruppe Analphabeten und Kriegsveteranen sind weitere Personengruppen, die durch personenbezogene Merkmale vom Mainstream abweichen und als zu integrierende Personengruppe im Rahmen der Personalakquise oder -entwicklung auf betrieblicher Ebene ausgewiesen werden können.

Anlässe für soziale Ausgrenzung und damit zur Definition von spezifischen Ziel- und Unter- bzw. Querschnittsgruppen aus der Bevölkerung im erwerbsfähigen Alter gibt es unzählig viele, so z. B. können persönliche Krisen und sozial abweichendes Verhalten eine Rolle spielen, bzw. eine oder mehrere Suchtproblematiken, Verschuldung und Obdachlosigkeit. Die Liste ist fortzusetzen.

Auf dem Arbeitsmarkt benachteiligte Personengruppen bzw. Zielgruppen für DM sind im Rahmen von personenbezogener Vielfalt im betrieblichen Arbeitszusammenhang gezielt durch Aus- und Weiterbildung zu fördern, um sie in qualifizierten Erwerb zu bringen und um soziale wie gesellschaftliche Ausgrenzung zu vermeiden (s. hierzu beispielhafte Betriebsprojekte wie das Förderjahr bei Porsche, Abschn. 7.2).

▶   **Zielgruppen sind letztlich immer zu fördernde Querschnittsgruppen** Zielgruppen für betriebliches Diversity Management sind alle Minderheiten, die aufgrund personenbezogener Eigenschaften benachteiligt werden können. Die innovativen Zielgruppen von Personalarbeit, welche im Ansatz des Diversity Managements gefördert werden können, sind vielfältig und letztlich unbegrenzt definierbar.

Dabei wäre anzumerken, dass eine Zielgruppe i. d. R. nicht nur durch ein Merkmal charakterisiert werden kann, sondern meist als Mischung in Form sogenannter Querschnittsgruppen auftritt.

Das Merkmal Geschlecht ist z. B. immer als ein Querschnittsmerkmal zu behandeln, daher ist eine Gruppe jeweils durch verschiedene Merkmale zu charakterisieren, so z. B. durch die Merkmale „Frau, behindert und alt" oder „behindert, jung und hochqualifiziert" oder „junger Mann, ohne Schulabschluss" usw.

Viele Gruppen weisen mehrere personenbezogene „vermittlungseinschränkende Merkmale" auf, was sie im Sinne von Attraktivität für den Arbeitsmarkt bislang als wenig attraktiv erscheinen ließ, da das Vorhandensein von einem oder mehreren dieser Merkmale sie zu Außenseitern brandmarkte und damit von regulären Prozessen der betrieblichen Rekrutierung und Förderung ausschloss.

Ausgrenzung von Schwulen als Beispiel für die Diskriminierung von sogenannten Zielgruppen

Es wird heute immer noch kritisch gesehen oder angstvoll verschwiegen und wurde in der Vergangenheit vielfach geächtet, wenn ein Profi-Fußballer – eine der letzten Domänen gefeierter Männlichkeit – sich als schwul outet, wobei dieser vielfach verschwiegene Sachverhalt keinesfalls mit der Leistung korrespondiert und sich die Leistung i. d. R. völlig unabhängig von der Homosexualität entfaltet. Entsprechende Spieler haben ihr Geständnis in der Vergangenheit mit dem Ende ihrer Profikarriere und gesellschaftlicher Ächtung bezahlt.

Es scheint sich jedoch z. B. auch im Bereich der Schwulen im Profi-Fußball ein öffentlicher Gesinnungswandel anzubahnen, denn es haben in den letzten Jahren doch etliche prominente Spieler den Schritt an die Öffentlichkeit gewagt, ohne dass ihre Karriere abrupt endete. Im Gegenteil, das offene Bekenntnis zu ihrer sexuellen Orientierung hat sie in der Öffentlichkeit prominent gemacht. Dies zeigt, dass Diversity Management im Mainstream ankommt.

Amerikanische Unternehmen haben zudem die Gruppe der Schwulen und Lesben als Zielgruppe im Marketing erkannt bzw. sprechen diese Gruppe explizit an, da es sich i. d. R. um eine anspruchsvolle Kundengruppe mit hoher Kaufkraft handelt.

Die Fokussierung eines oder mehrerer Persönlichkeitsmerkmale ist von zentraler Bedeutung, wenn es um a) zielgruppengerechte, angepasste pädagogisch-didaktische Arrangements oder b) fördertechnische Modalitäten und Inanspruchnahme öffentlicher Mittel seitens der Arbeitsverwaltung, europäischer Bildungsprogramme oder nationaler Förderprogramme geht.

Behinderte als exemplarische Zielgruppe betrieblicher Inklusion
Zum Jahresende 2017 lebten in Deutschland insgesamt 7,8 Mio schwerbehinderte Menschen. Etwas mehr als die Hälfte davon waren Männer. Als schwerbehindert gelten Menschen, die einen GdB (Grad der Behinderung) ab 50 % zuerkannt wurden.[7]

Behinderung wird im Allgemeinen definiert als eine gesundheitliche Störung, welche länger als ein halbes Jahr anhält und chronisch geworden ist. Es gibt deshalb nicht nur angeborene Formen der Behinderung, welche körperlicher, geistiger oder seelischer Natur sind, sondern auch erworbene Formen von entsprechenden Behinderungen. Sie machen sich i. d. R. in einer Einschränkung der körperlichen oder seelischen Belastbarkeit bemerkbar. Daher wird die Arbeitsaufnahme von anerkannten Behinderten ab einem Grad der Behinderung (GdB) von 20 Prozent entsprechend gefördert.

Bei einem GdB von 40 % ist auch auf Antrag eine Gleichstellung möglich, d. h. die Gleichstellung mit einem Schwerbehinderten. Erst ab einem GdB von 50 % gilt die Person als schwerbehindert, sodass die Gleichstellung mit einem Schwerbehinderten eine gewisse Schutzfunktion für Gleichgestellte darstellt. Diese wird, ebenso wie die Feststellung des GdB, erst auf Antrag durch die zuständigen Einrichtungen und Institutionen festgestellt.

Diese Gleichstellung bedeutet nicht zuletzt, dass der Person zahlreiche finanzielle Förderinstrumente hinsichtlich Arbeitsaufnahme und Arbeitsförderung zugutekommen, was die Ausstattung der Arbeitsplätze angeht bzw. die finanzielle Förderung der Arbeitsaufnahme bis zu 75 % für die Dauer von zwei Jahren. Die Gleichstellung stellt auch einen gewissen Schutz gegen ungerechtfertigte Entlassung dar, wenngleich auch bei Behinderten das Arbeitsverhältnis auf Antrag ohne weiteres gekündigt werden kann, sofern die Gründe in einem persönlichen Fehlverhalten des Arbeitnehmers liegen.

---

[7]Pressemitteilung des Statistischen BA Nr. 228 vom 25. Juni 2018, https://www.destatis.de/DE/Presse/Pressemitteilungen/2018/06/PD18_228_227.html. Zugegriffen am 15.04.2019, 9:31.

Hervorzuheben ist jedoch, dass vielen Betroffenen eine Behinderung weder anzumerken noch anzusehen ist. Das heißt, nicht jeder gleichgestellte Behinderte sitzt in einem Rollstuhl. Viele Behinderte leiden an orthopädischen Erkrankungen, an inneren Erkrankungen oder psychischen Problemen.

Auch die Arbeitsfähigkeit von Behinderten ist völlig unterschiedlich eingeschränkt. Es kommt deshalb immer auf den individuellen Fall an. Neben dem Arbeitsvermögen und der mentalen wie körperlichen Belastbarkeit zählt nicht zuletzt die Motivation zum eigenen Erwerb und zur Leistungserbringung. Diese kann bei Behinderten sehr viel stärker ausgeprägt sein als bei nicht behinderten Personen, wie die Erfahrung zeigt. Insofern ist es falsch, davon auszugehen, dass die berufliche Integration von Behinderten in einen regulären Wirtschaftsbetrieb immer zum Nachteil des Unternehmens ausfallen wird. Es gibt zahlreiche Beispiele, dass dem nicht so ist. Angefangen bei Paradebetrieben der öffentlichen Verwaltung, wie z. B. den Berliner Wasserbetrieben, welche mehr als die gesetzlich vorgeschriebene Quote von 5 % Behinderten an der Belegschaft beschäftigen und jährlich stets hohe Gewinne ausweisen, bis zu kleinen Handwerks- und Dienstleistungsunternehmen, welche mit der Beschäftigung Behinderter nicht nur ein gutes Werk tun, sondern auch satte Gewinne erwirtschaften.

Beispiele für eine erfolgreiche Verwirklichung des Anliegens der sogenannten Inklusion von Behinderten sind im Hotelbereich, bei der Beschäftigung von Behinderten beim kaufmännischen Personal bzw. auch im Maler- und Lackiererhandwerk mit der Beschäftigung Taubstummer usw. zu suchen. Musterbetriebe technologisch hochstehender Produktion und Dienstleistungen, wie MBB und SAP, beschäftigen ebenfalls ausgesuchte Behindertengruppen und haben mit Erfolg z. B. in der betrieblichen Ausbildung von Autisten eine Lücke in der Rekrutierung betrieblichen Nachwuchses für die Software-Produktion oder die technische Fabrikation geschlossen.

Dennoch wird die Einstellung, aber auch die Beschäftigung von behinderten Menschen immer noch von den Arbeitgebern in Deutschland mit Vorbehalt betrachtet. Die Abb. 6.6 zeigt deutlich, dass die Arbeitslosigkeit bei schwerbehinderten Menschen, insbesondere bei den Älteren, seit 2011 sehr viel stärker zugenommen hat als bei Nichtbehinderten.

Betriebe zahlen i. d. R. lieber eine Konventionalstrafe für die Nichterfüllung der 5-%-Quote, als sich mit dem Vorhaben der Integration von Behinderten zu befassen. Ein maßgeblicher Grund für diese Praxis ist die Befürchtung, dass es im Falle des Nichterfüllens von Leistungsanforderungen nicht mehr möglich ist, den Behinderten wieder zu entlassen.

Diese Befürchtung trifft jedoch i. d. R. nicht zu, zumal es zahlreiche Hilfen finanzieller Art und andere Fördermodalitäten gibt, die es ermöglichen, den betreffenden Arbeitnehmer in einer Probezeit zunächst einmal kennenzulernen und sein Leistungsvermögen längere Zeit zu testen.

Die Statistik zeigt, dass es gerade in den letzten Jahren trotz zahlreicher Fördermöglichkeiten nicht mehr möglich war, die Arbeitslosigkeit schwerbehinderter Menschen in Deutschland zu reduzieren. Im Gegenteil, es ist eine Zunahme der Arbeitslosigkeit bei Behinderten im höheren Lebensalter zu verzeichnen, welche stark über der Arbeitslosigkeit des nicht behinderten Personenkreises liegt.

Veränderung der Arbeitslosigkeit bei schwerbehinderten und nicht-schwerbehinderten Menschen
Bestand Arbeitsloser nach Altersgruppen, jeweils gleitender Jahresdurchschnitt, Veränderungen gegenüber Oktober 2008

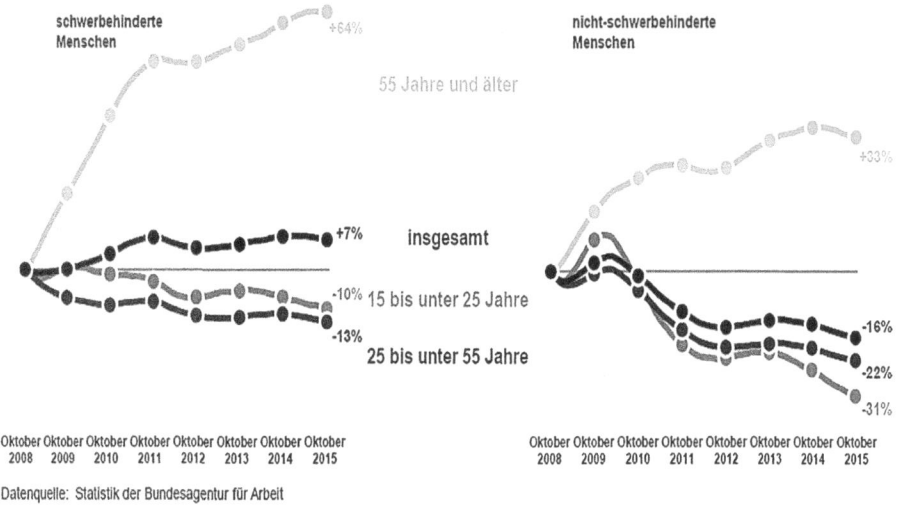

Abb. 6.6 Arbeitslosigkeit bei Behinderten. (Quelle: Bundesagentur für Arbeit, Statistik BA, 2015)

Diese Feststellung wiegt schwer, zumal die Anzahl von anerkannten Behinderten in Deutschland zwischen 2005 und 2015 ständig angestiegen ist (12,6 %). Weiterhin ist festzustellen, dass eine große Anzahl der älteren Behinderten ihre Behinderung erst im Laufe eines langen Arbeitslebens erworben hat (s. Abb. 6.7).[8]

Durch die Praxis der Externalisierung Älterer vom aktiven Erwerbsprozess auf Dauer werden soziale Härten und Problemlagen geschaffen, die nicht nur die einzelnen Individuen hinsichtlich ihrer materiellen Versorgung beeinträchtigen, sondern die gesamte Gesellschaft auf Dauer belasten.

Dabei wäre mit ein wenig Entgegenkommen sicher manchem Behinderten eine reguläre Beschäftigung lieber als die staatliche Alimentation und der vorzeitige Rückzug aus dem aktiven Erwerbsleben. Darüber hinaus hat das Verhalten der Arbeitgeber einen psychologischen Effekt auf die gesamte Belegschaft. Vom Entsolidarisierungseffekt einmal abgesehen wirkt die Ablehnung der Beschäftigung von Zielgruppen verschärfend hinsichtlich der Konkurrenz der Arbeitnehmer untereinander.

Das aktuelle Verhalten der Arbeitgeber hat damit kumulative, negative Effekte hinsichtlich des Betriebsklimas und der Loyalität der verbleibenden, noch leistungsfähigen Beschäftigten, da auch sie befürchten müssen, mit steigendem Lebensalter, ggf. mit Auftreten einer Behinderung, möglichst kostenneutral „entsorgt" zu werden.

---

[8] BGW Forschung: Behindertenhilfe in Deutschland, Zahlen, Daten,Fakten, Ein Trendbericht
 https://www.bgw-online.de/SharedDocs/Downloads/DE/Medientypen/Wissenschaft-Forschung/
BGW55-83-140- Trendbericht Behindertenhilfe. Zugegriffen am 15.04.2019, 9:41.

Abb. 6.7 Anzahl
schwerbehinderter Menschen
in Deutschland steigt ständig.
(Quelle: Behindertenhilfe in
Deutschland Zahlen, Daten,
Fakten, S. 7)

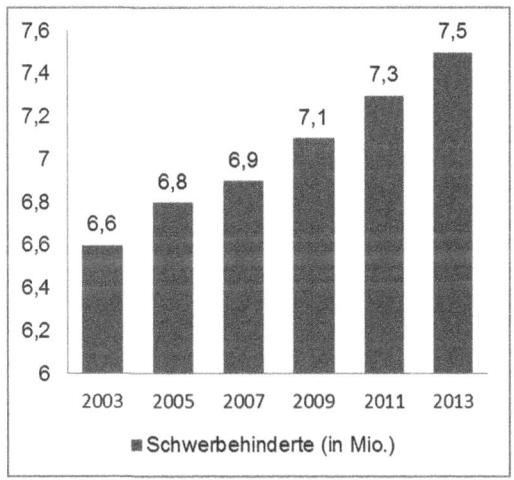

Jede Zielgruppe hat ihre spezifischen Förderbedarfe – insbesondere die Querschnittsgruppen

Ebenso ist es – aufgrund der besonderen Lebenssituation und des großen Verlustes an kulturellen und sozialen Koordinaten – von zentraler Bedeutung, die Gruppe der jungen Flüchtlinge nicht nur sprachlich und fachlich auszubilden, sondern auch durch sozialpädagogische Betreuung zu stabilisieren. Dergleichen gilt für die Gruppe der Langzeitarbeitslosen, die seit etlichen Jahren im Bezug von Lohnersatzleistungen sind und sich in der Arbeitswelt nicht mehr zurechtfinden.

Festzuhalten ist, dass jede dieser Gruppen bzw. Personen andere Betreuungs- und Qualifizierungserfordernisse aufweist und demzufolge spezifische Arrangements für Integration, Inklusion bzw. Kompetenzerwerb und das Schaffen beruflicher Kontinuität zu erarbeiten sind. Da es sich hierbei oft um Querschnittsgruppen handelt, kann ihre Förderung auch im Rahmen anderer Ansätze erfolgen, je nachdem welche Merkmale überwiegen. So zum Beispiel können behinderte Frauen im Rahmen inklusiver Maßnahmen sehr gezielt und wirksamer gefördert werden als in einer gemeinsamen Maßnahme mit nicht behinderten, sehr leistungsfähigen Frauen.

Auch wenn eine Einzelfall-Förderung zur beruflichen Integration über die Arbeitsverwaltung erfolgt, muss vorab geklärt werden, welches Integrations- und Förderprogramm in Frage kommt.

Hinsichtlich der Bildung von Querschnittsgruppen ist es z. B. für den Erfolg von Bildungsmaßnahmen von großer Bedeutung, möglichst homogene Gruppen zu bilden. Daher muss jeweils im Einzelfall geprüft und entschieden werden, welcher Ansatz hier den optimalen Effekt verspricht und zutrifft bzw. welche Förderprogramme hier vom Betrieb bzw. der betreffenden Person auf Antrag in Anspruch genommen werden können.

Die Förderung von Zielgruppen als zentrale Aufgabe von Führung und Personalentwicklung.

Die Beschäftigung Älterer als ein exemplarischer Beitrag für ein gesundes Arbeitsklima
Ein guter Teil der aktuellen Stresserkrankungen in den Betrieben ist der Tatsache geschuldet, dass die Hürden für eine Festanstellung auf Dauer immer höher gehängt werden. Nicht zuletzt wird eine Entwicklung zur frühzeitigen Externalisierung Älterer in den Unternehmen durch eine inzwischen fast überall praktizierte Form des Altersmobbings gefördert, welche zur Folge hat, dass es kaum ältere Arbeitnehmer gibt, die im gleichen Betrieb der freien Wirtschaft das reguläre Rentenalter erreichen können. Damit wird verhindert, dass sie auf der Basis gewachsener Erfahrungen erforderliche Innovationen und Problemlösungsansätze gemeinsam mit den Jüngeren entwickeln. Zudem belastet alle die Angst um den Arbeitsplatzverlust. Diese Haltung belastet die Unternehmen wie auch die Individuen und verursacht nicht zuletzt auch hohe gesellschaftliche Kosten.

Um der vorzeitigen Externalisierung älterer Erwerbspersonen aus dem aktiven Arbeitsleben entgegenzuwirken, hat die Demografieoffensive des Bundesministeriums für Bildung und Forschung (BMBF) bereits 2001 drei relevante Ansatzpunkte für einen längeren Verbleib abhängig Beschäftigter im aktiven Erwerbsleben identifiziert:

- Lebenslanges Lernen muss auf betrieblicher Ebene zur Selbstverständlichkeit für alle Beschäftigten werden. Betriebliche Aus- und Weiterbildung ist für alle Altersgruppen im Betrieb zugänglich und möglich zu machen, ungeachtet der hierarchischen Stellung im Betrieb, des persönlichen Lebensalters und der Art der Weiterbildung.
- Ältere und erfahrene Erwerbspersonen sind im Rahmen betrieblicher Einstellung und Entlassung aufzuwerten. Das Paradoxon der betrieblichen Personalpolitik, bei der Einstellung Jüngere zu bevorzugen und Älteren gegenüber eine Art Altersmobbing zu praktizieren, gehört abgeschafft.
- Stattdessen sollten verstärkt generationenübergreifende Teams aus Alt und Jung in den Unternehmen zur Normalität werden, bei denen die Kompetenz der Beteiligten im Vordergrund steht und weniger das Lebensalter.

Die Erschließung neuer Zielgruppen für betrieblichen Nachwuchs, Einstellung und Aufstieg ist ein zentrales Element der lebenslangen Kompetenzentwicklung und damit eine prozessuale Aufgabe, die sich in unterschiedlichen Facetten der Personalarbeit, des Personalmanagements und der Personalentwicklung als integrierter Bestandteil stellt, wenn sich das Unternehmen für zukünftige Arbeiten positionieren und aufstellen will.

Daher ist es von wesentlicher Bedeutung, die Potenziale einzelner Zielgruppen zu analysieren, kennenzulernen und entsprechende Förderstrategien zu entwickeln, um das Ziel einer gezielten Personalentwicklung mit Blick auf einen entsprechenden Arbeitseinsatz voll zu entwickeln.

Personengruppenbezogene Förderung für Zielgruppen der Arbeitsmarktpolitik
Es ist für alle betrieblichen Initiativen zur Gleichstellung zu prüfen, inwiefern für eine bestimmte Personengruppe der Ansatz und die Förderprogramme zur Herstellung von Gleichbehandlung im Rahmen von Gendergerechtigkeit oder der Inklusion von Behinderten auf

dem Arbeitsmarkt oder das Diversity Management in Frage kommen. Vielfach werden diese hier unter „Zielgruppen für innovative Personalentwicklung" aufgeführten Personen in der Arbeitsmarktpolitik mit den als „benachteiligte Gruppen" bezeichneten Personengruppen in Bildungs- und Arbeitsprozessen gleichgesetzt.

Dies ist einerseits stigmatisierend, andererseits eröffnet diese zielgruppenspezifische Definition für die Unternehmen die Möglichkeit, für die Angehörigen dieser Personenkreise sowohl individuelle Lohnkostenzuschüsse von beachtlicher Dauer und Höhe zu beantragen als auch nationale und europäische Finanzmittel für die Entwicklung und Durchführung modellartiger Projekte und Betriebsprojekte mit Pilotcharakter einzuwerben.

Dies betrifft nicht nur Initiativen der arbeitsmarktpolitischen Integration und zur sozialen Inklusion von Zielgruppen, sondern auch sozialpartnerschaftliche Initiativen zur Förderung von DM bzw. zur Herstellung einer verbesserten Vereinbarkeit von Familie und Beruf in den Mitgliedsländern Europas.

6.5   Betriebliches Gesundheitsmanagement (BGM) und Prävention im Zeichen vernetzter Arbeit

▶   Gesundheitsmanagement und die Kenntnis von Instrumenten der Prävention zur Gesunderhaltung von Mitarbeitenden werden im Rahmen der steigenden Ausfallkosten durch Stress zu einer zentralen Größe strategischer Personalführung und laufbahnorientierter Entwicklung.

Wirksame Prävention gegen Stress und Ausfälle von Mitarbeitern besteht nicht zuletzt in der Herstellung und Pflege eines guten Betriebsklimas, in dem Kooperation und gemeinsame Zieldefinition hinsichtlich der zu erbringenden Leistungen großgeschrieben wird.

Damit steht fest: Schlechter Führungsstil produziert Stress und macht die Mitarbeiter krank! Dies zeigen die steigenden Kosten der Unternehmen hinsichtlich Fehlzeiten erkrankter Beschäftigter in ganz Europa, die ursächlich auf Stress zurückzuführen sind.

Die Fähigkeit der Leitenden zur Motivierung der Fachkräfte, zur Prävention von Stress und zur Schaffung eines guten Betriebsklimas sind heute im Zeichen des Paradigmenwandels betrieblicher Arbeit als wesentliche und unverzichtbare Führungsqualitäten zu bezeichnen.

Immenser betrieblicher und gesellschaftlicher Kostendruck durch stressbedingte Erkrankungen
Es folgen einige exemplarische Zahlen als Beleg für den immensen Kostendruck, der durch Stress bei der Arbeit entstanden ist und ständig steigt (European Agency for Safety and Health at Work 2014)

• Noch 2002 liegt die Gesamtsumme der Kosten von arbeitsbedingten Stresserkrankungen bei 20 Milliarden EURO.

- Bereits im Jahr 2013 belaufen sich die Kosten von stressverursachten Krankheiten für die Gesamtheit aller Länder der Europäischen Gemeinschaften auf 617 Milliarden EURO!
- Bezogen auf Deutschland sind im Jahr 2011 immerhin 29,2 Milliarden Euro jährlich zu veranschlagen (Bodeker und Friedrichs 2011, S. 4).

Exorbitante Arbeitsausfälle und Zuwachs an arbeitsbedingten Stresserkrankungen
Im Kontext der seit Jahren exorbitant ansteigenden Arbeitsausfälle wurden Kostenfaktoren von arbeitsbedingter Stressbelastung ermittelt. Für ganz Europa wurden in einer Studie der OSHA die Kosten von Depressionen, der Krankheit Nummer eins hinsichtlich arbeitsbedingter Stresserkrankungen und Arbeitsausfälle, für das Jahr 2013 auf 617 Milliarden Euro beziffert. Diese Gesamtsumme ist wie folgt aufzuschlüsseln

- alleine die Kosten von krankheitsbedingter Abwesenheit und Präsentismus belaufen sich dieser Rechnung nach auf 272 Milliarden EURO
- Produktivitätsverluste auf 242 Milliarden
- Gesundheitskosten 63 Milliarden
- Soziale Kosten, wie Krankengeld, etc. 39 Milliarden (ebda. S. 7).

Nur drei Jahre später schätzt die Bundesanstalt für Arbeitsschutz und Arbeitsmedizin die Kosten volkswirtschaftlicher Produktionsausfälle allein in Deutschland im Jahr 2016 auf 133 Milliarden Euro. Diese Summe ist insgesamt 674,4 Mio. Tagen an Arbeitsunfähigkeit geschuldet (s. BAuA 2018). So beläuft sich bereits im Jahr 2012 die Anzahl verlorener Arbeitstage alleine im deutschen Bausektor auf 1,5 Millionen Arbeitstage. Dies sind lediglich 5,2 % aller verlorenen Arbeitstage des Referenzjahres 2012, welche sich alleine für den deutschen Bausektor auf eine Gesamtsumme von insgesamt 160 Millionen Euro beziffern lassen (European Agency for Safety and Health at Work 2014).[9]

Für Gesamtdeutschland belaufen sich im Jahr 2011 die direkten Kosten von arbeitsverursachten Stresserkrankungen auf 9,9 Milliarden EURO und die indirekten Kosten auf 19,3 Milliarden EURO (Bodeker und Friedrichs 2011, S. 8).[10]

Die sich jährlich dramatisch weiter nach oben entwickelnden Zahlen von Arbeitsausfällen und Stresskranken in ganz Europa bedeuten nichts anderes, als dass hier aktuell ein dramatischer Handlungsbedarf zur Entwicklung einer neuen Arbeitskultur besteht.

---

[9] BAuA (Hrsg.): Arbeitswelt im Wandel, 2017, Dortmund.
https://www.baua.de/DE/Angebote/Publikationen/Praxis/AG7.pdf/. Zugegriffen am 22.04.2019. 10:01.

[10] Unter psychosozialen Risiken werden von Bodeker und Friedrichs die folgenden Erkrankungen gefasst:
- Depressionen
- Erkrankungen des Herz-Kreislauf-Systems
- Muskel und Skelett-Erkrankungen
- Diabetes (Bodeker und Friedrichs 2011).

Dieses Thema ist daher, neben dem Anliegen der Gleichstellung von Frauen, Diversity Management und verstärkter Vereinbarkeit von Familie und Beruf für Männer und Frauen, ein Schwerpunkt dieser Publikation.

Die exorbitant hohe Zuwachsrate an berufsbedingten Stresserkrankungen dürften sich in den letzten beiden Jahren noch erhöht haben. Dabei herrscht aktuell der Trend zum Präsentismus. Die Beschäftigten gehen krank zur Arbeit, um den Arbeitsplatz nicht zu gefährden, wie der DGB-Index Gute Arbeit berichtet (2016b).

Es liegt auf der Hand, dass sich in Verbindung mit dem betrieblichen Wandel von Arbeitsaufgaben und -inhalten, in Verbindung mit völlig veränderten betrieblichen Wertschöpfungsprozessen auch ein tief greifender Wandel von Belastungsfaktoren in der betrieblichen Arbeit vollzog. Die Arbeit ist trotz des weitgehenden Wegfalls von körperlichen Anforderungen an die physische Kraft nicht weniger belastend geworden. Die Anforderungen haben sich im Zuge der Digitalisierung verändert, aber in vielen Bereichen sogar erhöht, was einseitige Zwangshaltung, Bewegungsarmut sowie mentale, psychische und kompetenzbezogene Komponenten angeht.

Besonders hervorzuheben ist, dass die Zunahme immaterieller Dienstleistungen am PC und die Notwendigkeit der teilautonomen Be- und Verarbeitung von Datenflüssen durch Bildschirmarbeit in erster Linie mentale Anstrengungen erfordern, die große Anforderungen stellen an die individuelle Konzentrationsfähigkeit, das Vorhandensein von spezifischer Aufmerksamkeit, die Entwicklung von Problemlösungsfähigkeiten, sichere Methodenkenntnisse, Abstraktions- und Kommunikations- sowie Interaktionskompetenz der beteiligten Menschen. Sofern nicht Programmierkenntnisse erforderlich sind, werden qualifizierte EDV-Anwendungskenntnisse als Mindestanforderung in allen Berufen vorausgesetzt und zu integralen Arbeitsanforderungen.

Vernetzte Arbeitsplatzrechner und Laptops sowie Smartphones ermöglichen einen ständigen Zugriff auf das Internet und den Aufbau von übergreifenden Kommunikationsnetzen. Dies alles schafft das Phänomen der „Entgrenzung" mit weitreichenden gesundheitlichen Gefahren, auf die i. d. R. die Beschäftigten nicht oder wenig vorbereitet sind.

Arbeit der Zukunft, wie sie am Bildschirm praktiziert wird, erfordert eine hohe psychisch-mentale und psychologische Belastbarkeit der Beschäftigten, Stress-Resilienz und das Vermögen, sich mental und unter großem Arbeitsdruck abzugrenzen und gezielt zu entspannen. Das Gefahrenpotenzial für die Gesundheit der Arbeitnehmer wird schon seit etlichen Jahren von gewerkschaftlicher Seite thematisiert, dringt aber nur langsam in die Köpfe der Allgemeinheit (s. hierzu Lenhard und Priester 2005, S. 491).

Dies bedeutet letzten Endes, dass der gesamte Bereich der gesundheitlichen Prävention immer wichtiger wird und ihm heute ein ganz anderer Stellenwert zukommt als früher, zu der Zeit, als körperliche Arbeit müde machte und körperliche Untätigkeit Erholung bedeutete. Die digitale Bildschirmarbeit bedeutet heute für die meisten Erwerbspersonen eine hohe nervliche Belastung und Erschöpfung, ohne wirklich körperliche Ermüdung herbeizuführen. Standardisierbare Routinen werden vom System übernommen, aber die menschliche Arbeitskraft ist nach wie vor für die Entwicklung kreativer Problemlösungen zuständig, so dass sie ständig konzentriert sein muss.

Komplexe Anforderungen informationstechnischer Arbeit bestehen permanent, ohne dass der Stress körperlich abgebaut werden kann, z. B. durch entsprechende Bewegungsabläufe und körperliche Beanspruchung. Diese Art von Arbeit verlangt ständige Aufmerksamkeit und sodann die Bereitschaft, immer wieder neu zu lernen und sich ständig in fluiden Umgebungen zu orientieren, die sich z. T. stündlich und täglich, mindestens wöchentlich neu definieren, neue Kompetenzen und Fertigkeiten zu erlernen. Insofern haben wir es heute i. d. R. an Bildschirmarbeitsplätzen mit stark veränderten Belastungsfaktoren zu tun, mit weniger Muskelarbeit, dafür aber im Bereich der Verarbeitung von Informationen sehr viel höheren psycho-sensorischen Belastungen und einer einseitigen Zwangshaltung, verbunden mit extremem Bewegungsmangel.

Hinzu kommt das Phänomen der „Entgrenzung", welches der Arbeit in der digitalen Gesellschaft völlig neue Dimensionen verleiht. Der betriebliche Arbeitsplatz ist nicht mehr länger der ausschließliche Ort der Erwerbsarbeit. Die sogenannte „Entgrenzung" beinhaltet die Loslösung betrieblicher Arbeit von Ort und Zeit. Damit entfällt die Möglichkeit der traditionellen Kontrolle durch den Vorgesetzten und es eröffnet sich ein breiter Raum zur Übertragung von Verantwortlichkeiten auf die mittleren Fach- und Führungskräfte. Dies hat einerseits positive Wirkungen im Sinne der Erweiterung von teilautonomen Entscheidungsspielräumen zur Gestaltung der Arbeit, aber auch deutliche Nebenwirkungen. Eine kurze Gesamtschau zu den Folgen der Entgrenzung zeigt die Abb. 6.8.

Mit der Entgrenzung vollzieht sich die Integration von Arbeitszeit und Privatsphäre, von Feierabend und ständiger Erreichbarkeit. Insbesondere in der Übertragung von Verantwortlichkeiten im Sinne von Entscheidungs- und Kontrollkompetenzen durch den Vorgesetzten auf die Mitarbeiter liegen gesundheitliche Gefahrenpotenziale, da beim Fehlen entsprechender Abgrenzungs- und Entspannungstechniken im Sinne eines wirksamen „Stressmanagements" vom betreffenden Arbeitnehmer nicht mehr in ausreichendem Maße „abgeschaltet" werden kann. Vielfach wird Arbeit mit nach Hause genommen und es besteht bei Arbeitgebern und Kollegen die Erwartung, dass die Erreichbarkeit rund um die Uhr gesichert ist. Somit birgt die „Entgrenzung" auch neue, gesundheitliche Risiken, die auf mittlere Sicht krank machen können. Dies betrifft im Prinzip alle Arbeitnehmer an IT-Arbeitsplätzen.

Abb. 6.8 Zur Entgrenzung
betrieblicher Arbeit

• Entstehen einer Plattformökonomie mit Auflösung fester Arbeitsverträge, Arbeitszeitstrukturen, Regelungswerke etc.

• Veränderung der Rolle / Aufgaben des Vorgesetzten, der Mitarbeiter, der Personalarbeit

• Internalisierung der VERANTWORTUNGS- UND KONTROLLFUNKTION durch Mitarbeiter

 Arbeit wird nach Hause mitgenommen …
MITARBEITER können nicht mehr abschalten

Mit der dramatischen Zunahme psychischer Erkrankungen und Störungen des Allgemeinbefindens sind Depressionen und Burn-out an die erste Stelle der krankheitsbedingten Fehlzeiten getreten, gefolgt von Funktionsstörungen des Skeletts und orthopädischen Erkrankungen. Diese Formen der körperlichen und seelischen Erkrankungen können ursächlich zu einem großen Teil als eine Folge von arbeitsbedingtem Stress betrachtet werden.[11]

Gängige Definitionen unterschiedlicher Stress-Ansätze
Parallel zum Anstieg psychischer Erkrankungen wurden Erklärungsansätze entwickelt, die helfen sollen, die Stressauslöser besser zu verstehen und damit zu bekämpfen. Es werden heute fünf verschiedene Ansätze zur Erklärung von Stress unterschieden (Quelle: BMA 2016, Psychische Gesundheit im Betrieb, Ausschuss für Arbeitsmedizin, Bonn 2016, S. 21)

- das transaktionale Stressmodell von Lazarus et al. (1981)
- das Job-Demand-Control-Modell nach Karasek und Theorell (1992)
- Das Gratifikationskrisenmodell von Sigrist (1996, 2002)
- Das Allostatic-Load-Modell von McEwen
- Das Salutogenesemodell von Antonovsky

Ohne auf die unterschiedlichen Theorie-Ansätze zum Stress im Einzelnen eingehen zu können, ist anzumerken, dass allen Ansätzen gemeinsam ist, dass als Stressauslöser psychosoziale Belastungen anzusehen sind, die das Individuum nicht kontrollieren bzw. beeinflussen kann.[12]
Umgekehrt sind alle Arbeitsbedingungen als wesentliche Störfaktoren und mögliche Stressauslöser zu betrachten, welche eine Schere öffnen zwischen Arbeitsanforderungen, Arbeitsmenge usw. und der Möglichkeit des Einzelnen, in den Prozess der Arbeitserbringung selbstständig einzugreifen. Dies schadet der Gesundheit umso mehr, je geringer der Grad der Selbstbestimmung in der Art ist und je höher die Fremdbestimmung.

Geschlechtsspezifisch wäre anzumerken, dass eine Publikation der (HSE) Healthy Safety Executive (HSE) aus dem Jahr 2015 erwähnt, dass erwerbstätige Frauen offensichtlich einem sehr viel höheren Stresspegel ausgesetzt sind als Männer, wobei insgesamt die Altersgruppe zwischen 45 und 54 am meisten unter Stress zu leiden hat (HSE, Health and Safety Executive 2019).

Dieser Sachverhalt dürfte zutreffen, da diese Altersgruppe, insbesondere die Frauen, aufgrund der höheren familiären Belastung vielfach auch als „Sandwich-Generation" bezeichnet wird. Frauen in der regulären „Frauenrolle" haben i. d. R. eine viel höhere Arbeitsbelastung als Männer in der Familie. Sie befinden sich in der sogenannten „Rush-Hour" des Lebens und arbeiten voll, gleichzeitig haben sie noch die Verantwortung für die Kinder, aber auch schon die Verantwortung für die Pflege der älteren Familienangehörigen. So erklärt sich z. B. die besondere Bedeutung des REWE-Modellprojektes LOS, welches in Abschn. 7.5 näher ausgeführt wird.

---

[11] Weiterführende, aktuelle Informationen zu diesem Thema stehen zum download bereit unter: Hauptseite: https:/osha.europa.eu/en/themes/work-related diseases, 22.04.2019, 9:28.

[12] Im Folgenden werden nur einige, ausgewählte Zahlen genannt, die den dramatischen Trend verdeutlichen sollen (Anm.d.Verf.).

Ansätze und Maßnahmen gesundheitlicher Prävention

Die Familie, Freunde und eine positive Lebenseinstellung erfüllen i. d. R. im Rahmen von Gesunderhaltung wichtige Aufgaben, was die Bringschuld veränderter Lebensgewohnheiten im Alltag angeht. Dies kann jedoch ein schlechtes Betriebsklima auf die Dauer nicht abfedern. Die Privatsphäre und die Familie als Rückzugsort verlieren deshalb einen Großteil ihrer Auffangfunktion bei kontinuierlich entgrenzter Arbeit, schlechtem Betriebsklima und Mobbing.

BGM wurde in den letzten Jahren zu einem zentralen Handlungsfeld unternehmerischer Initiativen im Bereich der Personalarbeit und wird zukünftig weiter an Bedeutung gewinnen, wenn wir an das steigende Rentenalter und die demografisch bedingte Verknappung von Fachpersonal denken. Deshalb ist es von zentraler Bedeutung, dass sich die Beschäftigten wie auch die Unternehmen gezielt mit Fragen der gesundheitlichen Prävention im Betrieb und in der Privatsphäre befassen. Diesbezüglich ist es wichtig, die Informationsbasis und die Handlungsfähigkeit jedes Einzelnen zur Gestaltung der gesundheitlichen Lebensbedingungen zu stärken, ohne dabei Einzelne zu brandmarken oder bloßzustellen.

Alle Maßnahmen zur Prävention von Stress und ein *aktives Gesundheitsmanagement* im Rahmen von *Betrieblichem Gesundheitsmanagement (BGM)* können wesentliche Auswirkungen von gesundheitlichen Belastungen auf die Gesundheit der Arbeitnehmer, insbesondere durch Stress, vermeiden und damit Arbeitsausfälle verhindern helfen, wobei der Unternehmensführung eine immer wichtigere Rolle zukommt.

▶ **Betriebliches Gesundheitsmanagement (BGM)** BGM ist die Summe aller Maßnahmen im Unternehmen, welche der Gesunderhaltung der Beschäftigten dienen mit dem Ziel, betriebliche Ausfallquoten, Erkrankungen und andere Störungen des Betriebsablaufs zu minimieren. Die Skala der Angebote im Rahmen des BGM ist sehr weit gefasst. Sie fängt an mit eher klassischen Angeboten, wie Nichtraucher-Seminaren, Ernährungskursen sowie der Aufklärung hinsichtlich ergonomischer Büromöbel und Arbeitsstoffe. Gleichzeitig umfasst das heutige BGM eine ganze Reihe innovativer Angebote, wie z. B. Gymnastik- und Fitnesskurse während und außerhalb der Arbeitszeit, eine gute Ernährung durch die Betriebskantine, Wellness-Angebote und kulturelle Events, Konzerte zum Stressabbau.

Rauchen und Übergewicht sind vermeidbare Risiken, die der Einzelne abschalten kann. Aber selbst Idealgewicht, Nichtrauchen und regelmäßige Events sowie sportliches Training während der Arbeitszeit können ein schlechtes Betriebsklima auf Dauer nicht kompensieren.

Zum Stellenwert von Gesundheit und BGM im betrieblichen Alltag

Gehen wir einmal davon aus, dass Gesundheit mehr ist als die Abwesenheit von akuten Erkrankungen, so kommen wir zu einem Dreiklang, der für den Begriff des BGM von zentraler Bedeutung ist:

- Gesundheit ist mehr als die Abwesenheit von Krankheit.
- Wohlbefinden ist eine Grundvoraussetzung von Gesundheit.
- Ein kooperativer Führungsstil ist die Voraussetzung für Wohlbefinden und gute Leistungen.

Prävention in Form des BGM ist eine Intervention, die sich auf die Vermeidung von Störungen des Allgemeinbefindens richtet und damit mittelfristig das Entstehen von Erkrankungen vermeidet. Ziel ist es, betriebliche Fehlzeiten, Fluktuation und stressbedinge Erkrankungen zu reduzieren.

BGM ist zukünftig noch mehr der Ausdruck einer „achtsamen"
Unternehmenskultur
Die Unternehmenskultur als Gestaltungsraum für betriebliche Arbeit spielt eine zentrale Rolle und bekommt eine wichtige Funktion im Rahmen der betrieblichen Ansätze zur Stressvermeidung und -verarbeitung. Es gilt nämlich, wo immer möglich, dem betrieblichen Stress zu begegnen und vorzubeugen. Nicht zuletzt wurde das Jahr 2016 zum „Europäischen Jahr gegen den Stress" ausgerufen mit zahlreichen Kampagnen und Aktionen zur Aufklärung und Sensibilisierung.[13]

Nicht zu vernachlässigen und von steigender Bedeutung ist der gesamte Bereich des BGM in immer mehr Unternehmen, nicht nur in großbetrieblichen Einrichtungen. Berufsgenossenschaften und Krankenkassen fördern und bezuschussen heute viele Arten von BGM. Dabei gehen die betrieblichen Ansätze heute weit über Ernährungs-, Nichtraucher- und Gewichtsreduktionskurse hinaus. BGM umfasst heute eine breite Vielfalt von Angeboten, angefangen vom Gymnastikkurs während der Arbeitszeit bis hin zum „Lunchbeat in der Mittagspause" (Tänzchen mit Kollegen) bzw. dem Musik- oder Yoga-Event am Freitag usw. Stressreduktion steht dabei immer im Fokus, besonders wenn es um die Prävention von kurz- und langfristigen, stressbedingten Arbeitsausfällen geht.

Führungskräfte stehen in der Verantwortung für die Vermeidung von Stress
Führungskräfte können für die Gestaltung eines guten Betriebsklimas durch präventive Angebote zum Stressabbau oder seiner Vermeidung für die Beschäftigten wertvolle Anregungen geben und betriebliche Anreize schaffen. Gerade personalverantwortliche Mitarbeiter, welche Arbeitsgruppen leiten oder einzelne Auszubildende ausbilden, können und sollten selbst mit gutem Beispiel vorangehen, indem sie Risikofaktoren wie Rauchen, Übergewicht und Alkoholkonsum ausschalten bzw. regelmäßig Fitness- und Entspannungsübungen durchführen.

In den letzten Jahren hat sich gezeigt, dass die Maßnahmen der gesundheitlichen Prävention, also der Vermeidung von Erkrankungen und Frühverrentungen, immer mehr auch in das Blickfeld von Führungskräften rücken. Deshalb gilt: Dort, wo Stress entsteht und unvermeidlich ist, gilt es durch einen kooperativen Führungsstil Stress abzubauen und kontrollierbar zu machen, um negativen Folgen für die Motivation und das Betriebsergebnis vorzubeugen.

---

[13] Parallel dazu wird zum Umgang mit Gefahrenstoffen bei der Arbeit sensibilisiert.
https://bgrci.de/exinfode/dokumente, Gesundheitsschutz, Explosive Stoffe. Zugegriffen am 22.04.2019, 9:24.

Diese Aufwertung des BGM ist nicht zuletzt aufgrund der steigenden Belastungen für die Gesamtheit der Arbeitnehmer erforderlich geworden. Europaweit steigen seit Jahren die Auswirkungen von Arbeitsdruck und Stress, welche sich letztlich in dramatisch steigenden Zahlen von arbeitsbedingten Erkrankungen sowie krankheitsbedingten Abwesenheiten von längerer Dauer und Frühverrentungen niederschlagen.

In allen Ländern der Europäischen Gemeinschaften, auch in Deutschland, müssen die Unternehmen riesige Summen dafür ausgeben, um die gesundheitlichen Folgen von Stress zu beseitigen. Nicht nur die Betriebe sind hinsichtlich der Ausfallzeiten davon betroffen, sondern auch die Krankenkassen, Versicherungen und Rentenversicherungsträger.

Anerkennung für geleistete Arbeit sowie Übertragung von Verantwortung und Mitwirkung an Entscheidungen sind Instrumente der Stressreduktion
Die Anerkennung der geleisteten Arbeit oder das Vorhandensein von individuell verfügbaren Handlungs- und Entscheidungsspielräumen am Arbeitsplatz sind zwei wesentliche Bedingungen, die eine erfolgreiche Stressbewältigung ermöglichen. Insofern ist es sinnvoll, diese beiden Faktoren als Führungsinstrument einzusetzen, um unvermeidbaren Stress zu reduzieren.

Erwiesen ist, dass die Zunahme von Autonomiespielräumen den persönlichen Freiraum für die Erbringung der Arbeit erhöht und damit den Stress minimiert, sofern die Kapazitätssteigerung nicht durch noch höhere Arbeitsbelastung kompensiert wird. Dies führt oft auch zur Unfähigkeit des Abschaltens vom Prozess der Arbeit, da anspruchsvolle Arbeiten immer mehr die Erarbeitung individueller Problemlösungen verlangen.

Prävention als Zauberwort
Im Zeichen der Prävention geht es darum, durch geeignete Maßnahmen und betriebliche Angebote dazu beizutragen, den Erwerbspersonen eine lebenslange, erfolgreiche Erwerbskarriere zu ermöglichen. Gesunderhaltende Angebote der Prävention und aktive betriebliche Maßnahmen, welche sowohl die Lebensführung als auch die Arbeitsbelastung, die Arbeitsorganisation und die Entgrenzung von Arbeitsstrukturen betreffen, rücken daher immer mehr in den Mittelpunkt von Führungsverantwortung der Personalverantwortlichen in den Betrieben.

Auch die eigene Gesunderhaltung der Fach- und Führungskräfte steht immer mehr im Fokus, denn ihr Verhalten dient meist den anderen Mitarbeitern als Vorbild, welches i. d. R. auf betrieblicher Ebene – insbesondere von den Auszubildenden – nachgeahmt wird. Wesentlicher Faktor einer guten Unternehmensführung in einer stressigen Arbeitsumgebung ist deshalb ein vertrauensvolles Unternehmensklima.

Dezidierte Maßnahmen zur Prävention und Sanktionierung von Konflikten, Streit und Missgunst in der Belegschaft, die Prävention und Vermeidung von unnötigen Reibungspunkten und Missverständnissen im Vorfeld von Konflikten und eine ausgeprägte Kommunikationskultur im Unternehmen wie auch Teamfähigkeit und Kooperationsbereitschaft seitens aller Beschäftigten tun ein Übriges, um Stress, Konflikte und daraus entstehende Störungen des Betriebsablaufs zu vermeiden.

Betriebliche Unternehmenskultur ist maßgeblich für die Stressbelastung am Arbeitsplatz

Ein sogenanntes „schlechtes Betriebsklima", verbunden mit hoher Unzufriedenheit der Mitarbeiter und einer starken Stressbelastung am Arbeitsplatz, zieht eine Vielzahl an Fehlzeiten und Erkrankungen nach sich. Die aktive Vermeidung, d. h. die Prävention von Stress durch eine gute Personalführung, ein gutes Betriebsklima und ein aktives Gesundheitsmanagement, kann somit wesentliche Ausfälle hinsichtlich der Gesundheit der Arbeitnehmer vermeiden und damit Störungen im Betriebsablauf verhindern und hohe Kosten einsparen helfen.

Hieraus ist abzuleiten, dass ein schlechtes Betriebsklima für die Gesundheit der Beschäftigten mindestens genauso schädlich sein kann, wie eine schlechte Ergonomie der Arbeitsplätze in Produktion und Verwaltung.

Unbestreitbar ist auch, dass ein schlechtes Betriebsklima und ein wenig kooperativer Führungsstil die Belastungen der Beschäftigten durch informationstechnische Vernetzung und Integration von Arbeitsabläufen mit weitreichenden Verantwortlichkeiten in jeder Hinsicht noch verstärken. Neuere arbeitsmedizinische Studien der OSHA besagen sogar, dass der Stress am Arbeitsplatz als doppelt belastend empfunden wird, wenn ein schlechter Stil in der Unternehmensführung herrscht (OSHA 2013).

Eine große europaweite Kampagne im Jahr 2016 mit populär aufgearbeiteten Informationen zur Notwendigkeit, wo immer nötig Stress zu vermeiden, stand unter dem Motto „Jahr des Stresses". Ziel war die Sensibilisierung von Unternehmen wie auch von Unternehmensverbänden, Genossenschaften und anderen Akteuren der Prävention in allen Ländern der Europäischen Gemeinschaften.

In diesem Zusammenhang hatte die Europäische Kommission zahlreiche wissenschaftliche Untersuchungen in Auftrag gegeben, welche letztlich als Grundlage der europaweiten Kampagne die strukturellen Zusammenhänge zwischen Arbeitsgestaltung, Arbeitsorganisation und Gestaltung von Bildschirmarbeitsplätzen in Verbindung mit steigender Stressbelastung, betriebswirtschaftlichen Kosten und Fehlzeiten für alle Länder und Branchen der Gemeinschaften deutlich herausarbeiteten. Daran wird deutlich, dass Deutschland keinesfalls ein Einzelfall ist, wenn es um ständig wachsende volkswirtschaftliche und betriebliche Kosten von Stresserkrankungen geht.

Wie die Daten von Berufsgenossenschaften, Krankenkassen und Versicherungsträgern belegen, sind krankheitsbedingte Fehlzeiten die Folge von zahlreichen körperlichen Beschwerden und Einschränkungen mit weitreichenden Folgen, insbesondere was Erkrankungen des Skeletts, des Herz-Kreislauf-Systems und psychische Erkrankungen angeht. Die typischen Fehlzeiten resultieren aus arbeitsbedingten Stress- und Belastungserkrankungen, wie z. B. Depressionen, Herz-Kreislauf- und orthopädischen Erkrankungen.

Die Gesamtheit der vorliegenden Zahlen und Studien für die Länder der EU lässt erkennen, dass ständiger und nicht zu bewältigender Stress letztlich nicht nur zu ernsthaften organischen und psychischen Erkrankungen führt, sondern insgesamt betrachtet zu enormen wirtschaftlichen Ausfällen und hohen Verlusten führt. Besonders alarmierend ist die Tatsache, dass seit etlichen Jahren ein starker Trend zum Anwachsen stressbedingter

Erkrankungen in allen europäischen Ländern zu sehen ist, der sich kaum noch mit herkömmlichen Lösungsversuchen bekämpfen lasst.

Dies alles führt letztlich zu dramatisch wachsenden Kosten für Betriebe, Kranken- und Rentenkassen sowie sonstige Versicherungsträger. In diesem Feld ist ein hoher Forschungsbedarf zu verzeichnen. Es kann als Zeichen einer allgemeinen Fehlentwicklung in der gegenwärtigen betrieblichen Arbeitsgestaltung gesehen werden, dass derart hohe Ausfallkosten in allen Aktivitätsbereichen der hoch entwickelten Industrieländer der EU auftreten und seit Jahren dramatisch ansteigen.

Neben dem individuellen Schaden für einzelne Beschäftigte durch Lohn- und Gehaltsverluste, Frühverrentung und Karriereknick geht die Entwicklung zu erhöhten Ausfallkosten nicht zuletzt mit steigenden Kosten für die Betriebe einher, was den Ersatz, die Wiederbeschaffung und Einarbeitung von frischen Arbeitskräften angeht. Es wird daher mehr und mehr zur zentralen Führungsaufgabe, die negativen und weitreichenden Folgen von Stress zu vermeiden.

Stressprävention: Führungsstil überträgt einen Teil der Verantwortung an die Fachkräfte

Eine zentrale Aufgabe von Führungskräften im Sinne einer wirksamen Stressprävention besteht darin, die Mitarbeiter bei der Definition von Unternehmenszielen aktiv einzubinden und ernst zu nehmen. Dies läuft auf die gemeinsame Definition von Zielgrößen, die Erweiterung ihrer Autonomiespielräume und die Übertragung von Entscheidungskompetenzen hinaus.

Parallel dazu geht es für die Führungskraft darum, neue Aufgaben in der Personalverantwortung und -führung zu übernehmen, indem die Mitarbeiter nicht nur zur Erfüllung ihrer betrieblichen Aufgaben aufgefordert werden. Die neue Aufgabe des Vorgesetzten besteht darin, die Mitarbeiter nicht sich selbst zu überlassen, sondern bei der Zieldefinition und der Entwicklung neuer Lösungswege zielführend und ergebnisorientiert zu begleiten und zu motivieren.

Der betriebliche Schwerpunkt des GM hat in den letzten Jahren stark an Bedeutung gewonnen, da in allen Ländern der Europäischen Gemeinschaften, auch in Deutschland, riesige Summen dafür ausgegeben werden müssen, um die gesundheitlichen Folgen von Stress zu beseitigen – nicht nur von den Betrieben hinsichtlich der Ausfallzeiten, sondern auch von Krankenkassen, Versicherungen und Rentenversicherungsträgern. Hohe Datendichte und fehlende Transparenz im Arbeitsprozess, der Zwang nach ständiger Erreichbarkeit und die permanente Angst vor dem Verlust des Arbeitsplatzes aufgrund von Umstrukturierungen etc. führen dazu, dass die Stressbelastung z. B. im Vergleich zu den 80er-Jahren stark zugenommen hat.

In diesem Zusammenhang werden neue Präventionskonzepte und beispielhafte Vorbilder auf betrieblicher Ebene immer wichtiger, die konventionelle Angebote von Nichtraucherkursen, Ernährungsberatung und Rückenschule ergänzen, wie z. B. regelmäßige Gymnastik-, Sport- und Entspannungsangebote am Arbeitsplatz, die Einrichtung von Betriebskantinen und Angebote der sozialen Beratung in auftretenden Lebenskrisen. Auch neue Regelungen und Angebote für die Etablierung einer verbesserten Work-Life-Balance, wie Sabbaticals und bestimmte Gratifikationen im Bereich des Mehrstundenausgleichs, sind dabei von Relevanz. Selbstverständlich werden diese gezielten Angebote noch zu ergänzen sein um weitere, in den anderen Abschnitten dieses Buches behandelte Schwerpunkte der Personalentwicklung und Förderung, angefangen beim gendergerechten Laufbahnkonzept über lebenslange Kompetenzentwicklung für alle und die Förderung von Zielgruppen durch DM bis hin zu technisch-organisatorischen Regelungen zur Vereinbarkeit von Familie und Beruf.

Last, but not least sollten in diesem Zusammenhang auch neue soziale betriebliche Dienstleistungen Erwähnung finden, welche ebenfalls von den Unternehmen in zunehmendem Maße eingekauft werden, um Ausfälle qualifizierter Mitarbeiter zu verhindern. Beispiele hierfür sind Beratungsangebote in der Suchtprävention oder bei sozial auffälligem Verhalten, Schuldnerberatung etc. Eine kurze Übersicht der derzeit gängigsten Angebote im Bereich des BGM und der Prävention:

- Männergesundheit, http://www.gender.verdi.de
- Gesundheitsportale großer Unternehmen, s. individuelle BGM-Pakete für KMU
- Kurse zur Stressbewältigung am Arbeitsplatz, s. Work-Life-Balance-Angebote bzw. Krisenbewältigung (BestCase :REWE mit LOS)
- Gesundheitscheck für Führungskräfte (i. d. R. ab 40 Jahre)
- Raucherentwöhnung
- Rückenschule
- Ernährungsberatung
- Bewegungsprogramm zur Vorbeugung und Reduzierung arbeitsbedingter Beschwerden
- Psychische Belastungen am Arbeitsplatz, s. z. B. http://www.gender.verdi.de

Das in Kap. 7 näher dargestellte Projekt LOS greift den Schwerpunkt neuer sozialer Dienstleistungen im Zusammenhang mit stressbedingter Prävention bei Personen in der Lebensmitte, der sogenannten „Sandwichgeneration", als Teil von BGM auf. Ein bestehendes Netzwerk von Personalverantwortlichen, Betriebsärzten oder gewerkschaftlichen Belegschaftsvertretern wird in LOS aktiviert und die in Frage kommenden Personen erhalten diskret den Hinweis auf professionelle Dienstleister. Dies erschließt im Vorfeld von akuten Krisen und Arbeitsausfällen den datenschutzrechtlich gesicherten Zugang zu bereits bestehenden, niedrigschwelligen Angeboten professioneller Beratungs- und Hilfsangebote aus der Region und ist ohne großen zusätzlichen Aufwand zu bewerkstelligen.

Dies alles dient der Prävention im Vorfeld von akuten Erkrankungen und Arbeitsausfällen. Hierbei handelt es sich um einen Beitrag sowohl zur gesundheitlichen Verfassung von Arbeitnehmern als auch zur Unternehmenskultur (s. hierzu die Ausführungen in Kap. 5). Dabei geht es hinsichtlich der Interessen von Beschäftigten wie auch der unternehmerischen Zielsetzungen um die Optimierung der Vereinbarkeit betrieblicher und individueller Interessenlagen.

Die Prävention und alle anderen hier behandelten innovativen Angebote des Personalmanagements verfolgen letztlich das Ziel, die Störung und Anfälligkeit der Betriebsabläufe durch Folgen und Anlass stressbedingter Erkrankungen weitgehend zu vermeiden. Sie haben damit eine soziale wie eine betriebswirtschaftliche Zielstellung und Wirkung.

Erwähnenswert ist, dass ein Teil der Ausgaben auf betrieblicher Ebene von den entsprechenden Berufsgenossenschaften oder Krankenkassen erstatten werden können und das der betriebliche Aufwand steuerlich absetzbar für den Betrieb ist.

▶ **Halten wir fest** *Die Fähigkeit zur Motivation und zur Schaffung eines guten Betriebsklimas ist heute als wesentliche Führungsqualität zu bezeichnen, da sie wesentlich zum Gelingen des Arbeitsprozesses und zur Qualität der Arbeitsergebnisse sowie der Servicequalität beiträgt.*

Stress als Konfliktpotenzial in den Unternehmen entstehen zu lassen, stört die Zusammenarbeit und Motivation der Mitarbeiter und ist damit unproduktiv. Führungskräfte sind hier stärker gefordert als früher, da die neue Qualität der betrieblichen Arbeit hohe körperliche, nervliche und mentale Belastungen mit sich bringt.

Die Angst vor Fehlern tut dabei ein Übriges. Sie bewirkt, dass die Mitarbeiter kaum noch zu Innovationen fähig sind – aus Angst, durch das Betreten von Neuland Fehler zu machen, für die sie dann gerügt werden. Die Arbeitsmotivation jedes einzelnen Mitarbeiters leidet somit unter einer Vernachlässigung der personalverantwortlichen Betreuung und damit auch die Produktivität des Unternehmens.

Nicht zuletzt geht es darum, durch entsprechende Führungsformen die Zusammenarbeit in den Teams zu stärken, das Betriebsklima nachhaltig und konstant zu pflegen und damit die für die Unternehmen bedeutenden, zum Teil hohen Kosten von Arbeitsausfällen und Wiederbeschaffung von geeignetem Personal zu verringern.

Vielmehr ist es ein prominentes Ziel der personalpolitischen Verantwortung, die gewachsenen Kompetenzen einzelner Arbeitnehmer gezielt so lange wie möglich gewinnbringend für den Betrieb zu nutzen, zu entwickeln und zu erhalten.

Sozialer Stress im Betrieb wird immer noch unterbewertet und vielfach ausgeblendet

Europäische Arbeitsmediziner haben herausgefunden: Ein schlechter Führungsstil verdoppelt die Stressbelastung und macht Mitarbeiter unproduktiv, wenig innovativ gestimmt und auf die Dauer krank. Als kostenverursachender Faktor ist das Thema Stress im Betrieb zukünftig mit steigendem Augenmerk und Priorität zu beachten.

Ein sogenanntes „schlechtes Betriebsklima", verbunden mit hoher Unzufriedenheit der Mitarbeiter, gekennzeichnet durch eine Vielzahl an Fehlzeiten und Erkrankungen, wurde inzwischen als äußerst schädigender und kostenintensiver Faktor identifiziert. Eine rückwärtsgewandter, wenig partizipativer Führungsstil erzeugt einen hohen Stresspegel und ein unkollegiales Betriebsklima, welches in der Folge für zahlreiche Erkrankungen verantwortlich gemacht werden kann. Es kann deshalb nicht genug betont werden. Der Führungsstil ist der entscheidende Faktor für die erfolgreiche und produktive Bewältigung von unvermeidbarem Stress am Arbeitsplatz. Hier hat der betriebliche Arbeits- und Gesundheitsschutz ein großes, neues Schwerpunktthema gefunden, wenngleich sozialer Stress als Belastungsfaktor heute in der Regel seitens der Verantwortlichen in den Betrieben vielfach noch völlig ausgeblendet bzw. stark unterbewertet wird.

Die aktuelle Diskussion, ob Burn-out eine eigene durch Überbelastung und Stress ausgelöste Erkrankung oder ein Krankheitsbild klassischer Depressionen darstellt, zeigt, dass eine immer größere Öffentlichkeit sich der psycho-sensorischen Belastungen an Computerarbeitsplätzen in zahlreichen Betrieben immer mehr bewusst wird. Fakt ist, dass immer mehr Arbeitnehmer aller Altersklassen, auch jüngere Personen, von akuten Stresserkrankungen betroffen sind und von heute auf morgen aus dem Arbeitsprozess für längere Zeit oder ganz ausscheiden müssen.

Dies alles sind starke Argumente für die Betriebe, aber auch für die Krankenkassen und Genossenschaften, entsprechende gesundheitserhaltende und fördernde Maßnahmen, aber auch Sensibilisierungsmaßnahmen im Rahmen der gesundheitlichen Präventionsangebote mitzufinanzieren und für alle Beschäftigten durchzuführen.

Es gibt somit genug überzeugende Argumente – aus betriebswirtschaftlicher wie individueller und gesellschaftlicher Perspektive –, das Betriebliche Gesundheitsmanagement als Bestandteil eines mitarbeiterbezogenen Führungsstils und der Unternehmenskultur im Rahmen betrieblicher Weiterbildung für alle Betriebsgrößen auszubauen und zu entwickeln.

BGM hat für Unternehmen jeder Größenordnung eine steigende Relevanz
Die Relevanz von BGM gilt nicht nur für Großbetriebe. Ein aktives Gesundheitsmanagement ist aufgrund der hohen Kosten von Fehlzeiten und Personalausfällen auch und gerade mit Blick auf die unübersehbaren Kostenvorteile für Klein- und Mittelbetriebe praktikabel und sinnvoll.

Wichtig in diesem Zusammenhang erscheint die Feststellung, dass es im Rahmen der sogenannten Präventionsmaßnahmen qualitativ neuer Ansätze bedarf. Damit ist gemeint, dass es im Hinblick auf das BGM zukünftig nicht nur verstärkt um die Einhaltung bestehender gesetzlicher Vorschriften zur Arbeitssicherung gehen muss. Alle bekannten und traditionellen Maßnahmen des Arbeitsschutzes fallen darunter, was z. B. die Wahl des richtigen Arbeitsmaterials und der Ausstattung der Arbeitsplätze angeht, ebenso wie die Einhaltung der jeweiligen Gesetzgebung in Bezug auf die Arbeitszeiten, den Umgang mit Gefahrenstoffen etc. Angesichts einer neuen, nicht weniger belastenden Qualität betrieblicher Arbeit in der digitalisierten Arbeitswelt sind die vorhandenen, einschlägigen Bestimmungen insbesondere mit Blick auf eine verstärkte Stressprävention zu ergänzen.

Angebote der präventiven Gesundheitsvorsorge

Unter Angeboten der präventiven Gesundheitsvorsorge in den Unternehmen nach § 20 A SGB V sind aktuell vor allem die folgenden, niedrigschwelligen – da für alle Beschäftigten zugänglichen – Angebote und Leistungen der Krankenkassen zu verstehen. Sie betreffen vor allem

- Seminare zur Vorbeugung und Reduzierung arbeitsbedingter Belastungen des Bewegungsapparats, z. B. durch Rückenkurse und Gymnastik,
- Aufklärung zur Betriebsverpflegung, wie gesundheitsgerechte Verpflegung am Arbeitsplatz,
- Seminare zur Vermeidung psychosozialer Belastungen und von Stressbelastungen,
- Fortbildung zu Suchtmittelkonsum, wie Nichtraucherseminare,
- Aufklärung zur „Punktnüchternheit",[14]
- Ernährungsschulungen zur gesunden Ernährung.

Hinzu kommen animierte, computergesteuerte Bewegungsangebote mit Anleitungen zur Durchführung von gymnastischen Übungen an Bildschirm- bzw. Büroarbeitsplätzen.

Ergänzend zu den meisten von den Kassen gelisteten und bezuschussten Präventionsangeboten gibt es inzwischen zudem vielfach die Möglichkeit der Inanspruchnahme vom Arbeitgeber geförderter Präventions- und Gesundheitsförderungsmaßnahmen. So ist es bereits in vielen Unternehmen üblich, den kostenlosen Besuch hochwertiger Sportstudios zu ermöglichen, Krankheitsbetreuung zur Verfügung zu stellen beim Auftreten akuter Erkrankungen von Familienangehörigen, Sucht- und Krisenberatung zu vermitteln etc.

Neben der Bereitstellung regional zugänglicher und/oder bundesweiter Präventions- und Gesundheitsförderungsangebote in Schulen, Kommunen und Stadtteilen durch die Krankenkassen werden heute auch hochwertige Angebote für die Beschäftigten in den Betrieben entwickelt und bereitgestellt (s. hierzu GKV 2019, S. 4). Gleichzeitig können die Arbeitgeber sich einen Teil der Kosten für die Inanspruchnahme von Angeboten der gesundheitlichen Prävention für die Beschäftigten auf Antrag erstatten lassen. Die Entwicklung und Verwirklichung dieser Projekte wird u. a. von den Krankenkassen durch betriebliche Gesundheitsprojekte in nennenswerter Form mitfinanziert (s. hierzu GKV 2019, Die jährliche Stellungnahme der GKV-Spitzenverbände). Es werden somit betriebliche Kosten aufgrund von Stresserkrankungen durch Prävention weitgehend kostenneutral

---

[14] 0,0 Promille am Arbeitsplatz und bei der Arbeit, vielfach als Bestandteil einer betrieblichen Dienstvereinbarung. Dies ist Bestandteil eines Katalogs zur betrieblichen Suchtprävention (DHS 2019).

gestaltet und die Störungen des Wohlbefindens Beschäftigter werden im Vorfeld von Erkrankung aufgespürt, thematisiert und behandelt.

Es geht somit darum, auf allen Ebenen der Gesundheitsförderung entsprechende Angebote zur Vermeidung von krankheitsfördernden Faktoren zu verfolgen, aber auch eine Arbeits- und Unternehmenskultur mit Erwerbs- und Karrierekonzepten zu schaffen, die eine möglichst entspannte und doch motivierte Arbeitsatmosphäre fördern, indem sie eine kontinuierliche und lebenslange berufliche Entwicklung ermöglichen. Eine Gesamtschau der Faktoren, die durch das BMB+F-Projekt ALFIH als Voraussetzung für längere Lebensarbeitszeiten identifiziert wurden, zeigt die Abb. 6.9.

Gesundheitsmanagement ist eine betriebliche Aufgabe von zukünftig wachsender Bedeutung. Es ist auch vor allem Privatsache und keine ausschließlich betriebliche Aufgabe. Viele große Unternehmen haben erkannt, dass das BGM eine immer größere Bedeutung einnehmen wird, und haben sich bereits entsprechend aufgestellt. Gleichzeitig muss betont werden, dass die betrieblichen Anstrengungen versagen, wenn es um die Gestaltung des privaten Lebensstils geht.

Wenn es nämlich um Ess- und Rauchgewohnheiten geht oder um den persönlichen Lifestyle, wird Gesundheitsmanagement zur Bringschuld. Das Unternehmen kann hier nur wenig ausrichten und damit ist die einzelne Person gefordert. BGM ist deshalb nicht zuletzt auch als Anregung und Herausforderung an die Individuen und den Lebensstil im Privatleben zu verstehen! Anzumerken ist, dass für die Veränderung von Lebensgewohnheiten und Lebensstil nicht nur der Betrieb als zuständig betrachtet werden kann, sondern vor allem die Einzelperson gefordert wird.

Die Familie als Rückzugsort bei Erkrankungen und als Ort für psychische Regeneration und Reproduktion hat ebenfalls zentrale Aufgaben zu erfüllen. Doch der arbeitsbedingte Stress kann auch dort nur eingeschränkt verarbeitet werden. Insofern haben private

- Gleichstellung aller Arbeitnehmer, unabhängig von personenbezogenen Faktoren
- verbesserte Vereinbarkeit von Familie und Beruf
- Gesunderhaltung als Anliegen von Betrieben und Arbeitnehmern
- Kontinuierliche Kompetenzentwicklung durch LLL
- Anerkennung der Leistungsfähigkeit von Älteren und Alternden
- Aufwertung sozialer und methodischer Kompetenzen

Ziel:

- Bewältigung des (demografischen) Strukturwandels und gesellschaftlicher Polarisierungsprozesse

- Verbleib im Erwerbsleben bis zum Erreichen der regulären Rentenaltersgrenze

- Auflösung von Gender Gap bei Karriere, Verdiensten, Renten.

Abb. 6.9 Voraussetzung für längere Lebensarbeitszeiten

und betriebliche Präventionsanstrengungen eine enge Verbindung einzugehen. Im Bereich des präventiven BGM gibt es inzwischen zahlreiche gute Vorbilder für Gesundheitsprojekte in unterschiedlichen Schwerpunktbereichen der Beschäftigung.

Dank der OSHA kann heute nicht nur in Großbetrieben der Industrie, sondern auch im Mittelstand bzw. bei kleineren und mittleren Verwaltungs- und Finanzdienstleistern in ganz Europa verstärkt auf eine gut dokumentierte betriebliche Praxis des BGM zurückgegriffen werden.[15]

▶ **BGM-Ansätze mischen sich mit anderen personalbezogenen Schwerpunkten zur Bewältigung des Strukturwandels** Es ist deutlich zu erkennen, dass sich Maßnahmen der gesundheitlichen Prävention im Unternehmen mit Instrumenten der Gleichbehandlung der Arbeitnehmer, der Vereinbarkeit von Familie und Beruf sowie mit weiteren Maßnahmen zur Bewältigung des Strukturwandels vermischen, nicht zuletzt auch mit Fragen der Arbeitsorganisation und des Führungsstils.

Praktische Beispiele für gelungene Aktivitäten im innovativen Bereich der Gesundheitsprävention zeigt das Kap. 7 mit den Betriebsbeispielen.

6.6 Arbeitgeber-Branding als Teil der Markenpersönlichkeit – zwei Fliegen mit einer Klappe

▶ Als weiterer Aktivposten der Personalpolitik im Rahmen der Bemühungen um qualifizierten Nachwuchs und neue Mitarbeiter, d. h. als Wettbewerbsfaktor bei der Anwerbung von motiviertem und leistungsfähigem Nachwuchs, ist das Arbeitgeber-Branding zu nennen.

Bei diesem Ansatz geht es nicht nur um ein Instrument der Personalakquise, sondern auch darum, die Attraktivität des Arbeitgebers nach außen als Marketingmaßnahme zu kommunizieren. Somit soll durch Arbeitgeber-Branding nicht nur neues und hoch motiviertes Personal gewonnen werden, sondern auch ein Arbeitskräftebedarf signalisiert werden, welcher das Image des Unternehmens nach außen als Betrieb stärkt.

Das Arbeitgeber-Branding oder Employer Branding ist Teil einer Markenpolitik und damit ein unternehmensstrategisches Instrument, welches mehrere Wirkungen verfolgt. Es geht dabei in erster Linie um die Darstellung des Unternehmens nach außen. Dabei werden zwei verschiedene Ziele verfolgt, und zwar:

---

[15] (Health and Safety Executive (HSE) 2019).

Prevalence rate of workrelated stress by age and gender per 100.000 people employed averaged over the period 2011/12, 2013/14 and 2014/15.

www.hse.gov.uk/statistics/lfs/strage1_3yr.xlsx.

a. Der Betrieb positioniert sich als attraktiver Arbeitgeber nach außen und zielt darauf ab, möglichst leistungsfähig zu erscheinen für externe Nachwuchs-Bewerber, die als zukünftige Fach- und Führungskräfte in Frage kommen. Hierbei handelt es sich i. d. R. um Schulabgänger bzw. Berufsanfänger, Studienabgänger oder jüngere Akademiker.

b. Das Unternehmen konzipiert eine nach außen gerichtete Image- bzw. Werbekampagne, um sich als Arbeitgeber und als Anbieter von qualitativ hochwertigen Produkten und Dienstleistungen interessant zu machen. Die Aufmerksamkeit einer größeren Öffentlichkeit wird dabei auf die gelungene Performance des Firmenauftritts gelenkt. In der Nachfrage nach hochkarätigen Mitarbeitern als Teil der Personalakquise wird gleichzeitig eine gelungene Geschäftstätigkeit signalisiert, die über die Akquise hinaus als Bestandteil und Demonstration einer Markenstrategie gelten kann. In diesem Kontext dient das Branding als attraktiver Arbeitgeber nicht zuletzt einer Marketingstrategie zur Gewinnung neuer Kunden und Absatzmärkte.

Employer Branding wird somit vorrangig eingesetzt, um eine Arbeitgebermarke zu festigen bzw. als Premiummarke zu kreieren und attraktiv zu erscheinen für potenzielle Kundenkreise und externe Bewerber, insbesondere High Potenzials, Studienabgänger und Akademiker beiderlei Geschlechts.

Ein weiteres Ziel der Entwicklung einer Arbeitgebermarke ist ein vom Unternehmen gezielt gestalteter Auftritt, um von arbeitssuchenden Fachkräften als attraktiver Arbeitgeber wahrgenommen zu werden. Des Weiteren soll der Suchaufwand für neue Mitarbeiter reduziert und der Anteil von Initiativbewerbungen erhöht werden. Aufgrund des erhofften positiven Erscheinungsbildes wird die Effizienz der Personalgewinnungsmaßnahmen gesteigert, indem a) die Nachfrage gesteigert und b) die Qualität der Bewerber von vornherein erhöht werden soll, indem möglichst motivierte und qualifizierte Kräfte als potenzielle Bewerber angesprochen werden. Das Ziel von Employer Branding ist damit nicht nur Personalgewinnung, sondern auch Imagepflege für die Marke und die Markenprodukte.

Da die Unternehmen heute im Wettbewerb um die besten Arbeitskräfte stehen, haben zahlreiche Arbeitgeber neue Initiativen und gute Auftritte entwickelt, um als Arbeitgeber in einem attraktiven Umfeld wahrgenommen zu werden. Sie kommunizieren einzelne Instrumente innovativer Personalführung im Rahmen des Arbeitgeber-Branding nach außen.

Employer Branding als Teil der Markenpolitik
Ziel: Arbeitgebermarke entwickeln als Marketinginstrument nach außen

- Erhöhung der Attraktivität des Gesamtunternehmens und der Marke
- Steigerung der Effizienz von Personalrekrutierung
- Wirkung u. a. nach innen als Teil einer Strategie zur Motivation und Loyalitätssteigerung

Bei diesen Angeboten kann es sich um Angebote der Chancengleichheit für die Beschäftigten handeln, die spezifische Zielgruppen ansprechen sollen, wie z. B.:

- Einstellungs- und Aufstiegschancen für Frauen als Querschnittsgruppe,
- Karrierechancen für einzelne Zielgruppen (Frauen, ausländische Jugendliche, Behinderte usw.),
- Angebote der Vereinbarkeit von Familie und Beruf für Männer und Frauen.

Unternehmen machen somit bereits im Prozess der Personalgewinnung und der Werbung für Produkte und Dienstleistungen ihre Unternehmenskultur zum Träger der Unternehmenswerte und transportieren diese transparent für Kunden und Mitbewerber nach außen, um hochleistungsfähige Mitarbeiter aus der ganzen Welt anzuziehen und gleichzeitig für ihre Produkte oder Dienstleistungen zu werben. Namhafte große Arbeitgeber wie die Telekom, Innogy, Lufthansa, McKinsey, PwC und andere entwickelten in diesem Kontext des sogenannten „War for Talents" entsprechende Slogans, um talentierte und hoch motivierte junge Nachwuchskräfte zu gewinnen. Das Ziel ist es dabei, zu erreichen, dass sich junge High Potenzials von selbst bewerben und nicht durch aufwendige Suchprozeduren gefunden werden müssen.

Im Kontext von Employer Branding wurden beispielsweise folgende Slogans – unterstützt durch entsprechende mediale Auftritte – geprägt, die eine weitgehende Identifikation der Beschäftigten bzw. des Kunden mit dem Unternehmen demonstrieren und erzielen sollen:

- Innogy: „Our planet will be a better place, when we create a sustainable world …"
- Lufthansa: „Be Lufthansa"
- Continental: „Are you automotivated"
- McKinsey: „Passion wanted"
- Mars: „Freedom takes courage. We take the courageous …"
- Techniker Krankenkasse: „Sind Sie das?"
- Brose: „Vordenker ins Team"
- PwC: „your opportunity of a lifetime"

Ob bei diesem Ansatz die Werbung für das Unternehmen überwiegt oder ob es sich hier nur um ein Instrument der Personalpolitik unter mehreren handelt, sollte allerdings die kritische Analyse der Beschäftigungszahlen, aufgeteilt nach der Verteilung von Männern und Frauen auf den einzelnen Ebenen der Unternehmenshierarchie, ergeben.

Einschränkend ist anzumerken, dass mit einer Politik des Arbeitgeber-Branding ein tatsächlicher Einstellungsbedarf nicht verbunden sein muss, sondern ggfs. der Werbefaktor überwiegt und sozusagen die Imagepflege im Vordergrund steht, um leichter an die Fähigsten heranzukommen, wenn freie Stellen vorhanden sind.

In Deutschland war die Entwicklung dieser Konzeption eine Reaktion auf die befürchtete und prognostizierte Verknappung von leistungsfähigen Nachwuchskräften im Zuge der Diskussion um den demografischen Wandel. Weitere Effekte, die z. B. in den angel-sächsischen Ländern und den USA durch das Arbeitgeberbranding verfolgt werden, wer-den in Deutschland offenbar weniger offensiv verfolgt. Sie betreffen die Effekte, welche das Branding nach innen hinsichtlich der Mitarbeitermotivation bewirkt. Interessant ist immerhin, dass durch die Entwicklung und Positionierung einer Arbeitgebermarke u. a. der Aufbau einer emotionalen Bindung der Beschäftigten an das Unternehmen verfolgt wird, um sowohl die Beschäftigten als auch die neuen Mitarbeiter durch diese emotionale Bindung langfristig an das Unternehmen zu binden. In diesem Kontext wird diskutiert, ob dieser Ansatz einer strategisch fundierten Arbeitgebermarke nicht nur zur erhöhten Identi-fikation der bereits dort beschäftigten Mitarbeiter mit dem Unternehmen führt, sondern auch zu einer erhöhten Loyalität, geringeren Fehlzeiten, höherer Leistungsbereitschaft bis hin zur Senkung des Krankenstands und des Büro- bzw. Datendiebstahls.

Der Erhalt eines positiven Image nach außen und innen ist besonders wichtig, wenn das Unternehmen relevante Strukturwandlungsprozesse durchläuft bzw. seine Standorte regio-nal verkleinern muss oder möglicherweise sogar Betriebsteile ins Ausland verlegt usw.

Insofern handelt es sich beim Arbeitgeber-Branding um ein u. U. wichtiges Instrument der Schaffung und des Erhalts eines guten Namens als Arbeitgeber und als werteschaffen-des Unternehmen. Es geht somit nicht zuletzt um die Demonstration der Vertrauenswür-digkeit, welche hinsichtlich der Kundenentscheidungen und der besonderen Natur von Dienstleistungen so überaus wichtig ist.

Mit Blick auf die gegenwärtige Diskussion um fehlenden leistungsfähigen Nachwuchs z. B. für die berufliche Ausbildung im deutschen Mittelstand kann darauf hingewiesen werden, dass durch gut gemachte Kampagnen des Arbeitgeber-Branding mehrere zu-kunftsgerichtete Ziele gleichermaßen effektiv verfolgt werden könnten.

Ausschlaggebend ist hierbei jedoch – und dies gilt als Handlungsbedarf für soziale Dienstleistungen in der Pflege und Kinderbetreuung, aber auch für das klein- und mittel-betrieblich strukturierte Handwerk –, dass Ausbildungs-, Arbeits- und Entlohnungsbedin-gungen, inklusive der Arbeitszeiten für den Nachwuchs, attraktiv zu gestalten sind. Es genügt nicht, wenn ein Unternehmen durch entsprechendes Marketing den Versuch unter-nimmt, sich durch einen gelungenen Auftritt gut und attraktiv als Arbeitgeber darzustellen. Es versteht sich von selbst, dass die klassischen, monetären Arbeitgeberleistungen wie Entlohnung und sonstige Gratifikationen ebenfalls „stimmen" sollten (s. hierzu u. a. Abb. 5.1 mit einer Übersicht zu klassischen Anreizen für die Motivationsbildung).

▶ **Das Glas ist halb voll** Die tatsächliche Gleichbehandlung von Frauen und an-deren Zielgruppen im Erwerbsleben steht trotz errungener Fortschritte in Deutschland noch aus. Zweifellos wurden Fortschritte in Richtung Gleichstel-lung erzielt. Es gibt aber noch großen Handlungsbedarf.

Deutlich feststellbar ist, dass der strategische Ansatz des DM sich in zahl-reichen deutschen Großunternehmen im Rahmen eines zeitgemäßen Personal-managements als Teil von Political Correctness durchgesetzt hat. DM wird als Lösungsansatz zur Bewältigung des demografischen Wandels allgemein als betrieblicher Ansatz der ersten Wahl in Deutschland anerkannt und praktiziert.

Damit ist heute der aus den USA importierte Ansatz des DM zu einer feststehenden Institution im Mainstream von Personalmanagement und Personalentwicklung geworden (s. Abschn. 6.3). Dies zeigen die Hinweise auf Beispiele guter betrieblicher Praxis in Kap. 7.

Literatur

Allbright-Stiftung. (2019). FührungsFrauenfloskelBingo. https://static1.squarespace.com/static/56e04212e707ebf17e7dcd2. Zugegriffen am 23.04.2019.

Antidiskriminierungsstelle des Bundes. (Hrsg.). (2014). AGG-Wegweiser, Erläuterungen und Beispiele zum Allgemeinen Gleichbehandlungsgesetz, 4. Berlin: Antidiskriminierungsstelle des Bundes.

Antidiskriminierungsstelle des Bundes. (Hrsg.). (2019). Gleichbehandlungscheck, Ihr Kompass zu einem geschlechtergerechten Unternehmen. www.antidiskriminierungsstelle.de/SharedDocs/Aktuelles/DE/2017/20170503_GB_Check_Zertifikationsverleihung. Zugegriffen am 15.04.2019. oder www.gb-check.de.

Auto Bild (2018). Bruttolistenpreis bei Führungskräften nach Geschlecht. *Firmenwagen Monitor*, S.35.

BAuA. (Hrsg.). (2017) Arbeitswelt im Wandel. Dortmund. https://www.baua.de/DE/Angebote/Publikationen/Praxis/AG7.pdf/. Zugegriffen am 22.04.2019.

BAuA. (Hrsg.). (2018). *Volkswirtschaftliche Kosten durch Arbeitsunfähigkeit 2016* (S. 1). Hamburg: BAuA.

BDA. (Hrsg.). (2014). *Best Practice für Inklusion*. Ingelheim: Unternehmensforum e.V.

BDU. (Hrsg.). (2015). *Personalberatung in Deutschland 2014/2015*. München: BDU.

Beck, D., & Graef, A. (2003). *Chancengleich, Handbuch für eine gute betriebliche Praxis, mit CD-ROM*. Frankfurt a. M.: Bund.

Bednarz, S., Lippe-Heinrich, A., & Schmidt, E. (2008). Gender Mainstreaming in der beruflichen Bildung. In S. Bednarz & E. Schmidt (Hrsg.), *Arbeitsprozess-orientierte und gendergerechte IT-Ausbildung, Handreichungen, Umsetzungsempfehlungen- Beispiele für die Praxis, Berichte zur beruflichen Bildung* (S. 39–56). Bonn: Schriftenreihe des BIBB.

Benard, C., & Schlaffer, E. (1991). *Sagt uns, wo die Väter sind, Von der Arbeitssucht und Fahnenflucht des zweiten Elternteils*. Hamburg: Rowohlt.

Beruf und Familie. (Hrsg.). (2019). Familienbewusste Personalpolitik – Ihr Wettbewerbsvorteil, Das Audit Beruf und Familie. https://www.beruf-und-familie.de/auditierung-unternehmen-institutionen-hochschule/audit-bf. Zugegriffen am 15.04.2019.

BFW Berlin und HWK Hamburg. (Hrsg.). (2005). IT- Kompetenz und Gender Mainstreaming in der Aus- und Weiterbildung, gemeinsamer Abschlussbericht zum Modellversuch des BIBB, 2001–2005, Berlin. https://www.bibb.de/tools/mido/upload/Do76800-D542100-pdf. Zugegriffen am 16.04.2019.

BGW Forschung. (2019). Behindertenhilfe in Deutschland, Zahlen, Daten, Fakten, Ein Trendbericht. https://www.bgw-online.de/SharedDocs/Downloads/DE/Medientypen/Wissenschaft-Forschung/BGW55-83-140-Trendbericht Behindertenhilfe. Zugegriffen am 15.04.2019.

BMA. (2016). *Psychische Gesundheit im Betrieb*. Bonn: Ausschuss für Arbeitsmedizin.

BMA. (Hrsg.). (2017). *Väter und Vereinbarkeit, Leitfaden für väterorientierte Personalpolitik*. Berlin: BMA.

BMAS. (Hrsg.). (2011). *Psychische Gesundheit im Betrieb, Arbeitsmedizinische Empfehlung*. Bonn: Ausschuss für Arbeitsmedizin.

BMAS. (Hrsg.). (2019). CD-ROM: Informationen zum Thema Behinderung. https://www.bmas.de/DE/Service/Medien/Publikationen/c720-information-fuer-behinderte-menschen.html. Zugegriffen am 14.07.2019.

BMFSFJ. (Hrsg.). (2003). Betriebswirtschaftliche Effekte familienfreundlicher Maßnahmen, Kosten-Nutzen-Analyse, September 2003.

BMFSFJ. (Hrsg.). (2005). 1. Datenreport zur Gleichstellung von Männern und Frauen in Deutschland, Oktober 2005.

BMFSFJ. (Hrsg.). (2007). Wege zur Gleichstellung heute und morgen, Sozialwissenschaftliche Untersuchung vor dem Hintergrund der Sinus-Milieus 2007. Heidelberg.

BMFSFJ. (Hrsg.). (2014). Jungen und Männer im Spagat zwischen Rollenbildern und Alltagspraxis, Berlin.

BMFSFJ. (Hrsg.). (2018). Väterreport 2018, Griffey, Franziska, Berlin.

Bodeker, W., Friedrichs, M.: (2011): Kosten der psychischen Erkrankungen und Belastungen in Deutschland, in: Lothar Kamp, Klaus Pickhaus (Hrsg.) Regelungslücke psychische Belastungen schleißen. Düsseldorf: Böckler Impuls. S. 4.

Boße, A. (2019). Diversity lebt vom Mitmachen, in: Karriereführer 04.2015. http://karrierefuehrer.de/magazin/hochschulen-1-2015-diversity-pdf. Zugegriffen am 16.04.2019.

Breisig, T., Grzech-Sukalo, H., & Vogl, G. (2017). *Mobile Arbeit gesund gestalten, Trendergebnisse aus dem Forschungsprojekt*. Oldenburg: Prentimo. Projektfortschritte und Zusatzinfos. http://www.prentimo.de.

Buhrisch, M. (2014). *Das Burn-Out-Syndrom, Theorie der inneren Erschöpfung, zahlreiche Fallbeispiele – Hilfen zur Selbsthilfe* (5. Aufl.). Wiesbaden: Springer.

Bundesministerium für Arbeit und Soziales (BMA). (2014a). Elterngeld und Elternzeit, Das Bundeselterngeldgesetz und Elternzeitgesetz, Berlin, März 2014.

Bundesministerium für Arbeit und Soziales (BMA). (2014b). Soziale Sicherung im Überblick, CD, Berlin, Stand Januar 2014.

Bundesministerium für Arbeit und Soziales (BMA). (2015). Informationen zum Thema Behinderung, Ratgeber für Menschen mit Behinderung, CD, Berlin, Stand September 2015.

Bundesverband Deutscher Unternehmensberater (BDU). Personalberatung in Deutschland, Bonn, 2014/2015.

COM EU. (Hrsg.). (2005). Geschäftsnutzen von Vielfalt, Bewährte Verfahren am Arbeitsplatz, Generaldirektion Beschäftigung, soziale Angelegenheiten und Chancengleichheit, Referat D3, Brüssel, September 2005.

COM EU. (2006). The gender pay gap-origins and policy responses, A comparative review of 30 European countries, Directorate for Employment, Social Affairs and Equal Opportunities, Unit G.1, Brüssel, July 2006.

COM EU. (Hrsg.). (2008). Vielfalt in Europa, Die Reise geht weiter, Vorteile für Unternehmen, Perspektiven und Bewährte Verfahren, Generaldirektion Beschäftigung, Soziales und Chancengleichheit, Referat G4, Brüssel, Oktober 2008. http://www.ec.europa.eu/social.

COM EU. (Hrsg.). (2009). The provision of childcare services, a comparative review of 30 European countries, Social Affairs and Equal Opportunities, Unit G.1, Brüssel, March 2009.

COM EU. (Hrsg.). (2016). Report on equality between women and men, Brüssel, 2016, ISBN 978-92-79-56893-0.

COM EU. (Hrsg.). (2017). GenderEqualityIndex: Report 2005-2005, Brüssel 2017.

COM EU. (Hrsg.). (2018). Report on equality between women and men, 2018. File///C:/Users/angel/Downloads/DSAU18001ENN.en.pdf. Zugegriffen am 16.04.2018.

COM EU. (Hrsg.). (2019a). GenderEqualityIndex 2017. https://publications.europa.eu/.../950dce57-6222-11e8-ab9c-01aa75ed71a1. Zugegriffen am 14.07.2019.

COM EU. (Hrsg.). (2019b). Vielfalt in Europa, Die Reise geht weiter, Vorteile für Unternehmen, Perspektiven und Bewährte Verfahren, Generaldirektion Beschäftigung, Soziales und Chancengleichheit, Referat G4, Oktober 2008. http://www.ec.europa.eu/social. Zugegriffen am 16.04.2019.

COM EU. (Hrsg.). (2019c). Geschäftsnutzen von Vielfalt, Bewährte Verfahren am Arbeitsplatz, Generaldirektion Beschäftigung, soziale Angelegenheiten und Chancengleichheit, Referat D3, September 2005, Brüssel. http://www.synergie-durch-vielfalt.de. Zugegriffen am 16.04.2019.

Destatis. (2018). Verdienste und Arbeitskosten. https://www.destatis.de/DE/ZahlenFakten/GesamtwirtschaftUmwelt/VerdiensteArbeitskosten/VerdiensteArbeitskosten.html. Zugegriffen am 16.04.2019.

DGB. (Hrsg.). (2015). Väter in Elternzeit, Ein Handlungsfeld für Betriebs- und Personalräte, Verdi Gender Mainstreaming, März 2015.

DGB. (Hrsg.). (2016a). Elterngeld Plus- ein Leitfaden für Betriebs- und Personalräte, Berlin, Juni 2016.

DGB. (Hrsg.). (2016b). Was bedeutet die Digitalisierung für Frauen, Eine Beschäftigtenumfrage, DGB-Index Gute Arbeit mit dem Schwerpunkt Digitalisierung, Report 2016, Berlin. http://index-gute-arbeit.dgb.de. Zugegriffen am 03.12.2018.

DHS. (2019). Sucht am Arbeitsplatz. http://sucht-am-arbeitsplatz.de/themen/vorbeugung/information-und-aktion/. Zugegriffen am 21.04.2019.

DIHK. (Hrsg.). (2004). Familienorientierte Personalpolitik, Checkheft für kleine und mittlere Unternehmen, Berlin 2004.

DIW. (Hrsg.). (2015). Führungskräftemonitor 2015, Update 2001–2013, Politikberatung Kompakt.

Dudenredaktion/GfdS. (Hrsg.). (2004). *Adam, Eva und die Sprache: Beiträge zur Geschlechterforschung*. Mannheim/Wiesbaden: Dudenverlag.

Duvander, A.-Z., & Ferrarini, T. (2013). *Schwedens Familienpolitik im Wandel: Vergangenheit, Gegenwart, Zukunft*. Berlin: FES Internationale Politikanalyse.

EU-Osha. (Hrsg.). (2017). Healthy Workplaces for All Ages, Workplaces Good Practice Awards 2016–2017.

European Agency for Safety and Health at Work. (Hrsg.). (2014). Calculating the cost of work- related stress and psychosocial risks – European Observatory, Literature Review, Bilbao, 2014. http://osha.europa.eu. Zugegriffen am 16.04.2019.

European Agency for Safety and Health at Work. (Hrsg.). (2018). Healthy Workplaces For All Ages. Promoting a Sustainable Working Life. https://osha.europa.eu/sites/default/files/publications/documents/good-practice-awards-2016-17.PDF. Zugegriffen am 26.02.2018.

European Agency for Safety and Health at Work. (2019). Perosh, Partnership for European research in occupational safety and health, position paper 3, Health, demographic change and wellbeing: Occupational safety and health in the context of demographic change. www.osha.europa.eu/en/position-paper3-osh-in-context-of-demographic-change. Zugegriffen am 16.04.2019.

Evans, R., & Russell, P. (1990). *The Creative Manager*. London: Harper Collins.

Flory, J. (2011). *Gender Pension Gap, Entwicklung eines Indikators für faire Einkommensperspektiven von Frauen und Männern, Fraunhofer- Institut für Angewandte Informationstechnik (FIT) für das Bundesministerium für Familie, Senioren, Frauen und Jugend*. Berlin: BMSFJ.

Ganser, P., Jerchel, K., Jochmann-Döll, A., & Tondorf, K. (2011). *PraxisHandbuch Gleichbehandlung, Ungleichbehandlung vorbeugen – Rechte nutzen- Gleichstellung herstellen*. Hamburg: VSA Verlag, Verdi Tarifpolitische Grundsatzabteilung Bereich Recht.

Gender Equality Index. 2017. http://www.eige.europa.eu/gender-equality.index/about.

Gender Equality Index. (2019). Entwicklung 2005–2015, Deutschland nur Mittelmaß. http://www.spiegel.de/panorama/gesellschaft/eu-gleichstellungsbericht. Zugegriffen am 11.01.2019.

GKV. (Hrsg.). (2019). Leitfaden Prävention, Handlungsfelder und Kriterien des GKV- Spitzenverbandes, in Zusammenarbeit mit den Verbänden der Krankenkassen auf Bundesebene, in der Fassung vom 20.02.19. http://www.gkv-spitzenverband.de/krankenversicherung/praevention_selbsthilfe. Zugegriffen am 11.04.2019.

Hans-Böckler-Stiftung. (Hrsg.). (2017). Vielfalt in Betrieb und Verwaltung, Eine qualitative Analyse im Dienstleistungssektor unter besonderer Berücksichtigung der betrieblichen Mitbestimmung, Nr. 346, Februar 2017, S. 5, Düsseldorf.

Health and Safety Executive (HSE). (Hrsg.). (2019). Work related Stress, Anxiety and Depression Statistics in Great Britain 2015. http://consult-smp.com/wp-content/uploads/2016/06/report-UK-stress-at-work.pdf. Zugegriffen am 15.04.2019 S. 6.

Holst, E. (2016). Better career opportunities for women will help lower the gender pay gap. *DIW Economic Bulletin*, Berlin.

Holst, E., & Friedrich, M. (2016a). Women's likelihood of holding a senior management position is considerably lower than men's – especially in the financial sector. *DIW Economic Bulletin*, 37, Berlin.

Holst, E., & Friedrich, M. (2016b). Hohe Führungspositionen: In der Finanzbranche haben Frauen im Vergleich zu Männern besonders geringe Chancen. *DIW Wochenbericht*, 37/2016, S. 827–830, Berlin.

Holst, E., & Kirsch, A. (2015). Weiterhin kaum Frauen in den Vorständen großer Unternehmen, auch Aufsichtsräte bleiben Männerdomänen. *DIW Bulletin*, S. 47–60, Berlin.

Holst, E., & Kirsch, A. (2016). Finanzsektor: Frauenanteile in Spitzengremien nehmen etwas zu- Männer geben den Ton an, Managerinnen Barometer Banken und Versicherungen. *DIW Wochenbericht*, Nr. 2. Berlin.

Holst, E., & Marquardt, A. (2018). Die Berufserfahrung in Vollzeit erklärt den Gender Pay Gap bei Führungskräften maßgeblich. *DIW Wochenbericht*, 30+31, Berlin.

Holst, E., & Wrohlich, K. (2017a). Financial sector: Banks fall behind and now have a lower proportion of women on executive and advisory boards than insurance companies. *DIW Economic Bulletin*, 1 und 2, Women Executives Barometer 2017, Berlin.

Holst, E., & Wrohlich, K. (2017b). Spitzengremien großer Unternehmen: Geschlechterquote zeigt erste Wirkung in Aufsichtsräten – Vorstände bleiben Männerdomänen, Managerinnen- Barometer Unternehmen, Berlin. *DIW Wochenbericht*, Nr. 1 und 2, 2017 vom 11. Jan. 2017.

Holst, E., & Wrohlich, K. (2019). Managerinnen-Barometer 2019. *DIW Wochenbericht 3/2019*, Frauenanteile in Aufsichtsräten, Berlin.

HSE, Health and Safety Executive. (2019). Work related Stress, Anxiety and Depression Statistics in Great Britain 2015. http://www.hse.gov.uk/statistics. Zugegriffen am 04.01.2019. S. 5.

http://de.diversitymine.eu/inklusion-von-menschen-mit-behinderung, 31.10.2018

http://www.familien-wegweiser.de. Familienleistungen. Mit Elterngeld und Steuerbegünstigung, Vorteil 2007. Unterhofer, Welteke und Wrohlich, *DIW- Wochenbericht*, Nr. 34, S. 660.

http://www.stadthaushotel.com/Geschichte/wintowin, 31.10.2018

https://bgrci.de/exinfode./dokumente, Gesundheitsschutz, Explosive Stoffe, 22.04.2019.

IG Metall Berlin, Metallzeitung. (2017). Diesmal geht es um (noch) mehr, Oktober/November, Berlin.

INQUA. (Hrsg.). (2013). Kein Stress mit dem Stress. Lösungen und Tipps für Führungskräfte und Unternehmen, Mit vielen Arbeitshilfen und Praxisbeispielen, Berlin. www.inqua.de/SharedDocs/PDFs/DDE/Publikationen. Zugegriffen am 16.04.2019.

INQUA. (Hrsg.). (2014). Der Leitfaden zum Screening Gesundes Arbeit – SGA, Physische und psychische Gefährdungen erkennen- gesünder arbeiten, Berlin.

IQ Fachstelle Interkulturelle Kompetenzentwicklung und Antidiskriminierung. (Hrsg.). (2015). Mehrwert Vielfalt- Zahlen, Daten, Fakten, München 2015. https://netzwerk-iq.de/publikationen/ fachpublikationen/interkulturelle -kompetenzentwicklung.html. Zugegriffen am 16.04.2019.

IUBH. o.J.. (Hrsg.). Servicemanagement I, Studienskript BWSM01-01 (unveröffentlicht).

IUBH o.J.. (Hrsg.). Servicemanagement II, Studienskript SWSMO2-01.

Jeschke, K., & Böhlich, S. (2016). Kompetenzmanagement – dem Gender Gap systematisch begegnen. *Sonderdruck von IUBH Personalwirtschaft*, (07/2016).

Karasek, R., & Theorell, R. (1992). *Healthy Work: Stress, Productivity, and the Reconstruction of Working Life*. USA: Basic Books.

Kasztan, B. (2002). Vielfalt als Stärke: Diversity bei der Ford-Werke GmbH. In *CSR und Diversity Management: Erfolgreiche Vielfalt in Organisationen*. Köln: Ford.

Kimmelmann, N. (2009). *Diversity Management – (k)ein Thema für die berufliche Bildung?* BWP 1. Bonn: Bundesinstitut für Berufsbildung.

Kohaut, S., & Möller, I. (2010). Führungspositionen in der Privatwirtschaft – Frauen kommen auf den Chefetagen nicht voran. *Institut für Arbeitsmarkt- und Berufsforschung*. Nürnberg: IAB Kurzbericht (6/2010).

Krell, G., & Sieben, B. (2004). Chancengleichheit durch Personalpolitik: Gleichstellung von Frauen und Männern in Unternehmen und Verwaltungen, S. 155–174, Gabler.

Lazarus et al. (1981). Comparison of two modes of stress measurement: Daily hassles and uplifts versus Major life Events. *Journal of Behavioral Medicine 4*(1).

Lenhard, U., & Priester, K. (2005). Flexibilisierung, Intensivierung, Entgrenzung: Wandel der Arbeitsbedingungen und Gesundheit. *WSI- Mitteilungen 9/2005*, Düsseldorf.

Lippe, A. (1981). *Gewerkschaftliche Frauenarbeit – Parallelität ihrer Probleme in Frankreich und der Bundesrepublik Deutschland (1949–1979), mit einem Vorwort von Alfred Grosser*, Reihe Forschung. Frankfurt a. M./New York: Campus.

Lippe-Heinrich, A. (2001a). Alternsgerechte, flexible Handwerksarbeit. In H. Buck & A. Schletz (Hrsg.), *Wege aus dem demografischen Dilemma durch Sensibilisierung, Beratung und Gestaltung, Broschürenreihe Demografie und Erwerbsarbeit* (S. 89–95). Stuttgart: Fraunhofer Gesellschaft.

Lippe-Heinrich, A. (2001b). Flexibles Altern, Instrumente, Erfahrungen und Gestaltungsansätze zu den Auswirkungen des demografischen Wandels auf handwerkliche Klein- und Mittelbetriebe. *Zukunftsfähige Konzepte für das Handwerk zur Bewältigung des demografischen Wandels, HWK Hamburg (12/2001)*; BMB+F – Broschürenreihe: Demografie und Erwerbsarbeit, Stuttgart.

Lippe-Heinrich, A. (2005). Fazit der Wissenschaftlichen Begleitung zum Wirtschaftsmodellversuch „IT-Kompetenz und Gender Mainstreaming in der Aus- und Weiterbildung von Frauen". *HWK Berlin*, 15.03.2005.

Lippe-Heinrich, A. (2008a). Genderstereotypen in der Aus- und Weiterbildung, Berlin, Konsens Heft 1/2008.

Lippe-Heinrich, A. (2008b). Exemplarisches Genderlernen in der prozessorientierten Aus- und Weiterbildung als Maßnahme zur Erhöhung der Repräsentanz von Frauen in den IT-Berufen. In S. Bednarz & E. Schmid (Hrsg.), *Arbeitsprozessorientierte und gendergerechte Ausbildung im IT- Bereich, Erfahrungen aus dem BIBB Modellversuch „IT- Kompetenz und Gender Mainstreaming in der Aus- und Weiterbildung"*. Bonn: Bertelsmann.

Lippe-Heinrich, A. (2010). Gendergerechte Transformation von Arbeits- und Lernprozessen – ein Beitrag zur Ausbildung in IT- und Medienberufen. In D. Jäger, V. Franke, M. Schild, J. von Hasselbach, et al. (Hrsg.), *Künstlerische Transformationen, Modelle kollektiver Kunstproduktion und der Dialog zwischen den Künsten*. Berlin: Reimer.

Lippe-Heinrich, A., & Wöste, St. (2001). Alternsgerechte, flexible Arbeit im Handwerk (ALFIH): Aufträge und Arbeitsplätze sichern durch Kooperationen im Bau- und Ausbaugewerbe, Leitfaden für die Umsetzung altersflexibler Arbeitskonzepte im Handwerk mit Erfahrungswerten aus der Region Hamburg mit Handreichungen für Beratung, Öffentlichkeitsarbeit und Fortbildung, Zukunftswerkstatt der HWK Hamburg, Hamburg 2001. http://www.content-zwh.de/personal-meister/de/pdf/erfolgplanen2.pdf. Zugegriffen am 12.04.2019.

Managermagazin (Hrsg.). (2018). *Deutschlands Top Arbeitgeber*. Berlin: Trendence Institut.

Marrs, K. (2018). Frauen in der digitalen Arbeitswelt – morgen. In dbb (Hrsg.), *Digitalisierte Welt: Frauen 4.0- rund um die Uhr vernetzt? Chancen erkennen, Risiken benennen* (S. 47–57). Berlin: DBB Beamtenbundes. Reader zur Tagung des DBB Beamtenbundes,12.04.2018.

Maschke, M. (2016). Flexible Arbeitszeitgestaltung, WISO Diskurs, FES 04-2016, Bonn.

Nerdinger, F.W., Blickle, G., & Schaper, N. (2014). Arbeits- und Organisationspsychologie, 2014. ISBN 978-3-642-41129-8.

Nutzenberger, S., & Deffa, W. (2014). *Aufregend bunt, besonders vielfältig! Managing Diversity in Betrieb und Verwaltung*. Hamburg: VSA.

Olesch, G., & Paul, G. (2000). *Innovative Personalentwicklung in der Praxis, Mitarbeiterkompetenz prozessorientiert aufbauen*. München: Beck.

OSHA (Hrsg.). (2013). New risks and trends in the safety and health of women at work, European Risk Oberservatory, Literature review, Luxemburg 2013. ISBN: 978 92-9240-153-5.

Osha.europa.eu/eu. Startseite OSHA EU, 21.04.2019.

PAC. (2015). Digitale Transformation in Deutschland, Wachsendes Bewusstsein, viele Projekte, aber wenig Strategie, PAC.

Peters-Kühlinger, G., & John, F. (2006), *Soft Skills* (S. 8). Freiburg im Breisgau: Haufe.

Pimminger, I. (2015). Sag beim Abschied leise Servus, Aktuelle Entwicklungen in der EU- Gleichstellungspolitik, FES Perspektive, Bonn, Oktober 2015.

Pimminger, I. (2017). Gleichstellungspolitischer Referenzrahmen für den Arbeitsschwerpunkt „Zukunft der sozialen Sicherung- Familienpolitik", FES- 2017 plus, Bonn . www.fes-2017plus.de

Prevalence rate of workrelated stress by age and gender per 100.000 people employed averaged over the period 2011/12, 2013/14 and 2014/15. www.hse.gov.uk/statistics/lfs/strage1_3yr.xlsx.

Prognos AG. (2016). Zukunftsreport Familie 2030. Berlin.

Pütz, H. & Ricker, S. (2017). Change Engine while you are flying, Köln (2017), Great Place to Work, Deutschland & Sichtweise.

Berger, R. (2011). Dreamteam statt Quote, Studie zu Diversity und Inklusion zu Vielfalts- und Einbeziehungsmanagement. http://www.presseportal.de/pm/32053/2041167. Zugegriffen am 12.04.2019.

Rowold, J. (2013). *Human Resource Management*. Wiesbaden: Springer Gabler.

Rust, U. (2004). Gleiches Recht – gleiche Realität? In D. König, J. Lange, U. Rust, & H. B. Schöpp-Schilling (Hrsg.), *Gleiches Recht – gleiche Realität? Welche Instrumente bieten Völkerrecht, Europarecht und nationales Recht für die Gleichstellung von Frauen? Loccumer Protokolle 71/03*. Loccum: Evangelische Akademie Loccum.

Schimeta, J. (2012). Einsam an der Spitze, Frauen in Führungspositionen im öffentlichen Sektor, DIW Berlin, FES, 2012. https://library.fes.de/pdf-files. Zugegriffen am 16.04.2019.

Schulte, A. (2017). Das sind Deutschlands beste Arbeitgeber. http://www.handelsblatt.com/unternehmen/mittelstand/gemeinsam. Zugegriffen am 24.03.2017.

Schwerdtfeger, H., & Littmann, S. (2018). Mächtige Verbündete, Diversity, Konzerne und Kapitalmärkte werden von Männern dominiert. Warum Großinvestoren und mächtige Fondsmanagerinnen mehr Vielfalt fordern. In WIWO, 4, 19.01.2018.

Senatsverwaltung für Wirtschaft, Arbeit und Frauen. (2006). Leitfaden für eine geschlechtergerechte Sprache in der Verwaltung, Berlin, Juli 2006.

SenWAF. (Hrsg.). (2006). Leitfaden für eine geschlechtersensible Sprache in der Verwaltung, SenWAF, Berlin,7/2006.

Seyfried, B., & Weller, S. (2014). Arbeiten bis zum Schluss oder gehen vor der Zeit, BIBB Report, Bonn, 1/2014.

Sheehy, G. (1976). *In der Mitte des Lebens* (S. 248). München: Kindler.

Sigrist. (1996). Adverse Health Effects of High-Effort/ Low-Reward Conditions. *Journal of Occupational Health Psychology*, 1(1), 27–41.

Sigrist. (2002). Effort-reward Imbalance at Work and Health. *Research in Occupational Stress and Well Being.* https://researchgate.net/publication/228079259_Effort-reward_Imbalance_at_Work_and_Health. Zugegriffen am 15.07.2019.

Stiegler, B. 1976. Die Mitbestimmung der Arbeiterin, Frauen zwischen traditioneller Familienbindung und gewerkschaftlichem Engagement im Betrieb, Schriftenreihe der Friedrich-Ebert-Stiftung, 123. Bonn-Bad Godesberg: Neue Gesellschaft

Stuber, M. (2014). *Diversity & Inclusion: Das Potenzial-Prinzip, Das Beste aus 15 Jahren Forschung & Praxis.* Düren: Shaker.

Sullerot, É. (1965). *La vie des femmes.* Paris.

https://t3n.de/news/netflix-unternehmenskultur-silicon-valley-gepraegt-771389. Zugegriffen am 09.11.2018.

Unterhofer, U., Welteke, C., & Wrohlich, K.. (2017). Elterngeld hat soziale Normen verändert. *DIW Wochenbericht*, Nr. 34.2017, S. 659–668, Berlin.

Walter, A. (2015). An die Spitze! Aber wie? „Frauen in Führung" im öffentlichen, privaten und non-profit-Sektor- eine Bestandsaufnahme der aktuellen Literaturlage samt Handlungsempfehlungen, Zentrum für Europäische Geschlechterstudien. Working Paper, Nr. 8, 2015, Westfälische Wilhelms-Universität Münster, 2015. https://d-nb.info/114168245134. Zugegriffen am 23.04.2019.

Welter, F. (2013). Der Mittelstand, Deutschlands Geheimwaffe, FAZ, 25.10.2013.

Wetzel, D. (2015). *Arbeit 4.0 – Was Beschäftigte und Unternehmen verändern müssen.* Freiburg: Herder.

Wildfeuer, H. (2018). *Digitalisierte Welt: Frauen 4.0- rund um die Uhr vernetzt? Chancen erkennen, Risiken benennen! Einführung* (S. 7–27). Berlin: DBB Beamtenbundes. Reader zur Tagung des DBB Beamtenbundes,12.04.2018.

Wirtschaftswoche. (2015). Die Frau, die sich Steve nannte, 25.09.2015.

Wirtschaftswoche. (2018). Mächtige Verbündete, Diversity, 4/19.1.2018, S. 70.

Wrohlich, K., & Zucco, A. (2017). Gender Pay Gap innerhalb von Berufen variiert erheblich. *DIW Wochenbericht*, 43.2017, Berlin, S. 959.

WSI GenderDatenPortal. (2019). Führungspositionen, Aufsichtsräte – Geschlechtsspezifische Zusammensetzung der Gremien, Daten –Fakten – Analysen. www.wsi.de/genderdatenportal oder http://www.boeckler.de. Zugegriffen am 16.04.2019.

WSI- Genderdatenportal. (2018). Frauen in Deutschland, s. http://www.boeckler.de/wsi_38957.html. Zugegriffen am 11.09.2018.

Wunderer, R., & Küpers, W. (2003). *Demotivation – Remotivation. Wie Leistungspotenziale blockiert und reaktiviert werden.* Neuwied: Luchterhand. ISBN 978-3-47205-267-8.

Betriebliche Beispiele guter Praxis nach Zielgruppen und inhaltlichen Schwerpunkten

7

Zusammenfassung

Eine Vielzahl erprobter, bewährter und erfolgreicher Praxisbeispiele aus unterschiedlichen Betrieben können heute schon bewährte Lösungsstrategien gelten, die mit hohem Aufwand modellhaft entwickelt und dokumentiert wurden. Die hier aufgeführten exemplarischen betrieblichen Referenzprojekte beanspruchen weder Vollständigkeit, noch können sie in allen Einzelheiten beschrieben werden. Sie sind lediglich ein Ausschnitt einer innovativen Praxis, eignen sich jedoch hinsichtlich der Übertragbarkeit für andere Unternehmen, welche das Ziel der Innovation ihrer Unternehmenskultur durch Implementierung eines zukunftsgerichteten Führungsstils und einer innovativen Arbeitskultur verfolgen.

Die genannten Unternehmensbeispiele geben eine Vielzahl von Hinweisen auf bewährte Ansätze, Verfahren und Instrumente. Sie wurden nach Aktualität und Übertragbarkeitscharakter ausgewählt, also danach, ob sie auch von anderen, meist kleineren Unternehmen problemlos adaptiert werden könnten. Der Entwicklungsaufwand ist daher bereits geleistet. Damit wird es für das einzelne Unternehmen möglich, sich zu orientieren, die jeweils benötigten Bezugspunkte herauszulösen und eine eigene Lösung zur Umgestaltung der Unternehmenskultur zu entwickeln.

7.1 Gender Mainstreaming (GM) am Beispiel ausgewählter Unternehmensprojekte

Die Forderung nach Gender Mainstreaming (GM) in der Arbeitswelt bezieht sich im betrieblichen Alltag auf den gleichberechtigten Zugang von Frauen und Männern zu den wichtigsten Ressourcen des Arbeitslebens. Mit Bezug auf die alten gewerkschaftlichen Forderungen sind dies insbesondere

© Springer Fachmedien Wiesbaden GmbH, ein Teil von Springer Nature 2019
A. Lippe-Heinrich, *Personalentwicklung in der digitalisierten Arbeitswelt*,
https://doi.org/10.1007/978-3-658-25457-5_7

- der gleiche Zugang von Männern und Frauen zur Berufsausbildung und zum Beruf,
- die gleiche Bezahlung für gleiche Arbeit und
- gleiche Aufstiegs- und Weiterbildungschancen im Beruf.

Ein Teil der durch familiäre, schulische und berufliche Sozialisation erworbenen Geschlechter- und Berufsrolle wird durch den GM-Ansatz nicht nur als veränderbar, sondern auch als gestaltbar begriffen, und zwar durch kulturell überlieferte und historische Werte, ethische Normen und soziale Anforderungen. Daher beinhaltet dieser Begriff eine Gleichstellung von Mann und Frau hinsichtlich sozialer Rollen, aber nicht hinsichtlich der Körperlichkeit. Es geht somit nicht um eine Vermännlichung der Frauen, sondern um die Anerkennung von Gleichheit und Gleichwertigkeit in der Andersartigkeit. Die Akzeptanz und Wertschätzung dieser Andersartigkeit ist im Übrigen auch für das Konzept der Zielgruppenförderung von hohem Belang (s. Abschn. 6.4), da sie die Grundlage ist für Gleichbehandlung.

Digitale Arbeitsanforderungen geben Raum für eine Berufswahl nach Interesse und Neigung
Im Zeichen digitalisierter Arbeitsanforderungen und der neuen Qualität von Bildschirmarbeit verschwindet die Bedeutung eines geschlechtsspezifisch geprägten Arbeitsvermögens. Damit sind Berufs- und Familienrollen im Sinne der Aufwertung individueller Eigenschaften und Kompetenzen für eine wie immer geartete betriebliche oder in der Familie benötigte Arbeit neu zu definieren. Die einzelne Person erhält mehr Spielraum für die persönliche Entfaltung und Entwicklung der eigenen Stärken und Interessen – unabhängig vom biologischen Geschlecht. Es folgt eine exemplarische Zusammenstellung von Projekten der beruflichen Bildung im Bereich der Gleichstellung. Es handelt sich sämtlich um Modellvorhaben mit der Zielsetzung, das Berufswahlspektrum und die Karrierechancen von Frauen zu verbessern (Tab. 7.1).

Wenn wir davon ausgehen, dass es noch in den 80er-Jahren große Widerstände gab gegen die berufliche Erstausbildung und Umschulung von Frauen zu Facharbeiterinnen im gewerblichen Bereich der Produktion, so sind die ersten Erfahrungswerte aus Modellprojekten der beruflichen Bildung besonders aufschlussreich und erwähnenswert hinsichtlich der Hindernisse und bildungsbezogenen Barrieren von Frauen, insbesondere von Müttern.

Über große Hürden bei der Umschulung von Frauen zur Erschließung von gewerblich-technischen Facharbeiterberufen zu Beginn der 80er-Jahre berichten einschlägige Beiträge von Greif (1981); Stiegler (1985) und Rengers, um nur einige wenige zu nennen (Rengers 1993). Auch die ersten empirischen Erfahrungswerte aus Modellversuchen bei VEBA und Conti zur beruflichen Bildung, wissenschaftlich begleitet von Hegelheimer bestätigen, dass die duale Erstausbildung von Frauen, auch von älteren Frauen im Rahmen von Umschulungen, keinesfalls ein Problem darstellt (Hegelheimer 1979). Es zeigt sich sehr schnell, dass es die zeitliche Mehrbelastung im familiären Bereich ist (Haushaltsführung, Kindererziehung usw.), welche die Ausbildung von Frauen mit Familie erschwert, sofern ihnen nicht durch die flexible Gestaltung der Lern- und Arbeitsbedingungen

Tab. 7.1 Exemplarische GM-Modellprojekte der beruflichen Bildung für Frauen

Zielgruppe	Träger	Projekttitel	Ziel	Zusatzinfos
Mädchen	Hegelheimer, Barbara, in Kooperation • mit VEBA • CONTI	Mädchen in gewerblich-technischen Berufen	Frauenanteile in „frauenuntypischen" Berufen erhöhen	Wechselwirkung Nr. 8, Februar 1981 Greif, Monika
Frauen in IT-Berufen	bfw Berlin/HWK Hamburg in Kooperation mit • Telekom • BerlinWasser • Siemens Medienakademie BIBB Bonn, Land Berlin	Wirtschaftsmodellversuch (WiMo): IT-Kompetenz und Gender Mainstreaming in Aus- und Weiterbildung	Erhöhung des Anteils von Frauen als Azubis und Führungskräften in IT-Berufen und Unternehmen	Bednarz et al. (2008) und bfw/HWK HH Gemeinsamer Abschlussbericht zum gleichnamigen Projekt, Berlin 2005
Frauen	bfw Berlin in Kooperation mit Inpäd und HWK Berlin	Kompetenzzentrum für Berliner Handwerkerinnen beim bfw	Anteil der Frauen als Fachkräfte und Gründerinnen ins Berliner Handwerk erhöhen	www.frauen imhandwerk.de
Mädchen und Jungen	BMFSJ in Kooperation mit Kompetenzzentrum Technik-Diversity-Chancengleichheit	Girls' Day Boys' Day Mädchen- und Jungen-Zukunftstag	Gendermix der Berufsstruktur/ Erweiterung des Berufswahlspektrums von Jungen und Mädchen erreichen	www.bmfsj.de www.girlsday.de www.meintestgelaende.de/ rappen-gegen-rollenklischees/
Frauen und Männer	BMFSFJ	Gender Atlas Deutschland	Atlas zur Gleichstellung von Frauen und Männern in Deutschland	www.bmfsfj.de/bmfsfj/ service/gleichstellungsatlas
Frauen und Männer	Hochschule der Bundeswehr Hamburg	GENDERDAX	Topunternehmen für hoch qualifizierte Frauen öffnen, Karrierechancen von Frauen erhöhen	genderdax.de

Gelegenheit gegeben wird sich trotz familiärer Belastungen weiterzubilden. Später durchgeführte Verbleibsuntersuchungen ergaben, dass die berufliche Einmündung der ausgebildeten Facharbeiterinnen ein weiteres Nadelöhr bildete.

Als regionale Initiative zur dualen Ausbildung und umfassenden Anerkennung der Frauen in Handwerksberufen ist auf das *Kompetenzzentrum für Berliner Handwerkerinnen* hinzuweisen, welches als Referenzvorhaben des bfw Berlin in Kooperation mit Inpäd und HWK Berlin eingerichtet wurde.

Hinsichtlich der Vorhaben zum Schwerpunkt GM ist in diesem Zusammenhang auf das langjährig laufende und bundesweit als von allgemeiner Bedeutung anerkannte Modellprojekt GENDERDAX der Bundeswehrhochschule Hamburg hinzuweisen, welches bereits zu einer Institution geworden ist und hunderte von prominenten wie leistungsstärksten Unternehmen Deutschlands in seinem Pool listet. Generelles Ziel dieses Projekts ist die Erhöhung des Frauenanteils an Führungspositionen in der deutschen Wirtschaft durch eine Vielzahl von Angeboten und Maßnahmen, welche der Förderung der Vereinbarkeit von Beruf und Familie für beide Geschlechter dienen (s. http://www.genderdax.de).

Um die Unternehmen zu veranlassen, ihre betriebliche Praxis auf den Prüfstand zu stellen, wurde ein 15-seitiger Fragebogen entwickelt, mit dem sich die Unternehmen um die Aufnahme in den Firmenpool des GENDERDAX bewerben können. Sie haben dort Gelegenheit, ihre Praxis bezüglich der Frauenförderung in Karrierepositionen, aber auch der Vereinbarkeit von Beruf und Familie darzustellen. Nach eingehender Prüfung werden diejenigen Unternehmen, welche die nötigen Infrastrukturen für Gleichstellung aufweisen in den Datenpool des GENDERDAX aufgenommen: Es kann damit werben, wenn es z. B. auf Rekrutierungsmessen um das Auffinden talentierten Nachwuchses geht (s. u. a. Abschn. 7.3 und 7.4).[1] Diese Botschaft ist sehr gut angekommen. Die Referenzliste des GENDERDAX umfasste bereits Anfang 2012 hunderte von Firmen, beginnend mit marktführenden Großunternehmen, wie Adidas, Allianz, BASF, Beiersdorf, Bayer, BMW, Commerzbank, Daimler, Deutsche Bank, Deutsche Börse, Lufthansa und Telekom, gefolgt von einer Vielzahl weiterer bedeutender Unternehmen aus allen Aktivitätszweigen der Wirtschaft, bis hin zu Metro, Munich RE, SAP, Siemens und Volkswagen (s. http://www.Genderdax/Auswertung DAX-Unternehmen. Zugegriffen am 22.02.2012).

Die vollständige Liste liest sich wie ein Who's Who der deutschen Wirtschaft. Sie alle haben sich für eine Aufnahme in den Pool frauenfreundlicher Unternehmen beworben und mussten vorab nachweisen, dass sie über eine hervorragende Infrastruktur für die Karriere von Frauen in Führungspositionen verfügen. Insofern wurde hier ein Datenpool erarbeitet,

---

[1] Die Autorin empfiehlt ihren karriereorientierten Studierenden, sich vorrangig bei diesen Unternehmen zu bewerben, da sie dort gute Bedingungen vorfinden, um Beruf und Familie zu vereinbaren. Es zeigt sich, dass der Anteil der an diesem Modellprojekt interessierten männlichen Studierenden ständig steigt, ganz besonders wenn diese an eine spätere Familiengründung denken. Von besonderem Interesse erscheint der GENDERDAX für männlichen Führungsnachwuchs aus Migrantenfamilien der zweiten und dritten Generation, da diese auch als hochgebildete Akademiker mit besten Abschlüssen i.d.R. familienbewusster sind als Deutsche (Anm. d. Verf.).

der als Referenzliste für hoch motivierte Universitätsabsolventen beiderlei Geschlechts genannt werden kann, die beabsichtigen, eine berufliche Karriere als Führungskraft zu machen *und* eine Familie zu gründen. Alle Unternehmen, die im GENDERDAX gelistet sind, bieten Arbeitsbedingungen, die eine hohe Vereinbarkeit hinsichtlich Familie und Beruf für Männer wie Frauen ermöglichen. Dass dies die wesentlichen Stellschrauben sind für Karriere von Frauen wie auch gleiche Verdienste, postuliert auch das folgende Zitat von Holst:

> „Frauen, die den Sprung in die Chefetage schaffen, verdienen erheblich weniger als männliche Führungskräfte, und das hat zum großen Teil mit der unterschiedlichen Vollzeiterfahrung zu tun.
> Viele Frauen haben im Laufe ihres Lebens Teilzeit gearbeitet. Der daraus resultierenden Chancenungleichheit bei Karriere und Verdienst können Unternehmen entgegenwirken, indem sie gerade in der Rushhour des Lebens beiden Geschlechtern mehr zeitliche Flexibilität gewähren. Das erfordert einen richtigen Kulturwandel." (Holst und Marquard 2018)

Zur Repräsentanz von Frauen in Aufsichtsräten – FIDAR

Da Frauen in Aufsichtsräten immer noch stark unterrepräsentiert sind, soll an dieser Stelle auch auf das Projekt FIDAR hingewiesen werden, welches sich mit der verstärkten Repräsentanz von **Frauen in den Aufsichtsräten** befasst (fidar.de).

Auch dieses Projekt ist eine Initiative zur Verstärkung der Repräsentanz von Frauen in Führungspositionen, welche sich einordnet in den Gesamtzusammenhang der Gleichstellung in der Arbeitswelt und die Forderung vertritt, dass den Frauen im Beruf die gleichen Chancen eingeräumt werden sollen wie den Männern. Dies zeigt sich besonders deutlich hinsichtlich ihrer bis dato noch bestehenden Unterrepräsentanz in allen höheren Führungsebenen, insbesondere in der Privatwirtschaft. Kirsch untersucht die Frage, ob die Geschlechterquote zur Verringerung von Ungleichheit in Unternehmen beiträgt, und kommt zu dem Ergebnis, dass sich hauptsächlich weibliche Aufsichtsräte vonseiten der Arbeitnehmerbank für Frauen einsetzen. Dies verwundert nicht, da es bislang kaum weibliche Aufsichtsräte gibt, die seitens der Arbeitgeber in Deutschland nominiert wurden.

Immerhin weist die Statistik einen konstanten Zuwachs an weiblichen Führungskräften in Vorständen und Aufsichtsräten aus, wenn man die Entwicklung der Jahre 2008–2017 betrachtet.

Gemessen an den Zielvorstellungen von 30 % in Bezug auf die Quote im AGG ist der Anteil der weiblichen Vorstände und Aufsichtsräte in den mitbestimmungspflichtigen Unternehmen noch nicht zufriedenstellend (Abb. 7.1).

Vor dem Hintergrund immer noch schwacher Frauenanteile an den Führungskräften ist ein aktuelles Projekt von Verdi, der Vereinigten Dienstleistungsgewerkschaft zu nennen. Es läuft mit dem Titel. „Gute Arbeit durch betriebliche Gleichstellungspolitik und gezielte Frauenförderung" (http://verdi.de).

Es vereint das Ziel der arbeitnehmerfreundlichen Gestaltung von betrieblichen Arbeitsbeziehungen im Sinne des DGB- Projekts „Index-Gute-Arbeit" mit dem Ziel der Frauenförderung als Ausdruck einer Gleichstellungsstrategie.

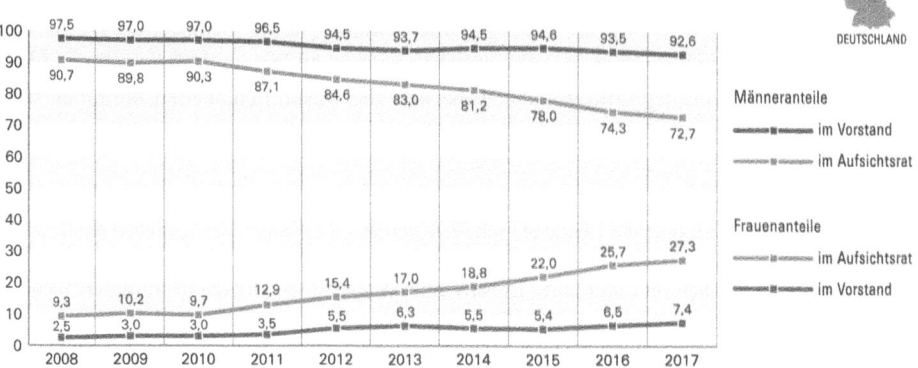

Abb. 7.1   Vergleich des Anteils von Frauen in Aufsichtsräten

7.2   DM-Projekte und Beispiele der betrieblichen Förderung von Zielgruppen

▶   Der unternehmenspolitische Konsens zur Beseitigung von Ungleichheit und zur faktischen Herstellung von Chancengleichheit, der sich heute in nahezu allen Führungsetagen durchgesetzt hat, lautet „Diversity Management" (DM). Dies gilt auch für deutsche Unternehmen und zählt heute, im Interesse eines guten Betriebsklimas, zur Political Correctness. Zum Verständnis dieses strategischen Ansatzes sei auf die Ausführungen in Abschn. 6.3 verwiesen, welches zentrale Zielstellungen, Phasen der Implementierung und Wirkungen auf betrieblicher Ebene behandelt.

Unter dem Rubrum DM, diesem aktuell bedeutsamsten Ansatz der innovativen Personalentwicklung, werden heute zahlreiche personal- wie unternehmensspezifische Ziele verfolgt. Es gibt daher bereits mehrere, ausführliche Handbücher mit sehr praxisnahen Checklisten, Anleitungen, beispielhaften Betriebsvereinbarungen und Empfehlungen, wie Chancengleichheit im Betrieb umzusetzen und zu erzielen ist (s. hierzu insbesondere Ganser et al. 2010, mit zehn Checklisten zur Prüfung des Standes der betrieblichen Gleichstellung).

Auch das sehr anschauliche und praxisnahe Handbuch von Dälken (2012) enthält Ausführungen zur Einführung von DM in mitbestimmungspflichtigen Unternehmen, z. B. bei der Personalauswahl zur Besetzung von betrieblichen Ausbildungsplätzen und bei Maßnahmen der Personalentwicklung, wie z. B. Leistungsbewertung, Feststellung von Kompetenzbedarfen, Stellenbesetzungsverfahren und vielem mehr, bis hin zum Umgang mit Konflikten und den Ansatzpunkten zur Ausgestaltung von DM im Unternehmen seitens der betrieblichen Sozialpartner.

Diversity Management (DM) fördert Menschen unabhängig von personenbezogenen Faktoren

Allen betrieblichen Integrationsansätzen ist gemeinsam, dass sie auf der Grundlage des Gleichstellungsgesetzes und der sogenannten „Charta für Vielfalt" zu vermeiden suchen, dass einzelne Personengruppen in irgendeiner Weise bei Einstellung, Beschäftigung, Bezahlung und beruflichem Aufstieg in offener oder versteckter Weise benachteiligt oder gar diskriminiert werden. Mit Bezug auf den Unternehmensbedarf werden die Zielgruppen sogar ergebnisorientiert gefördert, d. h. einer regulären Ausbildung und beruflichen Karriere zugeführt.

Der Handlungsbedarf hinsichtlich eines drohenden Fachkräftemangels wurde seitdem von vielen Unternehmen erkannt, und es gibt gute Gründe, anzunehmen, dass sich die hier eingeschlagenen Wege zukünftig festigen werden. Viele Vorreiter – meist aus dem Bereich der großen, mitbestimmungspflichtigen Unternehmen bzw. der Marktführer und Multis – haben bereits erkannt, dass sie sich durch Veränderungen in der Unternehmenskultur mit dem Ansatz Diversity Management und der verbesserten Vereinbarkeit von Familie und Beruf große Vorteile verschaffen hinsichtlich der Beschaffung von geeignetem Personal und damit der Förderung ihrer Innnovationskraft.

Der Mainstream der Personalführung hat sich im letzten Jahrzehnt den hier dargestellten, modellhaften Ansätzen mehr und mehr angenähert. Doch ist auch heute noch ein gutes Stück des Wegs bei der Umsetzung innovativer Arbeitsformen und Personalentwicklung zu gehen, wenn wir an die Erfahrungen in der betrieblichen Praxis denken, die in vielen Unternehmen Deutschlands noch vom Führungsstil „nach Gutsherrenart" geprägt ist.

DM ist längst im Mainstream angekommen

Alle Großunternehmen (über 2000 Beschäftigte) haben im Rahmen der Mitbestimmung entsprechende Fachreferate für die Interessenvertretung der Zielgruppen nach dem AGG geschaffen. Im Zeichen der Selbstverpflichtung der Deutschen Wirtschaft haben sich zudem zahlreiche weitere deutsche Unternehmen für die Ziele der „Charta für Chancengleichheit" engagiert, insbesondere auch Siemens und Telekom, die neben der Verabschiedung eines Frauenförderplans u. a. den bislang einzigen Modellversuch zur Erhöhung des Frauenanteils in IT-Berufen durch Bereitstellung hoher Personalkapazitäten großzügig unterstützten (BFW Berlin und HWK Hamburg 2005).

▶   **DM ist weitgehend kongruent mit den Zielen der „Charta für Vielfalt"**   Die Handlungsfelder der „Charta für Vielfalt", welche mit dem Ansatz des DM weitgehend kongruent ist und konform geht, beziehen sich vorrangig auf die folgenden Schwerpunkte:

- Lohngleichheit für gleiche und gleichwertige Arbeit,
- Betriebsvereinbarungen zur Chancengleichheit und
- Einrichtung von Frauenvertretungen in den mitbestimmungspflichtigen Unternehmen.

Die Frauenreferate sind heute zum Allgemeingut geworden und werden wie das Gremium für die Behinderten bei Einstellung und Entlassung gehört. Vielfach hat man die Frauenreferate auch wieder abgeschafft und mit einem sogenannten Genderreferat zusammengefasst, wobei die Fraueninteressen dann oft in der Vielzahl zu vertretender Personengruppen nicht ausreichend beachtet werden.[2]

Was die Beschäftigung von Zielgruppen angeht, so gibt es vor allem im Bereich der öffentlichen Unternehmen zahlreiche preiswürdige und exemplarische Referenzprojekte, wie zum Beispiel der Fall BerlinWasser eindrucksvoll dokumentiert.

BerlinWasser, ein öffentliches Unternehmen der Daseinsfürsorge, legt ein hohes Augenmerk auf die nachweisliche Förderung und Repräsentanz aller Zielgruppen und kann diese Aktivitäten mit eindrucksvollen Ergebnissen belegen. Bei allen Zielgruppen werden die gesetzlich vorgeschriebenen Anteile an der Belegschaft überschritten. BerlinWasser

- weist einen sehr viel höheren Frauenanteil an den Führungskräften aus als andere Unternehmen,
- beschäftigt eine hohe Anzahl von Behinderten und Schwerbehinderten und
- ist mit mehreren Projekten zur dualen Ausbildung von jungen Flüchtlingen vertreten.

Daher kann das Personalmanagement dieses Unternehmens nur als vorbildlich bezeichnet werden, zumal das Unternehmen gleichzeitig jährlich sehr hohe Gewinne abwirft. Was die Beschäftigung von Behinderten angeht, so hat BerlinWasser sogar Umbauten getätigt bzw. Zugangsrampen an bestehenden Gebäuden für Rollstühle gebaut und Büroräume entsprechend z. T. mit Klimaanlagen etc. ausgerüstet, um auch für Schwerstbehinderte gute Computerarbeitsplätze bereitstellen zu können.

Diese Anstrengungen in Verbindung mit dem Anliegen zur Schaffung einer qualitativ hochwertigen Angebotsstruktur für das Produkt Wasser und einer zukunftsgerichteten Unternehmenskultur schlagen sich für diesen Betrieb in einer guten Unternehmensproduktivität und sehr hohen Gewinnen nieder, die nicht alleine mit dem Monopol zur Wasserversorgung zu erklären sind.

Doch auch im Bereich der privaten Wirtschaft bzw. der Sozialwirtschaft finden sich etliche gute Beispiele für durchaus konkurrenzfähige Unternehmen, welche Benachteiligte ausbilden und beschäftigen.

Ein Beispiel aus der privaten Wirtschaft für die erfolgreiche duale Ausbildung von Schulabgängern mit unterdurchschnittlichen Zeugnissen ist das „Förderjahr", welches

---

[2] Es ist anzumerken, dass diese organisatorisch-strukturellen Errungenschaften eher dem deutschen Mitbestimmungsgesetz und damit dem kontinuierlichen Einsatz der gewerkschaftlichen Interessenvertretungen zuzurechnen sind als dem Einfluss der europäischen Politik oder gar deutscher Feministinnen.

gemeinsam von Porsche und IGM durchgeführt wird. Für Porsche ist das Förderjahr zielführend bei der Rekrutierung zukünftiger Facharbeiter, da es bislang viele gut ausgebildete Fachkräfte nach Abschluss der Ausbildung an ein Studium verlor und damit den
Bedarf an Facharbeitern nur noch schwer realisieren konnte. Die Jugendlichen aus dem
Förderjahr sind dafür bekannt, dass sie dem Unternehmen gegenüber sehr dankbar sind,
was sich in einer langen Betriebszugehörigkeit manifestiert.

Für den Bereich der Sozialwirtschaft sei auf das „Stadthotel" in Hamburg hingewiesen.
Dies ist ein Projekt, welches vorrangig Behinderte beschäftigt, und zwar in allen Funktionen des Gewerbes.

Eine Vielzahl dieser Unternehmen, denen es nicht nur um die Förderung von Zielgruppen geht, sondern vor allem um die Förderung einer offenen, kommunikativen und effizienten Führungskultur, haben bereits die Phase 4 von DM erreicht. Es verwundert nicht,
dass sich hierunter ausgewiesene Marktführer im Bereich der Informationstechnik wie die
Firmen SAP und Oracle befinden. Tab. 7.2 zeigt eine exemplarische Auswahl von namhaften Unternehmen, welche die Förderung einer guten Unternehmenskultur mit personalpolitischen Bestrebungen im Sinne des DM verbinden. Es werden alle Zielgruppen hinsichtlich Fragen der Einstellung, der beruflichen Bildung, Ausbildung und Aufstieg auf
spezifische Weise gefördert.

Nahezu alle hier genannten Unternehmen haben entsprechende Internetauftritte publiziert, die mit dem Suchbegriff *Firmenname X und Diversity Management* aufgerufen werden können. Die Übersicht enthält einige Best-Case-Beispiele für das Engagement von
namhaften Unternehmen im Bereich des DM, ohne Anspruch auf Vollständigkeit noch das
Anliegen einer näheren Beschreibung. Die betrieblichen Einzelheiten zu den jeweiligen
Firmenaktivitäten sind den inzwischen sehr ausführlichen und zahlreichen Informationen
unter den entsprechenden Unternehmensauftritten zu entnehmen.

Explizit ist an dieser Stelle darauf hinzuweisen, dass es sich bei den hier beispielhaft
erwähnten Unternehmen nicht nur um Großunternehmen handelt, die hinsichtlich ihrer
Möglichkeiten der Personalbetreuung besonders günstige Bedingungen haben, weil sie
sich mit ganz anderen Zeitbudgets als kleine und mittlere Unternehmen an der Spitze der
Entwicklung mit innovativen Personalkonzepten befassen.

Hinsichtlich der vorhandenen Beispiele guter Praxis kann bereits auf eine Vielzahl klei-
nerer und mittlerer Unternehmen verwiesen werden, welche DM nicht nur als Aufgabe der
Gleichstellung von Beschäftigten begreifen, sondern insbesondere als Teil ihres Selbstver-
ständnisses und ihrer Unternehmenskultur, wie beispielsweise das Unternehmen Vaude,
welches sich besonders hinsichtlich der Förderung von Eltern in Teilzeit profiliert hat.

**DM in Kleinbetrieben und Mittelstand verlangt nach handverlesenen
Arrangements**
Was die Verbreitung von DM-Ansätzen im Handwerk, in Klein- und Mittelbetrieben an-
geht, so ist hier sicher ein größerer Handlungsbedarf zu vermerken, da die kleineren
Unternehmen den Aufwand scheuen, Personalmanagement und -entwicklung vielfach
nebenbei betreiben und dafür keine größeren Personalkontingente zur Verfügung stellen.

Tab. 7.2 Betriebliche Best-Case-Beispiele als exemplarische Auswahl zum Schwerpunkt DM

Zielgruppe	Unternehmen/ Projektnehmer	Projekttitel	Ziel	Interesse des Unternehmens
Frauen	Vaude	Vereinbarkeit fördern durch Bereitstellung von Teilzeit	Mehr Frauen auf allen Ebenen der unternehmerischen Hierarchie einbinden und Vereinbarkeit von Beruf und Familie stärken	Vereinbarkeit der Arbeit in der Produktion fördern; Frauen in Führung bringen, gute Arbeitsbedingungen bieten
Ausländische Jugendliche mit unterdurch-schnittlichem Schulabschluss/benachteiligte Jugendliche	Porsche in Kooperation mit IGM. s. Wetzel (2015)	„Schnupper-Lehre", „Förderjahr"	Hinführen von Jugendlichen ohne Schulabschluss in eine reguläre Berufsausbildung bei BMW	Betriebliche Investitionen in Auszubildende bleiben nach Ausbildungsabschluss im Unternehmen
Kriegsveteranen	Oracle	Careers/Diversity	Berufliche Integration von ehemaligen Armeeangehörigen	Erfahrene, technische Fachkräfte können gewonnen werden
Alle Beschäftigten	FORD Köln	DM bei Ford Köln	Betriebsfrieden sichern/ Zusammenarbeit im Betrieb und Betriebsklima fördern	Unternehmenskultur fördert das Arbeitsklima
Homosexuelle	SAP Sap.com	Integration	Unternehmenskultur bereichern	Vielfalt integrieren und neue Zielgruppen erschließen
Flüchtlinge	BerlinWasser	Erstausbildung von jungen Flüchtlingen	Reguläre duale Ausbildung	Leistungsfähige Auszubildende gewinnen und sozialer Verantwortung gerecht werden
Flüchtlinge	Häfele	Erstausbildung von Flüchtlingen	Reguläre duale Ausbildung	Leistungsfähige und zuverlässige Auszubildende, spätere Fachkräfte ausbilden
Junge Frauen mit Hauptschulabschluss/ benachteiligte Jugendliche	Telekom	Erstausbildung von jungen Frauen mit Hauptschulabschluss in IT-Berufen	Reguläre Ausbildung in einem anerkannten IT-Beruf	Leistungsfähige Auszubildende gewinnen und sozialer Verantwortung gerecht werden

Gerade deshalb sind Anregungen aus diesem Kreis, welche als Vorbild für andere kleine und mittlere Unternehmen dienen können, umso wertvoller, da sie zeigen, wie ohne großen Aufwand erfolgreich neue Wege in Mitarbeiterfindung, -management und -entwicklung gegangen werden können.

So wurden von den Unternehmen der Charta aus der Unternehmenspraxis gelebter Gleichstellung die folgenden bewährten und erfolgreichen Instrumente des Personalmanagements für die Implementierung von DM im Rahmen der „Charta der Vielfalt" identifiziert und erfolgreich eingesetzt:

• Interkultureller Kalender
• DM-Berichte im Intranet
• Standpunkte von Führungskräften
• Leitfäden für Mitarbeitergespräche
• Wettbewerbe unter Beschäftigten
• Fokusgruppen
• Einarbeitungspläne
• Leitlinien des Unternehmens
• Zielvereinbarungen
• Cross-Tandems
• Externe Unterstützung
• Mitarbeiternetzwerke
• Stellenprofile
• Teambesetzung
• Workshops und Trainings
• Stellenanzeigen
• Gesundheitsmanagement
• Bonussysteme
• Flexible Arbeitsmodelle
• Karriereplanung

(s. hierzu im Einzelnen die Broschüre „Vielfalt zeigen, Leitfaden der Unterzeichner Beschäftigte Charta der Vielfalt", www.charta-der-vielfalt.de/service sowie www.facebook.com/chartadervielfalt oder twitter.com/ChartaVielfalt).

Diese Instrumente sind nicht wirklich neu, sondern sie stellen bekannte und bewährte Instrumente der Personalführung in den Unternehmen dar, welche hinsichtlich der Gleichheitsgrundsätze ausgestaltet werden können. Sie sind variabel zu handhaben, „zu gendern", wie ein Baukastensystem zur Förderung von Zielgruppen im Rahmen von DM. Gleichzeitig verbessern sie das Arbeitsklima.

Zielgruppengerechte Förderung auf betrieblicher Ebene ist allerdings nicht immer so einfach, wie es scheint. Die abschließende Erkenntnis einer aktuellen Studie der Hans-Böckler-Stiftung ist zu unterstreichen:

Eine erfolgreiche Einführung und Umsetzung von Diversity Management setzt hinreichend umfangreiches theoretisches Wissen voraus. (FES 2017, S. 5)

Die berufliche Gleichstellung, Integration und Inklusion von bislang auf dem Arbeitsmarkt benachteiligten Personen mit spezifischen Entwicklungs- und Betreuungsbedarfen verlangt somit besondere Kompetenzen seitens der Führungskräfte und der Personalführung. Dabei geht es einmal um die nötige Sensibilisierung hinsichtlich der Forderung nach Gleichstellung und Gleichwertigkeit von Männern und Frauen. Zum anderen geht es um Anleitungen und Hinweise zur praktischen Umsetzung von innovativen Personalführungsansätzen. Es geht somit um das Aufzeigen von einschlägigen Studien und einer exemplarischen Auswahl dessen, was bereits an erfolgreichen Ansätzen, Instrumenten und Erfahrungswerten in Form der modellhaften Praxisprojekte vorliegt und als Vorbild für die Zusammenstellung betrieblich angepasster Förderarrangements dienen kann.

Im Förderkontext von DM sind mehrere Schwerpunkte der Frauenförderung besonders hervorzuheben:

Stereotype Leitbilder aufbrechen durch eine Durchmischung der Berufe
Neben dem Bestehen von anachronistischen Stereotypen hinsichtlich Familien- und Berufsrollen der Geschlechter sind diese Fehlentwicklungen u. a. dem Fehlen einer geschlechtsunabhängigen Berufsberatung in der Phase der Berufsorientierung und der Berufswahl geschuldet.

Die Fokussierung der Frauen auf einige wenige typische „Frauenberufe" steht einer geschlechtsunabhängigen „Durchmischung der Berufe" im Wege. Auch die schon früh einsetzende Orientierung der jungen Frauen auf wenige, besonders von Frauen ausgeübte Tätigkeiten führt zu einer Bevorzugung typisch weiblicher Tätigkeiten in schwerpunktmäßig von Frauen frequentierten Berufen. Die schlechtere monetäre Bewertung von typischen weiblichen Fähigkeiten und Tätigkeiten zeigt sich bei Berufen der Körperpflege, im Pflege- und Unterrichtswesen bzw. dem Bereich Soziales (s. hierzu neben Kap. 3, 4 und 5 auch 6).

Den tradierten, geschlechterstereotypen Verhaltensweisen sollen die beiden bundesweiten Modellprojekte „Girls' Day" und „Boys' Day" entgegenwirken. An einem Tag im Jahr werden Schüler und Schülerinnen der zehnten Klassen in die Unternehmen geschickt, um Mädchen über technische, frauenuntypische Berufe aufzuklären und Jungen über Angebote in den typischen Frauenberufen der „Pflege und Fürsorge" zu informieren. Auch Berufsinformationstage, wie auch weitere Angebote der Berufsorientierung für die Schüler, haben eine aufklärende Komponente und wollen die geschlechtsspezifische Berufsorientierung aufbrechen, denn jeder sollte – in Abwandlung eines Zitats des preußischen Königs Friedrich II. – „nach seiner Façon glücklich werden und den Beruf erlernen, für den er oder sie am besten geeignet ist".

„Jeder macht, was er oder sie am besten kann"
Dies ist heute bereits ein zentraler Grundsatz der Berufswahl für Jungen und Mädchen. Entscheidend für die Berufswahl soll nicht das Image des Berufsbildes sein. Es kommt

deshalb auch nicht auf das Geschlecht an, sondern auf die individuellen Interessen, Neigungen und Begabungen einer Person, eines Menschen, unabhängig von sozialen Zuschreibungen oder Erwartungen, die aus dem kulturellen Hintergrund und der Sozialisation resultieren.

Es ist ein deutliches Ergebnis des BIBB-Modellversuchs, dass Großunternehmen, wie z. B. die Telekom oder die Siemens Medienakademie, diese Grundsätze bereits heute auch in frauenuntypischen Ausbildungsgängen der neuen IT-Berufe als Teil ihres regulären Auswahl-, Ausbildungs- und Rekrutierungsverhaltens praktizieren (s. Lippe-Heinrich 2006).

Frauen in Führungspositionen, Aufsichtsräten und Vorständen
Die geschlechtsspezifische Segmentation des Arbeitsmarktes und die offensichtlich schlechtere Position von Frauen in den Hierarchien der betrieblichen Arbeit setzt sich bei der Untersuchung der Repräsentanz von Frauen in Führungspositionen bis heute deutlich fort, wie die Statistik zeigt.

In den Unternehmen des deutschen Mittelstands und des Handwerks sind Frauen in den höchsten Positionen im Unternehmen nur unterproportional vertreten. Über 70 Prozent der Betriebe werden von Männern geleitet. Die Frauen auf den Führungsetagen finden sich eher in eigentümergeleiteten Unternehmen als in managergeleiteten. Dies legt den Schluss nahe, dass es sich hier vielerorts um Familienangehörige handeln könnte (Kohaut und Möller 2010, S. 6; IAB-Betriebspaneel 2008, S. 1).

Auf den höchsten Leitungsebenen ist nur jede vierte Führungskraft eine Frau. Daran hat sich seit 2004 nichts geändert. Auf der zweiten Führungsebene beträgt der Frauenanteil 35 %, aber nur jeder zweite Betrieb hat eine zweite Führungsebene.

Zentralistische Formen der Führung im 19. und 20. Jahrhundert „nach Gutsherrenart", d. h. „von oben nach unten" schließen meist ein, dass Männer bevorzugt und Frauen weder ernst genommen noch gefördert werden. Frauen haben damit keine Chance, sich beruflich zu entwickeln und ihre Talente voll in die Arbeitswelt einzubringen. Die aktuelle Fortschreibung derartiger stereotyper Haltungen und Einstellungen bewirkt letztlich, dass die Unternehmen im Strukturwandel aufgrund fehlender personeller Ressourcen nicht schnell genug handeln bzw. reagieren können.

Weitere Lösungsansätze (s. Kap. 4, 5 und 6) zielen auf die Gleichstellung der Beschäftigten im Unternehmen. Dies bedeutet, dass nicht nur Frauen wegen ihrer Geschlechtszugehörigkeit vormals benachteiligt und jetzt bewusst gefördert werden sollen. DM als Förderung von Vielfalt im Unternehmen verlangt auch nach der gezielten Förderung von Personen ungeachtet sogenannter „sozioökonomischer" Merkmale bzw. „personenbezogener Faktoren".

Geschlechtsspezifische Stereotype führen zu vielen weiteren, gravierenden Nachteilen für die Frauen in der Arbeitswelt (s. insbesondere Abschn. 4.5). Sie wurden in diesem Buch bereits genannt, so z. B. führen sie zum komplexen Phänomen des Gender-Gap in Löhnen und Gehältern, dem Glass-Ceiling-Phänomen hinsichtlich der Karriereentwicklung von Frauen, dem ebenfalls deutlich ausfallenden „Gender Pension Gap" als Benachteiligung der Frauen bei den Renten. Und all dies trotz der immer geringer werdenden Bedeutung körperlicher Kraft und der mit Bildschirmarbeit und komplexen Arbeitsanforderungen einhergehenden Aufwertung von Fähigkeiten des Multitasking als Teil eines gefragten „weiblichen Arbeitsvermögens" in der digitalisierten Arbeitswelt.

Projekte der betrieblichen Inklusion von Behinderten
Was versteht man unter Inklusion auf betrieblicher Ebene?
Inklusion ist ein spezifischer Ansatz der Benachteiligtenförderung, der auf die betriebliche, schulische oder soziale Integration und Förderung von Behinderten abzielt. Inklusion ist ebenfalls im Kontext von DM-Strategien relevant, wird aber fördertechnisch herausgelöst.

Den Ansatz zur Integration von Behinderten in reguläre Einrichtungen der Bildung oder der Wirtschaft (erster Arbeitsmarkt) nennt man Inklusion. Die Arbeitsverwaltung hat zahlreiche Instrumente zur Verfügung, welche die berufliche Erstausbildung, die Umschulung und die Arbeitsaufnahme von Behinderten fördern. Die Beschäftigung von Behinderten kann sogar über Jahre hinweg in degressiver Form durch nennenswerte Beträge bis zu 50 % bezuschusst werden.

Was ist eine Behinderung?
Behinderung wird im Allgemeinen definiert als eine gesundheitliche Störung, welche länger als ein halbes Jahr anhält und chronisch geworden ist. Es gibt deshalb nicht nur angeborene Formen der Behinderung, welche körperlicher oder psychologischer Natur sind, sondern auch erworbene Formen von entsprechenden Behinderungen. Sie machen sich i.d.R. in einer Einschränkung der körperlichen oder seelischen Belastbarkeit bemerkbar.

GdB und „Gleichstellung" bei Behinderten
Die Arbeitsaufnahme von anerkannten Behinderten wird ab einem Grad der Behinderung (GdB) von 20 % entsprechend gefördert. Hierzu gehören finanzielle Zuschüsse für die Lohnkosten des einstellenden Unternehmens und auch ein Zuschuss für materielle Ausrüstungsgegenstände und entsprechende Arbeitsmittel, wie z. B. höhenverstellbare Schreibtische für Menschen mit orthopädischen Einschränkungen.

Bei einem GdB von 40 % ist auf Antrag eine sogenannte „Gleichstellung" mit einem Schwerbehinderten möglich, d. h., die Person genießt u. a. den gleichen Kündigungsschutz wie ein Schwerbehinderter. Erst ab einem GdB von 50 % gilt eine Person als schwerbehindert, so dass die Gleichstellung mit einem Schwerbehinderten eine gewisse Schutzfunktion darstellt.

Ein anerkannt Schwerbehinderter bzw. Gleichgestellter wird u.U. als erwerbsgeminderte Person anerkannt. Dies hat entscheidende Vorteile für die Förderung der Arbeitsaufnahme oder die Bezuschussung eines Arbeitsplatzes, wenngleich auch dies keinen sicheren Schutz vor Entlassung darstellt. Entgegen der landläufigen Auffassung, dass ein Behinderter unkündbar ist, kann auch ein Behinderter jederzeit entlassen werden, wenn die Gründe für seine Entlassung in seiner Person bzw. persönlichem Fehlverhalten liegen.

Diese Gleichstellung wird jedoch, ebenso wie die Feststellung des GdB, erst auf Antrag durch die zuständigen Einrichtungen und Institutionen festgestellt. Es ist heute fast unmöglich, einen GdB von mehr als 40 % zu erhalten, da es bereits ab 50 % möglich ist, zwei Jahre früher als Personen ohne gesundheitliche Einschränkungen ohne Abschläge in den Rentenbezug zu gelangen.

Diese Gleichstellung bedeutet jedoch auch, dass der Person zahlreiche finanzielle Förderinstrumente hinsichtlich Arbeitsaufnahme und Arbeitsförderung zugutekommen können. Dies betrifft die Ausstattung der Arbeitsplätze bzw. die finanzielle Förderung der Arbeitsaufnahme bis zu 75 % für die Dauer von zwei Jahren. Die Gleichstellung stellt auch einen gewissen Schutz gegen ungerechtfertigte Entlassung dar, wenngleich auch bei Behinderten das Arbeitsverhältnis auf Antrag ohne weiteres gekündigt werden kann, sofern die Gründe in einem persönlichen Fehlverhalten des Arbeitnehmers liegen.

Um die vielfältigen Formen von Behinderung zu charakterisieren, sei folgende Systematisierung mit absteigender Priorität angeführt, die im Allgemeinen verwendet wird:

- Funktionseinschränkungen der inneren Organe
- Funktionseinschränkung der Gliedmaßen
- Funktionseinschränkung der Wirbelsäule und des Rumpfes
- Geistige oder seelische Behinderung
- Zerebrale Störung
- Blindheit oder Sehbehinderung
- Schwerhörigkeit, Gleichgewichts- und Sprechstörungen
- Sonstige Formen von Behinderung

Daraus lässt sich ablesen, dass es viele behinderte Menschen gibt, denen man die Behinderung nicht ansieht, da sie aufgrund innerer Krankheiten zustande kommt. Demzufolge ist der klassische Behinderte nicht der Rollstuhlfahrer, sondern die Person mit einer inneren Erkrankung, der die Behinderung weder anzumerken noch anzusehen ist. Dies heißt auch, dass die wenigsten der offiziell als schwerbehindert oder als gleichgestellt anerkannten Behinderten in einem Rollstuhl sitzen und einer intensiven Betreuung bedürfen.

Viele Behinderte leiden an orthopädischen Erkrankungen, an inneren Erkrankungen oder psychischen Problemen oder an Verletzungen, welche nicht angeboren sind, sondern im Laufe eines (Arbeits-)Lebens erworben wurden und ohne weiteres für Außenstehende nicht wahrnehmbar sind. Auch ist u.U. die Einschränkung der Arbeits- und Leistungsfähigkeit von Behinderten völlig unterschiedlich. Es kommt deshalb immer auf den Einzelfall an. Neben dem Arbeitsvermögen und der mentalen wie körperlichen Belastbarkeit zählt nicht zuletzt die Motivation zum eigenen Erwerb und zur Leistungserbringung. Diese kann bei einem behinderten Menschen sehr viel stärker ausgeprägt sein als bei nicht behinderten Personen, wie die Erfahrung zeigt.

Insofern ist es völlig falsch, davon auszugehen, dass die berufliche Integration von Behinderten in einen regulären Wirtschaftsbetrieb immer zum Nachteil des Unternehmens ausfallen wird.

Es gibt zahlreiche Beispiele, dass dem nicht so ist. Angefangen bei Paradebetrieben der öffentlichen Verwaltung, wie z. B. den *Berliner Wasserbetrieben*, welche mehr als die gesetzlich vorgeschriebene Quote von 5 % Behinderten an der Belegschaft beschäftigen und trotzdem – oder gerade deshalb – jährlich stets hohe Gewinne ausweisen. Weitere Beispiele für gelungene Inklusion finden sich in kleinen Handwerks- und Dienstleistungsunternehmen, welche mit der Beschäftigung Behinderter – z. B. einer Gruppe Taubstummer im Reinigungs-handwerk – nicht nur zu deren Inklusion beitragen, sondern auch wirtschaftlich tragen. Alle Jugendlichen bzw. Jugendlichen mit Lerneinschränkungen, welche z. B. im *Dominikus -Ring-eisen- Werk* eine betriebliche Ausbildung durchlaufen, finden im Anschluss daran auch quali-fizierte Arbeitsplätze im Malerhandwerk.

Dergleichen gilt für die Ausbildung und Beschäftigung von Behinderten im Reini-gungshandwerk und anderen Betrieben des Handwerks. Auch komplexere Arbeiten, wie z. B. moderner, computergestützter Innenausbau, werden mit Erfolg im Schreinereibetrieb mit Behinderten betrieben.

Eine weitere sozial benachteiligte Gruppe, traumatisierte Kriegsrückkehrer und/oder behinderte Veteranen der US- amerikanischen Armee, integriert das international erfolg-reiche Unternehmen Oracle ganz gezielt, um deren fachliche Kompetenzen als Techniker und Ingenieure in einem veränderten Unternehmensumfeld zu nutzen und ihnen gleich-zeitig eine berufliche und soziale Chance der Re-Integration zu geben. Zudem gibt es zahlreiche Hilfen finanzieller Art, Beratung zur Einrichtung der Arbeitsplätze und andere Fördermodalitäten, wie z. B. nennenswerte finanzielle Zuschüsse für mehrjährige Dauer, die es nicht zuletzt ermöglichen, das Leistungsvermögen des betreffenden Arbeitnehmers in einer Probezeit kennenzulernen.

Weitere Beispiele für eine erfolgreiche Verwirklichung des Anliegens der sogenannten Inklusion von Behinderten sind im Hotelbereich und im Bereich der Dienstleistungen zu suchen (z. B. Stadthaushotel Hamburg). Im Rahmen dieses Projekts in der Trägerschaft des gemeinnützigen Unternehmens „Jugend hilft Jugend Hamburg" wird das Unterneh-men von entsprechenden Zielgruppen der Benachteiligtenhilfe geführt. Die unterschied-lichen Personengruppen sind geistig, körperlich und psychisch Behinderte sowie Drogen-abhängige, d. h. Menschen mit mehr oder weniger großen Handicaps. Die Einzelnen werden nach Leistungs- und Belastungsfähigkeit beschäftigt. Auch dieses Hotel trägt sich finanziell selbst (http://www.stadthaushotel.com/Geschichte/wintowin. Zugegriffen am 31.10.2018, 14:31).

In diesem Zusammenhang sei noch auf die aktuelle Praxis von führenden IT-Unternehmen wie SAP und Oracle hingewiesen, für die betriebliche Beschäftigung in der Software-Entwicklung und bevorzugt Autisten einzustellen, da diese i.d.R. trotz und ge-rade aufgrund ihrer sozialen Behinderung ein sehr hohes Leistungsvermögen in mathematisch-technischen Disziplinen aufweisen. Auch Flugzeughersteller, wie MBB haben für diesen Personenkreis bereits einschlägige betriebliche Initiativen der betriebli-chen Erstausbildung als Flugzeugmechaniker erfolgreich durchgeführt. Autisten haben sich damit, gerade durch ihre besondere mathematische Begabung, als sehr erfolgreiche Zielgruppe für die Software-Entwicklung und andere technische Arbeiten erwiesen. Aber auch für Blinde wurden neue Beschäftigungen erschlossen, z. B. durch die Einrichtung eines Blindenleitsystems im Gebäude von SAP, einen Rolli-Shuttle und einen Servierser-vice in der Kantine. Bei Veranstaltungen und Schulungen gibt es zudem eine Hörunter-stützung.

Hervorzuheben ist, dass Musterbetriebe technologisch hochstehender Produktion und Dienstleistungen wie MBB, Oracle und SAP seit Jahren bereits ausgesuchte Behindertengruppen beschäftigen, ebenso wie die Deutsche Börse und andere Großunternehmen. Aber auch im Handwerk wurden mit Erfolg – zum Vorteil von Unternehmen, Beschäftigten und Gesellschaft – vorhandene Lücken in der Rekrutierung von Fachkräften geschlossen.

Inzwischen werden mehr und mehr Beispiele bekannt von Menschen mit Behinderung, die eine berufliche Spitzenkarriere gemacht haben und die anderen Behinderten als Beispiel für gelungene Integration dienen können. Es scheint, als sei das Stigma der Behinderung dabei, auch in der Arbeitswelt etwas weniger bedeutend zu werden.

Ein Reader zum Inklusionspreis 2013 seitens des BDA enthält Unternehmensprofile und eine detaillierte Schilderung der jeweiligen Inklusionsprojekte zahlreicher Preisträger, gestaffelt nach Unternehmenskategorien und Mitarbeiterzahlen (1 bis 10, 11 bis 100, 101 bis 1000, 1001 bis 10.000 und mehr als 10.000 Mitarbeiter), ergänzt durch eine Liste von Ansprechpartnern und öffentlichen Einrichtungen, wie z. B. der Integrationsämter in den einzelnen Regionen, welche fachkundige Beratungen kostenlos vornehmen. Gerade diese Fallbeispiele zeigen, dass die Inklusion von Behinderten in allen Unternehmensgrößen eine zu bewältigende Aufgabe ist, solange der gute Wille vorhanden ist, sich mit dem Thema aktiv auseinanderzusetzen (BDA 2014).

EU-Preisträger für Inklusion 2018 in Paris geehrt
Auch auf europäischer Ebene sind zahlreiche Großunternehmen aktiv, was die Anliegen der Inklusion betrifft. Am 13. Juni 2018 fand eine Konferenz der „innovativen Liga der betrieblichen Praxis" in Paris statt. Sie stand unter dem Motto „Disability Matters". Auszeichnungen für eine hervorragende betriebliche Praxis erhielten die Unternehmen Renault, IBM, SFR, Sodexo und Dell. (http://de.diversitymine.eu/inkluson-von-menschen-mit-behinderung. Zugegriffen am 31.10.2018, 14:26)

Beratungsstellen für die Förderung der Beschäftigungsaufnahme von Behinderten
Auskunft über spezifische Förderprogramme, Höhe und Modalitäten der Antragstellung wie der Förderung geben REHADAT, AZUBIYO und die Beratungsstellen der regionalen Integrationsämter sowie die entsprechenden Stellen der Arbeitsverwaltung. Nicht zuletzt ist auf die Informationsseite des BMA hinzuweisen, die unter dem Motto „Einfach teilhaben" sehr gut aufbereitete und aktuelle Informationen zur Beschäftigung und Beschäftigungsförderung Behinderter bereitstellt (bma.de/einfachteilhaben.de).

Weitere Inklusions-Beispiele guter unternehmerischer Praxis in Deutschland
Auch die Bundesregierung hat in den letzten Jahren weder Mittel noch Wege gescheut, um für die Inklusion der Gruppe der behinderten Menschen in Deutschland zu werben und aufzuklären. In diesem Zusammenhang entstand ein Handbuch mit einschlägigen Praxisbeispielen zur erfolgreichen Beschäftigung von Behinderten in unterschiedlichsten Bereichen beruflicher Praxis und Branchen. Als modellhafte betriebliche Erfolgsbeispiele

werden die Inklusionsprojekte der Unternehmen Audi, Auticon GmbH, Boehringer Ingelheim, Deutsche Bahn AG, Fraport, FSE-Pflegeeinrichtung Treptow-Johannisthal gGmbH und Malerwerkstatt C. Ates GmbH ausführlich beschrieben, und zwar von der strategischen Planungsphase bis zur aktuellen Modellpraxis. In allen genannten Unternehmen wurden spezifische Tätigkeiten für die Beschäftigung von spezifischen Behinderten erschlossen und mit Erfolg in den Regelbetrieb übernommen.

Das überaus detaillierte Handbuch enthält auch weiterhin alle gesetzlich relevanten Bestimmungen zur Beschäftigung von Behinderten, wie auch die Spezifika der Anforderungen für ein barrierefreies Arbeitsumfeld etc. Das Praxishandbuch bietet für die Inklusion im Rahmen von DM zahlreiche Anregungen, was die notwendigen Einzelschritte und zu beachtenden Überlegungen zur Schaffung betrieblicher Arbeitsplätze für diese vielfältige Zielgruppe angeht.

(BMAS o. J.)

Die Statistik zeigt dennoch, dass es in den letzten Jahren trotz zahlreicher Fördermöglichkeiten nicht mehr möglich war, die Arbeitslosigkeit schwerbehinderter Menschen in Deutschland zu reduzieren. Im Gegenteil, es ist eine Zunahme der Arbeitslosigkeit bei Behinderten im höheren Lebensalter zu verzeichnen, welche stark über der Arbeitslosigkeit des nicht behinderten Personenkreises liegt. Betriebe in Deutschland zahlen i.d.R. lieber eine Konventionalstrafe für die Nichterfüllung der 5 %-Quote, als sich mit dem Vorhaben der Integration von Behinderten zu befassen (Abb. 7.2).

Diese Feststellung wiegt schwer, zumal die Anzahl schwerbehinderter Menschen in Deutschland ständig steigt und eine große Anzahl der älteren Behinderten ihre Behinderung erst im Laufe eines langen Arbeitslebens erworben hat (Abb. 7.3).

Die Beschäftigung von Behinderten ist daher ein Beitrag zu einer guten Arbeitskultur, welche es behinderten wie nicht behinderten Menschen erlaubt, ihren Lebensunterhalt aus eigener Kraft zu verdienen.

Nach Arbeitgebern	2010	2011	2012	2013	2014	2015	2016
Privatwirtschaft	4,0	4,0	4,1	4,1	4,1	4,1	4,1
Öffentlicher Dienst	6,4	6,5	6,6	6,6	6,6	6,6	6,6
Durchschnittl. Beschäftigungsquote	4,5	4,6	4,6	4,7	4,7		4,7	4,7

Zur Unterrepräsentanz von Behinderten in deutschen Unternehmen
Quelle: BIH (2018): BIH Jahresbericht 2017/2018- Die Arbeit der Integrationsämter und Hauptfürsorgestellen, BIH, Universum, August 2018, S. 24

Abb. 7.2 Die Entwicklung der Beschäftigungsquote von Behinderten 2010-2016 in %

Nach wie vor ungleiche Verteilung der Kinderbetreuungszeiten in deutschen
Familien im Jahr 2019:

- Frauen kommen lt. WSI-Studie aktuell auf 21 Stunden Kinderbetreuung in der
  Woche, Männer auf 13 Stunden (https://www.boeckler.de/pdf/p_wsi-
  report_47_2019.pdf, 19.4.2019, 12:53)

- Für Frauen ändert sich durch Heimarbeit kaum etwas, im Gegenteil. Wenn sie
  das Homeoffice nutzen, machen sie 3 Stunden mehr an Kinderbetreuung.

Quelle: Zeit Online, Frauen nutzen Homeoffice mehr für Kinderbetreuung,
https://www.zeit.de/news/2019-03/05/frauen-nutzen-home-office... 19.04.2019, 12:53

Abb. 7.3 Anzahl schwerbehinderter Menschen steigt ständig

Durch die Praxis der Externalisierung Älterer vom aktiven Erwerbsprozess auf Dauer
werden soziale Härten und Problemlagen geschaffen, die nicht nur die Individuen, sondern
auch die Gesamtheit aller Beschäftigten in einem Unternehmen bzw. die Arbeitsgesellschaft auf Dauer belasten. Dabei wäre mit ein wenig Rücksichtnahme und dem nötigen
Willen sicher manchem Behinderten eine reguläre Beschäftigung bereitzustellen, und dies
wäre sehr viel kostengünstiger für die Gesellschaft als der vorzeitige Rückzug aus dem
Erwerbsleben.

Es ist zusätzlich zu bedenken, dass – vom Entsolidarisierungseffekt einmal abgesehen – das Verhalten der Arbeitgeber hinsichtlich der Einstellung oder Entlassung von
Behinderten einen negativen Effekt auf die Loyalität der verbleibenden, noch gesunden
und leistungsfähigen Beschäftigten hat, da auch sie befürchten, mit steigendem Lebensalter, ggf. mit Auftreten einer längeren Erkrankung oder Behinderung, möglichst kostenneutral „entsorgt" zu werden.

7.3   Zur Vereinbarkeit von Familie und Beruf

Bestehende und zu Beginn der 60er-Jahre erkannte Barrieren in der weiblichen Berufs-
wegeplanung und dem Karriereverlauf von Frauen werden zusehends durch die Schaffung
familienfreundlicher Arbeitsbedingungen für Männer und Frauen relativiert. Dennoch gilt
immer noch die Erwartung, dass die männlichen Beschäftigten eine größere Bereitschaft
zur Erbringung von Mehrstunden mitbringen als Frauen. Der Willen zur prioritären Berufsorientierung wird meist bei den Männern vorausgesetzt.

Eine Verteilung des Betreuungsaufwands bei der Kinderbetreuung nach Geschlecht ergibt, dass die Frauen die Hauptarbeit in der Betreuung der Kinder leisten, inklusive der Er-
ledigung von Fahrdiensten und Wegezeiten, z. B. für die Abholung in der Kindertagesstätte.

Auch berichtet eine aktuelle Studie, dass Frauen ihre flexiblen Arbeitszeiten sehr viel eher als Männer für zusätzliche Aufgaben der Kinderbetreuung nutzen und Männer die flexible Arbeitszeit mehr für die berufliche Fortkommen durch Aufstiegsfortbildung (Lott, Y.: Weniger Arbeit, mehr Freizeit? – Wofür Mütter und Väter flexible Arbeitszeitarrangements nutzen, WSI- Report, Nr. 47, März 2019, Abb. 1).

Sehr viel geringer als bei den Frauen fällt der Anteil der Kinderbetreuung bei den erwerbstätigen Männern aus. Sie leisten unter 10 Stunden Kinderbetreuung, wohingegen die Frauen auf über 20 Stunden pro Woche kommen (ebda.)

Diese dürren Zahlen zeigen den Gender-Gap hinsichtlich der Übernahme von Familienpflichten der sich immer noch nicht verkleinert hat. Und veranschaulichen ebenso einen dringenden Änderungsbedarf in puncto der Beteiligung von Vätern am Betreuungsaufwand hinsichtlich der Erziehungszeiten für Kinder jeglichen Alters.

Auch diese Studie, wie viele andere, stellt in der aktuellsten Studie hierzu lakonisch fest:

„Die traditionellen Geschlechterbilder", die in Gesellschaft und Betrieb häufig vorherrschen, unterstützen die ungleiche Verteilung von Sorgearbeit in Partnerschaften. Trotz Zunahme der Frauenerwerbsarbeit hat sich an der Arbeitsteilung in den vergangenen Jahren wenig geändert (ebda.)

Und stellt dann anschließend die eher rhetorische Frage, inwiefern die Option auf flexible Arbeitszeiten heute eher den Männern nützt als den Frauen. Leider ist es immer noch so, dass die Frauen auch heute noch zuerst in der Verantwortung für die eigene Familie, die älteren Familienangehörigen und die Kinder gesehen werden. Erst danach kommen berufliche Verpflichtungen und die Inanspruchnahme von Weiterbildung, welche dem beruflichen Aufstieg dient. Diese Prioritätenliste ist bislang immer noch als eine gesellschaftliche Konvention zu wie betrachten.

Wie alle Generalisierungen muss auch diese im Einzelfall nicht mehr zutreffen, da es immer mehr Männer gibt, welche sich der Generation Y oder Z zugehörig fühlen und trotz ihrer Karriereorientierung auch Familienzeiten für sich einplanen. Immerhin hat sich die Beteiligung der Väter an der Inanspruchnahme von Elternzeit von 4 % in 2006 bis 2013 auf 28,2 % versiebenfacht (Bojard, M., Fabrizius, K.: Bevölkerungsforschung Aktuell O6/2013, 21.04.2019, 16:52)

Umgekehrt sind immer weniger Frauen bereit, wegen der Kinderbetreuung ihre berufliche Tätigkeit zu unterbrechen oder ihre Karriere zu opfern. In der Praxis läuft dies allerdings sehr oft darauf hinaus, dass gut ausgebildete Frauen weder Partner noch Kinder haben und alleinstehend bleiben. Immer deutlicher wird hingegen der Bedarf der Unternehmen, sich für die Belange erwerbstätiger Eltern zu öffnen und beiden Elternteilen gleiche Chancen zur Erbringung von Erziehungszeiten einzuräumen.

Die Einführung von arbeitsorganisatorischen Maßnahmen und familienrelevanten Angeboten der Arbeitsgestaltung, wie sie z. B. durch das bereits in Abschn. 7.1 vorgestellte

Modellprojekt GENDERDAX propagiert werden, zeigt, dass bereits einschlägige und bewährte Standards in der Gestaltung betrieblicher Arbeitsbedingungen mit Blick auf eine bessere Vereinbarkeit von Berufs- und Familienpflichten für beide Geschlechter ansatzweise bereits in vielen Unternehmen vorhanden sind. Dies gilt insbesondere für flexible Arbeitszeitregelungen und weitere Rahmenbedingungen betrieblicher Arbeit, die eine bessere Vereinbarkeit für beide Geschlechter gestatten (s. hierzu http://www.genderdax.de).

Das Projekt GENDERDAX ist damit einer der erfolgreichsten Prototypen von Projekten für den Wandel der Personalpolitik der Unternehmen, der beiden Geschlechtern zum Vorteil gereicht und entscheidende Barrieren für den Berufserfolg der Frauen ausräumt. Die sich langsam etablierenden neuen Leitbilder für Mütter und Väter, gendergerechte Familien- und Berufsrollen sowie weitere Maßnahmen des Gesetzgebers erlauben es beiden Geschlechtern, sich sowohl im Beruf wie privat als Individuum und als soziales Wesen zu verwirklichen. Mit der Schaffung von Arbeitsbedingungen, die eine weitgehende Vereinbarkeit der beiden wichtigen Bereiche Arbeit und Privatleben erlauben, wird nicht nur das „gendergerechte Laufbahnkonzept" zum neuen Standard der Berufswege- und Karriereplanung erhoben. Mit der Bereitstellung entsprechender Angebote zur Verbesserung der Vereinbarkeit von Beruf und Familie für alle Arbeitnehmer werden strukturell förderliche Bedingungen dafür geschaffen, dass Frauen und Männer auch als Eltern kontinuierlich, dauerhaft und ein ganzes Erwerbsleben lang im Beruf bleiben und engagiert Karriere machen können. Es folgt eine Übersicht zu Angeboten der besseren Vereinbarkeit von Beruf und Familie, wie folgt:

- Beruf und Familie-Index
- p.ex. „Audit Beruf und Familie" (8 Handlungsfelder)
- p.ex. „Gender Dax"
- p.ex. Lokale Bündnisse für Familie (s. Gender Daten Atlas Deutschland) usw.
- Betriebskindergärten (oder Buchung von Plätzen/ Kontingenten in regionalen Einrichtungen)
- Betriebskantinen
- Gratifikationen für frischgebackene Eltern
- s. u. a. Preisgestaltung der Wettbewerbe für Arbeitgeber

Die gezielte Verbesserung der Arbeitsbedingungen für beide Geschlechter hat einerseits das erklärte Ziel, beiden Geschlechtern die gleichen Chancen auf Erwerb und Karriere zu öffnen, und geschieht andererseits, um zu verhindern, dass Frauen von Führungspositionen mit entsprechenden Begründungen hinsichtlich ihrer familiären Verpflichtungen ausgegrenzt werden. Besonders erwähnenswert ist in diesem Zusammenhang das „Audit für Familie und Beruf" als Instrument des Wandels: Es ist zu einem zentralen Teil des Entwicklungsprozesses geworden, der Unternehmen für die Arbeit der Zukunft neu aufstellt.

▶   **Vorteile der Vereinbarkeit von Beruf und Familie für alle** Die Vorteile einer guten Vereinbarkeit von Beruf und Familie aus betrieblicher Sicht werden mit folgenden Argumenten gut veranschaulicht:

- Betriebliches Personal entwickelt Loyalität und Betriebstreue. Auch im Falle
  der Familiengründung scheidet gut eingearbeitetes Personal nicht dauer-
  haft aus.
- Bezogen auf die Karrieremodelle der Geschlechter heißt dies:
  - Männer sind nicht vorzeitig verbraucht und oft schon mit 45 Jahren
    erwerbsunfähig.
  - Frauen haben keinen Karriereknick durch Geburt und können ihre Poten-
    ziale voll einbringen.
  - Damit bleiben die betrieblichen Investitionen in das Humankapital weit-
    gehend erhalten, so dass hohe Kosten und der Zeitaufwand für die Wie-
    derbeschaffung und Ersatz von gut eingearbeitetem Personal entfallen.
    Dieses Geld kann investiert werden in Erfordernisse guter Arbeit, wie leb-
    enslanges Lernen und betriebliches Gesundheitsmanagement.
- Vorhandene Mitarbeiterressourcen werden voll entwickelt und ausge-
  schöpft.
- In der Gesamtsumme der Effekte von betrieblichen Angeboten zu einer ver-
  besserten Vereinbarkeit ist zu sagen, dass die betriebliche Innovations- und
  Konkurrenzfähigkeit durch eine verbesserte Vereinbarkeit von Familie und
  Beruf entscheidend gestärkt wird.

Das „Audit für Familie und Beruf"
Als wirksames und bekanntestes Instrument zur praktischen Umsetzung einer verbesser-
ten Vereinbarkeit von Familie und Beruf auf der betrieblichen Ebene wurde das Audit für
Familie und Beruf von der Hertie-Stiftung entwickelt und seitdem propagiert. Begonnen
hat man mit diesem Modell in Deutschland als Kopie einer amerikanischen Lösung im
Bereich der Personalführung, die als Ansatz zur Minderung der hohen Fluktuation und
Ausfallquoten von Personal im Handel diente. Das Audit für Familie und Beruf wurde
seitdem in Deutschland bereits in mehr als 470 deutschen Unternehmen implementiert.
Mehr als 315.000 Beschäftigte kommen heute bereits in den Genuss der betriebsspezifisch
entwickelten Maßnahmen.

Im Rahmen eines entsprechenden Organisationsentwicklungsprozesses unter Beteiligung der Akteure seitens der Firmenleitung und der Belegschaft werden zur Vorbereitung
einer Auditierung kontinuierliche Verbesserungen in den betrieblichen Handlungsfeldern
des Audits für Familie und Beruf vorgenommen und institutionell verankert (Abb. 7.4).

Die Abb. 7.4 zeigt die Intensität und die Relevanz der acht Handlungsfelder des Audits
für Familie und Beruf, welche sich in der betrieblichen Praxis für eine verbesserte Vereinbarkeit von Familie und Beruf herausgestellt haben. Die zentralen Handlungsfelder sind:

- Arbeitszeit
- Arbeitsorganisation

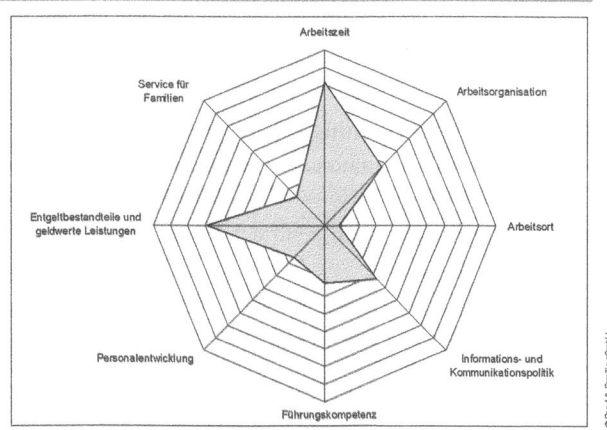

Abb. 7.4 Handlungsfelder des Audits für Familie und Beruf. (Quelle: Beruf & Familie gGmbH)

- Arbeitsort
- Information und Kommunikation
- Führung
- Personalentwicklung
- Entgeltbestandteile und geldwerte Leistungen
- Service für Familien.

Inzwischen haben sich die Arbeitszeitordnung und entsprechende Regelungen zur Flexibilisierung der Arbeitsverträge zum beliebtesten betrieblichen Handlungsfeld des Audits in Deutschland entwickelt. Viele Unternehmen bieten flexible Arbeitszeitregelungen für ihre Beschäftigten.

Doch ist nicht von der Hand zu weisen, dass auch die anderen Handlungsfelder, insbesondere Information und Kommunikation, Führung und Personalentwicklung, entscheidende Grundlagen dafür liefern, dass überhaupt ein gutes Betriebsklima entstehen und geschaffen werden kann.

▷ **Wichtigste Handlungsfelder für das Audit für Familie und Beruf** Als die drei wichtigsten Handlungsfelder des Audits für Familie und Beruf, welches von der Beratungsagentur „Beruf und Familie" begleitet und von der Hertie-Stiftung in Deutschland als unabhängiger Organisation auditiert wird, haben sich für Unternehmen wie für Beschäftigte die folgenden drei Bereiche herausgestellt:

- Arbeitszeitregelungen,
- Entgeltbestandteile und die
- Arbeitsorganisation.

Entsprechende empirische Befragungen hatten erbracht, dass die Mehrheit der Lohnabhängigen diese drei Schwerpunkte als vorrangig betrachtet. Insofern stellen diese drei Bereiche die wichtigsten Stellschrauben für Strukturverbesserungen der betrieblichen Regelungen zur Vereinbarkeit von Berufs- und Familienzeiten dar.

Effekte aus der Verzahnung von Instrumenten und kooperativen Projekten
Information und Kommunikation schaffen Transparenz über die betrieblichen Erfordernisse, aber auch die Bedarfe seitens der Belegschaft. Daraus abgeleitete Personalentwicklungsprozesse flankieren in zentraler Weise entsprechende Personalentscheidungen und die Karriereentwicklung von Männern und Frauen mit familiären Verpflichtungen. Die Handlungsfelder Entgeltbestandteile und geldwerte Leistungen beinhalten z. B. Zulagen bzw. Geschenke des Arbeitgebers im Falle der Geburt eines Kindes oder Weiterbildungsangebote.

Das Vorhandensein eines entsprechenden Führungsstils kann durch entsprechende Sensibilisierungs- und Orientierungsseminare durch die Fortbildung der Führungskräfte implementiert werden. Hier ist ein Paradigmenwechsel in der Wahrnehmung von männlichen und weiblichen Fach- und Führungskräfte wahrzunehmen und somit ein hoher Kompetenzentwicklungs- und Schulungsbedarf vorhanden, der ohne entsprechende Aktivitäten nicht erfüllt werden kann. Genauso wie das Entstehen von Stress durch einen entsprechenden Führungsstil gemildert und abgefangen werden kann, können durch eine entsprechende Führungskultur bessere Arbeitsbedingungen geschaffen werden, welche die persönlichen Belange von Beschäftigten ernst nehmen und deren familiäre Bedingungen, Bedarfe und auch Notlagen tolerieren, für beide Geschlechter persönliche Freiräume zur Gestaltung der betrieblichen Arbeit eröffnen bzw. sie sogar in Notlagen unterstützen. Es ist klar, dass die Führungskräfte von der Notwendigkeit eines Audits für Familie und Beruf überzeugt sein sollen, da sie ja die Unternehmenswerte an die Beschäftigten vermitteln und ggfs. auf familiäre Belange und Notwendigkeiten seitens Einzelner kompetent eingehen sollen.

Ein weiteres bewährtes Angebot seitens der Firmenleitungen ist inzwischen der „Service für Familien". Dieser beinhaltet Serviceleistungen für die Betreuung von Familienangehörigen, sei es von Kindern oder von alten, pflegebedürftigen Eltern. Dieser Dienst wird immer dann benötigt und bei akutem Bedarf vom Unternehmen bestellt und bezahlt, wenn z. B. eine Fach- oder Führungskraft aufgrund einer familiären Notlage bzw. schwerwiegender Erkrankung von Angehörigen auszufallen droht.

Auch wenn z. B. der Ehepartner schwer erkrankt und die Kinder nicht mehr versorgen kann („Child Care") oder die alten Eltern aufgrund akuter Erkrankung versorgt werden müssen („Elder Care"), kann im Notfall entsprechende Unterstützung angefordert werden. Große Unternehmen wie Daimler Debis buchen sogar vorab jährlich vorsorglich bestimmte Kontingente an Hilfeleistungen, damit bei Bedarf eine entsprechende Unterstützung sofort wirksam werden kann.

Das Verfahren zum Erwerb des Zertifikats „Familie und Beruf"

Das Zertifikat „Familie und Beruf" ist ein staatlich anerkanntes Gütezeichen, welches dem Unternehmen in den zentralen Bereichen betrieblicher Arbeit familienrelevante Arbeitsbedingungen bescheinigt. Die Durchführung des Audits für Familie und Beruf wird, wie jeder Prozess der Auditierung, in einem längerfristig laufenden Vorbereitungsprozess durch ein betriebliches Team in Kooperation mit externen Auditoren vorbereitet.

Der Prozess der Auditierung beinhaltet mehrere Stufen. Zum einen wird für den jeweiligen Betrieb eine Art Bestands- und Bedarfsanalyse durchgeführt, dann wird anschließend alles getan, um die jeweiligen Handlungsfelder gemeinsam in die betriebliche Praxis zu überführen. Insofern ist das Audit, welches ein Zertifikat darstellt und von einer unabhängigen Organisation vergeben wird, gleichzeitig durch einen internen Organisationsentwicklungsprozess von dritter Seite zu begleiten. Diese Begleitung ist so zu verstehen, dass gemeinsam mit dem Vorbereitungsteam und den betrieblichen Sozialpartnern alle Maßnahmen im Hinblick auf wünschenswerte Veränderungen besprochen und fachkundig begleitet werden.

In einem kontinuierlichen Organisationsentwicklungsprozess werden somit durch unabhängige Unternehmensberatungen die entsprechenden Voraussetzungen für die Zertifizierung geschaffen, wobei alle Akteure im Betrieb daran beteiligt sind. Beginnend mit der Identifizierung von notwendigen Änderungen geht der Vorbereitungsprozess unter Beteiligung der Belegschaft bis hin zur Beteiligung an Umsetzungsmaßnahmen.

Der Prozess der Auditierung wird letztlich durch die unabhängige Hertie-Stiftung vorgenommen. Der Prozess des Erwerbs dieses begehrten Zertifikats wird somit – wie auch der TÜV beim Auto – durch eine externe Stelle, zuständig für die Auditierung, abgeschlossen. Das Audit ist in regelmäßigen Abständen von zwei bis drei Jahren zu wiederholen.

Der Erwerb des Zertifikats wird ebenfalls durch öffentliche Förderung und Projektmittel der Kommission der Europäischen Gemeinschaften auf Antrag großzügig unterstützt, so dass beim Vorliegen eines entsprechenden Interesses auch kleine und mittlere Unternehmen – ohne allzu großen finanziellen Aufwand – dieses Zertifikat erwerben können.

Zwischenzeitlich haben sich mehr als 400 der namhaftesten deutschen Unternehmen zertifizieren lassen, was nicht zuletzt dazu dient, sie als gute Arbeitgeber für die talentiertesten der Nachwuchsbewerber auszuweisen. Der Nachweis guter Arbeitsbedingungen durch die Zertifizierung nach dem Family Audit wirkt somit auch als Imagewerbung nach außen und ist Teil einer Strategie des Arbeitgeber-Branding (s. Abschn. 6.6).

Der Erfolg des Family Audit zeigt, dass die größten deutschen Unternehmen hier seit Jahren mit Nachdruck aktiv geworden sind und das Audit im Mainstream angekommen ist. Dies lässt sich auch an den Begründungen für die Preisvergabe des Wettbewerbs „Deutschlands Beste" eindrucksvoll nachvollziehen. Dies ist nicht zuletzt das Verdienst zahlreicher Initiativen und Kampagnen seitens der Sozialpartner und der öffentlichen Hand, aber auch der Kommission der Europäischen Gemeinschaften, welche derartige Initiativen durch entsprechende Zuschüsse für spezifische Unternehmensprojekte auf Antrag finanziell unterstützt.

Die wichtigsten Vorteile des Audits, als eines zentralen Ansatzes zur Herstellung eines guten Arbeitsklimas und einer innovativen Firmenkultur als Antrieb für die Motivation der Beschäftigten, lassen sich gut in einem heterogenen Bündel positiver Effekte zusammenfassen:

- Positionierung als attraktiver Arbeitgeber
- Vorteile im Wettbewerb um qualifizierte Arbeitskräfte
- größere Loyalität der Beschäftigten (auch hinsichtlich Datensicherheit)
- Weniger Fluktuation und Verlust von unternehmensspezifischem Know-how
- Reduktion von Stress durch eine verbesserte Vereinbarkeit von Familie und Beruf
- wirksam als Maßnahme der Prävention gegen krankheitsbedingte Fehltage
- schnellere Rückkehr aus Elternzeiturlaub
- Beitrag zum gendergerechten Laufbahnkonzept für Männer und Frauen

Das Audit für Familie und Beruf ist damit auch gut einsetzbar im Rahmen von Werbekampagnen für das Unternehmen als Teil von Maßnahmen des Arbeitgeber-Branding. Anzumerken ist nicht zuletzt, dass die Möglichkeit der Vereinbarkeit von Beruf und Familie eine unverzichtbare und wesentliche Voraussetzung für eine gendergerechte Laufbahnentwicklung ist, sowohl frauen- wie männerbezogene Strukturverbesserungen der Erwerbsarbeit ermöglicht und damit zur Lebensqualität im Sinne einer verbesserten Work-Life-Balance entscheidend beiträgt.

Das Audit für Familie und Beruf ist nicht nur für multinationale Konzerne und große Arbeitgeber von Relevanz. Es ist genauso wichtig für den Mittelstand, der ja bekanntlich den Großteil deutscher Arbeitnehmer beschäftigt. Daher wird es jetzt verstärkt – in einer Kompaktversion – auch für kleine und mittlere Unternehmen ab fünf Mitarbeitern angeboten. Auch weitere Initiativen auf diesem Gebiet haben bereits das Stadium der Pilotprojekte verlassen und können Übertragbarkeitscharakter für den Mainstream beanspruchen.

Auch die Initiative des Deutschen Gewerkschaftsbundes (DGB) zur Gestaltung einer verbesserten Vereinbarkeit von Familie und Beruf geht in die gleiche Richtung, und zwar unter dem Slogan „Abschalten – Pause – Feierabend, Gute Arbeit – gutes Leben" (Vereinbarkeit.DGB.de).

Modellprojekte, wie das Family Audit, der GENDERDAX und gewerkschaftliche Initiativen zum Thema „Gute Arbeit", welche die Förderung familienfreundlicher Arbeitsbedingungen für beide Geschlechter anstreben und unterstützen, sind zwischenzeitlich im

Mainstream angekommen und wirken wie Qualitätslabel auf dem Weg zur Chancengleichheit. Die zusätzliche Schaffung von Ganztagskindergarten- und -schulangeboten sowie regionale Initiativen zur Verbesserung der Vereinbarkeit, dokumentiert im Genderatlas für Gesamtdeutschland, sind weitere Meilensteine auf diesem Weg, der im Interesse von Männern und Frauen, Betrieben und Gesellschaft längst überfällig ist (s. http://genderatlas.de).

Hinzu kommen gezielte Maßnahmen auf betrieblicher Ebene, die zu einer verbesserten Vereinbarkeit von Familie und Beruf führen sollen. Auch diese werden seit vielen Jahren als Bestandteil einer Politik der COM EU, des deutschen Gesetzgebers und der betrieblichen Sozialpartner verfolgt. Im Rahmen einer Politik des Gender Mainstreaming – also der gerechten Teilhabe beider Geschlechter an allen verfügbaren gesellschaftlichen Ressourcen – sollte auf allen Ebenen geprüft werden, inwiefern Frauen und Männer eine paritätische Verteilung und den gleichen Zugang zu gesellschaftlichen wie betrieblichen und finanziellen Ressourcen erhalten.

Das gendergerechte Laufbahn- und Lebenskonzept eröffnet Menschen die Wahlfreiheit, zu tun, was sie am besten können:

- Frauen und Männer können ihre Laufbahn kontinuierlich planen und Karriere im Beruf machen. Die Altersarmut von Frauen wird geringer, da sie im Laufe des Lebens mehr Einkommen haben.
- Männer und Frauen können Beruf und Privatleben besser aufeinander abstimmen. Sie haben die Chance, zu ihren Kindern und Partnern gute und stabile Beziehungen aufzubauen.
- Dadurch wird Stress in der Rush-Hour des Lebens in Beruf und Familie kleiner und die Gesundheit bleibt länger erhalten.
- Chancen, die sich aus der Digitalisierung betrieblicher Arbeit ableiten lassen, sind zur Herstellung von Chancengleichheit und zur Weiterentwicklung der Gesellschaft zu nutzen!

Es ist demzufolge logisch, dass alle Maßnahmen, die darauf abzielen, die Vereinbarkeit von Beruf und Familie zu erleichtern, für alle Beschäftigten – Frauen wie Männer – gelten, die Familienpflichten haben. Seit einigen Jahren fördert die COM EU sogar in nennenswerter Weise modellhafte Projekte und betriebliche Vorhaben, welche die Entwicklung und Umsetzung von familienfreundlicheren Lebens- und Arbeitsbedingungen zum Ziel haben. Diese zum Teil sehr aufwendig inszenierten Vorhaben werden EU-seitig durch die Aktivierung von Einsparpotenzialen auf der Seite der betrieblichen Akteure argumentativ fundiert.

Hinzu kommt, dass die Kosten der familienfreundlichen Maßnahmen in einer Art Kosten-Nutzen-Szenario aus betrieblicher Sicht gegenübergestellt werden, was als Fazit nur den logischen Schluss zulässt, dass sich die Entwicklung derartiger sozialer Innovationen in der betrieblichen Personalführung für Betriebe und Gesellschaft auch hinsichtlich der Finanzen auszahlt, einmal von nichtmonetären Effekten abgesehen. Es ist dabei wichtig zu betonen, dass diese Ansätze, Instrumente und Betriebsprojekte für Männer wie für Frauen gelten und nicht zur Sonder- bzw. Besserstellung weiblicher Arbeitnehmer führen sollen.

Wenn Väter Verantwortung übernehmen und Zeit finden für die Erziehung von Kindern, so ist das für alle Beteiligten eine sehr gute Entwicklung, da es Männern wie Frauen neue Wahl- und Entwicklungschancen in Beruf, Familie und Gesellschaft eröffnet.

Väter brauchen Zeit für die Familie
Väter übernehmen Familienpflichten

- für gemeinsame Freizeit und Beziehungspflege,
- für die Übernahme von Hausarbeit,
- für die Übernahme von Erziehungsarbeit.

Darüber hinaus gibt es eine ganze Reihe neuer sozialer Dienstleistungen, die seitens der Unternehmen extern als Kontingent bei professionellen Dienstleistern eingekauft werden, wenn z. B. Umzüge von Fach- und Führungskräften ins Ausland oder die Rückkehr aus dem Ausland (Relocation) anstehen bzw. Krisen- und Notfälle in der Familie auftreten (Family Service / Elder Care). Sie sollen unterstützend wirken und verhindern, dass es zu nennenswerten Fehlzeiten aus familiären Gründen kommt.

Die in Tab. 7.3 dargestellte Auflistung zeigt eine Auswahl modellhafter Praxisprojekte, die auf eine bessere Vereinbarkeit von Familie und Beruf abzielen. Hintergrundinformationen, entsprechende Einzelheiten und ausführliche Informationen zu den Projekten können mithilfe der in der Spalte „Zusatzinfos" genannten Hinweise recherchiert werden, sofern per Internet zugänglich.

Abschließend sei auf die jüngste Studie der OECD hingewiesen (OECD 2016). Auch der bereits etwas ältere Reader der COM EU mit dem Titel „Geschäftsnutzen von Vielfalt, Bewährte Verfahren am Arbeitsplatz" enthält zahlreiche Unternehmensbeispiele aus allen Ländern der EU (COM EU 2005).

Diese Initiativen und Projekte können vom BMFSFJ und dem Europäischen Sozialfonds gefördert werden sowie vom Deutschen Handwerkskammertag (DHKT) und dem Deutschen Industrie- und Handwerkskammergag (DIHT) unterstützt.[3]

Es besteht zudem die Möglichkeit, finanzielle Mittel bei der Kommission für betriebliche Referenzprojekte im Rahmen von Vorhaben im Rahmen der Corporate Social Responsibility (CSR)zu beantragen.

An diesen Beispielen zeigt sich, dass es eine Vielzahl von zielgerichteten und guten Ansätzen gibt, die Vereinbarkeit von Beruf und Familie für beide Geschlechter herzustellen.

Neuere Entwicklungen machen überdies deutlich, dass die betriebliche Sozialpartnerschaft wirksam unterstützend für das Anliegen der beschäftigten Männer, wie Frauen wirkt und damit einen neuen kontinuierlichen Schwerpunkt gefunden hat, der sich nicht

---

[3] Der DHKT ist die überregionale Spitzenorganisation der regionalen Handwerkskammern in Deutschland.
    Der DIHKT ist die überregionale Spitzenorganisation der Industrie- und Handelskammern in Deutschland.

Tab. 7.3 Exemplarische Projekte zur Vereinbarkeit von Familie und Beruf

Zielgruppe	Unternehmen/Träger	Projekttitel	Ziel	Zusatzinfos
Eltern	Stiftung für Familie und Beruf	Audit Familie und Beruf	Verbreitung des Audits für Familie und Beruf, Verleihung des Qualitätslabels	http://www.berufundfamilie.de
Ins Ausland entsandte Beschäftigte/Führungskräfte mit Familie	VW	Relocation	Unterstützung von Familien bei, vor und nach Auslandseinsatz	Internes PM-Angebot für Einzelne
Unterstützung von Fach- und Führungskräften in der Pflege Älterer/Familienangehöriger	Family Service für Großbetriebe, Beispiel Daimler Debis	Familienservice/Kinderbetreuung und Elder Care als Angebotsform neuer sozialer Dienstleistungen im Betrieb/es werden feste Kontingente gebucht	Entlastung der Angehörigen bei akuten Erkrankungen von Familienangehörigen/bei der Pflege von Älteren in der Familie	http://www.familienservice.de
Techniker- und Ingenieurinnen in der Familiengründungsphase	Motorola	Ganzheitliche Laufbahnplanung	Erhalt der Beschäftigung und Karriere von Technikerinnen und Ingenieurinnen nach der Familienphase	Internes PE-Angebot für Einzelne
Alle Beschäftigten	DGB	Vereinbarkeit gestalten	Gute Arbeit	http://index-gute-arbeit.dgb.de
Werdende Väter	Verdi	Betriebsräteschulung und Leitfaden	Förderung der Inanspruchnahme der Elternzeit durch die Väter	http://www.ver.di

nur hinsichtlich der Vereinbarkeit von Familie und Beruf, sondern auch generell für die Karrierechancen von Frauen positiv auswirken kann.

So zum Beispiel wirbt die Website von Verdi mit dem Hinweis auf 353 preisgekrönte Arbeitgeber, welche im Rahmen der Preisverleihung im Rahmen des Audits für Familie und Beruf, bestcase- Beispiele geschaffen haben, die es ermöglichen in ihrem Unternehmen „Beruf, Familie und Privatleben" vorbildlich zu verwirklichen (http://verdi.de. Zugegriffen am 21.04.2019, 19.32).

Dabei geht es nicht mehr darum für Frauen etwaige Förderungen und Besserstellungen herauszuarbeiten, was die Mehrheit der Frauen auch ablehnt, sondern es geht in erster Linie darum ein neues Männerbild und ein neues Frauenbild zu entwickeln und zu leben, welches beiden Geschlechtern neue Perspektiven eröffnet. Dementsprechend werden inzwischen auch entsprechende Männerseminare angeboten (http://frauen-bawue-verdi.de/ueber-uns/ Männer und Gesundheit am Arbeitsplatz. Zugegriffen am 22.04.2019, 10:20 sowie http://gender.verdi.de/themen/vereinbarkeit für Frauen und Männer, Rubriken: Chancengleichheit, Männerpolitik, Gesundheitspolitik. Zugegriffen am 22.04.2019, 10:12).

Aktualisierung des Elternzeitgesetzes fördern

„Familienfreundlichkeit als Wettbewerbsvorteil – ist das nicht ein Widerspruch?" Laut S. Mosdorf, Vorstand der CNC AG, sei Familienfreundlichkeit eines Unternehmens nicht ohne organisatorische Kosten zu haben, aber diesen Kosten stünden auch Erträge gegenüber und es gälte die Trennung zwischen Berufswelt und Familienwelt zu überwinden (s. Mosdorf o.D.).

▶ Um die Gleichbehandlung von Männern und Frauen auf dem Arbeitsmarkt zu fördern, ist die aktive Vaterschaft als eines der größten sozialen Ziele des 21. Jahrhunderts zu bezeichnen. Dahinter steht ein neues Familienmodell und neue Rollen für beide Elternteile.

   Nach dem neuen Gesetz werden die finanziellen Möglichkeiten dafür geschaffen, dass die Väter an der Versorgung von Kleinstkindern stärker beteiligt werden.

   Bislang konnten sich viele Familien den sogenannten „Vaterschaftsurlaub" wegen des Verdienstausfalls des Vaters in der Regel nicht leisten.

Da einmal erworbene Kompetenzen in der digitalisierten Arbeitsgesellschaft rasch veralten, ist es von zentraler Bedeutung, längere Unterbrechungen der beruflichen Tätigkeit zu vermeiden bzw. auch bei schwangerschaftsbedingten Unterbrechungen innovative, vom Gesetzgeber geschaffene neue Elternzeitregelungen zu nutzen sowie die angebotenen Halte- und Weiterbildungsangebote der Unternehmen anzunehmen. Dies gilt für die Frauen wie für die frischgebackenen Väter.

Somit ist es das erklärte Anliegen des Gesetzgebers, die flexible Wahrnehmung der Elternzeiten durch beide Elternteile mithilfe des neuen Gesetzes zum Bundeselterngeld- und Elternzeitgesetz mit ElterngeldPlus (Fassung vom 01.01.2015) zu unterstützen. Die Veränderungen in der Gesetzeslage zielen explizit darauf ab, die Väter stärker an der

Inanspruchnahme der Elternzeit zu beteiligen. Die neuen Familienleistungen mit Elterngeld und weiter gehenden Bestimmungen zur Steuerbegünstigung in der Kinderbetreuung zielen sämtlich darauf ab, dieses Ziel zu verfolgen.[4]

Auf der gesetzgeberischen Ebene hat die Bundesregierung deshalb in den letzten Jahren eine Reihe neuer Bestimmungen erlassen, die darauf abzielen, den Anteil der Väter am Erziehungsurlaub zu vergrößern und damit die Väter nicht nur stärker in die Verantwortung für die Betreuung der Kinder nach der Geburt einzubeziehen, sondern auch eine Wende in der Kinderbetreuung einzuleiten. Erwähnenswert in diesem Kontext ist, dass jetzt während der ersten Lebensjahre eines Kindes ein Zeitraum von 24 Monaten auf beide Eltern aufgeteilt werden kann. Interessant ist ebenso, dass höhere Elterngeldzahlungen erfolgen, so dass es nicht mehr aus finanziellen Gründen erforderlich ist, dass nur Mütter bzw. Frauen die Elternzeit nehmen.

Durch die neuen Regelungen und die Höhe der Elterngeldzahlungen ist es auch für Männer leichter zu bewerkstelligen, in den ersten Lebensjahren des Kindes einige Zeit aus dem Beruf „auszusteigen". Ihr finanzieller Ausfall während der Elternzeit wird aus Geldern des Familienministeriums weitgehend kompensiert, so dass es dem Vater bzw. dem Paar möglich wird, in den ersten Jahren beim Kind zu bleiben bzw. die Arbeitszeit zu reduzieren. Somit wird ein wichtiger Schritt in Richtung Mentalitätenwechsel in deutschen Unternehmen wirksam unterstützt. Dies fühlt sich nicht nur für die Mutter, sondern auch für den frischgebackenen Vater gut an, wie Erfahrungswerte junger Väter beweisen. Wichtig hierbei ist überdies festzuhalten, dass die Elterngeldzahlungen nicht vom Unternehmen bezahlt werden müssen, sondern vom Familienministerium kommen. Somit werden Unternehmen finanziell entlastet. Dies kommt nicht zuletzt kleinen Betrieben und dem Mittelstand zugute.

Die neue Regelung wird von frischgebackenen Müttern wie Vätern gut angenommen. Die Autorinnen Unterhofer, Welteke und Wrohlich vom DIW stellten dazu schon 2017 in einer sehr fundierten empirischen Untersuchung zur Inanspruchnahme der Elternzeiten fest, dass das Elterngeld die sozialen Normen verändert habe (DIW-Wochenbericht 2017, S. 659).

„Krabbeln lerne ich bei Mama, laufen dann bei Papa", so das neue Leitmotiv des BMFSF. Es gibt bereits zahlreiche Studien zu den positiven Auswirkungen auf die Eltern wie auch auf die Kinder. Insbesondere jedoch die Väter scheinen davon zu profitieren, da sie die Gelegenheit haben, eine intensive Zeit mit ihren Kindern zu verbringen, und dabei ganz nebenbei die Erfahrung machen, wie anstrengend und fordernd Erziehungs- und Hausarbeit sein kann. Empirische Befragungen haben ergeben, dass diese Väter auch nach der Elternzeit ein viel intensiveres Verhältnis zu ihren Kindern unterhalten und sich auch nach der Elternzeit eher für die Teilung der Hausarbeit engagieren als solche, die keine Elternzeiterfahrung gewinnen konnten.

---

[4] Die neuen Gesetze und Bestimmungen zum Elterngeld sind als Download verfügbar und einzusehen unter Familienleistungen (2007).

Zahlreiche große Arbeitgeber wie Banken und Versicherungen, aber auch öffentliche Unternehmen und Industriebetriebe haben zwischenzeitlich sehr interessante Modelle zur aktiven Gestaltung der Elternzeit entwickelt, welche nicht nur die Freistellungszeit regeln, sondern auch darüber hinaus als „Halteangebote" in der Elternzeit zu verstehen sind. Hierunter ist zu verstehen, dass die „Erziehungsurlauber" von den Kollegen „auf dem Laufenden" gehalten werden, was Neuerungen am Arbeitsplatz angeht usw. Mitunter erhalten sie sogar die Möglichkeit, ihre beruflichen Kompetenzen durch vom Arbeitgeber bezahlte Kurse aufzufrischen und vieles mehr.

Diese betrieblichen Angebote im Rahmen der Elternzeit zielen darauf ab, die gut qualifizierten Mütter im aktiven Erwerbsprozess zu halten, aber auch den Vätern entsprechende Freistellungszeiten und damit einen substanziellen Beitrag zur nachhaltigen Vereinbarkeit von Familie und Beruf zu ermöglichen. Damit gewinnt letztlich auch das Unternehmen, denn indem es seine Personalressourcen pflegt, steigt die Loyalität und Leistungsbereitschaft der Mitarbeiter. Dies zeigt sich letztlich in einem guten Betriebsklima und schlägt mittel- und langfristig finanziell positiv zu Buche. Die negativen Folgen der fehlenden Vereinbarkeit werden dadurch vermieden. Mit den Kosten-Nutzen-Effekten bzw. betriebswirtschaftlichen Effekten familienfreundlicher Maßnahmen, nicht zuletzt im Hinblick auf das Family Audit, beschäftigen sich mehrere Studien des BMFSF zu dieser Thematik (BMFSFJ 2014).

Gleichzeitig hat der Gesetzgeber damit eine Gesetzesänderung geliefert, die sich äußerst positiv hinsichtlich des fälligen Wandels der Elternrollen auswirken kann und soll. Die neue Elternzeit, welche sich an Väter wie Mütter richtet und die Übernahme von Familienpflichten bei der Geburt eines Kindes auch für den Führungsnachwuchs als salonfähig erklärt, wirkt sich nicht nur auf den Betrieb aus, sondern vor allem auf die Person, welche eine neue Rolle als Vater oder Mutter übernimmt und die somit Gelegenheit erhält, in die Rolle „hineinzuwachsen", ohne den Arbeitsplatz zu verlieren oder aufzugeben (s. hierzu BMFSFJ 2014).

Erfreulicherweise beschäftigen sich auch mehrere neuere Studien mit der neuen Rolle des Vaters in der Familie und dem Zugewinn für seine Person, auch aus psychologischer Sicht (u. a. DGB 2015). Sie setzen damit in Szene, was die Forschung seit langem festgestellt hat: Geschlechterrollen sind soziale Rollen und damit veränderbar!

Durch die neue Elterngesetzgebung wurde eine Grundlage dafür geschaffen, dass das lebenslange Laufbahn- und Karrierekonzept für Männer wie für Frauen in den betrieblichen Mainstream gelangt und sich demzufolge die Karrierechancen für Frauen mittelfristig entscheidend verbessern. Es wird durch die Inanspruchnahme der Elternzeit durch die neuen Väter nicht nur die Chance auf die Inanspruchnahme einer kurzfristigen Elternzeit gegeben, es wird vielmehr in der Folge eine ganze Welt von Stereotypen, Verhalten und Vorurteilen maßgeblich verändert (s. hierzu u. a. DGB 2016).

Es wird mit Blick auf die Barrieren, welche sich im Bereich der familialen Arbeitsteilung für die Gleichstellung der Frauen in der Arbeitswelt feststellen lassen, in den letzten Jahren vermehrt darauf hingewirkt, dass sich Männer sowohl für Erziehungszeiten als auch für die Übernahme von Verantwortung bei der Kindererziehung engagieren. Dies kann bis zum kompletten Rollentausch gehen, so dass der Vater beruflich zurücksteckt, um der Frau eine berufliche Karriere zu ermöglichen. Dies dürfte allerdings noch die

Ausnahme sein bzw. nur in den Fällen von Interesse, in denen die Frau einen gefragteren Beruf, eine wesentlich bessere Ausbildung und damit bessere Verdienstchancen hat als der Partner. Dass diese neue Arbeitsteilung in der Familie und die neue Rolle der Väter europaweit als Ansatz durchaus relevant sind, zeigt die OECD-Studie (2016).

Auch in Deutschland ist der Anteil der Väter, die sich aktiv an der Elternzeit beteiligen, von 20 % im Jahr 2008 auf mehr als 30 % im Jahr 2014 sprunghaft gestiegen und wächst weiter.

Beste Beispiele guter veränderter Praxis

Hinsichtlich der Inanspruchnahme von Elternzeit nach der Geburt eines Kindes bieten Unternehmen wie Axel Springer Verlagshäuser, Bitkom, Brugger GmbH, CommerzbankAG, Edding AG, Fingerhaus GmbH, Grübel GmbH & Co.KG., HSH Nordbank und Vodafone Beispiele für gute Praxis.

Wie eine Anleitung zur Verwirklichung eines gendergerechten Rollenverhaltens von Vätern liest sich der Beitrag des Unternehmensnetzwerks „Erfolgsfaktor Familie" zum Schwerpunkt „Väter und Vereinbarkeit, Leitfaden für väterorientierte Personalpolitik", vertreten durch den DIHK. Die zahlreichen unternehmensbezogenen Beispiele und das Engagement namhafter Unternehmen zur Förderung der Inanspruchnahme der Elternzeit durch männliche Mitarbeiter und Führungskräfte sind in diesem Reader enthalten. Sie werden nach inhaltlichen Schwerpunkten gegliedert und geben Aufschluss darüber, wie die Unternehmen es erreichen können, dass die neue Elternzeit der Väter zu einem Erfolgsmodell wird (BMFSFJ o. J.).

Elternzeit und Vaterschaft als soziale und berufliche Rolle aus der Sicht der Männer

Die Trendstudie „Moderne Väter" (Väter GmbH 2012) zeigt anhand einer empirischen Befragung von 1000 Männern auf, wie diese aktuell ihre Vaterschaft als soziale Rolle definieren.

Die Auswertung der empirischen Erhebung und mehrere Unternehmensbeispiele hinsichtlich vorbildlicher Praxis moderner Vaterschaft, u. a. die Betriebsfallstudie bei der Bosch GmbH (Väter GmbH 2012, S. 72), zeigen, wie die neue soziale Rolle in der Familie von Vätern definiert wird und wie sie auch deren beruflichen Alltag bzw. deren Berufsrolle verändert.

▶ Die ausführliche und sehr aktuelle Studie der OECD „Dare to share": „Germany's Experience Promoting Equal Partnership in Families" zu diesem Thema ist eine anschauliche Aufbereitung des für Deutschland verfügbaren Datenmaterials zu einschlägigen Fragen hinsichtlich der Verteilung von bezahlter und unbezahlter Arbeit in Partnerschaft und Beruf.

Im Fokus stehen dabei die Entwicklung der Arbeitsteilung in den Familien und zwischen den Eltern seit Anfang des Jahrtausends sowie ein Vergleich von Deutschland mit Frankreich (s. OECD 2016).Nicht zuletzt aufgrund der veränderten Arbeitsteilung in den Familien ist offensichtlich bereits schon 2018 der Anteil der Frauen, die mehr verdienen als ihre Partner, auf über 30 % gestiegen.

7.4   BGM und Prävention

▶   75 Milliarden Euro an volkswirtschaftlichen Produktionsausfällen (Lohnkosten) und 133 Milliarden Euro Ausfall an Bruttowertschöpfung (Verlust an Arbeitsproduktivität) entstanden in Deutschland im Jahr 2016 durch Arbeitsunfähigkeit der Beschäftigten (Arbeitsschutz-Portal.de, 21.11.2018). Ähnlich dramatische Entwicklungen vollziehen sich derzeit in den gesamten Ländern der Europäischen Gemeinschaften, so dass die OSHA für das Jahr 2016 das europäische Jahr gegen den Stress ausrief. Dies zeigt die Relevanz des Schwerpunktes.

Mit einer durchschnittlichen Arbeitsunfähigkeit von 17,2 Arbeitstagen pro Arbeitnehmer ergeben sich für das Jahr 2016 insgesamt 6745 Millionen Arbeitsunfähigkeitstage und damit riesige Ausfälle an erbrachter Arbeit, Vertretungsaufwand und Mehrkosten sowie Verdiensteinbußen.

Ausfallzeiten und Erkrankungen werden – arbeitsmedizinischen Studien zufolge – zu einem großen Teil mit den Auswirkungen von Stress in der betrieblichen Arbeit erklärt. Daher entwickelt die sogenannte Prävention – als Bestandteil von Gesundheitsmanagement – als Ansatz zur Vermeidung von Stress und Fehlzeiten eine ständig steigende Relevanz im betrieblichen Personalmanagement. Aktuell werden immer neue spezifische Projekte, Angebote und Umstrukturierungsansätze betrieblicher Arbeit zur Förderung des Betriebsklimas, vielfach gemeinsam und mit finanzieller Unterstützung der betrieblichen Genossenschaften sowie der Krankenkassen, diskutiert und realisiert. Dies geschieht im Interesse der Beschäftigten wie der Unternehmen, aber auch der Berufsgenossenschaften, der Krankenkassen und der Rentenversicherungsträger, welche für die Erwerbsunfähigen aufkommen.

▶   **Stressvermeidung wird zur zentralen Führungsaufgabe**   Es ist inzwischen als krankmachender Faktor bekannt, dass betrieblicher Stress in Verbindung mit einem schlechten Führungsstil als doppelte Belastung von den Beschäftigten empfunden wird und sich negativ – mit hohen Folgekosten für Unternehmen und Gesellschaft – auf die gesundheitliche Verfassung von Arbeitnehmern auswirkt.

Deshalb muss es ein vorrangiges Ziel des Managements sein, unnötigen Stress zu vermeiden und gute Arbeitsbedingungen zu schaffen. Im Kontext der Vernetzung und Informatisierung betrieblicher Arbeit werden Angebote der betrieblichen Prävention im Zeichen von betrieblichem Gesundheitsmanagement immer wichtiger.

In den letzten Jahren hat sich gezeigt, dass die Maßnahmen der gesundheitlichen Prävention, also der Vermeidung von Erkrankungen wie Burn-out und vorzeitiger Frühverrentungen jüngerer Arbeitskräfte, immer mehr auch in das Blickfeld von Führungskräften rücken, da die Umgebungsfaktoren von betrieblicher Arbeit, wie auch das Tempo und die Innovationsgeschwindigkeit, sich immer stärker in belastender Form auswirken. Fakt ist auch, dass die Reha-Kliniken voll sind mit Personen mittleren Alters und immer weniger Erwerbspersonen das offizielle Alter für den Bezug der regulären Altersrente bei guter Gesundheit erreichen.

Neben den unvermeidlichen Ursachen von Stress durch technisch-organisatorische Umstellungen und eine erhöhte Arbeitsbelastung geht es auch um Phänomene wie z. B. den Abbau von sozialem Stress und Burn-out. Dieser soziale Stress entsteht in vielen Situationen durch Mobbing und Bossing, wenn Einzelne sich als ohnmächtig erleben gegenüber dem Arbeitgeber bzw. der Überforderung in der Arbeit. Angebote der Mediation bzw. für die körperliche wie mentale Entspannung können dabei ein Ventil sein, welches zumindest die aktuelle Situation entschärft.

Für alle Beschäftigten sind grundsätzlich alle Fitness- und Sportangebote geeignet, die als Kompensation für einseitige Zwangshaltung und die stundenlange Arbeit an den Bildschirmen fungieren können, zumal über die körperliche Anstrengung und Entspannung nicht nur Stressabbau als Ventil erfolgt, sondern auch ein gewisser, neutraler Abstand zu den Stressphänomenen hergestellt wird. Dies gilt umso mehr, wenn Sport während der Arbeitszeit betrieben werden kann, auch gemeinsam mit Kollegen, z. B. durch die Gründung eines betrieblichen Sportvereins.

„Kein Sport ist Selbst-Mord auf Raten"

So ist der lapidare Spruch abzuwandeln, der noch vor Jahren salonfähig war und der es für legitim erklärte, sich nur höherwertigen, geistigen Anforderungen zu widmen.

Aufgrund der neuen Qualität digitalisierter Arbeit im Betrieb wird Stressmanagement zu einem zentralen Teil des BGM. Sportangebote in Pausen und während der Arbeitszeit werden unerlässlich. Heute wissen wir, dass Bewegungsarmut eine der Hauptursachen für viele Erkrankungen des Bewegungsapparates, aber auch des Kreislaufs und des Stoffwechsels darstellt, insbesondere auch für das immer bedrohlicher werdende Phänomen der Fettleibigkeit und des Übergewichts durch einseitige Über- und Fehlernährung. Wir wissen heute auch, dass die Arbeit am PC nervlich sehr starke Belastungen mit sich bringt und damit Stress produziert, aber hingegen körperliche Bewegung kaum noch vorkommt, die aus physiologischer Sicht zum Stressabbau beiträgt.

Bewegungsarme Arbeit am Bildschirm erlaubt es kaum, diese für das Wohlbefinden unerlässliche Kombination aus Spannung und Entspannung zu erzielen. Deshalb sind betriebliche Sportangebote kein Luxus, sondern eher Zeichen einer fortschrittlichen Unternehmenspraxis, denn gesunde Beschäftigte sind profitabler als andere, die sich am Rande der Arbeitsfähigkeit dahinschleppen und daher über kurz oder lang über Störungen des Allgemeinbefindens klagen, arbeitsunfähig erkranken bzw. vorzeitig erwerbsunfähig werden. Insofern ist es gerade im Zeichen digitaler Arbeit und der damit verbundenen hohen Stressbelastungen elementar wichtig, auf einen kooperativen, konfliktarmen Führungsstil zu achten bzw. die aktive Ausübung von sportlichen Übungen und Bewegung im Allgemeinen zum integralen Bestandteil täglicher Arbeitsabläufe und Tagesinhalte zu machen.

Der geschilderte Bedarf an Angeboten der Stressprävention gilt für Personen jeglichen Alters und nicht nur für die jüngere bzw. die ältere Generation, wie die Statistiken der Berufsgenossenschaften und der Rentenversicherer zeigen. Durch Angebote des Stressmanagements können in jedem Alter ernsthafte Einschränkungen der Gesamtbefindlichkeit, Erkrankungen und Ausfälle mit den damit verbundenen Kosten und Einschränkungen vermieden und die Lebensqualität gesteigert werden. Letztlich profitieren davon alle Beschäftigten als Privatperson wie auch als Mitarbeiter und natürlich auch die Unternehmen!

Zahlreiche Fälle pilothaft vorbildlicher betrieblicher Praxis zeigen anschaulich, dass bereits heute viele Unternehmen es verstehen, sehr gezielt Angebote und Initiativen der Prävention einzusetzen. Dies entspricht dem wachsenden Bedarf an Prävention im Betrieb. Aktuell werden in diesem Zusammenhang sowohl seitens der Krankenkassen als auch seitens der Berufsgenossenschaften und europäischen Einrichtungen zahlreiche spezifische Ansätze, Angebote und Umstrukturierungsansätze betrieblicher Arbeit zur Förderung des Betriebsklimas, vielfach gemeinsam und mit Unterstützung der betrieblichen Genossenschaften sowie der Krankenkassen, entwickelt und realisiert.

Im Bereich des betrieblichen Gesundheitsmanagements als Teil der Prävention gibt es inzwischen zahlreiche gute Vorbilder für Gesundheitsprojekte in unterschiedlichen Schwerpunktbereichen der Beschäftigung. Nicht nur in Großbetrieben, wie Daimler Debis, sondern auch im Mittelstand kann in ganz Europa verstärkt auf eine gut dokumentierte, betriebliche Praxis zurückgegriffen werden.

(Prevalence rate of work related stress by age and gender per 100.000 people employed averaged over the period 2011/12, 2013/14 and 2014/15 www.hse.gov.uk/statistics/lfs/strage1_3yr.xlsx).

Der Führungsstil ist anerkanntermaßen ein entscheidender Faktor für die Verarbeitung von Stress am Arbeitsplatz. Ebenso wurde erforscht, dass Faktoren wie Angst vor Fehlern, das Arbeitsklima der Kolleginnen und Kollegen untereinander, die Zusammenarbeit mit den Führungskräften, der Arbeitserfolg und die Motivation der Mitarbeiter durch einen partizipativen Führungsstil mit teilautonomen Entscheidungsstrukturen für die Beschäftigten günstig beeinflusst werden. Das Arbeiten in flachen Hierarchien und eine Wertschätzung der Beschäftigten, nicht zuletzt durch eine weitestgehende Einbeziehung in die Definition von Unternehmenszielen und Entscheidungen, sind im Zeichen neuer Arbeitskonzepte unverzichtbar.

Wissenschaftlich erwiesen ist auch, dass alle Arten von Entspannung und sportlichen Aktivitäten ein Ventil für Stress am Arbeitsplatz sind, auch wenn sie auf Dauer eine gelebte, gute Arbeitskultur nicht ersetzen können. Mehr und mehr haben die Unternehmen erkannt, dass es nicht nur Privatsache ist, sondern auch Aufgabe für die Firmenleitung, ein wenig für Stressentlastung zu sorgen. Aufgestellte Sofas und Ruheräume sowie Rückzugsangebote für die Belegschaft sind in vielen großen IT-Unternehmen bereits heute Bestandteil regulärer Präventionsangebote. Angebote der Prävention und des Gesundheitsmanagements als zentraler Bestandteil einer gelebten Praxis von Personalmanagement und Personalentwicklung werden somit in den Unternehmen zum aktiven Bestandteil einer guten Mitarbeiterführung und damit auch zur zentralen Stellgröße von Unternehmenserfolg. Inzwischen werden niedrigschwellige Projekte der Stressprävention auf regionaler und betrieblicher Ebene auch von Krankenkassen wie der Unfallkasse NRW mit Modellprojekt SIMBA angeboten, bei denen es darum geht, dass Beschäftigte sich in der Stressberatung und -bewältigung qualifizieren, um Methoden der Stressprävention zu erlernen, welche sich auf betrieblicher Ebene bewähren.

Das als exemplarisch vorbildlich und mit einem Preis für betriebliches Gesundheitsmanagement honorierte Präventionsprojekt LOS der REWE-Group wendet sich der

Bewältigung vorhersehbarer, biografischer Krisen und damit betrieblichen Fehlzeiten –
bedingt durch Krankheit, Tod, Verschuldung, Sucht oder Scheidung – von Fachkräften in
der Lebensmitte zu.[5] Hier geht es darum, den durch entsprechende Lebensereignisse entstehenden Stress im Vorfeld von Arbeitsausfällen und schwerwiegenden Erkrankungen zu
erkennen und – ggfs. durch Inanspruchnahme von Akteuren einer bereits bestehenden Infrastruktur für Gesundheitsmanagement – auf entsprechende Serviceangebote professioneller Dienstleister hinzuweisen. Damit wird zu einem frühen Zeitpunkt eine lebensbe-
gleitende Hilfe geleistet. Bei LOS wird deutlich, dass die frühzeitige Unterstützung bei
der Bewältigung individueller Lebenskrisen sowohl den Beschäftigten nützt als auch zum
Erhalt der Arbeitskraft beiträgt.

Dies bedeutet nichts anderes, als dass betriebliche Präventionsprojekte dazu beitragen,
das Auftreten entsprechender Fehlzeiten zu verhindern, und damit dem Unternehmen
nicht nur Kosten ersparen, sondern vor allem den durch Ausfälle entstehenden Stress für
alle Beschäftigten deutlich minimieren. Damit sind derartige Vorhaben Instrumente eines
aktiven Gesundheitsmanagements.

Innovative Personalpolitik verfolgt im Rahmen von betrieblicher Weiterbildung eine
große Vielzahl strategisch bedeutsamer Maßnahmen eines präventiven Gesundheitsmanagements, wie z. B.

* Führungskräfteschulungen zur Verbesserung des Führungsstils und der Mitarbeiterfüh-
  rung,
* Angebote flexibler Arbeitsgestaltung mit teilautonomem Zeitmanagement,
* Einrichtung von Betriebskantinen mit gesunden, preiswerten Ernährungsangeboten,
* Work-Life-Balance-Seminare zur gezielten Entspannung,
* Sportangebote während der Mittagspause bzw. im Betrieb an einzelnen Wochentagen,
* Vereinbarkeit von Beruf und Familie, wie z. B. Family Audit,
* Maßnahmen zur Förderung von Personen mit Familienpflichten,
* Maßnahmen der Familienhilfe in sozialen Notlagen,
* Maßnahmen der (Re-)Integration von Familien bei der Organisation von Auslandsein-
  sätzen,
* Einführung von DM im Personalmanagement zur Gleichstellung aller Mitarbeitenden
  usw.,
* sonstige Maßnahmen (kostenlose Snacks und Smoothies, angeleitete Pausenangebote
  und Firmenevents, Genehmigung zur Aufstellung einer Couch für kurze Entspannungs-
  zeiten bzw. Bereitstellung von Schlafkabinen für Power Naps während der Arbeitszeit,
  gemeinsame Sportcamps und Firmenreisen, Besuche von Sportstudios usw.),
* zielgruppenspezifische Angebote zur Früherkennung besonders belasteter Personen,

---

[5] LOS könnte auch als Beitrag zur Vereinbarkeit von Familie und Beruf bezeichnet werden. Dies
zeigt u. a., wie schwer es ist, die einzelnen Instrumente analytisch trennscharf voneinander abzugrenzen, so dass bei der Entwicklung eines betrieblichen Vorhabens immer auch weitere Synergie-
effekte zum Tragen kommen, die jedoch im Vorfeld bedacht und reflektiert werden sollten.

- Einzelfallberatung (für Suchtgefährdete, Personen in Lebenskrisen, auffällige Personen),
- innovative Formen der Arbeitsgestaltung und der Arbeitsorganisation,

um nur einige, sehr erfolgreich eingesetzte Instrumente namhafter Unternehmen zu nennen.

In diesem Zusammenhang stehen auch Angebote der Vermeidung von Konflikteskalation und Krisen am Arbeitsplatz, welche durch Führungskräfte bzw. Personalverantwortliche und Dienstleister wahrgenommen werden können (s. Abschn. 4.4).

Die Work-Life-Balance hat viele Gesichter

Work-Life-Balance-Angebote gehen, wie z. B. im Falle schwedischer Firmen, so weit, dass nicht nur Gymnastik in der Mittagspause auf Firmenkosten angeboten wird, sondern überdies „Lunch-Beats" – kleine Tanzpartys in der Mittagspause, bei denen ausgiebig getanzt wird und Unterhaltungen über die Arbeit verboten sind.

Auch das Versandhaus Otto in Hamburg hat, neben zahlreichen anderen Ansätzen im Bereich der Prävention, einen Gesundheitsmanager eingestellt, der freitags entsprechende Konzert-Events für die Belegschaft organisiert. Auch hier ist das Ziel die Entspannung vom Stress der betrieblichen Arbeit.

Innovative soziale Dienstleistungen im Betrieb als Teil von Prävention

Letzten Endes werden aufgrund zahlreicher Strukturveränderungen im Zeichen des demografischen Wandels und der Flexibilisierung von Produktionskonzepten weitere Strategien im Bereich des Personalmanagements relevant, ganz besonders die zielgruppengerechte Entwicklung von Fördermaßnahmen für Beschäftigte und deren gezielte Entwicklung durch den Einsatz bewährter innovativer Ansätze und Instrumente der Personalentwicklung.

Hohe Datendichte und fehlende Transparenz im Arbeitsprozess, der Zwang ständiger Erreichbarkeit und die permanente Angst vor dem Verlust des Arbeitsplatzes aufgrund von Umstrukturierungen etc. führen dazu, dass die Stressbelastung im Vergleich zu den 80er-Jahren stark zugenommen hat und vielfach vom Einzelnen als kaum noch beeinflussbar erlebt wird.

Krankenkassen, Berufsgenossenschaften und Rentenversicherungsträger machen immer mehr mobil, was die Notwendigkeit zur Schaffung einer vertretbaren Arbeitsbelastung mit einem guten Arbeitsklima angeht. Hier sind europaweite Initiativen gestartet worden, da Arbeitsausfälle durch psychische Erkrankungen und körperbedingte Ausfälle in allen hoch entwickelten Ländern stark zugenommen und nennenswerte Größenordnungen erreicht haben. Hier gilt es noch vorhandene Wissenslücken durch zielgerichtete Aufklärung zu bekämpfen, insbesondere in Klein- und Mittelbetrieben sowie dem Handwerk.

Es kann deshalb als eine immer wichtiger werdende Führungsaufgabe bezeichnet werden, vermeidbaren Stress für die Arbeitnehmer abzumildern bzw. nicht erst entstehen zu lassen. In diesem Zusammenhang werden neue Präventionskonzepte und Modelle auf betrieblicher Ebene immer wichtiger, wie z. B. hinsichtlich betrieblicher Angebote für ein präventives Gesundheitsmanagement, z. B. in der Form von Aktivpausen, gezielten Sport- und Entspannungsangeboten am Arbeitsplatz, der Einrichtung von Betriebskantinen usw.

Auch neue Regelungen und Angebote für die Etablierung einer verbesserten „Work-Life-Balance", wie Sabbaticals und bestimmte Gratifikationen im Bereich des Mehrstundenausgleichs, sind dabei von Relevanz. Dabei geht es für alle Beschäftigten um die Optimierung der Vereinbarkeit betrieblicher und individueller Interessenlagen. Hierbei geht es um die Fähigkeit der Mitarbeiter, sich im Zeichen entgrenzter Arbeitsanforderungen sowohl stärker verantwortlich einzubringen als auch der Entgrenzung von Arbeitsprozessen mental entsprechende Abgrenzungsmuster entgegenzusetzen. Dies erscheint als Maßnahme gegen Entgrenzung und das Entstehen eines Burn-outs unverzichtbar.

▶ **Burn-out** Der Begriff Burn-out bezeichnet keine anerkannte Krankheit, sondern ist ein Sammelbegriff für Depressionen und Erkrankungen aller Art. Der Begriff „Burn-out" wurde von Buhrisch (2014) geprägt.

Der Begriff bezeichnet das Erscheinungsbild des „Ausgebranntseins". Damit wird die Unfähigkeit bezeichnet, weiter die erwünschte berufliche Leistung zu erbringen. Vielfach ist diese Erkrankung mit zahlreichen körperlichen Störungen und Erkrankungen verbunden. Sie verläuft langsam, schleichend und in Phasen. Sie kann bis zur totalen Erschöpfung, Arbeitsunfähigkeit und zum Tod führen. In der Vergangenheit befiel Burn-out hauptsächlich Angehörige der helfenden und lehrenden Berufe, wird aber mehr und mehr zur Volkskrankheit. Dies zeigt sich nicht zuletzt an den steigenden Kosten für Störungen des seelischen Wohlbefindens und stressbedingte Erkrankungen.

Work-Life-Balance-Ansätze sind nur eine Notlösung!
Work-Life-Balance meint, dass es notwendig ist, ein ausgewogenes Verhältnis zwischen Anforderungen von Arbeit, Familienpflichten und persönlichem Wohlergehen, z. B. durch sportliche Betätigung, Entspannungsaktivitäten und Yoga, herzustellen. Die Work-Life-Balance-Aktivitäten sind im Zeichen des Wandels von Arbeitsbelastungen auch für Singles von wachsender Bedeutung, nicht nur für Personen mit Familienpflichten und Kindern.

Durch entsprechende Maßnahmen soll verhindert werden, dass Beschäftigte in einen Burn-out hineindriften, wobei bestimmte Berufe des Helfens, der Pflege, der Lehre und der Sozialarbeit besonders gefährdend sind.

In der Diskussion um Modelle der Work-Life-Balance (WLB) werden kontroverse Standpunkte vertreten. Einerseits wird die WLB als Teil von Präventionsansätzen hochgelobt, andererseits als „Bullshit" bezeichnet, weil es keine Trennung zwischen der Sphäre von Arbeit und Privatheit mehr gibt und es deshalb darauf ankäme, persönliche Prioritäten und Selbstverwirklichungsmomente in der Arbeit zu finden und zu definieren. Die Beschäftigten sollen individuell ihre Berufswahl, inkl. des beruflichen Engagements, so gestalten, dass sie für ihre Berufsarbeit „brennen" und damit Erfüllung und Freude im Beruf finden. Damit würde der Kampf für eine ausgeglichene Balance obsolet.

Mit Sicherheit liegt die Wahrheit in der Mitte. Die Erfahrung zeigt nämlich, dass es auch bei der Möglichkeit der Selbstverwirklichung in der Arbeit durch das Fehlen von ausreichenden Erholungszeiten zu vorzeitigem Verschleiß, Erschöpfungszuständen bzw. schwerwiegenden Erkrankungen kommt, wenn die persönlichen Grenzen überschritten werden und die einzelne Person keine Stress-Resilienz aufbauen kann oder aufweist.

Kritisch ist bei beiden Lösungsansätzen anzumerken – genauso wie beim Gebrauch von Smartphone und E-Mail nach Dienstschluss –, dass die Privatsphäre mehr und mehr in den Fokus der Arbeitgeber rückt und immer schwieriger ohne Sanktionen abzugrenzen ist.

Der Wunsch nach einer ausgeglichenen Work-Life-Balance und nach einer Abgrenzung von der Entgrenzung betrieblicher Arbeit ist ein komplexer Drahtseilakt für Betrieb wie Arbeitnehmer. Eine gewisse Form der Abgrenzung gegenüber den Anforderungen der betrieblichen Arbeit und den Interessen der einzelnen Person hinsichtlich Erholungszeiten und Privatheit gelingt aktuell vielfach nicht mehr, was unter dem Stichwort der „Entgrenzung betrieblicher Arbeit" diskutiert wird.

Diese sogenannte „Entgrenzung" verlangt nicht zuletzt neue Führungsformen, bei denen der Einzelne seine eigene Vorgesetztenfunktion übernimmt und sich selbst kontrolliert. Diese Entwicklung ist zweischneidig, da die Übernahme der Kontrollfunktion einerseits die Arbeit „anreichert" und damit dem Einzelnen mehr Entscheidungsspielräume einräumt, aber andererseits bewirkt, dass das Abschalten und Entspannen immer schwieriger wird.

Work-Life-Balance für alle – aber wie?

Der Erhalt einer persönlichen Work-Life-Balance ist im Kontext von BGM für alle Beschäftigten relevant und nicht nur für Personen mit Familienpflichten. Das Ziel der Work-Life-Balance ist das Herstellen einer Balance zwischen beruflichen Anforderungen und privaten Anliegen, also ein ausgeglichenes Verhältnis zwischen Engagement und Verpflichtung bei der Arbeit und den Erfordernissen eines ausgeglichenen Privatlebens mit entsprechenden Aktivitäten im Freizeit- und Gesundheitsbereich.

Die aktuellen Firmenangebote bewegen sich zwischen zwei Polen:

- Der Betrieb macht Angebote zur Herstellung einer ausgeglicheneren Work-Life-Balance, indem z. B. Kontingente in Wellness-Hotels oder Fitness-Studios in der Freizeit bereitgestellt und/oder bezahlt werden.
- Vielfach werden von den Unternehmen auch punktuelle Angebote des Stressabbaus in der Arbeitszeit gemacht, welche gezielte Entspannung fördern sollen. So gibt es z. B. Angebote für Bewegungs- und Gesundheitssport sowie Musikevents und kleine Tanzveranstaltungen in der Mittagspause oder freitags am Nachmittag.

Die Prävention von Stress verfolgt letztlich das Ziel, die Störungsanfälligkeit der Betriebsabläufe und dadurch entstehende stressbedingte Erkrankungen weitgehend zu vermeiden. Die sich jährlich dramatisch entwickelnden Zahlen von Arbeitsausfällen und Stresserkrankten in ganz Europa bedeuten nichts anderes, als dass hier aktuell ein hoher und immer noch steigender Handlungsbedarf besteht.

BGM und damit verbundene Aufklärung bzw. Sensibilisierung über gesundheitsbelastende Faktoren sowie Strategien der Stressvermeidung werden zukünftig im Zeichen von Arbeit 4.0 zu einem zentralen Handlungsfeld von betrieblicher Personalarbeit und

-entwicklung. Nicht nur der Service für Familien im Hinblick auf eine verbesserte Vereinbarkeit von Beruf und Familie zählt als eine neue soziale Dienstleistung des Betriebes für
den Erhalt und die Unterstützung von Fach- und Führungskräften.

Innovative soziale Dienstleistungen der Betriebe werden im Folgenden noch weiter
ausgeführt, wenn es z. B. um Seminare und Präventionsaufenthalte zur Gesunderhaltung
als Gratifikation von Führungskräften (männlich/weiblich) geht, so z. B. begleitende Betreuung bzw. beratende Hilfestellungen für die Familien der Beschäftigten, z. B. bei der
Vorbereitung, Durchführung und Nachbereitung von Auslandsaufenthalten (Relocation),
wie dies sehr erfolgreich bei VW geschieht. Auch soziale Dienstleistungen für Personen in
Lebenskrisen, wie dies bei REWE (LOS) mit großem Erfolg praktiziert wird (s. hierzu
Abschn. 6.8), gehören dazu oder gemeinsame Besuche einer ökologische Bio-Speisen
führenden Kantine, das Verteilen kostenloser Smoothies, wie bei Google, bzw. die Organisation und das Angebot von Pausen-Events mit Konzerten und Lunch-Beats in der Mittagspause, wie bei dem Online-Versandhaus Otto

All diese vorgenannten Firmenprojekte sind nur einzelne, hervorzuhebende Best-
Case-Beispiele für die breite Palette der innovativen sozialen Dienstleistungen, welche
durch eine vorausschauende Personalpolitik bereits erfolgreich praktiziert werden. Somit sind diese Angebote als Anregung zur Nachahmung bzw. zur Entwicklung eigener
betrieblicher Initiativen zu verstehen, indem einzelne praktische und anschauliche Beispiele für innovative soziale Dienstleistungen der Unternehmen exemplarisch ausgeführt werden, sei es zur Verbesserung der Vereinbarkeit von Beruf und Familie, sei es
zur Prävention und zur Herstellung eines guten und angenehmen Betriebsklimas oder
sei es durch Angebote – innerhalb und außerhalb der Arbeitszeit – für gezielte Gymnastik und Bewegung gegen Stress und gegen entsprechende Erkrankungen von Körper und
Psyche. Denn Wohlbefinden und Gesundheit sind ein guter Schutz gegen schlechte
Stimmung im Betrieb, Stressentwicklung und überhöhte Arbeitsbelastung, Mobbing
und Bossing, das Gefühl der Überlastung und der mangelnden Anerkennung bzw.
Fremdbestimmung.

Insofern tragen alle Maßnahmen der Prävention, wie auch zur Herstellung eines guten
Arbeitsklimas, zur Vermeidung betrieblicher Störungen und zu einem hervorragenden Betriebsergebnis bei. Dieses sind motivationsfördernde Faktoren für die Qualität von Arbeit
durch die Beschäftigten und damit eine grundsätzliche Voraussetzung für hochstehende
Unternehmensleistungen (Tab. 7.4).

Schneider geht in ihrer Publikation „Gesundheitsförderung am Arbeitsplatz" auf einzelne betriebliche Gesundheitsmodelle ein und weist darauf hin, dass Gesundheit im Betrieb zur Chefsache gemacht werden sollte (Schneider 2012, S. 85).

Was weitere Studien und Hinweise zum betrieblichen Stressmanagement angeht, so sei
an dieser Stelle stellvertretend für eine Vielzahl aktueller Studien auf eine sehr aktuelle empirische Studie hingewiesen: „Entspann dich, Deutschland" (TK 2016). In dieser sehr anschaulichen Studie werden Ursachen für Stress in der Lebensführung, insbesondere jedoch
Stress am Arbeitsplatz, empirisch untersucht, analysiert und Gegenstrategien aufgezeigt.

Tab. 7.4 Best-Case-Beispiele: Gesundheitsmanagement und Prävention

Zielgruppe	Unternehmen/ Projektnehmer	Projektname	Ziel	Zusatzinfos
Alle Beschäftigten im Unternehmen	Versicherungen und zahlreiche weitere Unternehmen	Gymnastik, u. a. in der Mittagspause, Lunchbeats	Prävention	Fehlzeiten vermeiden, Wohlbefinden stärken
Alle Beschäftigten im Unternehmen	Daimler Debis	Allgemeine betriebliche Gesundheitsförderung	Prävention	gefördert auf betrieblicher Ebene
Alle Beschäftigten im Unternehmen	Otto Versand	Lunchbeats und Spezialevents für Freitag nachmittags	Entspannung und Work-Life-Balance	Förderung der Unternehmenskultur
Personen in Lebenskrisen	REWE	LOS	Beratung in Lebenskrisen, Vermeidung von Ausfällen und Arbeitsplatzverlust	Einbindung aller sozialen Akteure in einem niedrigschwelligen Netzwerk
Alle Beschäftigten	Großbetriebe sowie eine Vielzahl anderer, auch kleiner und mittlerer Unternehmen	diverse Projekte	Nichtraucherkurse, Ernährungsberatung, Rückenschule, Betriebsprojekte	gefördert durch Betriebe, Berufsgenossenschaften/ Betriebskrankenkassen
Alle Beschäftigten	APPLE/SAP	Fitness-Studio/Softdrinks	WLB und Fitness	Übernahme von Fitnesskosten
Alle Beschäftigten	diverse KMU	SIMBA	Prävention, Stressabbau, Bewegung	Initiiert und gefördert durch Unfallkasse NRW
Alle Beschäftigten	Akteure des betrieblichen GM	EU-weite Kampagne im Jahr gegen den Stress 2015	Stressprävention und -vermeidung, Sensibilisierung und Aufklärung	OSHA
Alle Beschäftigten	Personalführung, insbesondere KMU	Instrumentenkasten BGM	Stressprävention und -vermeidung, Sensibilisierung und Aufklärung sowie Gleichstellung, Vereinbarkeit etc.	INQUA
Alle Beschäftigten	SEDUS STOLL	Betriebskantinen	Gesunde Ernährung	in Kombination mit Maßnahmen der Produktentwicklung

Ein Handbuch der INQUA (2013) zum Thema „Kein Stress mit dem Stress" stellt Lösungen und Tipps für Führungskräfte und Unternehmen in den Mittelpunkt. Es enthält in Kurzform zahlreiche praktikable Arbeitshilfen und Praxisbeispiele zu allen Schwerpunkten, die auch in diesem Buch angesprochen werden, und ist daher insbesondere für kleine und mittlere Unternehmen empfehlenswert.

Im europäischen Kontext publiziert die OSHA ebenfalls ständig neuere Studien zu Fehlzeiten, Erkrankungen und Untersuchung der Ursachen sowie zur Gesundheit der Arbeitnehmer in Europa mit einschlägigen Erhebungen und Daten (http://www.osha.com).

7.5 Das Leitbild guter, alternsgerechter Arbeit

An den in Abschn. 7.5 genannten Beispielen zeigt sich die Vielfalt möglicher Ansätze, Initiativen und Instrumente, aber auch die Vernetzung einzelner Maßnahmen und Ansätze auf der personalpolitischen Ebene, so dass diese nicht immer trennscharf aufzulisten sind. Klar ist jedoch, dass sich die Vorteile der einzelnen Initiativen und Instrumente auf der unternehmerischen Ebene in einem gelungenen Betriebsklima kumulieren, was last, but not least zu einem Leitbild „guter, alters- und alternsgerechter Arbeit" führt, welches niemanden zurücklässt und viele Entwicklungschancen bietet.

Zwar gibt es immer mehr jüngere Erwerbspersonen, die lange vor der Zeit berufsunfähig werden und schon sehr früh ernsthafte körperliche und mentale Einschränkungen entwickeln, welche im Laufe der Jahre in eine Behinderung münden bzw. zur Berufsunfähigkeit führen. Abgesehen von diesen und vielen anderen Beschäftigten, die aufgrund von schwerer körperlicher Arbeit, Lernabstinenz und körperlichen Verschleißerscheinungen hinsichtlich ihrer Flexibilität beim Älterwerden stark beeinträchtigt sind, gibt es immer mehr Alternde, auf die dies nicht zutrifft.

Althergebrachten Stereotypen hinsichtlich des Alterns steht gegenüber, dass die Menschen i.d.R. heute länger leistungsfähig bleiben können als in früheren Zeiten. Pflegebedürftigkeit setzt i.d.R. erst um das 80. Lebensjahr ein, so dass vielfach auch Menschen über 60 bzw. 65 Jahre – abhängig vom Lebensstil, vom Verschleiß und körperlichen Dispositionen – individuell eine ausgezeichnete körperliche Verfassung und eine gute mentale Leistungsfähigkeit besitzen können. So kommt es, dass die alternde 65-jährige Person von heute oft in besserer Verfassung ist als die 45-jährige Person früherer Jahrzehnte.

Der Stand der medizinischen Forschung ist so weit vorangeschritten, dass immer mehr Ältere bei geeigneter Lebensweise – daher die wachsende Relevanz des betrieblichen Gesundheitsmanagements – in guter gesundheitlicher Verfassung sind. Diese neuen Generationen von Älteren – grau, schlau und körperlich fit – sind effektiv wesentlich länger leistungs- und arbeitsfähig als Ältere früherer Zeiten.

Selbst wenn alle Menschen aufgrund eines veränderten, spezifischen Arbeitsvermögens im Alter langsamer werden und nicht mehr ganz so belastbar sind wie junge Mitarbeiter, verfügen sie doch über einen großen Erfahrungsschatz und eine gewachsene Kompetenz, welche sie den Jüngeren in vielen Berufen durchaus ebenbürtig und zu wertvollen Teammitgliedern macht.

Tab. 7.5   Wie Mann/Frau „grau und schlau" wird: drei Ansätze. (Quelle: Lippe-Heinrich und Wöste 2001)

Personalpolitik	Strategien	Gute Maßnahmen
Gesunderhaltung durch gesunde Lebensweise und betriebliche Organisation	Tätigkeitswechsel, Mischarbeitsplätze	Teilautonome Gruppenarbeit; Intergenerative, gleichberechtigte Gruppenarbeit von „Älteren und Jüngeren"
Konstante Pflege von Qualifikationen Aller Beschäftigten durch Lebenslanges Lernen (LLL) und Lernen im Prozess der Arbeit	Horizontale und vertikale Karrieren/ Kompetenzentwicklung = dazulernen, umlernen, vergessen und Neuqualifikation in formellen und informellen Zusammenhängen	Betriebliche Kompetenzentwicklung ermöglichen durch 1.) Kontinuierlichen Erwerb neuer Wissensbestände 2.) formelle und informelle Weiterbildung für Alle - nicht nur Aufstiegsfortbildung
Ermutigung und Anerkennung aller Erwerbspersonen, Mixed Diversity, auch in KMU	Aufwertung der Lebens- und Berufserfahrung, Kompetenzprofile berufserfahrener Personen	vertikale und horizontale Karrieren, Rekrutierung von Zielgruppen des Arbeitsmarktes

Die Tab. 7.5 zeigt drei verschiedene Ansatzpunkte für eine „gute" Arbeitskultur in Kürze, wie sie im Rahmen des BMB+F-Projekts ALFIH erarbeitet wurde.

▶   **Zum Unterschied hinsichtlich des spezifischen Arbeitsvermögens Älterer und Jüngerer**   „Der junge Hase kann schneller laufen, aber der alte kennt die Abkürzungen" (Volksmund).
   Das heißt: Ältere machen einen Rückgang an Schnelligkeit durch einen reichen Erfahrungsschatz mehr als wett.

Wie sich individuelle Dispositionen im Laufe eines Erwerbslebens entwickeln, hängt nicht zuletzt vom Grad der Resilienz der Arbeitnehmer bzw. vom betrieblichen Arbeitsklima und von den Stressfaktoren in der Arbeit ab. Das „Leitbild guter Arbeit", wie es nicht zuletzt von den DGB-Gewerkschaften vertreten wird, ist daher auch ein „Leitbild alternsgerechter Arbeit" für alle abhängig Beschäftigten und kann zur Orientierung wünschenswerter Gestaltung von Arbeitsbedingungen im Rahmen der gewachsenen, deutschen Sozialpartnerschaft dienen – zum Nutzen beider Seiten.

Der Prozess des Alterns hängt somit von vielen Faktoren ab, nicht zuletzt der Einstellung zum Altern, der körperlichen Fitness, Lebens- und Essgewohnheiten sowie der Chance, kontinuierlich und lebenslang an Lern- und Arbeitsprozessen zu partizipieren und nicht vorzeitig auszuscheiden. Gleichzeitig bedeutet es, ein Arbeitsleben zu gestalten ohne ständige Überforderung und Angst vor dem Verlust des Arbeitsplatzes. Der Ausschluss vom Arbeitsprozess bedeutet i.d.R. den gesellschaftlichen Ausschluss und das Aus vor der

Zeit, denn „wer rastet, der rostet". Ein guter Teil der aktuellen Stresserkrankungen in den Betrieben ist zudem der Tatsache geschuldet, dass die Hürden für eine Festanstellung auf Dauer immer höher gehängt werden. Ältere werden vielfach vorzeitig unter Vorgabe betrieblicher Gründe verabschiedet, so dass deren in langen Jahren erworbene Erfahrungswerte und Potenziale den Unternehmen verloren gehen.

Nicht zuletzt durch diese Praxis wird die Entwicklung zur frühzeitigen Externalisierung Älterer gefördert, welche zur Folge hat, dass es mit Ausnahme des öffentlichen Dienstes kaum ältere Arbeitnehmer gibt, die im gleichen Betrieb älter werden können. Damit wird verhindert, dass sie auf der Basis gewachsener Erfahrungen erforderliche Innovationen und Problemlösungsansätze gemeinsam mit den Jüngeren entwickeln. Zudem belastet alle die Angst vor dem Arbeitsplatzverlust. Diese Haltung belastet die Unternehmen wie auch die Individuen und verursacht nicht zuletzt hohe gesellschaftliche Kosten.

Als eine wirksame Unterstützung bei der Integration Älterer bzw. älterer Behinderter in das reguläre Arbeitsleben können Maßnahmen der finanziellen Förderung einer Arbeitsaufnahme Älterer durch die Arbeitsverwaltung betrachtet werden. Doch diese werden derzeit von den Betrieben noch nicht in ausreichendem Maße wahrgenommen.

Leider hat sich das sogenannte *Altersmobbing* bis heute in der betrieblichen Einstellungspolitik gehalten, was z. B. darauf hinausläuft, dass sowohl private als auch öffentliche Arbeitgeber im Allgemeinen kaum noch Bewerber über 45 Jahre mehr einstellen und sich auf die frisch ausgebildeten Fachkräfte konzentrieren. Die jungen Fachleute werden dann meist ohne Anleitung und Einarbeitung ins kalte Wasser geworfen. Wie die Daten der jeweiligen Berufsgenossenschaften und auf europäischer Ebene seitens der OSHA zeigen, führt dieser Raubbau an Alt und Jung letztlich dazu, dass die Jüngeren frühzeitig verschleißen, unter zahlreichen Stressfolgen und -erkrankungen leiden bzw. nicht einmal das heute geltende, reguläre Rentenalter erreichen. Viele Potenziale werden dadurch vernichtet, von Kosten ganz zu schweigen! Die aktuelle betriebliche Praxis hinsichtlich der Alternden und Älteren ist ungeeignet zur Bewältigung des demografischen Wandels, insbesondere in den Aktivitätszweigen, die derzeit unter Fachkräftemangel leiden.

„Was Mann und Frau bzw. der Betrieb nicht tun sollten" als Anstoß zur Reflexion einer veränderten betrieblichen Praxis zeigt die Abb. 7.5 als Fazit aus dem Projekt ALFIH, welches aus dem Modellprojekt der Handwerkskammer Hamburg, einem der Einzelprojekte der Demografie-Offensive des BMBF, entstand (Lippe-Heinrich 2001).

So hat z. B. die Forschung im Rahmen der sogenannten „Demografie-Offensive" mit mehr als 20 Einzelprojekten ergeben, dass vielfach älter werdende Fachkräfte aufgrund ihres Alters vorzeitig „ausgemustert" werden, auch wenn sie durchaus noch leistungsfähig sind. Dies erscheint in den Augen Dritter wie eine Vergeudung von betrieblichen Ressourcen, da die Älteren – zumindest bei längerer Betriebszugehörigkeit – durchaus als Leistungsträger zu betrachten sind.

Ein zentrales Ergebnis von ALFIH war die Feststellung, dass es notwendig sei, während der Dauer eines ganzen Arbeitslebens lebenslang und kontinuierlich immer weiter zu lernen, also das lebenslange Lernen (LLL) zu praktizieren und keinesfalls erst bei Auftreten

Status Quo	Ursache	Fehlreaktionen
Verschleiß	Einseitige Belastungen sowie schwere körperliche und geistige Tätigkeiten, zu wenig Abwechslung	„Schonarbeitsplätze", Stigmatisierung „Älterer" und „Alternder"
Veralten von Kompetenzen	„Ältere" werden nicht zur Schulung geschickt, es erfolgt weder Aufstiegs- noch Anpassungsfortbildung- Wenig informelle Lernchancen im Arbeitsprozess	Spezialisierung der Älteren auf „veraltete" Wissensbestände, Die Teilnahme an Anpassungs- und Aufstiegsorientierung bleibt „Jüngeren" vorbehalten
Entmutigung	Berufserfahrung wird entwertet, lebens- und arbeitserfahrene Personen werden nicht mehr eingestellt und zuerst entlassen	Ab Ende des Lebensalters 30 erfolgt nur noch vertikale Karriere- und Laufbahnentwicklung, Keine betriebliche Einstellung „Älterer"

Quelle: Lippe-Heinrich nach Behrens, Johann: Handwerkstätigkeit in kleinen Betrieben, bestandener Härtetest für betriebliche und individuelle Laufbahnentwicklung, in: HWK Hamburg (Hrsg.): Zukunftsfähige Konzepte für das Handwerk zur Bewältigung des demografischen Wandels, Dokumentation einer Tagung des Schwerpunktes Demografie, Öffentlichkeits- und Marketingstrategie Demografischer Wandel, Fraunhofer Gesellschaft, Stuttgart 2001, S. 122- 141

Abb. 7.5 Was Mann/Frau und der Betrieb nicht tun sollten. (Quelle: Lippe-Heinrich und Wöste 2001)

von körperlichen Verschleißerscheinungen damit anzufangen. Lebenslange Kompetenzentwicklung ist damit in allen Berufen, auch im Handwerk, zu einer Anforderung von Arbeits- und Beschäftigungsfähigkeit geworden. Auffallend war weiterhin, dass die interviewten Betriebsinhaber, welche selbst schon älter waren, in der Regel der Vorstellung eines lebenslang lernenden Menschen entsprachen. In zahlreichen Interviews und auch im Zuge von Weiterbildungsseminaren stellte sich die Erkenntnis heraus, dass abhängig Beschäftigte, welche nach ihrer beruflichen Ausbildung „stehengeblieben" waren, sich in höherem Lebensalter vielfach unfähig zeigten wieder mit dem Lernen anzufangen und z. B. die Fähigkeit verloren hatten sich auf Arbeitsplätzen „einzuarbeiten", welche eine geringere körperliche Kraft erforderten.

Das Projekt ALFIH der HWK Hamburg hat bereits 2001 als Erfahrungswert aus empirischen Untersuchungen zur alternsgerechten, handwerklichen Beschäftigung ergeben, dass es am effizientesten ist, keine allzu großen Unterschiede in der Behandlung von Alt und Jung im Betrieb hinsichtlich Arbeitsgestaltung und Teilnahme an lebenslangem Lernen zu machen. Um das Arbeitsvermögen der Jungen und der Älteren optimal zu kombinieren, ist es über das LLL hinausgehend zusätzlich zweckmäßig, altersgemischte Teams von Jung und Alt zu bilden.

In der Gesamtschau der Daten und empirischen Projektbefunde aus dem Schwerpunkt Demografie zeigte es sich, dass Gesundheitsmanagement ein vorrangiges Handlungsfeld zukünftiger Arbeitsgestaltung sein sollte. Anlass hierfür sind die Belastungsfaktoren von betrieblicher Arbeit, welche einen erhöhten Bedarf an Maßnahmen zur Gesunderhaltung ergeben.

Keine „Schonarbeitsplätze für Ältere", sondern altersgemischte Teams

Ein weiteres Hauptergebnis von ALFIH lag in der Feststellung, dass es nicht sinnvoll sein kann, sogenannte „Schonarbeitsplätze für Ältere" zu schaffen, sondern dass es überaus wichtig ist, altersgemischte Teams zu bilden, in denen Jung und Alt auf partnerschaftlicher Ebene zusammenarbeiten. Denn: „Der junge Hase kann schneller laufen, aber der Alte kennt die Abkürzungen".

Die gesamten empirischen Befunde des Hamburger Teilprojekts ALFIH lassen den Schluss zu – gerade auch mit Blick auf die Berufsunfähigkeitsstatistiken der Berufsgenossenschaften –, dass die Gesunderhaltung aller Beschäftigten im Mittelpunkt der betrieblichen Arbeitsorganisation für alle im Betrieb beschäftigten Menschen stehen muss und nur ein Leitbild „guter Arbeit und lebenslangen Lernens für alle Beschäftigten" einen wirksamen Beitrag zum demografischen Wandel darstellen kann.

Mit Blick auf die Zukunft von Arbeit und Beschäftigung geht es somit um nichts weniger als die Entwicklung neuer Leitbilder von Arbeit im Betrieb, nicht nur für die Personalführung von einzelnen Zielgruppen, sondern für die Unternehmenskultur im Gesamtunternehmen.

Die Reflexion der im Zuge von ALFIH gesammelten Erfahrungswerte macht es notwendig, die Prioritäten für ein Leben im Gleichgewicht neu zu setzen. Für das Leitbild „guter, alters- und alternsentsprechender" Arbeit, die es erlaubt, bis zum Erreichen der Rentenaltersgrenze erfolgreich erwerbstätig zu sein, ist es von zentraler Bedeutung, die Gleichwertigkeit der Elemente eines Lebens in Balance zu beachten. Parameter wie Arbeit und Leistung sollen sich danach im Gleichgewicht befinden mit sozialen und körperlichen Erfordernissen und nicht ausschließlich das Leben bestimmen (Abb. 7.6).

Die Diskussion um alters- und alternsgerechte Arbeit als Lösungsansatz für den demografischen Wandel basiert auf folgenden Faktoren:

• Zahlreiche Alternde sind immer länger – weit über das Erreichen des regulären Rentenalters hinaus – gesund, leistungs- und damit arbeitsfähig. Viele können somit länger

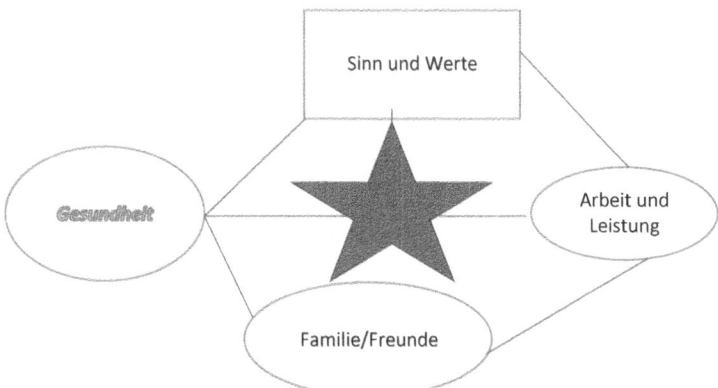

Abb. 7.6 Modell: Gleichwertigkeit einzelner Elemente eines Lebens in Balance. (Quelle: Lippe-Heinrich 2008)

arbeiten als früher, fühlen sich besser und haben eine bessere gesundheitliche Verfassung als frühere Generationen.

- Die gute gesundheitliche Situation und das hohe Niveau der verfügbaren medizinischen Betreuung in Deutschland bewirken, dass die Menschen sehr viel älter werden als früher.
- Aufgrund der besseren gesundheitlichen Versorgung und des hohen Lebensstandards in Deutschland tritt eine Pflegebedürftigkeit vielfach erst mit ca. 80 Jahren ein.
- Gleichzeitig nimmt die Notwendigkeit zu, multimorbide und alte Menschen zu betreuen. Für diese sind entsprechende soziale Dienstleistungen und Produkte zu entwickeln.
- Demgegenüber führt eine derzeit feststellbare hohe Stressbelastung für die Beschäftigten zum Paradoxon, dass vielfach jüngere Erwerbstätige – lange vor Erreichen der Rentenaltersgrenze – ernsthafte Erkrankungen aufweisen, die hohe Fehlzeiten entwickeln, so dass im Gefolge eine vorzeitige Erwerbsunfähigkeit eintritt.

Sofern Alternde nicht aus Altersgründen aus dem Prozess der Kompetenzentwicklung ausgeschlossen werden und während ihrer Erwerbsarbeit das lebenslange Lernen pflegen, stellen sie in altersgemischten Teams eine wertvolle Bereicherung der Personalressourcen dar. Sie tragen nicht zuletzt durch ihren Erfahrungsschatz dazu bei, den Stress für die jüngeren Kräfte zu vermindern, so dass auch sie nicht vorzeitig verschlissen und damit leistungsunfähig werden.

- Demzufolge ist es aus Unternehmenssicht kontraproduktiv und nicht mehr zeitgemäß, die älter werdenden Fachkräfte schon ab Mitte 50 zu „externalisieren" (s. hierzu Zielgruppe Ältere, Abschn. 5.2) bzw. von allgemeinen, betrieblichen Weiterbildungsmaßnahmen auszuschließen oder über 45-Jährige nicht mehr einzustellen. Eine Praxis, die heute noch andauert und sich erst langsam verändert, da die „schlauen Grauköpfe" unentbehrlich werden.
- Es stellt sich daher weniger die Frage, wie man Ältere loswird, sondern die Frage nach den Gestaltungsfaktoren altersgerechter Arbeit und der Prozesse lebenslangen Kompetenzerwerbs für alle Erwerbspersonen. Somit stellt sich die Forderung nach Erhalt der Arbeitsfähigkeit und der Gesunderhaltung von Arbeitnehmern im Prozess der Arbeit in sehr viel drängenderem Ausmaß und sehr viel nachhaltiger als früher.
- Im Prozess des Alterns der Erwerbsbevölkerung wird es daher immer wichtiger, die Berufsbiografien darauf auszurichten, dass die Erwerbspersonen länger und gesünder in ihrem Beruf verbleiben können, so dass sie tatsächlich die gesetzlich festgesetzte Altersgrenze für den Bezug einer Altersrente ohne Abzüge erreichen können.
- Neben den in den vorangegangenen Kapiteln dargestellten Lösungsansätzen hinsichtlich des Führungsstils und des Personalmanagements, aber auch der Strategien zur Personalentwicklung ist nicht zuletzt die Gleichstellung von Frauen und Männern in der Arbeitswelt als wirksame Querschnittsstrategie für den drohenden Fachkräftemangel zu betrachten. Dies schließt die Herstellung von familienfreundlichen Arbeitsbedingungen und -modellen für Männer und Frauen sowie eine gezielte Förderung von Frauen auf allen Ebenen der betrieblichen Hierarchien ein.

• Die Schaffung chancengleicher Arbeits- und Lebensbedingungen für Frauen und Männer ist daher gerade in Deutschland eine vorrangige Aufgabe, um die Berufs- und Lebenschancen von Frauen zu erhöhen, unabhängig vom familiären Status und der Kin-
derzahl. Solange jedoch für Paare das Armutsrisiko in einem Kind gesehen werden
muss und die Arbeitsbedingungen für Männer und Frauen wenig familiengerecht
gestaltet werden, kann davon ausgegangen werden, dass der Prozess des demografischen Wandels nicht gestoppt werden kann.

Die Mischung von „Alt und Jung in einem Team" bietet die Gewähr, dass die Jungen länger gesund bleiben und die Alten länger leistungsfähig bleiben. Voraussetzung dafür ist
eine betriebliche Arbeitskultur, welche ein ganzheitliches Menschenbild vor dem Hintergrund eines lebenslangen Arbeitsprozesses verfolgt und nicht nur kurzfristige Einsatzpla-
nungen ergibt (s. hierzu Lippe-Heinrich 2001).

Doch gerade der Verschleiß der Jüngeren und die Externalisierung der Älteren – als
paradoxe betriebliche Entwicklungen – sind belegte Entwicklungen und beinhalten Daten,
die sich aus den Zahlen der Leistungsgeminderten und Erwerbsunfähigen in der Statistik
der Berufsgenossenschaften und Versorgungsträger ablesen lassen.

Dies heißt, dass heute aufgrund der betrieblichen Belastungen und damit verbundener
„falscher Arbeitsmodelle" in der betrieblichen Arbeit die jungen und jüngeren Mitarbeiter
durch Sparmaßnahmen, Stress und Zeitdruck lange vor der Zeit verschlissen werden. Im
Umkehrschluss ist festzuhalten: Alterns- und altersgerechte Arbeit ist immer auch generationenübergreifende, kooperative Arbeit in Teams.

Die Arbeits- und Leistungsfähigkeit der Jungen wird bei diesem Konzept sukzessive
entwickelt und die der Älteren, wie auch ihr Erfahrungsschatz, wird bis zum Erreichen des
Rentenalters in der betrieblichen Arbeit genutzt. Bei diesem Arbeitsmodell wird niemand
mehr, der eigentlich noch leistungsfähig ist und arbeiten könnte, zu früh „ausgemustert".
Gleichzeitig erhalten die Jungen zu wenig Zeit, um einschlägige Erfahrungen zu sammeln,
bevor sie zu Führungskräften werden. Dies endet vielfach in Überforderung und vorzeitigem Verschleiß sowie ernsthaften Erkrankungen.

Die Einarbeitung durch erfahrene Kräfte macht die Personaleinarbeitungsprozesse für
jüngere Nachwuchskräfte umso nachhaltiger, da sie so die Chance erhalten, die einschlägigen Erfahrungen der Älteren kennenzulernen und darauf aufzubauen.

Dem gegenüber steht der Anachronismus des heute noch praktizierten Altersmobbings
in den Unternehmen. Kommt es doch darauf an, ob die Älteren von den Entscheidungs-
trägern in den Unternehmen ernst genug genommen werden, um sie mit ernsthaften Tätigkeiten zu beschäftigen. Minijobs und schlecht bezahlte Tätigkeiten als Zuverdienst für
Ältere mit geringen Bezügen sind jedenfalls nicht darunter zu verstehen. Es gilt somit eine
neue betriebliche Kultur des Älterwerdens im Prozess der Arbeit zu entwickeln. Nicht zuletzt gehört es dazu, aktive und geeignete Handlungsansätze der Beschäftigung Älterer
und der gesundheitlichen Prävention für alle Beschäftigten im Vorfeld von Erkrankungen
und Frühverrentungen betrieblich umzusetzen.

Der komplexen Thematik der alternden Gesellschaft, aber auch potenziell fehlender
Fach- und Führungskräfte hat sich das Transferprojekt Demografischer Wandel mit einer

Vielzahl von Einzelprojekten gewidmet und die Lösungsstrategien für Arbeit, Beschäftigung und Kompetenzentwicklung empirisch untersucht (s. hierzu www.demotrans.de).

Da der demografische Wandel sich in jedem Fall als systemischer Strukturwandel einer alternden Gesellschaft vollziehen wird, sollte der Blick der Unternehmen nicht nur internen Strukturveränderungen und Anpassungsstrategien, sondern gleichzeitig auch dem externen Strukturwandel gelten, der durch einen Wandel von Absatz- und Beschaffungsmärkten, insbesondere durch veränderte Kundenmärkte, gekennzeichnet sein wird. So z. B. könnte sich das steigende Lebensalter größerer Bevölkerungsteile hinsichtlich der Kundennachfrage deutlicher bemerkbar machen und nicht zuletzt ganz neue Anforderungen der Kunden an Produkt- und Dienstleistungsinnovationen mit sich bringen. Dies gilt nicht nur mit Blick auf die Bedienbarkeit technischer Innovationen, sondern auch hinsichtlich zahlreicher Bereiche des öffentlichen und privaten Lebens.

Ausblick zum zukünftigen Fachkräftebedarf

Aus der heutigen Perspektive von Arbeit 4.0 betrachtet wird deutlich, dass trotz aller angebrachten Zweifel hinsichtlich des zukünftigen Fachkräftenachwuchses der Fachkräftemangel sich insbesondere in einigen Branchen bereits deutlich bemerkbar macht. Augenscheinlich ist das bislang unterschätzte Handwerk mit gestiegenen Anforderungen in Kernberufen (Elektro-, Gas- und Sanitärhandwerk) stark davon betroffen, was jedoch durchaus auch an – im Vergleich zur Industrie – schlechteren Ausbildungs-, Arbeits- und Entlohnungsbedingungen liegen könnte.

In zahlreichen anderen Branchen, insbesondere der Industrie, ist es jedoch nicht einmal mehr sicher, ob tatsächlich zukünftig ein Mangel an geeigneten Nachwuchskräften aus demografischen Gründen bestehen wird. Hochkarätige Fachkräfte werden heute bereits rund um den Globus eingekauft, so dass deren angestammte Nationalität immer mehr in den Hintergrund gerät. Zum anderen ist festzuhalten, dass eine wachsende Produktivität durch den technischen Fortschritt feststellbar ist. Dies bewirkt, dass die für den betrieblichen Bedarf an nachwachsenden Fach- und Führungskräften erforderliche Quantität an Arbeitskräften abnimmt.

Umorientierung auf attraktive Geschäftsbereiche ist von zentraler Bedeutung

In dem Maße, wie die Produktivität steigt, steigt die Bedeutung der These, dass sich zukünftig der Arbeitskräftebedarf eher konstant bis rückgängig verhalten könnte. Wenn man heute die hohen Zahlen im Stellenabbau bei Großunternehmen betrachtet, die wachsende Anzahl von Teilzeit- und befristet Beschäftigten sowie steigende Zahlen peripherer und geringfügiger, nicht sozialversicherungspflichtiger, prekärer Beschäftigungsverhältnisse, dann stellt sich eher das Problem der „erfolgreichen Umorientierung auf gefragte Tätigkeitsfelder und Berufe" denn das Problem fehlender Erwerbspersonen.

Aktuellen Entwicklungen geschuldet ließe sich die quantitative Verknappung durch Zuwanderung weitgehend auffangen. Parallel zur quantitativen Verknappung von Personal könnte sich kurzfristig in einigen Branchen ein Engpass an hoch qualifizierten Mitarbeitern ergeben, insbesondere in den wissensbasierten Bereichen, welche z. T. Mehrfachqualifikationen erfordern. Geht es vor allem doch darum, für die im Zeichen der Durchdringung aller Wirtschaftsbereiche mit Informationstechnik immer komplexer und anspruchsvoller werdenden Arbeitsinhalte und -abläufe die geeigneten und qualifizierten Mitarbeiter zu finden. Schon heute herrscht ein klassisches Mismatch, d. h., es gibt eine Schere zwischen offenen Stellen und arbeitsuchenden Bewerbern, deren Kompetenzprofile nicht passgenau sind. Somit gibt es entsprechende Widerstände der Unternehmen, die benötigten Mitarbeiter auf dem Arbeitsmarkt zu finden.

Ein hoher Sockel an vielfach Langzeitarbeitslosen bzw. „unpassend Qualifizierten" ist zwar vorhanden, wird aber weder vonseiten der Arbeitsverwaltung noch vonseiten der Betriebe nachqualifiziert, weil etwaige Kosten und der zeitliche Aufwand gescheut werden, um entsprechende Maßnahmen umzusetzen. Vielfach fehlen auch alle bildungsmäßigen Voraussetzungen, vor allem wenn es sich um anspruchsvollere Positionen handelt.

▶ Dies lässt darauf schließen, dass es zukünftig immer mehr darauf ankommen wird, gut eingearbeitetes Personal so lange wie möglich an den Betrieb zu binden, da Wiederbeschaffung und Einarbeitung hohe Kosten verursachen.

Anstatt die alternden Fach- und Führungskräfte frühzeitig zu entlassen und auch keine älteren mehr einzustellen, was wiederum hohe gesellschaftliche Kosten verursacht, wäre es angesichts hoher Folgekosten sehr viel sinnvoller, einen Teil dieser Kosten für Abfindungen, Personalsuche und Einarbeitung von neuen Mitarbeitern in die Weiterbildung aller Beschäftigten bzw. die Auffrischung von Kompetenzen und die Reintegration gut qualifizierter Älterer zu investieren.

Gerade mit Blick auf das eingangs dargestellte lebenslange Laufbahnkonzept ist es sinnvoll, beim Personalmanagement möglichst gendergerecht und chancengleich zu handeln, aber auch in die strukturelle Gestaltung betrieblicher Arbeit zu investieren, um eine weitgehende Vereinbarkeit von Beruf und Familie herzustellen. Für alle Beschäftigten ist es von zentraler Bedeutung, ungeachtet ihres Lebensalters möglichst frühzeitig in das Gesundheitsmanagement zu investieren, um Mitarbeiter so lange wie möglich arbeitsfähig zu halten und ihre erworbenen Kompetenzen als Ressourcen im Unternehmen zu halten.

Das Ziel dieser umfänglichen Maßnahmen ist es, die gut eingearbeiteten Fach- und Führungskräfte möglichst lange und dauerhaft dem Unternehmen zu erhalten und sowohl hohe Fehlzeiten als auch vorzeitiges Ausscheiden zu vermeiden. Sowohl für die Beschäftigten als auch für die Betriebe hat ein derartiger Ansatz zahlreiche Vorteile, die weit über monetäre Aspekte hinausgehen.

Eine Gesamtschau der Voraussetzungen für kontinuierliche und längere Lebensarbeitszeiten zeigt die Abb. 7.7.

Neue Arbeitskonzepte, die sich mit dem Phänomen des demografischen Wandels befassen, beinhalten auch gleichzeitig immer das Ziel einer „guten Unternehmenskultur", welche nicht nur die Zielgruppe der Älteren bzw. Alternden, sondern alle Beschäftigten betrifft.

Eine zusammenfassende Übersicht zu Ansätzen und Instrumenten erfolgreicher Unternehmenskultur in der digitalen Arbeit, wie sie hier erläutert wurden, zeigt Abb. 7.8.

Voraussetzungen für längere Lebensarbeitszeiten

- Gruppenarbeit in altersgemischten Teams
- Gesunderhaltung Aller als Anliegen von Betrieben und Arbeitnehmern
- Kontinuierliche Kompetenzentwicklung Aller durch LLL
- Anerkennung der Leistungsfähigkeit Aller, auch von Älteren und Alternden
- Anerkennung der Stärken von Zielgruppen

- gendergerechtes Laufbahn- und Karrierekonzept für den aktiven Verbleib der Frauen/ Eltern im Erwerbsleben und

Angebote für eine verbesserte Vereinbarkeit von Familie und Beruf

Chancengleichheit und Auflösung stereotyper Berufs- und Geschlechterrollen

Diversity Management- Arrangements für Zielgruppen

Lippe-Heinrich, A. (2001)

Abb. 7.7   Voraussetzungen für längere Lebensarbeitszeiten. (Lippe-Heinrich 2001)

	Beispiele guter Praxis
Partizipativer Führungsstil	BWB
Lernen im Prozess der Arbeit	REWE
Altersgemischte Teamarbeit	Oracle
Teilautonome Gruppenarbeit	SAP
Gender Mainstreaming (GM)	Gender Dax
Diversity Management (DM)	Family Audit
Vereinbarkeit von Familie und Beruf	Charta für Chancengleichheit
Neue Elternzeitmodelle	Wettbewerb „Deutschlands Beste Unternehmen"
Prävention und Gesundheitsmanagement (BGM)	
Gendergerechte Laufbahnkonzepte	
Vorausschauende Personalentwicklung	
Partizipativer Führungsstil	

Abb. 7.8   Neue Ansätze im Bereich Personalmanagement

Ein sogenannter „Werkzeugkasten" für eine demografieorientierte Personalarbeit, bereitgestellt vom BMB+F-Referat „Innovative Arbeitsgestaltung und Dienstleistungen", stellt eine Fülle an praxiserprobten Arbeitshilfen und Werkzeuge zur Bewältigung des demografischen Wandels bereit, die einen Transfer der im Rahmen zahlreicher Forschungs- und Demonstrationsvorhaben des Schwerpunktes Demografie erarbeiteten, neuesten Erkenntnisse in die betriebliche Praxis gewährleisten (s. hierzu BMB+F 2010).

Was die hier vorgestellten Instrumente zur Umsetzung der Gleichstellungsbestrebungen auf betrieblicher Ebene angeht, so sind diese – sei es im Rahmen von Diversity oder im Rahmen der Charta – vielfach bereits im bekannten Portfolio der Personalführung vorhanden. Auch sie werden zu wirksamen Instrumenten der Implementierung von DM, wenn der Gedanke der Gleichstellung und der Gleichbehandlung von Beschäftigten als integrierter Anteil in den bekannten Aktivitäten verankert wird.

Festzuhalten ist, dass bereits eine Vielzahl bewährter Instrumente für den betrieblichen Einsatz vorliegt, und es erscheint – bis auf wenige Ausnahmen, z. B. im Bereich der Trainings für den Erwerb von Genderkompetenz für das Management – kaum erforderlich, völlig neuartige Instrumente für Chancengleichheit und Gleichstellung in den Unternehmen zu entwickeln. Es würde in vielen Fällen durchaus genügen, das klassische Repertoire der Personalführung als Instrumentenkasten an die betrieblichen Bedingungen anzupassen, konsequent zu handhaben und um die neuen, „gegenderten" Instrumente und erfolgreichen Erfahrungen aus den Betrieben der Gleichstellung und Gleichbehandlung ergebnisorientiert zu erweitern.[6]

Anders sieht es aus, wenn es um eine wirksame Kontrolle der Fortschritte in diesem Bereich geht. Hier könnte es zukünftig wichtig werden, erfolgreiche Ansätze zur Erfolgskontrolle auf breiter Ebene einzuführen, wie das z. B. – mit Blick auf die Gesetzgebung in Frankreich und Belgien – durch einen „Gleichheitscheck" geschehen könnte, der die unternehmensspezifische Entwicklung von Arbeit und Entlohnung aus der Sicht der Zielgruppen auch statistisch intersubjektiv nachvollziehbar verfolgt. Die deutschen Unternehmen, Groß-, Klein- und Mittelbetriebe, haben das Führen derartiger Statistiken bislang verweigert, und zwar mit dem Hinweis auf ausufernde Bürokratie.

Es ist in diesem Zusammenhang auf zahlreiche weitere übertragbare und gut dokumentierte Beispiele für regionale und exemplarische, gute Lösungen hinzuweisen, welche für unterschiedliche Schwerpunkte und Regionen im Zusammenhang mit dem Schwerpunkt Personalmanagement erarbeitet wurden und die für die Erarbeitung der eigenen Arrangements dienlich sein können. Auch gibt es einzelne Plattformen, die zahlreiche Unternehmensaktivitäten nach Zielgruppen und spezifischen Inklusionsaspekten bündeln, wie beispielsweise die URL der Charta für Vielfalt (s. http://www.info@charta-der-vielfalt.de).

Nicht zuletzt finden Ausschreibungen statt für den jährlichen „Inklusionspreis für die Wirtschaft" oder den jährlichen Wettbewerb „Deutschlands Beste Unternehmen". So haben Unternehmen bei der Ausschreibung zum Inklusionspreis die Möglichkeit, ihre Initiativen für die Zielgruppe Behinderte und ihre Projektbeiträge dazu aus dem Bereich Personalmanagement zu präsentieren.

Trotz des hohen Aufwands, der bei der Teilnahme an einer Ausschreibung zu betreiben ist, liest sich die Preisträgerliste für „Deutschlands Beste Unternehmen" wie ein Who's Who der deutschen Wirtschaft. Es werden jeweils die besten Initiativen aus allen Bereichen und Unternehmensgrößen ausgewählt und prämiert, so z. B. das Projekt der REWE mit LOS für den Bereich des BGM.

Der Vollständigkeit halber sei auch auf die im Internet veröffentlichten, mehrere hundert Unternehmen umfassenden Listen von auditierten Unternehmen durch die hier exemplarisch

---

[6] „Gendern" hat sich als Begriff für ein bestimmtes Verfahren zur Herstellung von Chancengleichheit eingebürgert. So nennt man das methodische Verfahren, die eigene Perspektive hinsichtlich der Gleichbehandlung und Wahrnehmung der Menschen zu hinterfragen und um die Genderperspektive, d. h. die Ziele der Chancengleichheit und des Gender Mainstreaming, zu erweitern.

und strukturell als bedeutend definierten Projekte, wie GENDERDAX oder Family Audit, hingewiesen. Nicht zuletzt beweisen auch die Arbeitgeberprofile im Rahmen von Publikationen zu einschlägigen Wettbewerben wie „Deutschlands 100 Top-Arbeitgeber", dass die Unternehmen erkannt haben, wie wichtig es heute geworden ist, sich hinsichtlich Gleichstellung und innovativem Personalmanagement auf einschlägigen Nachwuchsmessen zu präsentieren (Trendence 2018).

Dies beweist, dass hinsichtlich der Personalpolitik und des betrieblichen Managements bereits ein tief greifender Wandel in deutschen Unternehmen stattgefunden hat, wenngleich der zukünftige Fachkräftebedarf noch hohe Herausforderungen an die Betriebe stellen wird, was ihre Fähigkeiten zur Förderung der Zielgruppen und zur Auswahl an geeigneten Personen in der Personalakquise und -führung sowie zur vorausschauenden Entwicklung angeht.

Die Fülle an teilnehmenden Unternehmen ergibt jedenfalls deutliche, empirische Belege und veranschaulicht die in den letzten Jahren vollzogenen, beachtlichen personalpolitischen Anstrengungen in Deutschland. Was fortschrittliche Arbeitszeitregelungen, nicht zuletzt die Priorität und Ansatzpunkt Nummer eins für familienrelevante Arbeitsgestaltung im Rahmen des Family Audits, angeht, so ergab eine Studie der OECD, dass sich deutsche Unternehmen inzwischen sogar zum Vorreiter in Europa entwickelt haben. Da sollte doch noch mehr Musik drin sein …

7.6   Verallgemeinerbare Erfahrungswerte von Förderarrangements mit Win-win-Effekt

▶ Die Aufbereitung der hier dargestellten Fälle zielt auf die Darstellung und Herstellung von Übertragbarkeit von Beispielen guter betrieblicher Personalpraxis hinsichtlich der Verfahren, Ansätze und Nutzung innovativer, personalpolitischer Instrumente. Im Bereich der mitbestimmungspflichtigen Großunternehmen und der öffentlichen Verwaltung finden sich zahlreiche Beispiele guter Praxis, aber auch in Klein- und Mittelbetrieben sowie dem inhabergeführten Handwerk. Nicht zuletzt gibt es zahlreiche Unternehmensbeispiele aus dem Wettbewerb „Deutschlands beste Arbeitgeber", welche die These vom „Paradigmenwechsel" in Führung und Personalmanagement stützen und eine vielfältige unternehmerische Praxis veranschaulichen.

Gehen wir einmal davon aus, dass die Produktivitätsfortschritte durch technologischen Wandel und organisatorisch-informationstechnische Neuerungen und Geschäftsmodelle den absehbaren Rückgang an einem qualifizierten Fach- und Führungskräftenachwuchs nicht aufwiegen, dann bleibt der Bedarf der Betriebe an Nachwuchskräften auch zukünftig bestehen. In diesem Fall wird es verstärkt darum gehen, unkonventionelle Zielgruppen mit Blick auf den Personalbedarf und die Gewinnung von Führungsnachwuchs zu erschließen.

Eine zusammenfassende Übersicht zu erfolgreichen Bewältigungsstrategien hinsichtlich neuer betrieblicher Ansätze, welche in den vorangegangenen Kapiteln ausgeführt wurden, enthält die Abb. 7.9.

Was den Bedarf an einer „vorausschauenden Personalentwicklung" angeht, so entsteht angesichts dieser zahlreichen erwähnten Referenzbeispiele guter Praxis fast der Eindruck, als gälte es „Eulen nach Athen zu tragen". Die Erkenntnis, dass die Mitarbeiter zur Unternehmensressource Nummer eins geworden und deren Potenziale entsprechend zu fördern bzw. zu entwickeln sind, öffnet die Tür für innovative Personalführung und neue Formen von Personalmanagement und Personalentwicklung (PM/PE). Hier gilt es jedoch für einzelne Aktivitätsbereiche der Wirtschaft und insbesondere für die spezifischen Zielgruppen, welche meist Querschnittsgruppen sein werden, handverlesene Arrangements zu entwickeln, welche der Ausgangslage und den betrieblichen Zielen entsprechen.

Eine Übersicht zu der Bandbreite an neuen Ansätzen im Bereich des Personalmanagements beinhaltet die Abb. 7.9. Die Übersicht zur Entwicklung von betrieblichen Diversity-Arrangements steckt die Felder ab, in denen sich individuelle Personalentwicklungs- und Karrierekonzepte bewegen können. In der Notwendigkeit zur Entwicklung individueller und passgenauer Arrangements für Personen und nicht nur für Zielgruppen zeigt sich die Komplexität der Herausforderungen an eine erfolgreiche Personalführung und – Entwicklung.

Die Bewältigung der Herausforderungen zur Entwicklung gezielter Entwicklungs- und Laufbahnkonzepte für die Einzelnen setzt jedoch die Bereitschaft und Fähigkeit zur Überwindung von offenen und verdeckten Stereotypen in den Köpfen Aller voraus, auch wenn sie aktuell den betrieblichen Alltag noch stark bestimmen.

Die Einzelaspekte des betrieblichen Nutzens eines innovativen Personalmanagements bei der Unterstützung und Förderung ganzheitlicher Laufbahn- und Lebenskonzepte, wie er sich aus der Rezeption aktueller Befunde der Gender- und der Arbeitsforschung ergibt, fasst noch einmal die Abb. 7.10 übersichtlich zusammen.

Auch was die hier dokumentierten und erklärten Ansätze, Konzepte und Instrumente angeht, besteht heute weitgehend die Übereinkunft, dass entsprechende Aktivitäten aus

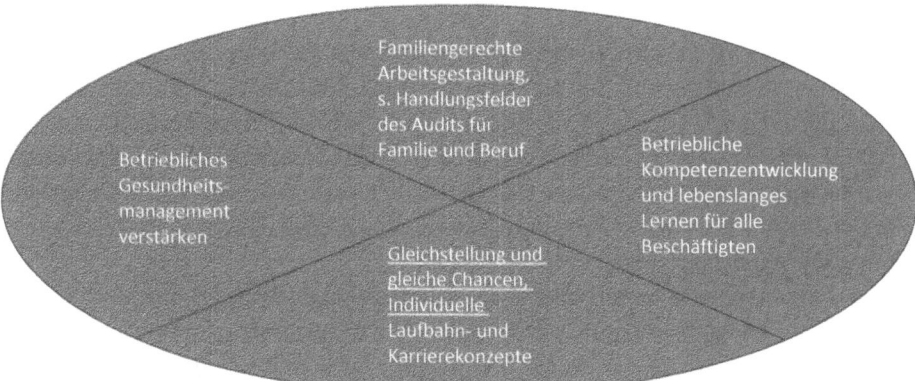

Abb. 7.9 Handlungsfelder für Diversity Management (Quelle: Lippe-Heinrich, eigene Darstellung)

Betrieblicher Nutzen ganzheitlicher Laufbahn- und Lebenskonzepte

- Betriebsklima (Zufriedenheit steigt)
- Umsetzung flexibler Nutzungskonzepte und
- Innovativer Methoden im Personalmanagement
- s. Literatur zum Nutzen von „Mixed Diversity" und „Audit für Beruf und Familie", u.a.
  - ✓ Fehlzeiten und - Krankheitstage
  - ✓ Frühverrentungen minimieren
  - ✓ Fluktuation/ Einarbeitungskosten verringern
  - ✓ Eigenverantwortung stärken
  - ✓ Attraktivität als Arbeitgeber für LeistungsträgerInnen erhöhen
    - ✓ Einbeziehung aller BewerberInnen, unabhängig von Alter, Geschlecht, Nationalität, Religion, Hautfarbe, Herkunft, usw. schwächt Segmentation ab
- Betriebliche Synergien ermöglichen, wie
  - ✓ Innovations- u. Wettbewerbsfähigkeit nach außen und innen

Durch die genannten Effekte steigen Attraktivität und Integrationskraft!

Abb. 7.10 Betrieblicher Nutzen ganzheitlicher Laufbahn- und Lebenskonzepte

betrieblicher Sicht Sinn machen. Leider werden diese Erkenntnisse noch nicht in allen Unternehmen praktiziert.

Es liegen seit Jahren eine Vielzahl praxiserprobter und bewährter Erfahrungswerte für erfolgreiche Aus- und Weiterbildung, aber auch die berufliche wie soziale Eingliederung von Zielgruppen der Arbeitsmarktpolitik vor. Sie sind zum Teil, was die Frauen angeht, bereits dem Mainstream zuzurechnen, aber was benachteiligte Jugendliche und ausländische Jugendliche angeht, besteht noch ein großer Bedarf, ergebnisorientierte Fördermodelle, die mit einem einschlägigen beruflichen Abschluss abschließen, in die betriebliche Praxis zu übertragen.

Seitens der fachkräftesuchenden Unternehmen wurden in diesem Zusammenhang mit betrieblicher Ausbildung und Beschäftigung von Zielgruppen bereits zahlreiche Anstrengungen unternommen. Es ist ein Erfahrungswert, dass bei den Zielgruppen i.d.R. mit Ausnahme der Frauen sowohl verhaltensbezogene als auch kenntnisbezogene Kompetenzen zu schwach ausgeprägt sind, um eine erfolgreiche Inklusion oder betriebliche Ausbildung ohne zusätzlichen Aufwand in Form sozialpädagogischer Begleitung bzw. des Nachholens von anerkannten Schulabschlüssen zu erreichen.

Dabei ist als weiterer, verallgemeinerungswürdiger Erfahrungswert festzuhalten, dass für jede dieser Zielgruppen spezifische Integrations-Arrangements zu entwickeln sind. So wurde festgestellt, dass es ausschlaggebend für den Integrationserfolg von Flüchtlingen und bildungsfernen Jugendlichen ist, seitens des Unternehmens zusätzliche Stütz- und Entwicklungsangebote anzubieten. Inwiefern dies durch ausbildungsbegleitende Hilfen oder sonstige Stützangebote seitens der Kammern abgedeckt werden kann, ist auf lokaler Ebene zu prüfen.

Hier ist das Feld für neue betriebspädagogische wie sozialarbeiterische Interventionen und Beratungsangebote, die das Feld der klassischen ausbildungsbegleitenden Hilfen komplementär erweitern. Es geht dabei insbesondere um das Erlernen der deutschen Sprache, die Verbesserung der Lesekompetenz sowie Mathematikkenntnisse. Auch das Nachholen eines Schulabschlusses bzw. die Inanspruchnahme der Angebote an ausbildungsbegleitenden Hilfen und ggfs. Förderunterricht in Mathematik können erforderlich sein, um die erwünschten Erfolge und den angestrebten Ausbildungsabschluss zu erreichen. Deutlich sollte auch gesagt werden, dass es sich hier um einen zusätzlichen Aufwand an betrieblicher Sozialarbeit handelt und dass es nicht zuletzt zusätzlicher Kompetenzen der betrieblichen Akteure bedarf, um nachhaltige Integrationsprozesse zu initiieren bzw. zu erreichen.

Bestrebungen zur beruflichen Integration von Zielgruppen und zur Inklusion aller bislang benachteiligten Personen verlangen somit auch besonderes Einfühlungsvermögen und soziale Kompetenzen seitens der Führungskräfte sowie des Personalmanagements. Handelt es sich doch vorrangig um Personen, die in der Vergangenheit Diskriminierungserfahrung gesammelt haben und ggfs. heute noch täglich machen. Insbesondere ausländische Frauen und Männer, Flüchtlinge und andere Personen werden aufgrund ihres Geschlechts, ihres Alters, ihrer Herkunft, ihrer sexuellen Orientierung bzw. anderer personenbezogener Merkmale bei Arbeitssuche, Einstellung und beruflichem Aufstieg vielerorts benachteiligt. Damit werden diese Personengruppen in ihren Arbeits- und Lebenschancen ganz maßgeblich beeinträchtigt. Dies ist nicht nur in Deutschland eine nachweisbare Tatsache, sondern auf der ganzen Welt.

Vorsicht vor stereotypen Zuweisungen in betrieblichen Förderarrangements
In der betrieblichen Förderpraxis bei der beruflichen Aus- und Weiterbildung der Zielgruppen stellt sich vielfach das Problem der zielgruppengerechten Arrangements von Förderkonzepten. Es gilt nämlich, die zur Förderung bestimmter Personengruppen für deren Belange spezifisch angepassten Förderarrangements und -konzepte auszuarbeiten. Dabei kommt es sehr darauf an, die Einteilung der zu fördernden Gruppen nicht zu plakativ vorzunehmen und möglichst individuell vorzugehen. Das Risiko einer einseitigen Definition von Gruppen und deren Merkmalen ist sehr gefährlich für das Anliegen der gleichberechtigten Teilhabe und der Schaffung möglichst homogener Belegschaften, denn es schafft ggfs. unbeabsichtigt neue Mechanismen der Diskriminierung.

Dies gilt vor allem hinsichtlich der Gefahr der Reproduktion von Stereotypen bei der Merkmalszuschreibung für die zu fördernden Zielgruppen. Hier birgt die Intersektionalität eine gewisse Gefahr, der nur durch Sensibilisierung und Kompetenz der Betreuer begegnet werden kann. Wichtig im betrieblichen Zusammenhang ist überdies die Abklärung der Maßnahmenziele, so dass für alle Beteiligten deutlich wird, warum bestimmte Maßnahmen erfolgen, wie deren Erfolg aussehen kann und soll, und was von den Beteiligten erwartet wird.

Die im Allgemeinen für eine Zielgruppe gültigen Merkmale können, ja müssen keinesfalls auf eine bestimmte Person oder betriebliche Personengruppe zutreffen. Die Wirkung stereotyper Zuschreibungen, Annahmen und Verhaltensmuster kann zu ganz neuen Stigmata führen, welche aus der querschnitthaften Zusammensetzung der Gruppen resultieren.

So erbrachte z. B. die Strategiediskussion im Kontext der 28 Projekte, welche in der Demografie-Offensive des Bundesministeriums für Bildung und Forschung zusammengefasst wurden, dass es nicht sinnvoll ist, auf betrieblicher Ebene spezifische Angebote der informationstechnischen Fortbildung nur für die ältere Generation zu machen. Als Strategie für eine alternsgerechte und altersgerechte Arbeit wurde ermittelt, dass derartige Initiativen in altersgemischten Gruppen den größten Erfolg versprechen, da hier niemand z. B. aufgrund seines Alters oder seiner grauen Haare besonders angesprochen und damit als „älterer Mitarbeiter" – möglicherweise kurz vor der Kündigung stehend – exponiert angesprochen und in Angst und Schrecken versetzt wird.

Aus dieser Überlegung heraus wurde das ALFIH-Konzept der „gemischten Teams von Jung und Alt" in der betrieblichen Arbeit als Erfolgsformel für die Bewältigung des demografischen Wandels entwickelt, welches sich in vielen Unternehmen bestens bewährt hat (s. hierzu Lippe-Heinrich 2001 sowie Lippe-Heinrich und Wöste 2001).

http://www.demotrans.de/documents/alfih-reader02.pdf.

Vor der Bildung neuer Stigmata auf der Basis von Stereotypen und Vorurteilen über bestimmte Personengruppen sollte sich eine differenzierte Personalentwicklungs- und -förderstrategie auf betrieblicher Ebene immer hüten, da sie kontraproduktiv wirken und genau das verhindern, was bezweckt wird, nämlich die Integration dieses Personenkreises als gleichberechtigte Mitarbeiter eines Unternehmens. Im Grunde verdient und verlangt daher jede Person eine eigene Analyse und ein eigenes Förderkonzept, da niemand einer anderen Person gleicht. Leider lässt sich dies aus finanziellen Gründen nicht immer in der Praxis realisieren. Daher muss es stets das Ziel sein, die gegenseitige Wertschätzung auf der Basis von Akzeptanz zu erreichen und damit die Grundlage für eine gelingende Interaktion und Teamarbeit im Alltag zu schaffen.

Trotz der abschließenden Feststellung, dass die Bildung von personengruppenbezogenen Fördergruppen immer auch nachteilige Folgen haben kann, wenn die Förderstrategie nicht genug ausgereift und überdacht wurde, wurde im vorangestellten Text vorgestellt, was es derzeit an anerkannten Ansätzen, Instrumenten und Fördermodellen für definierte Personengruppen – auch in der Form von immer und zweifellos relevanten Querschnittsgruppen – gibt. Diese Arrangements sind dann zielgruppengerecht und möglichst individuell sowie passgenau im Sinne einer erfolgreichen Förderpraxis weiterzuentwickeln oder anzupassen, und zwar für eine bestimmte Branche, eine Betriebsgröße, eine berufliche Aktivität oder ein bestimmtes Ausbildung- bzw. Integrationsziel.

Für alle erwähnten Zielgruppen gilt, dass spezifische Ansätze zur Förderung und Integration von Zielgruppen auf dem Arbeitsmarkt schon seit Jahren erprobt werden und eine Reihe modellhafter Beispiele für ihre erfolgreiche Qualifizierung und berufliche Eingliederung bereits in übertragbarer Form vorliegen, so dass sie inzwischen dem Mainstream zuzurechnen sind.

Nicht zuletzt sind die Unternehmen selbst erfolgreich aktiv geworden. Auch im Rahmen von Modellvorhaben des Bundesinstituts für Berufsbildung gibt es bereits gut dokumentierte positive Praxisbeispiele. In den hier geschilderten Praxisvorhaben zur Zielgruppenförderung wird deutlich, dass es hier darum geht, möglichst zielgerichtet und handverlesen geeignete Förderarrangements zu entwickeln, die den Unternehmen und den Geförderten mittel- und langfristig Erfolg bringen.

Grundsätzlich ist für die Entwicklung sogenannter „Förderarrangements" anzumerken, dass stets Vorsicht geboten ist vor stereotyper Zuweisung und simplifizierendem Zuschnitt der Förderarrangements. Eine ausgewogene Personalentwicklung im Betrieb wird deshalb immer prioritär auf die Herstellung von Chancengleichheit und Gleichbehandlung für alle abzielen, unabhängig von der Position in der Hierarchie und personenbezogenen Faktoren, da erst diese Haltung ein Betriebsklima schafft, in dem das betriebliche Miteinander gedeihen kann.

Mit Blick auf den in den vorangestellten Kapiteln ausführlich dargestellten und analysierten systemischen Wandel von betrieblichen Anforderungen und den damit korrespondierenden kooperativen Führungsstil bzw. neue Formen betrieblicher Arbeit geht es zukünftig noch mehr darum, die aus dem systemischen Strukturwandel erwachsenden neuen Anforderungen im Bereich der Personalführung in kleinen und mittleren Unternehmen des Mittelstands zu verankern. Eine Fülle von praxisrelevanten Initiativen und bereits gut dokumentierten Beispielen zeigt die Vorteile für Beschäftigte und Betriebe. Nicht zuletzt haben in den vergangenen 20 Jahren die Unternehmensverbände und deren Dachorganisationen, aber auch die Gewerkschaften und die nationale wie europäische Politik zu diesen Fortschritten hinsichtlich betrieblicher Personalführung beigetragen, auch wenn es zunächst nur darum ging, den Status quo hinsichtlich nachwachsender Fach- und Führungskräfte beizubehalten. Es ist festzuhalten, dass heute bereits zahlreiche Maßnahmen zur Herstellung von Chancengleichheit im Mainstream der betrieblichen Personalarbeit angekommen sind.

Ein eindrucksvoller Beweis hierfür sind die Projekte, welche jährlich – sortiert nach Unternehmensgröße – im Rahmen des Wettbewerbs „Deutschlands Beste" in unterschiedlichen Schwerpunkten prämiert werden. Auch die Initiative des Deutschen Gewerkschaftsbundes (DGB)[7] „Gute Arbeit" mit dem Index „gute Arbeit" und sehr zielgerichtete Schwerpunkte von Verdi[8] oder IGM[9] zur Gestaltung von guten Arbeitsbedingungen im Zeichen der Digitalisierung beweisen, dass die Sozialpartner auf beiden Seiten ihre Verantwortung wahrzunehmen suchen und das Ziel der Gleichstellung ernsthaft verfolgen.

So z. B. werden Preise für Beispiele im Bereich der Gleichstellung von Männern und Frauen ausgelobt und vergeben bzw. für hervorragende Initiativen im Bereich der Vereinbarkeit von Beruf und Familie, allen voran der Arbeitszeitgestaltung und der diversen Initiativen zur Elternzeit. In Anbetracht des steigenden Interesses an betrieblichem

---

[7] DGB ist der Dachverband der deutschen Einzelgewerkschaften.
[8] Verdi ist die zweitgrößte Einzelgewerkschaft im DGB und vertritt ein breites, heterogenes Spektrum dienstleistungsbeschäftigter Erwerbspersonen.
[9] Industriegewerkschaft Metall ist die größte der DGB- Gewerkschaften.

Gesundheitsmanagement werden die besten aller eingereichten, modellhaften Ansätze in den spezifischen Bereichen preisgekrönt, um als Vorbild für andere Unternehmen dienen zu können. Einen kleinen Einblick in die Vielfalt angeschnittener Themen und gewählter Ansätze hierzu geben die in Kap. 6 exemplarisch genannten und skizzierten Vorhaben, welche mit unterschiedlicher Zielstellung von den jeweiligen Unternehmen entwickelt und praktiziert wurden. Als Hinweis für die Initiierung neuer Modellvorhaben sollte darauf hingewiesen werden, dass alle Initiativen zu den genannten Schwerpunkten sowohl im Rahmen der Corporate Social Responsibility -Aktivitäten[10] der Kommission der Europäischen Gemeinschaften (COM EU) und des Europäischen Sozialfonds (ESF) gefördert werden als auch auf nationaler Ebene seitens des Bundesministeriums für Soziales, Familie und Senioren (BMSFS), des Deutschen Handwerkskammertages (DHKT) und des Deutschen Industrie- und Handelskammertags (DIHKT), der regionalen Industrie- und Handwerkskammern und nicht zuletzt auch der gewerkschaftlichen Sozialpartner auf Bundes-, Landes- und Regionalebene maßgeblich unterstützt werden können. Sofern es sich um Maßnahmen des betrieblichen Gesundheitsmanagements (BGM) handelt, kommen auch die Berufsgenossenschaften sowie die betrieblichen Krankenkassen als beteiligte Akteure in Frage, da auch diese Einrichtungen einen verstärkten Fokus auf die Förderung der Gesunderhaltung und betrieblichen Prävention legen.

Vorhaben der Corporate Responsibility (CSR) werden finanziell gefördert
Vorhaben der CSR werden von der COM EU gefördert, wenn sie gemeinschaftlich von Arbeitgebern und Arbeitnehmereinrichtungen beantragt und getragen werden. Zu den wichtigsten Schwerpunkten gehören die Herstellung sozial verträglicher Arbeitsbedingungen, die Vereinbarkeit von Familie und Beruf und auch seit neuester Zeit die Umsetzung ökologisch relevanter Unternehmensziele. Die Antragstellung geschieht nach festgesetzten Fristen turnusmäßig. Es besteht auch für kleine und mittlere Unternehmen bzw. kooperative Verbundprojekte die Möglichkeit, finanzielle Zuschüsse zur Realisierung von Referenzprojekten zu erhalten, so z. B. zur Einrichtung von betrieblichen Angeboten im Bereich LLL, GM, DM und BGM, wie Sporteinrichtungen und Sportvereinen oder aber zusätzlichen Angeboten der verbesserten Vereinbarkeit von Beruf und Familie.

Fazit zum weiteren Handlungsbedarf

Bei der Schaffung guter Praxisbeispiele für die betriebliche Arbeit haben sich die Frauenförderung, Ansätze zur Gleichstellung, zur Vereinbarkeit von Beruf und Familie, aber auch Initiativen im Bereich des Stressmanagements und BGM zu zentralen Schwerpunkten innovativer Personalarbeit in Unternehmen der privaten wie der öffentlichen Wirtschaft entwickelt.

---

[10] CSR = Corporate Social Responsibility.

Eine Fülle von praxisrelevanten Initiativen zeigt die Vorteile für Beschäftigte und Betriebe. Nicht zuletzt haben die Sozialpartner, wie Kammern, Unternehmensverbände, Gewerkschaften und auch die Politik der EU, wie auch nationale Parteien und Regierungen zu diesen Fortschritten beigetragen. Der Handlungsbedarf hinsichtlich des Gleichheitsgebotes und des anstehenden demografischen Wandels wurde von den relevanten Akteuren der Sozialpartner erkannt, und es gibt gute Gründe, anzunehmen, dass sich die hier eingeschlagenen Wege zukünftig festigen werden.

Ein Schwerpunkt innovativer Personalarbeit könnte zukünftig im Bereich der Förderung von Zielgruppen an den strategisch besonders kritischen Punkten der Ausbildungsaufnahme und Berufseinmündung liegen, denn wer nicht eingestellt wird, kann natürlich auch nicht aufsteigen. In diesem abschließenden Best-Practice-Kapitel hat der Leser erfahren, welche Unternehmen bereits sehr erfahren und erfolgreich darin sind, die Herausforderungen des systemischen Wandels zu meistern. Sie stellen damit für eine Vielzahl anderer Unternehmen übertragbare Arrangements von innovativen Verfahren und Instrumenten bereit. Die jeweiligen Unternehmen werben inzwischen nahezu alle auf ihren Internetseiten unter ihrem Firmennamen mit ihren Erfolgen.[11]

Literatur

Allbright-Stiftung. (2019). FührungsFrauenfloskelBingo zum Frauentag. http://www.static1.square-space.com/static/56e04212e707ebf17e7dcd2. Zugegriffen am 23.04.2019.

BDA. (Hrsg.). (2014). *Best Practice für Inklusion*. Ingelheim: Unternehmensforum e.V.

Bednarz, S., Lippe-Heinrich, A., & Schmidt, E. (2008). Gender Mainstreaming in der beruflichen Bildung. In S. Bednarz & E. Schmidt (Hrsg.), *Arbeitsprozess-orientierte und gendergerechte IT-Ausbildung, Handreichungen, Umsetzungsempfehlungen- Beispiele für die Praxis, Berichte zur beruflichen Bildung* (S. 39–56). Bonn: Schriftenreihe des BIBB.

Behrens, J. (2001). Handwerkstätigkeit in kleinen Betrieben, bestandener Härtetest für betriebliche und individuelle Laufbahnentwicklung. In HWK Hamburg (Hrsg.), *Zukunftsfähige Konzepte für das Handwerk zur Bewältigung des demografischen Wandels* (Dokumentation einer Tagung des Schwerpunktes Demografie, Öffentlichkeits- und Marketingstrategie Demografischer Wandel, S. 122–141). Stuttgart: Fraunhofer Gesellschaft. Benard, C., & Schlaffer, E. (1991). *Sagt uns, wo die Väter sind, Von der Arbeitssucht und Fahnenflucht des zweiten Elternteils*. Hamburg: Rowohlt.

Beruf und Familie. (Hrsg.). (2004). Das Audit Beruf und Familie, Erweitern Sie Ihre Chancen, Wechseln Sie die Perspektive. www.beruf-und-familie.de.

Beruf und Familie. (o.J.-a). (Hrsg.). Familienbewusste Personalpolitik – Ihr Wettbewerbsvorteil, Das Audit Beruf und Familie. www.beruf-und-familie.de.

Beruf und Familie. (o.J.-b). (Hrsg.). Audit Beruf und Familie, Mehr Erfolg mit mehr Familie. www.beruf-und-familie.de.

---

[11] Es finden sich übrigens viele weitere gute Beispiele für DM unter den Preisträgern von „Deutschlands Beste" (s. Handelsblatt 2017).

BFW Berlin und HWK Hamburg. (Hrsg.). (2005). IT- Kompetenz und Gender Mainstreaming in der Aus- und Weiterbildung, gemeinsamer Abschlussbericht zum Modellversuch des BIBB, 2001–2005, Berlin. https://www.bibb.de/tools/mido/upload/Do76800-D542100-pdf. Zugegriffen am 16.04.2019.

BIH Jahresbericht. (2018). Jahresbericht 2017/2018- Die Arbeit der Integrationsämter und Hauptfürsorgestellen, BIH, Universum, Berlin.

BMAS. (Hrsg.). (o.J.). Einfach machen, Zusammen Arbeiten, Inklusion in Unternehmen und Institutionen, Ein Leitfaden für die Praxis, Bonn, Vorwort von A. Nahles.

BMB+F. (Hrsg.). (2010). *Demografischer Wandel kein Problem! Werkzeuge für Praktiker- von Betrieben für Betriebe* (2., erweit. Aufl.). Bonn: BMB+F.

BMFSFJ. (Hrsg.). (2003). *Betriebswirtschaftliche Effekte familienfreundlicher Maßnahmen, Kosten-Nutzen- Analyse.* Bonn: Prognos.

BMFSFJ. (Hrsg.). (2004). *Führungskräfte und Familie, Wie Unternehmen die Work-Life-Balance fördern können, Ein Leitfaden für die Praxis.* Berlin: BMFSFJ.

BMFSFJ. (Hrsg.). (2005). *Datenreport zur Gleichstellung von Frauen und Männern in der Bundesrepublik Deutschland.* Bonn: BMFSFJ.

BMFSFJ. (Hrsg.). (2007). *Wege zur Gleichstellung, heute und morgen, Sozialwissenschaftliche Untersuchung vor dem Hintergrund der Sinus- Milieus.* Berlin: BMFSFJ.

BMFSFJ. (Hrsg.). (2014). *Elterngeld und Elternzeit, Das Bundeselterngeld- und Elternzeitgesetz.* Berlin: BMFSFJ.

BMFSFJ. (Hrsg.). (2017). Väter und Vereinbarkeit, Leitfaden für väterorientierte Personalpolitik. Berlin: BMFSFJ. https://www.erfolgsfaktor-familie.de/fileadmin/ef/2017_Leitfaden_Vaeter_und-Vereinbarkeit.

BMFSFJ. (2018). (Hrsg.). *Väter und Vereinbarkeit, Leitfaden für väterorientierte Personalpolitik.* Berlin: BMFSFJ.

Bodeker W. und Friedrichs M. (2011a). *European agency for safety and health at work: Calculating the costs of work-related stress and psychosocial risks, European risk observatory, literature review.* Luxembourg: EU-OSHA. S. 4.

Bodeker, W., & Friedrichs, M. (2011b). Kosten der psychischen Erkrankungen und Belastungen in Deutschland. In L. Kamp & K. Pickhaus (Hrsg.), *Regelungslücke psychische Belastungen schleißen, 2011* (S. 4). Düsseldorf: Böckler Impuls.

Böhle, F., Voß, G., & Wachtler, G. (Hrsg.). (2017). *Handbuch Arbeitssoziologie.* Wiesbaden: Springer.

Bojard, M., & Fabrizius, K. (2013). Mehr Väter mit Elternzeit, Beteiligungsquoten und Bezugsdauer von Elterngeld im Bundesländervergleich. *Bevölkerungsforschung Aktuell, 34*(6), 2–10.

Buhrisch, M. (2014). *Das Burn- Out- Syndrom, Theorie der inneren Erschöpfung, zahlreiche Fallbeispiele- Hilfen zur Selbsthilfe* (5. Aufl.). Wiesbaden: Springer. 978-3-642-36254-5.

Bundesanstalt für Arbeitsschutz und Arbeitsmedizin (BAuA). (2018). Volkswirtschaftliche Kosten durch Arbeitsunfähigkeit 2016, Stand, Hamburg.

COM EU. (2005). Geschäftsnutzen von Vielfalt, Bewährte Verfahren am Arbeitsplatz, Generaldirektion Beschäftigung, soziale Angelegenheiten und Chancengleichheit, Referat D3, Brüssel.

COM EU. (2006). The gender pay gap – Origins and policy responsed, A comparative review of 30 european countries. Directorate for Employment, Social Affairs and Equal Opportunities, Unit G.1, Brüssel.

COM EU. (Hrsg.). (2009). The provision of childcare services, a comparative review of 30 European countries. Social Affairs and Equal Opportunities, Unit G.1, Brüssel.

Dälken, M. (2012). *Managing Diversity, mit CD-ROM, Betriebs- und Dienstvereinbarungen, Analyse und Handlungsempfehlungen.* Frankfurt a. M.: Hans-Böckler- Stiftung/Bund.

DGB. (Hrsg.). (2015). *Väter in Elternzeit.* Berlin: DGB.

DGB. (Hrsg.). (2016). *Elterngeld Plus.* Berlin: DGB.

DIW-Wochenbericht. (2017). Nr. 34, Berlin.

Ganser, P., Jerchel, K., Jochmann-Döll, A., & Tondorf, K. (2010). *Praxis Handbuch Gleichbehandlung, Ungleichbehandlung vorbeugen – Rechte nutzen – Gleichstellung herstellen.* Hamburg: VSA. 978-3-89965-435-6. Verdi Tarifpolitische Grundsatzabteilung Bereich Recht.

Great Place to Work Institut Deutschland. (2015). Jeder Vierte ist am Arbeitsplatz gesundheitlich belastet. http://www.presseportal.de/pm/69829/3122233. Zugegriffen am 16.07.2019.

Greif, M. (1981). Modellversuche: Mädchen in gewerblich-technischen Berufen. In Wechselwirkung, Nr. 8. https://www.wsw-001_1981_3_539. Zugegriffen am 16.04.2019.

Handelsblatt. (2017). Das sind Deutschlands beste Arbeitgeber, Das Forschungs- und Beratungsinstitut BestplacetoWork hat Deutschlands beste Arbeitgeber ermittelt. http://www.handelsblatt.com/unternehmen/mittelstand/. Zugegriffen am 22.05.2017.

Hans-Böckler- Stiftung. (Hrsg.). (2017). Vielfalt in Betrieb und Verwaltung, Eine qualitative Analyse im Dienstleistungssektor unter besonderer Berücksichtigung der betrieblichen Mitbestimmung, Nr. 346, S. 5.

Haufe Online Redaktion.(2015). Zielvereinbarungen bei den Berliner Verkehrsbetrieben, Topthema Frauenförderung, 11.03.2015. Zugegriffen am 16.07.2019.

Hegelheimer, B. (1979). *Chancengleichheit in der Berufsbildung, Deutscher Beitrag einer vergleichenden Untersuchung in den Mitgliedstaaten der EG im Auftrag des Europäischen Zentrums zur Förderung der Berufsbildung.* Berlin: CEDEFOP.

Holst, E., & Marquard, A. (2018). Die Berufserfahrung in Vollzeit erklärt den Gender Pay Gap bei Führungskräften maßgeblich. In *DIW-Wochenbericht, 30/31.* Berlin.

Familienleistungen. (2007). Mit Elterngeld und Steuerbegünstigung, Vorteil. In Unterhofer, Welteke und Wrohlich, DIW-Wochenbericht, Nr. 34, Berlin, S. 660. http://www.familien-wegweiser.de.

HWK Hamburg. (2001). *Zukunftsfähige Konzepte für das Handwerk zur Bewältigung des demografischen Wandels, Sammelband mit Fachbeiträgen der Modellprojekte zum Demografischen Wandel.* Stuttgart: Öffentlichkeits- und Marketingstrategie demografischer Wandel.

IAB Betriebspaneel. (2008). *Gleich und doch nicht gleich: Frauenbeschäftigung in deutschen Betrieben; Auswertungen des IAB Betriebspaneels.* https://nbn-resolving.org/urn:nbn:de:0168-ssoar-308092. Zugegriffen am 16.07.2019.

INQUA. (2013). Kein Stress mit dem Stress, Lösungen und Tipps für Führungskräfte und Unternehmen. http://www.psya.info.

Kohaut, S., & Möller, I. (2010). *Führungspositionen in der Privatwirtschaft – Frauen kommen auf den Chefetagen nicht voran* (IAB Kurzbericht). Nürnberg: Institut für Arbeitsmarkt- und Berufsforschung.

Lippe-Heinrich, A. (2001). Flexibles Altern, Instrumente, Erfahrungen und Gestaltungsansätze zu den Auswirkungen des demografischen Wandels auf handwerkliche Klein- und Mittelbetriebe. In *Zukunftsfähige Konzepte für das Handwerk zur Bewältigung des demografischen Wandels* (HWK Hamburg, S. 2001). Stuttgart: BMB+F – Broschürenreihe: Demografie und Erwerbsarbeit.

Lippe-Heinrich, A. (2006). Genderlernen in den neuen IT- und Medienberufen – Befunde empirischer Erhebungen – ein Fazit aus der Sicht der wissenschaftlichen Begleitforschung. In R. Bendl (Hrsg.), *Betriebswirtschaftslehre und Geschlechterforschung, Verortung geschlechterkonstituierender (Re-) Produktionsprozesse zur Standortbestimmung der Betriebswirtschaftslehre.* Frankfurt a. M./Berlin/Bern/New Work/Paris/Wien: Peter Lang.

Lippe-Heinrich, A. (2008). Exemplarisches Genderlernen in der prozessorientierten Aus- und Weiterbildung als Maßnahme zur Erhöhung der Repräsentanz von Frauen in den IT-Berufen. In S. Bednarz & E. Schmid (Hrsg.), *Arbeitsprozessorientierte und gendergerechte Ausbildung im IT- Bereich, Erfahrungen aus dem BIBB Modellversuch „IT- Kompetenz und Gender Mainstreaming in der Aus- und Weiterbildung".* Bonn: Bertelsmann.

Lippe-Heinrich, A. (2010). Gendergerechte Transformation von Arbeits- und Lernprozessen- ein Beitrag zur Ausbildung in IT- und Medienberufen. In J. Dagmar, V. Franke, M. Schild &

J. v Hasselbach et al. (Hrsg.). *Künstlerische Transformationen, Modelle kollektiver Kunstproduktion und der Dialog zwischen den Künsten*. Berlin: Reimer.

Lippe-Heinrich, A., & Wöste, S. (2001). *Alternsgerechte, flexible Arbeit im Handwerk (ALFIH): Aufträge und Arbeitsplätze sichern durch Kooperationen im Bau- und Ausbaugewerbe, Leitfaden für die Umsetzung altersflexibler Arbeitskonzepte im Handwerk mit Erfahrungswerten aus der Region Hamburg mit Handreichungen für Beratung*. Hamburg: Öffentlichkeitsarbeit und Fortbildung, Zukunftswerkstatt der HWK Hamburg. http://www.content-zwh.de/personalmeister/de/pdf/erfolgplanen2.pdf. Zugegriffen am 12.04.2019.

Lippe-Heinrich, A., & Wöste, S. (2001). *Leitfaden „Alternsgerechte, flexible Arbeit im Handwerk: Grundlagen betrieblicher Gestaltungskonzepte: Exemplarische Erfahrungen und Handreichungen", Zukunftswerkstatt e.V.* Hamburg: Handwerkskammer Hamburg.

Lott, Y. (2019). Weniger Arbeit, mehr Freizeit?, Wofür Mütter und Väter flexible Arbeitsarrangements nutzen. http://wwwboeckler.de/pdf_wsi-report_47_2019.pdf. Zugegriffen am 16.07.2019.

Managermagazin. (Hrsg.). (2018). *Deutschlands Top Arbeitgeber*. Berlin: Trendence Institut.

OECD. (Hrsg.). (2016). *Dare to share: Germany's experience promoting equal partnership in families*. Paris: OECD.

Prognos AG. (2016). *Zukunftsreport Familie 2030*. Berlin: Prognos.

Puhlmann, A., Gutschow, K., Rieck, A., et al. (2011). *Berufsorientierung junger Frauen im Wandel* (Abschlussbericht zum Forschungsprojekt 3.4.302 (JFP 2009)). Bonn: Bundesinstitut für Berufsbildung.

Rengers, D. (1993). *Frauen im gewerblich-technischen Beruf, Ein Modell zur Arbeitsmarktintegration*. Bielefeld: Kleine.

Schimeta, J. (2012). *Einsam an der Spitze, Frauen in Führungspositionen im öffentlichen Sektor, DIW Berlin*. Berlin: Friedrich-Ebert-Stiftung, Forum Politik und Gesellschaft.

Schmidt, F. (2017). Arbeitsmärkte in der Plattformökonomie – Zur Funktionsweise und den Herausforderungen von Crowdwork und Gigwork. www.fes-2017plus.de, Bonn. https://library.fes.de/pdf-files/wiso/12826.pdf, Zugegriffen am 16.04.2019.

Schneider, C. (2012). *Gesundheitsförderung am Arbeitsplatz, Nebenwirkung, Gesundheit*. Bern: Hans Huber/Hogrefe AG.

Stiegler, B. (1985). Frauenforderung im gewerblich-technischen Bereich. In *Mehr als nur gleicher Lohn, Handbuch zur beruflichen Förderung von Frauen*. Hamburg: VSA.

Thom, N. (2007). Trends in der Personalentwicklung. In N. Thom & R. J. Zaugg (Hrsg.), *Moderne Personalentwicklung*. Wiesbaden: Springer Gabler.

TK. (Hrsg.). (2016). *Entspann dich, Deutschland, TK Stress-Studie*. Hamburg.

Trendence. (Hrsg.). (2018). *Deutschlands 100 Top-Arbeitgeber*. Berlin: Trendence Institut.

Unterhofer, U., Welteke, C., & Wrohlich, K. (2017). Das Elterngeld hat soziale Normen verändert, DIW- Wochenbericht, Nr. 34, Berlin, S. 659.

Väter GmbH. (Hrsg.). (2012). Trendstudie „Moderne Väter", Hamburg. http://verdi.de. Zugegriffen am 21.04.2019.

Wald, R., Gatzmaga, D., Mutz, K., & Wisnefski, V. (1986). *Was will die denn hier?* Marburg: SP.

Walter, A. (2015). *An die Spitze! Aber wie?, „Frauen in Führung" im öffentlichen, privaten und non-profit-Sektor- eine Bestandsaufnahme der aktuellen Literaturlage samt Handlungsempfehlungen, Zentrum für Europäische Geschlechterstudien* (Working Paper, Nr. 8). Westfälische Wilhelms-Universität Münster. https://d-nb.info/114168245134. Zugegriffen am 23.04.2019.

Wetzel, D. (2015). *Arbeit 4.0, Was Beschäftigte und Unternehmen verändern müssen*. Freiburg im Breisgau: Herder.

Zeit-Online. (2019). Frauen nutzen Home-Office mehr für Kinderbetreuung. http://www.zeit.de/news/2019-03/05/frauen-nutzen-home-office. Zugegriffen am 19.04.2019.

Zur Zukunft der Arbeit in der „digitalisierten Gesellschaft"

8

Zusammenfassung

Aktuell können wir nicht sicher voraussagen, in welche Richtung die zukünftige Entwicklung der Arbeitsbeziehungen in einer digitalisierten Gesellschaft gehen wird. Es hängt von der Qualität und Summe technischer Innovationen, der zukünftigen Intelligenz digitaler Systeme, herrschenden Polarisierungsprozessen wie auch den Technikeinsatzkonzepten und den Möglichkeiten der Einflussnahme durch gesellschaftliche Gruppen in Europa ab, in welcher Form sich die Chancen der innovativen Arbeitsgesellschaft erschließen und durchsetzen lassen. Doch es wird höchste Zeit, die Chancen und Risiken der neuen Produktionsmittel zu erkennen und auf eine konsequente, staatliche Einflussnahme und Kontrolle ihres Einsatzes zu achten, um die gewachsenen demokratischen Strukturen der hoch entwickelten Industrieländer zu erhalten und weiterzuentwickeln.

Der hier beschriebene Wandel betrieblicher Arbeit durch informationstechnische Innovationen wurde bereits seit Ende der 70er-Jahre in einem umfangreichen Zusammenhang ausgewählter Fragestellungen in Form von Einzelprojekten, Gutachten, der Gemeinschaftsinitiative ADAPT bzw. einer Vielzahl empirischer Forschungsarbeiten unterschiedlicher Einrichtungen erforscht.

Auf der Grundlage dieser unterschiedlichen Forschungsarbeiten, von Modellprojekten der beruflichen Bildung und dem Erfahrungsaustausch zur Transformation betrieblicher Arbeit auf regionaler, nationaler und europäischer Ebene, ist es möglich, eine Vielzahl einschlägiger Regional- und Praxisvorhaben mit beispielhaften Lösungsansätzen zusammenzutragen, aus denen nicht zuletzt der „rote Faden" für die vorliegende Publikation entwickelt wurde.

© Springer Fachmedien Wiesbaden GmbH, ein Teil von Springer Nature 2019
A. Lıppe-Heinrich, *Personalentwicklung in der digitalisierten Arbeitswelt*,
https://doi.org/10.1007/978-3-658-25457-5_8

In diesem Zusammenhang stehen die Schlussfolgerungen für die nachfolgenden und ab-schließenden Ausführungen. Sie wurden in Form von qualitativ gehaltenen Thesen formu-liert, da es sich für den Zeitraum der letzten dreißig Jahre zeigt, dass alle bisher getätigten Zukunftsprognosen in Form von Daten, mutmaßlichen Fakten und Zahlen meist falsch wa-ren. Dies betrifft nicht nur die Substitutionseffekte der Informationstechnik hinsichtlich der menschlichen Arbeitskräfte, sondern auch die Entwicklung der Kompetenzen und Qualifika-tionsanforderungen im Kontext immer intelligenter werdender Systeme und Maschinen.

Neuere Untersuchungen an der Schwelle zu Arbeit 4.o machen deutlich, dass das Be-harrungsvermögen von Beschäftigten wie auch von Unternehmen in Deutschland hin-sichtlich der Nutzung von Agilität im Zeichen der Digitalisierung von Geschäftsprozessen bei vielen Unternehmen noch stark entwickelt ist (Pütz und Ricker 2017). Sofern sich dies nicht ändert, besteht die Gefahr, dass zukunftsweisende Trends, Entwicklungen und die Erschließung neuer Marktpotenziale am Standort vorbeigehen.

Zukunft verlangt nach neuen Formen des Arbeitens, des Lernens und des Wirtschaftens
Heute ist noch nicht definitiv absehbar, welche Auswirkungen die Digitalisierung betrieb-licher Arbeit für unsere Gesellschaftsform und unsere Lebensqualität haben wird. Ange-sichts zahlreicher Paradigmenwechsel zeichnet sich jedoch ein Bedarf ab an neuen For-men des Arbeitens, des Lernens und des Wirtschaftens.

Die neue Qualität informationstechnisch geprägter Arbeit zeigt, dass es zukünftig im-mer stärker darum gehen wird, im Bereich der Personalführung und Organisation der be-trieblichen Arbeit auf ganzheitliche Formen der Personalführung, gendergerechte Lauf-bahnkonzepte, Prävention und Gesundheitsmanagement zu setzen, um körperliche Belastungen durch „hausgemachten" Stress, steigende Fehlzeiten und hohe Kosten von Ausfallzeiten, Wiederbeschaffung und Einarbeitung zu vermeiden.

Im Übergang zur Arbeitsgesellschaft 4.0 stellen sich zentrale Fragen wie die nach Quantität und Qualität verbleibender Arbeit, nach der Beschränkung der Definitionsmacht von Unternehmensaktivitäten, nach Zielen, Legitimation und Ertrag seitens der Anteils-eigner disruptiver Geschäftsmodelle. Entscheidende Variable für die Zukunft der Arbeit ist nicht zuletzt die Antwort auf die Frage nach der verbleibenden Lebensqualität für die Mehrheitsgesellschaft sowie den Chancen der kollektiven Einflussnahme durch gesell-schaftliche Akteure und Sozialpartner.

▶   **Führungsstil, Personalmanagement und Personalentwicklung werden zu den zentralen und entscheidenden Parametern einer neuen, zukunftsfähigen Ar-beits- und Unternehmenskultur** Arbeitsprozesse und Produkte werden mehr und mehr zu nichtstofflichen Prozessen und Produkten. Selbst da, wo es um die Herstellung und den Vertrieb von stofflichen Produkten geht, nehmen mehr und mehr nichtstoffliche Komponenten einen zentralen Stellenwert ein. Dienstleistungen im Sinne produktionsnaher und wissensbasierter Leis-tungen werden in allen Sektoren zur treibenden Kraft von Wertschöpfungs-prozessen und Wohlstand. Es wird zukünftig sehr viel stärker darum gehen, die Personalressourcen zu halten, kontinuierlich zu pflegen und auszuschöpfen, um in einem Umfeld neuer Geschäftsmodelle und virtueller Geschäftsprozesse die vorhandenen Chancen der IT zu nutzen.

An dieser Stelle sei auf die empirischen Ergebnisse einer jüngeren Befragung von Capgemini (2017) hingewiesen, welche ermittelte, was für wirtschaftlich besonders erfolgreiche, digital aufgestellte Unternehmen besonders wichtig ist. Es wurden in der entsprechenden Studie acht zentrale Strategiedimensionen identifiziert (Haufe Online Redaktion, https://www.haufe.de/personal/hr-management/digitale-unternehmenskultur, 26.10.2017, 12:25):

1. *Kundenorientierung*
   Sie ist charakterisiert durch das Motto: „Der Kunde, die Kommunikation und die Interaktion mit ihm, steht im Zentrum des Handelns."
2. *Entrepreneurship*
   Unternehmen verstehen es, aktuelle Marktimpulse und Trends in ihr Geschäftsmodell einzuarbeiten. Die Mitarbeiter werden ermutigt und befähigt, Risiken einzugehen und Ideen voranzutreiben.
3. *Autonome Arbeitsbedingungen*
   Mitarbeiter haben Freiräume zum eigenverantwortlichen Arbeiten. Sie erhalten die Chance, flexible Arbeitsmodelle zu nutzen hinsichtlich Arbeitsort und Arbeitszeit. Selbstführung, Eigeninitiative und Selbstständigkeit der Mitarbeiter werden gefördert, dadurch erleben sie einen hohen Grad an Gestaltungs- und Entscheidungsspielraum.
4. *Kollaboration*
   Die Fähigkeit und die Bereitschaft zur Kooperation und zum Teilen von Wissen wird als Basis eines interdisziplinären und bereichsübergreifenden Austauschs im Unternehmen, mit Kunden und Wettbewerbern gesehen.
5. *Digitale Technologien und digitalisierte Prozesse*
   Nutzung digitaler Tools und Plattformen für interne und externe Prozesse.
6. *Agilität*
   Dynamisches Denken und Handeln macht die Unternehmen schnell und anpassungsfähig für veränderliche Umgebungs- und Kundenbedürfnisse. Eine ausgeprägte Ambiguitätstoleranz seitens der Fach- und Führungskräfte wirkt unterstützend.
7. *Digital Leadership*
   Die Entwicklung der Mitarbeiter steht im Fokus. Die Führungskräfte vermitteln Vision und Strategie, gleichzeitig weisen sie eine hohe Mitarbeiterorientierung auf und bringen den Mitarbeitern einen hohen Grad an Vertrauen entgegen. Sie nutzen digitale Technik und arbeiten mit den Teams unabhängig von Ort und Zeit zusammen.
8. *Innovation und Lernen*
   Hohe Innovations- und Lernorientierung im Unternehmen sieht die Weiterentwicklung des Unternehmens und der Mitarbeiter als einen der wichtigsten Erfolgsfaktoren an. Kreativitätsförderndes Umfeld schafft Aufgeschlossenheit gegenüber neuen Ideen. Fehlschläge und Scheitern werden als wichtige Bestandteile des Lernprozesses gesehen

Aus dem gegenwärtigen Stand der Forschung und des Wissens ist abzuleiten, dass in erfolgreichen Unternehmen der Digitalwirtschaft von den acht ermittelten zentralen Strategiedimensionen erfolgreicher Betriebstätigkeit nicht weniger als acht mit der Kompetenz der Mitarbeiter zu tun haben, welche entsprechend den strategischen Unternehmenszielen in einer agilen Umwelt durch die Vorgesetzten geschätzt, motiviert und entwickelt werden sollen.

Dies zeigt sehr deutlich, dass ein guter Führungsstil und entsprechendes Personalmanagement im Sinne der hier in Kap. 4, 5, 6 und 7 behandelten Schwerpunkte von außerordentlicher Bedeutung sind für den zukünftigen Unternehmenserfolg der gesamten Unternehmen. Weiterhin wird deutlich, dass es in der Summe die sogenannte Unternehmenskultur ist, die in einem völlig veränderten Umfeld agilen Wirtschaftens und Arbeitens den neuen Paradigmen betrieblicher Arbeit entspricht.

8.1   Optionen zum Wandel betrieblicher Arbeit in der digitalisierten Gesellschaft

▶   **Zum Wandel von Arbeitswelt, Familie und Gesellschaft in der digitalisierten Gesellschaft**   Die ursprüngliche Form der Reproduktion durch Ackerbau und Viehzucht wurde durch die sogenannte „Industriegesellschaft" im 19. Jahrhundert mit dem Beginn der industriellen Revolution um 1865 abgelöst. Sie hat sich seitdem in vier Phasen weiterentwickelt, welche durch die Weiterentwicklung der Technik, aber auch durch soziale und wirtschaftliche Entwicklungslinien und Umbrüche zu kennzeichnen sind. Mit der Entstehung des modernen Europas und der Europäischen Gemeinschaften entwickelte sich in Deutschland eine bislang ungekannte Blüte von Demokratie, industrieller Entwicklung und ein ausgefeiltes System der Arbeitsbeziehungen.

Im ausgehenden 20. Jahrhundert – spätestens um 1990 (noch Phase 3) – lässt sich aus der Statistik ablesen, dass die sich entwickelnde Industriegesellschaft einen systemischen Wandel erfahren hat, der sich zunächst durch einen qualitativen Sprung zu einer sogenannten „Dienstleistungsgesellschaft" charakterisieren lässt. Dienstleistungen, als noch in Phase 2 unterschätzte Wirtschaftsleistung mit heterogenem Charakter, sind zur treibenden Kraft und zum Motor der Wertschöpfung geworden. Schließlich kommt es zur Transformation in eine „wissensbasierte Gesellschaft" – einhergehend mit Digitalisierung, Vernetzung und der Chance zur Generierung bzw. Entwicklung völlig neuer Geschäftsmodelle und Produkte.[1]

---

[1] Dass die neuen virtuellen Geschäftsmodelle durchaus ein reales Bedrohungspotenzial aufweisen gegenüber traditionellen Dienstleistern zeigt u. a. der Markterfolg des Newcomers Wirecard, der es zum Jahresende 2018 schaffte sogar den Platz der Deutschen Bank im Dax zu gefährden und um den sich etliche Skandale wegen angeblichem Insiderkauf und Leerverkäufen bzw. Falschinformationen ranken (s. hierzu http://www.guidants.com, Insider-Kauf bei der Wirecard-Aktie, 20.02.2018, 23.04.2019, 12:24).

Diese Entwicklung wirkt seitdem stark polarisierend auf die Arbeitswelt, da es fortan möglich war, weit über nationale Grenzen hinaus neue Wertschöpfungsketten zu generieren, welche die Optimierung von Geschäftsprozessen erlauben. Dies veränderte nicht nur die Arbeitswelt und das System industrieller Beziehungen. Es veränderte auch die sozialen Beziehungen in dem Land, der Gesellschaftsform, in der wir heute leben – der „digitalisierten Gesellschaft". Auch die Arbeitswelt ist inzwischen weitgehend digitalisiert und mit der internationalen Verbreitung von Systemen künstlicher Intelligenz stehen ihr weitere, tief greifende Änderungen bevor, welche das Potenzial haben durch den disruptiven Charakter neuartiger Geschäftsmodelle und Wertschöpfungsprozesse gewachsene Sozial- und Wirtschaftssysteme Europas zu gefährden.

Die Erörterung von Optionen des Wandels in einer digitalisierten Gesellschaft betreffen vor allem das Phänomen der Entgrenzung vormals getrennter gesellschaftlicher Bereiche, wie auch die Integration und Reorganisation von betrieblichen Arbeitsprozessen im permanenten Transformations- und Strukturwandlungsprozess. Es werden Handlungsmargen für die zukünftige Gestaltung der digitalen Transformation von Arbeit und Gesellschaft aufgezeigt.

Um die besondere Qualität betrieblicher Arbeit und die Anforderungen an das Personalmanagement für zukünftige Arbeitsprozesse nachzuvollziehen und zu verstehen, benötigen wir einen historisch-deskriptiven, aber auch einen analytisch-vergleichenden Blick auf die zentralen Entwicklungslinien der technischen, sozialen und wirtschaftlichen Entwicklung seit dem Beginn der Industrialisierung.

Die in Kap. 1 aufgezeigten Entwicklungslinien der Veränderung von Arbeitsprozessen zeigen auf, dass sich die betriebliche Arbeit und die Anforderungen an die Arbeitskräfte hinsichtlich der erforderlichen Kompetenzen mit dem Einsatz technologischer Innovationen sowohl evolutionär als auch in Sprüngen verändern. Es wird zudem deutlich, dass die Entwicklung der Gesellschaftsform, aber auch der Familien und der Geschlechterrollen in einer engen Relation steht zur jeweils herrschenden Produktionsweise. Je mehr die betrieblichen Arbeitsprozesse von informationstechnischen Arbeitsmitteln und IT-Systemen durchdrungen sind, umso unwichtiger wird das Argument der körperlichen Kraft. Die betriebliche Arbeit in der digitalen Gesellschaft hat eine völlig veränderte Qualität und andere Belastungsmerkmale. Daher müssen sich sowohl die Bewertungskriterien als auch der Führungsstil wie auch die Organisation betrieblicher Arbeit diesen veränderten Prozessen verstärkt anpassen. Gruppenarbeit von Jung und Alt in altersgemischten Teams, Chancengleichheit, gendergerechte Laufbahnkonzepte, Vereinbarkeit von Beruf und Familie mit Blick auf neue Rollenmodelle in Beruf, Gesellschaft und Familie, wie auch Prävention und betriebliches Gesundheitsmanagement erhalten in den Prozessen lebenslangen Lernens und Arbeitens in agilen Arbeitsumgebungen hohe Priorität. Digitalisierte Arbeitsprozesse und Arbeitsmittel durchdringen heute nicht nur die Arbeitswelt, sondern alle Bereiche des Lebens in Arbeitswelt, Familie und Gesellschaft. Sie haben die bis dato geltenden industriellen Produktionskonzepte transformiert und die „digitalisierte Gesellschaft" geschaffen.

Das Entstehen der in Kap. 2 skizzierten „digitalisierten Gesellschaft" wird charakterisiert durch die Entgrenzung und Auflösung vormals getrennter Bereiche von Arbeit und Leben, die Entgrenzung zentraler Lebensbereiche, aber auch von Ort und Zeit, und die Möglichkeit der unbegrenzten Kommunikation rund um den Globus zu jeder Stunde. Daraus ergibt sich ein umfassender systemischer Transformationsprozess, der alle Bereiche tangiert und betrifft. Weder die Arbeitnehmer noch die Betriebe noch die Institutionen sind darauf genug vorbereitet. Der Übergang zur digitalisierten Gesellschaft als einem neu entstandenen Gesellschaftsmodell birgt insbesondere mit Arbeit 4.0 und dem Einsatz künstlicher Intelligenz zahlreiche Risiken für die Gestaltung betrieblicher Arbeit und betriebliche Arbeitsprozesse. Dieses neue Modell birgt allerdings auch tief greifende Chancen, die derzeit leider in Deutschland noch nicht offensiv genug wahrgenommen und genutzt werden.

Wie in Kap. 3 ausgeführt, liegt der Schwerpunkt der Wertschöpfung Deutschlands heute im Bereich der Dienstleistungen, die seit Ende des Jahrtausends auch die Mehrheit der Beschäftigten fassen. Dieser Bereich ist äußerst heterogen, aber seine Bedeutung ist ständig gewachsen, so dass selbst in der einstmals so bedeutenden Industrie die eigentliche Wertschöpfung in der produktionsnahen Dienstleistung erfolgt. Neue Geschäftsmodelle mit digitalen Plattformen treten in allen Branchen in Konkurrenz zu den herkömmlichen, gewachsenen betrieblichen Strukturen. Hier liegen Chancen und Risiken disruptiver Geschäftsmodelle verborgen, die für die Zukunft differenzierter auszuloten und stärker zu beachten sind. Ganz besonders wichtig erscheint es in diesem Zusammenhang, neu entstehende Geschäftsfelder auf internationaler Ebene zu besetzen, um die zu erwartende Substitution zahlreicher Arbeitsplätze in zentralen Aktivitätszweigen der bisherigen Wertschöpfung ausgleichen zu können. Was die Chancen der IT angeht, so sind aufgrund des Phänomens der Entgrenzung völlig neue Gestaltungs- und Entwicklungsmöglichkeiten für betriebliche Arbeit auszumachen, die es erlauben, den absehbaren Fachkräftemangel im Prozess des demografischen Wandels aufzufangen. Dabei ist es von zentraler Bedeutung, die in Deutschland befindlichen Arbeitskräfte sinnvoll einzusetzen und durch innovative Ansätze der Personalentwicklung nicht nur in betriebliche Arbeit zu bringen, sondern sie auch durch neue Lern- und Arbeitsformen weiterzuentwickeln. Hierzu gehört eine neue Arbeitskultur, welche den Arbeitnehmern verstärkte Autonomie- und Gestaltungsspielräume einräumt, aber auch Angebote der Prävention und der bewussten, sinnstiftenden Lebensführung. Nervliche und körperlich einseitige Belastungen in Form sitzender Zwangshaltung bei der Bildschirmarbeit, Bewegungsmangel sowie hohe und steigende Autonomiespielräume mit wachsender Verantwortung sind relevante Faktoren, wenn es darum geht, die Anforderungen der digitalen Arbeit neu einzuschätzen. Gefahrenpotenziale hinsichtlich der Mitarbeitergesundheit sind gezielt auszuschalten bzw. zu minimieren. Entgrenzung kann auch genutzt werden im Sinne der Beschäftigten und Maßnahmen der Prävention sowie einer ausgeglicheneren Lebensführung. Achtsamkeit wird relevant, um sich „abzugrenzen" gegen ausufernde Anforderungen der betrieblichen Arbeit, der Arbeitswelt schlechthin, um noch genug Freizeit für Familie und Erholung inklusive Sportaktivitäten erübrigen zu können. Der Paradigmenwechsel in der betrieblichen Arbeit durch Informatisierung und Vernetzung verlangt neue Managementmodelle und innovative

Personalführungskonzepte, welche präventiv und vorausschauend die Arbeitskräfte nach dem Konzept der Chancengleichheit und der gendergerechten Laufbahnkonzepte fördern.

In Kap. 4 werden zentrale, neue Paradigmen in der betrieblichen Arbeit dargestellt. Das Modell der ganzheitlichen Handlungskompetenz ist ein völlig neues Paradigma in der betrieblichen Arbeit. Es steht in engem Bezug zu veränderten Arbeitsinhalten und -bedingungen und stellt die Führungskräfte, aber auch die Mitarbeiter vor eine veränderte Situation. Die Führungskräfte werden sehr viel stärker als früher hinsichtlich ihrer Soft Skills gefordert, und die Fachkräfte erhalten Autonomie- und Entscheidungsspielräume, die früher den Chefs vorbehalten waren. Insofern geht es verstärkt darum, gemeinsam dialogisch orientierte Ziele und Entscheidungen zu treffen. Dies setzt die jeweilige Akzeptanz von Vielfalt voraus und die Förderung von Mitarbeitern, unabhängig von personenbezogenen Faktoren. Der systemische Wandel betrieblicher Arbeit durch Digitalisierung und Vernetzung verlangt nach einer neuen Rolle der Führungskräfte und dem Einsatz neuer Instrumente für die Mitarbeiterführung. Im Zentrum von Personalführung steht die Schaffung und Pflege einer guten Unternehmenskultur, in deren Atmosphäre Qualität, Innovationsbereitschaft und Motivation gedeihen können.

Kap. 5 behandelt neue Parameter für erfolgreiche Unternehmensführung, deren erwünschtes Ziel die unabdingbare Motivation der Mitarbeiter, die angestrebte Qualität in Produktion und Dienstleistungen sowie die erforderliche Innovationsfähigkeit sind, die eng miteinander verwoben sind. Um eine gute Arbeitskultur im Betrieb zu erlangen und zu fördern, sind geeignete Methoden und Instrumente der Mitarbeiterführung einzusetzen. Es ist zudem von zentraler Bedeutung, die hohen Kosten einer schlechten Personalführung zu vermeiden, da die Mitarbeiter immer mehr zur zentralen Unternehmensressource werden. Aus dieser Erkenntnis resultiert ein hoher Schulungs- und Entwicklungsbedarf für Mitarbeiter und Vorgesetzte auf allen Ebenen der Hierarchie. Vorausschauendes Personalmanagement wird im Zeichen von Digitalisierung und rasch wechselnden, komplexer werdenden Anforderungen betrieblicher Arbeit zur zentralen Aufgabe von Führung, da die Mitarbeiter zur wertvollsten Ressource geworden sind.

Die bewährten Ansätze, Konzeptionen und Instrumente für eine gelungene Mitarbeiterführung werden in Kap. 6 vorgestellt. Die Erfahrungswerte aus der Praxis sind heute bereits allgemein zugänglich. Es wird auf zahlreiche Studien wie auch Forschungsprojekte und Quellenmaterial hingewiesen, auf die per Internet und online zurückgegriffen werden kann. Die dargestellten Schwerpunkte einer innovativen Personalführung beziehen sich insbesondere auf

- einen kooperativen Führungsstil zur Schaffung einer als angenehm empfundenen, stressarmen Arbeits- und Kommunikationskultur,
- die Herstellung von sozialer und beruflicher Chancengleichheit für Männer und Frauen,
- die Schaffung von Förderangeboten für Zielgruppen des Diversity Management, um deren Potenziale, ihre Vielfalt und Kreativität in das Unternehmen hereinzuholen und zu nutzen,

- Angebote der Vereinbarkeit von Familie und Beruf für Eltern,
- Prävention und Gesundheitsmanagement zur Vermeidung von Ausfällen,
- innovative soziale Dienstleistungen für Arbeitnehmer in besonderen Lebenslagen.

Heute gibt es bereits eine Vielzahl erprobter, bewährter und erfolgreicher Praxisbeispiele aus unterschiedlichen Betrieben. Sie können Übertragbarkeit beanspruchen. Daher lassen sich die verwendeten Ansätze, eingesetzte Verfahren und Instrumente als einzelne Module oder in der Form kompletter Arrangements innovativer Lösungsansätze sehr anschaulich zur Zusammenstellung spezifischer, betrieblicher Projektvorhaben nutzen, mit dem Ziel der Implementierung einer zukunftsgerichteten Führungs- und Unternehmenskultur.

„Aus der Praxis für die Praxis." Die in Kap. 7 vorgestellten Fälle beispielhafter und vorbildlicher betrieblicher Praxis hinsichtlich der praktischen Umsetzung der bewährten Ansätze, Konzepte und Instrumente sind bereits im Mainstream angekommen. Diese lassen sich, nach eingehender Analyse der jeweiligen Ausgangslage und Bedarfe, auf alle Arten von Unternehmen, auch in kleine und mittlere Unternehmen sowie das Handwerk übertragen. Hierbei gilt es jedoch spezifische Arrangements zu schneidern, die den gewünschten Erfolg bringen und nicht schaffen, was sie zu vermeiden suchen. Jeder Mensch ist individuell zu behandeln. Gerade dieser Gestaltungsfaktor macht die Aufgaben einer vorausschauenden Personalführung und -entwicklung im Kontext gendergerechter Laufbahn- und Karrierekonzepte zur permanenten Herausforderung.

Zum Wandel von Arbeitswelt, Familie und Gesellschaft in der digitalisierten Gesellschaft nennt das Kap. 8 Optionen hinsichtlich des wirtschaftlichen und sozialen Wandels in einer digitalisierten Gesellschaft auf der Basis zukunftsgerichteter Reflexion. Die identifizierten Ansatzpunkte für betriebliche Handlungsbedarfe werden insbesondere hinsichtlich der Chancen und Risiken der Entgrenzung reflektiert, nicht zuletzt mit Blick auf die Integration und Formen der Reorganisation von betrieblichen Arbeitsprozessen im digitalen Transformations- und Strukturwandlungsprozess. Es werden zudem aktuelle und zukünftige Handlungsbedarfe für die wünschenswerten Prozesse der Einflussnahme auf die Gestaltung von betrieblicher Arbeit aufgezeigt. Diese ist nach allem, was wir heute wissen, nach wie vor als die Reproduktionsgrundlage für Menschen im Zeichen der Implementierung von KI in der Phase Arbeit 4.0 zu betrachten.

8.2   Gestaltungsfragen an die Akteure

In einer Gesellschaftsform, die ihre Wertschöpfung aus immateriellen Wissensbeständen und internationalen Informationsflüssen generiert, wird es unumgänglich, die vorhandenen Lebens- und Laufbahnkonzepte für die Beschäftigten auf die veränderten Bedingungen anzupassen. Im Zusammenhang mit der Auflösung bewährter und gewachsener Strukturen, Verfahren und Regularien wird von einem umfassenden Paradigmenwechsel gesprochen.

Wünschenswert im Sinne der gesellschaftlichen Entwicklung ist neben betrieblichen Innovationen im Bereich von Führung, Innovations- und Betriebskultur sowie Personalentwicklung die auf breiter gesellschaftlicher Ebene stattfindende Entwicklung einer ökologisch relevanten Produktionsweise, welche die Chancen der Informationstechnik nutzt zur Weiterentwicklung der Produktivkräfte im Sinne ökologischer Kreislaufwirtschaft.

Hinsichtlich der Führungskonzepte wird heute der Paradigmenwechsel auf dem Feld des Managements postuliert. Vorbei scheint es mit dem Erfolg zentraler und autoritärer Führungsformen, denn nur ein kooperatives Führungsklima verspricht nachhaltige Motivation für hoch qualifizierte Mitarbeiter und eine gesunde Arbeitsumgebung. Doch letztlich sind manche Fragen im Zeichen internationaler Markt- und Technikbeziehungen doch Machtfragen, insbesondere jene Fragen der strategischen Geschäftsführung, welche meist aus der Sicht der Kapitaleigner beantwortet werden, sofern kein Gegenmachtprozess stattfindet.

Viele dieser Fragen lassen sich auch nur im konkreten Branchen- und Betriebszusammenhang beantworten. Es wird somit weder auf der Ebene der Fach- und Führungskräfte noch auf Branchenebene oder auf der Ebene der Betriebsgröße entsprechende Patent- oder Standardlösungen und Antworten auf Fragen geben (können) wie z. B.:

- Gibt es den „besten" Führungsstil?
- Was ist das beste Konzept für den Technikeinsatz?
- Welcher Art sind die neuen Aufgaben für die Führungs- und Leitungspersonen?
- Wer wird zukünftig die Entscheidungen auf welcher Ebene treffen?
- Welche Auswirkungen hat der Einsatz intelligenter Systeme auf die hierarchischen Entscheidungsebenen in den Betrieben?

Polemischer ausgedrückt: Wird es so sein, dass Menschen zukünftig vom Algorithmus der Geschäftsplattform gefeuert werden, wenn ihre Produktivität und ihr Leistungsvermögen nach oben oder unten vom Durchschnitt abweichen, bzw. nach welchen Prioritäten werden Leistung und Erfolg gemessen und gewertet? Wer bestimmt über Einstellung und Entlassung, und mit welchen Kriterien?

Wenn wir einmal davon absehen, dass es marktführende IT-Unternehmen im Silicon Valley gibt, die heute bereits ihre Mitarbeitereffizienz von Computerprogrammen messen lassen und jedem kündigen, der nicht täglich eine bestimmte Vorgabe erfüllt, stellt sich nicht zuletzt vor dem Hintergrund sehr starker Lohn- und Gehaltsunterschiede zwischen den Sektoren die Frage nach den Bewertungskriterien und Maßstäben für gesellschaftlich wertvolle Arbeit.

Wenn wir z. B. an die bescheidene Bezahlung im Pflegesektor denken und an exorbitante Managergehälter von Personen, die durch Fehlentscheidungen – siehe „Dieselgate" – die Existenzgrundlage von vielen abhängig Beschäftigten zerstören, kann man nachdenklich werden. In diesem Kontext stellt sich hier nicht zuletzt die Frage nach Ethik und Wertigkeit unternehmerischen Handelns sowie die nach dem Optimum betriebswirtschaftlicher Produktivität vor dem Hintergrund gesellschaftlicher Prozesse und Lebensbedingungen.

Dies ist eine bislang unterbewertete Aufgabe für europäische Corporate-Social-Responsibility (CSR)-Projekte, welche Arbeitgeber- wie Arbeitnehmerinteressen zusammenführen. Prognosen in jüngsten Forschungsarbeiten der Friedrich-Ebert-Stiftung

(Buhr 2017) gehen davon aus, dass der zu erwartende Fortschritt im Rahmen von Arbeit 4.0 ein Substitutionspotenzial von bis zu 45 % der jetzigen Beschäftigung realisieren könnte. Demgegenüber stehen Prognosen, die das Entstehen einer Vielzahl von neuen Arbeitsplätzen vorhersagen. Wie die Vergangenheit zeigt, sind derartige Prognosen hinsichtlich der zu erwartenden quantitativen Wirkungen meistens falsch, weil es viele neue soziale Entwicklungen und unvorhergesehene, technische Sprünge geben kann.

In anderen Forschungsarbeiten wird mit Bezug auf die Kompetenzanforderungen und die Leistungsfähigkeit der Roboter prognostiziert, dass die Möglichkeit der Substitution durch intelligente Systeme immer kleiner wird, je anspruchsvoller die entsprechende Aufgabe ist. Somit erscheint es so, als sei eine umfassende Substitution kompetenter, menschlicher Arbeitskraft in naher Zukunft nicht zu erwarten. Je mehr Kreativität und Problemlösungskompetenz eingebracht werden kann, umso besser scheinen somit die Chancen auf Beschäftigung und Karriere. Dem steht entgegen, dass die Systeme immer leistungsfähiger werden und dass sie bereits in der Lage sind, die menschlichen Weltmeister im Schach und in anderen komplexen Spielen zu schlagen.

Systemmanagement (SM) als strategisch-analytisches Aufgabenfeld für Führungskräfte ist bis auf weiteres einer dieser wenig automatisierbaren Aufgabenbereiche, mit i.d.R. komplexen und hochgradig von Umgebungsfaktoren abhängigen Variablen. SM ist und wird zukünftig noch mehr zu einem zentralen Aspekt der Weiter- und Neuentwicklung von komplexen Produktions- und Dienstleistungskonzepten. Angesichts krisenhafter Entwicklungen weltweit sieht es so aus, als sei dieses vorausschauende, strategische Denken in den Vorstandsetagen der internationalen Konzerne, aber auch in der Politik stark vernachlässigt worden.

Das hierfür nötige gesellschaftliche Zusammenhangswissen wird zu einem wichtigen Bestandteil der beruflichen Kompetenz des Managements. Auch eine jüngere Studie von Beckmann und Oerder (2017) weist u. a. darauf hin, dass wir mit Blick auf den Strukturwandel und die Folgen der Informatisierung für den wirtschaftlichen Wandel ein völlig neues Verständnis für den Begriff der Produktivität benötigen.

Wie wird Systemmanagement (SM) definiert und worin unterscheidet es sich von Dienstleistungsmanagement?
In Anlehnung an das Modell des Dienstleistungsmanagements sind drei Managementebenen zu unterscheiden (s. hierzu Espejo et al. 1996; Schwaninger 1990; Pümpin und Prange 1991; alle nach Bieger 2007, S. 4 sowie Ruegg-Sturm und Grand 2015):

1. Konzeptionelle Grundlagen wie z. B. das Unternehmensleitbild werden vom Vorstand definiert.
2. Strategische Grundlagen, diese umfassen die strategische Planung, Analyse der Umwelt, Zielbildung, Produkt- und Marktstrategien sowie die Gestaltung der Strategieprozesse. Diese sind ebenfalls Aufgabe des obersten Managements.
3. Aufgaben der Leistungserbringung, welche ebenfalls auf der Grundlage konzeptioneller Grundlagen definiert werden, wie operative Planung, Kontrolle und Prozessmanagement.

Das SM ist gemäß dieser Definition auf Ebene 2 und 3 zu verorten und damit immer eine Aufgabe der obersten Leitung bzw. des Vorstands. SM enthält als strategischer, der eigentlichen Entscheidungs- und Handlungsebene vorgelagerter Bereich die Verantwortung und Kompetenz, Planung, Konzeption, Ablauf und Adaption von Schritten der Ablauforganisation von Geschäftsprozessen.

SM wird vielfach mit Dienstleistungsmanagement gleichgesetzt. Im Kontext der o.g. Definition ist SM jedoch nicht identisch mit Dienstleistungsmanagement, sondern ein Bestandteil davon. SM ist damit ein strategisch eminent wichtiger Bereich, da es allen Entscheidungen und Prozessen vorgelagert ist und damit u. a. die Verantwortung tragen muss für Folgen, Wirkungen und Auswirkungen von Produktions- und Dienstleistungsprozessen. Diese Folgenabschätzung ist zukünftig von steigender Bedeutung für die Entwicklung neuer digitaler Geschäftsmodelle und Dienstleistungen.

Fest steht jedenfalls, dass die IT die Welt zukünftig noch mehr verändern wird als bisher. Die wirtschaftliche Entwicklung der letzten Jahre zeigt, dass die Informationstechnik und -verarbeitung alle klassischen Aktivitätszweige durchdringt und damit das ganze wirtschaftliche Gefüge massiv verändert hat. Insbesondere Industrien wie der Maschinenbau, die Elektrotechnik, Raumfahrt und Flugzeugindustrie sind in die Strukturentwicklung digitalen Wirtschaftens eingebunden.

Diese Trends zur Veränderung von Wirtschaft, Arbeit und Gesellschaft sind weltweit feststellbar. Es ist davon auszugehen, dass die aktuellen Trends zur Evolution der technologischen Entwicklung, zur informationstechnischen Vernetzung und zur Durchdringung der Sektoren zu einem weiteren dramatischen Strukturwandel von Arbeit und Beschäftigung führen werden.

Der Wandel, der derzeit unter dem Schlagwort „Fabrik 4.0" diskutiert wird, begleitet die Entwicklung zur „digitalisierten Gesellschaft". Darunter ist der Einsatz intelligenter Roboter und menschenähnlicher, intelligenter Maschinen zu verstehen, welche nicht nur die betriebliche Arbeit, sondern auch den Alltag der Menschen und die Gesellschaft als Ganzes weiter prägen werden. Diese Entwicklung einer „digitalisierten Gesellschaft" an der Schwelle zu Arbeit 4.0 ist in vollem Gange.

Zentrale Trends manifestieren sich heute schon in einer Vielzahl von Entwicklungen. Diese führen zu neuen Chancen, aber auch zu Gefahren und Risiken für Unternehmen, Beschäftigte und Gesellschaft. Es geht bei der Entwicklung von Arbeit 4.0 in der digitalen Gesellschaft um nichts anderes als um die Zukunft unserer Gesellschaft. Daher ist es der Mühe wert, sich mit der gezielten Gestaltung betrieblicher Arbeit aus der Sicht der Arbeitnehmer, der Unternehmen und aus der Sicht der Sozialpartner zu befassen. Der flächendeckende Einsatz intelligenter Computer für die qualifizierte Facharbeit ist nur noch eine Frage der Zeit.

Ausgehend davon stellt sich die Frage nach den Konzeptionen, welche den Einsatz intelligenter Systeme und die Organisation der Zusammenarbeit Mensch und Maschine konfliktfrei regeln könnten. Dies verlangt danach, die strategisch zielführende Produktentwicklung wie auch die Gestaltung von Aushandlungsprozessen als wichtigen Teil von Management- und Führungsaufgaben zu begreifen. Diese sind als zentraler Bestandteil von neuen Managementkonzepten zu definieren sowie mit Blick auf mittel- und langfristig wünschenswerte Entwicklungen auf betrieblicher wie gesellschaftlicher Ebene verantwortlich zu gestalten. Diese Aufgabe ist ein lohnendes Ziel zukünftiger, sozialpartnerschaftlicher Dialoge und Verhandlungen, welche in Deutschland unter dem Dach von Arbeitgeber- und Arbeitnehmerorganisationen eine lange und erfolgreiche Tradition haben.

Hier gilt es nach Beckmann und Oerder (2017) nicht nur den zentralen Begriff der Produktivität neu zu definieren, sondern auch ein neues Verständnis von Dienstleistungen als der treibenden Kraft wirtschaftlicher Entwicklung und Schwerpunkt zukünftiger Arbeit und Arbeitsformen zu entwickeln.

Technikeinsatz und Kompetenzentwicklung in der digitalisierten Arbeitswelt

Wenn wir davon ausgehen, dass die dominanten Wertschöpfungsprozesse in der digitalisierten Gesellschaft mit mehr oder weniger komplexen Dienstleistungen zu bewältigen sind, ist davon auszugehen, dass sich damit nicht nur die Inhalte und der Gegenstand betrieblicher Arbeit, sondern auch die betrieblichen Arbeitsprozesse entsprechend verändern. Damit werden sowohl die Organisationsformen, wie auch die Verwaltung der betrieblichen Arbeit tangiert. Der gesamte Bereich der Unternehmensführung und des Personalmanagements unterliegt damit dem bereits in den vorangegangenen Kapiteln erörterten Paradigmenwechsel.

Dieser Paradigmenwechsel ist fundamentaler Art und stellt nicht nur die Arbeitnehmer, sondern auch die Führungskräfte, wie deren Aufgaben und Kompetenzentwicklung in den Kontext von Veränderungen der betrieblichen Anforderungen.

Informationstechnische Vernetzung bedeutet die Loslösung der Arbeit von Ort, Zeit und festen Arbeitsstrukturen wie Arbeitsmitteln. Sie bedeutet die Auflösung und Infragestellung aller historisch und auf nationaler Ebene gewachsenen Strukturen von Arbeitsinhalten, Arbeitsorganisation und Arbeitsformen, samt den juristischen Regularien, wie wir sie heute noch kennen. Leitungspersonen werden zum Coach von Arbeitsprozessen. Sie geben einen Großteil der Führungsverantwortung und der Kontrolle von Arbeitsergebnissen an die Mitarbeitenden ab.

Digitalisierte Arbeitsinhalte und vernetzte Formen der Arbeit bewirken einen enormen Zuwachs an Arbeitsanforderungen und eine neue Vielfalt von ständig wechselnden Arbeitsinhalten. Daher sind Kompetenzentwicklung und Kompetenzerhalt in den verbleibenden Arbeitsprozessen ein wichtiges Anliegen im Prozess der betrieblichen Arbeit.

Der Bedarf an ganzheitlichen Kompetenzen, gut qualifizierten und mit den Aufgaben „mitwachsenden" Fach- und Führungskräften ist ein Argument für die Umsetzung des lebenslangen Laufbahnkonzepts. Dies kann nur durch neue Leitbilder des betrieblichen Arbeitens und Lernens, integriert in eine agile Unternehmensführung mit kontinuierlichen Anstrengungen im Bereich der Personalentwicklung, realisiert werden.

Hinsichtlich der Führungskonzepte ist der Stand der Diskussion zu allen Formen und Anforderungen kooperativer Führung auf dem Feld des Managements ein Meilenstein in der betrieblichen Arbeit. Doch letztlich sind viele Fragen der Führung in einer Unternehmung klassische, wirtschaftliche Machtfragen und weltanschaulicher bzw. politischer Natur.

Andere Fragen zur gezielten Gestaltung von Veränderungsprozessen wiederum sind solche, die sich nur im konkreten Branchen- und Betriebszusammenhang beantworten lassen, z. B.:

- Welcher Art sind die Erfolgsfaktoren für die Entwicklung zukünftiger Produkte und Dienstleistungen in Segmenten komplexer Wertschöpfungsprozesse und -ketten?
- Welcher Art sind die neuen Aufgaben für die Führungs- und Leitungspersonen?
- Wer wird zukünftig die Entscheidungen auf welcher Ebene treffen?
- Welche Auswirkungen hat der Einsatz intelligenter Systeme auf die hierarchischen Entscheidungsebenen in den Betrieben?
- Welchen Stellenwert wird der Mensch in dieser betrieblichen Zukunft innehaben?

Polemischer ausgedrückt: Welchen Einfluss werden zukünftig die Menschen noch haben, wenn es um die Wahl von Produktionsstandorten, die Ausgestaltung von Vertragsbedingungen bzw. ihrer konkreten Arbeits- und Lebensbedingungen geht? Werden sie zukünftig vom Algorithmus des jeweiligen Geschäftsmodells gefeuert, wenn ihre Produktivität und ihr Leistungsvermögen nach oben oder unten vom Durchschnitt abweichen?

Abhängig von einer Vielzahl von Variablen lassen sich folgende Feststellungen treffen: Je nachdem, welches Technikeinsatzkonzept für welche Zielgruppe der Arbeitnehmerschaft in ausgewählten Betrieben und Branchen zum Tragen kommt, werden sich danach zentrale Entwicklungen vollziehen, insbesondere hinsichtlich der Führungsstile, der betrieblichen Anforderungen an die Qualifikationen und den Stand der Kompetenzentwicklung von Beschäftigten.

Es werden sich im Kontext der Marktanforderungen zur Entwicklung neuer Geschäftsmodelle und Produkte auf allen betrieblichen Hierarchieebenen weitgehende Auswirkungen auf den Arbeitskräftebedarf ergeben. Damit verbunden ist der Bedarf an innovativen Personalführungskonzepten, welche sich insbesondere hinsichtlich der Beschäftigung von gut und hoch qualifizierten Beschäftigten ergeben.

Aus der aktuellen Dominanz und Marktbedeutung US-amerikanischer Unternehmen auf dem Weltmarkt mit hoher Marktmacht ist allerdings abzuleiten, dass die Möglichkeiten der Einflussnahme durch europäische Institutionen bzw. nationale, gewerkschaftliche Interessenvertretungen derzeit nur noch peripher gegeben sind, da die Marktmacht der jeweiligen Unternehmen an den Unternehmenshauptsitzen in den USA angesiedelt ist. Inwiefern sich die hier entwickelten Ansätze des innovativen Personalmanagements in den weltweiten Unternehmensteilen dieser amerikanischen Marktführer durchsetzen, kann an dieser Stelle nicht beantwortet werden.

Neuere Veröffentlichungen, insbesondere von Buhr (2017) zur Zukunft betrieblicher Arbeit klassifizieren drei Szenarien für den Einsatz intelligenter Systeme mit künstlicher Intelligenz (KI), welche je nach Aktivitätszweig und Branche durchaus realistisch erscheinen:

- Menschen arbeiten mit intelligenten Maschinen kooperativ zusammen.
- Die intelligenten Maschinen entscheiden und bestimmen, der Mensch wird zum Handlanger der Maschinen.
- Menschen und Computer arbeiten zusammen, der Mensch benutzt die intelligenten Maschinen als Arbeitsmittel.

Abgesehen vom Technikeinsatzkonzept bzw. von der Aufgabe und Rolle des Menschen in der Arbeitsumgebung bedeutet die Anforderung an die Flexibilisierung bzw. das „Arbeiten in fluiden Arbeitsumgebungen" für die Arbeitnehmer, dass sie ständig wechselnden Anforderungen unterliegen und letztlich ein reguläres „Durchschnitts-Arbeitsleben" nicht mehr planbar ist. Weder die Karriere als kontinuierliche Entwicklung noch der betriebliche Alltag, der sich ständig ändert, ist in der fluiden Arbeitswelt noch linear planbar.

Charakteristisch ist weiterhin für die heutige Zeit an der Schwelle zu einer umfassenden Vernetzung intelligenter Systeme, dass Faktenwissen auf allen Gebieten und in allen Bereichen der Wirtschaft und des Bildungswesens in immens kurzer Zeit veraltet, so dass ein neues Bildungs- und Ausbildungsparadigma entstand, aber auch völlig neue Arbeitsanforderungen in den Unternehmen Einzug halten.

Die Automatisierung von Angestellten- und von Produktionstätigkeiten als Prozess wird sich der Logik der Kapitaleigner zufolge in Zukunft fortsetzen, was die Frage nach der Bedeutung und Gestaltung menschlicher Arbeit bzw. die Frage nach den Reproduktionsgrundlagen der Menschen aufwirft.

Es ist festzuhalten, dass im Bereich der betrieblichen Arbeit der Trend zur Substitution von menschlicher Arbeit dominant bleiben könnte und prozesshaft in Zukunft auch die qualifizierten und sachbearbeitenden Funktionen ersetzt werden, da hier aus betriebswirtschaftlicher Sicht die größten finanziellen Einsparpotenziale liegen. Im Gegensatz zu den Diskussionen um die Entwicklung des Arbeitskräftebedarfs in Phase 3 der Entwicklung werden in Phase 4 auch zusehends die qualifizierten Arbeitnehmer wie Fach- und Führungskräfte durch automatisierte Vorgänge, intelligente Systeme – genannt künstliche Intelligenz (KI) – und virtuelle Bearbeitungsprozesse ersetzt.

Es ist daher nicht mehr davon auszugehen, dass zukünftig die hoch qualifizierten Tätigkeiten und Ausbildungen vor dem Eintritt eines Arbeitsplatzverlustes schützen. Vielmehr ist das Phänomen der ständigen Veränderung und Veränderbarkeit von Rahmenbedingungen und Strukturen, Inhalten und Prozessen der Arbeit das einzige Kontinuum, an dem sich die Erfordernisse des Lernens, der Qualifizierung und der Kompetenzentwicklung noch orientieren können. Vielfach wird die konstante Veränderung als die entscheidende Variable zur Entwicklung von „fluider" Arbeit in einem „agilen Arbeitsumfeld" genannt. Diese Entwicklung generiert vermutlich noch wesentlich höhere und umfassendere Flexibilisierungserfordernisse als alles, was wir aus Phase 3 kennen.

Ohne große Fantasie ist allerdings die Gefahr absehbar, dass die Menschen nur noch zum Lückenfüller für die Arbeit werden, die weder von Maschinen ausgeübt werden kann noch durch Maschinen ersetzbar ist. Sie sind dann nicht mehr Anhängsel der Maschine, wie zu Zeiten von Arbeit 2.0 und 3.0, sondern werden in 4.0 nur noch zum Bindeglied zwischen den Maschinen. Ob diese Rolle und Funktion menschlicher Arbeit wünschenswert ist und ob sich in diesem Zusammenhang so viele neue Arbeitsplätze schaffen lassen, wie verloren gehen werden, muss an dieser Stelle offenbleiben.

In der optimistischeren Variante von Prognosen wird vielfach die These von der Höherqualifizierung aufgrund der Integration von Informationstechnik vertreten. Leider ist festzustellen, dass in Phase 3 nicht nur hohe Substitutionseffekte im Bereich gering qualifizierter Arbeit eingetreten sind, sondern insbesondere auch die Hoffnung auf eine Höherqualifikation durch den Einsatz neuer Technologien, insbesondere der Informationstechnik, für viele Branchen und Beschäftigte nicht aufgegangen ist. Aufgrund der Heterogenität der Dienstleistungen sind heute neben dem Aspekt der höheren Anforderungen auch zahlreiche problematische Entwicklungen der Dequalifizierung auszumachen, die sich durch den flächendeckenden Einsatz informationstechnischer Innovationen faktisch eher verstärkt haben.

Einschlägige Erfahrungswerte lassen davon ausgehen, dass es in bestimmten Bereichen zu einschneidenden Veränderungen in Richtung Polarisierung der Arbeitskräfte und der Arbeitsplatzanforderungen kommen wird, z. B. wenn wir an die Konkurrenz der Geschäftsplattformen zu herkömmlichen Dienstleistern denken, insbesondere im Handel. Hier besteht ein Bedarf an Lösungsstrategien, welche sozial und ökologisch nicht wünschenswerte Entwicklungen abfedern. Ebenso dringend – aus der Sicht der Betriebe, der Gewerkschaften und der einzelnen Arbeitnehmer – ist die Frage, wie sich Entgrenzung auf betriebliche Arbeitsinhalte auswirkt und welche Rolle die Informationstechnik spielt, wenn es darum geht, einseitige Zuschreibungen hinsichtlich Arbeit oder die Entwertung der Arbeit zu vermeiden.

Eine Tendenz zum Primat der Technik ist denkbar und erkennbar, ebenso wie ein Trend zum nachhaltigen Wirtschaften und zur kooperativen Zusammenarbeit Mensch und Maschine. Letzteres verlangt allerdings hoch qualifizierte und entscheidungskompetente Mitarbeitende, weil nur diese in der Lage sind, komplexe Szenarien und anspruchsvolle Probleme zu bewältigen.

▶ **Eine zentrale Frage hinsichtlich der Anforderungen an die menschliche Arbeitskraft** Ist es nicht letztlich unverzichtbar, dass Menschen die letzte Verfügungsgewalt über die Systeme haben und nicht umgekehrt?

Es ist vom heutigen, menschlichen Standpunkt aus schlichtweg unvorstellbar, dass die Maschinen die Oberhand gewinnen und die Menschen dominieren und ihnen mitteilen, was sie zu tun haben. Theoretisch wäre es jedoch heute bereits denkbar, dass die Maschinen sich gegenseitig reparieren oder aber ganz abschalten und recyclen, so dass sie leicht zu ersetzen sind.

Derzeit ist noch offen, ob und wie durch den Technikeinsatz nach wie vor bestehende Ungleichheiten zwischen den Geschlechtern, aber auch den einzelnen Zielgruppen der Arbeitsmarktpolitik, in der Beschäftigungs- und Berufsstruktur ausgeglichen werden. Hier handelt es sich in erster Linie um politische Kategorien, die einer Interessenvertretung auf kollektiver Ebene bedürfen.

Bestehende Hoffnungen auf einen „natürlichen" Ausgleich der Chancenungleichheit angesichts des technologischen Wandels und der veränderten Arbeitsanforderungen können als unbegründet und historisch widerlegt zurückgewiesen werden, da sie die soziale und politische Komponente der Arbeitsbewertung wie auch der Lohnfindungsmechanismen negieren. Dies zeigt der heute noch nach wie vor nachweisbare Fortbestand geschlechtsspezifischer

Formen von Arbeitsteilung in der gesamten Arbeitswelt, ungeachtet der hoch entwickelten Informationstechnik, welche zum Einsatz kommt.

Der Ausgleich geschlechtsspezifischer Disparitäten und Ungleichgewichte im Sinne des Ausgleichs von Polarisations- und Segmentationsprozessen wird sich vermutlich erst durch eine wachsende Gleichheit in Einstellungs- und Aufstiegsprozessen einstellen und durch eine verstärkte Repräsentanz von Frauen in Führungspositionen manifestieren.

Am Beispiel der Frauenbeschäftigung lässt sich deutlich und exemplarisch für alle Zielgruppen aufzeigen, dass das Anliegen der Gleichstellung im Sinne der Charta der Chancengleichheit heute noch unerreicht ist – trotz aller merklichen Fortschritte und des Bewusstseinswandels, der langsam einkehrt. Die für alle europäischen Länder verabschiedeten Direktiven der Europäischen Kommission verlangen, neben der Chancengleichheit von Frauen, deren Gleichbehandlung im Beruf auf allen Ebenen, und zwar hinsichtlich der Einstellung, des beruflichen Aufstiegs und des Zugangs zur Weiterbildung wie auch der Bezahlung.

Der DM-Ansatz, welcher der Charta der Vielfalt zugrunde liegt, bezieht in die Forderungen nach Chancengleichheit alle anderen möglichen Gruppen von Arbeitnehmern mit ein, die aufgrund personenbezogener Merkmale als benachteiligt hinsichtlich ihrer Chancen auf dem Arbeitsmarkt gelten können. Der erste Schritt hierzu ist die Beseitigung von ungeschützten und schlecht bezahlten Arbeitsverhältnissen von Angehörigen gesellschaftlicher Randgruppen, die nicht einmal den Mindestlohn einbringen und die soziale Bedürftigkeit der Arbeitnehmenden auf Dauer festschreiben.

Trotz beharrlicher Widerstände in der Führungs- und Unternehmenskultur von deutschen Klein- und Mittelbetrieben hat sich seit dem Übergang ins 21. Jahrhundert vieles an der Unternehmens- und Führungskultur verändert bzw. ist in einen kontinuierlichen Prozess der Veränderung eingetreten. Kooperative Führungsstile und das Arbeiten in Gruppen gehören ebenso dazu wie eine veränderte Personalführung im Sinne der gezielten Partizipation an Entscheidungsprozessen und einer gezielten Prävention zur Gesunderhaltung von Beschäftigten.

Durch das Nachvollziehen des rasanten Wandels in einer relativ kurzen Zeitspanne von 153 Jahren und vier Phasen industrieller Entwicklung von den Anfängen der Industrialisierung bis heute wird deutlich, dass in der nahen Zukunft nicht nur weitere quantitative Schritte in der Entwicklung der digitalisierten Produktionsweise zu erwarten sind, sondern möglicherweise sogar qualitative Sprünge in der Evolution von Wirtschaft, Arbeit und Gesellschaft – induziert durch die rasante Entwicklung von informationstechnischen Innovationen.

Der demografische Wandel und das Gleichheitsgebot verlangen nach der weiteren Aufwertung von Vielfalt im Unternehmen, und zwar für alle Zielgruppen, welche aufgrund personenbezogener Faktoren bislang benachteiligt werden konnten und auch wurden. Herkunft, Nationalität und Geschlecht spielen dort eine weitaus geringere Rolle als früher. Die großen multinationalen Konzerne mit ihrem Leitbild von DM können dabei als Vorbild gelten, aber die kleinen und mittleren Unternehmen in Deutschland sollten ihnen auf diesem Weg folgen, damit sie sich für die Zukunft mit Personal gut aufstellen können.

Was sich bereits in den mitbestimmten Großunternehmen – im Zeichen neuer betrieblicher Arbeitsanforderungen und einer digitalen Produktionsweise – an innovativen Standards für Personalführung und Entwicklung mit innovativen Ansätzen, Methoden, Konzepten und Instrumenten als erfolgreich erwiesen und durchgesetzt hat, sollte nun auch im Mainstream des Mittelstands und der Kleinbetriebe aktiv umgesetzt werden, damit auch zukünftig das geeignete Personal als eine gute Grundlage für das Erreichen der Unternehmensziele vorhanden ist.

Der hier skizzierte Handlungsbedarf für Klein- und Mittelbetriebe (KMU) im Bereich der Personalführung und -entwicklung ist allerdings ungebrochen, denn in KMU werden professionelles Personalmanagement und eine gezielte Personalentwicklung noch immer nebenbei betrieben und oft kleingeschrieben. Kein Wunder, dass diese Wirtschaftsbereiche, besonders das Handwerk, schon begonnen haben, über den Mangel an qualifiziertem Nachwuchs zu klagen.

Mit Methoden, Instrumenten und Konzepten der Vergangenheit ist die Zukunft der Arbeit eben nicht zu meistern. Dies gilt vor allem für die Nachwuchsgewinnung und -förderung, gerade in den Branchen, die schon heute über den Mangel an geeignetem Nachwuchs klagen.

Die zahlreichen vorangestellten Beispiele vorbildhafter Unternehmenspraxis für innovatives Personalmanagement zeigen, dass derartige Lösungen auch in den Wirtschaftsunternehmen praktikabel sind. Sie demonstrieren, welche betrieblichen Lösungen derzeit bereits erfolgreich entwickelt wurden als Antwort auf demografischen Wandel, Entgrenzung und veränderte Arbeitsbeziehungen durch digitalisierte Arbeitsprozesse.

In diesem Zusammenhang ist auf zwei weitere Felder zukünftig wichtiger werdenden Handelns hinzuweisen. **Dienstleistungsmanagement** als strategisch-analytisches Aufgabenfeld für Führungskräfte ist bis auf weiteres einer dieser wenig automatisierbaren Aufgabenbereiche, mit i.d.R. komplexen und hochgradig von Umgebungsfaktoren abhängigen Variablen. So zum Beispiel muss es zukünftig eine vorrangige Komponente von Führungskompetenz sein, ein in die Arbeitsprozesse integriertes, gezieltes Stressmanagement zu fördern und zu betreiben sowie entstehende und drohende Konflikte im Betrieb präventiv wie aktiv zu begleiten.

Auch das bislang vernachlässigte **Systemmanagement** als ein der operativen Ebene strategisch vorgelagerter Bestandteil von Dienstleistungsmanagement und Produktion wird somit zu einem zentralen Aspekt der Weiter- und Neuentwicklung von komplexen Produktions- und Dienstleistungskonzepten. Das hierfür nötige gesellschaftliche und überbetriebliche, ggf. auch nichttechnische Zusammenhangswissen wird zu einem wichtigen Bestandteil der beruflichen Kompetenz des technischen Managements.

Nach allem, was wir derzeit erkennen können, ist unter den Zeichen der digitalen Plattformökonomie keine generelle Höherentwicklung der beruflichen Kompetenz von breiten Bevölkerungsschichten zu erwarten, sondern ein kontinuierliches Auseinanderdriften heterogener Gruppen und eine weitere Polarisierung in hoch- und geringqualifizierte Beschäftigte zu prognostizieren.

Weiterhin ist anzunehmen, dass sowohl Höher- als auch Geringqualifizierte, sogenannte „Einfacharbeiter", Teil der zukünftigen, betrieblichen Kernbelegschaften sein können, wenn sie sich den betrieblichen Anforderungen und Verhaltensnormen weitgehend
anpassen.

Angesichts der in letzter Zeit aufgedeckten, zahlreichen Möglichkeiten zur Manipulation von Informationen und Nutzern der Portale und Plattformen (durch Social Bots und
gezielt gesteuerte Desinformationskampagnen) ist realistisch gesehen keine Entwicklung
zur wissensbasierten Gesellschaft eingetreten, noch ist diese zu erwarten.

Es ist lediglich eine Durchdringung aller Branchen und Aktivitätszweige mit digitalisierter Technik festzustellen. Es zeigt sich immer mehr: Vernetzte Informationsketten und
neue Geschäftsmodelle haben die Qualität, nicht nur die Arbeitswelt dramatisch zu verändern, sondern auch die Gesellschaft und die Welt als Ganzes mit ihren internationalen
Geschäftsprozessen und Wirtschaftsverbindungen maßgeblich zu beeinflussen und umzu-
gestalten.

Noch ist das Potenzial dieser Trends weder in Gänze zu überblicken noch ausgeschöpft,
was die Entwicklung der menschlichen Kompetenzen angeht, die es braucht, um diese
Prozesse zu bändigen. Folgender Schluss ist jedoch zulässig:

Wie sich die technologischen Innovationen in evolutionären Entwicklungen und uner-
warteten, Sprüngen auswirken werden auf betriebliche Arbeit, Reproduktionsbedingungen und Kompetenzanforderungen hinsichtlich lohnabhängiger Beschäftigung, hängt
weitgehend von den praktizierten Technikeinsatzkonzepten, den favorisierten Geschäftsmodellen und der Einflussnahme der sozialen Akteure auf die zukünftigen Wirtschafts-
und Sozialbeziehungen ab.

8.3   Digitale Technikeinsatzkonzepte als ethische Kategorie

▶   Die hier skizzierte Geschichte der betrieblichen Arbeitsbeziehungen im Zeit-
    raum der letzten 168 Jahre (ca. 1850–2018) zeigt uns anschaulich, dass nicht
    zuletzt die Menschen das Subjekt der Veränderung waren und dass es trotz al-
    ler Hindernisse hinsichtlich der Entscheidungsgewalt zu den existenziellen, kol-
    lektiven wie individuellen (Überlebens-)Herausforderungen der Gegenwart ge-
    hört, den Transformationsprozess zu gestalten.

Die wirtschaftliche Entwicklung der letzten Jahre zeigt, dass die immer bedeutender werdenden Möglichkeiten der digitalen Datenverarbeitung alle klassischen Aktivitätszweige
durchdringen und damit das ganze wirtschaftliche Gefüge, inklusive der Arbeitsplätze und
Produkte, wie Wertschöpfungsprozesse dramatisch verändern. Insbesondere traditionelle
deutsche Schlüsselindustrien, wie der Maschinenbau, die Autoindustrie, die elektrotechnische Industrie, die Raumfahrt- und Flugzeugindustrie, sind in diese Strukturentwicklung
eingebunden und verdeutlichen die Verschmelzung von traditionellen Wirtschaftsbereichen mit System- und Informationstechnik.

Mit Blick auf die bereits genannte Studie von Beckmann und Oerder (2017) ist davon auszugehen, dass der Trend zur Automatisierung standardisierbarer Prozesse und Vorgänge zukünftig fortschreiten wird, ebenso wie der Trend zur Integration von Produktion und Verwaltung, der ein bislang unquantifizierbares Substituierungspotenzial birgt und weitreichende Veränderungen, auch die Gefahr von Strukturbrüchen, mit sich bringen kann.

Der flächendeckende Einsatz intelligenter Computer für die qualifizierte Facharbeit ist nur noch eine Frage der Zeit. Ausgehend davon stellt sich die Frage nach den Konzeptionen und strategischen Zielen, welche den Einsatz intelligenter Systeme und die Organisation der Zusammenarbeit des Menschen mit den Maschinen konfliktfrei regeln könnten. Dies verlangt nicht nur nach operativen Veränderungen bei der Erbringung von Dienstleistungen, sondern auch nach einer strategisch zielführenden Produktentwicklung, die neben kurzfristigen Gewinnerwartungen auch mittel- und langfristige Aspekte und Folgenabschätzungen der Wertschöpfungsprozesse mitberücksichtigt, wie z. B. ökologische und soziale Aspekte auf gesellschaftlicher Ebene. Dies geschieht derzeit kaum bzw. wird kurzfristigen Optionen der Gewinnerwartung untergeordnet.

Ebenso ist die Gestaltung von Aushandlungsprozessen zwischen den Sozialpartnern als Teil von Management- und Führungsaufgaben in Wirtschaft und Politik zu begreifen. Diese neuen Aufgaben sind ebenfalls als zentraler Bestandteil von Servicemanagement zu identifizieren und in konkrete Aufgaben einzukleiden sowie mit Blick auf mittel- und langfristig wünschenswerte Entwicklungen auf betrieblicher wie gesellschaftlicher Ebene verantwortlich zu gestalten. Dies alles kann Ziel und eine lohnenswerte Aufgabe zukünftiger, sozialpartnerschaftlicher Dialoge und Verhandlungen sein, welche in Deutschland unter dem Dach von Arbeitgeber- und Arbeitnehmerorganisationen eine lange und erfolgreiche Tradition haben. Im Zeichen von Gigwork und Crowd-Work auf digitalen Plattformen in der Cloud erscheint es überfällig, daran zu erinnern.

Im Unterschied zur Phase der unvernetzten Einzelplatzsysteme werden in der erwarteten Phase 4 zusätzliche Vernetzungspotenziale aktiviert, da kaufmännische und industrielle Arbeits- und Datenflüsse weitgehend integriert und damit automatisiert ablaufen. Mit Blick auf das eingangs festgestellte Risikopotenzial verlangt dies gezielte Steuerungs- und Neuordnungsprozesse, welche die Interessen von Arbeitgebern wie Arbeitnehmern berücksichtigen und austarieren sollen. Unter dem Schlagwort „Arbeit 4.0" wird aktuell meist nur von den Gewerkschaften thematisiert, wie diese Entwicklung zu gestalten ist und wie Arbeitnehmer weiterhin sozialen Schutz und entsprechende Entlohnung finden können.

An dieser Stelle stellt sich die Frage nach Ethik und Wertigkeit unternehmerischen Handelns sowie nach dem Optimum betriebswirtschaftlicher Produktivität vor dem Hintergrund gesellschaftlicher Prozesse und Lebensbedingungen. Diesbezüglich neue Gestaltungsfaktoren zu identifizieren, ist eine neue Aufgabe für europäische Corporate-Social-Responsibility(CSR)-Vorhaben, welche die Interessen von Arbeitgeber- wie Arbeitnehmern und deren Institutionen zusammenführen sollen.

Auch wenn es derzeit noch kaum vorstellbar ist, dass bereits in naher Zukunft die menschliche Arbeitskraft weitgehend entbehrlich sein und durch intelligente Systeme und Roboter ersetzt werden wird: Der nächste Sprung der technischen Innovationen mithilfe von IT macht es vielleicht schon möglich und denkbar, weil die Maschinen preiswerter als menschliche Arbeitskräfte arbeiten. Schließlich herrscht das Leitmotiv der Gewinnmaximierung. Damit wird die Frage nach den Möglichkeiten der Einsparung teurer menschlicher Arbeitskraft zur entscheidungsrelevanten Variable, was im Extremfall auf die Frage hinausläuft, inwiefern und in welchem Zeitraum und, wenn ja, welche menschlichen Arbeitskräfte durch intelligente Systeme in welchen Berufen, Tätigkeiten und Branchen weitgehend ersetzt werden können.

Es stellen sich deshalb schon heute offene Fragen nach den wünschenswerten und machbaren Effekten der Digitalisierung der Arbeitswelt und den Folgen des Technikeinsatzes auf gesellschaftlicher Ebene:

- Kann es richtig sein, im Sinne der Profitmaximierung auf betrieblicher Ebene jede Art von Entwicklung zu fördern, welche den aktiven Beitrag von Menschen ersetzt und demzufolge standardisierten Entscheidungs- und Handlungsmustern den Vorzug gibt?
- Wie und an wen werden die Gewinne verteilt, die von diesen neuen Geschäftsmodellen erwirtschaftet werden, insbesondere wenn keine Arbeit mehr bleibt, die a) von Menschen ausgeübt werden wird und b) den tätigen Menschen als Reproduktionsgrundlage dienen kann?
- Was bleibt für die Mehrheit von diesen Gewinnen übrig im Zeichen einer weiteren Polarisierung der Gesellschaft?
- Ist es zielführend, Gesellschaft und Arbeitswelt in immer mehr Zielgruppen auseinanderzudividieren, welche besonderer Förderung bedürfen?
- Oder aber gibt es möglicherweise ethische Grenzen des Technikeinsatzes auf betrieblicher Ebene, die es verlangen, die traditionellen Regelungen von Arbeitsbeziehungen neu zu verhandeln, jedoch so, dass die Menschen dabei nicht ihre Verdienst- und Existenzgrundlagen einbüßen?

Bislang war es ein bewährter gesellschaftlicher Konsens und Teil eines geregelten Aushandlungsprozesses zwischen Kapitaleignern, Beschäftigten und Gewerkschaften in allen europäischen Ländern, dass Arbeitsgesetze und Entlohnungsbedingungen auf kollektiver Basis geregelt wurden. Festzustellen ist, dass diese bekannten, sozialpartnerschaftlich geregelten und fest gefügten Strukturen derzeit im Zeichen der Digitalisierung von Arbeit dazu neigen, sich ersatzlos aufzulösen. Die Informationstechnik lässt eine neue Qualität von Arbeit entstehen und begünstigt immaterielle Wertschöpfungsprozesse, welche bestehende nationale wie internationale Regelungen erfolgreich umgehen. Erschwerend kommt hinzu, dass die nichtstofflichen Informationsverarbeitungsprozesse in Kombination mit KI kaum noch den traditionellen Kategorien entsprechend fassbar sind. Die Verlagerung von Arbeitsprozessen und Daten in die „staatenlose und anonyme" Cloud könnte mittelfristig u.U. dazu führen, dass die gesamte vorhandene Arbeits- und Sozialgesetzgebung ausgehebelt wird. Wenn Datenflüsse problemlos in und nach Drittländern stattfinden bzw. Arbeitsvorgänge in der Cloud verrichtet werden, dann sind sie nicht mehr der nationalen Arbeits- und Sozialgesetzgebung unterworfen.

Dies lenkt den Blick auf die Tatsache, dass heute bereits die vier Marktführer der Informationstechnik weder deutsche Unternehmen sind, noch dem deutschen Arbeits- und Sozialrecht unterliegen. Es sind sämtliche US-amerikanische Firmen, die ihre virtuellen Geschäftsprozesse entweder in der exterritorialen Cloud bzw. außerhalb von Deutschland bzw. Europa ausführen. Sie zahlen derzeit kaum Steuern in Deutschland, noch haben sie die Verpflichtung, nationales Arbeitsrecht zu beachten, wenngleich sie enorme Umsätze und Gewinne in Europa generieren. Damit sind sie in der Lage, die Online-Geschäftsprozesse und Arbeitsinhalte nach ihren eigenen Spielregeln zu gestalten. Dies ist bereits heute Wirklichkeit und stellt die Bedeutung der weniger bedeutenden Nationalstaaten, wie auch des vereinten Europas deutlich in Frage, sofern hier nicht wirksame, kollektive Gegenstrategien auf internationaler und europäischer Ebene entwickelt werden.

Dies lässt befürchten, dass es nicht nur zur Auslagerung von Arbeiten in Drittländer kommt, sondern auch zur weiteren Abwertung qualifizierter Facharbeit durch deren Aufteilung, Parzellisierung und Ausschreibung in modularisierter Projektform, was einer weiteren Prekarisierung von Arbeit extremen Vorschub leisten wird. Halten wir also fest:

Auf dem Expertenpodium einer Fachkonferenz von Verdi im Frühjahr 2018 herrschte Übereinstimmung, dass Deutschland bereits heute wie eine Kolonie der US-amerikanischen Informationskonzerne zu betrachten ist und damit weder deutsche Unternehmen noch die deutschen Gewerkschaften bedeutende, aktive Gestaltungschancen haben, was Technikeinsatz und diesbezügliche Gestaltungskonzepte angeht.[2] Dies ist ein nachdenklich stimmendes Fazit hinsichtlich der Möglichkeiten zur Einflussnahme auf den digitalen Wandel. Auch die Spielräume zur aktiven Nutzung der Chancen, welche die IT bietet, werden durch diese Fakten stark beschnitten.

---

[2] So gehören namhafte amerikanische IT-Unternehmen, allen voran Microsoft, Apple, Alphabet, Amazon und Facebook, zu der Gruppe der an der Börse weltweit höchstnotierten Unternehmen mit gigantischen Marktwerten von 848 Mrd. \$, 754 Mrd. \$, 579 Mrd. \$, 423 Mrd. \$ und 411 Mrd. \$ (https://de.wikipedia.org/wiki/Liste der größten Unternehmen der Welt, 24.01.2019, 10:44). Sie rangieren damit hinsichtlich der Börsenwerte weit vor Walmart (einem eher klassischen Unternehmen des Einzelhandels), dem weltweit größten Unternehmen mit einem Umsatz von 483 Mrd. \$ und einem Gewinn von 13,6 Mrd. \$ (https://de.wikipedia.org/wiki/Liste der größten Unternehmen der Welt, 24.01.2019, 10:44). Hinsichtlich des Marktwertes erreicht es nur Platz 24. Deutsche Unternehmen hingegen sind in dieser Rangfolge in beiden Gruppen auf den Rängen. Lediglich die Autokonzerne VW und Daimler halten die Plätze 6 und 17 der weltumsatzstärksten Unternehmen, sind jedoch hinsichtlich der Börsenwerte der weltweit höchstnotierten und damit wertvollsten Unternehmen des Jahres 2018 weit abgeschlagen. Deutschland hat somit derzeit keinen wesentlichen IT-Anbieter – außer SAP – und keinen namhaften Elektronikkonzern zu bieten. Hingegen ist der gleichen Statistik zu entnehmen, dass die amerikanischen Unternehmen nahezu alle vorderen Plätze besetzen und chinesische Unternehmen stark im Kommen sind.

Einzelne Kritiker der geltenden Praxis von IT-Einsatz und -Nutzung weisen darauf hin, dass es zukünftig darum gehen muss, die bislang entscheidungsleitenden Algorithmen – programmiert nach den Standards der Jungen, Weißen, Gebildeten, ohne ethische oder moralische Standards, orientiert an rein mathematischen Entscheidungsprozessen – zukünftig „anders" zu gestalten, und zwar mit Beteiligung der Mehrheitsbevölkerung unter Einhaltung von Datenschutzstandards.

Noch ist dies allerdings Zukunftsmusik, da in Deutschland die informationstechnische Grundbildung seitens der Bevölkerung, eine leistungsfähige, digitale Infrastruktur sowie auch die Fachkräfte hierfür fehlen. Es geht nicht zuletzt auch um die Kontrolle der Datenverfügbarkeit, um grundsätzliche Entscheidungen zur Arbeitskultur und zu betrieblichen Arbeitsbeziehungen sowie um eine klare Positionierung zur Gesellschaftsform der Demokratie seitens der Großakteure im Bereich der digitalisierten Wirtschaft.

Dass die technische Entwicklung zu einer digitalisierten Gesellschaft neuartige Modelle betrieblicher Arbeit und neue Geschäftsmodelle sowie eine neue nachhaltige Produktionsweise erfordert, verlangt, dass seitens der maßgeblichen Akteure neue Wege mit Blick auf human vertretbare und neue Lösungen gegangen werden müssen. So oder so wird der Preis hoch sein!

Die Verantwortung der Eliten wird in einem Zitat des Naturwissenschaftlers Carl Friedrich von Weizsäcker in der Reflexion einer entfesselten Technik konzipiert – 1957 in der Reflexion von Hiroshima und Nagasaki:

> Verantwortung des Menschen in der technischen Welt heißt also zum mindesten: er muss inmitten der Planung und der Apparate lernen, Mensch zu bleiben. Vielleicht muss er in entscheidenden Punkten erst lernen, Mensch zu werden. So Mensch zu werden, dass er der Herr des Plans und der Apparate bleibt. Das etwa wäre der Inhalt einer Ethik der technischen Welt. (von Weizsäcker 1989, S. 110)

Wenn wir davon ausgehen, dass die gegenwärtige Periode des Hinüberwachsens in eine neue Produktionsweise und damit in Arbeit 4.0 sowohl Chancen als auch Risiken beinhaltet, so wird es zukünftig immer mehr darum gehen, die bereits „entfesselten Digitalisierungsprozesse" weltweit zu bändigen und aktiv nutzbar zu machen für die Entwicklung neuer und nachhaltiger Produktionskonzepte wie Geschäftsmodelle, welche last, but not least nicht nur die Chancengleichheit der Beschäftigten, sondern letztendlich das Überleben der Menschen auf diesem Planeten in einem international verflochtenen Wirtschaftssystem sichern werden. Es geht somit in der Diskussion zu Arbeit 4.0 um viel mehr als den Erhalt betrieblicher Arbeit!

Nicht zuletzt wird es zukünftig verstärkt um Fragen des Datenschutzes auf betrieblicher wie gesellschaftlicher Ebene, der Manipulation und der Verfügungsgewalt über die Systeme gehen. Bei dieser Vielzahl an zukünftigen Gestaltungsaufgaben werden die Systemanbieter, aber auch die eher technisch orientierten Informatiker und Systementwickler eine neue Verantwortung für Funktion und Einsatz ihrer Produkte und Systeme übernehmen müssen.

> In ihrer Begeisterung, Systeme vorzustellen, die etwas Neues, bisher technisch nicht Lösbares vollbringen, hat die Informatik immer wieder vergessen, dass wir keine Laborlösungen verkaufen dürfen, sondern sichere und brauchbare Systeme ausliefern müssen, also geprüfte, reife Produkte statt halb garer Beta-Versionen. (Coy 2014, S. 7)

Das bislang so erfolgreiche, heute aber immer mehr anachronistisch erscheinende Produktions- und Wirtschaftsprinzip des „Immer mehr und immer mehr vom Gleichen", verbunden mit der Gier nach hohen Gewinnen ohne Rücksicht auf soziale, gesellschaftliche und ökologische Belange, Folgen und wünschenswerte Entwicklungen – nicht zuletzt hinsichtlich der Entwicklung von ökologischen Wirtschaftskreisläufen –, stellt jedoch für eine Nutzung der immensen Chancen, welche die IT gerade für die hoch entwickelten Demokratien Europas im Rahmen der EU bietet, die größte Barriere dar.

Literatur

Beckmann, M., & Oerder, K. (2017). *Produktivitätsschwache Dienstleistungen? Warum wir ein neues Verständnis von Produktivität brauchen* (WISO Direkt). Bonn: FES.

Bieger, T.: Dienstleistungs-Management: Einführung in Strategien und Prozesse bei persönlichen Dienstleistungen, 4., überarb. Aufl., Bern, Haupt, 2007

Boksberger, P. (2006). *Perceived risk as a determinant of perceived value of services*. Dissertation, St. Gallen.

Bormann, R., Fink, P., Holzapfel, H., et al. (2018). *Die Zukunft der Deutschen Automobilindustrie, Transformation by Disaster of by Design?* (WISO Diskurs). Bonn: FES.

Buhr, D. (2017). *Social innovation policy for industry 4.0*. Bonn: FES. https://library.fes.de/pdf-files/wiso/11302.pdf. Zugegriffen am 16.04.2019.

Cap Gemini Consulting. (Hrsg.). (2017). *Culture first, change management studie 2017*. München.

Coy, W. (2014). Digitale Technik und Arbeit: Nachindustrielle Gesellschaft, Vorlesung, Humboldt Universität Berlin. www.verdi.de/. Digitale Technik und Arbeit, 11.04.2019.

Dengler, K., & Matthes, B. (2016). *Auswirkungen der Digitalisierung auf die Arbeitswelt: Substituierungspotenziale nach Geschlecht*. IAB Nürnberg.

Espejo, R. et al. (1996). *Organizational Transformation and learning - a cybernectic Approach to Management*. New York: Wiley.

Haufe Online Redaktion. o.J. https://www.haufe.de/personal/hr-management/digitale-unternehmenskultur. Zugegriffen am 26.10.2017.

Hirsch-Kreinsen, H. (2016). *Digitalisation and low-skilled work* (WISO). Bonn: Friedrich-Ebert-Stiftung.

Liste der größten Unternehmen der Welt.https://de.wikipedia.org/wiki/. Zugegriffen am 24.01.2019.

Lang, K. (2008). *Human ressource management, Wirksame Konzepte einer modernen Personalpolitik*. Wien: Linde.

Lenhard, U., & Priester, K. (2005, Hans-Böckler-Stiftung, Nomos, Düsseldorf.). Flexibilisierung, Intensivierung, Entgrenzung: Wandel der Arbeitsbedingungen und Gesundheit. *WSI-Mitteilungen, 58*(9), 491.

Lippe-Heinrich, A. (2006). „Genderlernen in den neuen IT- und Medienberufen – Befunde empirischer Erhebungen – ein Fazit aus der Sicht der wissenschaftlichen Begleitforschung. In R. Bendl (Hrsg.), *Betriebswirtschaftslehre und Geschlechterforschung, Verortung geschlechterkonstituierender (Re-)Produktionsprozesse zur Standortbestimmung der Betriebswirtschaftslehre*. Frankfurt a. M./Berlin/Bern/New York/Paris/Wien: Peter Lang.

Lippe-Heinrich, A. (2010). Gendergerechte Transformation von Arbeits- und Kommunikationsprozessen. In D. Jäger, V. Franke, M. Schild, J. von Hasselbach, E. Hufschmid, K. Busch, S. Becker, B. Herbert, K. Reese, J. Samssuli, & K. Thomas (Hrsg.), *Künstlerische Transformationen, Modelle kollektiver Kunstproduktion und der Dialog zwischen den Künsten*. Berlin: Reimer.

Lukas, W.-D. (2016, Dezember). *Industrie 4.0 wird nur im Konzert mit Arbeit 4.0 ein Erfolg*. Bonn: Bildung für Europa.

Lutterbeck, B. (2006). Die Zukunft der Wissensgesellschaft. In J. Hofmann (Hrsg.), *Wissen und Eigentum, Geschichte, Recht und Ökonomie stoffloser Güter* (S. 319–337). Bonn: Bundeszentrale für Politische Bildung.

Osha.europa.eu/eu, Startseite OSHA EU, 21.04.2019, 14:25.

Pümpin, C., & Prange, J. (1991). *Management der Unternehmensentwicklung: phasengerechte Führung und der Umgang mit Krisen.* Frankfurt a. M.: Campus.

Pütz, H., & Ricker, S. (2017). *Change engine while you are flying.* Köln: Great Place to Work, Deutschland & SichtWeise.

Ruegg-Sturm, J., & Grand, S. (2015). *Das St. Galler Management-Modell.* Bern: Haupt.

Schlüter, B. (2017). *Digitale Plattformen, Ein neues Handlungsfeld für die Daseinsverantwortung des Staates* (WISO 09/2017). Bonn: FES.

Schmidt, F. 2017. *Arbeitsmärkte in der Plattformökonomie – Zur Funktionsweise und den Herausforderungen von Crowdwork und Gigwork.* Bonn: FES. www.fes-2017plus.de.

Schneider, C. (2012). *Gesundheitsförderung am Arbeitsplatz, Nebenwirkung, Gesundheit.* Bern: Hans Huber, Hogrefe AG.

Schössler, M. (2018). *Plattformökonomie als Organisationsform zukünftiger Wertschöpfung – Chancen und Herausforderungen für den Standort Deutschland* (WISO Diskurs). Bonn: FES.

Schröder, C. (2017). *Herausforderungen von Industrie 4.0 für den Mittelstand.* Bonn: FES.

Schroeder, W. (2017). *Industrie 4.0 und der rheinische, kooperative Kapitalismus* (WISO Direkt). Bonn: FES, Abteilung Wirtschafts- und Sozialpolitik der Friedrich-Ebert-Stiftung (FES).

Schwaninger, M. (1990). *Embodiments of organizational Fitness: The Viable System Model (VSM) as a guide.* Wiesbaden: Springer. https://linl.springer.com/article/10.1007/BF01062731. Zugegriffen am 16.07.2019.

Sennett, R. (1998). *Der flexible Mensch, Die Kultur des neuen Kapitalismus.* Berlin: Berlin.

Sheehy, G. (1976). *In der Mitte des Lebens* (S. 248). München: Kindler.

Schröder, L., & Schwemmle, M. (Hrsg.). (2013). Gute Arbeit in der Crowd, eine Positionsbestimmung. Berlin: Verdi.

Weizsäcker, C. F. von. Worte für ein neues Bewusstsein, Herder, Freiburg im Breisgau, 1989

Welter, F. (2013). *Der Mittelstand, Deutschlands Geheimwaffe.* FAZ.

„Wie Netflix mit seiner Unternehmenskultur das gesamte Silicon Valley geprägt hat", t3n.de/news/netflix-unternehmenskultur-silicon-valley. Zugegriffen am 09.11.2018.

Literaturverzeichnis

Antidiskriminierungsstelle des Bundes. (2016). *Das allgemeine Gleichbehandlungsgesetz (AGG)*, Januar 2016 (6. Aufl). Berlin: AGG.

Antidiskriminierungsstelle des Bundes. (2019). *AGG-Wegweiser – Erläuterungen und Beispiele zum Allgemeinen Gleichbehandlungsgesetz.* https://www.antidiskriminierungsstelle.de/SharedDocs/DE/publikationen/Wegweiser/agg_wegweiser_erlaeuterungen_beispiele. Zugegriffen am 12.04.2019.

Antidiskriminierungsstelle des Bundes. (Hrsg.). *Gleichbehandlungscheck, Ihr Kompass zu einem geschlechtergerechten Unternehmen.* www.gb-check.de.

Beck, D., & Graef, A. (2003). *Chancengleich: Handbuch für eine gute, betriebliche Praxis* (mit CD-Rom). Frankfurt: Bund Verlag.

Bednarz, S., Lippe-Heinrich, A., & Schmidt, E. (2008). Gender-Mainstreaming in der beruflichen Bildung. In S. Bednarz & E. Schmidt (Hrsg.), *Arbeitsprozessorientierte und gendergerechte IT-Ausbildung, Handreichungen mit Umsetzungsempfehlungen – Beispiele für die Praxis, Berichte zur beruflichen Bildung* (S. 39–56). Bonn: Schriftenreihe des BIBB.

Coy, W. (2014). *Digitale Technik und Arbeit.* Nachindustrielle Gesellschaft, Vorlesung, Humboldt Universität Berlin (10.09.2014). www.verdi.de/. Zugegriffen am 11.04.2019.

Dälken, M. (2012). *Managing Diversity, mit CD- ROM, Betriebs- und Dienstvereinbarungen, Analyse und Handlungsempfehlungen.* Frankfurt a. M.: Hans-Böckler-Stiftung/Bund Verlag.

Dudenredaktion, & GfdS (Hrsg.). (2004). *Adam, Eva und die Sprache.* Mannheim/Wiesbaden: Beiträge zur Geschlechterforschung.

Krell, G. (2008). *Chancengleichheit durch Personalpolitik: Gleichstellung von Frauen und Männern in Unternehmen und Verwaltungen* (S. 155–174). Berlin: Springer.

Lippe-Heinrich, A. (2006). Genderlernen in den neuen IT- und Medienberufen – Befunde empirischer Erhebungen – ein Fazit aus der Sicht der wissenschaftlichen Begleitforschung. In R. Bendl (Hrsg.), *Betriebswirtschaftslehre und Geschlechterforschung, Verortung geschlechterkonstituierender (Re-) Produktionsprozesse zur Standortbestimmung der Betriebswirtschaftslehre.* Frankfurt a. M./Berlin/ Bern/New Work/Paris/Wien: Peter Lang.

© Springer Fachmedien Wiesbaden GmbH, ein Teil von Springer Nature 2019
A. Lippe-Heinrich, *Personalentwicklung in der digitalisierten Arbeitswelt*,
https://doi.org/10.1007/978-3-658-25457-5

The manufacturer's authorised representative in the EU is Springer
Nature Customer Service Centre GmbH, Europaplatz 3, 69115 Heidelberg,
Germany. If you have any concerns regarding our products, please
contact ProductSafety@springernature.com

Printed and bound by CPI Group (UK) Ltd, Croydon, CR0 4YY
23/04/2026
02095648-0014